全国中等职业技术学校汽车类专业教材

汽车拆装技能训练

（第 三 版）

人力资源和社会保障部教材办公室组织编写

中国劳动社会保障出版社

简介

本书分为基本知识、发动机的拆装、底盘的拆装、电气设备的拆装四个单元。每个单元按照系统总成分为若干课题，课题下设置若干拆装项目。项目的设置经过了广泛的调研，听取了专家和维修企业的意见和建议。教材现有项目可以满足学生未来实际工作的需要。

本书由程晟主编，田宝春、许云珍参编，祖国海主审。

图书在版编目（CIP）数据

汽车拆装技能训练/程晟主编. —3 版. —北京：中国劳动社会保障出版社，2013

全国中等职业技术学校汽车类专业教材

ISBN 978-7-5167-0746-3

Ⅰ.①汽…　Ⅱ.①程…　Ⅲ.①汽车-装配（机械）-中等专业学校-教材　Ⅳ.①U472.4

中国版本图书馆 CIP 数据核字（2013）第 319744 号

中国劳动社会保障出版社出版发行

（北京市惠新东街 1 号　邮政编码：100029）

*

三河市华骏印务包装有限公司印刷装订　新华书店经销

787 毫米×1092 毫米　16 开本　27.25 印张　605 千字

2014 年 3 月第 3 版　2016 年 9 月第 4 次印刷

定价：45.00 元

读者服务部电话：（010）64929211/64921644/84626437

营销部电话：（010）64961894

出版社网址：http://www.class.com.cn

前　言

为了更好地适应中等职业技术学校汽车类专业教学要求，全面提升教学质量，人力资源和社会保障部教材办公室组织有关学校的骨干教师和行业、企业专家，在充分调研企业生产和学校教学情况、广泛听取教材用户反馈意见的基础上，对全国中等职业技术学校汽车类专业教材进行了修订和补充开发。

本次教材修订和补充开发工作的重点主要体现在以下几个方面：

第一，完善教材体系，更好地满足教学需求。

结合职业院校汽车类专业设置和办学特点，调整并完善了教材体系，与专业通用基础教材相衔接，开发了汽车维修、汽车电器维修、汽车钣金与美容、汽车检测、汽车营销等专业方向教材，构建了“通用基础平台＋不同专业方向平台”的教材体系。此外，还针对学校对电控技术、车载网络技术、新能源汽车等高新技术的教学需求，开发了相应的教材。

第二，反映技术发展，适应岗位职业能力需求变化。

随着汽车制造水平的不断提高，汽车维修的内容和工艺发生了相应变化；伴随着私家车保有量的不断增长，汽车营销、汽车美容等相关从业人员的职业能力要求也在发生相应变化。因此，本次修订工作注重在教材中增加新知识、新技术、新材料、新工艺等方面的内容，体现教材的先进性。同时，根据中级工从事相关岗位工作的实际需要，合理确定学习目标，对教材内容的深度、难度做了适当调整，同时注重综合职业能力的培养。

第三，融入先进教学理念，创新教材表现形式。

专业通用基础教材的编写以汽车及其零部件为载体，充分体现专业特色；专业方向教材的编写根据学校教学实际，充分体现一体化教学思路，增加了实训内容在教材中的比重。为了增强教材的表现效果，提高学生的学习兴趣，教材中使用了大量高质量的实物图片，部分教材采用双色或彩色印刷。

第四，开发辅助产品，提供教学服务。

为了方便教学，配套开发了习题册、教学参考书和电子课件。电子课件可通过中国人力资源和社会保障出版集团网站（http：//www.class.com.cn）免费下载。

本次教材修订工作得到了河北、江苏、浙江、山东、山西、广东、广西、陕西等省、自治区人力资源和社会保障厅及有关学校的大力支持，在此表示诚挚的谢意。

人力资源和社会保障部教材办公室

2012 年 7 月

目　录

第一单元　基 本 知 识

课题一　常用拆装工具和机具的使用

教学目的

1. 掌握常用工具的规格、型号、使用注意事项。
2. 了解汽车拆装维修专用工具的结构、作用和使用方法。

工具与设备

1. 汽车拆装常用工具。
2. 汽车拆装维修常见专用工具。

一、常用工具

呆扳手（图 1—1）

1. 结构与功用

呆扳手是汽车拆装中较常用的工具之一。呆扳手的特点是使用方便，对标准规格的螺栓、螺母均可使用。

常用的呆扳手有 6～9、8～10、9～11、12～14、13～15、14～17、17～19、21～23、22～24 等规格型号。

2. 使用方法

（1）根据螺栓、螺母的尺寸，选用相应规格的呆扳手。

（2）将扳手的开口垂直或水平插入螺栓头部。

（3）将扳手较厚的一边置于受力大的一侧，扳动扳手。

3. 使用注意事项

（1）不能用于扭紧力矩较大的螺栓和螺母。

（2）使用时，应将扳手手柄往身边拉，切不可向外推，以免将手碰伤。

（3）扳转时，不允许在呆扳手上接套管或捶击，

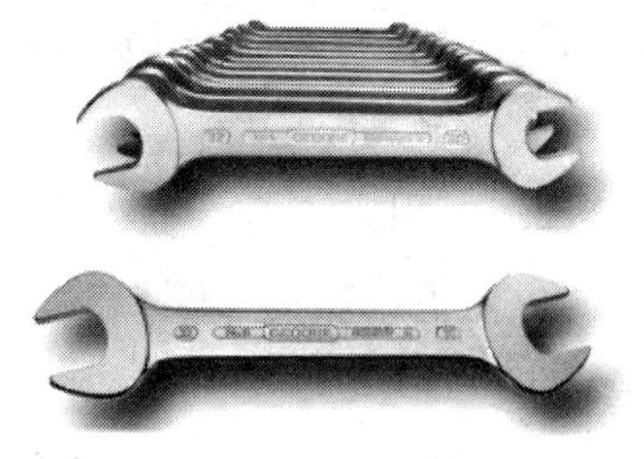

图 1—1　呆扳手

以免损坏扳手或损伤螺栓、螺母的棱角，如图 1—2 所示。

（4）禁止使用开口处过度磨损的呆扳手，以免损坏螺栓、螺母的棱角。

（5）不能将呆扳手当橇棒使用。

（6）禁止用水或酸、碱液清洗扳手，应先用煤油或柴油清洗后再涂上一层薄润滑脂，然后保管。

图 1—2　不准在呆扳手上接套管

梅花扳手（图 1—3）

1. 结构与功用

梅花扳手也是拆装中常用的工具之一。梅花扳手的工作部分是封闭的 12 角梅花环，套住螺母扳转时六角受力均匀，因此拆装时能承受较大的扳转力矩，且对螺栓或螺母的棱角损害小，使用比较安全，适用于拆装所处空间狭小的标准规格的螺栓、螺母。特别是螺栓、螺母需用较大力矩拆装时，应尽量使用梅花扳手。

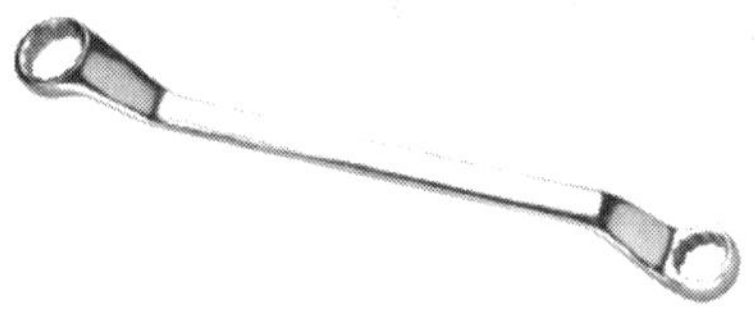

图 1—3　梅花扳手

常用的梅花扳手尺寸型号有 6～9、8～10、9～11、12～14、13～15、14～17、17～19、21～23、22～24 等。

2. 使用方法

（1）根据螺栓、螺母的尺寸，选用合适的梅花扳手。

（2）将扳手垂直套入螺栓头部。

（3）轻扳转时，用力方向只能为拉或用手掌推，如图 1—4 所示。

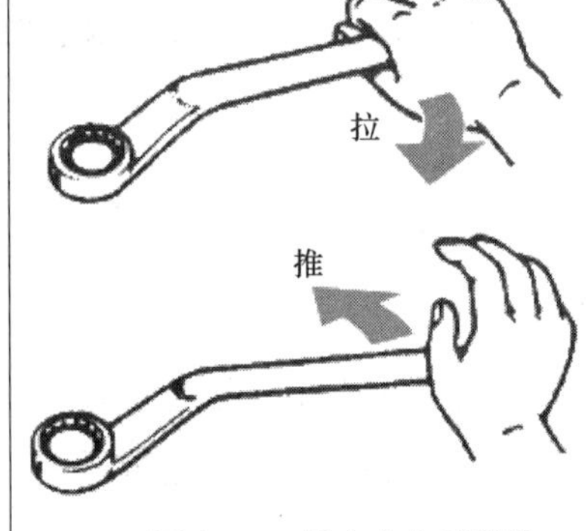

图 1—4　用力方向只能为拉或用手掌推

3. 使用注意事项

（1）扳转时，不准在梅花扳手上任意套加力套管或捶击。

（2）禁止使用内孔磨损过多的梅花扳手。

（3）不能将梅花扳手当橇棒使用。

<table>
<tr><td>套筒扳手（图 1—5）</td><td rowspan="2">

图 1—5　套筒扳手

图 1—6　力矩不可过大</td></tr>
<tr><td>1. 结构与功用
套筒扳手由一套不同规格的套筒和接杆、棘轮手柄等附件组成，对标准规格的螺栓、螺母均可使用。套筒扳手可以根据需要任意组合使用，既适合一般部位螺栓、螺母的拆装，也适合处于深凹部位和隐蔽、狭小部位螺栓、螺母的拆装，并有拆装速度快的特点，是使用最方便的工具。套筒扳手使用灵活而且安全，使用中螺母的棱角不易被损坏。
常用的套筒扳手有 24 件套和 32 件套等几种，套筒规格有 6～24 mm 和 6～32 mm。
2. 使用方法
（1）使用时，根据螺栓、螺母的尺寸选好套筒。
（2）将套筒套在快速摇柄的方形端头上（根据需要可与接杆或短接杆配合使用）。
（3）再将套筒套在螺栓或螺母上，转动快速摇柄进行拆装。
3. 使用注意事项
（1）用棘轮手柄扳转时，不准拆装过紧的螺栓、螺母，以免损坏棘轮手柄，如图 1—6 所示。
（2）用快速摇柄拆装时，握摇柄的手切勿摇晃，以免套筒滑出或损坏螺栓、螺母的六角。
（3）禁止用锤子将套筒敲入变形的六角螺栓、螺母进行拆装，以免损坏套筒。
（4）禁止使用内孔磨损过多的套筒。
（5）工具用毕，应清洗油污，妥善放置。</td></tr>
<tr><td>扭力扳手（图 1—7）</td><td rowspan="2">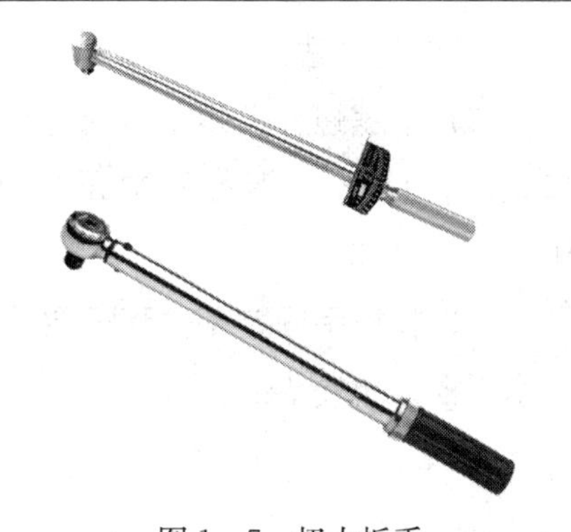

图 1—7　扭力扳手</td></tr>
<tr><td>1. 结构与功用
常用的扭力扳手有预调式和指针式两种。它一般用于有规定拧紧力矩的螺栓、螺母的拆装，如缸盖、曲轴主轴承盖、连杆等部位的螺栓、螺母等。
2. 使用方法
（1）将套筒插入扭力扳手的方芯上。
（2）用左手握住套筒，右手握紧扭力扳手手柄，</td></tr>
</table>

往靠近身体方向扳转。

(3) 预调式扭力扳手使用前先将力矩调校至规定值。

3. 使用注意事项

(1) 禁止往外推扭力扳手手柄，以免滑脱而受伤。

(2) 当要求拧紧力矩较大且工件较大、螺栓数较多时，应分次按一定顺序拧紧。

(3) 拧紧螺栓、螺母时，不能用力过猛，以免损坏螺纹。

(4) 禁止使用无刻度盘或刻度线不清的扭力扳手。

(5) 拆装时，禁止在扭力扳手的手柄上再加套管或用锤子捶击。

(6) 扭力扳手使用后应擦净油污，妥善放置。

(7) 预调式扭力扳手用后应将预紧力矩调到零位。

活扳手 (图 1—8)

1. 结构与功用

活扳手由固定和可调两部分组成，扳手的开度在一定范围内任意可调，一般用于不同尺寸的非标准螺栓、螺母的拆装。在使用中，尽量使用梅花扳手或呆扳手，不得不使用活扳手时，一定要调整好开口的尺寸，使其与螺栓棱角配合，并小心使用，以防损坏螺栓棱角。

常用的尺寸规格有 24～200 mm、36～300 mm 等多种。

2. 使用方法

(1) 根据螺栓、螺母的尺寸先调好活扳手的开口大小，使之与螺栓、螺母的大小一致（不松旷)。

(2) 将扳手固定部分置于受力大的一侧，垂直或水平插入螺栓头部。

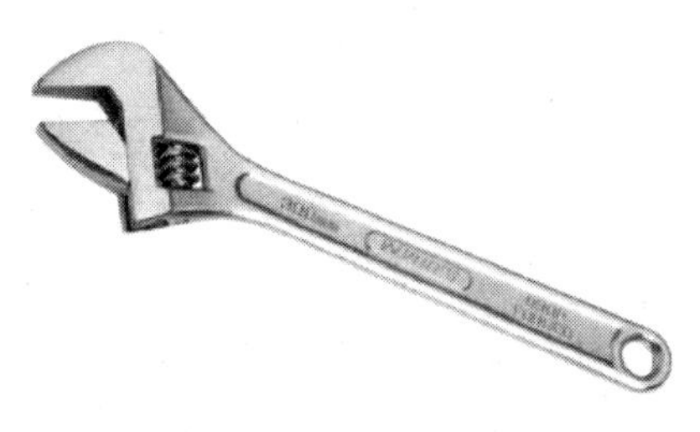

图 1—8 活扳手

<table>
<tr><td>3. 使用注意事项
（1）使用时，应使固定部分朝向承受拉力的方向，以免损坏螺栓的棱角和活扳手，如图 1—9 所示。
（2）使用时，不准在活扳手的手柄上随意加套管或捶击，以免损坏扳手或螺栓。
（3）禁止将活扳手当锤子使用。</td><td>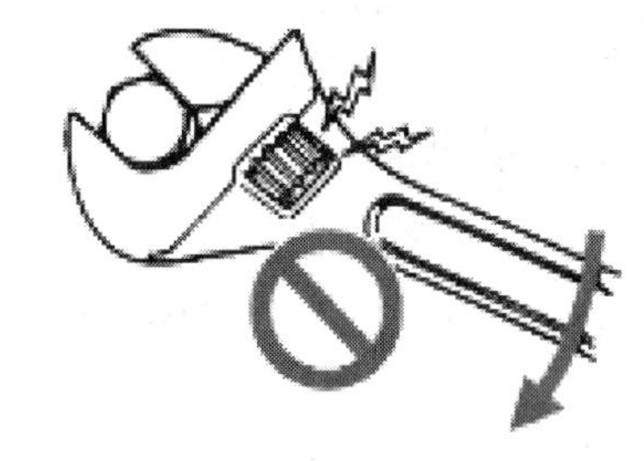
图 1—9　活动侧不能置于受力较大的一面</td></tr>
<tr><td>管子钳（图 1—10）</td><td rowspan="2">
图 1—10　管子钳</td></tr>
<tr><td>1. 结构与功用
管子钳由固定和可调两部分组成，钳口有齿，以增大与工件的摩擦力。管子钳一般用于转动金属管件或其他圆柱形工件。
2. 使用方法
（1）使用时，应根据圆柱件的尺寸预先调好管子钳的钳口，使之夹住管件。
（2）使固定部分承受拉力，以免扳转时滑脱。
3. 使用注意事项
（1）管子钳使用时不得用锤子捶击，也不可将管子钳当锤子使用。
（2）禁止用管子钳拆装六角螺栓、螺母，以免损坏六角。
（3）禁止用管子钳拆装精度较高的管件，以免损坏工件表面。</td></tr>
<tr><td>旋具（图 1—11）</td><td rowspan="2">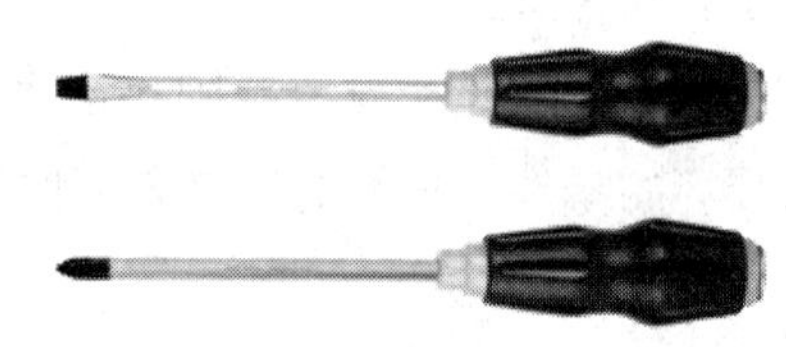
图 1—11　旋具</td></tr>
<tr><td>1. 结构与功用
旋具俗称起子，常用的有一字形和十字形两种。旋具根据手柄的材料不同有木柄和塑料柄两种；根据结构不同又分为普通式和穿心式两种，穿心式旋具可在尾部作适当的敲击。
旋具根据其长度的不同有多种不同的规格。
2. 使用方法
（1）应根据螺钉形状、大小选用合适的旋具。
（2）使用时手心应顶住柄端，并用手指旋转旋具手柄。如果使用较长的旋具，左手应把住旋具的前端。</td></tr>
</table>

3. 使用注意事项

(1) 使用时旋具不可偏斜，扭转的同时施加一定压力，以免旋具滑脱。

(2) 旋具或工件上有油污时应擦净。

(3) 禁止将旋具当橇棒或錾子使用。

钳子（图 1—12）

1. 结构与功用

汽车维修中常用的钳子是鲤鱼钳和尖嘴钳，一般用于夹持、弯曲金属材料或小零件，以及切断金属丝等。

2. 使用方法

(1) 根据需要选用鲤鱼钳或尖嘴钳，使用前应擦净油污。

(2) 用手握住钳柄后端，使钳口闭合夹紧工件。

3. 使用注意事项

(1) 不可用钳子代替扳手来拧紧或拧松螺栓、螺母，以免损坏螺栓、螺母头部的棱角。

(2) 使用尖嘴钳时不可用力过大，否则钳口头部会变形或者销轴会松动，如图 1—13 所示。

(3) 不准用锤子击打钳子。

(4) 禁止用钳子夹持高温机件。

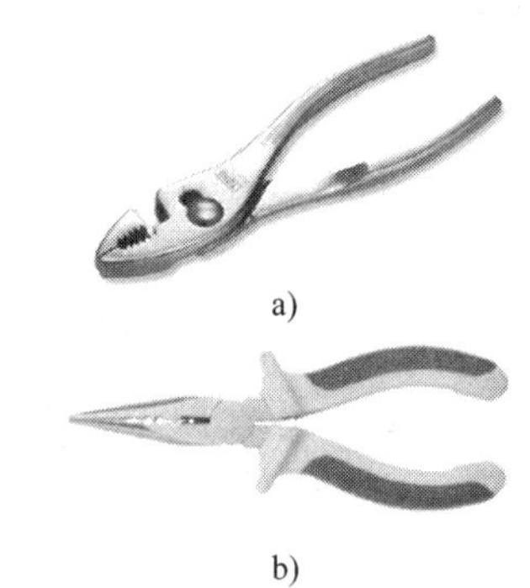

a)

b)

图 1—12 钳子

a）鲤鱼钳 b）尖嘴钳

图 1—13 使用尖嘴钳不可用力过大

锤子（图 1—14）

1. 结构与功用

按锤头形状分，锤子有圆头、扁头及尖头三种；按锤子材料分，锤子有铁锤、木锤和橡胶锤等。锤子主要用来敲击物件，铁锤用于粗重物体和需要重击的地方，木锤和橡胶锤则用于表面要求较高和容易损坏的零件。它们的使用应根据实际情况选定。

2. 使用方法

(1) 使用时，右手握紧后端 10 cm 处，眼睛注视工件。

(2) 击锤方法有腕挥、肘挥和臂挥三种，根据用力程度选择。

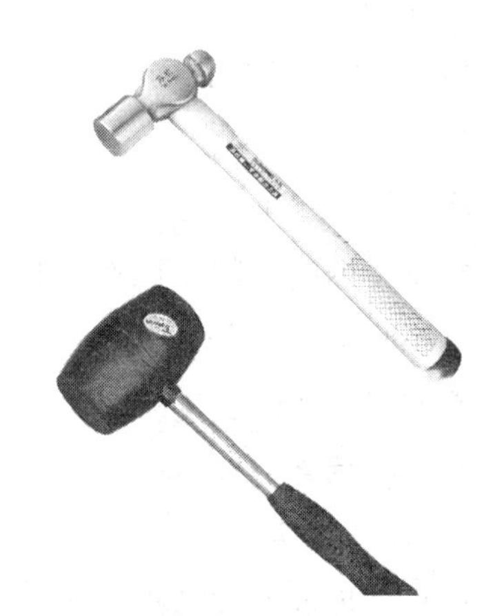

图 1—14 锤子

3. 使用注意事项

(1) 手柄应安装牢固，防止锤头飞出伤人。

(2) 锤子落在工件上时，不得歪斜，以防损坏工件。

(3) 禁止用锤子直接捶击重要表面和易损部位，以防损坏工件表面。

铜棒（图1—15）

1. 结构与功用

铜棒用较软的金属制成，其功用是避免锤子与机件直接接触，保护机件在拆装中不受损伤。

2. 使用方法

铜棒一般和锤子配合使用，左手握住铜棒使其一端置于工件表面，右手用锤子捶击铜棒另一端。

3. 使用注意事项

(1) 不准将铜棒当橇棒使用，以免弯曲。

(2) 不准将铜棒当锤子使用。

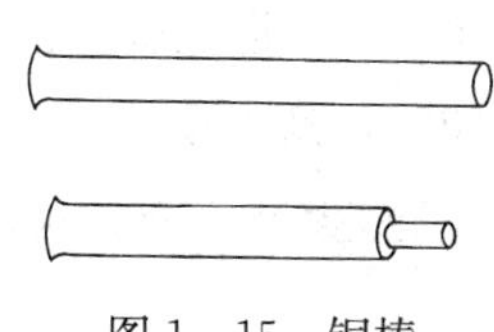

图1—15　铜棒

二、专 用 工 具

顶拔器（图1—16）

1. 结构与功用

顶拔器由拉爪、座架、丝杠、手柄等组成。顶拔器一般用于拆卸配合较紧的轴承、齿轮等机件。

2. 使用方法

根据轴端与被拉工件的距离转动顶拔器的丝杠，至丝杠顶端顶住轴端，拉爪钩住工件（轴承或齿轮）的外圈，然后慢慢转动丝杠将工件拉出。

3. 使用注意事项

(1) 拉工件时，不能在手柄上随意加装套管，更不能用锤子敲击手柄，以免损坏顶拔器。

(2) 顶拔器工作时，其中心线应与被拉件轴线保持同轴，以免损坏顶拔器。如被拉件过紧，可边转动丝杠，边用木锤轴向轻轻敲击丝杠尾端，将其拉出。

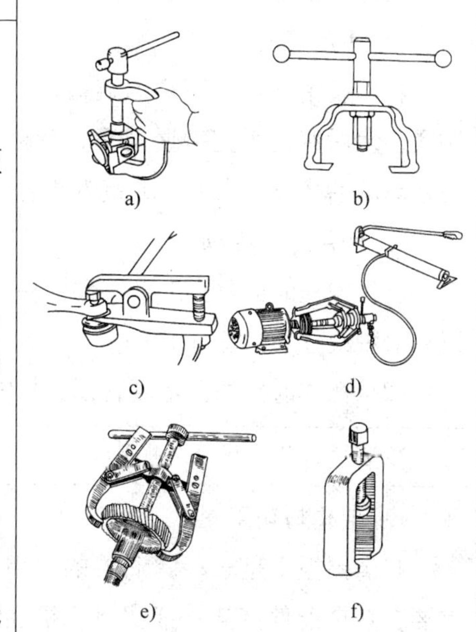

图1—16　顶拔器

a) C形万向节顶拔器　b) 分离轴承顶拔器　c) 横直拉杆球头顶拔器　d) 液压式顶拔器　e) 通用顶拔器　f) 专用顶拔器

<table>
<tr><td>火花塞套筒（图 1—17）</td><td rowspan="2">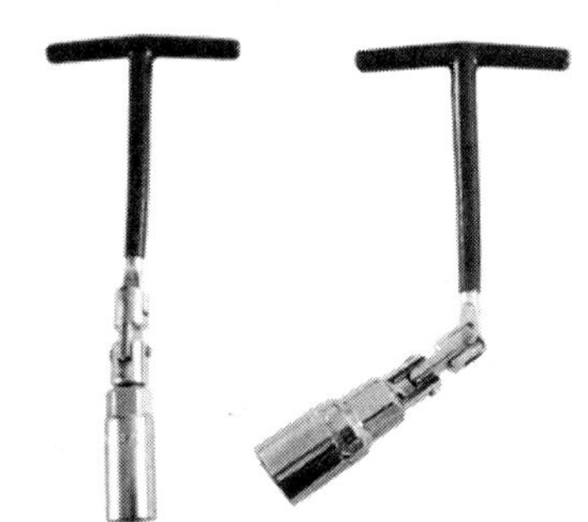
图 1—17　火花塞套筒</td></tr>
<tr><td>1. 结构与功用
火花塞套筒属长套筒，是火花塞拆装的专用工具。
2. 使用方法
（1）根据火花塞的装配位置和火花塞六角的尺寸选用不同高度和径向尺寸的火花塞套筒。
（2）对正火花塞孔，并与火花塞六角套接可靠，用力转动套筒，使火花塞旋入或旋出。
3. 使用注意事项
（1）拆装火花塞时，火花塞套筒不得歪斜，以免套筒滑脱。
（2）扳转火花塞套筒时，不准随意加长手柄，以免损坏套筒。</td></tr>
<tr><td>活塞环拆装钳（图 1—18）</td><td rowspan="2">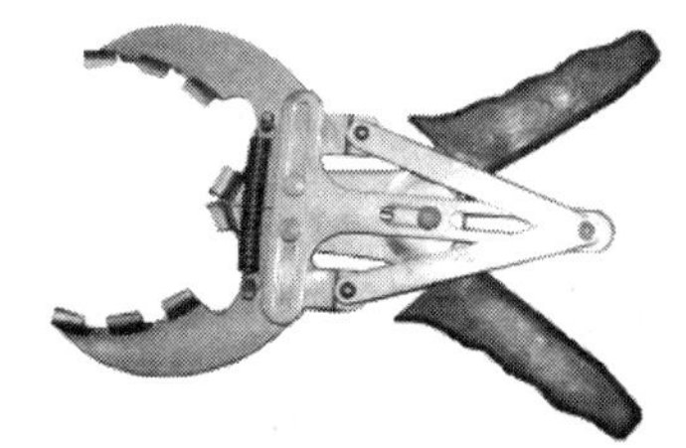
图 1—18　活塞环拆装钳</td></tr>
<tr><td>1. 结构与功用
活塞环拆装钳是用来拆装活塞环的专用工具。
2. 使用方法
将拆装钳卡入活塞环的端口，并使其与活塞环贴紧，然后握住手把慢慢捏紧，使活塞环张开，将活塞环从活塞环槽内取出或装入槽内。
3. 使用注意事项
（1）操作时应垂直上下移动活塞环，不得扳转，以免滑脱或损坏活塞环。
（2）操作时用力要适度，以免折断活塞环。</td></tr>
<tr><td>滤清器扳手（图 1—19）</td><td rowspan="2">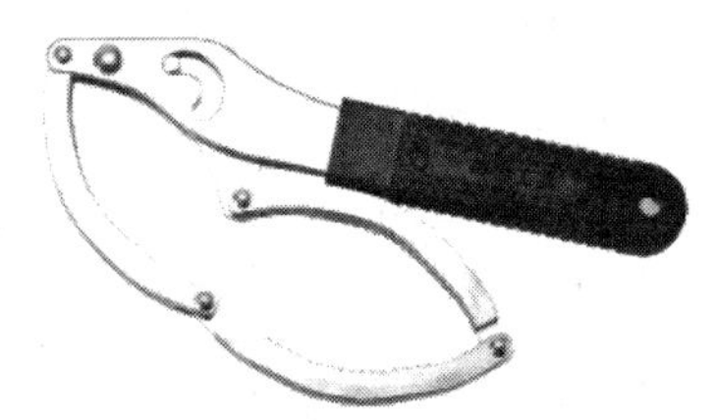
图 1—19　滤清器扳手</td></tr>
<tr><td>1. 结构与功用
滤清器扳手是一种滤清器的专用拆装工具，通常要在汽车配件商店才能买到，机油滤清器、柴油滤清器拆装时都可使用。滤清器扳手有直径可调式和固定式两种。
2. 使用方法
（1）选择尺寸合适的滤清器扳手，可调式滤清</td></tr>
</table>

器扳手使用前应根据滤清器的直径调节好尺寸。 （2）将扳手套入滤清器，转动滤清器扳手，将滤清器旋紧或旋松。 3. 使用注意事项 （1）使用时，尽量将扳手套在滤清器根部，以免损坏滤清器。 （2）安装前，应在螺纹口处涂上润滑油。 （3）安装时不可用力过大，以免损坏滤清器。	
气门弹簧钳（图 1—20）	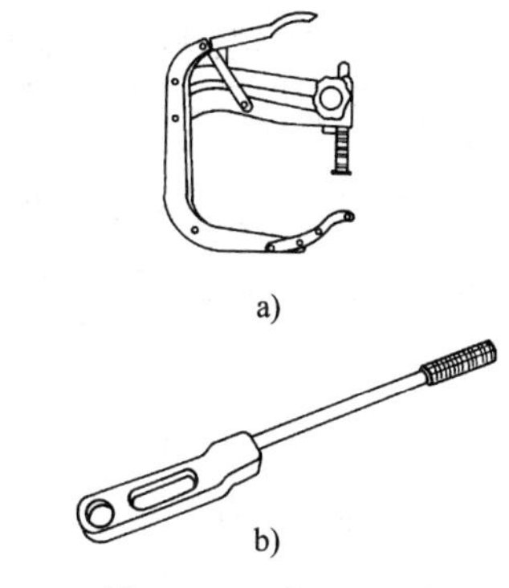 图 1—20　气门弹簧钳 a）弓形气门弹簧钳　b）杠杆式气门弹簧钳
1. 结构与功用 （1）气门弹簧钳是气门弹簧拆装的专用工具。有弓形气门弹簧钳、杠杆式气门弹簧钳等多种。 （2）弓形气门弹簧钳如图 1—20a 所示。它的凸台用来顶住气门头部，压头是半边切开的，压缩气门弹簧时，两锁片便落在压头的凹槽内，将其取出即可。 （3）杠杆式气门弹簧钳如图 1—20b 所示，用于拆装顶置气门。 2. 使用方法 （1）使用弓形气门弹簧钳时，先旋出螺杆至凸台顶住气门头，并使压头贴住气门弹簧座，再转动螺杆，带动压头压缩弹簧，使锁片落在压头凹槽内。 （2）使用杠杆式气门弹簧钳时，将前端孔套到缸盖螺柱上，旋上螺母定位，并使槽孔对准气门弹簧座，然后压下弹簧钳手柄，将气门弹簧压缩，用尖嘴钳取出气门锁片。 3. 使用注意事项 （1）气门弹簧钳与弹簧座接触要可靠，以防滑出。 （2）气门弹簧钳的活动部分应保持良好的润滑。	

<table>
<tr><td>发动机翻转拆装台（图 1—21）</td><td rowspan="2">
图 1—21　发动机翻转拆装台</td></tr>
<tr><td>1. 结构与功用
发动机翻转拆装台由座架、蜗轮蜗杆减速器、轮子、手轮及凸缘盘等组成。装卸台是用来拆装发动机的专用机具，可使发动机作 360°翻转，以方便拆装。
2. 使用方法
（1）将发动机安装在翻转拆装台上，并使重心尽量靠近翻转台转轴中心。
（2）使用时，根据需要慢慢摇转手轮使发动机翻转到适合的位置。
3. 使用注意事项
（1）翻转时，应慢慢摇转手轮。
（2）发动机翻转拆装台的轴承、蜗杆蜗轮副等处应保持良好的润滑。
（3）长时间不用时，应使用支撑架将发动机支撑住，减少转轴受力；长时间不用时，应将发动机从拆装架上拆下。</td></tr>
<tr><td>离合器拆装专用工具（图 1—22）</td><td rowspan="2">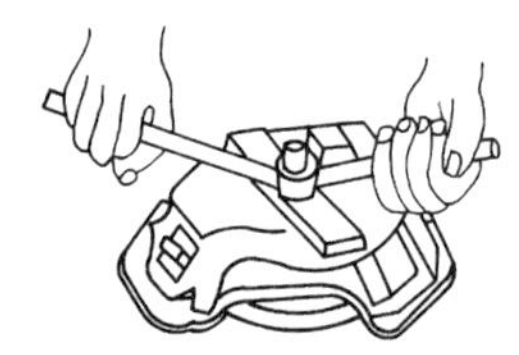
图 1—22　离合器拆装专用工具</td></tr>
<tr><td>1. 结构与功用
离合器拆装专用工具由夹板、丝杠、手柄等组成，是离合器分解和组装的专用工具。
2. 使用方法
（1）使用时将离合器总成放在两夹板之间，板上装一个推力球轴承及座，以使转动丝杠手柄时省力。
（2）转动手柄使离合器弹簧压缩，拆下或装上离合器连接螺栓。
3. 使用注意事项
（1）使用时，不准在手柄上加装套管或用锤子捶击，以免损坏工具。
（2）使用后应将其清洗干净，涂一层薄薄的润滑脂，以防生锈。</td></tr>
<tr><td>变速器翻转拆装台（图 1—23）</td><td rowspan="2"></td></tr>
<tr><td>1. 结构与功用
变速器翻转拆装台由座架、转盘、凸缘盘、定</td></tr>
</table>

位锁止装置等组成，为拆装主减速器的专用机具，在拆装中可使主减速器作任意角度翻转。

2. 使用方法

（1）使用时，先将主减速器总成吊装在翻转拆装台上，用螺栓将其固定。

（2）根据拆装的需要，将定位锁止装置的手轮旋出，使凸缘盘轴转过一定角度，然后转进手轮予以定位，再松开转盘锁止装置，绕转盘中心转过一定角度，使变速器处于最佳拆装位置。

3. 使用注意事项

（1）拆装时须将两个锁止装置锁紧，以免影响安全。

（2）拆装台的转轴和转盘应保持良好的润滑。

图 1—23　变速器翻转拆装台

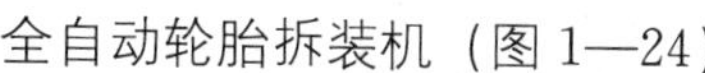

全自动轮胎拆装机（图 1—24）

1. 结构与功用

它是安装和分解汽车轮胎和轮辋的专用设备。它主要由操纵踏板、轮胎固定装置、装拆头、轮胎充气装置等组成，如图 1—24 所示。

2. 使用方法

（1）拆开胎唇

1）将已放气的轮胎置于轮胎拆装机右边的橡胶支撑靠板上。

2）将拆卸铲 11 顶在胎唇上。

3）踩下踏板 2，使拆卸铲 11 动作。

4）当胎唇撬开时，松开踏板 2。

（2）分解轮胎

1）将轮胎放在卡盘上，踩下踏板 3 使卡爪将轮辋卡紧。

2）踩下踏板 4，移动拆装头，使拆装头 7 插到胎唇与轮辋之间，并使之距离轮辋 2 mm。

3）将橇棒 13 插到胎唇与拆装头之间。

4）踩下踏板 1，使卡盘转动直到轮辋与轮胎分离。

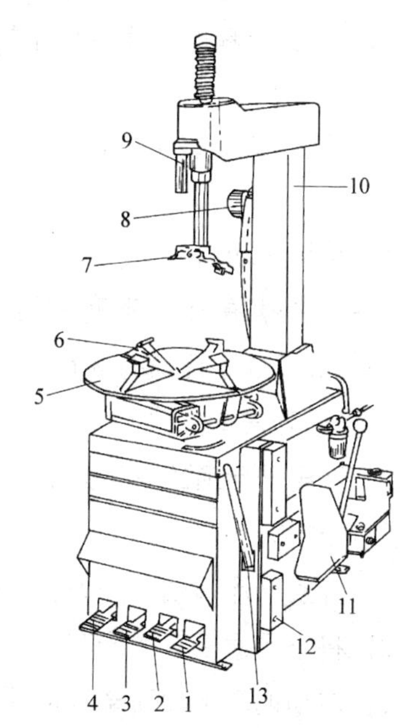

图 1—24　全自动轮胎拆装机

1—卡盘转动控制踏板　2—轮胎拆装铲控制踏板　3—卡爪开/合控制踏板　4—立柱倾斜控制踏板　5—卡盘　6—卡爪　7—拆装头　8—充气枪　9—悬臂锁紧手柄开关　10—立柱　11—胎唇拆卸铲　12—轮胎支撑靠板　13—橇棒

5）轮胎换面后，用同样的方法拆下另一侧胎唇。

(3) 组装轮胎

1）在卡盘上固定好轮辋。

2）将轮胎放在轮辋上，在胎唇上涂特殊润滑油。

3）将胎唇移到拆装头 7 边缘，压下拆装头，将胎缘压入轮辋。

4）踩下踏板 1，使卡盘转动一圈，使胎唇到位。

5）将轮胎换一边，装入内胎，重复以上操作，装好另一面胎唇。

(4) 轮胎充气

1）将充气枪 8 接到轮胎气嘴上。

2）扣动充气枪扳机给轮胎充气，至规定压力。

3. 使用注意事项

(1) 操作前应先放气，并取下所有平衡块。

(2) 拆装前应在胎唇上涂上厂家提供的润滑油。

(3) 安装时应确保轮胎与轮辋直径相同。

(4) 拆装过程中应注意防止轮辋变形。

千斤顶（图 1—25）

1. 结构与功用

汽车上常用的千斤顶有液压式、气压式和机械式三种。液压式千斤顶有 3 t、5 t、10 t 等。千斤顶一般用于举升汽车。

2. 液压千斤顶的使用方法

(1) 支车

1）拧紧千斤顶油压开关。

2）将千斤顶垂直置于车底支车部位。

3）转动调节千斤顶螺杆使顶面接近支车点。

4）缓慢压动手柄，逐渐支起车辆。

(2) 放下车辆

落下时应缓缓松开油压开关，使车辆缓缓落下。

3. 使用注意事项

(1) 支车前，应用三角木将车轮塞好，以防汽车滑溜发生危险。

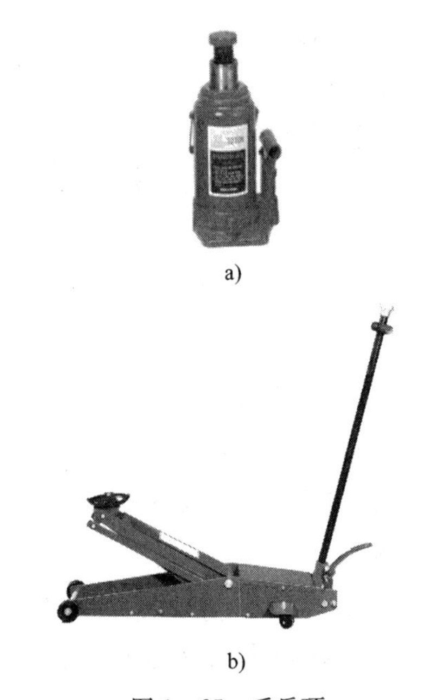

a)

b)

图 1—25 千斤顶

a）立式 b）卧式

(2) 起重时，地面要硬实可靠。在松软的地面上支车，千斤顶底座下应垫厚木板，不可垫石块或水泥板。

(3) 起重时，千斤顶的顶柱与被支顶的端面应保持垂直，以防滑脱发生危险。

(4) 千斤顶举升后应将车辆架好，使支顶卸荷 (可暂不撤去)，才可进行车下作业。

(5) 千斤顶举起的工件在架好前不能用锤子击打，以免损坏千斤顶。

(6) 千斤顶液压油不可用制动液或其他油液代替。

双柱液压汽车举升机 (图 1—26)

1. 结构与功用

用于车辆整车的举升，主要由主动立柱、被动立柱、四个托臂及撑脚、操纵杆、两个保险手柄等组成。

2. 使用方法

(1) 车辆进入

1) 四个托臂处于最低位置，同一立柱上的两托臂张至最大角度，将托臂缩至最短。

2) 车辆驶入工位，尽量使汽车重心位于两立柱中间。

(2) 举升

1) 调整托臂长度并锁上锁止机构，选好托举位置，调整撑脚高度。

2) 轻轻上推操纵杆，车辆徐徐上升，至适当高度后松开操纵杆。

(3) 工作

将被动立柱上的保险手柄置于“工作”位置。

(4) 下降

1) 将被动立柱上的保险手柄置于“下降”位置。

2) 左手转动并按住主动立柱上的保险手柄。

图 1—26　双柱液压汽车举升机

3）同时用右手拉下操纵杆，车辆下降至适当高度后松开操纵杆。

3. 使用注意事项

(1) 应按汽车使用说明书规定的托举位置支车。

(2) 除下降过程外其余时间被动立柱上的保险手柄必须置于工作状态。

(3) 下降作业时应检查车辆下部，必须保证车下无人和物。

(4) 车下作业时，禁止过度用力推动车辆，以防汽车从撑脚上滑下。

(5) 有上横梁的举升器上升过程中应注意车辆上部不能与横梁相撞。

龙门式吊车（图 1—27）

1. 结构与功用

龙门式吊车由吊架、手拉滑轮、转子等组成。吊车可前后移动，手拉滑轮可作横向移动，主要用于吊装汽车各个总成。

2. 使用方法

(1) 使用时将吊车移至被吊总成所处位置，用钢缆扎好总成。

(2) 根据需要放下滑轮链条，钩住钢缆后，缓缓拉起滑轮链条，将总成吊起。

(3) 移动吊车将总成吊至拆装台上。

3. 使用注意事项

(1) 手拉滑轮链条时如卡住不要硬拉，应查明故障予以排除。

(2) 总成起吊时应随时注意重心位移，及时纠正，以免倾翻。

(3) 吊车各活动部位应保持良好润滑。

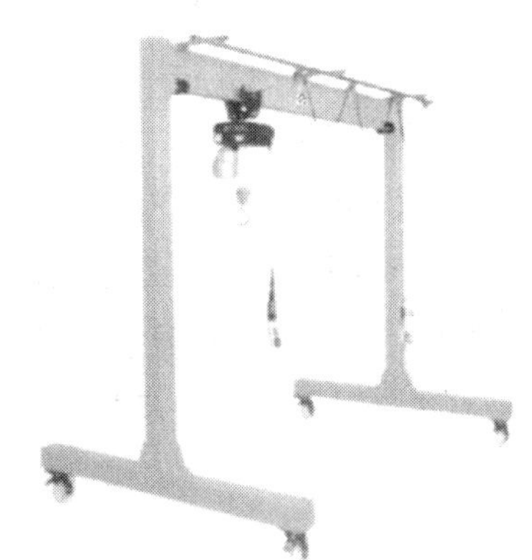

图 1—27　龙门式吊车

机械式悬臂吊车（图 1—28）

1. 结构与功用

机械式悬臂吊车由座架、悬臂及机械吊钩等组成。该吊车适用于发动机总成的起重，工作时底架前端可伸至车架下部。

2. 使用方法

(1) 使用时，将吊车移至被吊总成所处位置，按需要转动摇柄，放下吊钩。

(2) 将总成用钢缆扎好，然后用吊钩钩住钢缆，缓慢摇转摇柄，将总成吊悬。

(3) 移动吊车可将总成移至拆装台上。

3. 使用注意事项

(1) 如移动距离较长，应先将总成放到座架上，以免移动时倾翻。

(2) 吊车的各活动部分应保持良好的润滑。

图 1—28　机械式悬臂吊车

学习过程记录表

姓名：	班级：	学号：	日期：
第一单元　基本知识	课题一　常用拆装工具和机具设备的使用	第（　）工作页	双柱液压汽车举升机
说明：完成用双柱液压汽车举升机举起一辆轿车的工作过程，并将举升步骤与操作注意事项填写在下面。			
举升步骤		操作注意事项	

批语：　　　　　　　　　　　　　　教师：

课题二　紧固件、密封件、轴承的拆装要领

教学目的

掌握常用紧固件、密封件、轴承的种类、用途和拆装要领。

工具与设备

汽车常用紧固件、密封件、轴承。

一、螺纹连接件（图 1—29）

图 1—29　螺纹连接件

种类	1. 按结构可分为螺钉、螺栓、螺柱、圆柱管螺纹、圆锥管螺纹等。 2. 按螺距可分为粗牙普通螺纹、细牙普通螺纹和英制螺纹等。 3. 按功用可分为调整用和紧固用两类。
用途	1. 螺钉、螺栓及螺柱一般用于零件的连接或紧固，特殊情况下也可用于调整或锁紧。 2. 圆柱管螺纹一般用作水管、油管及气管接头，汽车上的半轴套管也是圆柱管螺纹。 3. 圆锥管螺纹一般用作密封管件，如油管接头、油道和气道的堵塞等。
拆装要求	1. 拆装螺栓螺母时，工具选用要正确，拆装顺序和拧紧力矩应符合规定。 2. 对不同规格的螺栓螺母，拆下后应分别放置，装复时须注意螺纹的规格，用手旋进 2～3 牙后，再用扳手予以拧紧。 3. 装螺纹副时不得偏斜，以免损坏螺纹。 4. 对磨损过度的螺栓螺母应予更换，以免使用中产生松动现象。

<table>
<tr><td>拆装要求</td><td>5. 螺栓螺母紧固后，螺栓应露出螺母端面 2～3 牙。
6. 禁止用锤子击打螺栓螺母，以免损坏。
7. 禁止螺栓螺母超力紧固，以免螺纹变形或折断螺栓。
8. 螺栓螺母装前须用润滑脂或润滑油涂抹一下，以防生锈及螺纹损伤。
9. 对调整功用的螺栓螺母应按有关技术要求操作。
10. 对有特殊要求的螺栓螺母，如半轴螺栓、缸盖螺栓等，禁止用普通的螺栓螺母代替。
11. 有方向要求的螺栓螺母，如连杆螺栓螺母、轮毂轴承调整螺母等，不得装反。</td></tr>
<tr><td colspan="2">二、锁止件（防松件）（图 1—30）</td></tr>
<tr><td colspan="2"> 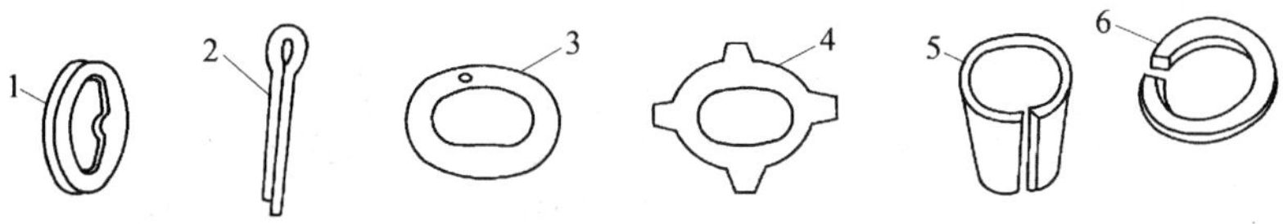图 1—30　锁止件
1、3、4—锁止垫圈　2—开口销　5—锥形垫圈　6—弹簧垫圈</td></tr>
<tr><td>种类</td><td>1. 销类：锁销（气门锁销）、开口销、横销等。
2. 环类：活塞销卡环、轴承卡环和锁环等。
3. 垫类：弹簧垫圈、锥形垫圈、平垫圈、锁止垫圈等。</td></tr>
<tr><td>用途</td><td>1. 锁销、开口销及横销用来锁止游动件或紧固件的相对装配位置，保证其工作性能不受影响。
2. 卡环、锁环用来锁止运动件的相对装配位置，使运动件在一定位置上正常工作。
3. 弹簧垫圈用来锁紧拧紧后的螺栓螺母，以免因振动而产生松脱现象。
4. 平垫圈主要是保护机件表面不受损坏，同时也具有一定的锁止作用。
5. 锥形垫圈的主要作用是将机件的工作应力分散，同时也有一定的锁止作用。
6. 锁止垫圈的作用是防止紧固螺母、螺栓松动。</td></tr>
<tr><td>拆装要求</td><td>1. 锁销装复时要到位，不能过长、过短或弯曲，不符合要求应予更换。
2. 开口销与孔径大小应适应，销尾如过长应适当剪掉，装复后两片都应翻卷。</td></tr>
</table>

<table>
<tr><td>拆装要求</td><td>3. 横销不能过细或过粗，应与孔径相适应。装配时用锤子在横销尾部轻轻敲击将横销敲入后，再装上弹簧垫圈及锁紧螺母，并拧紧。
4. 活塞销卡环、轴承卡环、齿轮轴锁环等均应与运动件有一定的间隙，否则运动件会将卡环或锁环挤断或挤脱，造成机械事故。
5. 一般的螺栓螺母都要配装弹簧垫圈和平垫圈，平垫圈与机件接触，螺栓螺母拧紧后，机件、平垫圈及弹簧垫圈之间应无缝隙。
6. 锥形垫圈是有特定装配位置的，如半轴螺栓。
7. 锁止垫圈装在机件与螺母之间，螺母按规定力矩拧紧后，应将锁片卷回来贴在螺母上，以防螺母松脱。锁止件装上后，应不影响机件的工作性能，否则应重装。</td></tr>
<tr><td colspan="2">三、常用密封件（图 1—31）</td></tr>
<tr><td colspan="2">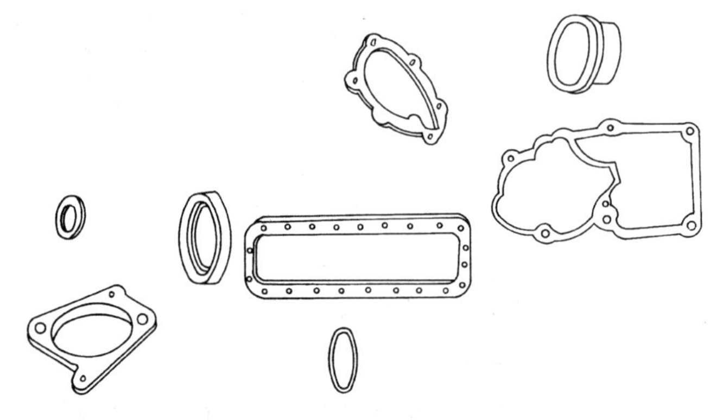
图 1—31　常用密封件</td></tr>
<tr><td>种类</td><td>1. 纸质类：纸板垫、石棉纸板垫、软木垫等。
2. 橡胶类：橡胶垫圈、密封胶条、橡胶密封圈、橡胶和毛毡类油封等。
3. 金属类：缸盖垫片、进排气歧管垫、排气管接口垫等。</td></tr>
<tr><td>用途</td><td>1. 纸板垫具有一定的伸缩性和耐油性，但耐水性与耐热性极差，且强度低。纸板垫可用于金属体较厚、接合面较平整、对温度和强度要求不高的部位，如变速器、主减速器总成的密封衬垫。
2. 石棉纸板垫具有一定的伸缩性、阻燃耐热性。与纸板垫比，强度高，但导热性差，可用于平整度较好的部位，如化油器、汽油泵、汽油滤清器等处的衬垫。
3. 软木垫质轻、柔软，具有较好的伸缩性，耐油性和耐水性也较好，可用于接合面不够平整的部位，如气门室盖衬垫、油底壳衬垫、水道边盖衬垫、水泵衬垫等。</td></tr>
</table>

<table>
<tr><td>用途</td><td>4. 橡胶垫柔软、弹性好，具有较好的伸缩性和一定的韧性，可用于密封要求较高、机件接合面不够平整的部位，如正时齿轮盖衬垫、气门室罩衬垫、油底壳衬垫、水泵衬垫、驾驶室玻璃密封条、柴油机缸套O形密封圈等。
5. 橡胶和毛毡类油封具有良好的耐油性、耐热性、耐磨性和使用可靠性，可作曲轴、变速器、减速器、传动轴、轮毂等部件中的高速运转件的油封。
6. 金属垫具有较高的耐热性、耐腐蚀性和伸缩性，并有足够的强度，可用作缸盖垫片、排气管接口垫及进排气歧管垫等。</td></tr>
<tr><td>拆装要求</td><td>1. 垫片在拆装中如损坏，须将机体上的残留物刮干净，新垫片装上后，应分几次对称拧紧螺栓。
2. 橡胶和毛毡类油封装复时，应在油封的刃口上涂一层润滑油，转动轴数圈后，再对称拧紧油封盖螺栓，使油封与轴颈保持同心，以延长油封使用寿命。
3. 汽车金属垫一般有装配方向的要求，装复时必须按规定的方向，并按规定的力矩和顺序分几次拧紧螺栓（如气缸螺栓）。</td></tr>
<tr><td colspan="2">四、轴承（图1—32）</td></tr>
<tr><td colspan="2"> a） b）
图1—32 轴承
a）滚动轴承 b）滑动轴承</td></tr>
<tr><td>种类</td><td>汽车常用的轴承可分为滚动轴承和滑动轴承两大类：
1. 滚动轴承有深沟球轴承、推力球轴承、圆柱滚子轴承、圆锥滚子轴承和滚针轴承等。
2. 滑动轴承有向心滑动轴承和推力滑动轴承。向心滑动轴承又分整体式、剖开式和锥形表面式三种。</td></tr>
<tr><td>拆装要求</td><td>1. 深沟球轴承拆卸时须用顶拔器，装复时应用专用压具将其压入，也可用铜棒和锤子或用橡胶锤、木锤将其轻轻击打敲入。
注意：当轴承到位发出清脆的声响时应停止敲击，以免损坏机体。</td></tr>
</table>

拆装要求	2. 转向节主销的推力球轴承可直接用手取下，离合器分离轴承须用专用工具拆装。 3. 滚针轴承一般可用手拆装，但万向节滚针轴承须用顶拔器或用铜棒和锤子进行拆装。 4. 圆柱滚子轴承须用顶拔器拉出，装复时用压具将其压入，或用铜棒和锤子或橡胶锤、木锤将其轻轻击打敲入。 5. 对整体式滑动轴承（如凸轮轴轴承），可用压具或顶拔器进行拆装，对剖开式滑动轴承可用手直接拆装。 6. 滚动轴承拆下后，应清除油污，检查无损伤和缺陷后再用润滑脂润滑装复。 注意：滚动轴承应根据不同的使用要求加注不同的润滑脂。

学习过程记录表

姓名：	班级：	学号：	日期：
第一单元　基本知识	课题二　紧固件、密封件、轴承的拆装要领	第（　）工作页	螺纹连接件
说明：完成汽车上螺栓的拆装，并将拆装步骤与操作注意事项填写在下面。			
拆装步骤		操作注意事项	

批语：　　　　　　　　　　　　　　教师：

课题三　7S管理与安全操作规范

<table>
<tr><td colspan="2">教学目的
1. 掌握汽车维修过程中的7S管理
2. 掌握汽车拆装过程中的安全注意事项和拆装规范要求。</td></tr>
<tr><td colspan="2">一、7S管理</td></tr>
<tr><td>1. 整理（SEIRI）（图1—33）
含义：将实训场地中的所有物品区分为要用的物品与不要用的物品，并将不要用的物品清除掉。
要点：对现场的设备、零件、工具、文件等物品区分为要用与不要用，对要用的物品进行分类管理，将不要用的物品分为有用和无用物品，有用的物品转移到现场之外，进行分类管理，无用的物品清除。</td><td>
图1—33　整理</td></tr>
<tr><td>2. 整顿（SEITON）（图1—34）
含义：把留下来的必须要用的物品按规定的位置整齐摆放，并加以标识。
要点：物品摆放有序、定位放置合理，物品分类标识明确，需要的物品能很快取到，不需寻找，用后还原，达到安全、高效、提高工作质量的目的。</td><td>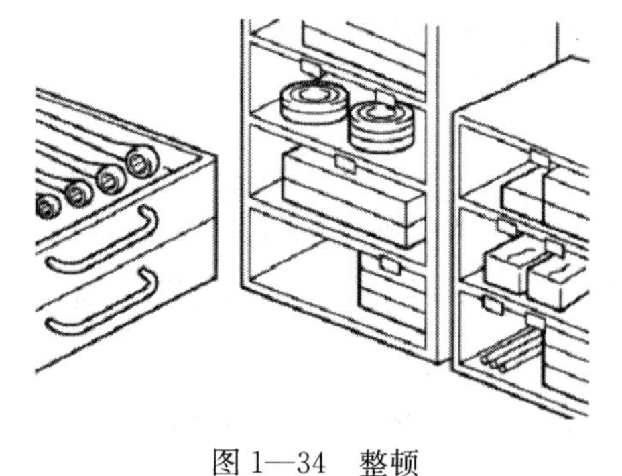
图1—34　整顿</td></tr>
<tr><td>3. 清扫（SEISOH）（图1—35）
含义：将实习实训场所内能看见与看不见的地方清扫干净，保持实习实训场所干净。
要点：对桌椅、门窗、设备、货架等进行清扫、擦拭、点检、加油，保持工作面干净、摆放整齐，营造明亮、清新的学习环境，提高学习效率。</td><td>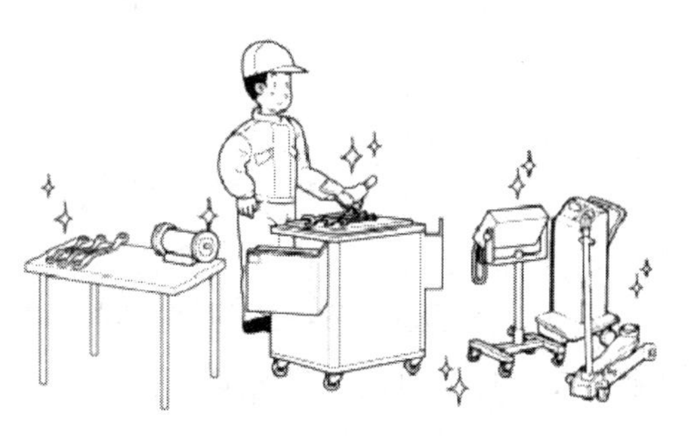
图1—35　清扫</td></tr>
</table>

4. 清洁（SEIKETSU）（图1—36）

含义：维持上面“3S”的成果，即经过整理、整顿与清扫工作后，把所积累的经验和所养成的习惯用文字书写出来，形成制度，加以规范。

要点：以上“3S”实施后一定要制度化，要有明文规定，区域场所责任到人，制定制度告知全体学生，使大家有统一的行动标准。通过经常检查与维持，使实训场所始终保持在最佳状态。

图1—36　清洁

5. 素养（SHITSUKE）（图1—37）

含义：人人养成良好的习惯，并按规则做事，培养积极主动的精神，形成团结合作意识。

要点：通过教育训练达到管理规范化、制度化；提高学生素质，讲究社会公德，加强自我修养；文明礼貌，五讲四美，遵纪守则；建立和睦、团结、朝气蓬勃的团队。

图1—37　素养

6. 安全（SAFETY）（图1—38）

含义：人人按规则（如项目指导书、操作规程、维修手册）工作与生活，避免意外“伤害”的发生。

要点：告诫全体学生时刻要绷紧安全这根“弦”，杜绝“侥幸”心理的存在。

图1—38　安全

7. 节约（SAVING）（图1—39）

含义：有成本意识，不浪费资源。

要点：养成勤俭节约的习惯；对于学习用品、实习原材料，合理利用、不浪费。

图1—39　节约

二、拆装安全注意事项

在进行拆装实习时，一定要遵守安全操作规程，必须做到：

1. 在拆装作业前必须使用翼子板盖、地板垫和座椅套，以防弄脏和擦坏油漆。

2. 使用千斤顶时，在千斤顶底部放一块厚木板，顶升时人应在汽车的外侧。严禁用砖块等易碎物支垫千斤顶或车辆。

3. 使用千斤顶时，一定要用千斤顶支架，并注意以下几点：用千斤顶抬高和降低车身时需谨慎精确。把千斤顶设置在横梁或车桥下面时，应将座板放在被支承件的中心位置上，并且注意防止使座板滑脱。顶升位置因车型不同而不同，应参阅有关说明书和修理手册。

4. 在拆下轮胎前应先用长凳分别支好车架前端和后端，如不拆卸轮胎，应先用三角木塞住四个车轮。应该确保汽车在拆装过程中不被移动。

5. 使用汽车举升机时应遵守以下几点：

将车移到汽车举升机上，使汽车的重心落在汽车举升机座板上。举升时，一定要查好周围情况。进行维修项目时，车门会被多次打开，因此车辆在摆放时一定要注意避免车门相互碰撞。

6. 拆装离合器时禁止摇转发动机或使用起动机。

7. 机具设备的电线、插头等应无破裂或损坏现象，以防触电。

8. SST 是专用维修工具，这些专用工具是普通工具难以替代的。

9. 当进行与电气系统有关的整车拆装时，应将蓄电池的负极接线柱断开，以防由于短路而烧毁导线。

10. 拆装蓄电池时，应小心轻放、不倾斜，以免电解液漏出。

11. 蓄电池导线断开后，别忘了重新调整时钟上的时间。

12. 有些车型的音响系统或其他电器存储器上的信息会在断开蓄电池导线时丢失，因此，断开负极接线柱之前一定要将存储器内容记录下来。

13. 不准用含铅汽油清洗零件，严禁明火接近汽油。

三、拆装规范操作注意事项

1. 不得将工具、零件等随意扔在地上。

2. 不得使水、油污等污染拆装场地。

3. 拆装结束后应及时清理场地。

4. 平垫圈、弹簧垫圈、开口销等应按规定装配齐全。

5. 螺栓螺母紧固后，螺栓螺纹应高出螺母 2～3 牙。

6. 凡有拧紧力矩要求的螺栓螺母，应按规定力矩拧紧。

7. 一般的螺栓螺母组应用相应的扳手分几次对称拧紧。

8. 无一次性使用要求的铜垫、调整垫片拆下后应放好，仍可装复使用。
9. 所有的油封在装配前均应在摩擦部位涂上润滑油。
10. 禁止用锤子直接捶击机件，应垫上铜棒后再捶击。
11. 保持车辆和拆装场地的清洁。

学习过程记录表

姓名：	班级：	学号：	日期：
第一单元　基本知识	课题三　7S 管理与安全操作规范	第（　）工作页	7S 管理与安全操作规范
说明：找出教师在现场设置的安全隐患，并将安全隐患部位和可能出现的危险填写在下面。			
安全隐患部位		可能出现的危险	

批语：　　　　　　　　　　　　教师：

第二单元　发动机的拆装

课题一　发动机总成在整车上的拆装

教学目的

1. 掌握发动机总成的拆装方法、步骤和技术要求。
2. 熟悉发动机与底盘、车身、电气设备之间的连接关系。
3. 掌握拆装工具和机具的使用。

工具与设备

1. 汽车举升器、常用工具。
2. 桑塔纳发动机专用吊车。
3. 桑塔纳 3000 型轿车（图 2—1）。

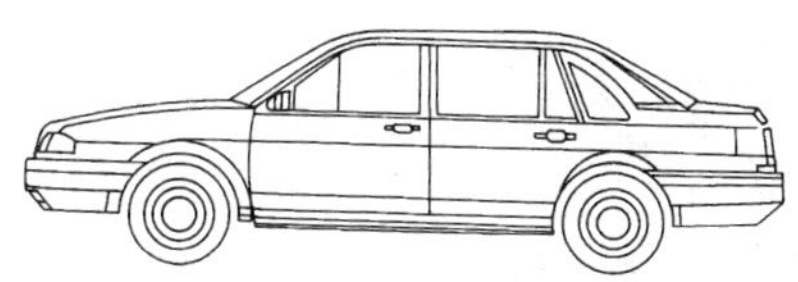

图 2—1　桑塔纳 3000 轿车

项目 1　桑塔纳 3000AYJ 型发动机附件的拆卸

1. 车辆准备

(1) 汽车进入工位前，将工位清理干净，准备好相关器材。

(2) 套上转向盘护套、变速器手柄套和座位套，铺设脚垫。

(3) 正确停放车辆，在车轮处放置车挡块，并拉好驻车制动器。

(4) 打开发动机舱盖，安装磁性护垫。清洁发动机舱并对燃油油路进行泄压处理。

2. 车辆举升

(1) 将车辆停在举升器内。

(2) 使举升器的四个举升臂分别与车辆前后支承点相接触，举升车辆，如图2—2车辆举升所示。

(3) 当车辆的四个轮胎被举升至刚离开地面时，用手摇动车身，检查车辆支承应牢固。

(4) 车辆举升到所需高度后，检查各支点的固定情况，确认安全后再进行其他项目。

(5) 拆装过程中根据需要随时调整举升高度。

注意：下降时应先确认车辆下方没有人和其他物体。进行车下项目时，禁止过度用力推动车辆，以防汽车从撑脚上滑下。

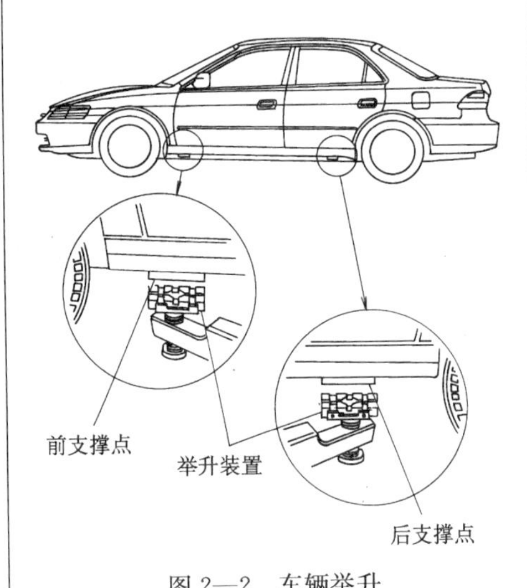

图2—2 车辆举升

3. 拆卸散热器及冷却系统（图2—3）附件

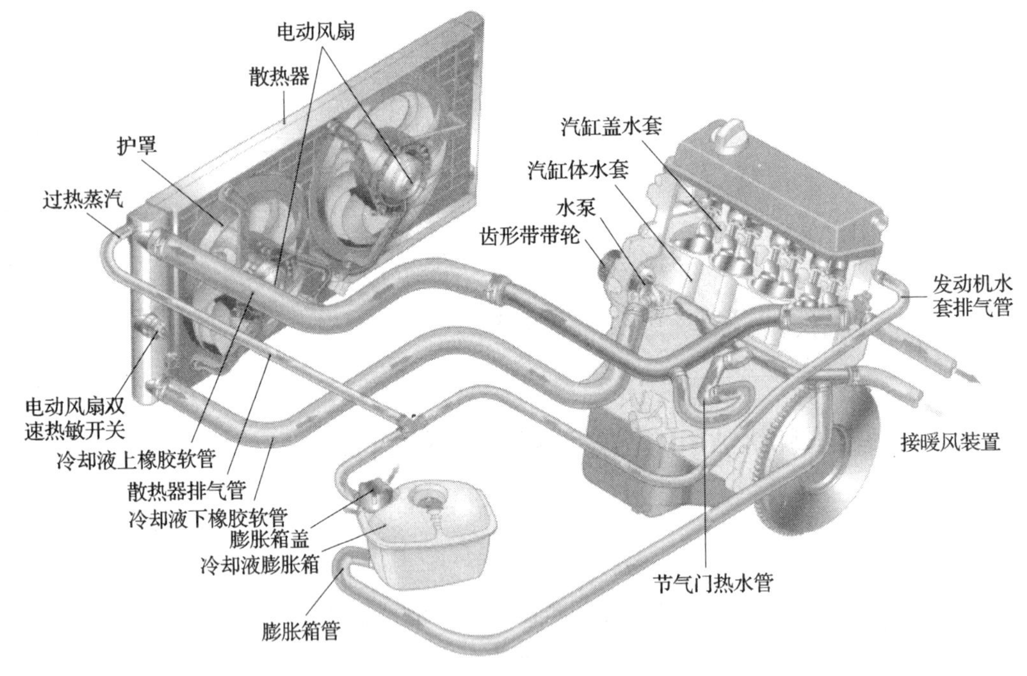

图2—3 散热器及冷却系统

(1) 关闭点火开关，拆下蓄电池的搭铁线。

(2) 旋开冷却系统冷却液膨胀箱盖。

(3) 拆下油底壳下部的导流板固定螺栓，拆下导流板。

(4) 在发动机底部放置冷却液收集器。

（5）松开冷却液下橡胶软管夹箍，如图 2—4 所示，拆下冷却液下橡胶软管，放出冷却液。

注意：所抽取的冷却液必须用干净的容器收集，用于处理或再使用。冷却液是有毒液体，不能直接排到下水道。

（6）从支座上拔下散热器电动风扇的 2 个插头连接并断开插头，如图 2—5 所示断开散热器电动风扇插头。

（7）拔下散热器左侧的电动风扇双速热敏开关插头，如图 2—6 所示。

（8）松开冷却液上橡胶软管固定夹箍和散热器排气管固定夹箍，拆下冷却液上橡胶软管和散热器排气管。

（9）松开水泵进水口处的冷却液下橡胶软管固定夹箍，拆下冷却液下橡胶软管。

（10）拆下散热器电动风扇的固定螺栓，拆下散热器电动风扇和散热器。

（11）拆下发动机水套排气管。

（12）拆下出水管接头处的冷却液上橡胶软管固定夹箍，拔下冷却液上橡胶软管。

（13）拆下出水管接头处的暖风热交换器的冷却液软管固定夹箍，拔下通往热交换器的冷却液管，如图 2—7 所示。

（14）拆下节气门热水管和冷却液膨胀箱水管。

（15）拆下冷却液膨胀箱。

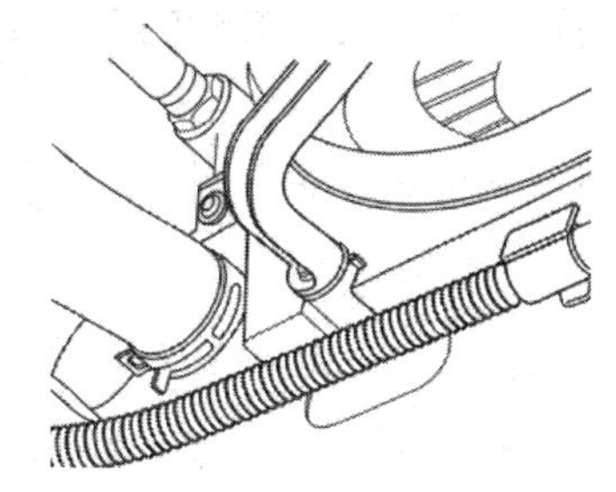

图 2—4　松开冷却液下橡胶软管夹箍

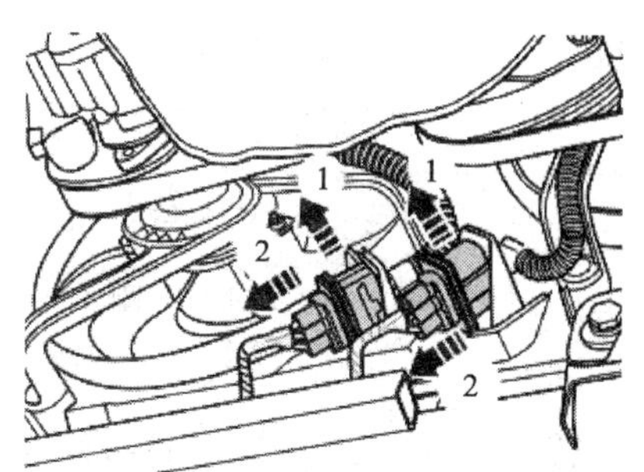

图 2—5　断开散热器电动风扇插头

1—拔下　2—断开

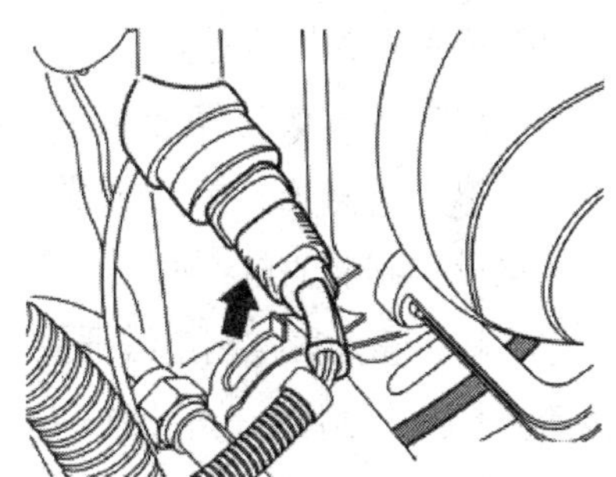

图 2—6　热敏开关插头

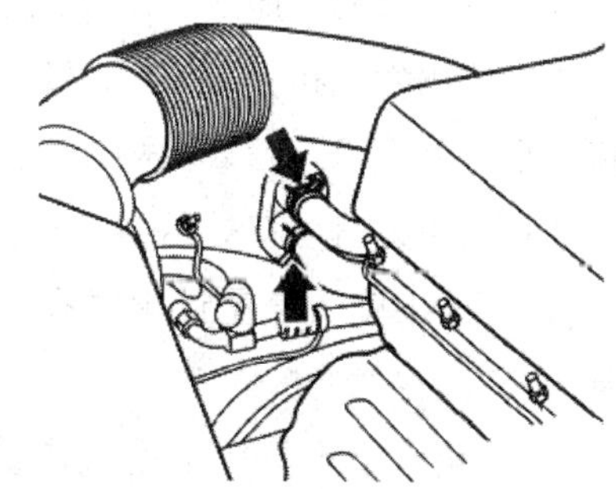

图 2—7　通往热交换器的冷却液管

4. 放出自动变速器油和机油

（1）在自动变速器下方放置集油盘。

（2）拆下如图 2—8 箭头所示的自动变速器油管，放出自动变速器油。

(3) 拆下油底壳左侧的自动变速器油管支架螺栓。

(4) 在发动机油底壳下方放置集油盘。

(5) 旋下油底壳放机油口螺塞，放尽机油。

注意：所抽取的机油和自动变速器油必须用干净的容器收集，用于处理或再使用。

机油和自动变速器油不能直接排到地上或下水道内，以免污染环境。

(6) 旋上放机油口螺塞，并按规定力矩拧紧。

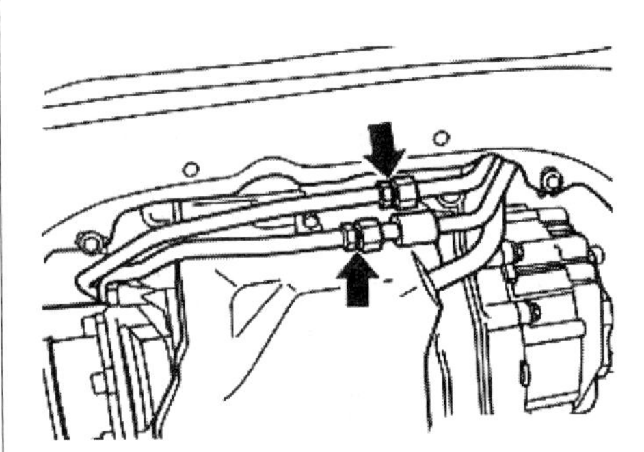

图 2—8　自动变速器油管

5. 拆下电线插头及附件

(1) 拆下蓄电池正极线和搭铁线，拆下蓄电池固定卡子。

(2) 将蓄电池向外拉出少许，取出蓄电池。

(3) 松开蓄电池支架固定螺栓，拆下蓄电池支架。

(4) 拆下发动机罩盖。

(5) 拔下冷却液温度传感器、机油压力报警传感器、爆震传感器、氧传感器、发动机转速传感器和点火控制器的电线插头。

(6) 拔下喷油器控制电线插头、节气门位置传感器插头、凸轮轴位置传感器插头、进气温度传感器插头，如图 2—9 所示，将线束整理到一边。

(7) 脱开发动机舱隔板附近的所有电线插头。

(8) 拔出发动机控制单元 (ECU) 两插头的卡簧手柄，从 ECU 上取下两电线插头。

(9) 拆下进气管口处的导气盒。

(10) 拔下空气流量计电线插头，如图 2—10 所示。

(11) 用十字旋具拆下空气流量计固定螺栓，从空气滤清器上拆下空气流量计。

(12) 拔下活性炭罐电磁阀的电线插头，从空气滤清器上拆下活性炭罐电磁阀。

(13) 拆下空气滤清器至节气门体之间的进气软管。

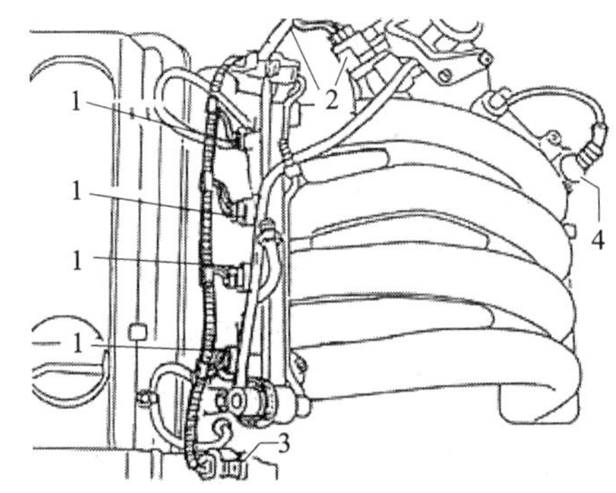

图 2—9　电线插头

1—喷油器　2—节气门位置传感器

3—凸轮轴位置传感器　4—进气温度传感器

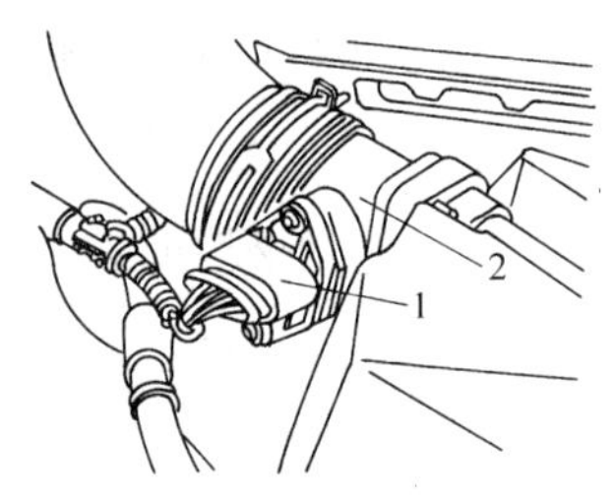

图 2—10　空气流量计电线插头

1—空气流量计电线插头

2—空气流量计

(14) 拆下空气滤清器盖，取出空气滤芯。

(15) 拆下空气滤清器，先脱开底部的固定夹，再往上拔出一点，然后向发动机方向取出空气滤清器。

(16) 拆下节气门前方的进气管夹箍，取下进气管和曲轴箱通风管。

(17) 拆下制动助力器真空管的夹箍，取下真空软管。

(18) 拔出通往活性炭罐的真空管。

(19) 从分油管上拆下进油管和回油管，如图 2—11 所示。

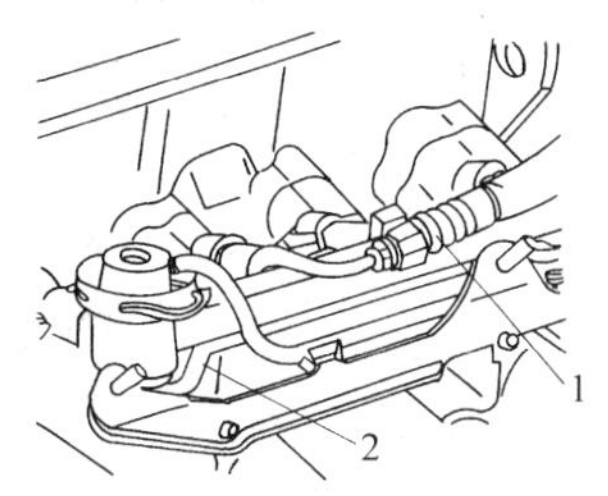

图 2—11　拆下进油管和回油管

1—进油管　2—回油管

注意：拆卸时用毛巾盖住接头，以防燃油喷出。

燃油系统有较高的压力，在松开油管前应先卸压或在接头处放置抹布，然后小心地松开接头，以防燃油飞溅。

拆卸燃油系统的零件时，应注意周边不应有明火，以防引起火灾。

(20) 拔下节气门拉索上的调整锁片，从节气门控制臂上拆下节气门操纵拉索，如图 2—12 所示。

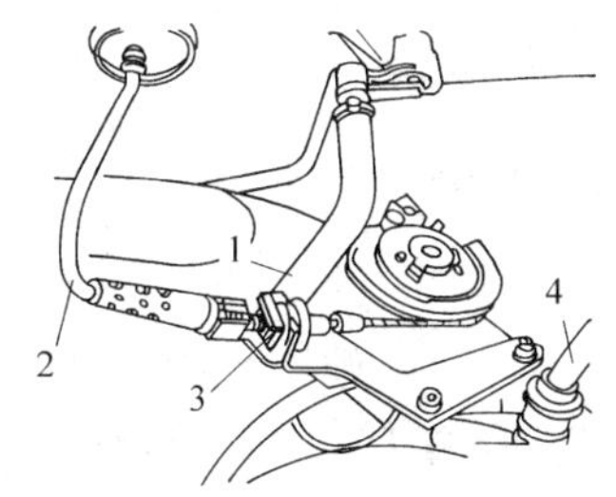

图 2—12　拆下节气门操纵拉索

1—炭罐电磁阀真空管　2—节气门拉索

3—调整锁片　4—真空助力器真空管

(21) 拆下节气门操纵拉索支架。

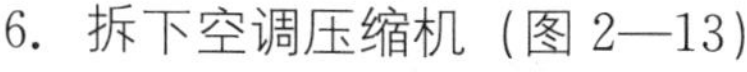

6. 拆下空调压缩机（图 2—13）

(1) 松开空调压缩机与支架的连接螺栓，取下空调压缩机传动带。

注意：拆下传动带前做好方向记号，装复使用时应按原方向装回，以免损坏传动带。

(2) 移开空调压缩机并用绳子将其固定在副梁上。

注意：不要让空调软管承受空调压缩机的重量，以防拉坏软管。

如果要松开空调软管，应用专用设备抽取制冷剂，不能将制冷剂直接排到大气中。

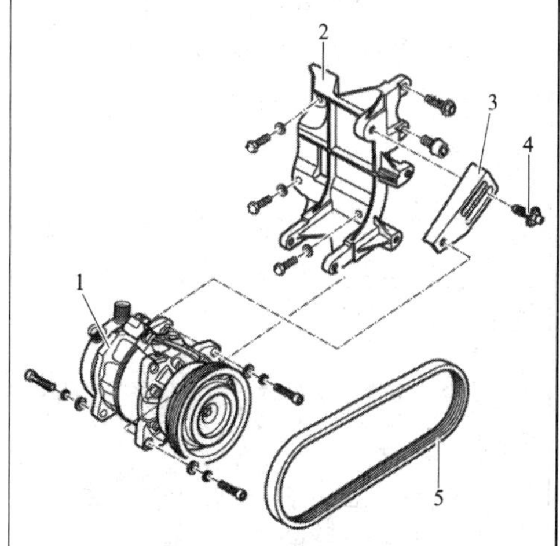

图 2—13　空调压缩机的分解图

1—空调压缩机　2—压缩机支架

3—多楔传动带张紧支架　4—多楔传动带张紧力调节螺栓　5—压缩机多楔传动带

7．拆下发电机及转向液压泵（图 2—14）

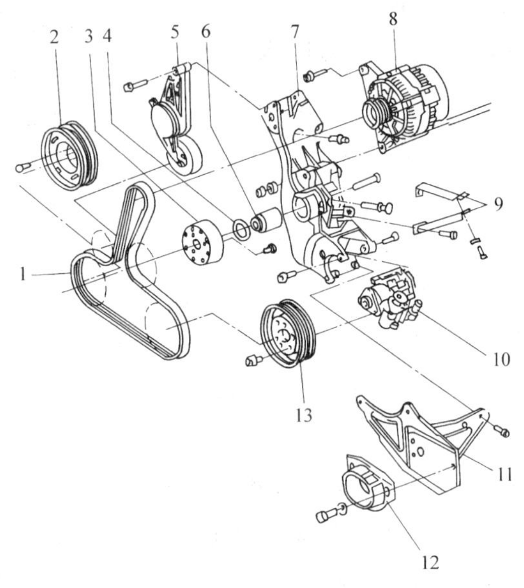

图 2—14 发电机及转向液压泵的分解图

1—传动带 2—曲轴传动带轮 3—过渡轮 4—保持夹 5—传动带张紧轮 6—过渡轮轴 7、9、11—支架 8—发电机 10—动力转向油泵 12—扭力臂限位块 13—动力转向油泵传动带轮

（1）使用扳手顺时针方向扳动张紧轮，如图 2—15 所示，使发电机传动带松开，并用销钉固定张紧轮。

（2）从发电机上取下发电机传动带。

（3）从张紧轮上取下销钉。

（4）拆下发电机电线插头，使其与导线脱开。

（5）拆下起动机导线，并给导线做好记号，以便能正确安装。

（6）松开发电机与支架的上、下连接螺栓。

（7）轻轻转动发电机，拔下下部连接螺栓，取下发电机。

（8）松开动力转向液压泵传动带轮的螺栓，取下传动带。

注意：在取下传动带前应先做好方向记号，安装时，就按原方向装复，不能装错。如相反方向安装，将可能使传动带损坏。

（9）从支架上拆下动力转向液压泵，并将其固定在发动机舱内一侧。

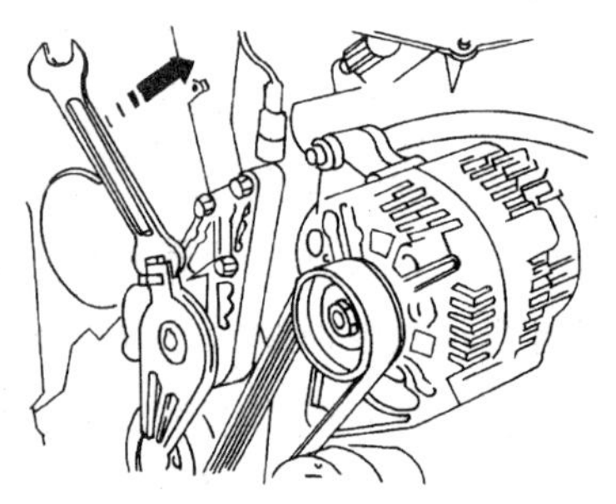

图 2—15 扳动张紧轮

项目 2　桑塔纳 3000AYJ 型发动机总成的拆卸

1. 脱开排气管

（1）拆下排气管吊架，如图 2—16 所示。

（2）旋下排气歧管与前排气管的连接螺栓，使两者分离。

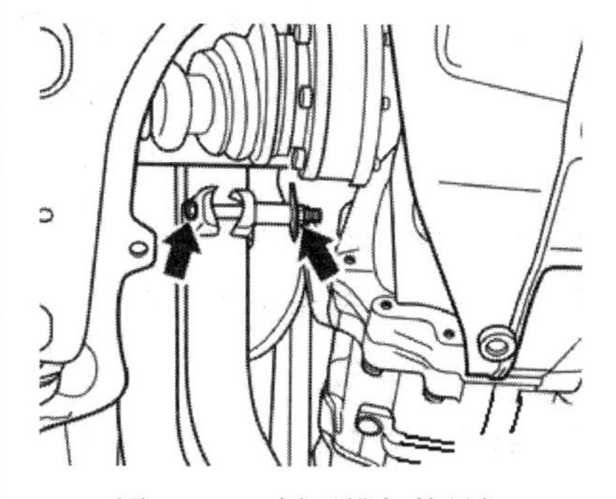

图 2—16　拆下排气管吊架

2. 将变速器与发动机分离

（1）松开车身上的搭铁线。

（2）脱开起动机的电线，并从变速器壳体上拆下起动机。

（3）拔下变速器上的车速传感器和倒车灯开关电线插头。

（4）拆下发动机右线束。

（5）拆下液力变矩器与飞轮的连接螺栓（自动变速器车辆）。

（6）拆下发动机与变速器连接处的支架。

（7）拆下传动轴，并将它们密封好，防止灰尘进入。

（8）使用专用支架固定变速器。

（9）拆下发动机与变速器的所有连接螺栓。

（10）拆下变速器前部支架，如图 2—17 所示（手动变速器汽车）。

（11）拆下后部支架与变速器支撑的连接螺栓，如图 2—18 所示。

（12）拆下发动机前部与车身的连接扭力臂固定螺栓。

（13）拆下发动机纵向定位螺栓。

（14）将变速器稍向后移动，拆下中间金属片。

（15）将变速器与发动机分离，同时将液力变矩器和传动盘与飞轮分离（自动变速器车辆）。

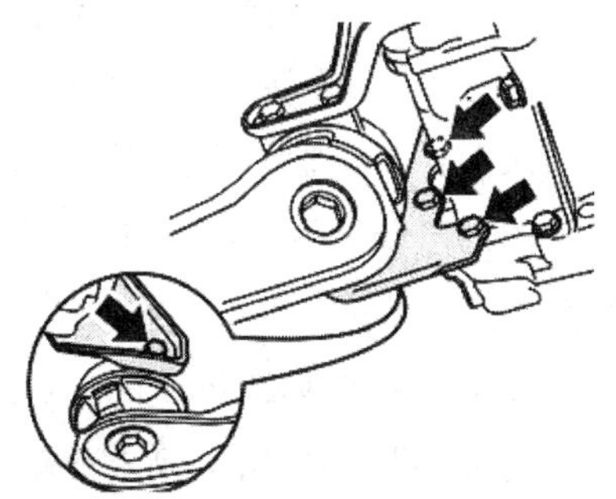

图 2—17　拆下变速器前部支架

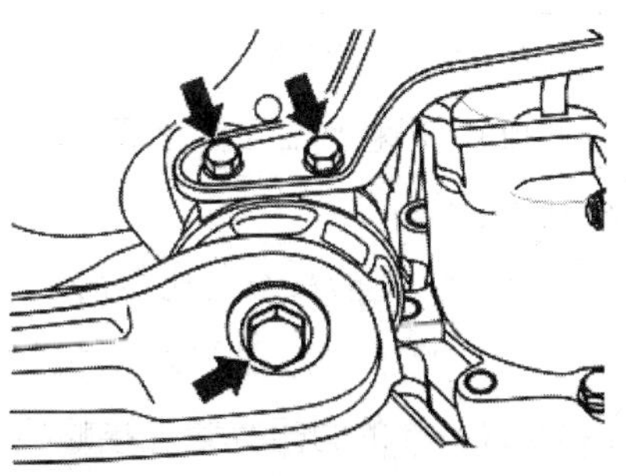

图 2—18　拆下后部支架与变速器支撑的连接螺栓

(16) 用金属线将液力变矩器固定在变速器内，防止倾倒。

3. 起吊发动机总成

(1) 拆下发动机液压支承座螺母。

(2) 用专用吊架和专用吊车小心地从发动机舱内吊出发动机，如图 2—19 所示。

(3) 拆下离合器总成。

注意：为确保平衡，防止发动机侧翻，应按图示位置装好吊架。

起吊前应检查发动机与车身间的软管和导线，确保都已经拆开。

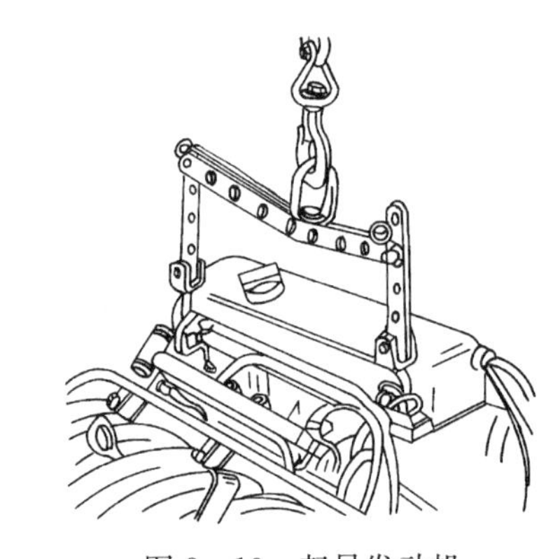

图 2—19 起吊发动机

项目 3 发动机总成的装车

1. 吊装发动机总成

(1) 先用定心轴将离合器从动盘与飞轮中心定位，如图 2—20 所示，装上离合器，按规定力矩拧紧。

注意：离合器从动盘与飞轮的中心一致。

(2) 用专用吊架和吊车将发动机总成吊入发动机舱内。

注意：安装过程中，不能将管路和导线压坏。

发动机舱空间窄小，所有管路、导线都必须按原位置装回，并和运动部件及发热部件留有足够的间隙。

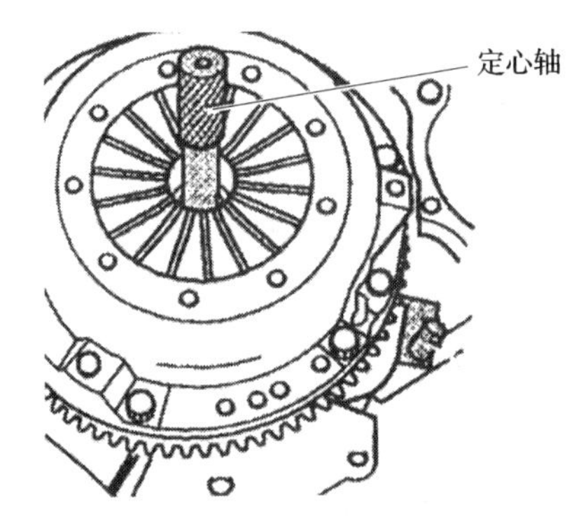

图 2—20 装离合器从动盘

2. 装上变速器

(1) 变速器轴上涂上薄薄的一层润滑脂，装上变速器。

注意：发动机与变速器间的定位销应定位可靠。

(2) 装上变速器与发动机的连接螺栓，用扳手以 60 N·m 的力矩拧紧连接螺栓。

(3) 装上发动机两侧与车身的固定螺栓。

(4) 装上液力变矩器与飞轮的连接螺栓（自动变速器车辆），并按规定力矩拧紧。

(5) 装上起动机电源线和控制线。

(6) 装上变速器前部支架，如图 2—21 所示（手动变速器汽车）。

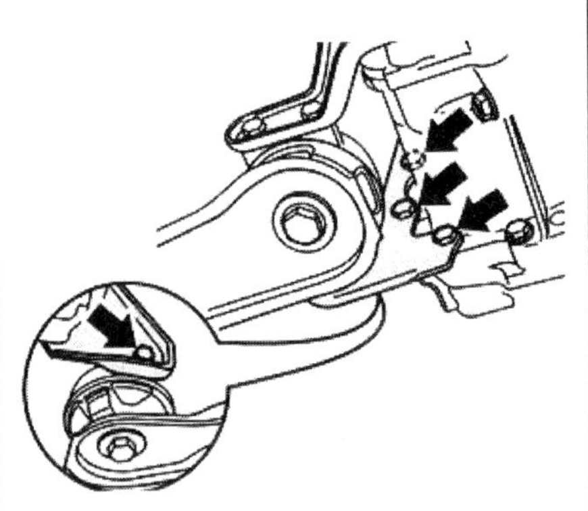

图 2—21 装上变速器前部支架

（7）装上后部支架与变速器支撑的连接螺栓。

（8）装上发动机前部与车身的连接扭力臂固定螺栓，如图 2—22 所示。

（9）按规定力矩拧紧发动机两侧与车身的固定螺栓。

（10）装上变速器上的车速传感器和倒车灯开关插头。

（11）装上车身上的搭铁线。

（12）取出安装吊车及吊装铁链。

（13）装上传动轴。

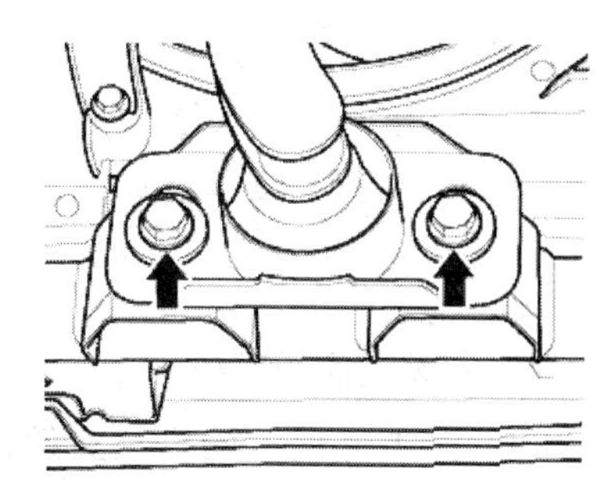

图 2—22　装上连接扭力臂固定螺栓

3. 装上排气管

（1）装上排气管密封垫及排气管，以 30 N·m 的力矩拧紧排气歧管与排气管的连接螺母。

（2）装上排气管吊架。

4. 安装动力转向液压泵

（1）装上动力转向液压泵，拧紧固定螺栓。

（2）拧紧油管固定螺栓。

（3）装上动力转向液压泵带轮，装上紧固螺栓，并按规定力矩拧紧。

5. 安装发电机

（1）将发电机放入发电机支架上，如图 2—23 所示。

（2）装上发电机固定螺栓，并按规定力矩拧紧。

（3）连接发电机线束，拧紧固定螺母。

（4）插上发电机调节器插头。

（5）装上发电机的输出电线。

（6）装上发电机搭铁线。

（7）将多楔传动带套在曲轴带轮上。

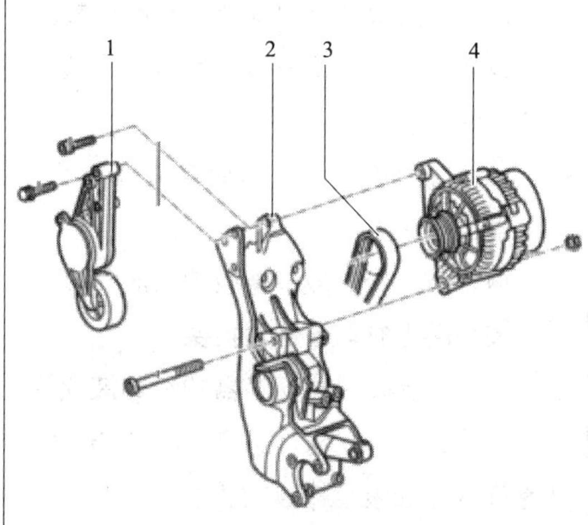

图 2—23　发电机及支架

1—张紧轮支架　2—支架　3—多楔传动带　4—发电机

(8) 使用扳手按顺时针方向扳动传动带张紧轮，如图 2—24 所示，使张紧轮张开，用销钉固定张紧轮。

(9) 将传动带安装到位后，用扳手按顺时针方向扳动传动带张紧轮，拆下张紧轮上的销钉。

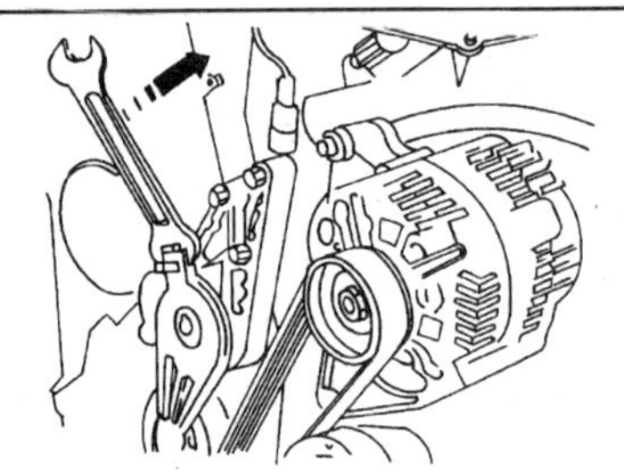

图 2—24 顺时针方向扳动传动带张紧轮

6. 安装空调压缩机

(1) 装上空调压缩机及支架，装上紧固螺栓。

注意：空调压缩机的带轮前端面应与曲轴带轮处于一个平面。

(2) 按拆下时的方向记号装上空调压缩机传动带。注意多楔传动带上的筋条应完全卡入带轮的楔槽中。

(3) 调整好空调压缩机传动带的张紧力，按规定力矩拧紧空调压缩机固定螺栓，如图 2—25 所示。

(4) 装上飞轮下盖板，并用螺栓固定。

(5) 装上机油尺托架，拧紧托架固定螺栓。插上机油尺。

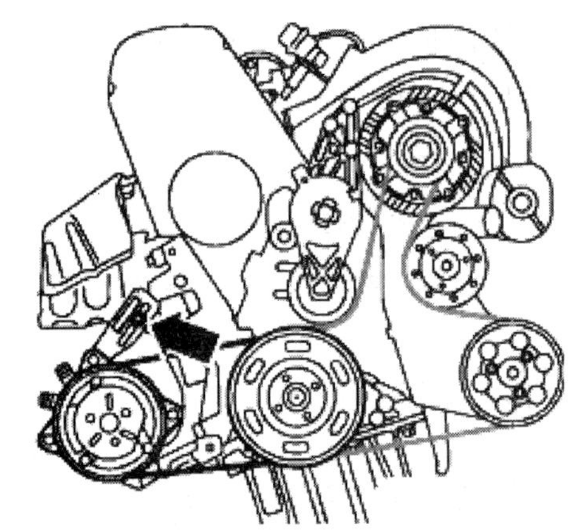

图 2—25 调整好空调压缩机传动带的张紧力

7. 装散热器及冷却系统部件

(1) 装上散热器电动风扇和散热器。

(2) 装上如图 2—26 中箭头所示的自动变速器油管。

(3) 插上电动散热风扇电线插头和热敏开关上的电线插头。

(4) 装上冷却液下橡胶软管。

(5) 装上缸盖出水管接头。

(6) 装上暖风热交换器的冷却液软管。

(7) 装上冷却液上水管与缸盖出水管接头之间的冷却液上橡胶软管。

(8) 装上冷却液上水管与散热器之间的冷却液上橡胶软管。

(9) 装上冷却液膨胀箱。

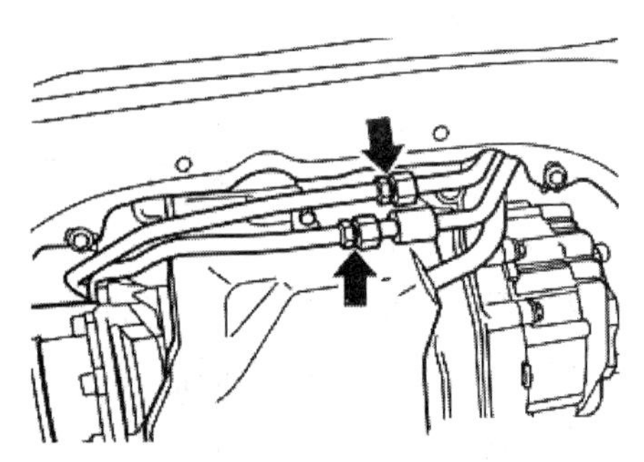

图 2—26 自动变速器油管

（10）装上散热器排气管和发动机水套排气小软管。

（11）装上冷却液膨胀箱软管。

8. 装进气系统主要附件

（1）装上节气门体，装上紧固螺栓，并按规定力矩拧紧。

（2）装上节气门热水管。

（3）插上节气门位置传感器的插头。

（4）装上节气门操纵拉索，调整拉索使其活动灵活，如图 2—27 所示。

（5）装上空气滤清器罩壳、空气流量计、空气滤清器及空气管路。

（6）插上炭罐、真空助力器的真空管。

（7）装上分油管上的进油管和回油管，曲轴箱通风软管，如图 2—28 所示。装上进气歧管罩并用固定螺栓固定。

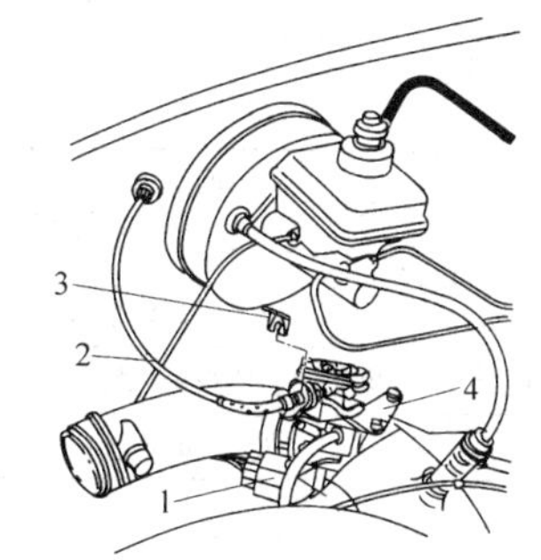

图 2—27　装上节气门操纵拉索

1—节气门拉索　2—节气门拉索护套张紧螺母

3—挡片　4—调整锁片　5—节气门拉索支架

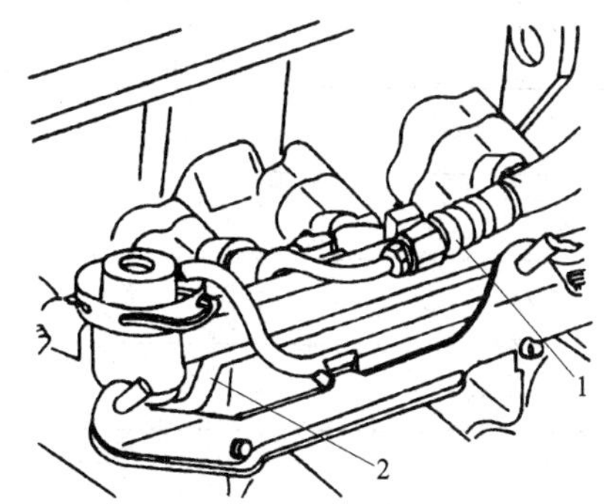

图 2—28　装上分油管上的进油管和回油管

1—进油管　2—回油管

9. 装电线插头及附件

（1）连接发动机线束，并将发动机线束位置固定。

（2）将喷油嘴插头移到相应位置，插上插头。

（3）插上点火控制器插头。

（4）装上进气压力传感器，按规定力矩拧紧固定螺栓。

（5）插上进气压力传感器插头。

（6）装上活性炭罐电磁阀，插上空气流量计、活性炭罐电磁阀、氧传感器、进气温度传感器的电线插头。

（7）装上发动机转速传感器、凸轮轴位置传感器、冷却液温度传感器、机油压力报警器、爆震传感器、氧传感器的电线插头。

（8）装上发动机控制单元（ECU）的两电线插头，并推入卡簧手柄。

（9）加入冷却液至冷却液储液罐最高点标记处。

（10）加注润滑油使液面达到油量标尺两刻线的中间位置。

(11) 装上蓄电池固定支架。

(12) 装蓄电池，装好蓄电池固定卡子，并用螺栓固定。

(13) 装上蓄电池正极线和搭铁线。

学习过程记录表

姓名：	班级：	学号：	日期：
第二单元　发动机的拆装	课题一　发动机总成在整车上的拆装	第（　）工作页	项目3　发动机总成的装车
说明：完成将发动机吊装到发动机舱并装上变速器的工作过程，将安装步骤与操作注意事项填写在下面。			
车型：	发动机型号：	变速器型号：	
安装步骤		操作注意事项 （包括所使用的工具、力矩大小）	

批语：　　　　　　　　　　　　　　　　　　教师：

课题二　曲柄连杆机构与配气机构的拆装

教学目的

1. 熟悉曲柄连杆机构与配气机构各主要部件的名称、作用、相互连接关系。
2. 掌握曲柄连杆机构的拆装方法、步骤、技术要求及有关注意事项。
3. 掌握配气机构的拆装方法、步骤、技术要求及有关注意事项。

工具与设备

1. 常用工具。
2. 活塞环拆装钳、火花塞套筒扳手、气门弹簧钳及活塞销铳棒等。
3. 桑塔纳 AYJ 发动机（图 2—29）。

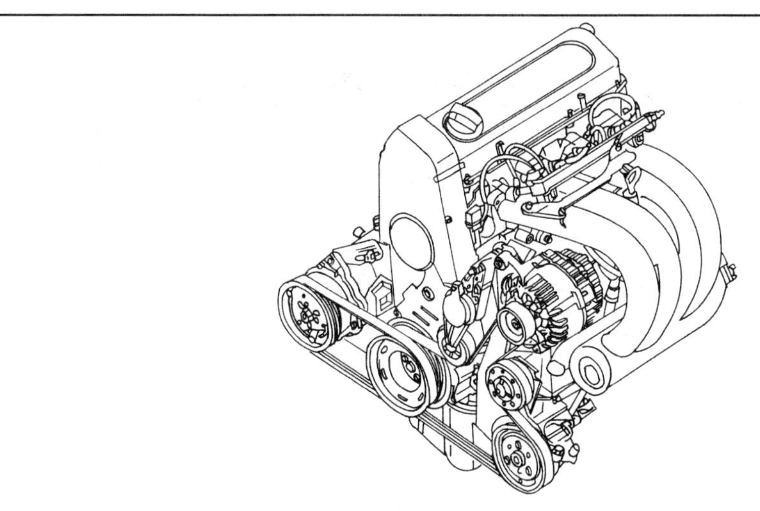

图 2—29 桑塔纳AYJ发动机

项目 1 桑塔纳 3000AYJ 型发动机曲柄连杆机构的拆装

一、气缸盖和气缸衬垫的拆解（图 2—30）

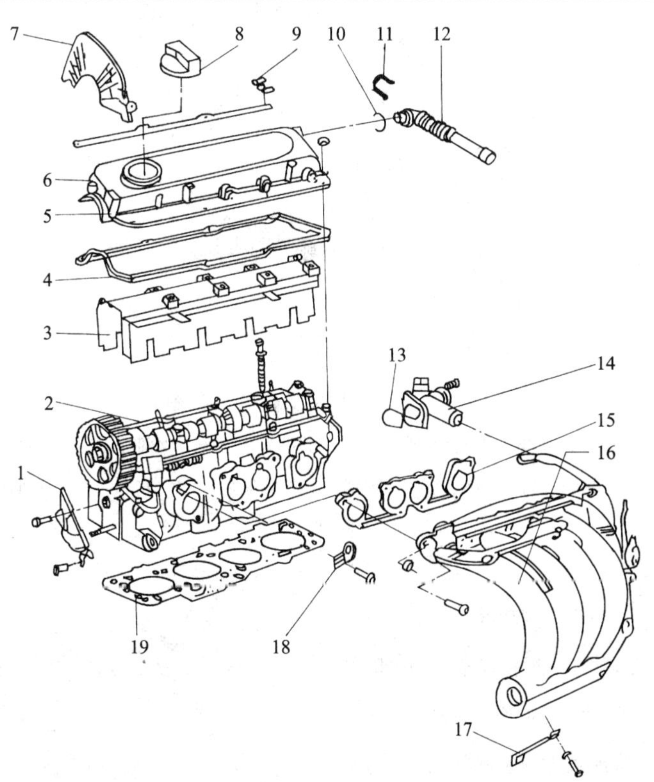

图 2—30 气缸盖和气缸衬垫的分解图

1—后护罩 2—气缸盖 3—机油反射罩 4—气缸盖罩密封垫 5—压条 6—气缸盖罩 7—护罩 8—加机油口盖 9—支架 10—密封圈 11—夹箍 12—曲轴箱通风管 13—密封圈 14—凸缘 15—进气歧管衬垫 16—进气歧管 17—进气歧管支架 18—吊耳 19—气缸衬垫

1. 发动机附件的拆卸

(1) 松开进气歧管的支架的下紧固螺栓，如图 2—31 所示。

(2) 拆下进气歧管和气缸盖之间的连接螺栓（上下各 4 个)。

(3) 取下进气歧管，用干净抹布封闭所有进气管道的进气通道，以防杂物掉入。

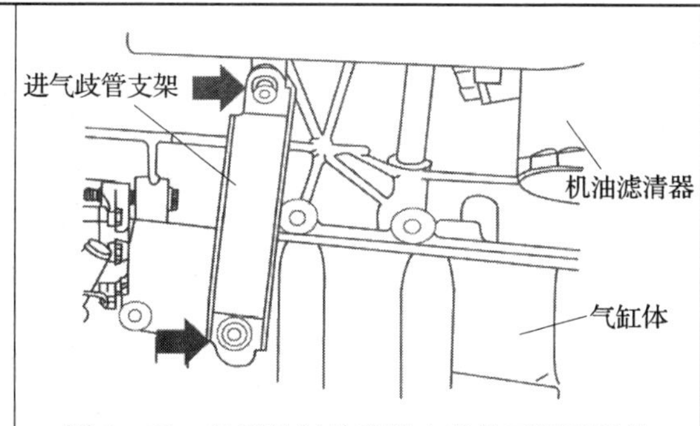

图 2—31 松开进气歧管的支架的下紧固螺栓

2. 正时齿形带（图 2—32）的拆卸

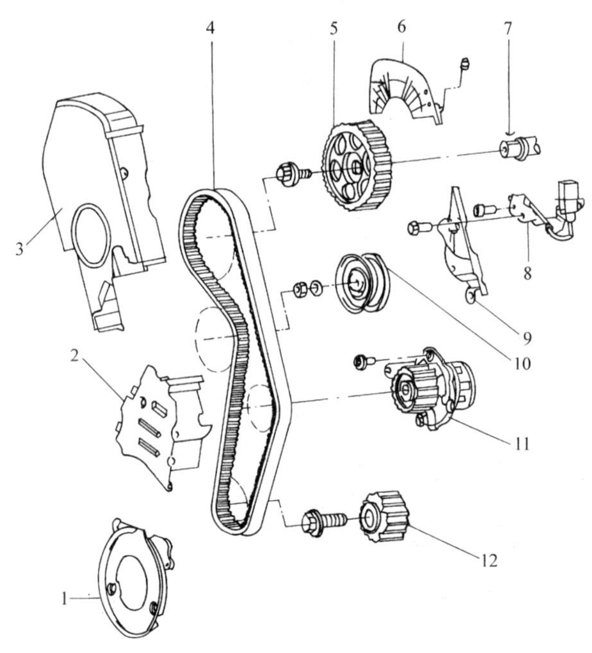

图 2—32 正时齿形带的分解图

1—下护罩 2—中间护罩 3—上护罩 4—正时齿形带 5—凸轮轴正时齿形带轮 6—护罩 7—半圆键 8—凸轮轴位置传感器 9—后护罩 10—张紧轮 11—水泵 12—曲轴正时齿形带轮

(1) 拆下正时齿形带上护罩。

(2) 转动曲轴，将曲轴带轮的标记与正时齿形带下护罩上的标记对齐，如图 2—33 所示。凸轮轴正时齿形带的标记对准正时齿形带护罩上的标记（第 1 缸上止点位置），如图 2—34 所示。

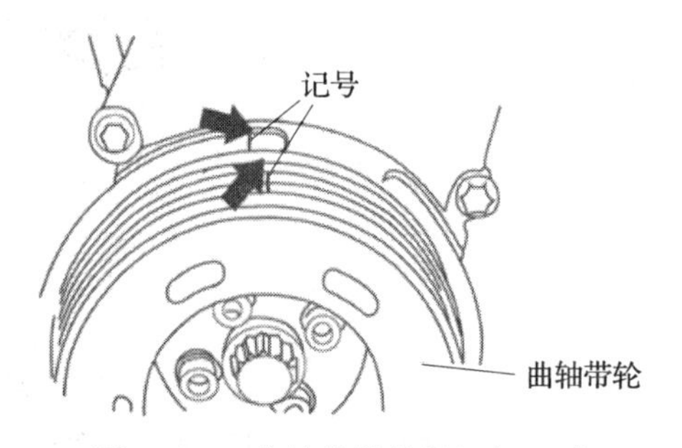

图 2—33 曲轴带轮的标记与正时齿形带下护罩上的标记

(3) 松开张紧轮，并将正时齿形带从凸轮轴正时齿形带轮上取下。 (4) 将曲轴反方向旋转一个角度，使活塞偏离上止点位置。	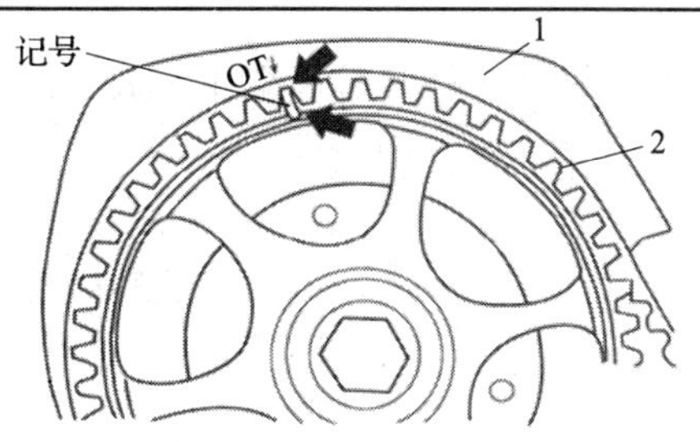 图 2—34　凸轮轴正时齿形带的标记对准正时齿形带护罩上的标记 1—后上护罩　2—凸轮轴正时齿形带轮

3. 气缸盖（图 2—35）的拆卸

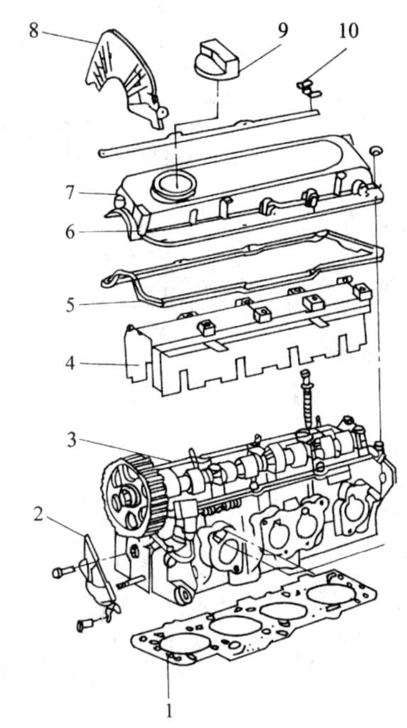

图 2—35　气缸盖的分解图

1—气缸衬垫　2—后护罩　3—气缸盖　4—机油反射罩　5—气缸盖罩密封垫　6—压条　7—气缸盖罩　8—护罩　9—加机油口盖　10—支架

(1) 旋下加机油口盖，放在一边。 (2) 拆下正时齿形带护罩。 (3) 旋下气缸盖罩的螺母，取下压条、支架和气缸盖罩。 (4) 取下气缸盖罩密封垫。 (5) 取下机油反射罩。 (6) 拆下正时齿形带后护罩。 (7) 按照如图 2—36 所示 1 到 10 的顺序分两次松开气缸盖螺栓。	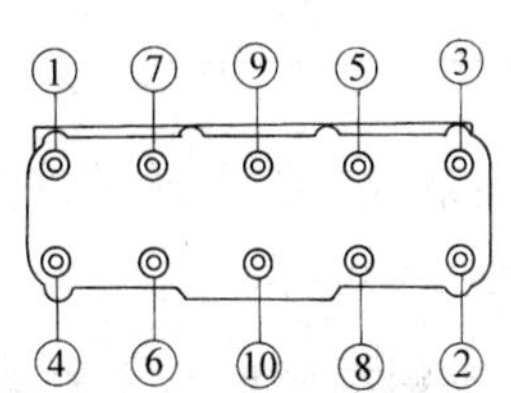 图 2—36　气缸盖螺栓松开顺序

(8) 取出缸盖螺栓，取下气缸盖。

(9) 取下气缸衬垫。

二、油底壳及机油泵的拆卸（图 2—37）

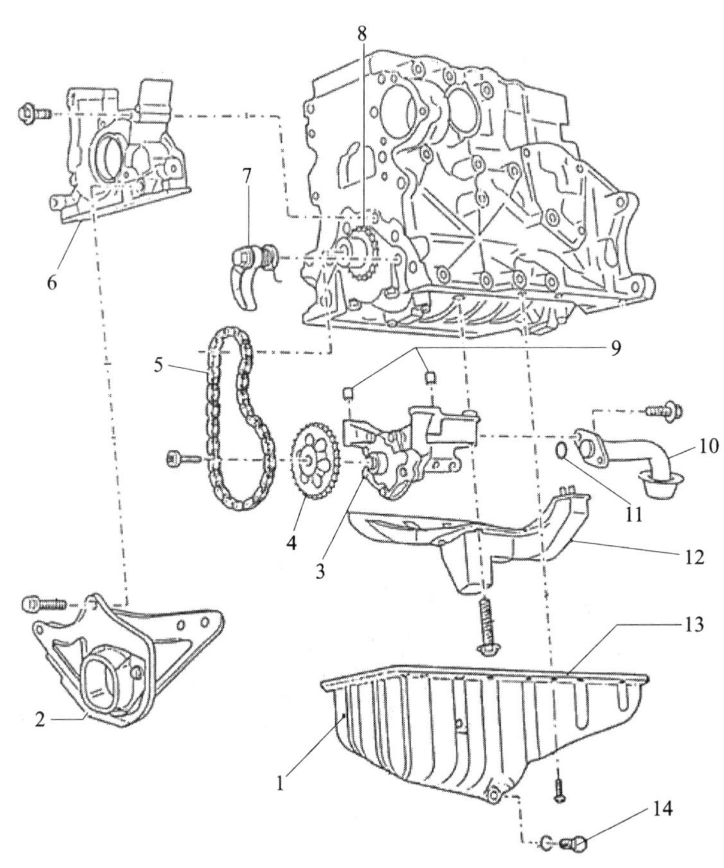

图 2—37 油底壳及机油泵的分解图

1—油底壳 2—扭力臂 3—机油泵 4—机油泵传动链轮 5—机油泵传动链 6—曲轴前油封凸缘 7—链条张紧器 8—曲轴链轮 9—定位销 10—集滤器 11—O 形密封圈 12—挡油板 13—油底壳密封垫 14—放油螺塞

1. 将机油收集器置于油底壳下方，拆下油底壳上的放油螺塞，将润滑油放入收集器。

注意：废润滑油中包含金属污染物，处理不当将会造成土壤、水的污染。收集后，可以进行净化处理后再循环使用，或用于工业燃料。但收集时不能与防冻液、汽油等混合。

2. 转动发动机拆装翻转架手柄，转动发动机，使发动机底部朝上。

3. 交替对角拧松油底壳螺栓，拆下油底壳螺栓，取下油底壳。必要时可用橡胶锤轻轻敲击，振松油底壳。

注意：在车上拆卸油底壳时，应先拆下副梁和发动机橡胶支承。

4. 拧下机油泵固定螺栓，如图 2—38 所示，拆下挡油板，拆下机油泵、吸油管和集滤器。

5. 松开机油泵链条张紧器，取下机油泵传动链。

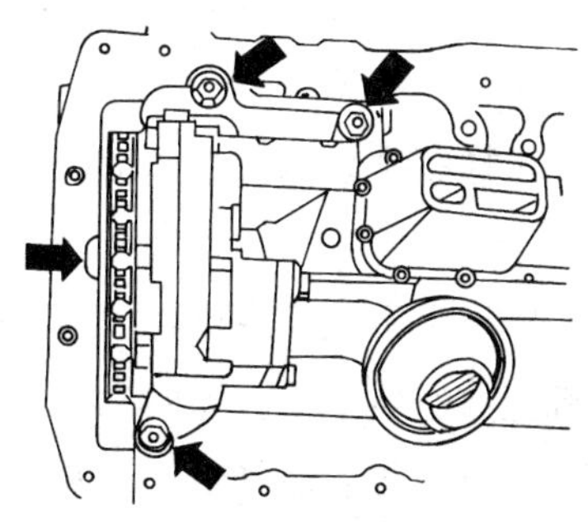

图 2—38　机油泵固定螺栓

三、活塞连杆组件的拆卸与分解

1. 活塞连杆组件的拆卸

(1) 转动发动机拆装翻转架手柄，转动发动机，使发动机平卧。

(2) 转动曲轴将 1—4 缸活塞转到下止点位置。

(3) 检查气缸口，如磨损较大或积炭过多形成台阶，应用缸口铰刀将缸口的凸起切掉，如图 2—39 所示，以免拆卸活塞时折断活塞环或划伤表面。

(4) 用扭力扳手分两次拧松连杆螺母，取下连杆螺母。

(5) 取下连杆盖，并按顺序放好。如不能直接取下连杆盖，可用橡胶锤或木锤左右敲击连杆盖侧面或连杆螺栓端部，将活塞从缸体上方取出。

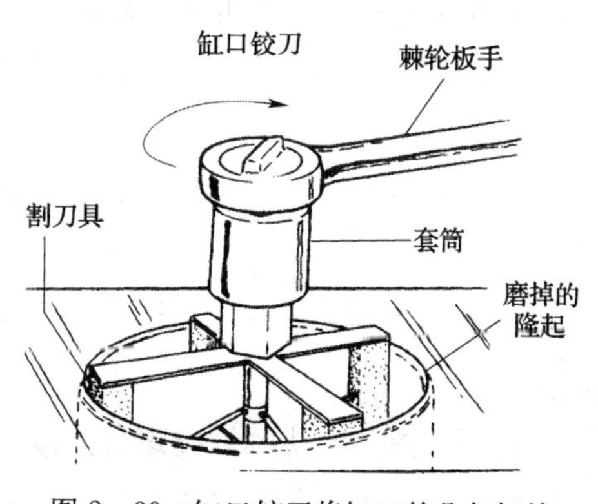

图 2—39　缸口铰刀将缸口的凸起切掉

注意：当从缸内取出活塞连杆时，可用一段橡胶软管套在连杆螺栓上，以保护曲轴轴颈和连杆螺栓的螺纹。

(6) 用橡胶锤或锤子木柄推出活塞连杆组（应事先刮去气缸上的台阶，以免损坏活塞环)。

(7) 取出活塞连杆组后，应将连杆盖、连杆螺栓、连杆螺母按原位装回，并注意连杆的朝向标记和缸位标记。朝向标记应朝向曲轴带轮端。

注意：拆下活塞连杆组时，应检查活塞、连杆、连杆盖上的缸位标记和朝向标记，如无，则需做上缸位标标记，以防装复时错位。

(8) 用同样的方法拆下 2、3 缸活塞连杆组件。

2. 活塞连杆组的分解

(1) 用活塞环拆装钳拆下活塞环，如图 2—40 所示，观察活塞环上的标记，“TOP”朝向活塞顶。

(2) 用卡环钳从活塞销孔两端取下活塞销卡环。

(3) 用专用冲头拆下活塞销，使活塞和连杆分离。

(4) 拆下连杆大头的螺栓螺母，取下连杆盖和连杆大头轴承，并将连杆盖、轴承分缸放好，不能弄错。

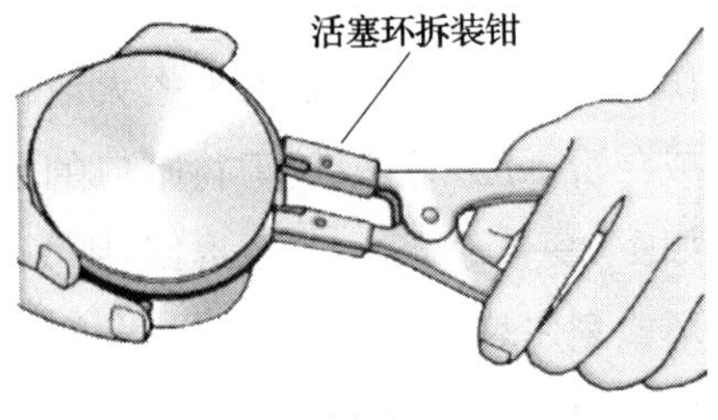

图 2—40　拆下活塞环

四、曲轴飞轮组的分解（图 2—41）

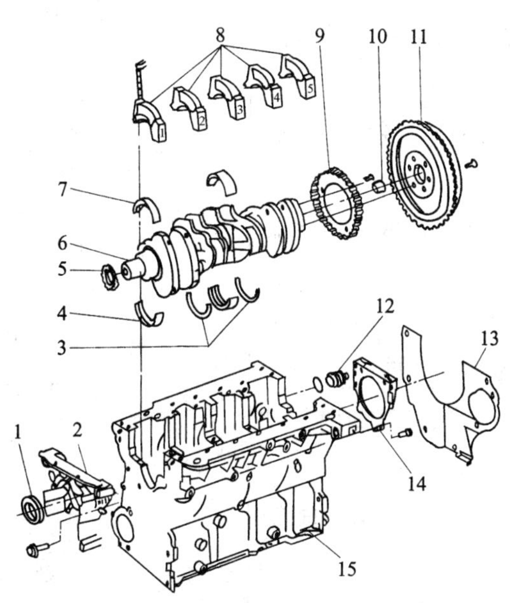

图 2—41　曲轴飞轮组的分解图

1—曲轴前油封　2—前油封凸缘　3—曲轴止推片　4—主轴承（上轴瓦）　5—机油泵传动链轮　6—曲轴　7—主轴承（下轴瓦）　8—主轴承盖　9—转速传感器脉冲轮　10—变速器第一轴轴承　11—飞轮　12—螺塞　13—中间支板　14—曲轴后油封凸缘　15—气缸体

1. 飞轮及后油封凸缘（图 2—42）的拆卸

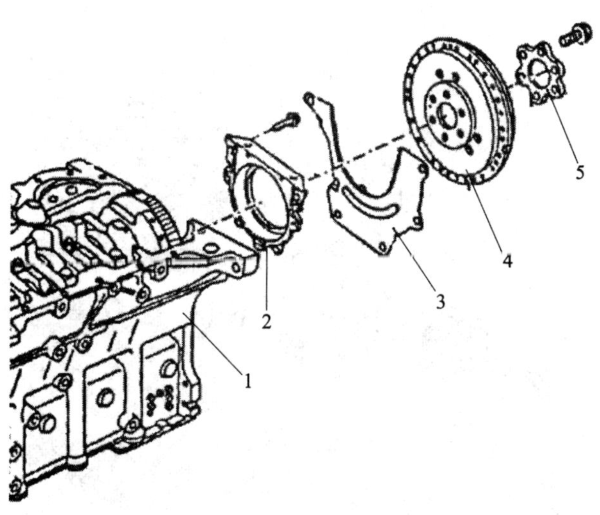

图 2—42　飞轮及后油封凸缘的分解图

1—缸体　2—后油封凸缘　3—中间支板　4—飞轮　5—垫圈

(1) 拆下离合器固定螺钉，取下离合器总成和从动片。

(2) 拆下中间支板，注意不要弯曲，以免损坏。

(3) 拆下离合器固定螺钉，取下离合器总成和从动片。

(4) 用专用工具固定飞轮，拧松飞轮固定螺栓，拆下飞轮，如图 2—43 所示。

(5) 拆下中间支板，注意不要弯曲，以免损坏。

(6) 用专用拉器拆下变速器第一轴轴承，如图 2—44 所示。

(7) 拆下后油封凸缘固定螺栓，取出后油封凸缘。

(8) 用专用压具从后凸缘上拆下油封。

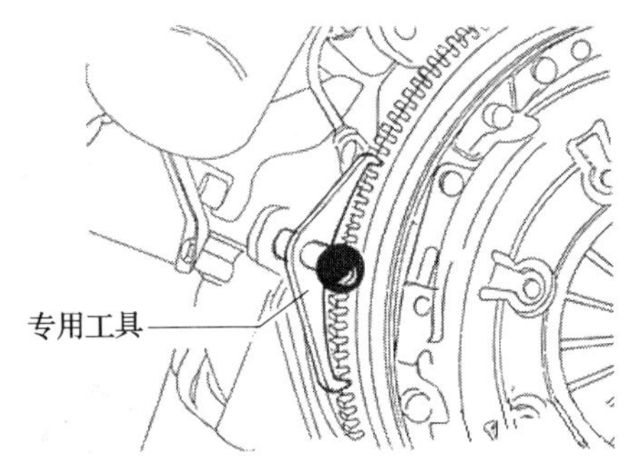

图 2—43 用专用工具固定飞轮

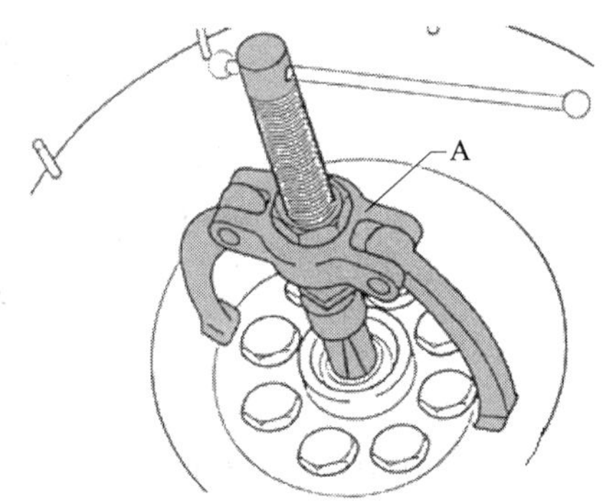

图 2—44 用专用拉器拆下变速器第一轴轴承

2. 水泵及曲轴前油封凸缘（图 2—45）的拆卸

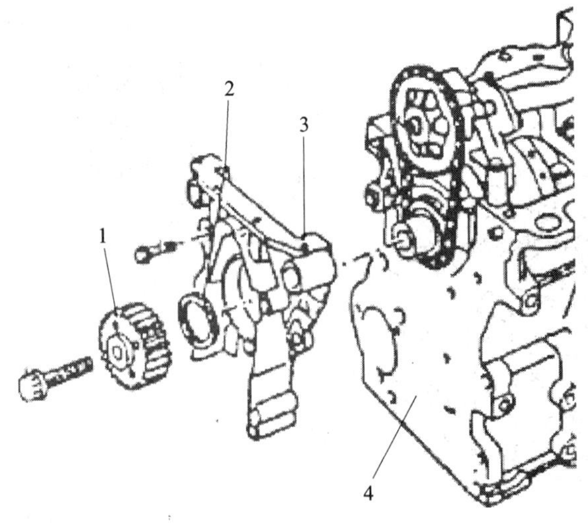

图 2—45 前油封凸缘的分解图

1—曲轴正时齿形带轮 2—前油封 3—前油封凸缘 4—气缸体

（1）拆下水泵固定螺栓，取下水泵，如图 2—46 所示。

（2）用专用工具固定曲轴，松开曲轴正时齿形带轮紧固螺栓。

（3）用专用工具拆下曲轴正时齿形带轮。

（4）旋下曲轴前油封凸缘固定螺栓，橇下曲轴前油封凸缘。

（5）用专用压具从凸缘上拆下油封。

（6）如图 2—47 所示，用拉器从曲轴上拆下曲轴链轮。

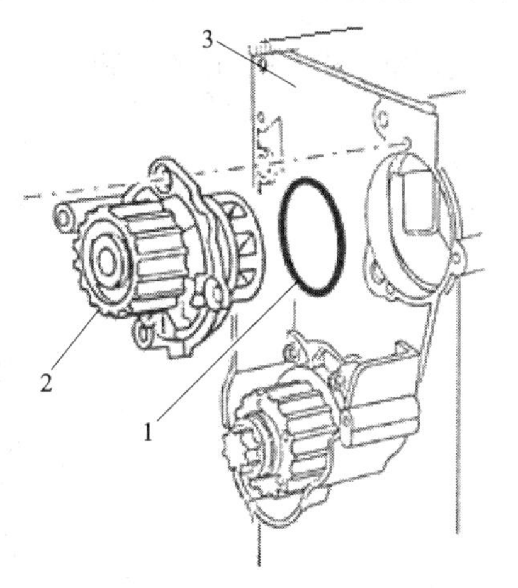

图 2—46　水泵分解图

1—O 形密封圈　2—水泵　3—气缸体

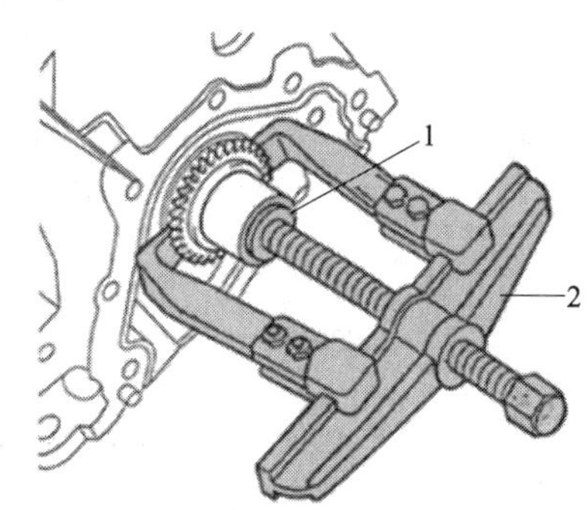

图 2—47　用拉器从曲轴上拆下曲轴链轮

3. 机油滤清器及机油滤清器座（图 2—48）的拆卸

（1）机油压力开关。

（2）用专用工具拆下机油滤芯。

（3）拆下机油滤清器座，取下密封衬垫。

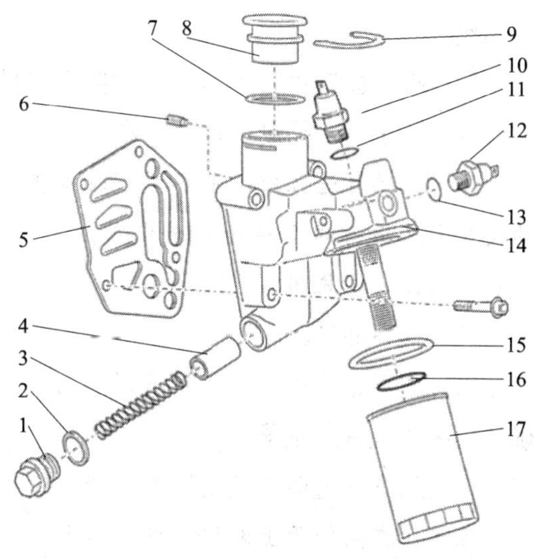

图 2—48　机油滤清器及机油滤清器座的分解图

1—螺塞　2、7、11、13、15、16、17—密封圈　3—弹簧　4—活塞　5—密封衬垫　6—旁通阀　8—盖　9—卡环　10—螺塞　12—机油压力开关　14—机油滤清器支架

4. 曲轴（图 2—49）的拆卸

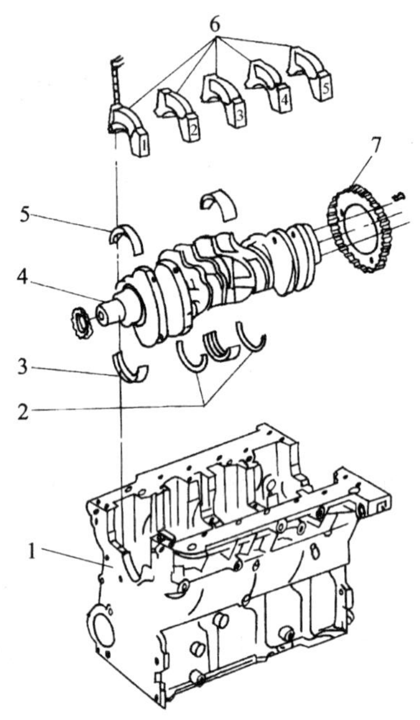

图 2—49 曲轴的分解图

1—气缸体 2—曲轴止推片 3—上轴瓦 4—曲轴
5—下轴瓦 6—主轴承盖 7—转速传感器脉冲轮

(1) 按图 2—50 所示顺序均匀地松开主轴承盖螺栓。

(2) 拆下曲轴主轴承盖。视需要用橡胶锤左右敲击主轴承盖，松动后取出轴承盖。

注意：拆卸过程中，不要损坏轴承盖与缸体的接触面。拆下的下轴瓦和轴承盖应成组摆放，安装时应按原位装回。

(3) 抬下曲轴。

(4) 取下缸体轴承座上的五道上轴瓦，按正确的顺序摆放好主轴承。

(5) 从第三道曲轴座上取下两个止推片。

注意：在主轴承上做好安装位置标记，安装时应按原位装回。

(6) 拆下转速传感器脉冲轮固定螺栓，从曲轴上取下转速传感器脉冲轮。

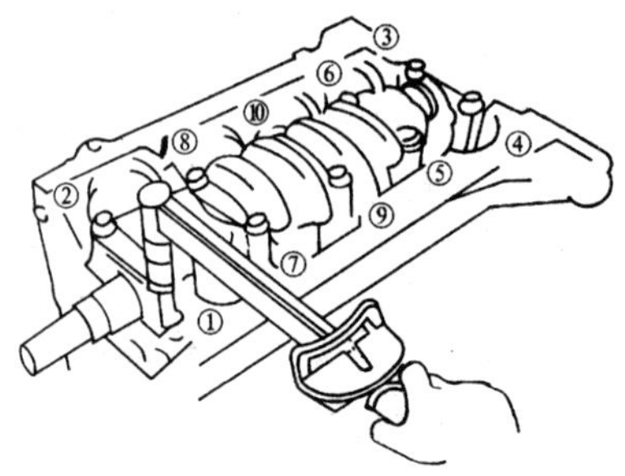

图 2—50 **主轴承盖螺栓松开顺序**

五、曲轴飞轮组的装复

1. 曲轴飞轮组清洁检查

(1) 曲轴的尺寸

用千分尺测量主轴颈和连杆轴颈的尺寸，应符合表 2—1 的要求。

表 2—1　桑塔纳 AYJ 发动机主轴颈和连杆轴颈的尺寸　mm

尺寸	主轴颈	连杆轴颈
标准	$54.00^{-0.022}_{-0.042}$	$47.80^{-0.022}_{-0.042}$
一级	$53.75^{-0.022}_{-0.042}$	$47.55^{-0.022}_{-0.042}$
二级	$53.50^{-0.022}_{-0.042}$	$47.30^{-0.022}_{-0.042}$
三级	$53.25^{-0.022}_{-0.042}$	$47.05^{-0.022}_{-0.042}$

(2) 检查主轴颈径向间隙

检查主轴颈径向间隙，径向间隙 0.01～0.05 mm，极限间隙为 0.12 mm。

1) 清洁轴颈和轴承。

2) 截取相应长度的间隙规，将塑料间隙规放在曲轴连杆轴颈上。

3) 把轴承盖放在曲轴轴颈上并以规定的力矩将其紧固。切勿转动曲轴。

4) 拆下轴承盖并使用塑料间隙规封套上的刻度来测量塑料间隙规最宽部位的宽度，如图 2—51 所示。

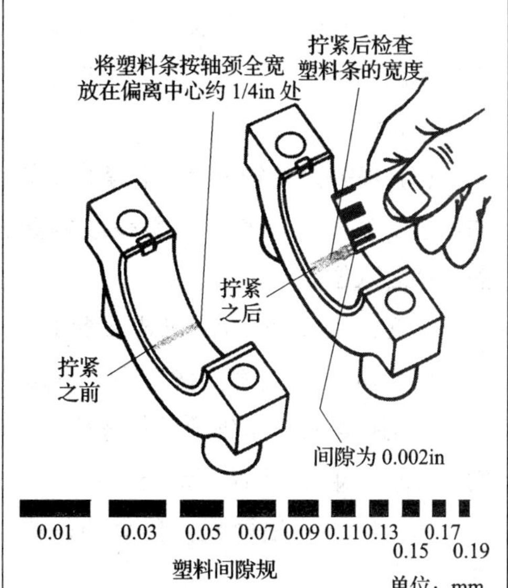

图 2—51　检查主轴颈径向间隙

2. 曲轴的装复

(1) 将转速传感器脉冲轮用螺栓固定在曲轴上，并用规定力矩将螺栓拧紧。

(2) 将主轴承的上轴瓦按拆下时的位置标记分别装入各轴承座孔中，注意主轴承的凸起部分与缸体主轴承承孔的凹槽对齐。

(3) 在轴承的工作表面涂以润滑油。

(4) 在曲轴各道主轴颈上涂以润滑油，并将曲轴装入缸体。

注意：不要碰撞主轴承，以免造成主轴承表面损伤。

(5) 将两片曲轴止推片装在第三道主轴承承孔的两侧。

注意：有耐磨合金层的一面相背安装。

(6) 将主轴承的下轴瓦装入主轴承盖。注意主轴承的凸起部分与主轴承盖的凹槽对齐，如图2—52所示。

(7) 将各道主轴承盖的轴承内表面涂以润滑油，装上各道主轴承盖。用橡胶锤敲击主轴承盖，使之入位。

注意：主轴承盖上的凸点应朝前。

(8) 用扭力扳手，按如图2—53所示的顺序，分别拧紧各道主轴承盖的螺栓。主轴承盖螺栓的拧紧力矩为65 N·m，旋转90°。

(9) 转动曲轴两周，检查曲轴是否安装正确。

注意：每紧一道主轴承盖螺栓，都应转动曲轴几圈，转动中不得有过重现象，否则要查明原因，及时排除。

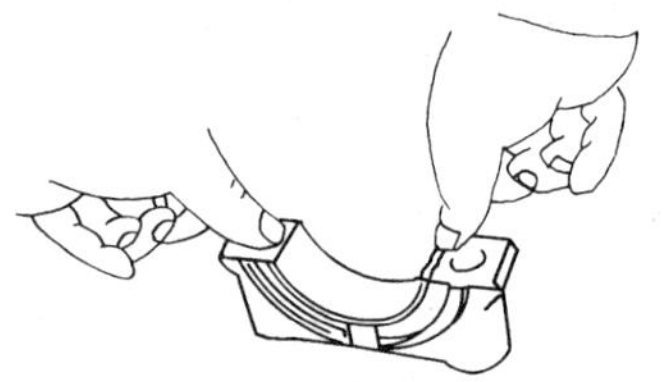

图2—52 下轴瓦装入主轴承盖

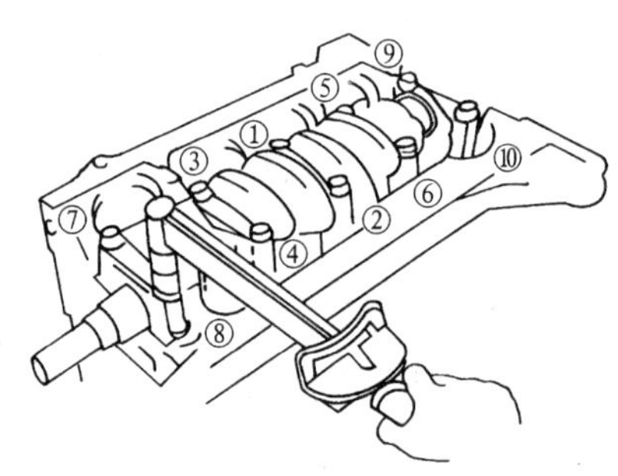

图2—53 主轴承盖螺栓拧紧顺序

六、活塞连杆组装复

1. 活塞连杆组件的清洁检查

(1) 清洁

1) 用铲刀铲去气缸体和油底壳之间的密封衬垫，不要损坏油底壳凸缘。

2) 清洁气缸壁、气缸体和机油泵间的密封面。

3) 清洁活塞顶部、活塞环槽和活塞头部积炭。

4) 清洁活塞环、活塞销、连杆和轴承。

(2) 检查活塞销的磨损情况和活塞销与连杆小头的配合间隙。活塞销与连杆间应转动自如，无明显的间隙。

（3）活塞环开口间隙的检查

1）用活塞将活塞环推入气缸内，如图 2—54 所示。如果小修或维护更换活塞环，须将活塞环推到稍超过活塞环行程，距气缸下止口 15～20 mm 处。

2）用塞尺测量活塞环开口间隙，如图 2—55 所示，应符合表 2—2 的要求。

注意：小修和车辆维护中更换活塞环时，气缸未经镗削，缸径上大下小，如果在气缸上部测量环的开口间隙合适，当其运行到气缸缸径较小的下部时，间隙变小或无间隙，会使活塞环折断，引起拉缸事故。

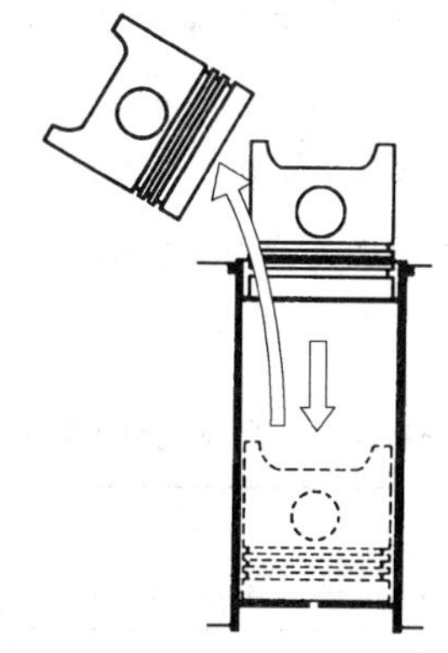

图 2—54　用活塞将活塞环推正

表 2—2　　桑塔纳 AYJ 发动机活塞环开口间隙

活塞环	开口间隙	磨损极限
第一道气环	0.20～0.40 mm	0.8 mm
第二道气环	0.20～0.40 mm	0.8 mm
油环	0.25～0.50 mm	0.8 mm

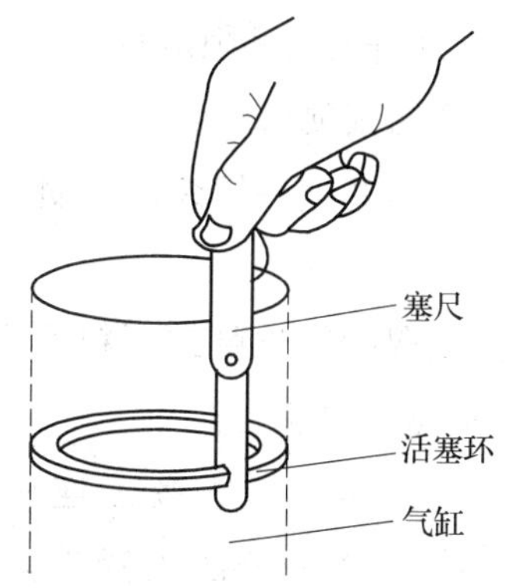

图 2—55　塞尺测量活塞环开口间隙

（4）活塞环侧隙的检查

1）清洁活塞环及活塞环槽。

2）将环放在环槽内，用塞尺测量活塞环侧隙，如图 2—56 所示，应符合表 2—3 的要求。

注意：侧隙过大影响活塞环密封，过小会使其卡死在环槽内。测量时若侧隙过小，可将活塞环放在平板的细砂布上研磨，或用平板玻璃涂以磨料和机油，将活塞环平放研磨。

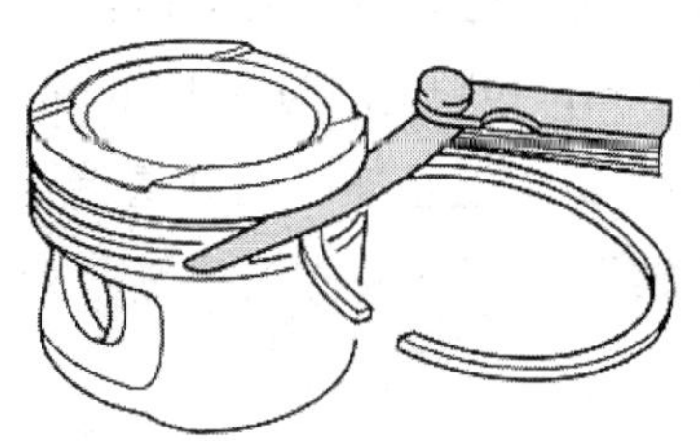

图 2—56　检查活塞环侧隙

表 2—3　　桑塔纳活塞环的侧隙

活塞环	侧隙	磨损极限
第一道气环	0.06～0.09 mm	0.20 mm
第二道气环	0.06～0.09 mm	0.20 mm
油环	0.03～0.06 mm	0.15 mm

（5）检查活塞间隙

1）活塞直径测量。清洁活塞，在活塞裙部距下边缘 10 mm 处与活塞销垂直方向测量，如图 2—57 所示。与标准尺寸的偏差最大为 0.04 mm。

2）气缸内径测量。清洁气缸，使用 50～100 mm 的内径量表，在三个位置上进行横向 A 和纵向 B 垂直测量，如图 2—58 所示，与标准尺寸的最大偏差为0.08 mm。

标准表尺寸见表 2—4。

表 2—4　活塞与气缸的标准尺寸

类型	活塞	气缸
标准尺寸	80.965 mm	81.01 mm
修复尺寸	81.465 mm	81.51 mm

(6) 连杆径向间隙测量

1）清洁轴颈和轴承。

2）将活塞连杆组装入气缸（可以先不安装活塞环）。

3）截取相应长度的塑料间隙规，将间隙规放在曲轴连杆轴颈上。

4）套上连杆盖，装上连杆螺母，并用扭力扳手以 30 N·m 的力矩拧紧。切勿转动曲轴。

5）拆下连杆盖，用塑料间隙规封套上的刻度来测量塑料间隙规最宽部位的宽度，如图 2—59 所示。

6）检测连杆的径向间隙，径向间隙 0.01～0.05 mm，极限间隙为 0.12 mm。

7）拆下活塞连杆组并清洁连杆轴颈和连杆大头轴承。

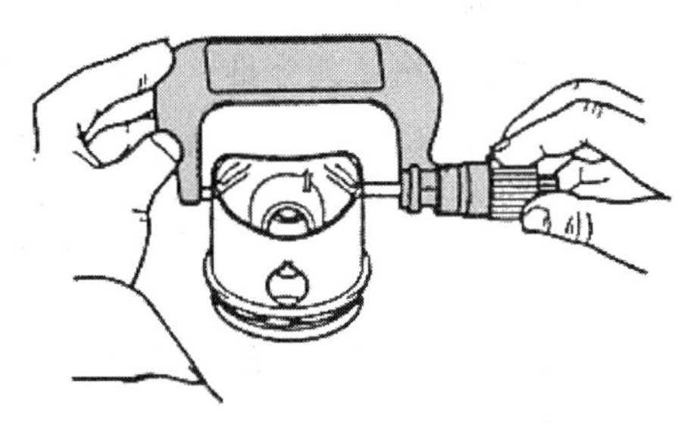

图 2—57　测量活塞直径

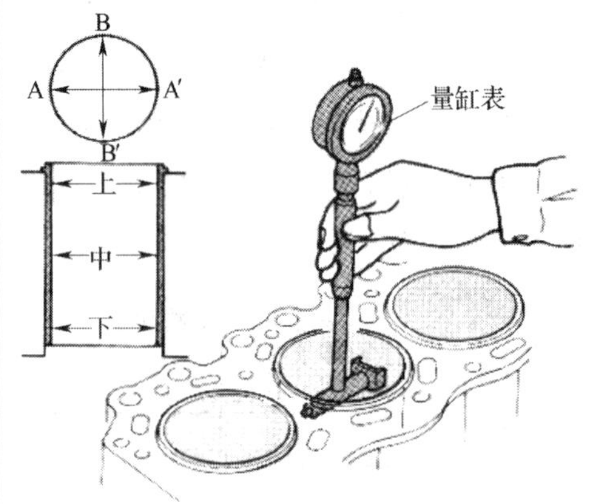

图 2—58　测量气缸直径

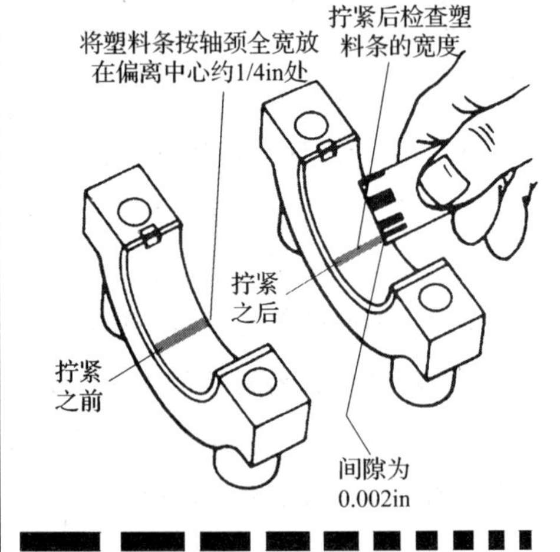

图 2—59　检测连杆的径向间隙

2. 活塞连杆组件的组装

(1) 用卡环钳将其中一个活塞销卡环装到活塞销孔的一端。

(2) 将活塞加热到 80～90℃。

(3) 将活塞与连杆的朝前标记对齐，并使活塞与连杆的活塞销孔对齐，用拇指将活塞销推入活塞。 **注意：活塞上的朝前标记与连杆上的朝前标记应在同一侧。** (4) 用卡环钳装上另一活塞销卡环。 **注意：活塞销两端面与活塞销卡簧之间有一定的间隙，卡簧应卡入 2/3 环槽深度以上。** (5) 用活塞环拆装钳将活塞环装入相应的活塞环槽内，如图 2—60 所示。 **注意：活塞环的装配标记“TOP”必须朝上。活塞环是容易脆断的零件，安装时一定要使用专用工具，以防折断。**	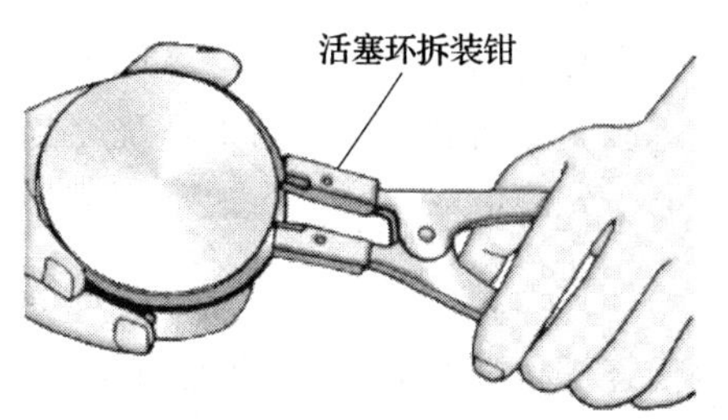 图 2—60　将活塞环装入相应的活塞环槽内
3. 活塞连杆组的装复 (1) 转动拆装台支架，使缸体平卧。 (2) 清洁曲轴轴颈和连杆轴颈。 (3) 彻底清洗活塞连杆组各零件，并用压缩空气吹干净。 (4) 清洁各气缸壁，并涂上润滑油。 (5) 在活塞环上涂以润滑油，再将各道活塞环开口方向错开 120°，第一道环开口方向远离主受力面并与活塞销中心线错开 45°。 (6) 再分别在活塞裙部、活塞销和连杆大头轴承表面涂以润滑油。 (7) 转动曲轴使 1、4 缸连杆轴颈处于下方位置，再将 1、4 缸的活塞连杆组件装入气缸。 **注意：活塞裙部箭头和连杆的朝前标记必须朝向发动机齿形带端。** (8) 用活塞环夹箍锁紧活塞环后，将活塞连杆总成放入气缸，再用锤柄或木棒将活塞连杆组件轻轻打入气缸中，如图 2—61 所示。当连杆大头接近曲轴轴颈时，要用手托住连杆大头，并继续敲击活塞顶部，使之装配到位。	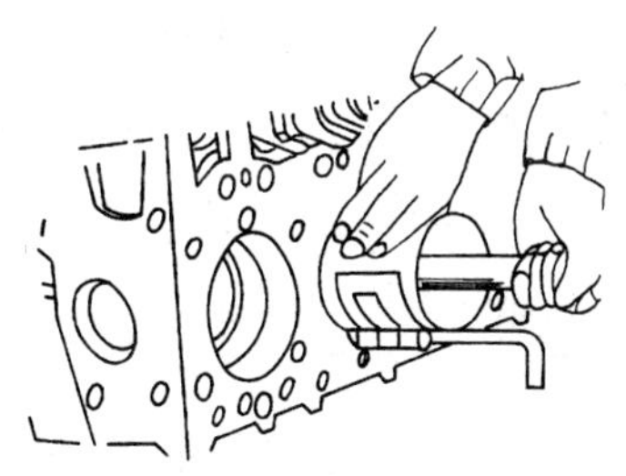 图 2—61　将活塞连杆组件装入气缸

注意：将活塞连杆装入气缸时，可用一段橡胶软管套在连杆螺栓上，以保护连杆螺栓的螺纹和曲轴轴颈。待安装到位后再将橡胶软管取下。

在将活塞装入气缸时，应保证活塞环和气缸壁得到充分的润滑，否则发动机安装后可能会因密封不良而不能起动。

(9) 先润滑螺纹和接触表面，然后装上连杆盖。连杆和连杆盖上的组合标记要对齐，如图2—62所示。

(10) 装上连杆螺母，用力矩扳手将连杆螺母扭紧到30 N·m，检查测量连杆的轴向间隙，如图2—63所示。轴向间隙0.10～0.35 mm，极限间隙为0.40 mm。

(11) 用标记笔在连杆螺母上做好标记，再用扳手将螺母拧紧90°。

(12) 转动曲轴2圈，检查应无卡滞现象。

注意：各缸连杆大头轴承和连杆盖不能混装，应按拆卸时做的标记装回原位。

连杆盖上的标记应朝向发动机齿形带端。

每装好一组活塞连杆，都应转动曲轴几圈，检查有无不正常情况。转动中应无卡滞和过重现象，否则应查明原因，予以排除。

(13) 以同样的方法和要求将其余各缸活塞连杆组件装入相应气缸。

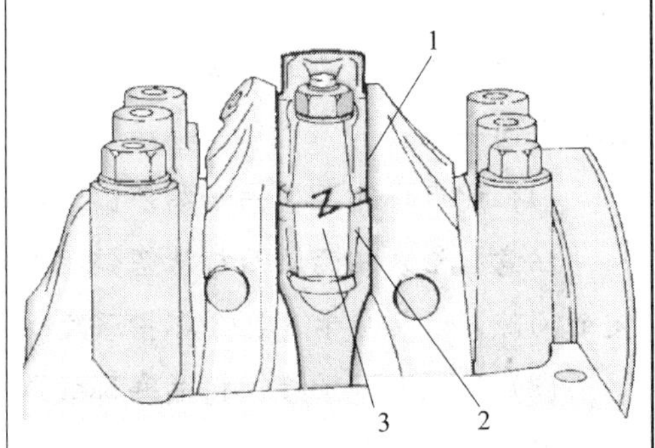

图2—62　连杆和连杆盖上的组合标记

1—连杆盖　2—连杆　3—组合标记

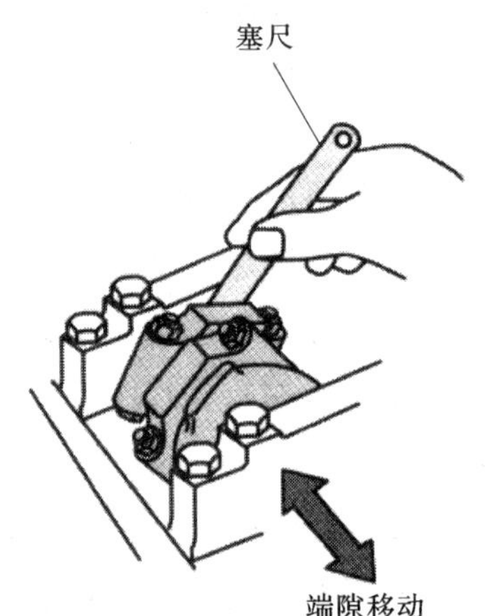

图2—63　检查测量连杆的轴向间隙

七、安装油泵及曲轴前后端零件

1. 机油泵及曲轴前油封凸缘的装复

(1) 装上半圆键后，将机油泵传动链轮套在曲轴前端轴颈上，再用专用工具将其压入曲轴，如图2—64所示。

(2) 转动发动机翻转架，使发动机底部朝上。装上机油泵齿链和机油泵，拧上紧固螺栓将油泵固定。

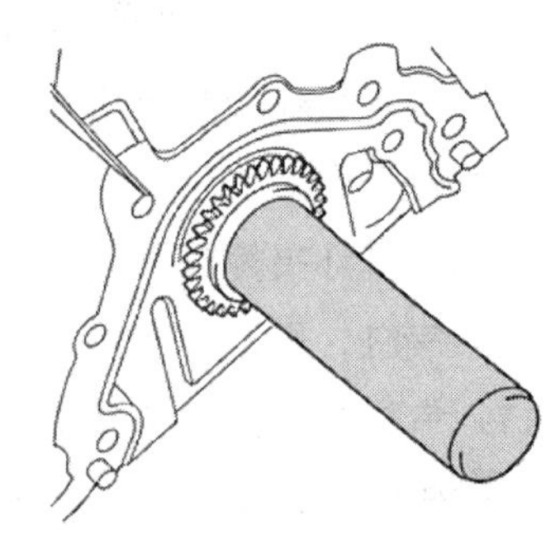

图2—64　用专用工具将传动链轮压入曲轴

(3) 装上机油泵链条张紧器，调整好张紧力后，拧紧张紧器固定螺栓。

(4) 转动曲轴，检查机油泵链条张紧力。

(5) 用专用工具去除曲轴前油封凸缘的旧密封胶，如图 2—65 所示。

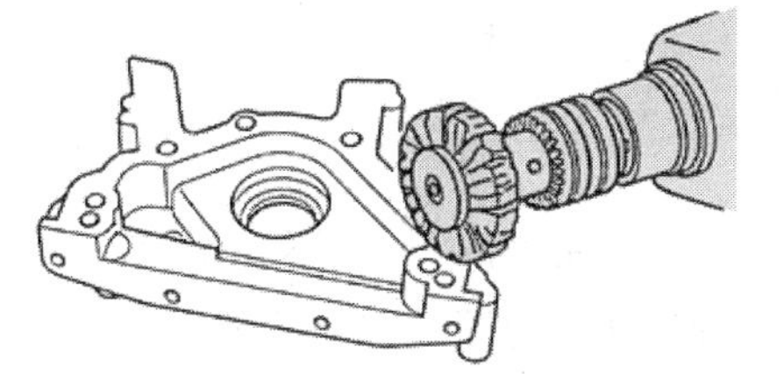

图 2—65　去除曲轴前油封凸缘的旧密封胶

(6) 用专用工具将曲轴前油封压入前油封凸缘的承孔中，如图 2—66 所示。

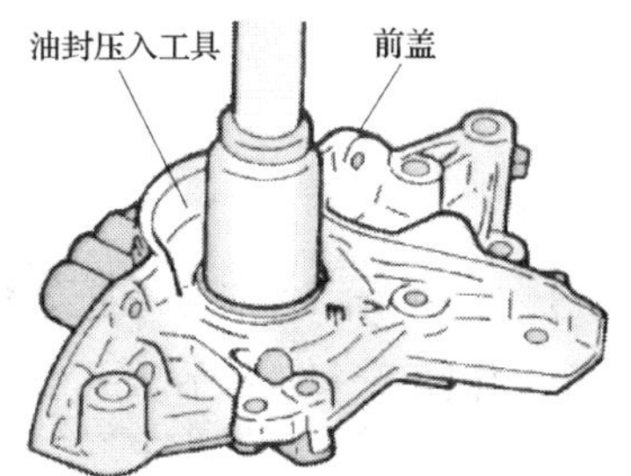

图 2—66　将曲轴前油封压入前油封凸缘的承孔

注意：装油封前应在油封外壳涂一层密封胶，油封刃口涂以润滑油。

(7) 清洁曲轴前油封凸缘与缸体的接触面，确保没有油脂。

(8) 剪下硅密封胶罐喷管头部，使得喷管直径约为 3 mm，如图 2—67 所示。

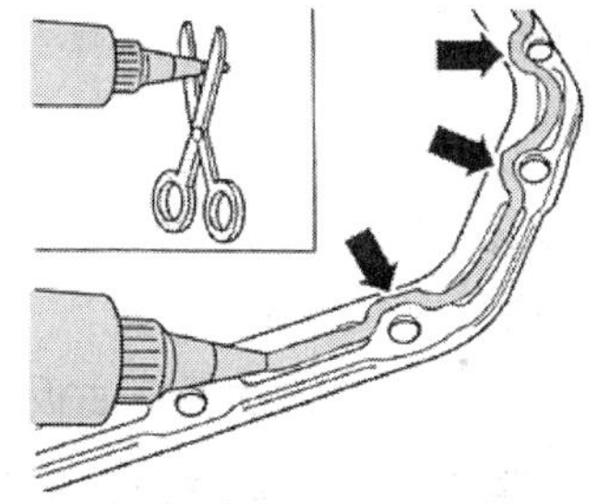

图 2—67　涂硅密封胶

(9) 按照图 2—68 所示，在凸缘接触面上均匀地涂上厚度不超过 3 mm 的硅密封胶。过多的硅密封胶将可能进入油底壳，堵塞润滑油油路。

(10) 在 5 min 内装上前油封凸缘，拧上固定螺栓，并用规定力矩将螺栓交替拧紧。

注意：安装后先过 30 min，等密封胶干燥后，才能加注润滑油。

(11) 装上曲轴正时齿形带轮。

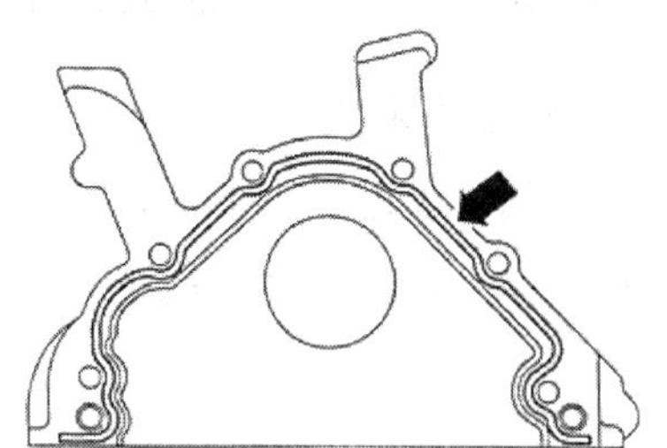

图 2—68　凸缘接触面上均匀地涂上硅密封胶

2. 后油封凸缘及飞轮的装复

(1) 用专用工具将后油封装入后油封凸缘的承孔中，如图 2—69 所示。

(2) 在曲轴后端油封凸缘与缸体的接触面上涂上硅密封胶。

(3) 装上油封凸缘，拧上螺栓将其固定，并用 60 N·m 力矩旋转 90°拧紧。

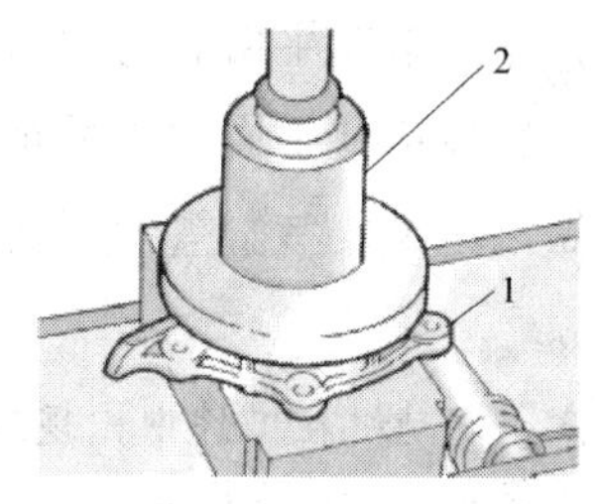

图 2—69　装上后油封

1—曲轴后油封凸缘　2—专用工具

(4) 用专用冲头将变速器第一轴前轴承装入曲轴后端，如图 2—70 所示。

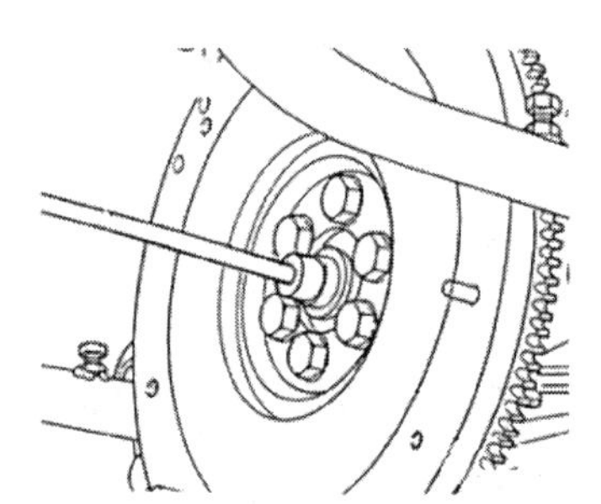

图 2—70 装变速器第一轴前轴承

(5) 检查滚针轴承的安装深度，$a=1.5$ mm，如图 2—71 所示。

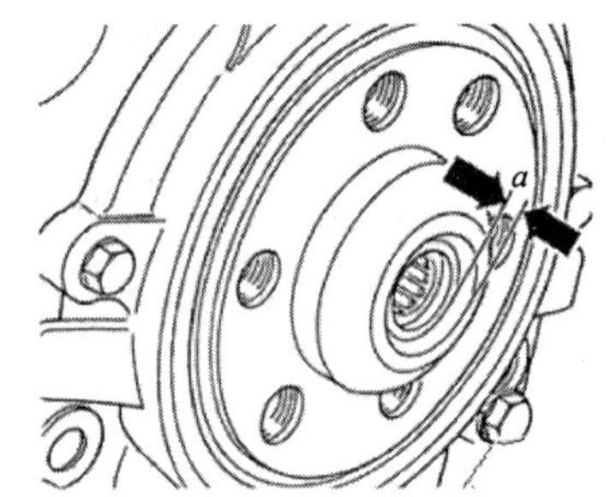

图 2—71 检查滚针轴承的安装深度

$a=1.5$ mm

3. 油底壳的装复

(1) 装上曲轴箱防溅挡油板，并用固定螺栓固定。

(2) 清洁缸体与油底壳的接触面，并在接触面上均匀地涂上密封胶。

(3) 装上油底壳，按规定顺序的力矩拧紧油底壳固定螺栓。

4. 水泵的装复

(1) 转动发动机翻转架，使发动机上部朝下。

(2) 装上水泵，并用规定力矩拧紧水泵固定螺栓。

八、气缸盖的装复

1. 气缸盖的清洁检查

(1) 清理燃烧室和进、排气道内的积炭。

(2) 检查缸盖平面。用刀口尺和塞尺检测气缸盖和气缸体接合平面的平面度，如图 2—72 所示，并做好记录。气缸盖的平面度最大不得超过 0.1 mm。

注意：发动机在工作中出现过热或拆装过程方法不当，都会造成平面翘曲。气缸体和气缸盖接触面不平，会造成工作时漏气和发动机水温过高。

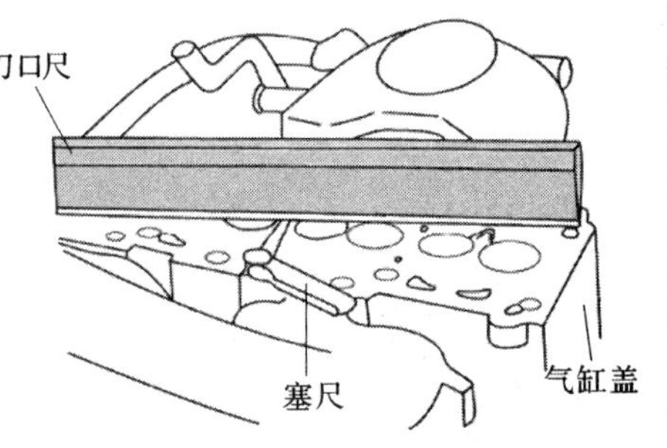

图 2—72 检测气缸盖和气缸体接合平面

（3）检查螺纹孔。检查气缸体上的气缸盖螺栓孔是否清洁、干净，在气缸体、气缸盖螺栓盲孔中不允许有油或冷却液，以防拧紧螺栓时损坏气缸体。螺纹损伤不多于两牙，根据需要用丝锥清洁螺纹。

（4）清洁气缸。用干净的抹布清洁气缸，使气缸内表面和活塞之间没有污垢和残留砂屑，避免污物和研磨残余物进入冷却液。

（5）清洁检查气缸盖和气缸体的密封面。小心清洁气缸盖和气缸体的密封面。检查表面应无沟槽或刮痕（使用砂纸时，粒度不允许小于100）。

2. 气缸盖的装复

（1）安装前从包装中直接取出新的气缸衬垫。安装气缸衬垫时须小心，损坏将会导致泄漏。

（2）用抹布小心清洁气缸衬垫、气缸盖和气缸体接触表面，如图2—73所示。

（3）检查气缸盖螺栓孔，不能有油或脏物。

（4）转动曲轴，使第1缸活塞处于上止点位置，再将曲轴略微反向旋转，使第1缸活塞偏离上止点。

（5）将气缸衬垫轻放在气缸体上平面上。

注意：必须注意其安装方向。标记有“OBEN”（德文“顶部”）或者“TOP”（英文“顶部”）或者配件号的一面朝向气缸盖。

（6）装上气缸盖。

（7）装入气缸盖螺栓并略微拧紧。

（8）按如下方法拧紧气缸盖螺栓。

1）按图2—74所示顺序，用40 N·m的力矩预拧紧所有螺栓。

2）接着用固定扳手按同样顺序将所有的螺栓继续转动1/4圈（90°）。

3）最后再次按同样顺序将所有螺栓继续转动1/4圈（90°）。

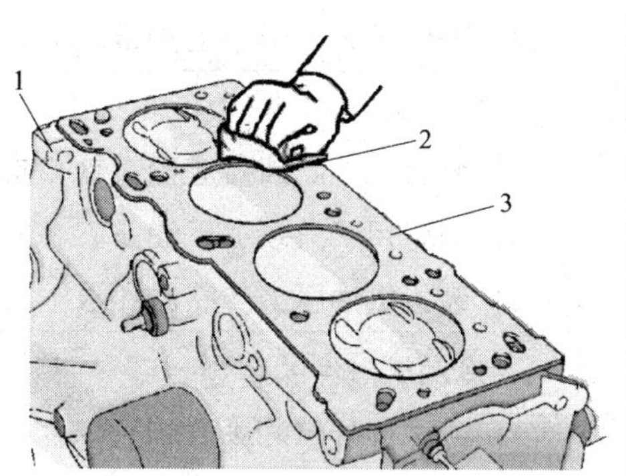

图2—73　清洁气缸衬垫、气缸盖和气缸体接触表面
1—气缸体　2—抹布　3—气缸衬垫

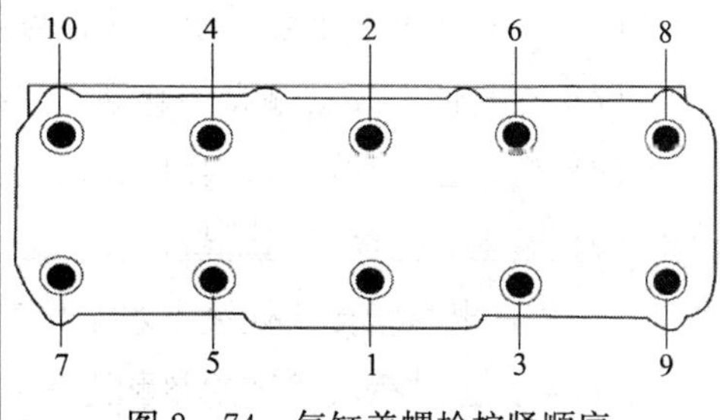

图2—74　气缸盖螺栓拧紧顺序

3. 凸轮轴的装复（略，见第二单元课题二的项目2）

4. 正时齿形带的装复

(1) 使凸轮轴正时齿轮上的标记与正时齿形带护罩上的标记对齐。

(2) 将曲轴转至第1缸上止点位置。

(3) 将正时齿形带安装到张紧轮和凸轮轴正时齿形带轮上。

(4) 张紧正时齿形带。用专用工具将张紧轮（偏心轮）向逆时针方向转到底，如图2—75所示箭头方向。

(5) 用20 N·m的力矩拧紧张紧轮固定螺母。

(6) 转动曲轴2圈，使第1缸再次回到上止点位置，检查标记和带的张紧情况。

(7) 安装正时齿形带上护罩。

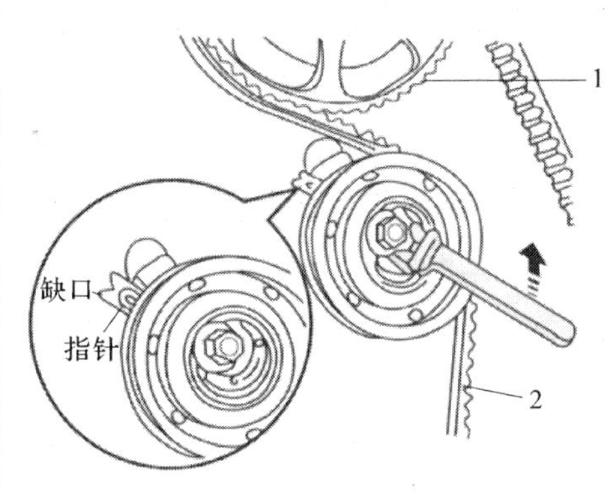

图2—75 用专用工具将张紧轮（偏心轮）向逆时针方向转到底

1—凸轮轴正时齿形带轮 2—正时齿形带

5. 机油滤清器的装复

(1) 装上机油滤清器座密封垫和滤清器座总成，用螺栓固定机油滤清器座。

(2) 用专用工具装上机油滤芯。

(3) 装上机油压力传感器和限压阀。

6. 发动机附件的装复

(1) 安装进气管和排气管。

(2) 安装冷却水管和真空管。

(3) 安装各传感器的导线插头。

(4) 安装发动机罩。

(5) 装上凸轮轴位置传感器，并按规定力矩拧紧凸轮轴位置传感器固定螺栓。

(6) 在缸体上装上发动机转速传感器，并按规定力矩拧紧转速传感器固定螺栓。

(7) 在缸体上装上爆震传感器，并按规定力矩拧紧爆震传感器固定螺栓。

(8) 装上各缸火花塞，并用专用工具按规定力矩拧紧。

(9) 装上节温器及密封垫，装上进水管接头，并装上进水管接头固定螺栓。

(10) 在出水管接头处装上水温传感器。

(11) 装上进气歧管密封垫和进气歧管，并按规定顺序和力矩拧紧进气歧管固定螺栓。

(12) 在燃油分配管上装上燃油压力调节器。

(13) 将喷油器按正确的方向装在燃油分配管上。注意更换密封圈。

(14) 将燃油分配管安装在进气管上，用螺栓固定燃油分配管。

(15) 装上排气歧管密封垫和排气歧管，并按规定顺序和力矩拧紧排气歧管固定螺栓。

(16) 在排气歧管上方装上隔热板，并固定。

(17) 装上发动机前左侧固定支座，并按规定力矩拧紧支座固定螺栓。

(18) 装上发电机固定支座。

(19) 插上机油尺。

(20) 装上点火模块。

(21) 按规定顺序装上各缸高压线。

项目 2　桑塔纳 3000AYJ 型发动机配气机构的拆装

一、正时齿形带的拆装（图 2—76）

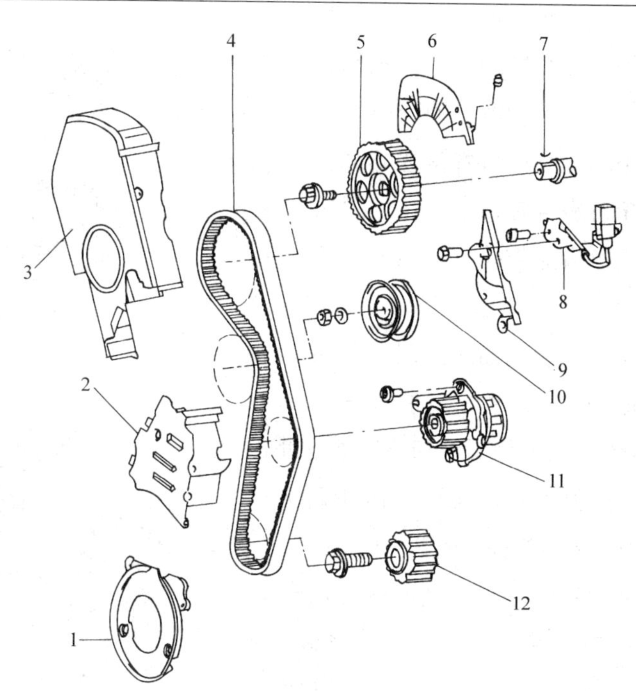

图 2—76　正时齿形带的分解图

1—下护罩　2—中间护罩　3—上护罩　4—正时齿形带　5—凸轮轴正时齿形带轮　6—护罩　7—半圆键　8—凸轮轴位置传感器　9—后护罩　10—张紧轮　11—水泵　12—曲轴正时齿形带轮

1. 正时齿形带的拆卸

(1) 将发动机安装在维修工作台架上。

(2) 将曲轴转到第一缸活塞的上止点位置，如图 2—77 所示。

(3) 拆下正时齿形带上防护罩。

(4) 将凸轮轴正时齿形带轮上的标记对准防护罩上的标记，如图 2—78 中箭头所示。

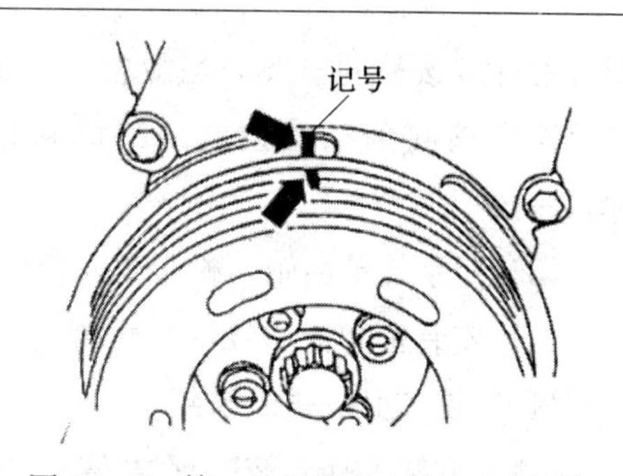

图 2—77　第一缸活塞的上止点位置标记

(5) 拆下曲轴带轮的固定螺栓，取下曲轴带轮。

(6) 拆下正时齿形带中间防护罩和下防护罩。

注意：拆卸前应用粉笔等在正时齿形带上做好记号，安装时应按照原旋转方向装回，如果装反会加剧正时齿形带的磨损或损坏。

拆卸时，正时齿形带不可弯折，否则会降低其抗拉强度，易出现破损。

(7) 松开半自动张紧轮并拆下正时齿形带。

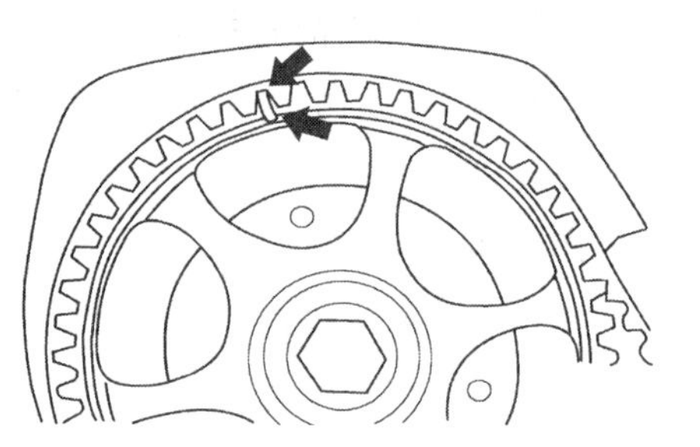

图 2—78 凸轮轴正时齿形带轮上的正时标记

2. 正时齿形带的装复

(1) 转动曲轴，使活塞偏离上止点的位置。

(2) 转动凸轮轴，使凸轮轴正时齿形带轮上的标记对准正时齿形带后防护罩上的标记。

注意：转动凸轮轴时应使所有活塞离开上止点位置，以免损坏气门和活塞。

(3) 检查曲轴正时齿形带轮上止点标记与参考标记是否对准。

(4) 将正时齿形带安装到曲轴正时齿形带轮和冷却液泵正时齿形带轮上，注意安装位置。

(5) 将正时齿形带安装到张紧轮和凸轮轴正时齿形带轮上。注意张紧轮的位置（图 2—79 中箭头所示），即定位块必须嵌入气缸盖上的缺口内。

(6) 将张紧轮逆时针转动，直到可以使用专用工具，如图 2—80 中箭头所示。松开张紧轮，直到指针位于缺口下方约 10 mm 处。旋紧张紧轮，直到指针与缺口重叠，将张紧轮上的锁紧螺母以 15 N·m 的力矩拧紧。

(7) 检查张紧力：用拇指用力弯曲正时齿形带，指针应该移向一侧。当放松正时齿形带时，张紧轮应该回到初始位置（缺口和指针对齐）(图 2—81)。

(8) 用手转动曲轴，检查正时标记。

(9) 安装正时齿形带下防护罩。

(10) 安装曲轴传动带轮。

(11) 安装正时齿形带上防护罩和中间防护罩。

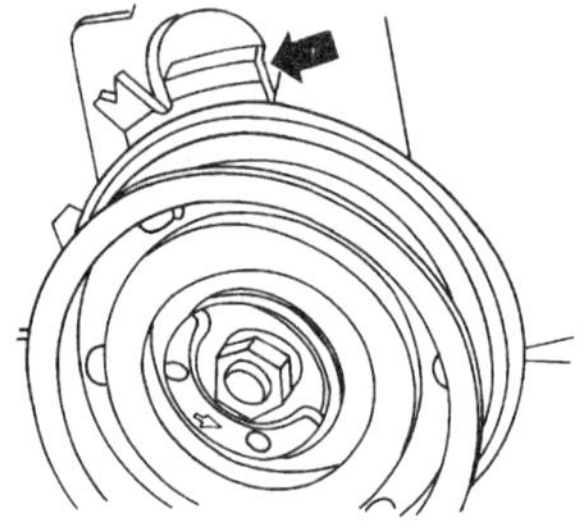

图 2—79 张紧轮的位置

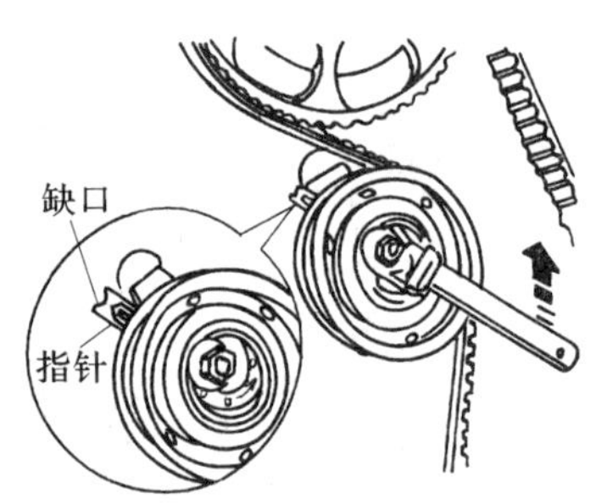

图 2—80 安装正时齿形带

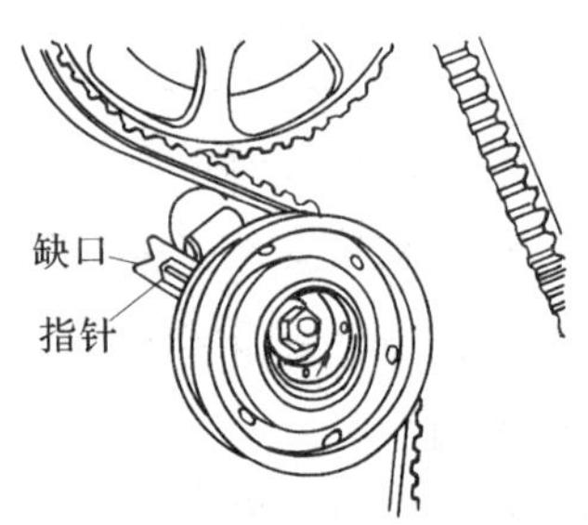

图 2—81 检查张紧轮

二、凸轮轴和气门的拆装（图 2—82）

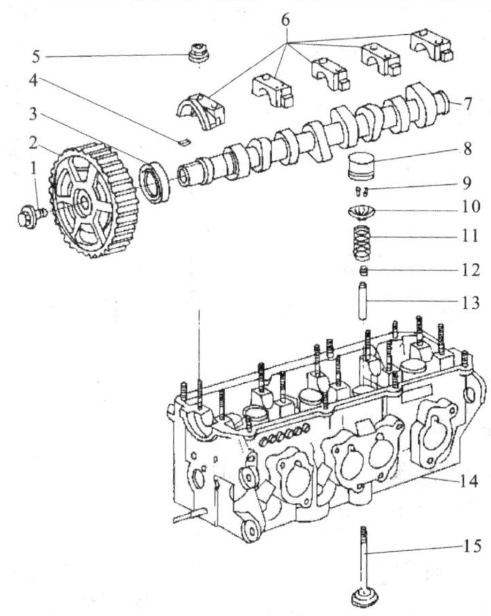

图 2—82　凸轮轴和气门的分解图

1—凸轮轴正时齿轮固定螺栓　2—凸轮轴正时齿轮　3—油封　4—半圆键　5—凸轮轴盖固定螺母　6—凸轮轴轴承盖　7—凸轮轴　8—液压挺柱　9—气门锁片　10—气门弹簧座　11—气门弹簧　12—气门油封　13—气门导管　14—气缸盖　15—气门

1. 凸轮轴的拆卸

（1）将发动机安装在维修工作台架上。

（2）拆下正时齿形带上防护罩。

（3）旋松凸轮轴正时齿形带轮固定螺栓。

注意：拆卸前应先用专用工具固定住凸轮轴。

（4）转动曲轴使凸轮轴正时齿形带轮位于第一缸上止点标记。凸轮轴正时齿形带轮上的标记必须对准正时齿形带防护罩上的箭头。

（5）转动曲轴到第一缸活塞的上止点位置。

（6）松开半自动张紧轮，从凸轮轴正时齿形带轮上拆下正时齿形带。

（7）拆下气缸盖罩。

（8）拆下凸轮轴正时齿形带轮。

（9）从凸轮轴上拿下半圆键。

（10）先拆下第 1、3、5 号凸轮轴轴承盖，然后对角交替松开第 2、4 号轴承盖，取下凸轮轴。

（11）取下液压挺柱。

（12）按图 2—83 所示顺序松开气缸盖螺栓，将气缸盖与气缸衬垫一起拿下。

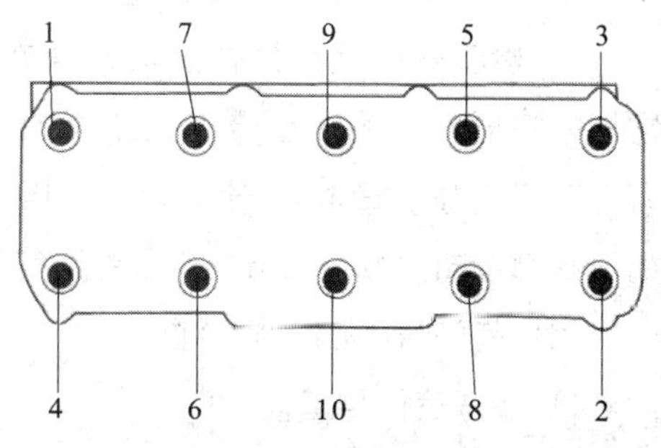

图 2—83　气缸盖螺栓拧松顺序

2. 气门组件的分解

(1) 将气缸盖摆放在工作台上的木块上。

(2) 用磁性棒取出液压挺柱，并将工作表面朝下按顺序放置。

注意：各缸液压挺柱不要相互混淆。

(3) 用气门专用工具压缩气门弹簧，取下气门锁片，如图 2—84 所示。

(4) 取下各缸气门并按顺序摆放整齐。

注意：气门拆卸时应做好安装标记，安装时应装回原位。

(5) 取下气门弹簧和气门弹簧座。

(6) 用专用工具拆下气门油封，如图 2—85 所示。

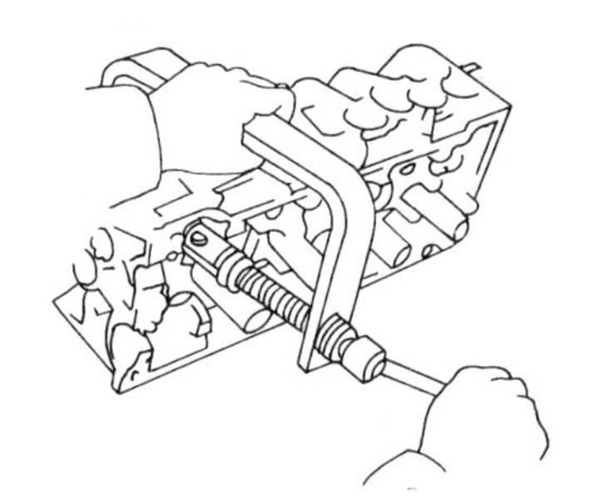

图 2—84 用气门专用工具拆下气门

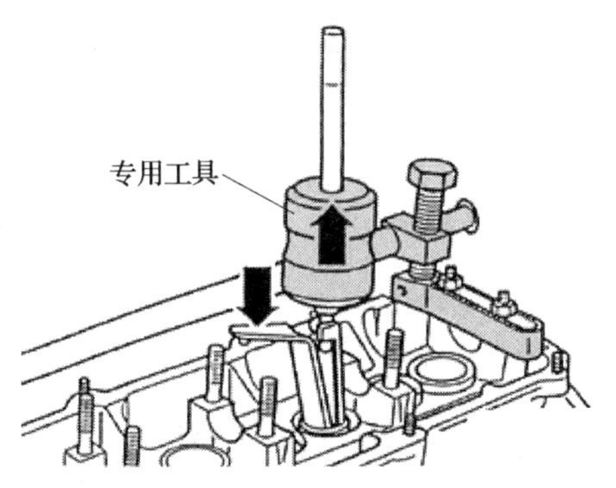

图 2—85 用专用工具拆下气门油封

3. 气门组件的清洁检查

(1) 气门的清洁检查

1) 清除气门头部和进排气道的积炭。

2) 清洁气门、气门座。

3) 检查气门锥形工作面及气门杆的磨损、烧蚀及变形情况，视情况更换气门。

4) 检查气门尾部端面。该端面在工作时经常与气门摇臂碰擦，需检查此端面的磨损情况，有无凹陷现象。凹陷不严重时，可用油石修磨。如果修磨量超过 0.5 mm，则需更换气门。

(2) 气门导管的清洁检查

1) 清洗气门导管。

2) 检查气门杆与气门导管的间隙。将气门插入气门导管中，使气门的末端与导管平齐，检查有无晃动，用百分表测量，如图 2—86 所示，晃动量极限为排气门 1.3 mm、进气门1.0 mm。

(3) 气门弹簧的清洁检查

1) 清洁气门弹簧、气门弹簧座。

图 2—86 检查气门杆与气门导管的间隙

2）检查气门弹簧的自由长度。如图 2—87 所示，用游标卡尺测量气门弹簧的自由长度，其检查亦可用新旧弹簧对比的经验方法进行。自由长度小于使用限度 1.3～2 mm 时，应更换新件。

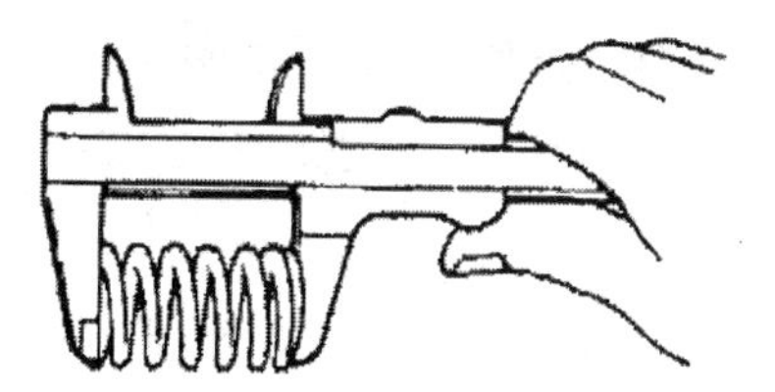
图 2—87　检查气门弹簧的自由长度

3）检查气门弹簧端面与其中心轴线的垂直度。如图 2—88 所示，将气门弹簧直立置于平板上，用直角尺检查每根弹簧的垂直度。气门弹簧上端和直角尺之间的间隙即为垂直度的大小。其极限值为 2.0 mm，如该间隙超限，则必须更换气门弹簧。

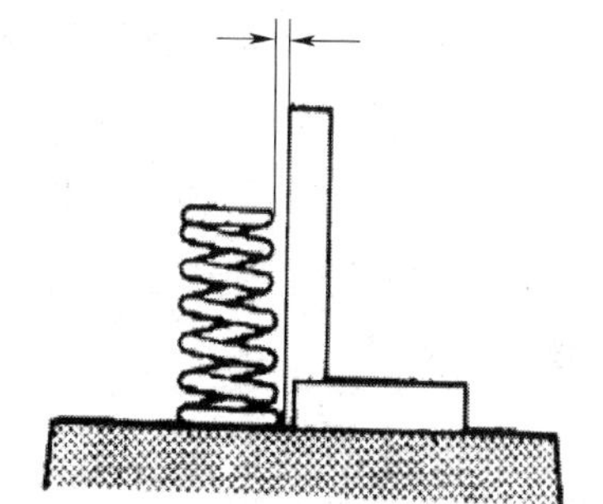
图 2—88　检查气门弹簧端面与其中心轴线的垂直度

（4）凸轮轴轴向间隙的检查

1）如图 2—89 所示，不装液压挺柱，仅安装 1 号和 5 号凸轮轴轴承盖固定凸轮轴，轴承盖拧紧力矩为 20 N·m。

2）用百分表检查凸轮轴轴向间隙，凸轮轴轴向间隙不得超过 0.15 mm。

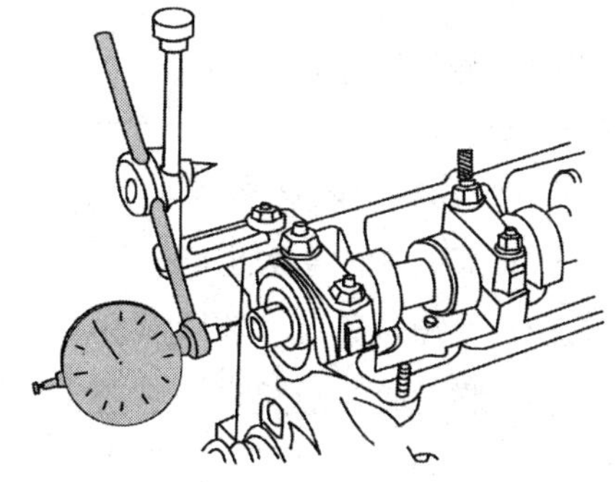
图 2—89　检查凸轮轴轴向间隙

（5）液压挺柱的清洁检查

1）清洁液压挺柱。

2）检查挺柱顶平面磨损情况，若磨损严重或出现沟槽，需进行更换。

3）检查液压挺柱的密封性。液压挺柱中的柱塞和油缸是一对精密偶件，其配合间隙不超过 0.005 mm，间隙过大时，将影响挺柱的正常工作。

4）测量凸轮和挺柱之间的间隙。顺时针方向转动曲轴，使被检查挺柱的凸轮朝上，测量凸轮和挺柱之间的间隙，如图 2—90 所示，应不大于 0.2 mm，否则应更换挺柱。

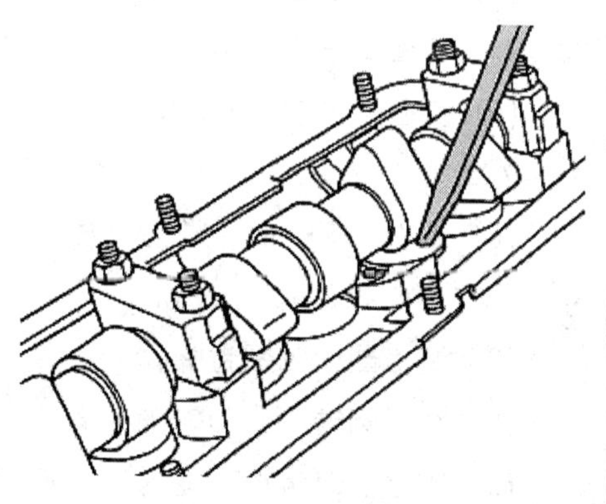
图 2—90　测量凸轮和挺柱之间的间隙

4. 气门组件的装复

（1）在气门的头部和杆部涂上润滑油，将气门按拆卸时的原位置插入气门导管。

(2) 在气门杆上套上塑料套，新气门油封上涂上润滑油，用专用工具装上新油封，如图 2—91 所示。

(3) 装上气门、气门弹簧、弹簧座。

注意：气门一定要按原位装回。

安装时应在气门头部和杆部涂上润滑油。

(4) 用专用工具压缩气门弹簧，将两个锁片安装在气门尾部的环槽侧。取下气门弹簧钳。

(5) 用橡胶锤轻轻敲击气门杆顶端，以保证锁片锁止到位。

(6) 装上各缸火花塞。

(7) 转动曲轴使第一缸处于上止点位置。

(8) 装上气缸垫。注意有配件号的一面朝上。

(9) 装上气缸盖。

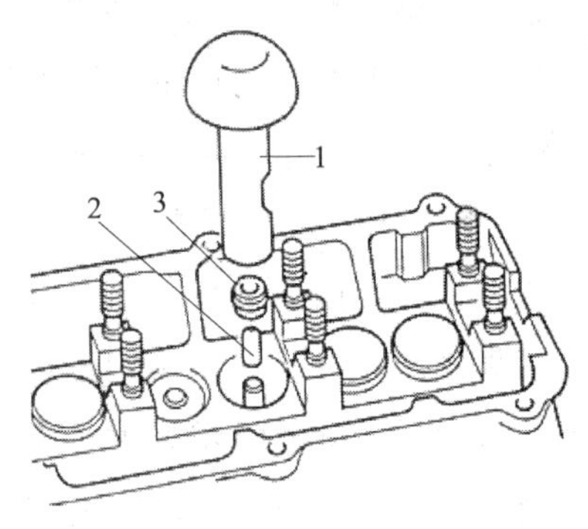

图 2—91 用专用工具装上新油封
1—专用工具 2—套上塑料套
3—气门油封上涂上润滑油

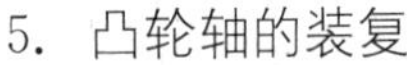

5. 凸轮轴的装复

(1) 清洁、润滑液压挺柱及凸轮轴轴承表面。

(2) 按原位置装回液压挺柱。

(3) 将凸轮轴放置在气缸盖上，使第一缸凸轮朝上。

(4) 安装轴承盖，并要注意保证轴承盖的方向正确，如图 2—92 所示。

(5) 交替对角拧紧第 2、4 号轴承盖，拧紧力矩为 20 N·m。

(6) 以 20 N·m 拧紧力矩安装好 5、1、3 号轴承盖，如图 2—93 所示。

(7) 装上凸轮轴密封圈。

(8) 将半圆键装到凸轮轴上。

(9) 安装正时齿形带轮并以 100 N·m 的力矩拧紧紧固螺栓。

(10) 装上霍尔传感器，以 10 N·m 的力矩拧紧霍尔传感器固定螺栓。

(11) 安装好正时齿形带后，装上护罩。

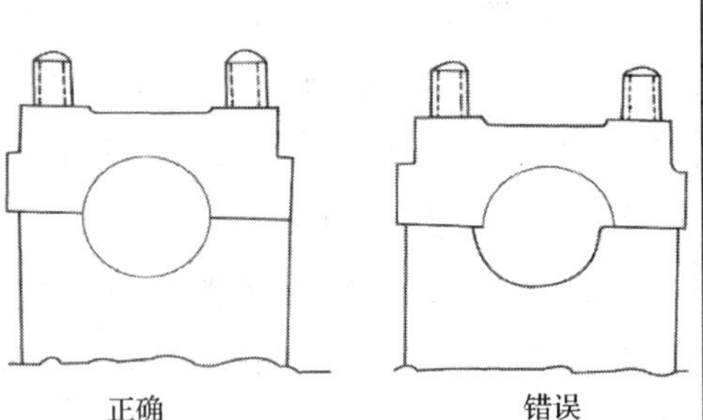

图 2—92 注意保证轴承盖的方向正确

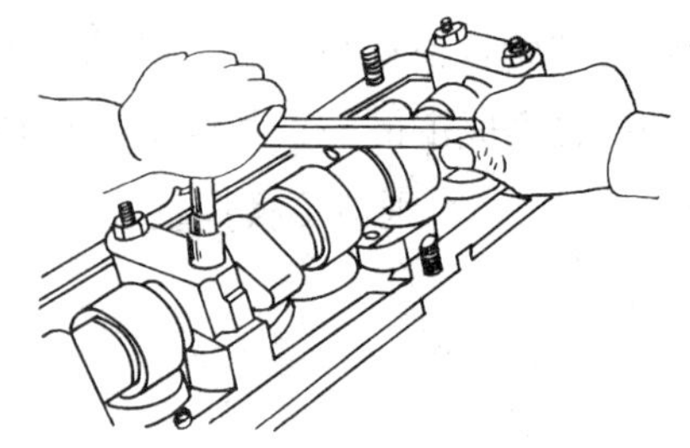
图 2—93 装凸轮轴

注意：安装好凸轮轴后，发动机在 30 min 之内不得启动，以便液压挺柱的补偿元件进入状态，否则气门将敲击活塞。

在对配气机构进行维修后，应小心地转动曲轴至少两圈，以防止发动机启动时敲击气门。

项目 3 大众 TOURAN BPL 型五气门配气机构的拆装

一、大众 TOURAN BPL 型五气门配气机构的分解（图 2—94）

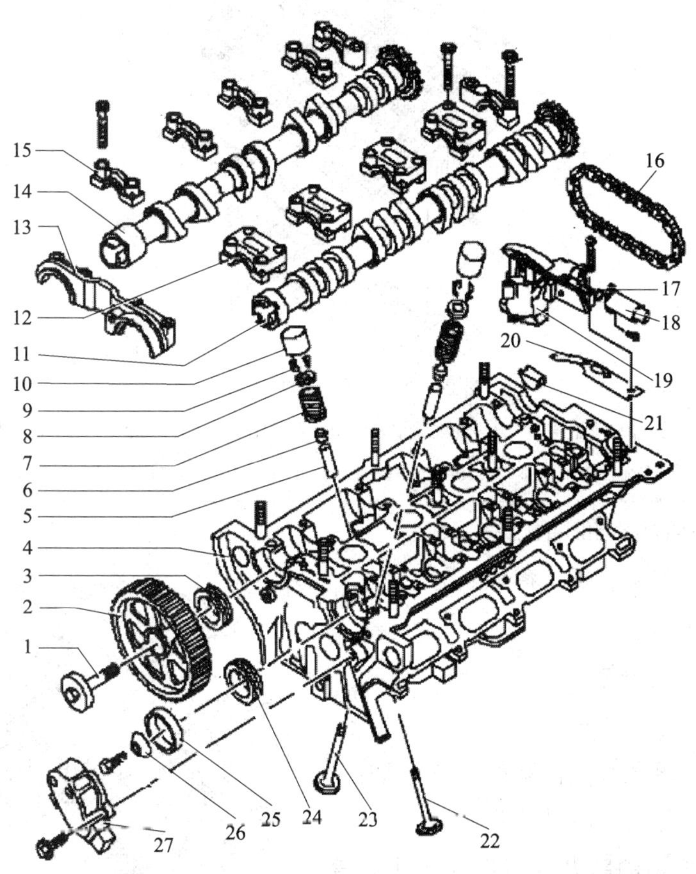

图 2—94 大众 TOURAN BPL 型五气门配气机构的分解图

1—凸轮轴正时齿轮固定螺栓 2—凸轮轴正时齿轮 3—排气凸轮轴油封 4—气缸盖 5—气门导管 6—气门油封 7—气门弹簧 8—气门弹簧座 9—气门锁片 10—液压挺柱 11—进气凸轮轴 12—进气凸轮轴轴承盖 13—双轴承盖 14—排气凸轮轴 15 排气凸轮轴轴承盖 16—从动链 17—O 形密封圈 18—凸轮轴调节阀 19—链条张紧器 20—密封件 21—密封块 22—排气门 23—进气门 24—油封 25—密封圈 26—垫圈 27—霍尔传感器

1. 气缸盖（图 2—95）的拆卸

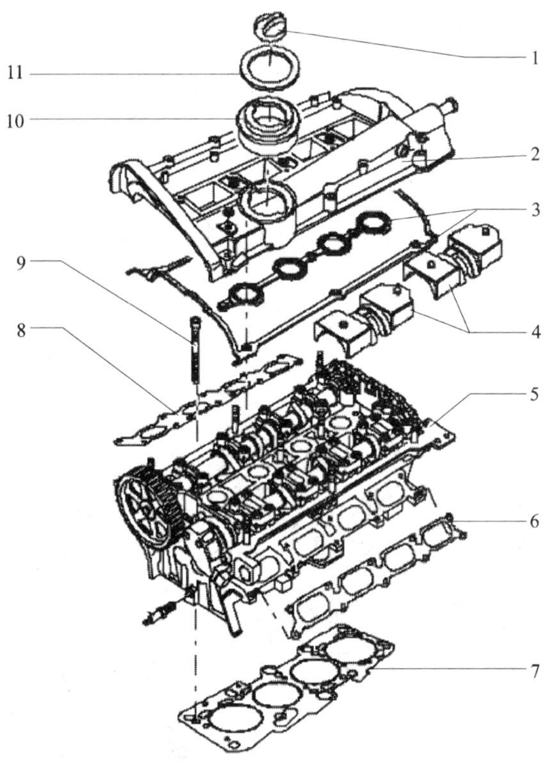

图 2—95 气缸盖的分解图

1—加机油口盖 2—气缸盖罩 3—气缸盖罩密封垫 4—挡油板 5—气缸盖 6—进气歧管密封垫 7—气缸盖衬垫 8、9—排气歧管密封垫 10—加机油口底座 11—密封圈

(1) 进气歧管的拆卸（图 2—96）

1) 关闭点火开关，拆下蓄电池负极线。

2) 排出冷却液。

3) 拆下发动机罩盖。

4) 拆下进气软管夹箍。

5) 拔下涡轮增压和活性炭罐电磁阀真空管。

6) 拔下进气温度传感器插头。

7) 拔下通往制动助力器真空管和涡轮增压器循环空气门真空管。

8) 拆下水管支架螺栓。

9) 拆下机油标尺支架螺栓。

10) 拆下节气门位置传感器插头。

11) 拆下进气歧管固定螺栓。

12) 拆下燃油分配管，拆下进气歧管。

图 2—96 进气歧管的拆卸

1—进气软管夹箍 2—涡轮增压和活性炭罐电磁阀真空管 3—进气温度传感器插头 4—制动助力器真空管 5—涡轮增压器循环空气门真空管

13）用干净的抹布堵住气缸盖上的进气道，以防东西掉入进气道。

（2）气缸盖罩的拆卸

1）拆下支架螺栓，取下发动机侧面支架，如图 2—97 所示。

2）拆下各缸点火线圈。

3）拆下正时齿形带上部护罩。

4）由内向外交叉松开气缸盖罩固定螺栓，取下气缸盖罩和密封垫。

（3）气缸盖的拆卸

1）拆下前排气管。

2）拆下空气滤清器壳体。

3）拔下凸轮轴调节阀上的插头。

4）拔下插头，拆下气缸盖左侧冷却液法兰固定螺栓，如图 2—98 所示将法兰移至一侧。

5）拆下废气涡轮增压器总成。

6）拆下 V 带。

7）拆下 V 带张紧轮。

8）用专用工具固定凸轮轴正时带轮，松开凸轮轴正时带轮固定螺栓，取下凸轮轴正时带轮。

9）按规定的顺序松开并旋出气缸盖螺栓。

10）取下气缸盖的气缸盖衬垫，如图 2—99 所示。

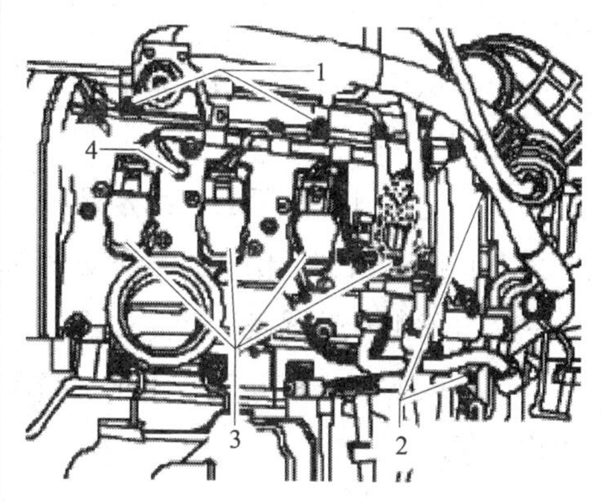

图 2—97 气缸盖罩的拆卸

1—支架螺栓 2—发动机侧面支架 3—点火线圈

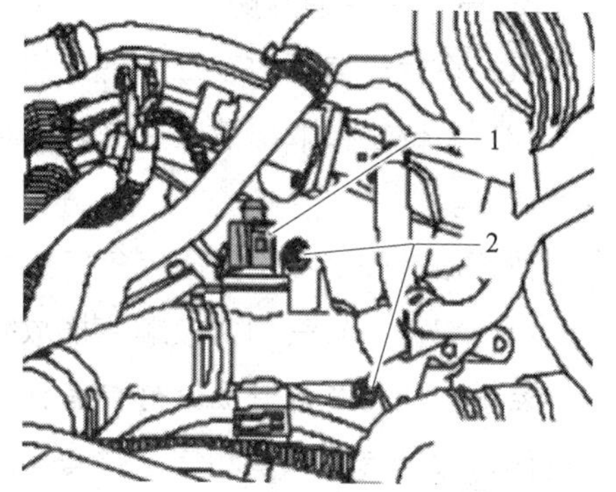

图 2—98 拆气缸盖左侧冷却液法兰

1—插头 2—法兰固定螺栓

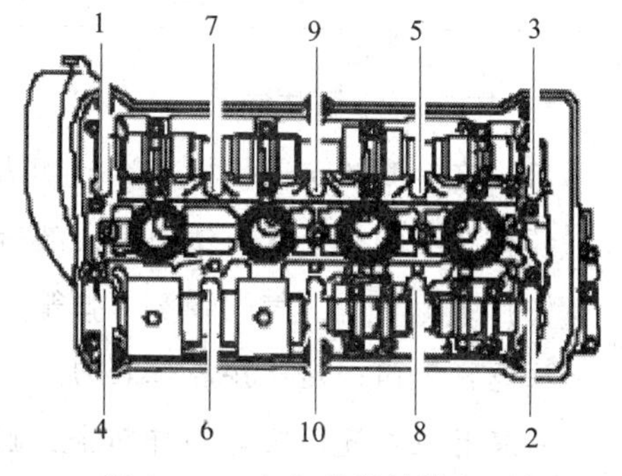

图 2—99 气缸盖螺栓旋出顺序

2. 进气和排气凸轮轴的拆卸（图 2—100）

（1）固定好气缸盖。

（2）拆下进气和排气凸轮轴的 3 号和 5 号轴承盖。

（3）拆下 6 号双轴承盖。

（4）从进气和排气凸轮轴的链轮上拆下两个1号轴承盖。

（5）旋出链轮张紧器的固定螺栓。

（6）按对角交叉松开并拆下进气和排气凸轮轴的2号和4号轴承盖。

（7）取下进气和排气凸轮轴、链条张紧器和固定支架。

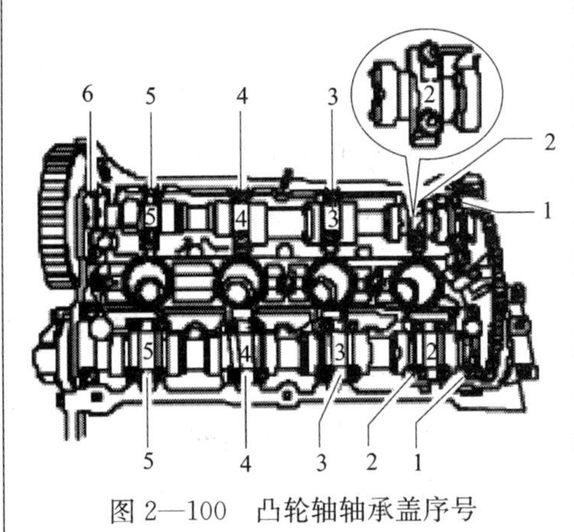

图2—100　凸轮轴轴承盖序号

3. 气门组件的分解

（1）将气缸盖摆放在工作台上的木块上。

（2）用磁性棒取出液压挺柱，并将工作表面朝下按顺序放置。注意各缸液压挺柱不要相互混淆。

（3）用气门专用工具压缩气门弹簧，取下气门锁片，如图2—84所示。

（4）取下各缸气门并按顺序摆放整齐。

注意：气门拆卸时应做好安装标记，安装时应装回原位。

（5）取下气门弹簧和气门弹簧座。

（6）用专用工具拆下气门油封，如图2—85所示。

二、大众TOURAN BPL型五气门配气机构的装复

1. 气门组件的装复

（1）在气门的头部和杆部涂上润滑油，将气门按拆卸时的原位置插入气门导管。

（2）在气门杆上套上塑料套，新气门油封上涂上润滑油，用专用工具装上新油封。

（3）装上气门、气门弹簧、弹簧座。

注意：气门一定要按原位装回。

安装时应在气门头部和杆部涂上润滑油。

（4）用专用工具压缩气门弹簧，将两个锁片安装在气门尾部的环槽侧。

（5）用橡胶锤轻轻敲击气门杆顶端，以保证锁片锁止到位。

（6）装上各缸火花塞。

（7）转动曲轴使第一缸处于上止点位置。

（8）装上气缸垫。注意有配件号的一面朝上。

（9）装上气缸盖。

2. 凸轮轴的装复

(1) 固定好气缸盖。

(2) 在橡胶金属密封件的阴影面上涂上密封胶。

(3) 使用新的传动链时，凸轮轴缺口标记A和B之间的距离必须等于16节传动链，如图2—101所示，第一个和第十六个滚子必须在链轮的缺口位置，切口A略微向内侧错位。

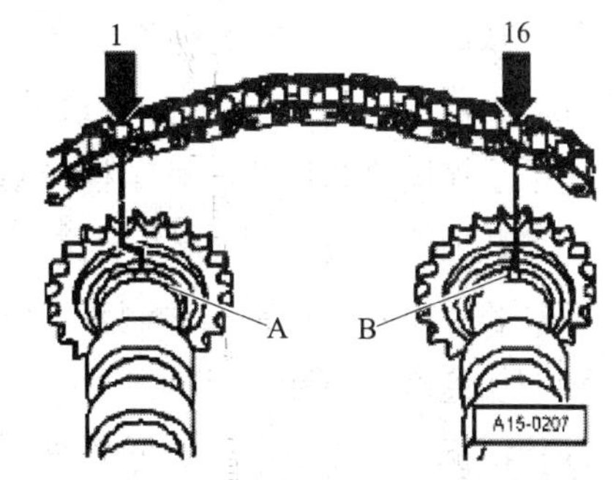

图2—101 安装新的传动链

(4) 将链条张紧器推入传动链之间。

(5) 在凸轮轴上涂润滑油，将凸轮轴、正时链和链条张紧器一起安装到气缸盖上。

(6) 将链条张紧器以10 N·m的力矩拧紧（注意定位销）。

(7) 将进气和排气凸轮轴轴承盖2和4沿对角交叉分次拧紧，如图2—102所示，拧紧力矩10 N·m（注意定位套）。

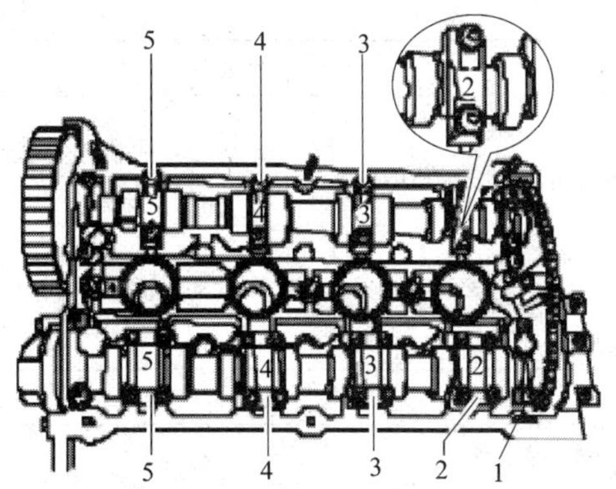

图2—102 凸轮轴轴承盖序号

(8) 安装进气和排气凸轮轴的链轮上的两个轴承盖，检查调整凸轮轴位置，并以10 N·m的力矩拧紧轴承盖螺栓。

(9) 在双轴承盖的阴影面上涂上密封胶，并以10 N·m的力矩拧紧轴承盖螺栓（注意定位销）。

(10) 安装其余轴承盖，同样以10 N·m的力矩拧紧轴承盖螺栓（注意定位销）。

(11) 装上凸轮轴正时齿形带轮。

注意：凸轮轴正时齿形带轮的窄棱边指向外侧，并能从前面看到第一缸上止点标记，如图2—103所示。

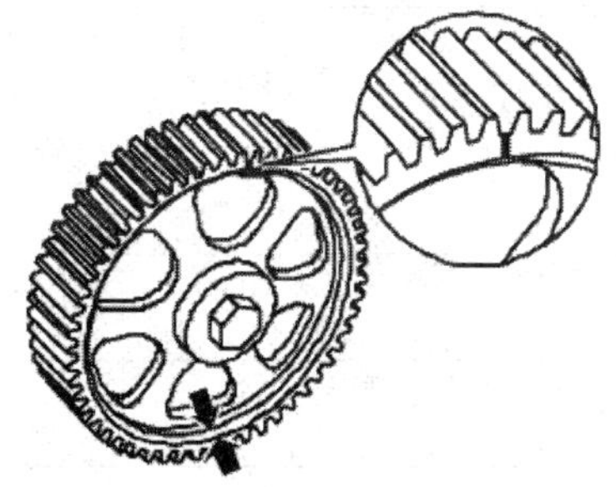
图2—103 正时齿形带轮标记

(12) 安装正时齿形带并调整好配气相位。

3. 气缸盖的装复

(1) 清洁气缸、活塞顶和气缸体上平面。

(2) 检查盖螺栓孔，不应有水、油和脏物。

(3) 将曲轴置于第一缸上止点位置，然后将曲轴反旋转方向稍转一个角度。 (4) 装上气缸盖衬垫，注意配件号朝上。 (5) 按图 2—104 所示拧紧顺序拧紧气缸盖螺栓。先以 40 N·m 的力矩预紧所有螺栓，再用呆扳手按同样顺序将所有螺栓转动 90°。 (6) 装上废气涡轮增压器。 (7) 装上正时齿形带，并调整好位置。 (8) 加注冷却液和润滑油。 (9) 按拆卸的相反顺序装回其余部件。	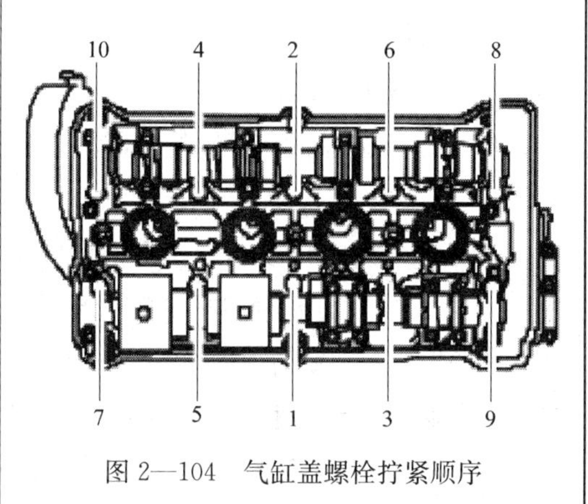 图 2—104　气缸盖螺栓拧紧顺序

学习过程记录表

姓名：	班级：	学号：	日期：
第二单元　发动机的拆装	课题二　曲柄连杆机构与配气机构的拆装	第（　）工作页	项目 1　桑塔纳 3000AYJ 型发动机曲柄连杆机构的拆装——活塞连杆组装复
说明：完成桑塔纳 3000AYJ 型发动机活塞连杆组装复的工作过程，将检测项目、检测要求、安装步骤、操作注意事项填写在下面。			
检测项目		检测要求	
安装步骤		操作注意事项 （包括所使用的工具、力矩大小）	

批语：　　　　　　　　　　　　　　　教师：

课题三 电子控制燃油喷射系统的拆装

教学目的

1. 掌握空气供给装置的拆装方法、步骤和技术要求。
2. 掌握燃油供给装置的拆装方法、步骤和技术要求。
3. 掌握电子控制装置的拆装方法、步骤和技术要求。

工具与设备

1. 常用工具。
2. 桑塔纳 3000 型轿车或桑塔纳AYJ 型发动机（图 2—105）。

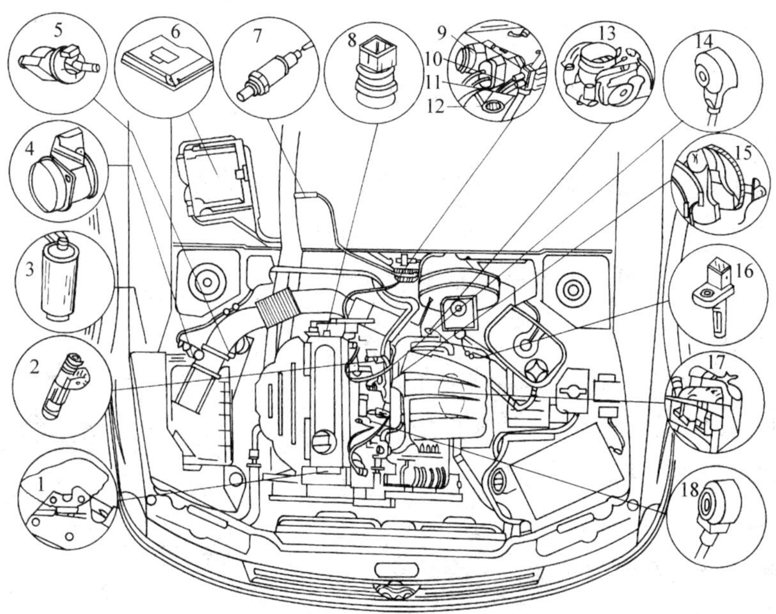

图 2—105 桑塔纳AYJ 型发动机电子控制系统元件位置图

1—霍尔传感器 2—喷油器 3—活性炭罐 4—空气流量计 5—炭罐电磁阀 6—发动机 ECU 7—氧传感器 8—水温传感器 9—转速传感器插接器 10—1 号爆震传感器插接器 11—氧传感器插接器 12—2 号爆震传感器插接器 13—节气门体 14—2 号爆震传感器 15—转速传感器 16—进气温度传感器 17—点火线圈 18—1 号爆震传感器

项目 1 空气供给系统的拆装

一、空气供给系统的拆卸(图 2—106)

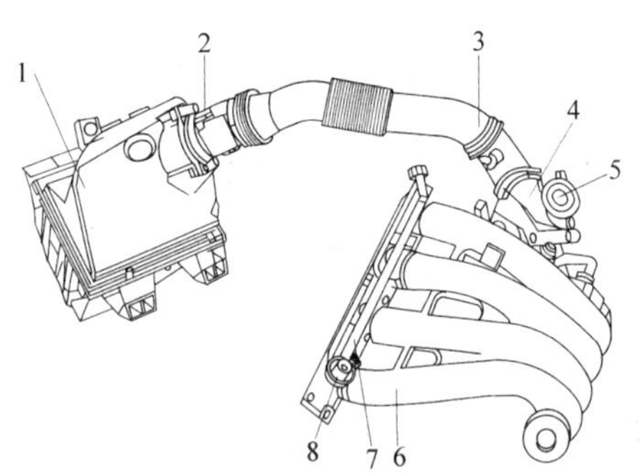

图 2—106 桑塔纳AYJ 发动机空气供给系统

1—空气滤清器 2—空气流量计 3—进气管 4—节气门体 5—节气门操纵臂 6—进气歧管 7—分油管 8—油压调节器

1. 空气流量计(图 2—107)和空气滤清器的拆卸

(1) 车辆进入工位前，将工位清理干净，准备好相关工具。

(2) 装上转向盘护套、变速器手柄套和座位套，铺设脚垫。

(3) 正确停放车辆，并拉好驻车制动器。

(4) 打开发动机舱盖，安装磁性护垫，清洁发动机舱并对燃油油路进行卸压处理。

(5) 拆下蓄电池负极线。

(6) 升起举升机至合适位置，并确定安全锁止机构正常。

(7) 放掉发动机冷却液。

(8) 拧松进气软管两端的卡箍。

(9) 降下举升机。

(10) 从进气软管上拆下动力转向真空管，取下进气软管。

(11) 拔下空气流量计的电线插接器。

注意：先拔开锁扣，再拔出插接器。

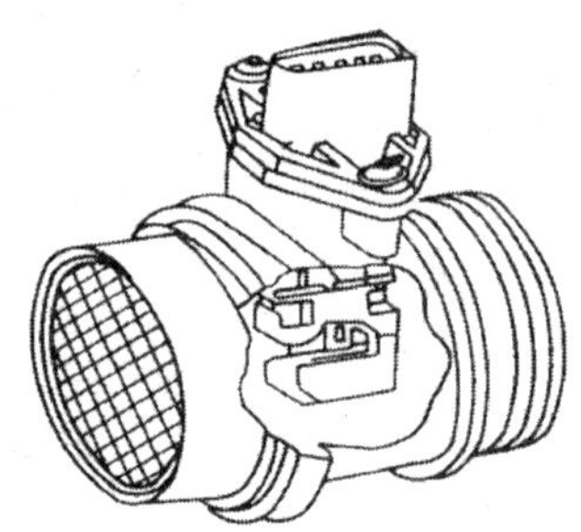

图 2—107 空气流量计

拔出时，应拉在插接器上，不能直接拉导线束（以下同）。

（12）拆下空气流量计固定螺栓，从空气滤清器上取下空气流量计，如图 2—107 所示。

（13）拔下炭罐电磁阀的导线插接器和真空管。

（14）从空气滤清器侧面取下炭罐电磁阀。

（15）拆下空气滤清器盖，如图 2—108 所示。

（16）取出空气滤清器滤芯。

（17）拆下滤清器体固定螺栓，取下隔套和橡胶套。

（18）拆下隔热板。

（19）拆下滤清器体，取下垫块。

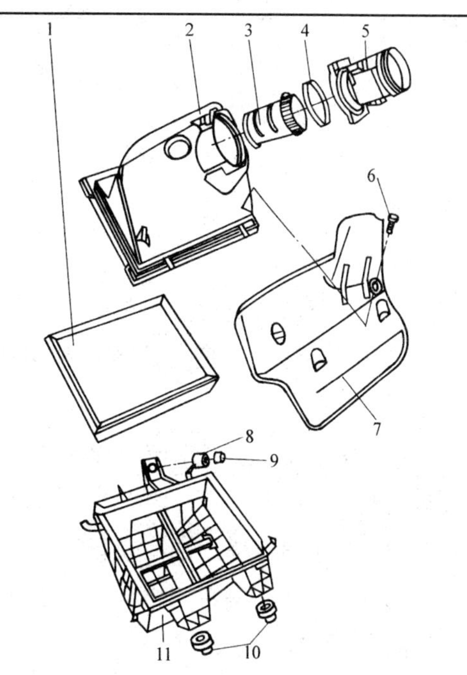

图 2—108 拆空气滤清器

1—滤芯 2—滤清器盖 3—空气管 4—夹箍 5—空气流量计 6—螺栓 7—隔热板 8—橡胶套 9—隔套 10—垫块 11—滤清器体

2. 节气门体的分解（图 2—109）

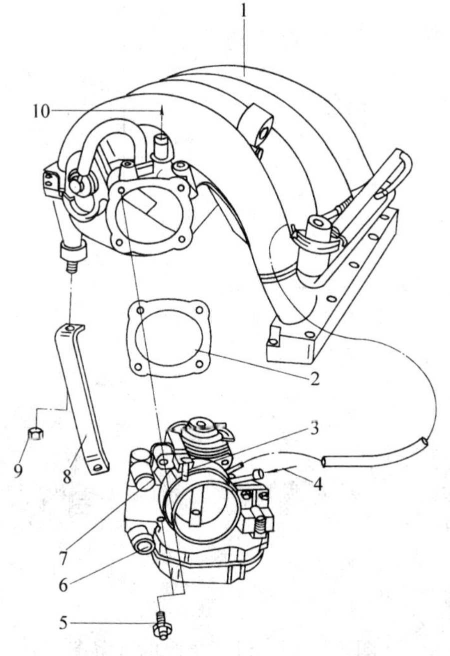

图 2—109 节气门体的分解图

1—进气歧管 2—密封垫 3—节气门体 4—炭罐电磁阀真空管 5—螺栓 6—水管接头 1 7—水管接头 2 8—支架 9—螺母

(1) 拆下曲轴箱通风管。

(2) 用尖嘴钳拔下控制拉索调整卡簧片,从节气门体上拆下节气门控制拉索,如图 2—110 所示。

(3) 拆下节气门拉索支架。

(4) 拔下炭罐真空管和制动助力器真空管。

(5) 拔下进气温度传感器和霍尔传感器的导线插接器。

(6) 拆下节气门位置传感器和怠速控制阀的导线插接器。

(7) 拆下气缸盖后的小软管。

(8) 拆下气缸盖后冷却液管凸缘和上冷却液管之间的冷却液软管。

(9) 拆下上冷却液管与散热器之间的冷却液软管。

(10) 拆下炭罐电磁阀真空管。

(11) 拆下两根冷却液旁通管,如图 2—111 所示。

(12) 使用内六角扳手拆下节气门体与进气管的连接螺栓,取出节气门体和密封垫。

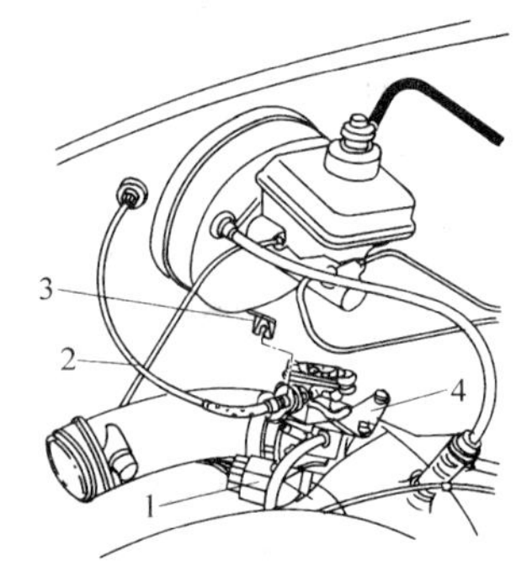

图 2—110 拆节气门拉线

1—导线插接器 2—节气门控制拉索 3—调整卡簧片 4—支架

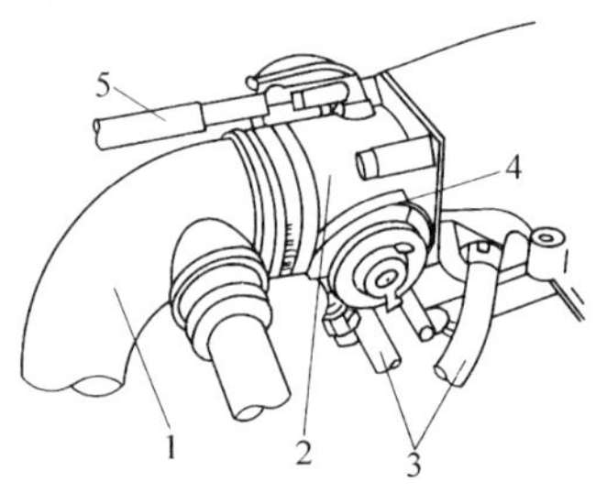

图 2—111 拆冷却液管

1—进气软管 2—节气门体 3—冷却液管 4—节气门控制臂 5—炭罐电磁阀真空管

3. 炭罐系统的分解(图 2—112)

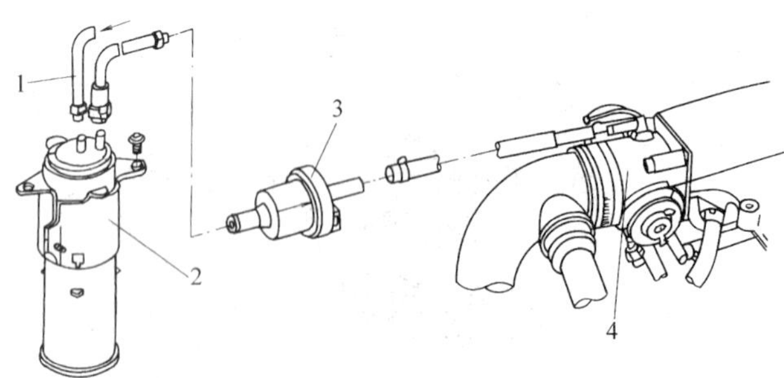

图 2—112 进气系统的分解图

1—油箱蒸气管 2—炭罐 3—炭罐电磁阀 4—节气门体

(1) 拔下炭罐电磁阀的导线插接器和真空管，如图 2—113 所示。

(2) 从空气滤清器侧面取下炭罐电磁阀。

(3) 拆下左前轮罩的挡泥板。

(4) 从炭罐上拔下油箱蒸气管和炭罐电磁阀过来的真空管。

(5) 松开炭罐夹箍，拆下炭罐。

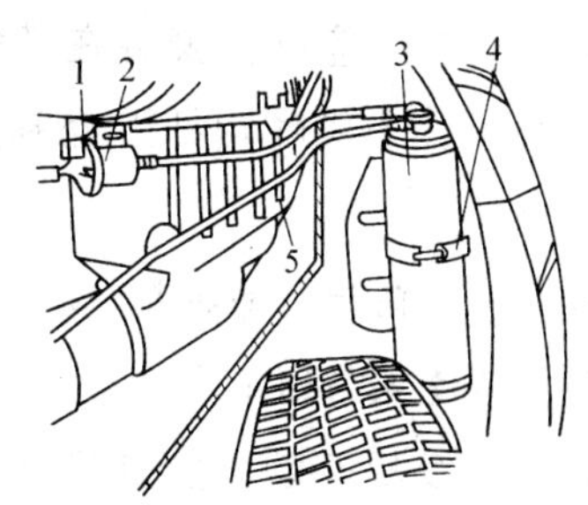

图 2—113 炭罐位置

1—真空管 2—炭罐电磁阀 3—炭罐 4—夹箍 5—油箱蒸气管

4. 拆下进气歧管

(1) 拨开喷油器导线插接器上的锁止卡簧，拔出喷油器上的插接器。

(2) 拆下分油管，拔下喷油器上的卡簧，取下各缸喷油器。

(3) 拔下各缸高压点火线。

(4) 松开进气歧管支架的紧固螺栓。

(5) 旋下进气歧管与缸盖的连接螺栓和螺母，拆下进气歧管，取下进气歧管密封垫。

二、空气供给系统的装复

1. 装复进气歧管

(1) 装上进气歧管密封垫。密封垫凸起的一面朝进气歧管。

(2) 装上进气歧管，用 20 N·m 的力矩拧紧进气歧管固定螺栓。

(3) 插上各缸火花塞。

(4) 将各缸喷油器装在分油管上，卡上卡簧。

(5) 将分油管和喷油器装在进气歧管相应位置上，用螺栓固定分油管。

(6) 插上喷油器导线插接器。

(7) 插上进气温度传感器导线插接器。

2. 装复节气门体

(1) 依次装上密封垫、节气门体，用 20 N·m 的力矩拧紧节气门体固定螺栓。

(2) 接上冷却液旁通管和炭罐电磁阀真空管，如图 2—114 所示。

(3) 插上节气门位置传感器和怠速控制阀的导线插接器。

(4) 将节气门控制拉索装在节气门体的节气门控制臂上，用尖嘴钳插上控制拉索调整卡簧片。

注意：节气门拉线易折断，不能弯折。

节气门各支点与固定点应平直。

(5) 装上冷却液管与散热器之间的冷却液软管。

(6) 装上气缸盖后冷却液管凸缘和上冷却液管之间的冷却液软管。

(7) 装上气缸盖后的小软管。

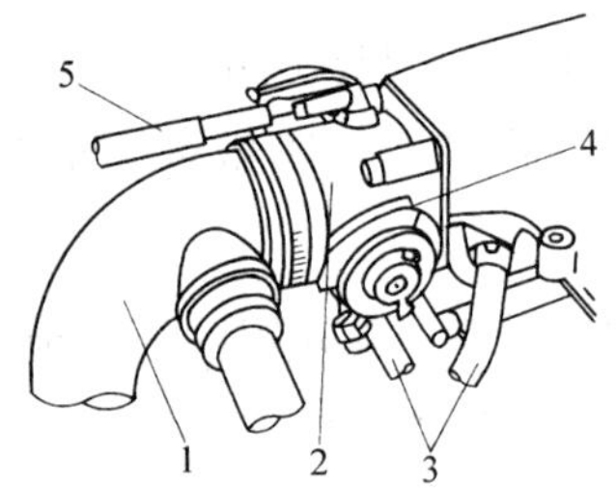

图 2—114 装节气门体

1—进气软管 2—节气门体 3—冷却液管 4—节气门控制臂 5—炭罐电磁阀真空管

3. 装上空气滤清器和空气流量计

(1) 装上隔套和橡胶套，装上隔热板，用固定螺栓固定滤清器体。

(2) 装上空气滤清器滤芯。

(3) 装上空气滤清器盖。

(4) 装上空气流量计。

(5) 插上空气流量计的导线插接器。

(6) 装上进气软管，卡好夹箍。

注意：更换夹箍应更换新件，安装时按原印痕位置装回夹箍。

安装进气管时不要使用含硅树脂的密封剂，防止吸入发动机，损坏氧传感器。

(7) 装上动力转向真空管。

(8) 装上曲轴箱通风管。

(9) 加足发动机冷却液。

4. 装复炭罐和炭罐电磁阀

(1) 将炭罐电磁阀装在空气滤清器侧面，插上真空管和导线插接器。

(2) 装上炭罐，卡上夹箍。

(3) 接上真空控制阀的真空管和油箱蒸气管。

(4) 接上炭罐电磁阀的导线插接器。

(5) 拆下左前轮罩的挡泥板。

项目 2 燃油供给系统的拆装（图 2—115）

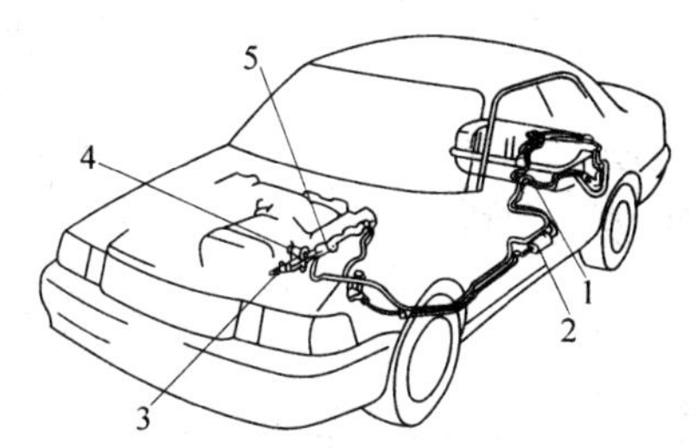

图 2—115 桑塔纳AYJ 型发动机燃油系统

1—燃油泵 2—燃油滤清器 3—喷油器 4—油压调节器 5—分油管

一、电动燃油泵的拆装（图 2—116）

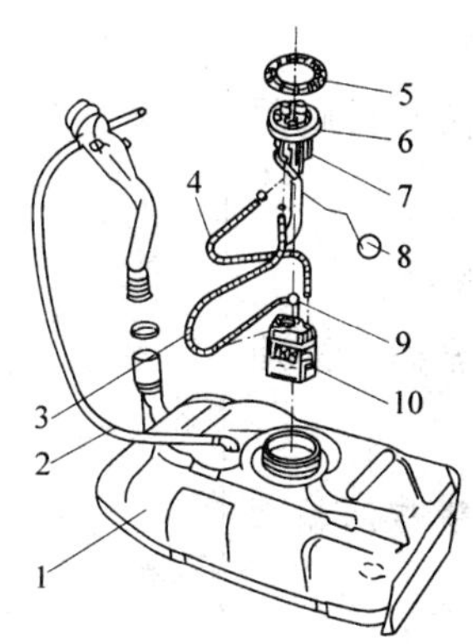

图 2—116 电动燃油泵的分解图

1—油箱 2—加油口通气管 3—回油管 4—出油管 5—紧固螺母 6—汽油蒸气管 7—密封凸缘 8—油量传感器 9—导线 10—油泵

1. 电动燃油泵的拆卸

(1) 断开点火开关，拆下蓄电池负极线。

(2) 卸下行李舱内衬盖板。

(3) 拔下油泵导线插接器，拆下油箱出油软管和回油软管。

注意：拆出油管时为防止油管内的汽油喷出，需先用布包住接头，慢慢从接头上拔下汽油软管，以防汽油飞溅。

(4) 用专用工具从油箱上拆下紧固螺母，如图 2—117 所示。

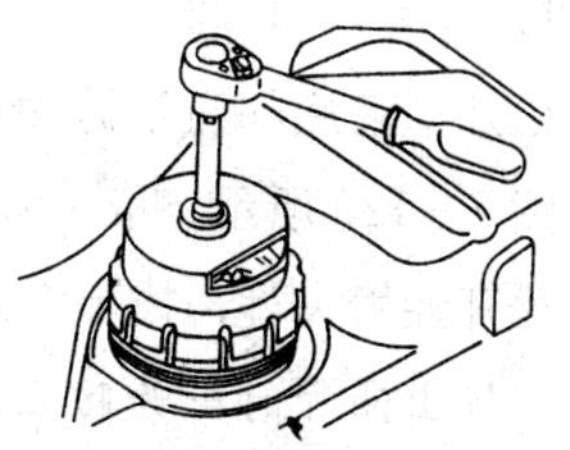

图 2—117 拆卸紧固螺母

(5) 从油箱开口处取出密封凸缘和橡胶密封件。

(6) 拔下密封凸缘内的油量传感器导线插接器。

(7) 将专用工具插入油箱内，使专用工具的爪插入油泵壳体的三个拆装缺口内，旋松油泵，如图 2—118 所示。

(8) 从油箱内取出油泵。

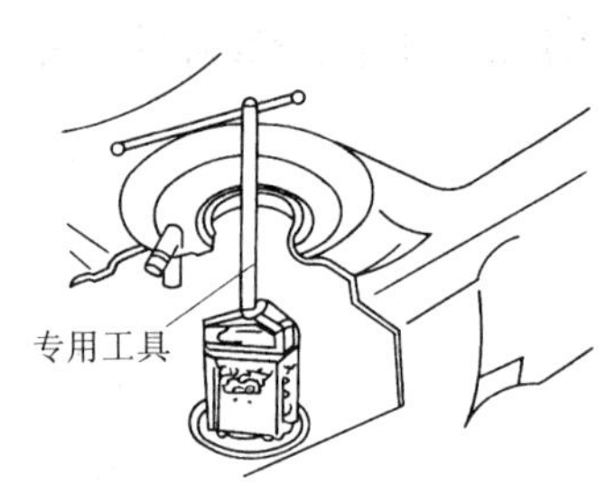

图 2—118 拆卸油泵

2. 油泵的装复

(1) 将从密封凸缘下引出的出油管、回油管及油泵导线插接器插到油泵上，并保证连接可靠。

(2) 将油泵插入油箱内。

(3) 用专用工具将油泵固定在油箱底部的固定位置上。

(4) 在油箱开口处装上密封圈。

(5) 将密封凸缘与油量传感器插入油箱并压到底。

注意：密封凸缘上的箭头必须与油箱上的箭头对齐，如图 2—119 所示。

(6) 用专用工具拧紧固定螺母。

(7) 接上密封凸缘上部的出油管、回油管和导线插接器。

(8) 装好行李厢盖板。

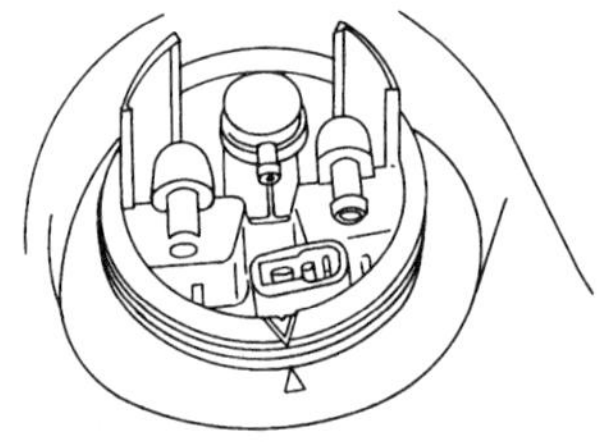
图 2—119 油泵的装复

二、汽油滤清器的拆装

1. 汽油滤清器的拆卸

(1) 松开车辆底部汽油滤清器托架紧固螺栓，如图 2—120 所示，取下滤清器托架。

(2) 松开油管夹箍，拔下汽油管。

注意：拔出油管时，为防止油管内的汽油喷出，需先用布包住接头，慢慢从接头上拔下汽油软管，以防汽油飞溅。

(3) 取下汽油滤清器。

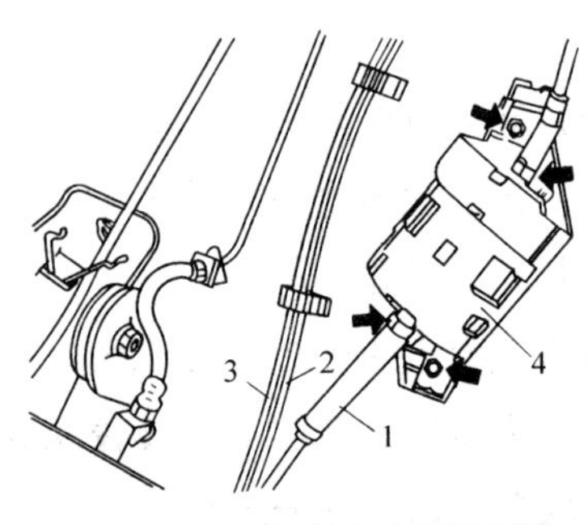

图 2—120 汽油滤清器的拆装

1—进油管 2—回油管 3—蒸气管 4—汽油滤清器

2. 汽油滤清器的装复

(1) 装上汽油滤清器。

注意：汽油滤清器进油口的箭头应指向汽油的流向。

(2) 插上汽油管，夹紧油管夹箍。

(3) 装上滤清器托架，拧紧滤清器托架紧固螺栓，如图 2—120 所示。

三、油压调节器的拆装

1. 油压调节器的拆卸

(1) 从油压调节器上拆下真空软管，如图 2—121 所示。

(2) 用尖嘴钳拔下油压调节气卡簧。

注意：拆卸前应先松开进油管接头，卸去分油管内的油压。

(3) 取出油压调节器。

(4) 从油压调节器上取下两个 O 形密封圈。

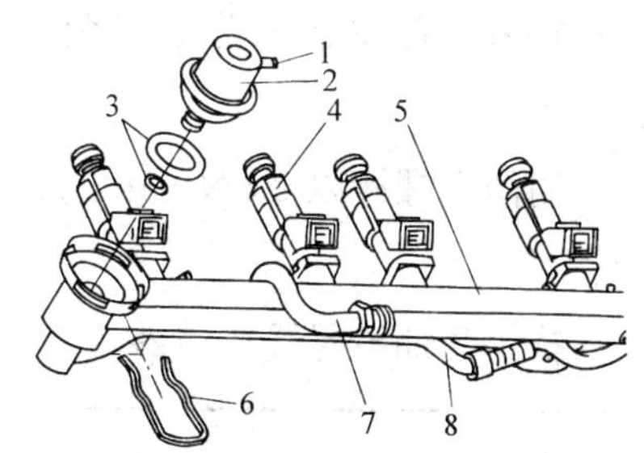

图 2—121　拆油压调节器

1—真空管接头　2—油压调节器　3—O 形密封圈　4—喷油器　5—分油管　6—卡簧　7—进油管　8—回油管

2. 装复油压调节器

(1) 将两个 O 形密封圈装在油压调节器上。

(2) 将油压调节器装在分油管上。

(3) 用尖嘴钳卡上卡簧，如图 2—121 所示。

(4) 装上真空软管。

四、喷油器的拆装

1. 喷油器的拆卸（图 2—122）

(1) 拨开卡簧，拔下喷油器上的导线插接器。

(2) 拧下分油管与进气歧管的固定螺栓，取下分油管。

(3) 用尖嘴钳拔下喷油器卡簧，从分油管上拔下喷油器。

(4) 从喷油器上拆下 O 形密封圈。

(5) 从进气歧管上取下喷油器 O 形密封圈。

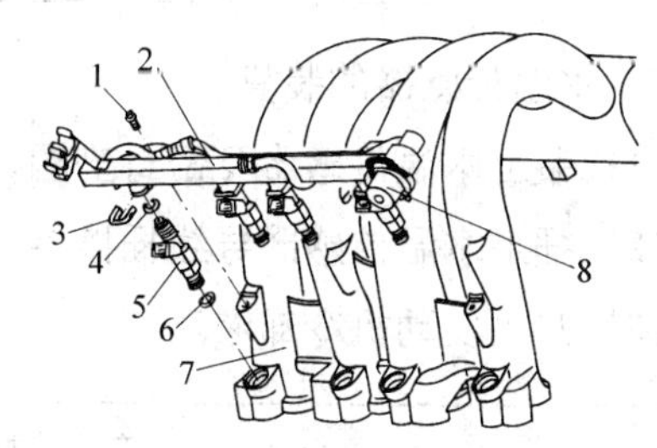

图 2—122　喷油器的拆卸

1—螺栓　2—分油管　3—卡簧　4、6—O 形密封圈　5—喷油器　7—进气歧管　8—油压调节器

2. 喷油器的装复

(1) 左右转动喷油器，将其插入分油管，并使喷油器导线插接器朝外，如图 2—123 所示。

(2) 卡上喷油器卡簧。

(3) 在进气歧管相应位置上装上喷油器 O 形密封圈。

(4) 将四个喷油器及分油管装到进气歧管相应位置。

(5) 用两个螺栓以 20 N·m 的力矩固定分油管。

(6) 插上喷油器导线插接器。

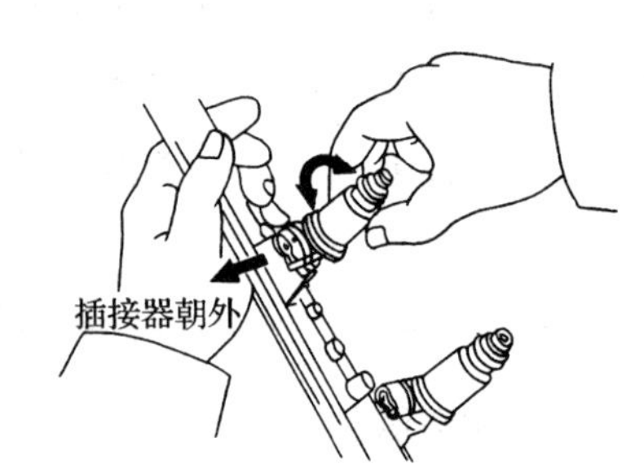

图 2—123 喷油器的装复

项目 3 电子控制系统的拆装

一、水温传感器的拆装

1. 水温传感器的拆卸（图 2—124）

(1) 关闭点火开关，拆下蓄电池负极线。

(2) 放出发动机冷却液。

(3) 拔下水温传感器导线插接器。

(4) 拔下卡簧，拆下水温传感器，取出密封垫圈。

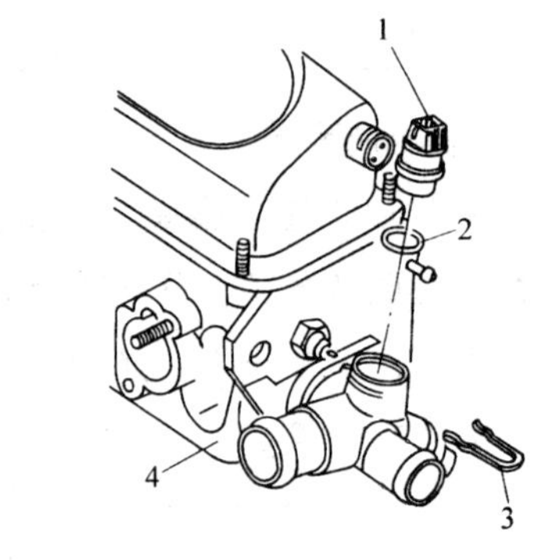

图 2—124 水温传感器的拆卸

1—水温传感器 2—O 形密封圈 3—卡簧 4—气缸盖

2. 水温传感器的装复

(1) 装上水温传感器及密封垫圈，卡上卡簧。

(2) 插上水温传感器导线插接器。

(3) 加足发动机冷却液。

二、进气温度传感器的拆装

1. 进气温度传感器的拆卸

(1) 拔下进气温度传感器导线插接器，如图 2—125 所示。

<table>
<tr><td>（2）拆下进气温度传感器固定螺栓。
（3）拆下进气温度传感器，从进气温度传感器上取下O形密封圈。</td><td>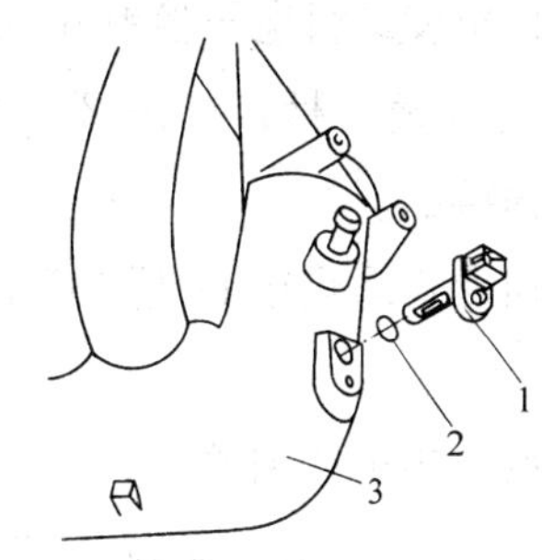

图2—125 进气温度传感器的拆卸
1—进气温度传感器 2—O形密封圈 3—进气歧管</td></tr>
<tr><td colspan="2">2. 进气温度传感器的装复
（1）装回进气温度传感器及O形密封圈。
（2）用螺栓固定进气温度传感器。
（3）插上进气温度传感器导线插接器。</td></tr>
<tr><td colspan="2">三、爆震传感器的拆装</td></tr>
<tr><td colspan="2">1. 爆震传感器的拆卸
（1）拆下进气歧管（参见本课题项目1）。
（2）拔下爆震传感器导线插接器。
（3）分别从缸体上拆下1号和2号爆震传感器。</td></tr>
<tr><td colspan="2">2. 爆震传感器的装复
（1）以44 N·m的力矩装复1号和2号爆震传感器。
（2）接上爆震传感器导线插接器。
（3）装上进气歧管（参见本课题项目1）。</td></tr>
<tr><td colspan="2">四、氧传感器的拆装</td></tr>
<tr><td colspan="2">1. 氧传感器的拆卸
（1）拔下氧传感器导线插接器。
（2）从车辆底部的排气总管上拆下氧传感器。</td></tr>
<tr><td colspan="2">2. 氧传感器的装复
将氧传感器装回车辆底部排气总管的相应位置上。插上氧传感器的导线插接器。</td></tr>
<tr><td colspan="2">五、发动机电子控制单元的拆装</td></tr>
<tr><td colspan="2">1. 发动机电子控制单元的拆卸
（1）关闭点火开关。</td></tr>
</table>

<table>
<tr><td>(2) 拔出发动机电子控制单元（ECU）上的两插接器的卡簧手柄，如图 2—126 所示，拔下两个导线插接器。
(3) 用螺钉螺具小心地撬开电子控制单元固定夹。
(4) 取出电子控制单元。</td><td>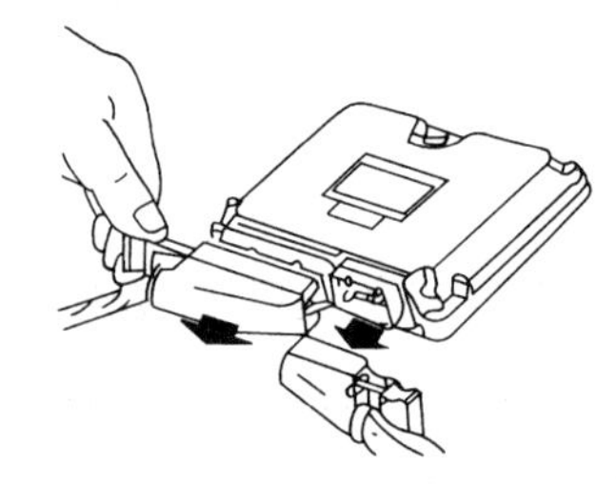
图 2—126　电子控制单元的拆卸</td></tr>
<tr><td colspan="2">2. 装复发动机电子控制单元
(1) 装上电子控制单元。
(2) 卡好电子控制单元固定夹。
(3) 插上电子控制单元的导线插接器，推入卡簧手柄。
(4) 装上电子控制单元保护盒的罩盖。
(5) 装上蓄电池负极线。</td></tr>
</table>

学习过程记录表

<table>
<tr><td colspan="2">姓名：</td><td>班级：</td><td>学号：</td><td>日期：</td></tr>
<tr><td colspan="2">第二单元　发动机的拆装</td><td>课题三　电子控制燃油喷射系统的拆装</td><td>第（　）工作页</td><td>项目 2　燃油供给系统的拆装——电动燃油泵的拆装</td></tr>
<tr><td colspan="5">说明：完成桑塔纳 3000AYJ 型发动机燃油泵的拆装工作过程，将拆装步骤、操作注意事项填写在下面。</td></tr>
<tr><td colspan="3">拆装步骤</td><td colspan="2">操作注意事项
（包括所使用的工具、力矩大小）</td></tr>
<tr><td colspan="3"></td><td colspan="2"></td></tr>
<tr><td colspan="3"></td><td colspan="2"></td></tr>
<tr><td colspan="3"></td><td colspan="2"></td></tr>
<tr><td colspan="3"></td><td colspan="2"></td></tr>
<tr><td colspan="3"></td><td colspan="2"></td></tr>
<tr><td colspan="3"></td><td colspan="2"></td></tr>
<tr><td colspan="3"></td><td colspan="2"></td></tr>
<tr><td colspan="3"></td><td colspan="2"></td></tr>
<tr><td colspan="3"></td><td colspan="2"></td></tr>
<tr><td colspan="3"></td><td colspan="2"></td></tr>
<tr><td colspan="3"></td><td colspan="2"></td></tr>
</table>

批语：　　　　　　　　　　　　　　　　　　教师：

课题四　柴油机燃料供给系统的拆装

教学目的

1. 掌握柴油机燃料供给系统主要部件的拆装方法、步骤和要求。
2. 掌握各部件的相互连接关系。以及主要部件的调整方法和技术要求。

工具与设备

1. 常用工具。
2. A型柱塞式和VE型转子分配式喷油泵专用夹具及专用工具。
3. A型柱塞式和VE型转子分配式喷油泵总成、喷油器。
4. 喷油泵试验台和喷油器试验器。

项目1　A型柱塞式喷油泵的拆装

一、A型柱塞式喷油的分解

1. 总成拆卸

(1) 找出喷油泵上的供油正时记号。

(2) 拆下与喷油器连接的高压油管和与柴油滤清器连接的低压输油管，拆下回油管。

(3) 从负荷控制臂上取下回位弹簧和连接销。

(4) 从停油手柄上拆下停油控制拉线。

(5) 拆下联轴器连接螺栓。

(6) 拆下泵体与托架的固定螺栓，从发动机上取下喷油泵总成。

2. 总成分解前准备

(1) 将油泵总成固定在专用拆装架上，旋下放油螺塞，放出润滑油。

(2) 拆下输油泵、油量标尺。

(3) 拆下出油阀紧帽夹板。

3. 调速器的分解 (图 2—127)

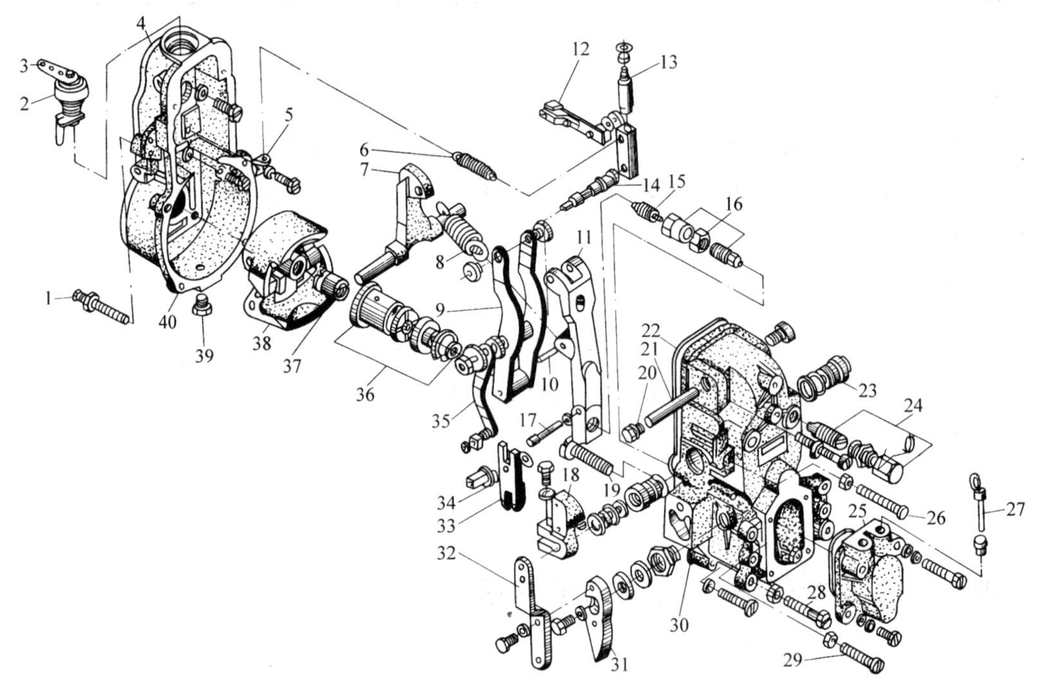

图 2—127 RFD 型调速器的分解

1—速度控制臂限位螺钉 2—停油控制装置组件 3—停油手柄 4—密封垫 5—启动弹簧挂钩 6—启动弹簧 7—速度设定杠杆 8—调速弹簧 9—导动杠杆 10—销轴 11—拉力杠杆 12—齿杆连接杆 13—缓冲弹簧 14—导动杠杆销轴 15—怠速弹簧组件 16—校正弹簧组件 17—拉力杠杆销轴 18—速度控制臂 19—齿杆行程限位螺钉 20—螺塞 21—支撑销 22—密封垫 23—速度控制臂轴套 24—怠速稳定组件 25—后盖 26—速度控制臂限位螺钉 27—油量尺 28—全负荷设定螺钉 29—怠速限位螺钉 30—调速器后壳 31—负荷控制臂限位块 32—负荷控制臂 33—支持杠杆 34—曲柄销轴 35—浮动杠杆 36—滑套组件 37—凸轮轴螺母 38—调速器重锤 39—放油螺塞 40—调速器前壳

(1) 拆下调速器后壳上的后盖固定螺钉，取出后盖及密封垫。

(2) 拆下怠速限位螺钉和全负荷设定螺钉。

(3) 用专用工具拆下怠速弹簧组件和校正弹簧组件。

(4) 拆下怠速稳定组件。

(5) 拆下调速器后壳固定螺钉。

(6) 将调速器后壳稍向后移，拨开齿杆连接杆上的弹性锁片，并使油量调节齿杆与连接杆脱离。

(7) 用尖嘴钳从弹簧挂钩上取下启动弹簧，如图 2—128 所示，然后取下后壳总成及密封垫。

(8) 用专用工具拆下凸轮轴螺母后，用顶拔器取出调速器重锤支座总成。

(9) 从调速器前壳上拆下停油控制装置组件。

(10) 用扳手将速度控制臂限位螺钉完全松出。

(11) 拆下拉力杠杆支撑销两侧的螺塞后，取出支承销，如图 2—129 所示。

(12) 从调速器后壳内取出导动杠杆、浮动杠杆和滑套组件。

(13) 拆下调速弹簧后，将拉力杠杆从后壳上方取出。

(14) 拆下负荷操纵臂和支持杠杆。

(15) 拆下速度控制臂。

(16) 拆下速度控制臂轴套上的卡环，拆出两端轴套，取出速度设定杠杆。

图 2—128　拆下启动弹簧

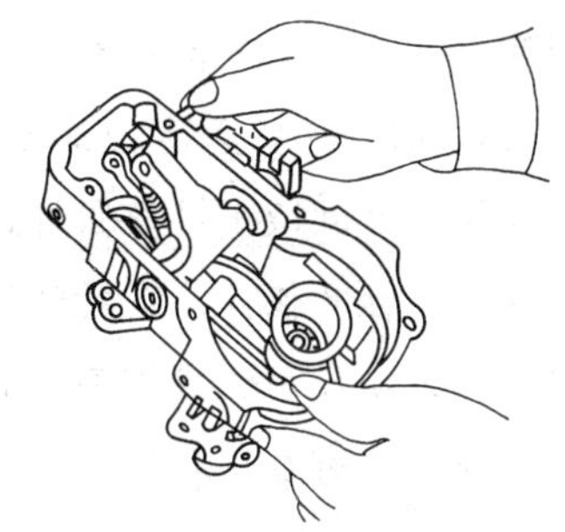

图 2—129　支撑销的拆卸

4. 喷油泵（图 2—130）的分解

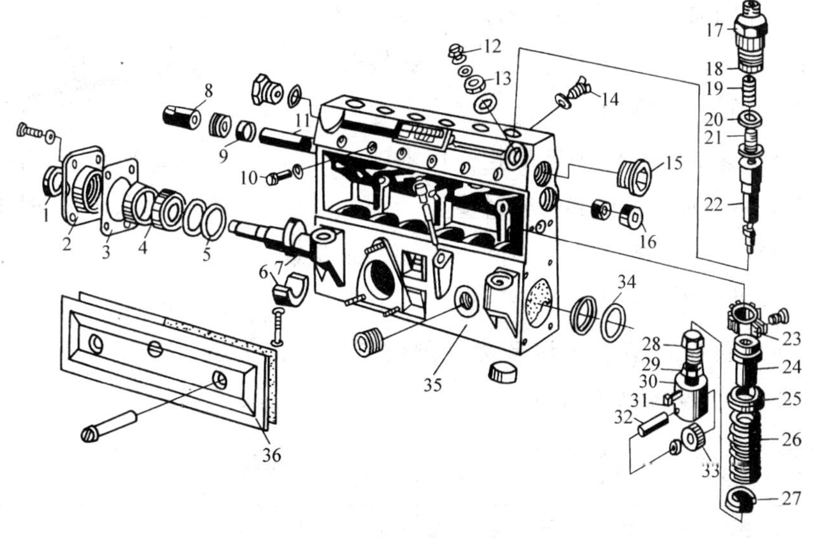

图 2—130　A 型喷油泵的分解

1—油封　2—前轴承盖　3—密封垫　4—轴承　5—垫圈　6—中间支撑轴瓦　7—凸轮轴　8—油量限制器组件　9—齿杆套　10—柱塞套定位螺钉　11—油量调节齿杆　12—放空气螺钉　13—接头座　14—齿杆限位螺钉　15—油管接头座　16—螺套　17—出油阀紧帽　18—出油阀限止块　19—出油阀弹簧　20—出油阀垫片　21—出油阀偶件　22—柱塞偶件　23—油量调节齿圈　24—油量控制套筒　25—弹簧上座　26—柱塞弹簧　27—弹簧下座　28—正时螺栓　29—锁紧螺母　30—滚轮体　31—滑块　32—滚轮销　33—滚轮　34—垫圈　35—泵体　36—检查孔盖板

（1）拆下检查孔盖板固定螺钉，取出盖板及密封垫。

（2）拆下出油阀紧帽，取出出油阀限止块、出油阀弹簧。

（3）用专用工具从泵体内取出出油阀偶件。

注意：出油阀偶件应成对摆放，不能互换。

（4）用螺钉旋具旋松油量调节齿圈。

（5）转动油泵凸轮轴，使滚轮体部件处于最低位置，再用专用工具压缩柱塞弹簧，用尖嘴钳取出弹簧下座。

（6）松出柱塞套定位螺钉后，用螺钉旋具托起柱塞，从泵体上部取出柱塞偶件，如图 2—131 所示。

注意：柱塞偶件应成对放置，不能互换。

（7）依次从泵体检查孔中取出柱塞弹簧、柱塞弹簧上座、油量控制套筒和油量调节齿圈。

（8）从泵体中取出滚轮体部件。

（9）从滚轮体上拔出滚轮销，取出滚轮衬套和滚轮。

（10）用同样的方法拆出其他各分泵组件。

（11）从凸轮轴前端拆下喷油提前角自动调节器。

（12）拆下前轴承盖的固定螺栓，用木锤轻轻敲击前轴承盖，取下前轴承盖和密封垫。

（13）拆下调速器前壳的固定螺栓，用木锤轻轻敲击调速器前壳，取下调速器前壳和密封垫。

（14）从泵体底部拆下凸轮轴中间支撑轴瓦固定螺栓后，取出凸轮轴和支撑轴瓦。

（15）从泵体背面拆下油量调节齿杆限位螺钉后，如图 2—132 所示，取出油量调节齿杆。

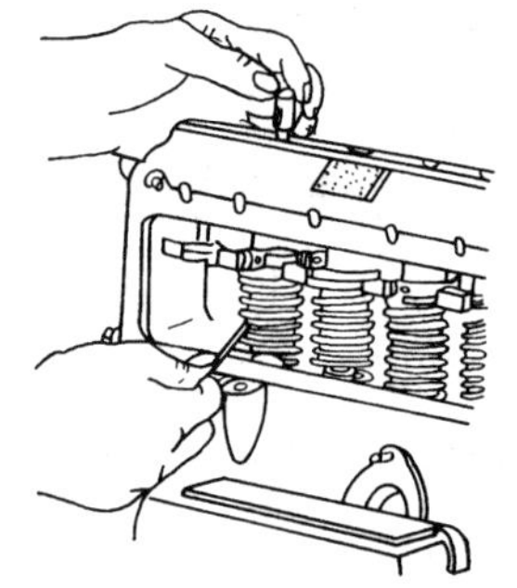

图 2—131 拆下柱塞偶件

图 2—132 拆下油量调节齿杆限位螺钉

二、A 型柱塞式喷油泵的组装

1. 喷油泵的组装

（1）将油泵倒置在专用夹具上并固定。

（2）将中间支撑轴瓦放在凸轮轴中间轴颈上后，将凸轮轴与轴瓦一起装入泵体，拧紧轴瓦固定螺栓。

注意：凸轮轴前后方向不能装反。

（3）装上油泵前轴承盖及密封垫，拧紧前轴承盖固定螺栓。

(4) 装上调速器前壳及密封垫，拧紧调速器前壳固定螺栓。

(5) 将油量调节齿杆装入泵体，并使齿杆上的定位槽对准泵体上的定位螺孔，装上限位螺钉。

(6) 将滚轮衬套、滚轮、滚轮销装入滚轮体，然后将滚轮体部件装入泵体。

(7) 转动凸轮轴使滚轮体处于下止点位置，装上油量调节齿圈、油量控制套筒、柱塞弹簧上座和柱塞弹簧。

(8) 从泵体上方装入柱塞偶件，如图 2—133 所示，并使柱塞凸耳插入油量控制套筒，然后旋紧柱塞套定位螺钉。

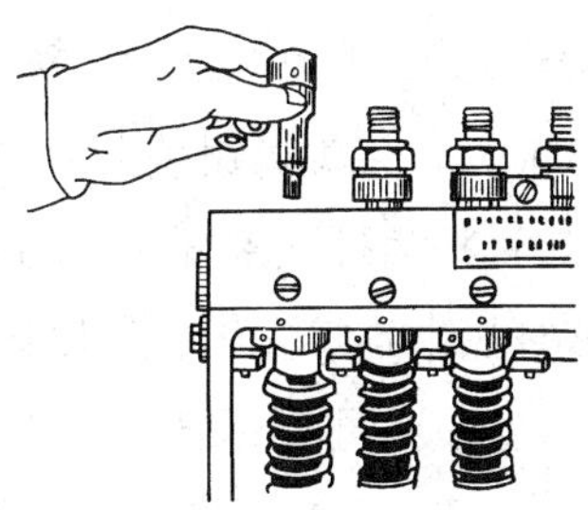

图 2—133 柱塞偶件的装复

注意：柱塞套上的定位槽和柱塞凸耳上有标记的一侧应同时朝向泵体正面。

(9) 用专用工具压缩柱塞弹簧，然后用尖嘴钳将柱塞弹簧下座装入柱塞下端缺口。

(10) 装上出油阀偶件、出油阀弹簧和出油阀限止块后，按规定力矩拧紧出油阀紧帽。

(11) 用一字旋具拧紧油量调节齿圈固定螺钉。

(12) 用同样的方法装好各分泵。

注意：每装好一分泵后，用手移动油量调节齿杆，都应运动自如，否则应查明原因，重新安装。

(13) 装上出油阀紧帽夹板。

(14) 装上供油提前角自动调节器。

(15) 装上检查孔盖板及密封垫，然后拧紧盖板固定螺钉。

2. 调速器的组装

(1) 将速度设定杠杆装入调速器后壳，然后套上速度控制臂轴套，并卡上卡环。

(2) 装上速度控制臂。

(3) 装上支持杠杆和负荷控制臂。

(4) 装上拉力杠杆 (图 2—134)、导动杠杆、浮动杠杆和滑套组件,并将调速弹簧一端挂接在速度设定杠杆上,另一端挂在拉力杠杆上。

(5) 装上拉力杠杆支撑销后,装上支撑销两侧的螺塞。

(6) 调节速度控制臂限位螺钉,初步设定速度控制臂的位置。

(7) 装上停油控制装置组件。

(8) 装上调速器重锤支座总成,用专用工具旋紧凸轮轴螺母。

(9) 装上密封垫后,将调速器后壳总成靠近调速器前壳,用尖嘴钳装上启动弹簧。

(10) 将齿杆连接杆前端的连接销钉插入油量调节齿杆后端连接孔内,然后拨上弹性锁片。

(11) 装上调速器后壳固定螺钉,并用扳手拧紧。

(12) 用专用工具装上怠速弹簧组件和校正弹簧组件。

(13) 装上后盖及密封垫。

(14) 装上怠速稳定组件。

(15) 装上怠速限位螺钉和全负荷设定螺钉。

(16) 装上输油泵总成。

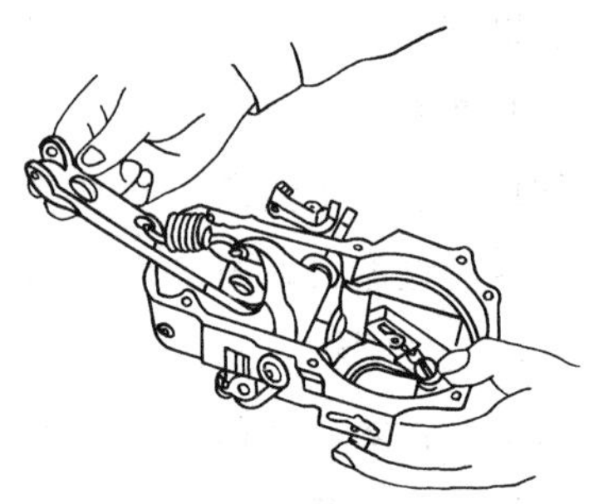
图 2—134　装拉力杠杆

3. 总成装车

(1) 顺时针摇转曲轴,使发动机第一缸处于压缩行程,并使供油提前角记号对齐。

(2) 转动喷油泵凸轮轴,使联轴器上的正时记号刻线与前轴承盖上的记号刻线 (第一缸供油记号) 对齐,如图 2—135 所示。

(3) 向前推动喷油泵,使喷油泵从动凸缘盘与联轴器结合,并拧紧固定螺栓。

(4) 装上高压油管、回油管、低压输油管。

(5) 装上负荷控制拉杆、连接销和回位弹簧。

(6) 装上停油控制拉线。

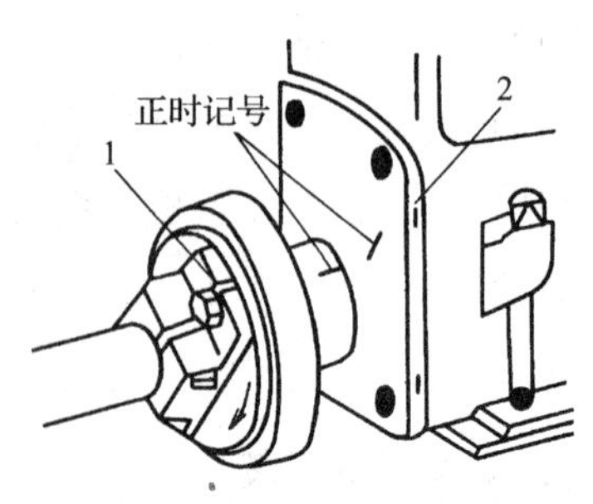

图 2—135　正时记号
1—联轴器　2—前轴承盖

项目 2　活塞式输油泵的拆装

一、活塞式输油泵的分解（图 2—136）

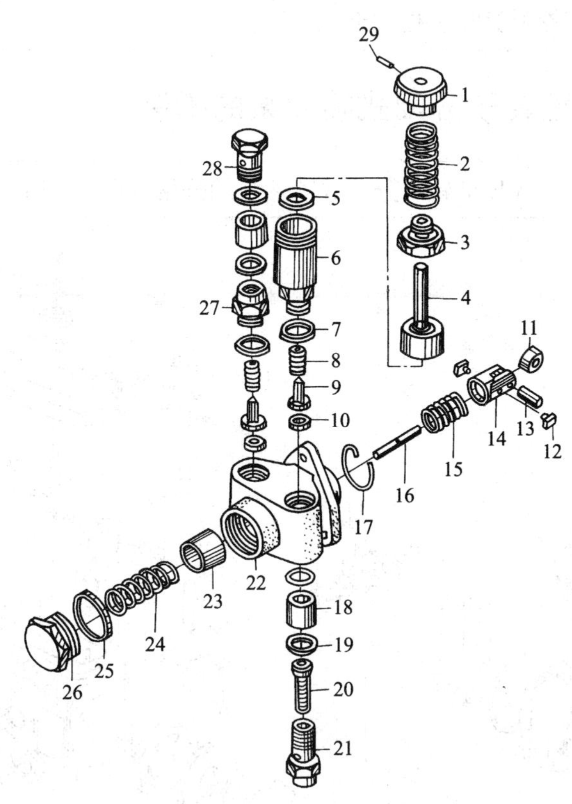

图 2—136　活塞式输油泵分解

1—手泵手柄　2—手泵弹簧　3—手泵盖　4—手泵活塞组件　5—密封圈　6—手泵体　7—垫圈　8—进油阀弹簧　9—进油阀　10—进油阀座　11—滚轮　12—滑块　13—滚轮销　14—挺柱　15—滚轮弹簧　16—顶杆　17—卡环　18—防污套　19—垫圈　20—进油滤网　21—进油管接头　22—泵体　23—活塞　24—弹簧　25—垫圈　26—螺塞　27—出油管接头座　28—进油管接头　29—手泵活塞杆销

1. 从输油泵泵体上拆下卡环，拔出挺柱、滚轮弹簧和顶杆。
2. 拆下手油泵总成，取出进油阀弹簧及进油阀。
3. 拔出手泵活塞杆销，取下手泵手柄和手泵弹簧。
4. 拆下手泵盖，取出手泵活塞组件。
5. 拆出出油管接头和接头座，取出出油阀弹簧和出油阀。
6. 旋出输油泵螺塞，取出活塞弹簧及活塞。

二、活塞式输油泵的装复

1. 将手泵活塞组件装入手泵体，拧紧手泵盖。

2. 装上手泵弹簧和手泵手柄后，插上手泵活塞杆销。

3. 装上进油阀弹簧及进油阀后，将手油泵总成装入泵体。

4. 装上出油阀弹簧和出油阀后，拧紧出油管接头座，装上出油管接头。

5. 将活塞、活塞弹簧和螺塞装入泵体，并拧紧螺塞。

6. 装上顶杆、滚轮弹簧和挺柱，卡上卡环。

项目 3 VE 型转子分配式喷油泵的拆装

一、VE 型转子分配式喷油泵的分解（图 2—137）

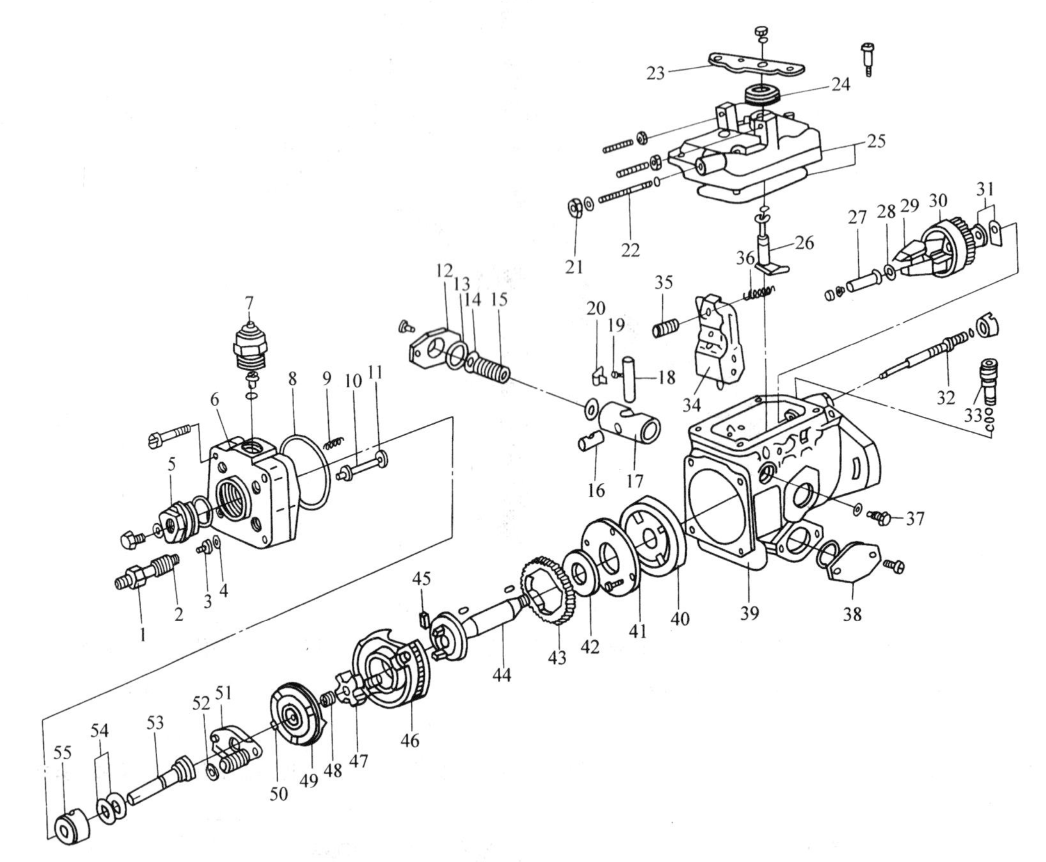

图 2—137 VE 型转子分配式喷油泵的分解

1—出油阀紧帽 2—出油阀弹簧 3—出油阀偶件 4、11、14、28、31、32、52、54—垫圈 5—分配器盖螺塞 6—分配器盖 7—燃油截断电磁阀 8、13—密封圈 9—调速杆支撑弹簧 10—导向杆 12—正时器盖 15—正时器弹簧 16—滑座 17—正时活塞 18—滚轮架销 19—定位销 20—保持夹扣 21—螺母 22—额定油量调整螺钉 23—负荷控制臂 24—扭簧 25—调速器盖 26—负荷控制轴 27—调速器套筒 29—调速器重锤 30—重锤架 32—调速器轴 33—调节阀 34—调速杆组件 35—弹簧座 36—调速弹簧 37—支点螺栓 38—正时器盖 39—泵体 40—输油泵组件 41—输油泵盖 43—调速器传动齿轮 44—传动轴 45—橡胶减振块 46—滚轮架组件 47—联轴器 48—弹簧 49—凸轮盘 50—柱塞调整垫片 51—弹簧座 53—柱塞 55—油量调节环

1. 总成拆卸

（1）拆下电池负极线。

（2）拆下空气滤清器及进气管。

（3）拆下曲轴箱通风软管。

（4）从喷油泵负荷控制臂上拆下负荷控制拉线，拆下燃油截断电磁阀的导线插接器。

（5）拆下低压油管和高压油管。

（6）拆下喷油泵正时齿轮壳底板上的 6 个固定螺母，如图 2—138 所示。

（7）拆下油泵托架与缸体的固定螺栓。

（8）从发动机的后部抽出喷油泵总成。

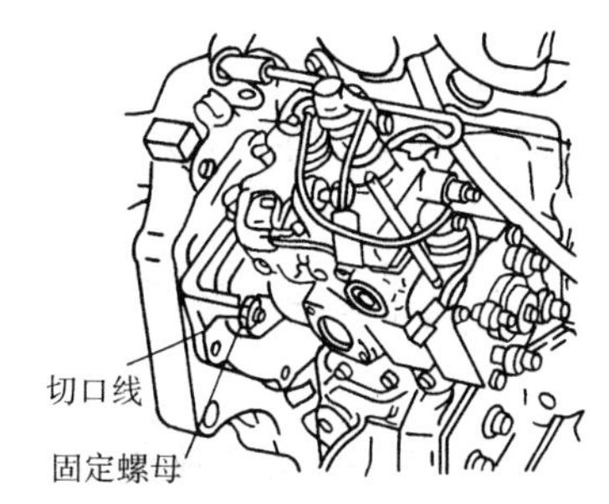

图 2—138　VE 型转子分配式喷油泵总成的拆卸

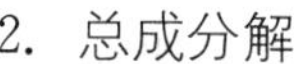

2. 总成分解

（1）从喷油泵上拆下正时齿轮、正时齿轮壳底板和油泵托架。

（2）从喷油泵上拆下溢流阀或冷启动电磁时间控制阀，排出喷油泵内的柴油。

（3）将 VE 型转子分配式喷油泵专用夹具固定在台虎钳上。

（4）将喷油泵固定在专用夹具上。

3. 调速器组件的分解

（1）松开喷油泵负荷控制臂上的螺母。

（2）取下负荷控制臂和扭簧。

（3）拆下调速器盖固定螺钉。

（4）用专用工具固定负荷控制轴。

（5）从泵体上拆下调速器盖，如图 2—139 所示，并使调速器盖与负荷控制轴分离。

（6）从调速器盖上拆下额定油量调整螺钉、全负荷设定螺钉和怠速限位螺钉。

（7）拆下燃油截断电磁阀，取出衔铁、弹簧。

（8）从调速弹簧上拆下负荷控制轴。

（9）从弹簧座上拆下调速弹簧，从调速杆组件上取下弹簧座。

（10）用专用工具松开调速器轴锁紧螺母。

注意：如果喷油泵是顺时针旋转，那么调速器轴是右旋螺纹的；如果喷油泵是反时针旋转，那么调速器轴是左旋螺纹的。

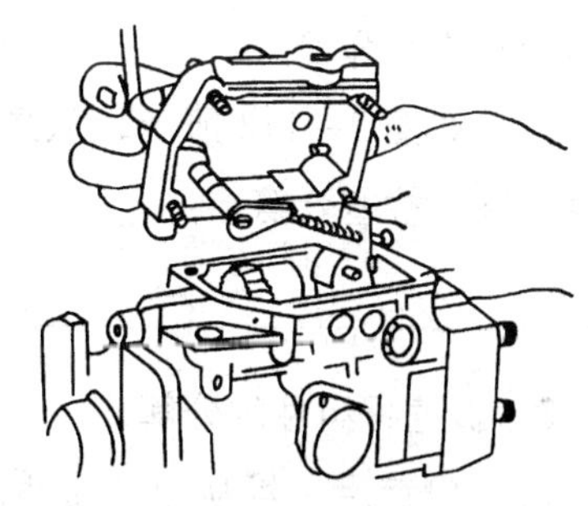

图 2—139　调速器盖拆卸

(11) 将喷油泵轴端朝下垂直放置在专用夹具上。

(12) 用内六角扳手拆下调速器轴，如图 2—140 所示。

(13) 拆下调速器重锤架、重锤、垫圈和调速器套筒。

注意：不要丢失重锤底部和重锤架前端的垫圈。

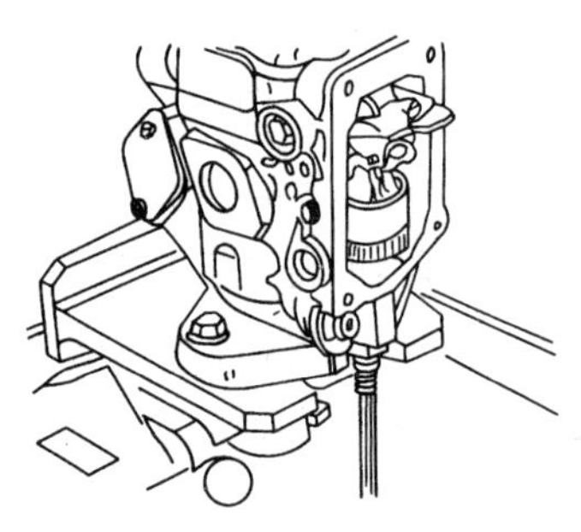

图 2—140 调速器轴拆卸

4. 分配器盖及柱塞组件的分解

(1) 用套筒扳手从分配器盖上拆下出油阀紧帽，取出出油阀弹簧。

(2) 用镊子取出出油阀和出油阀座。

注意：出油阀和出油阀座属于偶件，应成对摆放，不得互换。

(3) 用套筒扳手从分配器盖上拆下分配器盖螺塞。

(4) 旋出分配器盖和泵体连接螺钉。

(5) 从泵体上取下分配器盖，如图 2—141 所示。

(6) 从分配器盖上取出柱塞弹簧导向杆、垫圈和调速杆支承弹簧。

(7) 如图 2—142 所示，从泵体内取出柱塞、油量调节环、柱塞弹簧。

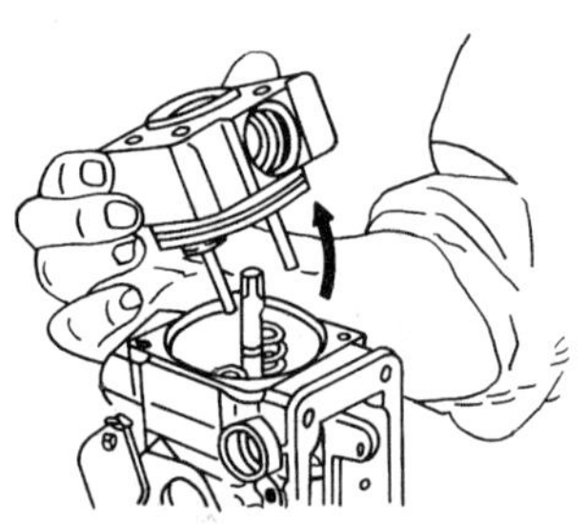

图 2—141 分配器盖的拆卸

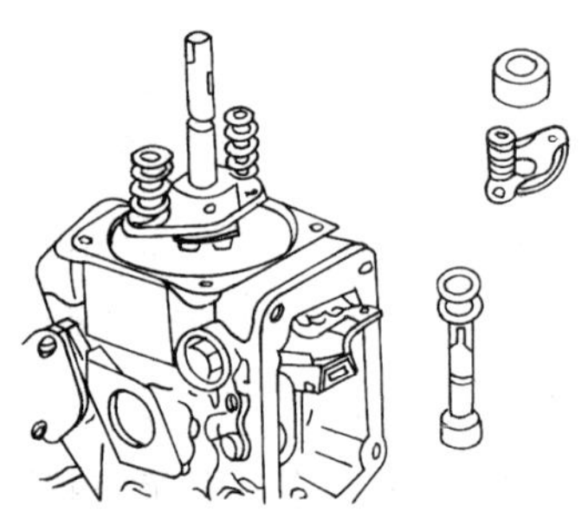

图 2—142 柱塞的拆卸

5. 调速杆组件的分解

(1) 用专用工具从泵体上拆下调速杆的两个支点螺栓。

(2) 取出调速杆组件，如图 2—143 所示。调速杆组件包括启动杆、张紧杆、校正杆、怠速弹簧和启动弹簧。

注意：取出调速杆组件时，不要丢失怠速弹簧。

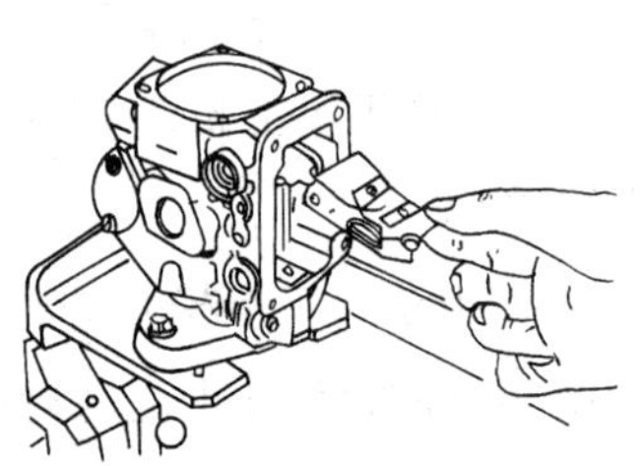

图 2—143 调速杆组件的拆卸

6. 传动部分的分解

(1) 用镊子从泵体内取出凸轮盘和柱塞调整垫片，如图 2—144 所示。

(2) 取出联轴器和弹簧。

(3) 从泵体上拆下正时器盖，取出弹簧、O 形密封圈和垫圈。

(4) 用镊子从滚轮架销上取下定位销保持夹扣和定位销。

(5) 将滚轮架销移向滚轮架中心。

(6) 拆下正时活塞、滑座和垫圈。

(7) 用尖嘴钳夹住滚轮架的边缘，取出滚轮架组件，如图 2—145 所示。

注意：不要让滚轮、滚轮衬套和滚轮销从滚轮架上落下而丢失。

(8) 转动传动轴，使键槽朝向喷油泵顶部。

(9) 拆下传动轴组件。

(10) 从传动轴上取下半圆键、调速器传动齿轮、橡胶减振块和垫圈。

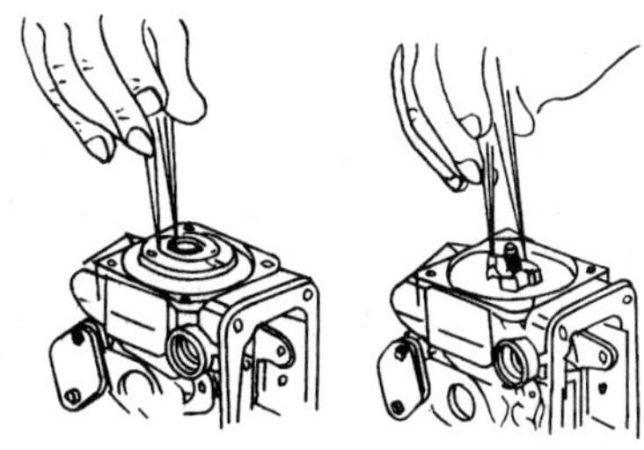

图 2—144　传动部分的拆卸

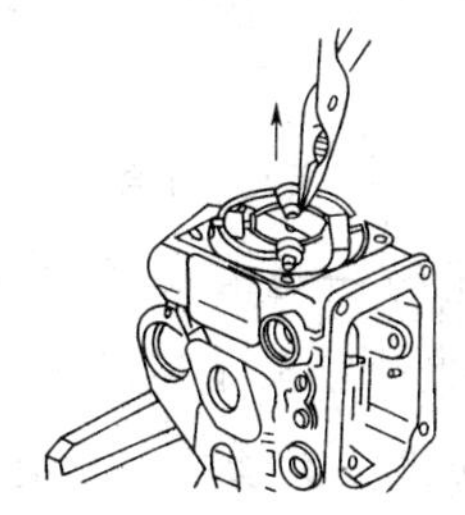

图 2—145　取出滚轮架

7. 输油泵组件的分解

(1) 用专用工具从泵体上拆下调节阀。

(2) 从泵体内拆下输油泵固定螺钉，如图 2—146所示。

(3) 从专用夹具上取下泵体。

(4) 将输油泵托架插入泵体内。

(5) 翻转泵体，使泵体轴端朝上。

(6) 用橡胶锤轻轻敲打泵体朝上的一边，从泵体的下边取下输油泵组件和输油泵盖。

注意：输油泵滑片容易损坏，不要掉落，也不要改变滑片与滑片槽的相对位置。

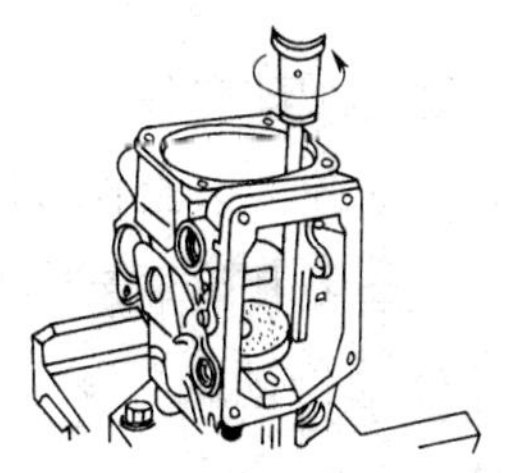

图 2—146　输油泵的拆卸

<table>
<tr><th colspan="2">二、VE 型转子分配式喷油泵的装复</th></tr>
<tr><td>1. 输油泵的装复
(1) 装回各个滑片。
注意：滑片有槽的一端应朝转子内部，如图 2—147 所示。
(2) 转动转子时，滑片与转子之间应滑动自如，滑片与衬套之间也不应有阻滞现象。
(3) 将输油泵盖和输油泵组件安放在输油泵安装架上。
(4) 查阅喷油泵金属牌鉴别号码，确定油泵的工作旋转方向（顺时针或逆时针），以此确定输油泵的安装方向。
注意：如果喷油泵是顺时针工作的，则必须使衬套较宽的一边在油泵左侧的位置（从泵的前面看）；如果喷油泵是逆时针工作的，则必须使衬套较宽的一边在油泵右侧的位置（从泵的前面看）。如装反，将会出现输油方向相反的故障。
(5) 将喷油泵泵体从输油泵组件上滑入，罩住输油泵组件（将泵体套在输油泵及安装架上）。
(6) 检查衬套出油孔和输油泵盖上的出油孔是否对齐（出油孔必须朝向油泵的上端）。
(7) 按 (2.6±0.5) N·m 的力矩拧紧输油泵盖固定螺钉。</td><td>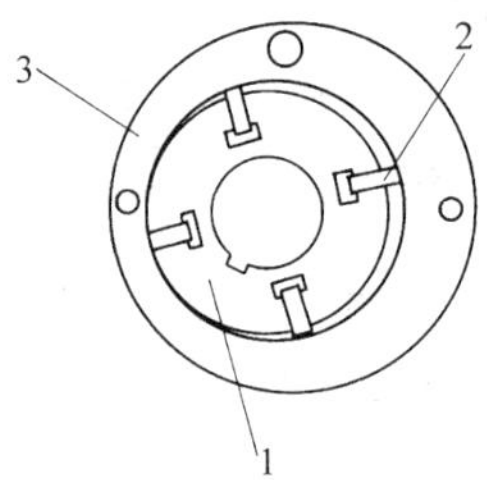

图 2—147 输油泵的装复
1—转子 2—滑片 3—衬套</td></tr>
<tr><td>2. 传动部分的装复
(1) 将调速器传动齿轮装在传动轴上，齿轮有台阶的一边必须朝向传动轴带传动块的一端。
(2) 在齿轮内装上橡胶减振块。
(3) 将垫圈和输油泵半圆键装在传动轴上。
(4) 转动传动轴，使传动轴上的半圆键与输油泵键槽成一直线。
(5) 将传动轴装入泵体，如图 2—148 所示，并使传动轴上的半圆键插入输油泵转子的键槽内。
注意：安装中，如果半圆键伸出，可用镊子夹住。装复时不要损坏输油泵盖。</td><td>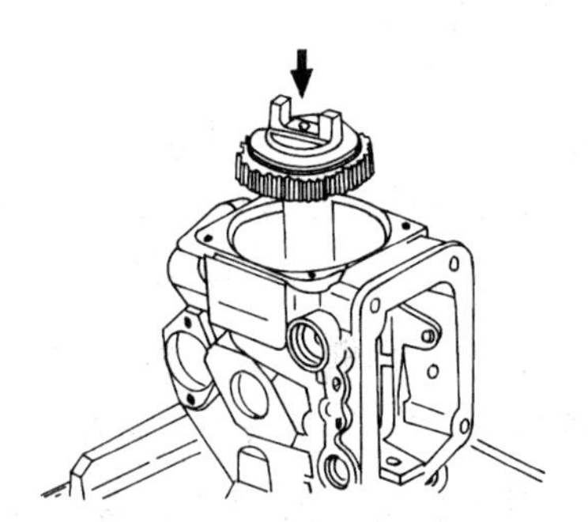
图 2—148 传动轴的装复</td></tr>
</table>

3. 调节阀的装复

（1）用专用工具将带O形密封圈的调节阀装入泵体。

（2）按（22.1±2.6）N·m的力矩拧紧调节阀。

4. 滚轮架组件的装复

（1）将滚轮、滚轮衬套、滚轮销和垫圈装入滚轮架。

注意：垫圈有凸面的一面和滚轮有大倒角的一面必须朝向滚轮架的外侧。

（2）将滚轮架销装在滚轮架上。

（3）使滚轮架销朝向正时活塞，将滚轮架组件装入泵体内，如图2—149所示。

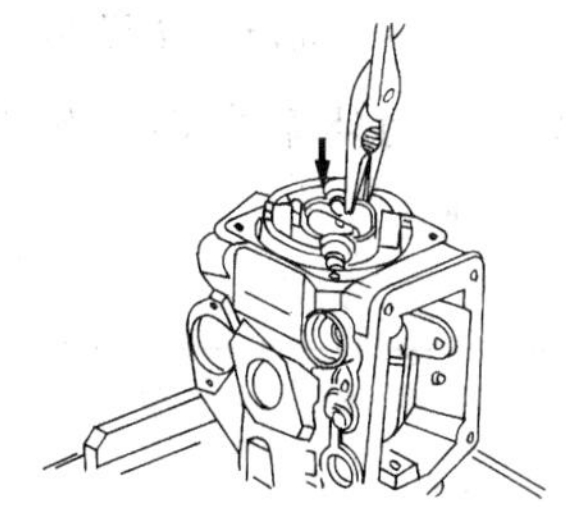

图2—149　装滚轮架组件

5. 正时活塞和滑座的装复

（1）将滑座装入正时活塞上的滑座孔内。

（2）转动滑座使滑座上的销孔与正时活塞上的销孔对齐。

（3）将正时活塞装入泵体，并使销孔朝向滚轮架销，如图2—150所示。

注意：如喷油泵是顺时针旋转的，正时活塞低压的一端（弹簧端）朝右边（从油泵的前面看）；如喷油泵是逆时针旋转的，正时活塞低压的一端朝左边。

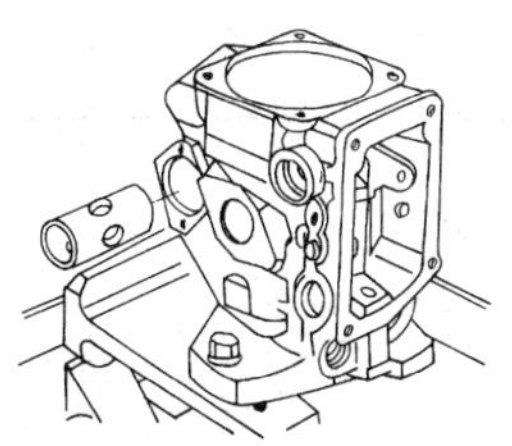

图2—150　装正时活塞

6. 滚轮架销及定位销的装复

（1）将滚轮架销推入正时活塞和滑座的销孔内。

（2）用定位销固定滚轮架销，并装上定位销保持夹扣。

（3）检查移动正时活塞，应灵活无卡滞。

（4）装上正时器弹簧和正时器盖，如图2—151所示。

（5）按（6.9±1.0）N·m的力矩拧紧正时器盖螺钉。

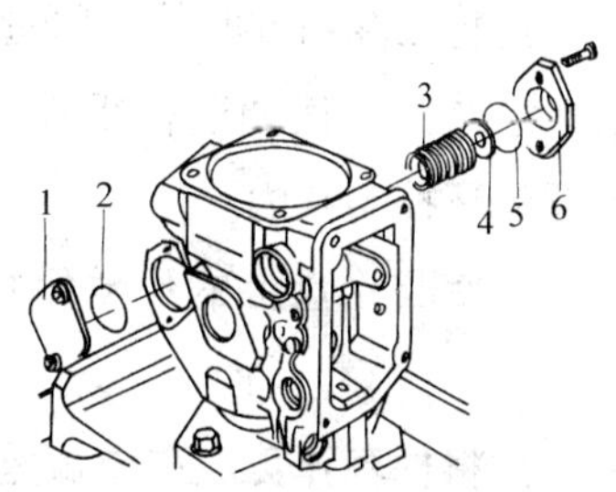

图2—151　装正时器盖

1、6—正时器盖　2、5—密封圈

3—弹簧　4—垫圈

7. 联轴器和凸轮盘的装复

(1) 用镊子将联轴器和弹簧装入传动轴，如图2—152所示，注意联轴器的安装方向。

(2) 将凸轮盘装在传动轴上。

注意：传动轴键槽朝向油泵上方时，凸轮盘传动销必须朝向油泵底部。如果方向装反，将会导致喷油时间错误。

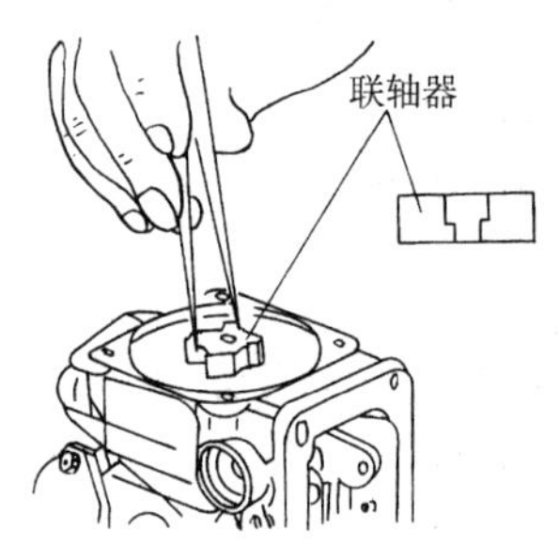

图2—152 装联轴器

8. 调速杆组件的装复

(1) 将调速杆组件装入泵体，装上调速杆支点螺栓和垫片。

(2) 用专用套筒按规定的力矩 (11.8～12.8 N·m) 旋紧支点螺栓，如图2—153所示。

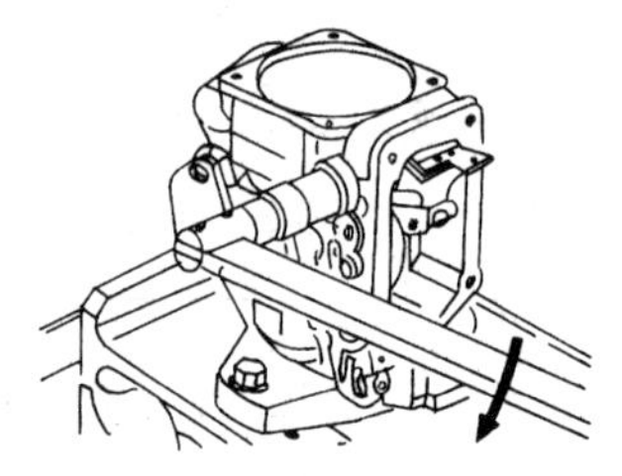

图2—153 装调速杆支点螺栓

9. 柱塞组件的装复

(1) 将垫圈和弹簧座装入柱塞，再将油量调节环装入柱塞，如图2—154所示。

注意：油量调节环有小孔的一端必须朝向凸轮盘。

(2) 将柱塞组件和柱塞调整垫片按图2—155所示装入泵体。并使调速杆组件下方的支点插入柱塞油量调节环控制孔内。

(3) 使凸轮盘上的传动销插入柱塞底部的传动槽。

(4) 将柱塞弹簧放在弹簧座上。

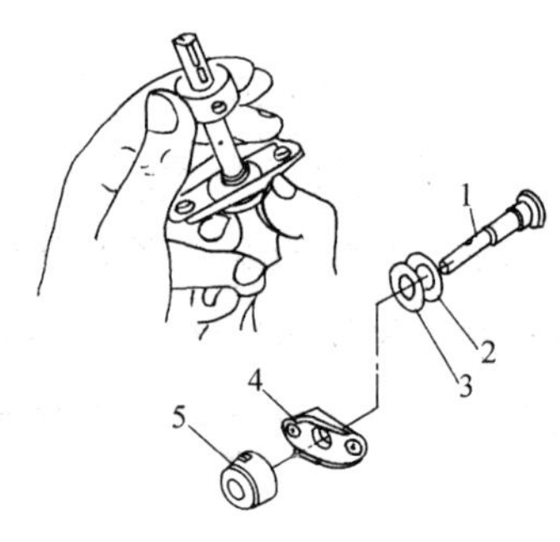

图2—154 装柱塞组件1

1—柱塞 2、3—垫圈 4—弹簧座 5—油量调节环

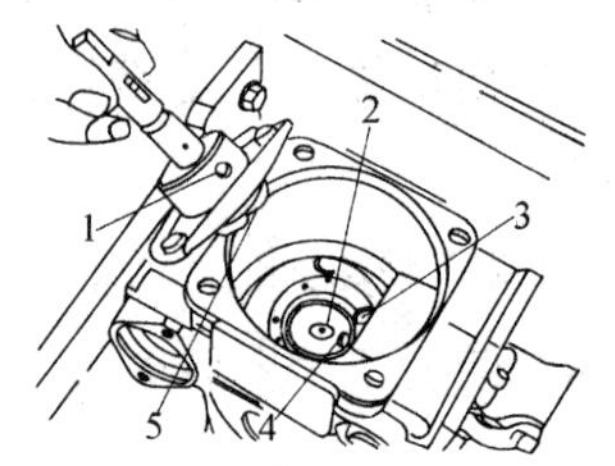

图2—155 装柱塞组件2

1—控制孔 2—柱塞调整垫片 3—支点 4—传动销 5—传动槽

10. 分配器盖组件的装复 (1) 将O形密封圈装入分配器盖。 (2) 在导向杆上涂上润滑脂。 (3) 将导向杆、垫片和弹簧上座装在分配器盖上。 (4) 将涂有润滑脂的调速杆支撑弹簧装在分配器盖上。 (5) 将分配器盖组件装入泵体。 **注意：调速杆下的控制支点必须插入油量调节环控制孔内。导向杆必须完全地插入弹簧座导向孔内。** (6) 以11.8～12.8 N·m的力矩拧紧分配器盖固定螺钉，如图2—156所示。 (7) 操纵调速杆，检查油量调节环，油量调节环应滑动灵活。 (8) 将O形密封圈装在分配器螺塞上。 (9) 用套筒扳手以68.6～78.4 N·m的力矩旋紧分配器盖螺塞。 (10) 将出油阀垫片、出油阀偶件、出油阀弹簧分别装入分配器盖。 (11) 以(39.2±4.9) N·m的力矩旋紧出油阀紧帽，如图2—157所示。	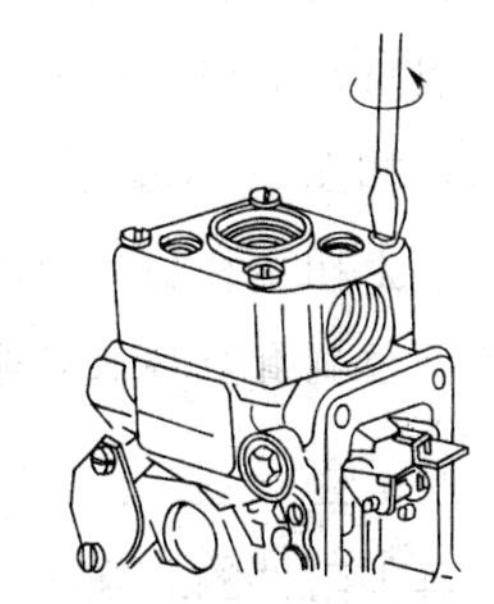 图2—156 装分配器盖组件 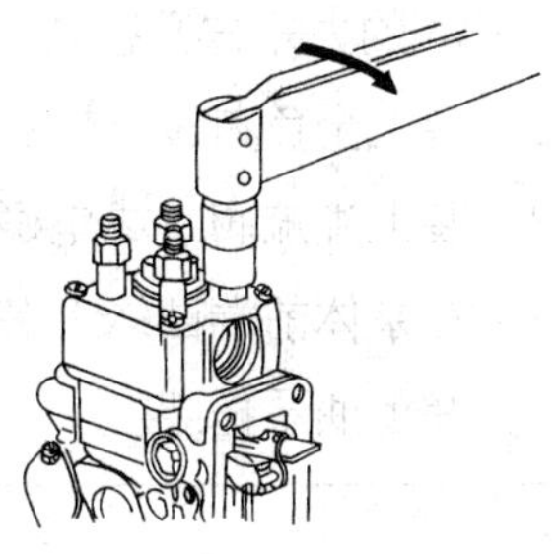 图2—157 装出油阀紧帽
11. 燃油截断电磁阀的装复 (1) 将密封圈、弹簧、衔铁装入燃油截断电磁阀，如图2—158所示。 (2) 以(4.7±2.5) N·m的力矩将燃油截断电磁阀装在分配器盖上。	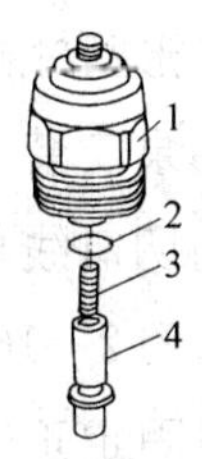 图2—158 装燃油截断电磁阀 1—电磁阀 2—密封圈 3—弹簧 4—衔铁

12. 调速器组件的装复

(1) 将四个调速器重锤装在重锤架上。

(2) 装上垫片、调速器套筒。

(3) 将重锤组件和垫片装入泵体，如图 2—159 所示。

(4) 装上调速器轴，并用锁紧螺母锁紧。

(5) 装上调速弹簧座、调速弹簧和负荷控制轴。

(6) 将负荷控制轴插入调速器盖。

(7) 以 (7.8±1.0) N·m 的力矩旋紧调速器盖固定螺钉，如图 2—160 所示。

(8) 装上扭簧和负荷控制臂，拧紧固定螺母。

注意：控制臂应按原记号位置装回。

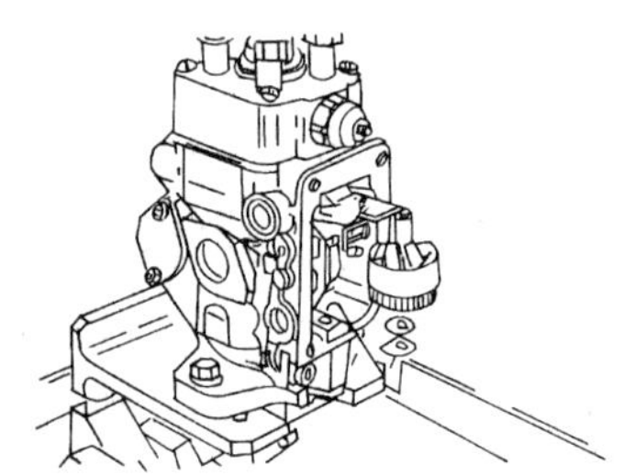

图 2—159 装调速器重锤组件

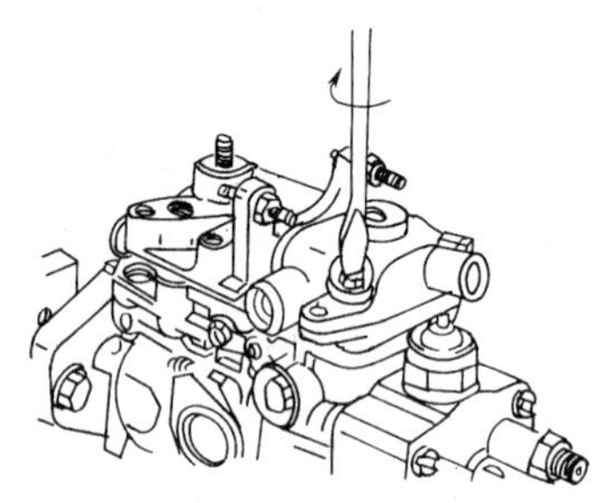

图 2—160 装调速器盖

13. 其他附件的装复

(1) 将额定油量调整螺钉装上 O 形密封圈，然后将其装在调速器盖上，并以 (7.8±1.0) N·m 的力矩拧紧锁紧螺母。

(2) 装上全负荷设定螺钉和怠速限位螺钉。

(3) 装上溢流阀 (或电磁时间控制阀) 和输油管。

(4) 在泵体前端凸缘上装上 O 形密封圈，然后装上油泵正时齿轮壳底板和正时齿轮。

(5) 装上油泵托架。

14. 总成装车

(1) 顺时针转动曲轴，使第一缸的活塞处于压缩上止点位置，(曲轴皮带轮上的上止点记号对齐)，如图 2—161 所示。

(2) 将 O 形密封圈安装在正时齿轮壳底板凸缘上。

(3) 将油泵安装在发动机正时齿轮壳上，并使正时齿轮上的切口线与正时齿轮壳前端的观察孔的箭头对齐，如图 2—162 所示。

(4) 暂时固定正时齿轮壳与正时齿轮壳底板上的六个喷油泵固定螺母。

(5) 固定油泵托架后，扭紧正时齿轮壳底板上的六个喷油泵固定螺母。

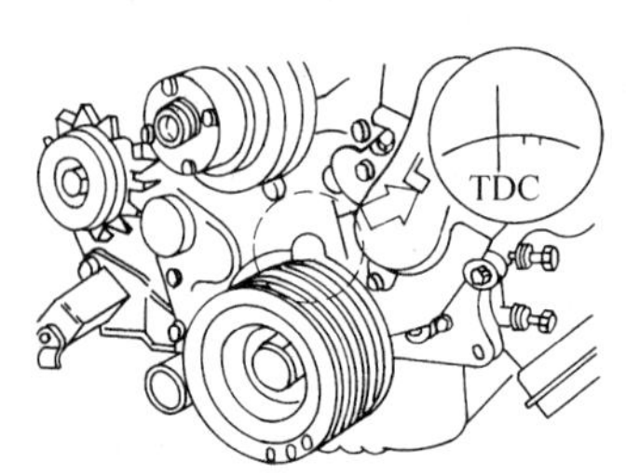

图 2—161 上止点记号

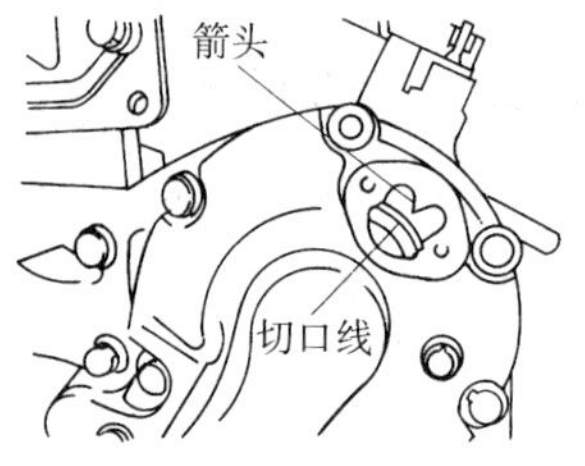

图 2—162 正时记号

(6) 装上低压油管和高压油管。

(7) 装上负荷控制拉线和燃油截断电磁阀导线插接器。

项目 4　喷油器的拆装

一、喷油器的分解 (图 2—163)

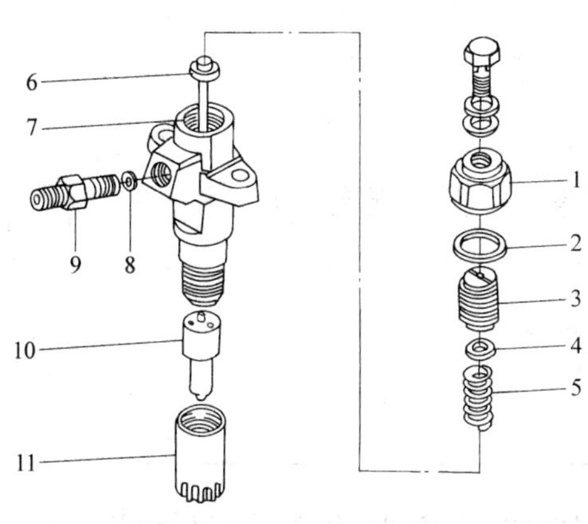

图 2—163　喷油器的分解

1—护帽　2、4、8—垫片　3—调整螺钉　5—调压弹簧　6—心轴　7—喷油器体　9—进油管接头　10—针阀偶件　11—喷嘴盖形螺母

1. 总成拆卸

(1) 拧松高压油管的接头螺母。

(2) 拆下高压油管及固定夹。

(3) 拆下回油管。

(4) 拆下喷油器固定螺母后，用专用工具拆下喷油器总成，如图 2—164 所示。

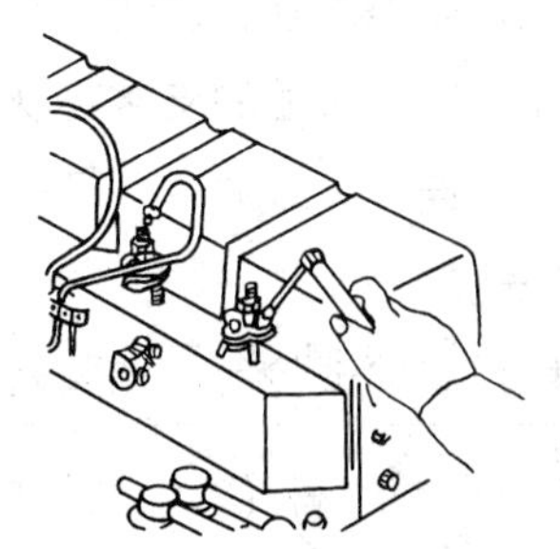

图 2—164　喷油器总成的拆卸

2. 总成分解

(1) 将喷油器固定在台虎钳上，用扳手拆下护帽。

(2) 用一字旋具旋出调整螺钉。

(3) 取出垫片、调压弹簧、心轴。

(4) 使喷油器喷嘴朝上，用套筒扳手拆下喷嘴盖形螺母。

(5) 取出针阀偶件。

<table>
<tr><td colspan="2">二、喷油器的装复</td></tr>
<tr><td>1. 总成组装
(1) 装上针阀偶件，并使针阀体上的定位销与喷油器体上的定位孔对齐，如图 2—165 所示。
(2) 按规定力矩拧紧喷嘴盖形螺母。
(3) 装上心轴、调压弹簧。
(4) 用一字旋具旋入调整螺钉。
(5) 装上垫圈及护帽。</td><td>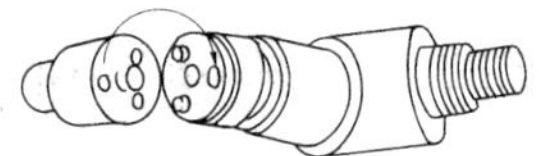
图 2—165 喷油器的组装</td></tr>
<tr><td>2. 总成装车 (图 2—166)
(1) 将喷油器装气缸盖上，并按规定的力矩拧紧喷油器固定螺母。
(2) 装上高压油管和夹板。
(3) 装上喷油器回油管。</td><td>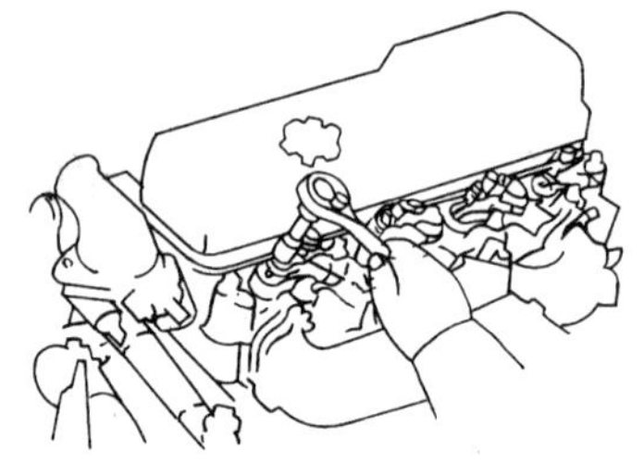
图 2—166 喷油器总成装车</td></tr>
</table>

项目 5 柴油机燃料供给系主要部件的调试

<table>
<tr><td>一、国产 A 型喷油泵的调试</td></tr>
<tr><td>1. 调试前的准备
(1) 在喷油泵和调速器壳内加入规定数量的润滑油。
(2) 选择合适的支撑垫块，将喷油泵架在试验台导轨上，并将喷油泵固定。
(3) 连接好各油管，打开试验台输油泵，将油压调至 117.6 kPa，放净喷油泵低压油腔的空气。
(4) 启动试验台，调整转速，观察喷油泵在不同转速下有无异常情况。</td></tr>
<tr><td>2. 喷油时间 (溢流法) 的调试
(1) 将喷油泵负荷控制臂推至最大供油位置。
(2) 将试验台油压调至 4 MPa，转动凸轮轴使第一缸分泵柱塞处于下止点位置，此时第一缸分泵高压油管接头处有油冒出。
(3) 顺喷油泵工作时的旋转方向转动凸轮轴，直至高压油管接头处刚好停止冒油。此时联轴器与泵体前轴承盖上的正时记号对齐，否则应调整滚轮体上的正时螺栓。
(4) 以第一缸分泵为基准，用同样方法检查调整其他分泵的供油开始时刻，要求各缸间隔角误差不超过±0.5°。
(5) 装上各高压油管。</td></tr>
</table>

3. 停止供油转速和调速器性能的调试

(1) 将喷油泵负荷控制臂推至最大供油位置，逐渐提高喷油泵的转速，观察供油量开始减少时的转速，应为额定转速+20 r/min，完全停止喷油转速应不大于额定转速+100 r/min。

(2) 如不符合规定要求，可调整全负荷设定螺钉，旋入起作用转速下降；旋出起作用转速升高，如图 2—167 所示。

(3) 如仍不符合规定，可调整速度控制臂两端调整螺钉，改变速度控制臂的摆角来进行调整。摆臂向前起作用转速升高，供油量增加；摆臂向后起作用转速下降，供油量减少。

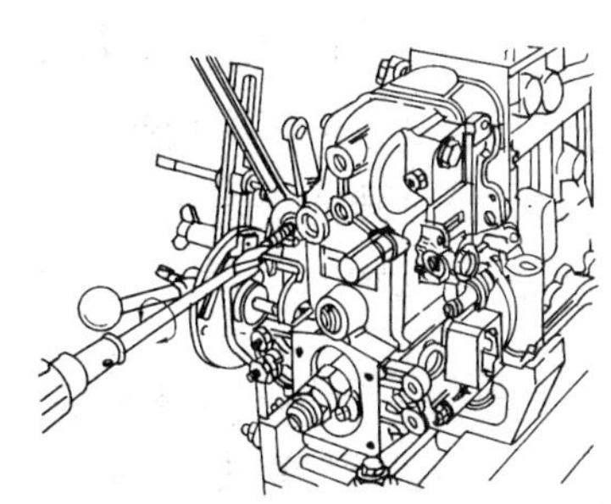

图 2—167　停止供油转速的调整

4. 额定供油量的检查

(1) 将喷油泵负荷控制臂推至最大供油位置，将转速调至额定转速，测定额定供油量应符合要求。否则，可拆下调速器后盖，调节齿杆行程限位螺钉进行调整。螺钉旋入时，额定供油量增大；反之，额定供油量减小。

(2) 各缸供油不均匀度应不大于 3%。如不符合要求，可旋松油量调节齿圈固定螺钉，左右转动油量控制套筒进行调节。

(3) 调整后必须重新校对停止供油转速。

5. 怠速油量的检查

将喷油泵负荷控制臂处于最小供油位置，将转速调至怠速转速，检查怠速油量是否符合要求。如不符合要求，可通过调整怠速限位螺钉和怠速弹簧进行调整。

6. 启动油量的检查

使喷油泵负荷控制臂处于最大供油位置，将转速调至启动转速，检查启动油量应达到额定供油量的 150%左右。

7. 停油装置的检查

在各种转速下，将调速器停油手柄向后拉到底，喷油泵各缸应能立即停止供油。

注意：调试后应将有关部位进行铅封，使用中不得随意拆下铅封进行调整。

二、VE 型转子分配式喷油泵的调试

1. 调试前的准备

(1) 将喷油泵正确固定在喷油泵试验台上，装上高压油管和低压油管。

(2) 在溢油阀处装上泵体内油压测量表。

(3) 给燃油截断电磁阀 6 V 的直流电。

(4) 装上负荷控制臂转角测量仪。

(5) 启动喷油泵试验台，排出泵体内的空气。

(6) 检查喷油泵回油量，泵转速在 2 200 r/min 时的回油量应为 22～24 L/h。

2. 喷油泵泵体内的燃油压力

(1) 逐渐提高油泵转速，当油泵转速达到 400 r/min时，泵体内压力应为 215.6～274.4 kPa。

(2) 若泵内压力太低，应轻轻敲打调节阀活塞进行调整，如图 2—168 所示。若油压过高或调节阀活塞敲入过多，则应更换调节阀。

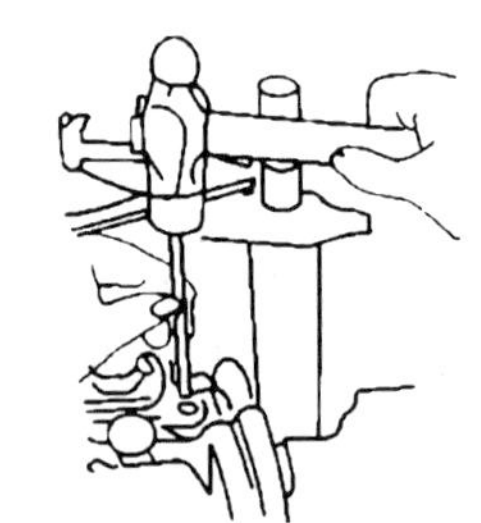

图 2—168 泵体内燃油压力的调整

3. 额定供油量的调整

(1) 用负荷控制臂转角测量仪测量在怠速位置和全负荷位置时负荷控制臂所处的角度都应符合要求。若不符合要求，可分别通过怠速限位螺钉和全负荷设定螺钉进行调整，如图 2—169 所示。

(2) 将喷油泵负荷控制臂推至最大供油位置，将转速调至额定转速，测定额定油量应符合要求。否则，可调整额定油量调整螺钉进行调整。螺钉旋入时，额定供油量增大；反之，额定供油量减小。

(3) 各缸供油不均匀度不符合要求，则应更换出油阀偶件。

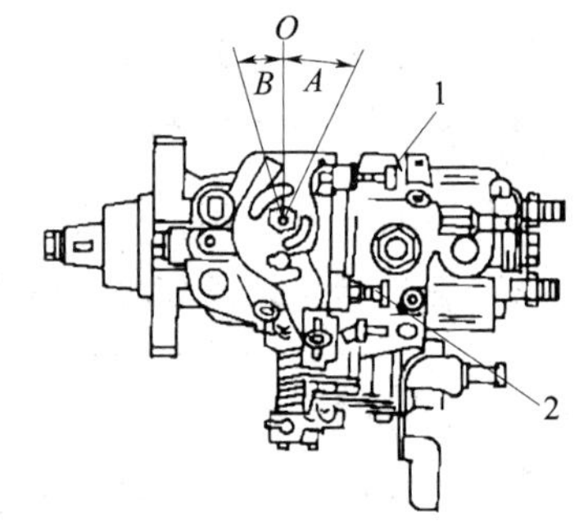

图 2—169 负荷控制臂角度的调整
1—怠速限位螺钉 2—全负荷设定螺钉

4. 最高转速的调整

逐渐提高油泵转速，当转速达到 2 700 r/min 时，每 200 次喷油量少于 1.3 mL。若不符合要求，可通过调整全负荷设定螺钉进行调整。

注意：调整后要重新调整额定供油量。

5. 怠速油量的调整

将喷油泵负荷控制臂处于最小供油位置，将转速调至怠速转速，检查怠速油量是否符合要求。如不符合要求，可通过调整怠速限位螺钉进行调整。

<table>
<tr><th colspan="2">三、喷油器喷油压力</th></tr>
<tr><td>1. 将被调喷油器接在喷油器试验器的高压油管上。
2. 慢慢按压试验器手柄，同时观察压力表的变化。
3. 当喷油器刚要开始喷油时读出压力表的指示值。此指示值即为喷油器的开始喷油压力。
4. 当开始喷油压力不符合规定要求时，可用一字旋具转动调整螺钉进行调整：顺时针转动压力上升；逆时针转动压力下降。
5. 以 100 次/min 的速度压动试验器手柄，油雾应细小且均匀、无油滴，如图 2—170 所示。</td><td>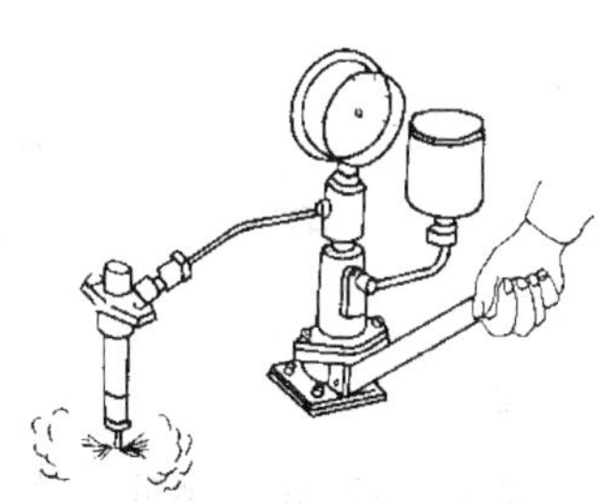
图 2—170　喷油压力试验</td></tr>
</table>

学习过程记录表

<table>
<tr><td>姓名：</td><td>班级：</td><td>学号：</td><td>日期：</td></tr>
<tr><td>第二单元　发动机的拆装</td><td>课题四　柴油机燃料供给系统的拆装</td><td>第（　）工作页</td><td>项目 4　喷油器的拆装</td></tr>
<tr><td colspan="4">说明：完成柴油发动机喷油器的拆装工作过程，并填写好下列内容。</td></tr>
<tr><td colspan="2">柴油发动机型号：</td><td colspan="2">喷油器类型：</td></tr>
<tr><td colspan="2">拆装步骤</td><td colspan="2">使用工具、力矩、注意事项等</td></tr>
<tr><td colspan="2"></td><td colspan="2"></td></tr>
<tr><td colspan="2"></td><td colspan="2"></td></tr>
<tr><td colspan="2"></td><td colspan="2"></td></tr>
<tr><td colspan="2"></td><td colspan="2"></td></tr>
<tr><td colspan="2"></td><td colspan="2"></td></tr>
<tr><td colspan="2"></td><td colspan="2"></td></tr>
<tr><td colspan="2">喷油压力调试过程</td><td colspan="2">压力要求、注意事项等</td></tr>
<tr><td colspan="2"></td><td colspan="2"></td></tr>
<tr><td colspan="2"></td><td colspan="2"></td></tr>
<tr><td colspan="2"></td><td colspan="2"></td></tr>
</table>

批语：　　　　　　　　　　　　　　　　　　教师：

课题五　润滑系的拆装

教学目的

1. 掌握机油集滤器、粗滤器、细滤器、机油泵的拆装方法、步骤和技术要求。

2. 熟悉主要零部件的名称、作用及装配关系。

工具与设备

1. 常用工具。

2. 拆卸机油滤清器的专用工具。

3. CA6102 型发动机齿轮式机油泵、YC6105QC 型柴油机转子式机油泵、桑塔纳 AYJ 型发动机机油滤清器、CA6102 型发动机机油粗滤清器和离心式机油细滤清器(FL100 型)。

项目 1　机油滤清器的拆装

全流式机油滤清器（桑塔纳 AYJ 型发动机机油滤清器）的拆装

1. 桑塔纳 AYJ 型发动机全流式机油滤清器的分解（图 2—171）

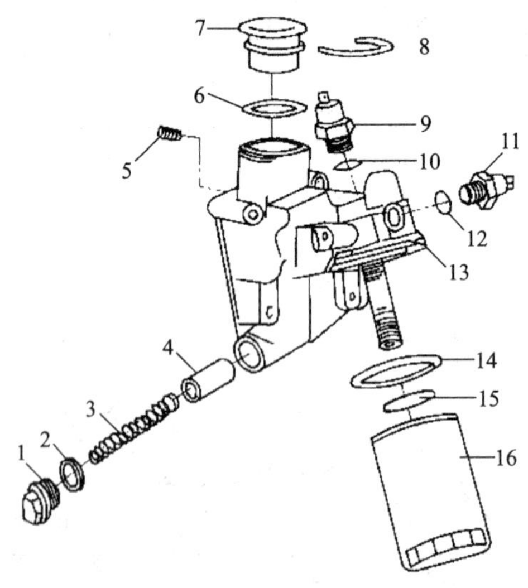

图 2—171　桑塔纳 AYJ 型发动机机油滤清器

1—螺塞　2、6、10、12、14、15—密封圈　3—旁通阀弹簧　4—旁通阀　5—止回阀　7—上盖　8—卡簧　9—机油低压报警开关　11—机油压力开关　13—机油滤清器支架　16—机油滤清器

(1) 拧开发动机加油盖。如图 2—172 所示，拧下油底壳放油螺塞，放出润滑油。

注意：排放前应在发动机下放置接油盘。

(2) 用机油滤清器拆装专用工具拆下机油滤清器，如图 2—173 所示。

(3) 拆下机油压力开关和机油低压报警开关并分别取下密封圈。

(4) 拆下螺塞，取下旁通阀弹簧、旁通阀及密封圈。

(5) 拔出卡簧，取出上盖及密封圈。

(6) 清洗滤清器支架及油道。

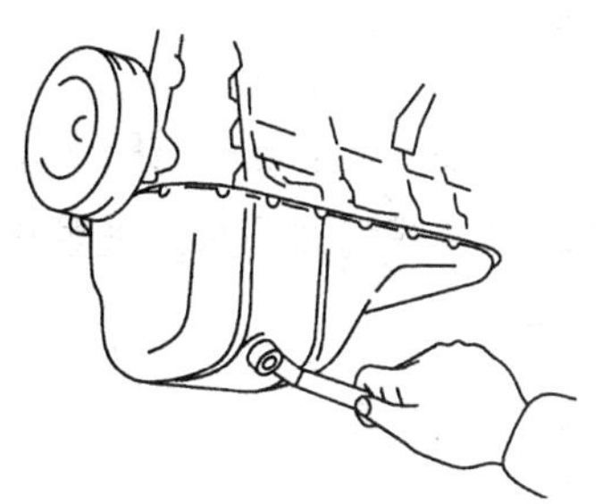

图 2—172　放出润滑油

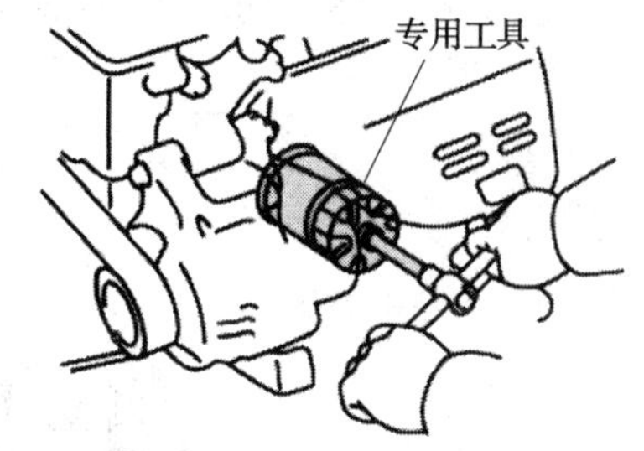

图 2—173　拆下机油滤清器

2. 桑塔纳 AYJ 型发动机全流式机油滤清器的装复

(1) 清洗机油滤清器安装表面，在密封圈上涂上干净的机油，如图 2—174 所示。

注意：安装机油滤清器时，应在密封圈上涂上干净的机油。如果密封圈上不涂机油，安装时密封圈与接合面将发生干摩擦，密封圈易翘曲和损坏，造成密封不良而漏油。

(2) 用手轻轻拧进机油滤清器，直到感觉有阻力为止，再用专用工具拧紧机油滤清器 3/4 圈，如图 2—175 所示。

(3) 装上上盖及密封圈，插上卡簧。

(4) 装上旁通阀、旁通阀弹簧、密封圈，用扳手拧紧螺塞。

(5) 装上机油压力开关及密封圈并以 25 N·m 的力矩拧紧。

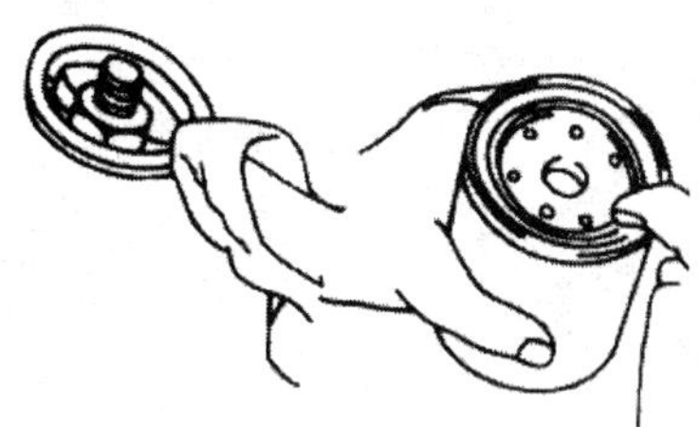

图 2—174　密封圈上涂机油

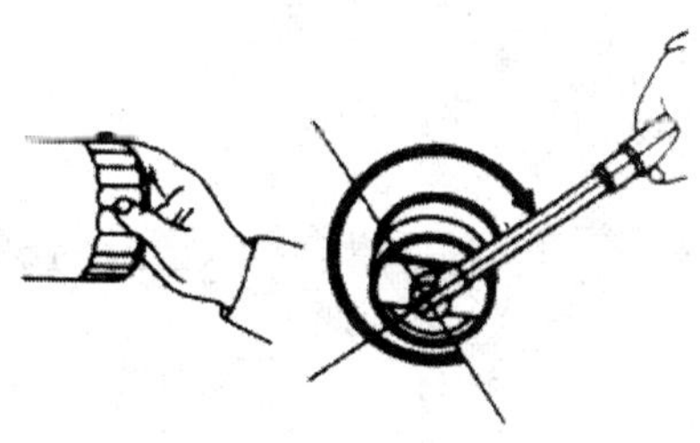

图 2—175　拧紧机油滤清器

(6) 装上机油低压报警开关及密封圈并以15 N·m的力矩拧紧。

(7) 在滤清器内加入适量的润滑油，装上机油滤清器，并用专用工具以 20 N·m 的力矩拧紧。

项目 2　卡罗拉轿车发动机机油泵和油底壳的拆装（图 2—176）

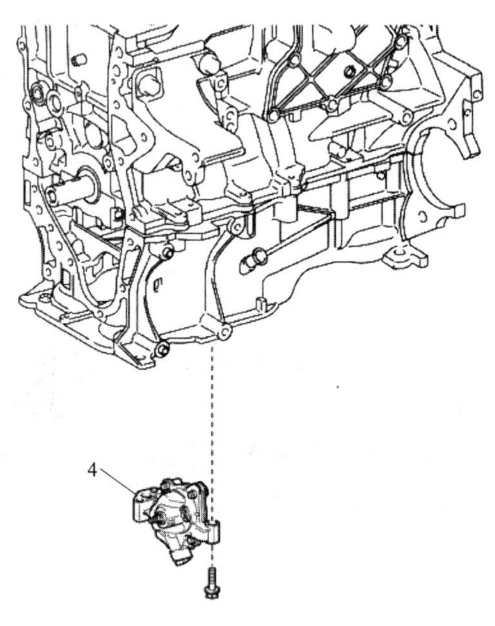

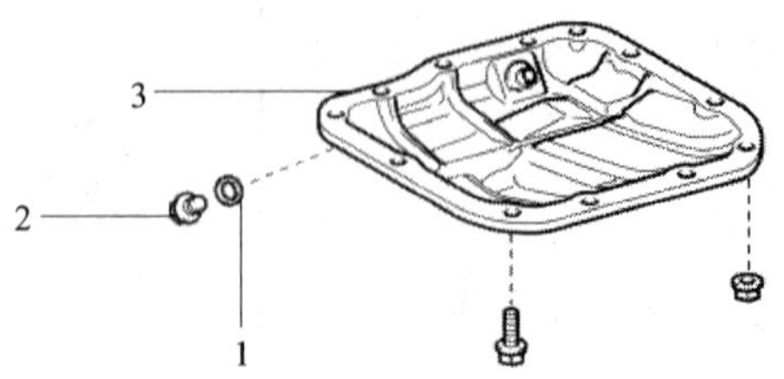

图 2—176　卡罗拉 1.6 L 发动机润滑系统

1—O 形密封圈　2—放油螺塞　3—小油底壳　4—机油泵

一、机油泵和油底壳的拆卸

1. 拆卸正时链盖（图 2—177）

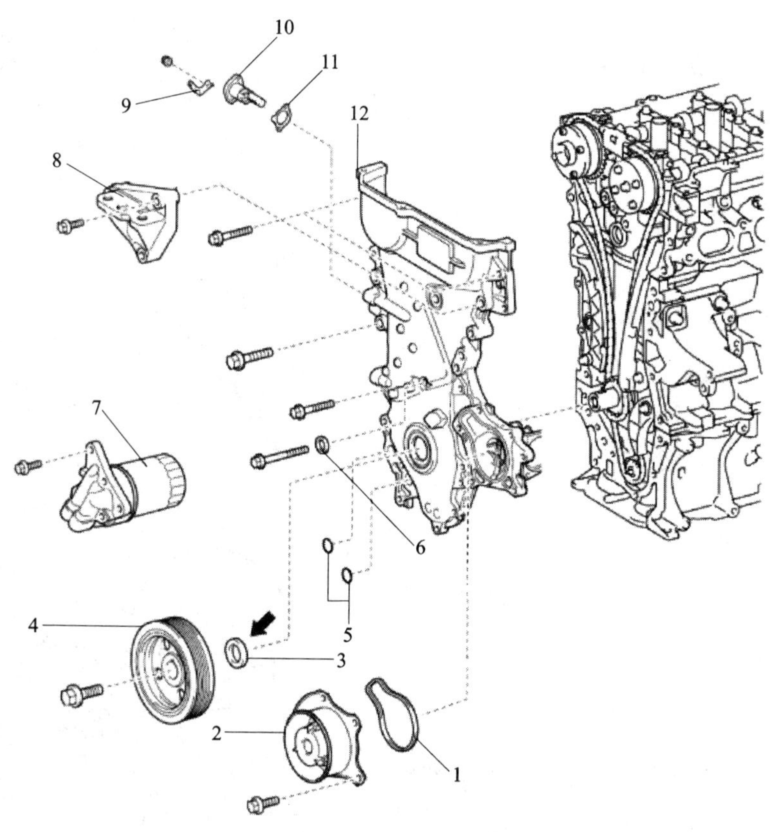

图 2—177　正时链盖的分解

1—水泵衬垫　2—水泵　3—前油封　4—曲轴带轮　5—O 形密封圈　6—密封垫圈
7—机油滤清器支架　8—发动机右悬置支架　9—支架　10—1 号正时链张紧器　11—衬套　12—正时链盖

(1) 拆下气缸盖罩固定螺栓，取出密封垫圈和气缸盖罩及衬垫，如图 2—178 所示。

注意：拆卸气缸盖罩时注意不要将衬垫掉进发动机，衬垫可能会粘附到气缸盖罩上。

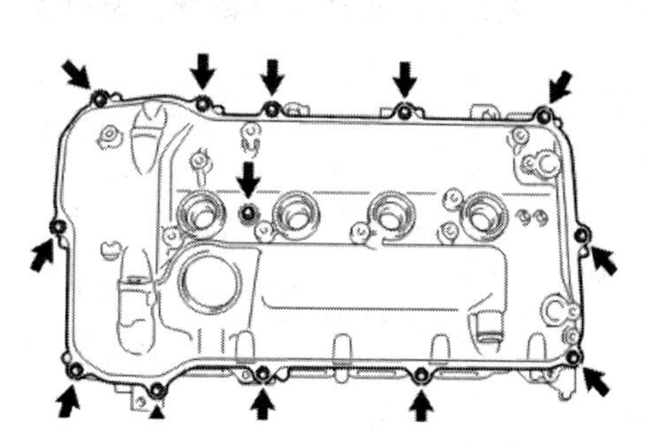

图 2—178　拆下气缸盖罩

(2) 转动曲轴带轮，直到曲轴带轮上的凹槽与正时链盖上的正时标记“0”对准，如图 2—179 所示。

(3) 检查并确认凸轮轴正时齿轮和链轮上的各正时标记和位于 1 号和 2 号轴承盖上的各正时标记对准。如果没有对准，则转动曲轴 1 圈 (360°)，使正时标记对准。

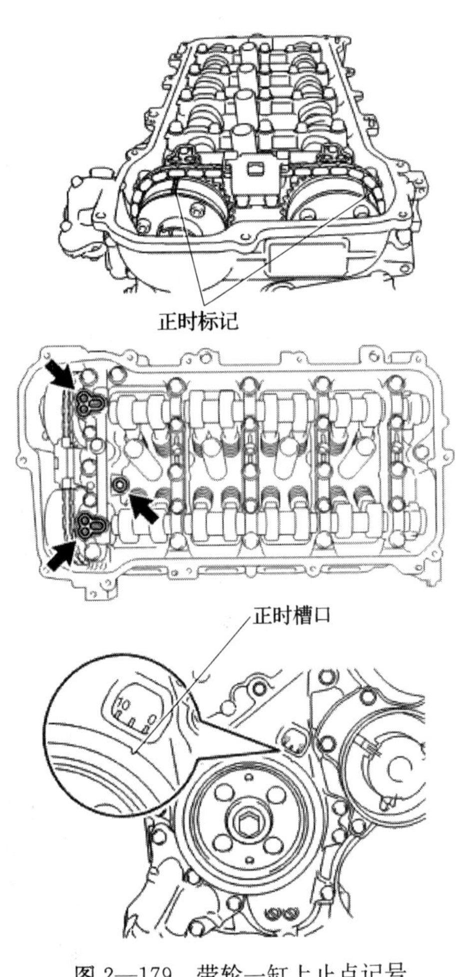

图 2—179　带轮一缸上止点记号

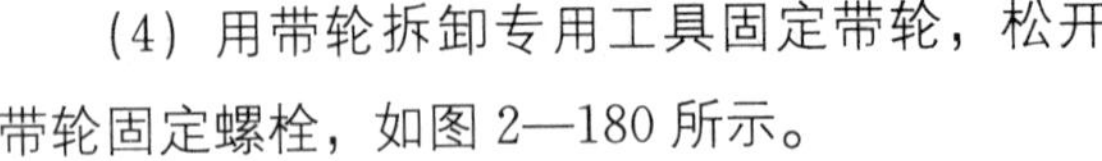

(4) 用带轮拆卸专用工具固定带轮，松开带轮固定螺栓，如图 2—180 所示。

注意：安装专用工具时要检查其安装位置，以防专用工具安装螺栓时接触正时链盖。

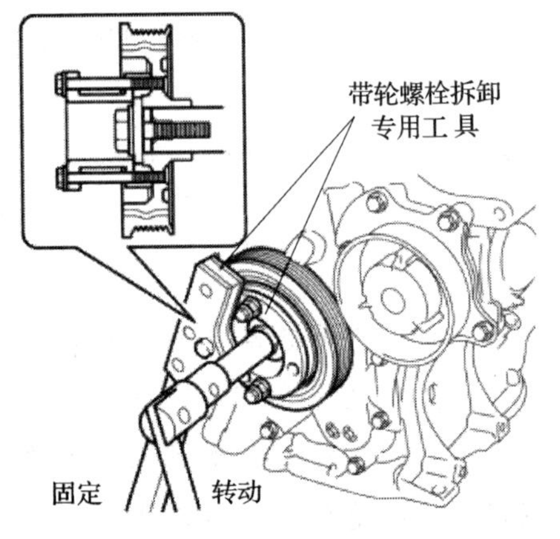

图 2—180　松开带轮固定螺栓

(5) 用带轮拆卸专用工具拆下曲轴带轮和带轮固定螺栓，如图 2—181 所示。

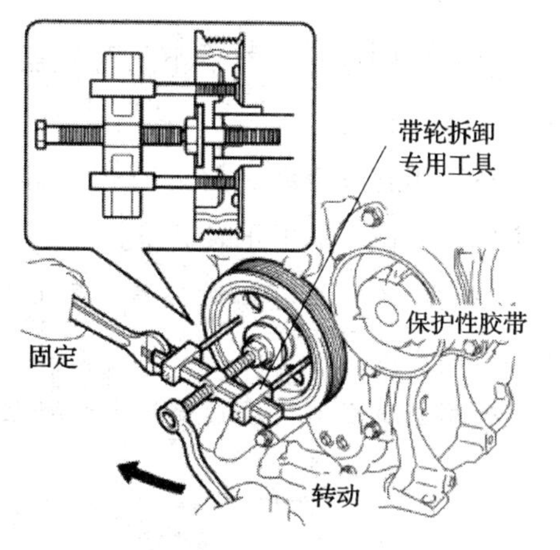

图 2—181　拆下曲轴带轮

(6) 拆下 1 号正时链张紧器固定螺母，取下托架、张紧器和衬垫，如图 2—182 所示。

注意：不要在不使用正时链张紧器的情况下转动曲轴。

图 2—182　拆下 1 号正时链张紧器总成

(7) 拆下机油滤清器支架固定螺栓，取下机油滤清器支架及密封圈，如图 2—183 所示。

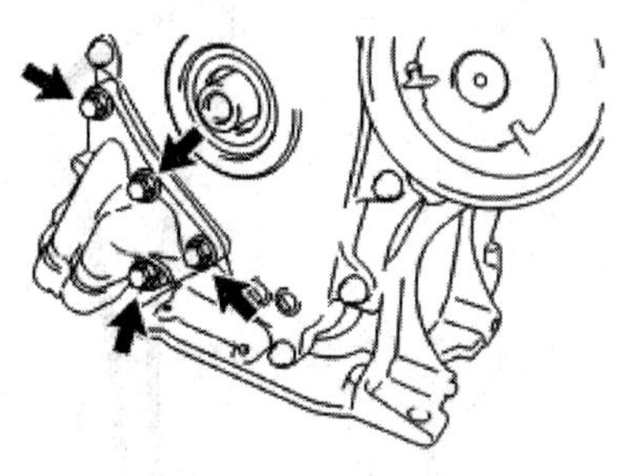

图 2—183　拆下机油滤清器

(8) 按顺序松开并拆下正时链盖螺栓，如图 2—184 所示。

(9) 用旋具撬动正时链盖和气缸盖或气缸体之间的部位，拆下正时链盖。

注意：不要损坏正时链盖、气缸体和气缸盖的接触面。

使用旋具之前，请在旋具头部缠上胶带。

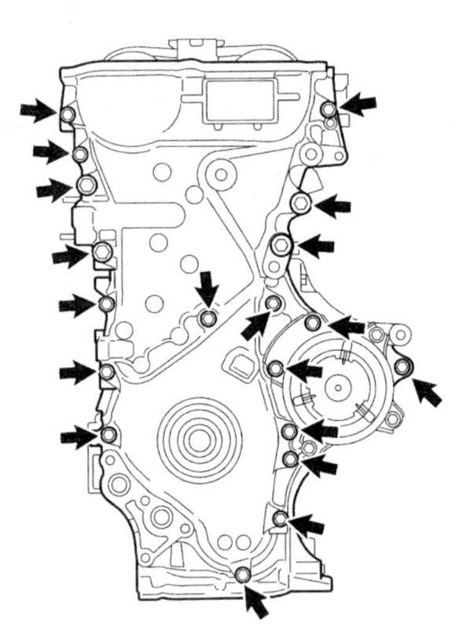

图 2—184　拆下正时链盖螺栓

2. 正时链（图 2—185）的拆卸

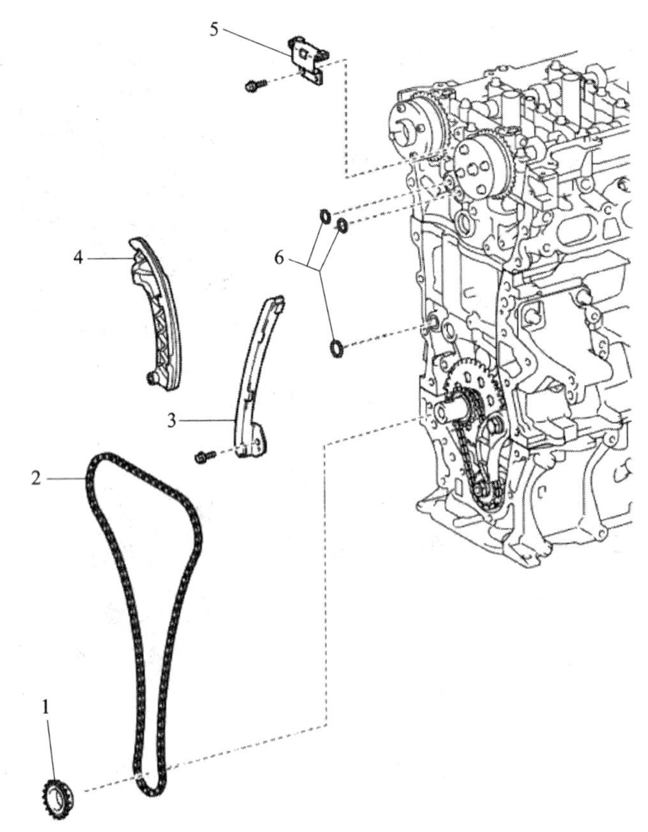

图 2—185　正时链的分解

1—曲轴正时链轮　2—正时链　3—1 号正时链振动阻尼器　4—正时链张紧器导板

5—2 号正时链振动阻尼器　6—O 形密封圈

（1）拆卸正时链张紧器导板，如图 2—186 所示。

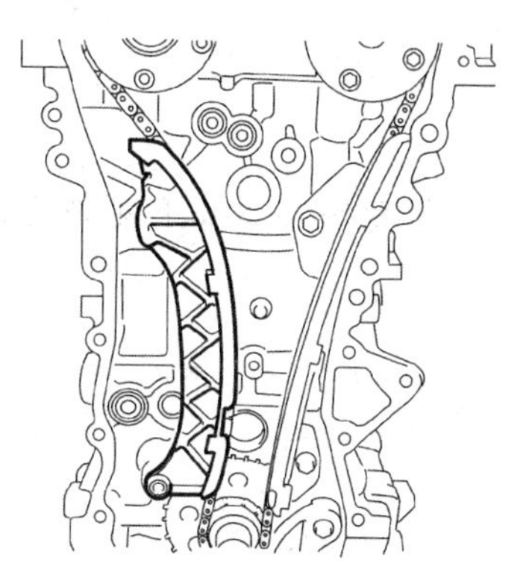

图 2—186　拆卸正时链张紧器导板

（2）拆下固定螺栓，取下正时链振动阻尼器，如图 2—187 所示。

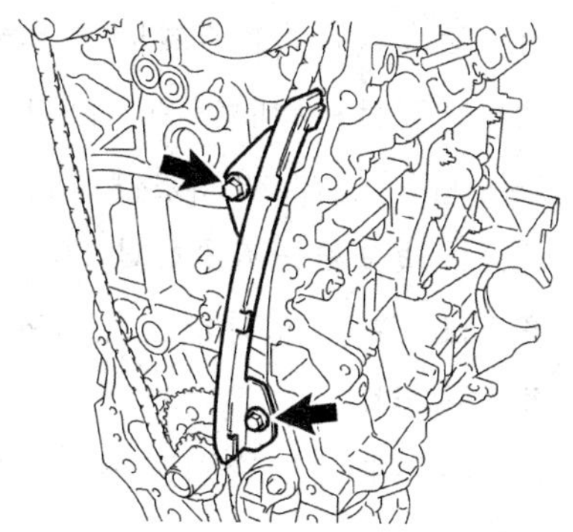

图 2—187　拆卸正时链振动阻尼器

（3）用扳手固定住凸轮轴的六角头部分，并逆时针旋转凸轮轴正时齿轮总成，以松开凸轮轴正时齿轮之间的正时链。将正时链从凸轮轴正时齿轮总成上松开，并将其放置在凸轮轴正时齿轮上。顺时针转动凸轮轴，使其回到原来位置，并拆下正时链，如图 2—188 所示。

注意：确保将正时链从链轮上完全松开。

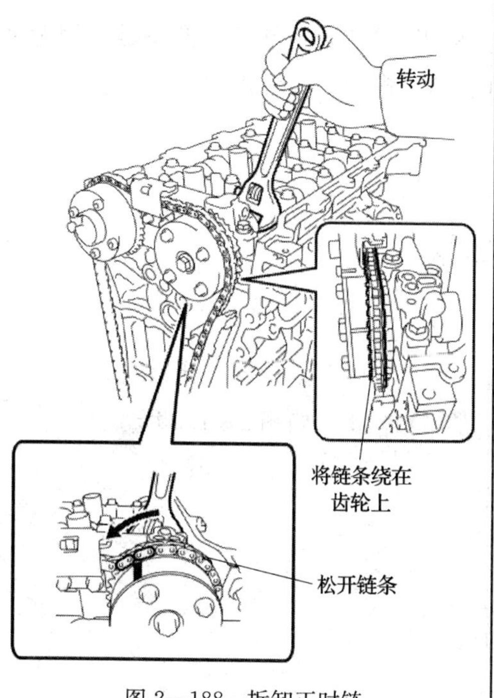

图 2—188　拆卸正时链

(4) 用专用工具卸下曲轴正时链轮，如图2—189 所示。

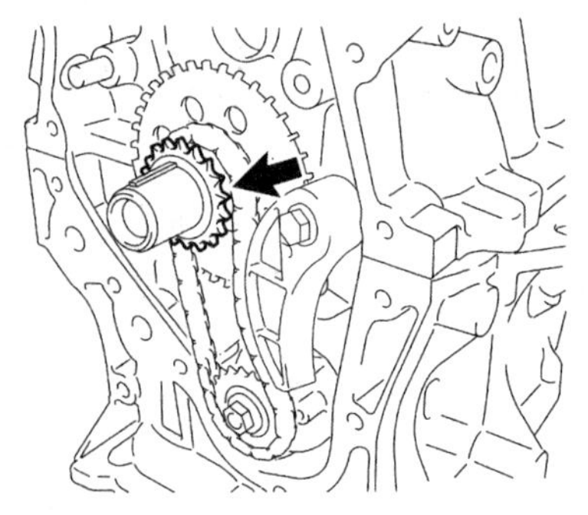

图 2—189 拆卸曲轴正时链轮

3. 机油泵传动链的拆卸

(1) 暂时紧固曲轴带轮固定螺栓。

(2) 顺时针转动曲轴 90°，以便将机油泵传动链轮的调节孔对准机油泵槽口。

注意：曲轴旋转不要超过 90°。如果曲轴转动过多且没有安装正时链，气门可能会碰撞到活塞并造成损坏。

(3) 拆下曲轴带轮固定螺栓，如图 2—190 所示。

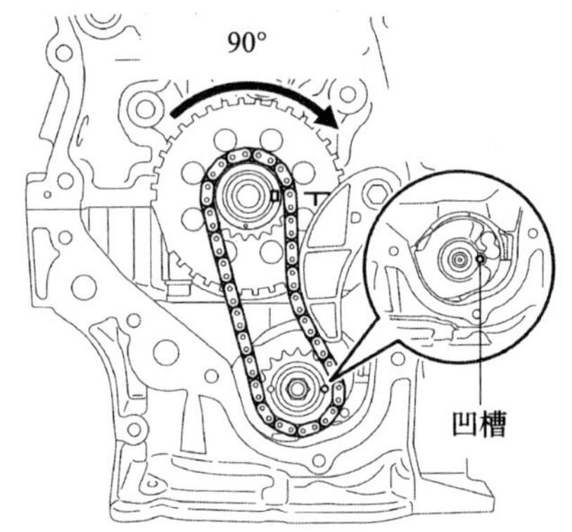

图 2—190 拆下曲轴带轮固定螺栓

(4) 将一个直径为 3 mm 的杆插入机油泵传动链轮的调节孔，以便将链轮锁定就位，然后拆下螺母，如图 2—191 所示。

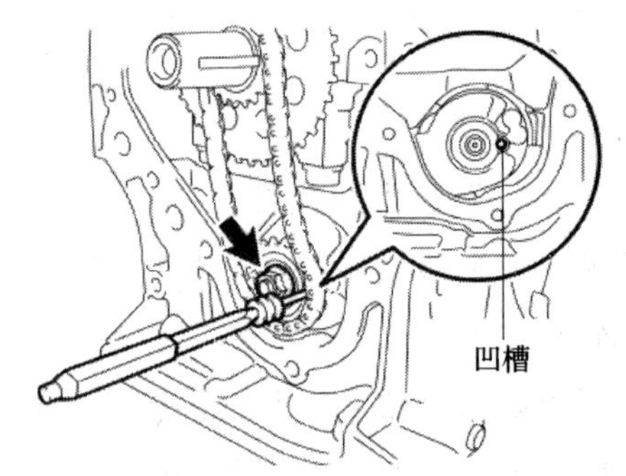

图 2—191 拆下油泵固定螺母

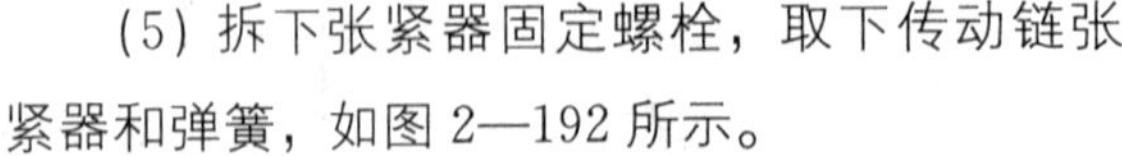

(5) 拆下张紧器固定螺栓，取下传动链张紧器和弹簧，如图 2—192 所示。

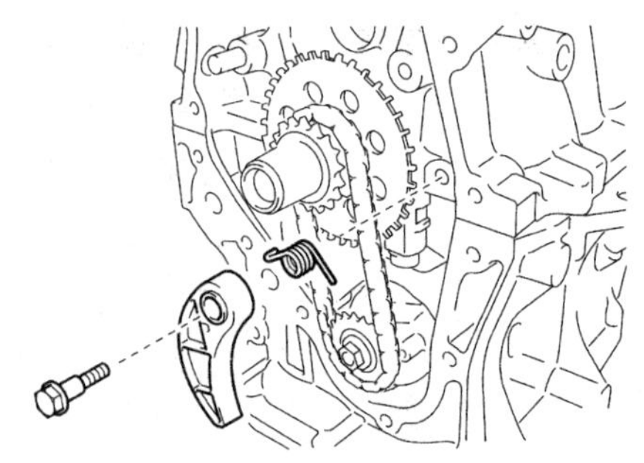

图 2—192 拆下螺栓、正时链张紧器和弹簧

（6）拆下曲轴正时链轮、机油泵传动链和机油泵传动链轮，如图 2—193 所示。

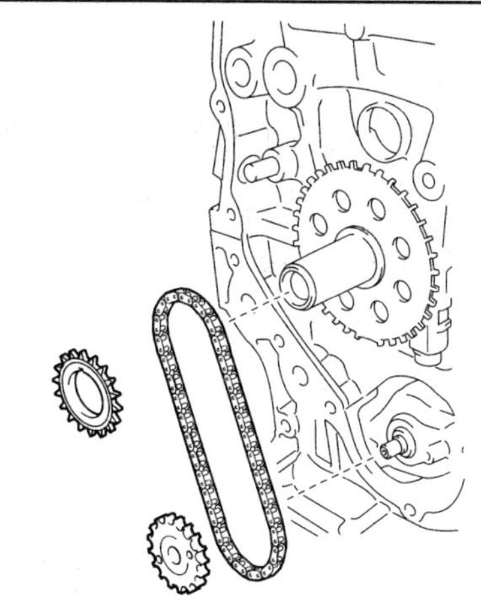

图 2—193　拆下曲轴正时链轮、机油泵传动链和机油泵传动链轮

4．机油泵总成的拆卸

（1）拆下小油底壳固定螺栓和螺母，卸下小油底壳。

（2）拆下机油泵固定螺栓，取下机油泵，如图 2—194 所示。

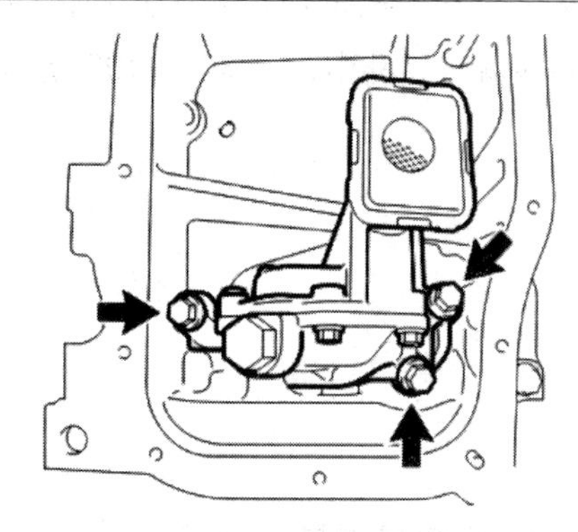

图 2—194　拆下机油泵

5．机油泵的分解（图 2—195）

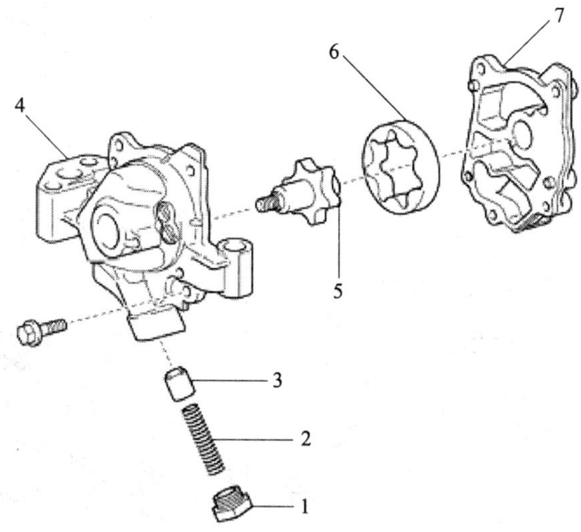

图 2—195　机油泵分解

1—限压阀螺塞　2—弹簧　3—限压阀　4—泵体　5—内转子　6—外转子　7—机油泵盖

<table>
<tr><td>

(1) 拆下限压阀螺塞，取出弹簧和限压阀。

(2) 拆下机油泵盖固定螺栓，如图 2—196 所示，取下机油泵盖。

(3) 从机油泵上取出机油泵内转子和外转子。

</td><td>

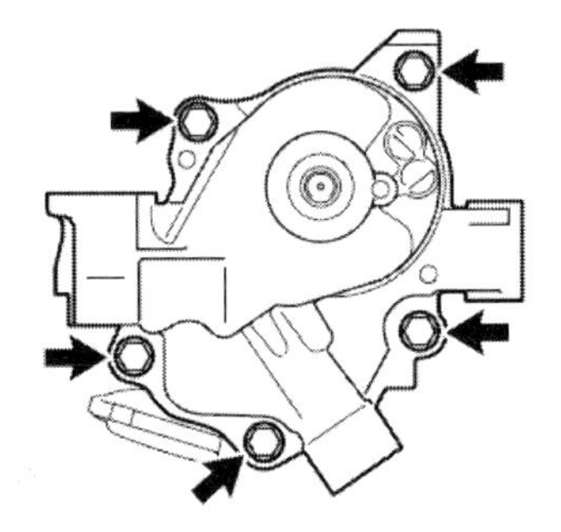

图 2—196　拆机油泵盖

</td></tr>
<tr><td colspan="2">二、机油泵和油底壳及相关零件的清洁检查</td></tr>
<tr><td>

1. 检查机油泵限压阀。在机油泵限压阀上涂抹一层发动机机油，限压阀应能依靠自身重量徐徐滑入阀孔中，如图 2—197 所示。

2. 用塞尺测量内转子和外转子的顶部间隙，不应大于 0.35 mm，如图 2—198 所示。

3. 用塞尺和刀口尺测量转子侧隙，应不大于 0.16 mm，如图 2—199 所示。

</td><td>

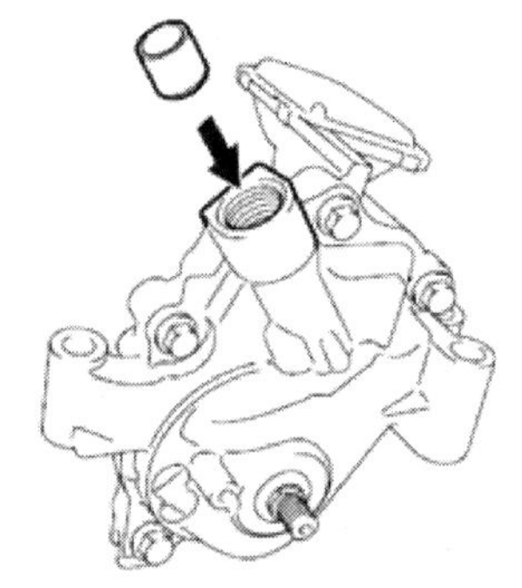

图 2—197　检查机油泵限压阀

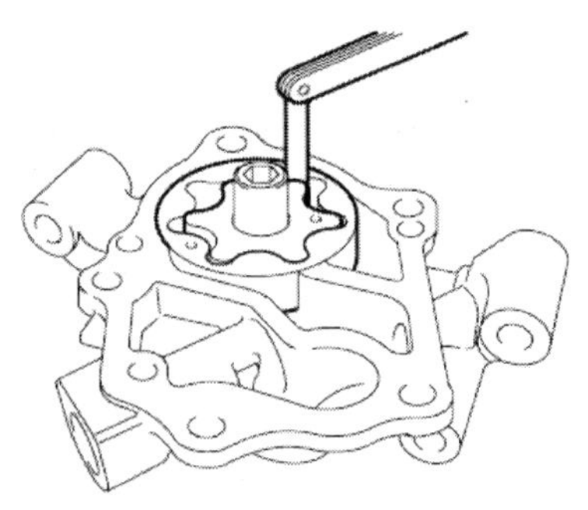

图 2—198　测量内转子和外转子的顶部间隙

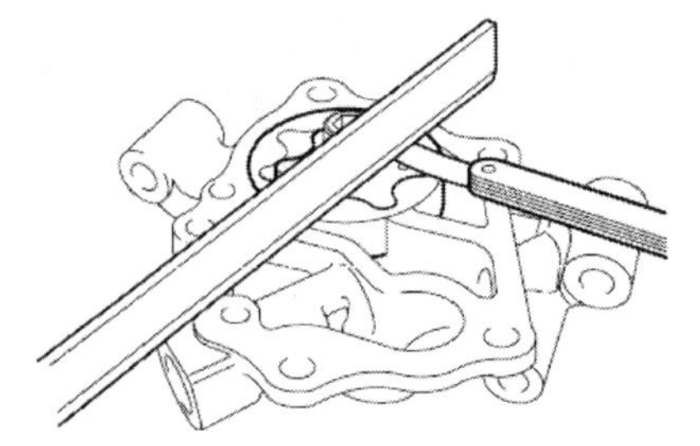

图 2—199　测量转子侧隙

</td></tr>
</table>

4. 用塞尺测量外转子和机油泵体间的间隙，应不大于 0.325 mm，如图 2—200 所示。

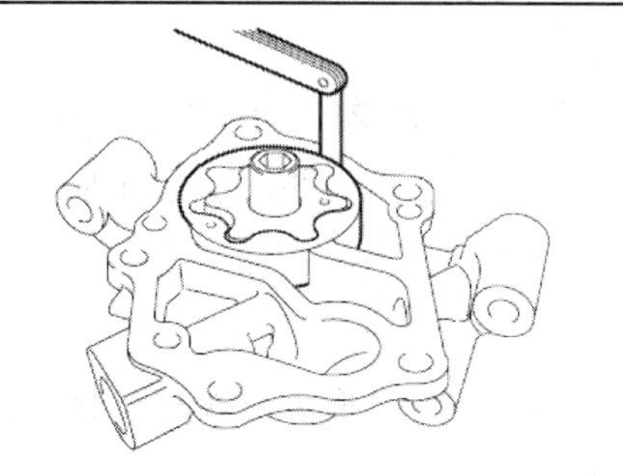

图 2—200　测量外转子和机油泵体间的间隙

5. 更换正时链条盖油封

(1) 将正时链条盖放在木块上，用旋具撬出油封，如图 2—201 所示。

注意：使用旋具之前，在旋具头部缠上胶带。不要损坏油封座的表面。

(2) 使用专用工具敲入一个新的油封，直到其表面与正时链条盖边缘平齐，如图 2—202 所示。

注意：安装时，使唇口远离异物，以免损坏油封。安装时，油封不要斜放，以免损坏油封凸缘。

(3) 在油封唇口上涂上润滑脂。

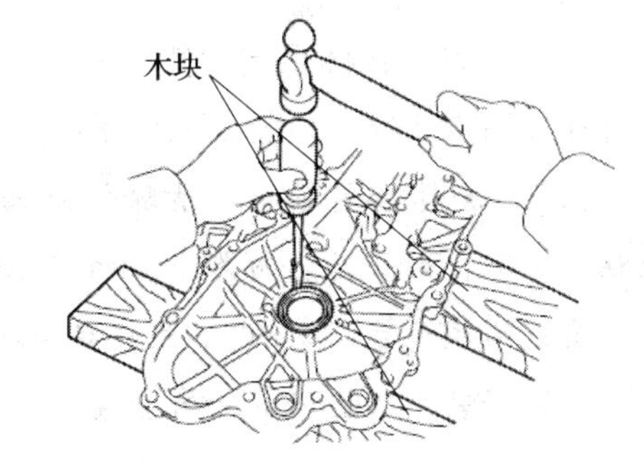

图 2—201　撬出旧油封

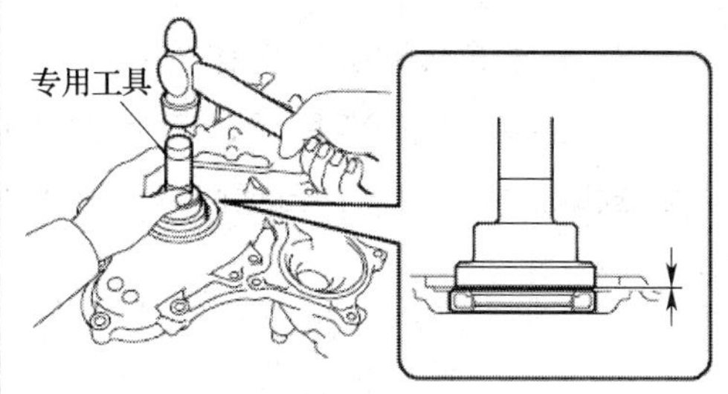

图 2—202　装上新油封

三、机油泵和油底壳的安装

1. 机油泵的装复

(1) 将机油泵内转子和外转子涂抹机油后放入机油泵。

注意：内转子和外转子的标记朝向机油泵盖侧，如图 2—203 所示。

(2) 装上机油泵盖，并按规定力矩 (8.8 N·m) 拧紧固定螺栓。

(3) 在限压阀上涂抹发动机机油后装入泵体，装上弹簧和螺塞，并用规定力矩 (49 N·m) 拧紧螺塞。

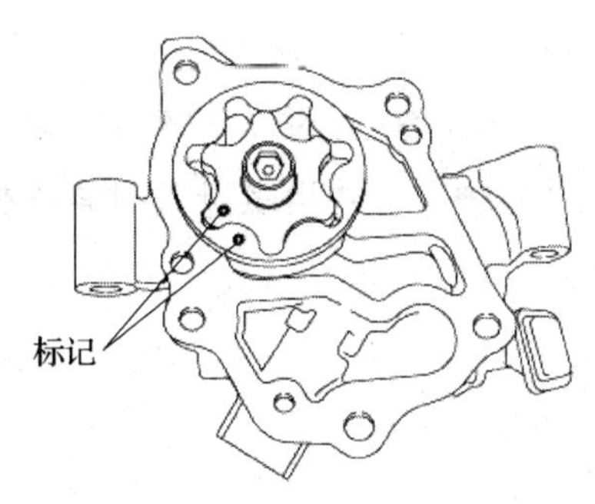

图 2—203　内转子和外转子的标记朝向泵盖

2. 机油泵总成的装复

(1) 装上机油泵和机油泵固定螺栓，如图2—204 所示，并按规定力矩 (21 N·m) 固定螺栓。

注意：不要将油滴在气缸体和油底壳的接触面上。

(2) 在油底壳上涂抹一条连续的密封胶，装上小油底壳，并按规定力矩 (10 N·m) 拧紧油底壳固定螺栓，如图 2—205 所示。

注意：涂抹密封胶前，清除接触面的所有机油。涂抹密封胶后，应在 3 min 内安装油底壳。安装油底壳后，2 h 内不允许启动发动机。

(3) 安装 1 号曲轴位置信号盘。

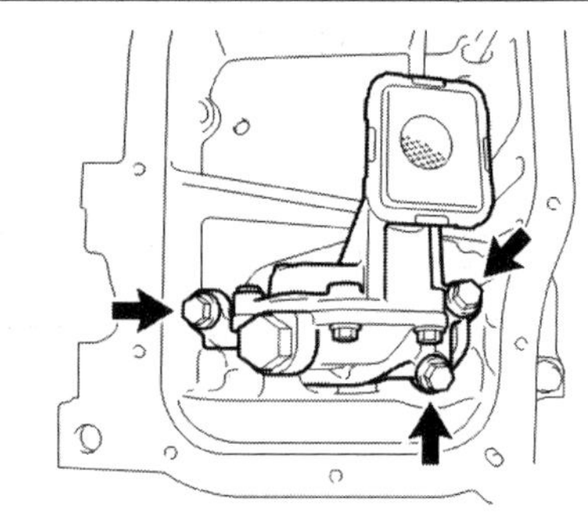

图 2—204　安装机油泵

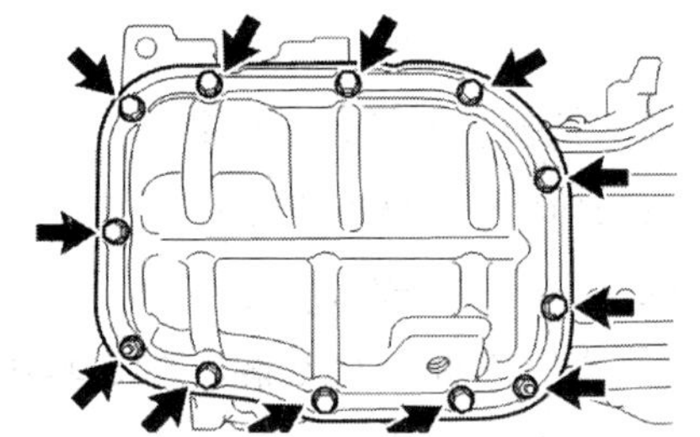

图 2—205　安装小油底壳

3. 机油泵传动链的装复

(1) 如图 2—206 所示，装上曲轴传动键，并转动驱动轴，以便切口朝向靠右的水平位置。

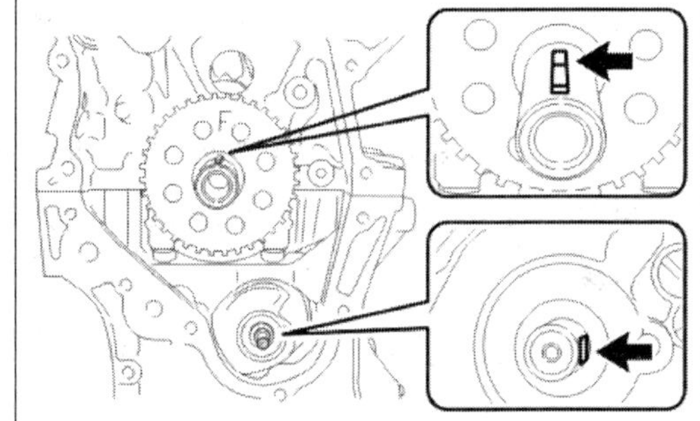

图 2—206　设置曲轴传动键

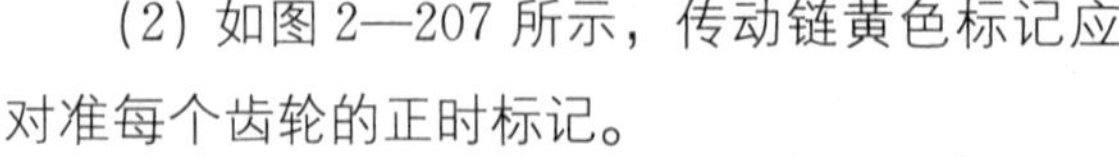

(2) 如图 2—207 所示，传动链黄色标记应对准每个齿轮的正时标记。

(3) 用齿轮上的传动链将链轮安装到曲轴和机油泵轴上，并用螺母暂时紧固机油泵传动链轮。

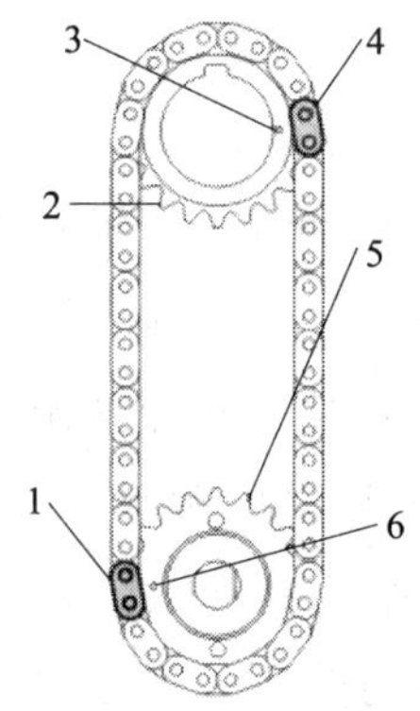

图 2—207　检查对准正时标记

1、4—传动链黄色标记　2—曲轴传动链轮

3、6—链轮正时标记　5—机油泵传动链轮

<table>
<tr><td>(4) 安装传动链张紧器，如图 2—208 所示，按规定力矩 (10 N·m) 拧紧传动链张紧器固定螺栓。</td><td>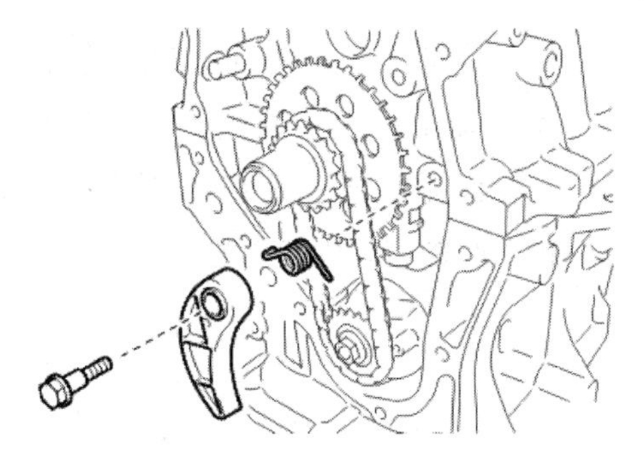
图 2—208　安装正时链张紧器盖板</td></tr>
<tr><td>(5) 将机油泵传动链轮的调节孔对准机油泵槽，并用一个直径为 4 mm 的杆插入机油泵传动链轮的调节孔，以便将链轮锁定就位，如图 2—209 所示。然后，按规定力矩 (28 N·m) 拧紧螺母。</td><td>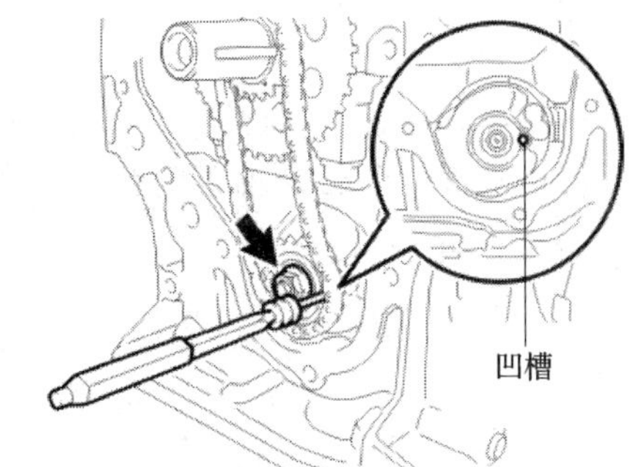

图 2—209　紧固机油泵链轮固定螺母</td></tr>
<tr><td>4. 曲轴正时链的装复
(1) 装上曲轴正时链轮，如图 2—210 所示。</td><td>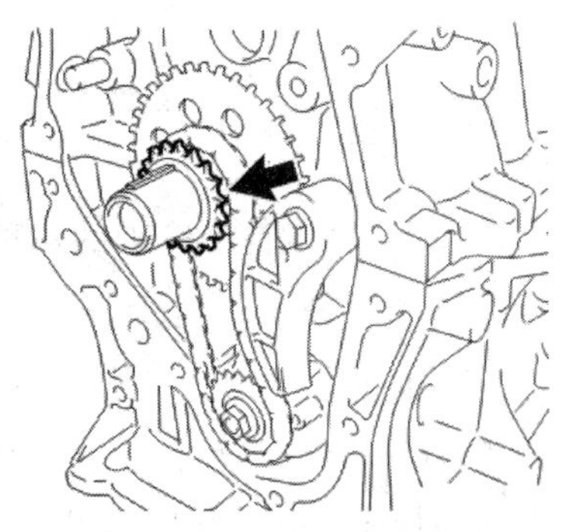
图 2—210　安装曲轴正时链轮</td></tr>
<tr><td>(2) 装上正时链振动阻尼器，按规定力矩 (21 N·m) 拧紧正时链振动阻尼器固定螺栓，如图 2—211 所示。</td><td>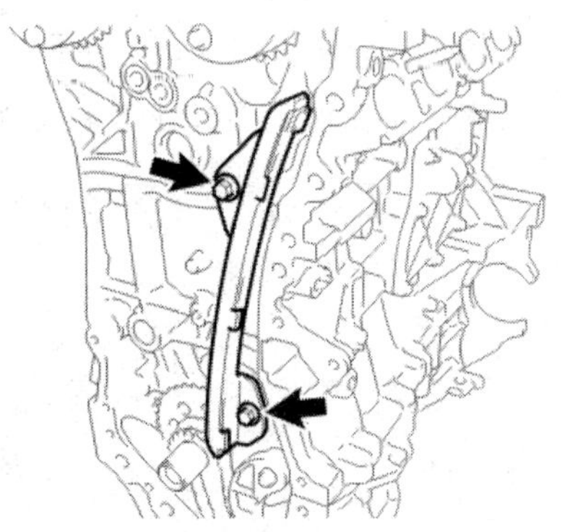
图 2—211　安装正时链振动阻尼器</td></tr>
</table>

(3) 检查第一号气缸压缩上止点记号。暂时紧固曲轴带轮固定螺栓，逆时针转动曲轴，以使正时齿轮键位于顶部，如图 2—212 所示，然后拆下曲轴带轮固定螺栓。

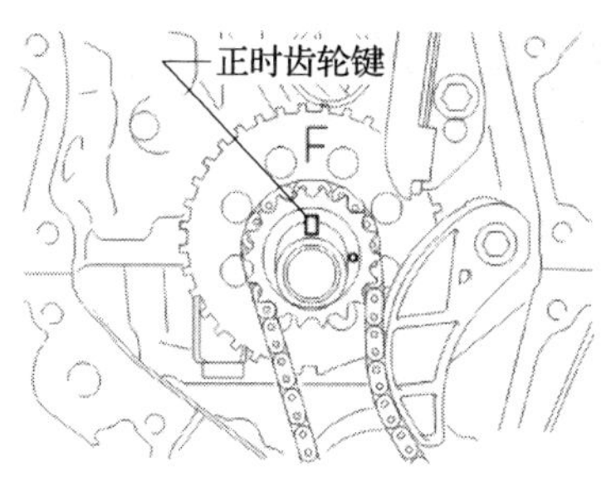

图 2—212 正时齿轮键位于顶部

(4) 检查每个凸轮轴正时齿轮上的正时标记，如图 2—213 所示。

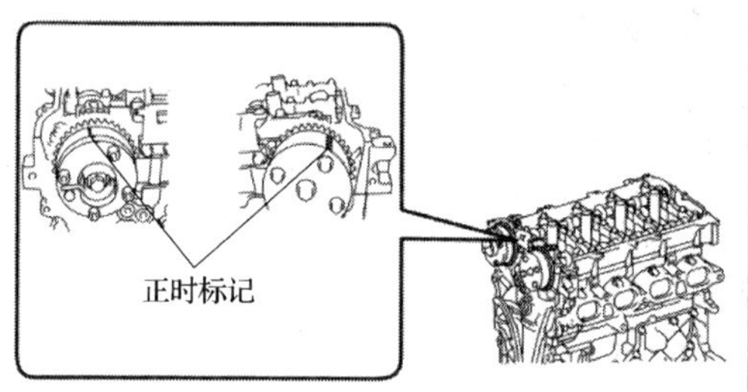

图 2—213 检查凸轮轴正时齿轮上的正时标记

(5) 用扳手固定住凸轮轴的六角头部分，并逆时针旋转凸轮轴正时齿轮总成，以使标记板(橙色) 和正时标记对准，如图 2—214 所示。

注意：确保使标记板位于发动机前侧。

凸轮轴侧的标记板为橙色。

(6) 将正时链放在曲轴上，但不要使其缠绕在曲轴周围，如图 2—214 所示。

注意：将正时链穿过 1 号振动阻尼器。

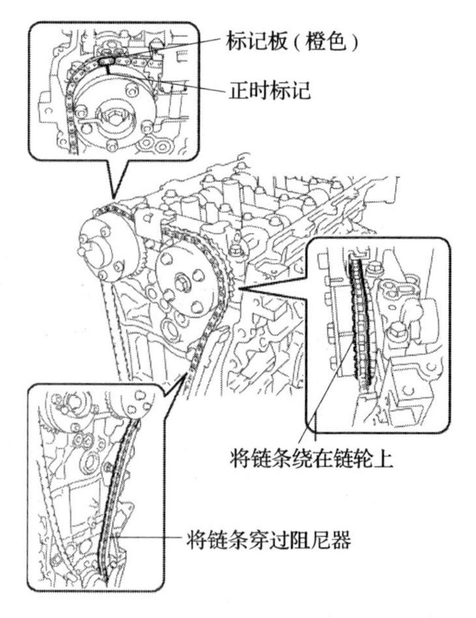

图 2—214 安装正时链

(7) 用扳手固定住凸轮轴的六角头部分，并顺时针旋转凸轮轴正时齿轮总成，如图 2—215 所示。

注意：为了张紧正时链，缓慢地顺时针旋转凸轮轴正时齿轮总成，防止正时链错位。

(8) 将标记板（橙色）和正时标记对准，并将正时链安装至曲轴正时齿轮。

注意：曲轴侧的标记板为黄色。

(9) 在 1 缸上止点压缩位置时，重新检查每个正时标记。

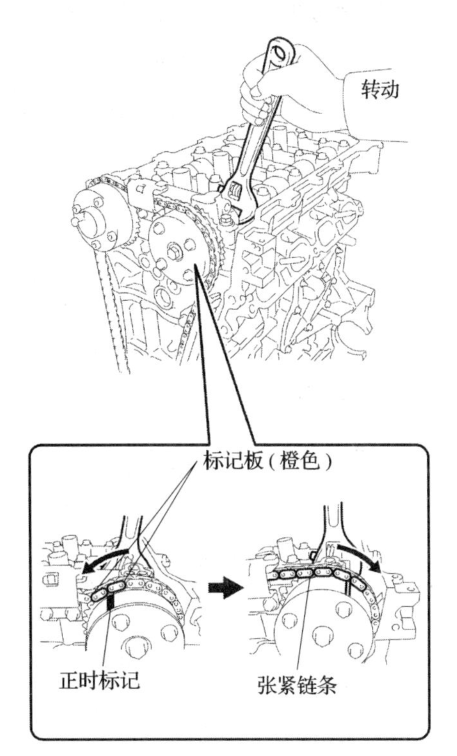

图 2—215　调整正时齿轮

(11) 安装正时链张紧器导板，如图2—216所示。

(12) 将新正时链盖密封圈装在正时链盖上。

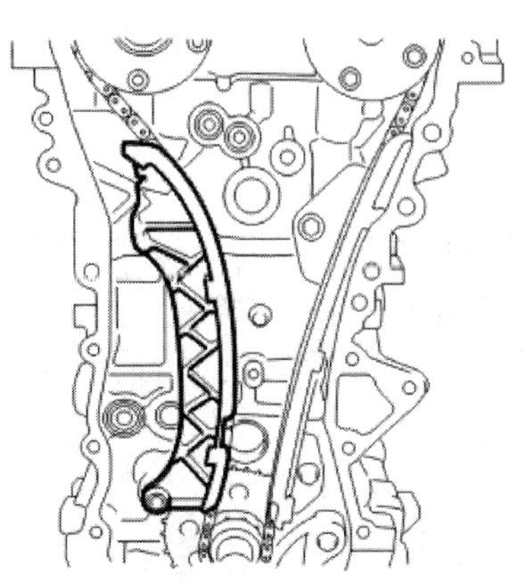

图 2—216　安装正时链张紧器导板

(13) 按如图 2—217 所示的拧紧力矩和螺栓拧紧顺序安装正时链盖。

注意：力矩要求，螺栓 A、E 为 26 N·m；螺栓 B 为 51 N·m；螺栓 C 为 51 N·m；螺栓 D 为 10 N·m。

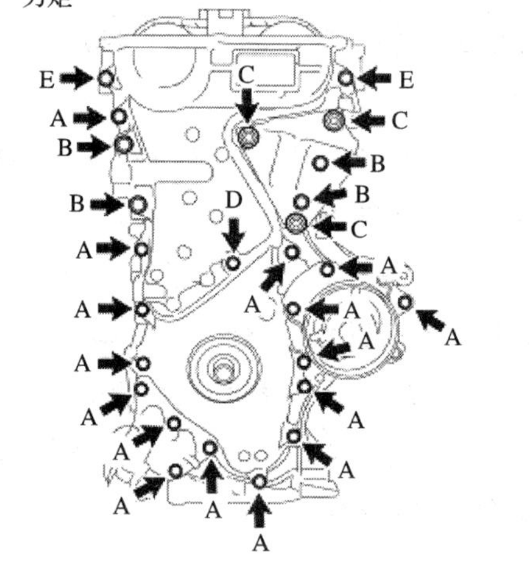

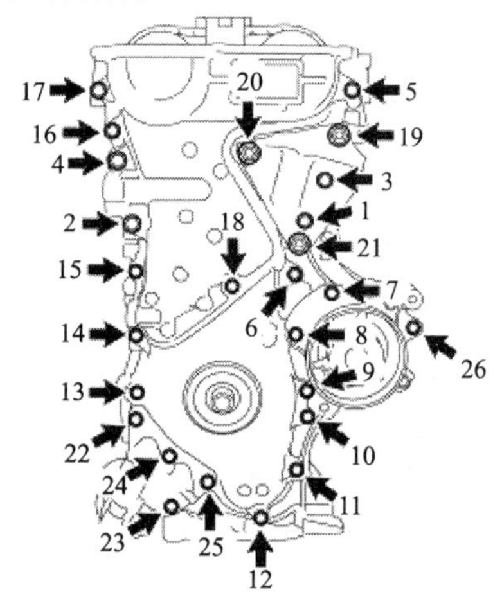

图 2—217 安装正时链盖

(14) 安装新机油滤清器支架密封圈，如图 2—218 所示，并用螺栓暂时紧固机油滤清器支架。

图 2—218 暂时紧固机油滤清器支架

(15) 用曲轴带轮固定螺栓拆装专用工具固定带轮，按规定力矩（190 N·m）拧紧带轮固定螺栓，如图 2—219 所示。

注意：安装专用工具时要检查其安装位置，以防止专用工具安装螺栓时接触正时链盖。

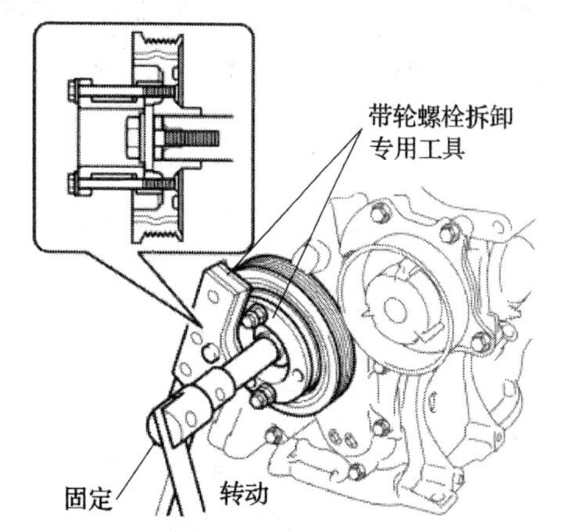

图 2—219　安装带轮

(16) 松开正时链张紧器的棘轮爪，然后完全推入柱塞，将挂钩固定在销上以使柱塞位于图示位置，如图 2—220 所示。

注意：确保凸轮固定在柱塞的第一个齿上，使挂钩穿过销。

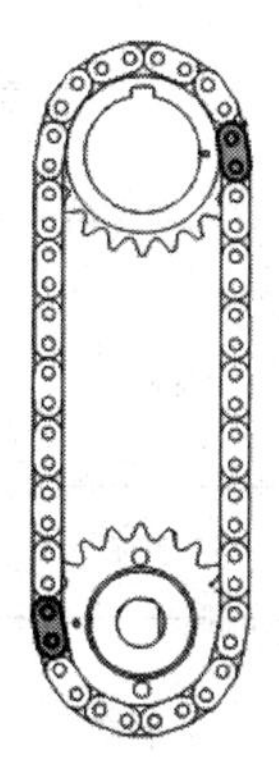

图 2—220　调整张紧器

(17) 将正时链张紧器安装在正时链盖上，如图 2—221 所示，并按规定力矩（10 N·m）拧紧正时链张紧器固定螺栓。

注意：如果安装正时链张紧器时挂钩松开柱塞，应重新固定挂钩。

(18) 更换新气缸盖罩密封垫圈并装上气缸盖罩，并按规定力矩（10 N·m）拧紧气缸盖罩固定螺栓。

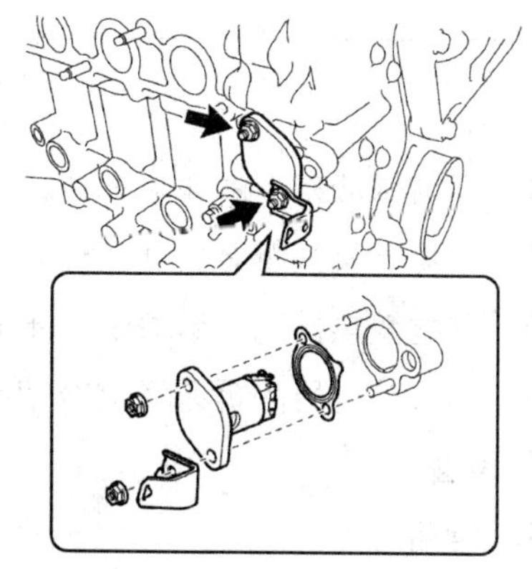

图 2—221　安装张紧器

学习过程记录表

姓名:	班级:	学号:	日期:
第二单元　发动机的拆装	课题五　润滑系的拆装	第（　）工作页	项目 1　机油滤清器的拆装
说明：完成桑塔纳 3000AJR 型发动机机油滤清器拆装的工作过程，将拆装步骤、操作注意事项填写在下面。			

拆装步骤	操作注意事项 （包括所使用的工具、力矩大小）

批语：　　　　　　　　　　　　　　　　教师：

课题六　冷却系的拆装

教学目的

1. 了解水冷却系的布置形式，熟悉主要部件的名称和作用。
2. 掌握水泵的拆装方法、步骤和技术要求。
3. 掌握散热器的拆装方法、步骤和技术要求。
4. 通过节温器的拆装了解冷却系的循环及主要部件的工作过程。

工具与设备

1. 常用工具。
2. 清洗盆、工作台、台虎钳、顶拔器等。
3. 常见车型水泵总成。

项目1　AYJ型发动机驱动带和水泵的拆装（图2—222）

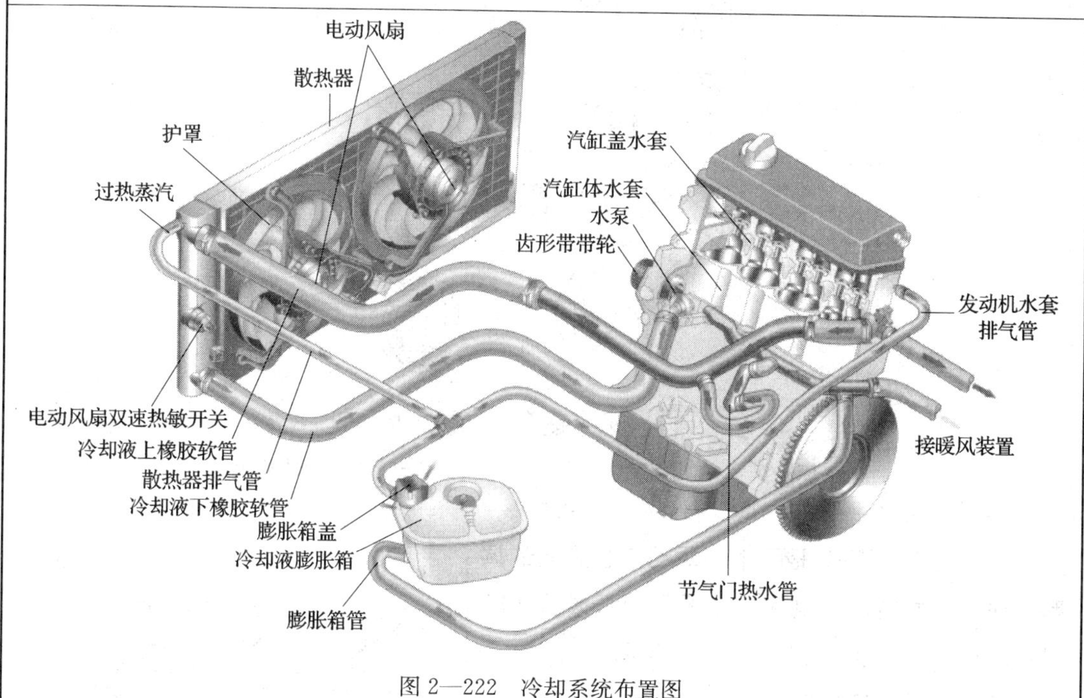

图2—222　冷却系统布置图

一、AYJ型发动机驱动带和水泵的拆卸

1. 放净冷却液

(1) 打开仪表盘上的暖风控制阀，在冷却液膨胀箱盖子上盖一块抹布，如图2—223所示，小心地旋开盖子。

注意：在热态时不可立即取下盖子，防止蒸汽喷出，造成烫伤。

图2—223　拧下膨胀箱盖

(2) 在发动机下放置一个干净的冷却液收集盘。

(3) 松开夹箍，如图2—224所示，拔下散热器下橡胶软管，放出冷却液。

注意：严禁使用一字旋具等尖锐器具拆卸软管；软管即将脱开时要防止冷却液烫伤。

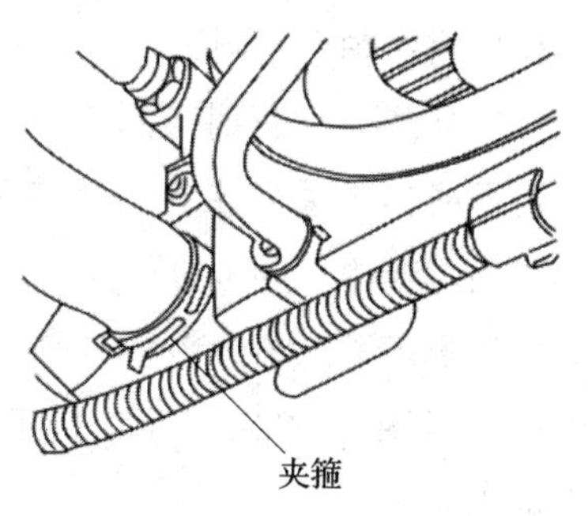

图2—224　拆下散热器下橡胶软管

2. 驱动水泵的驱动带(图2—225)的拆卸

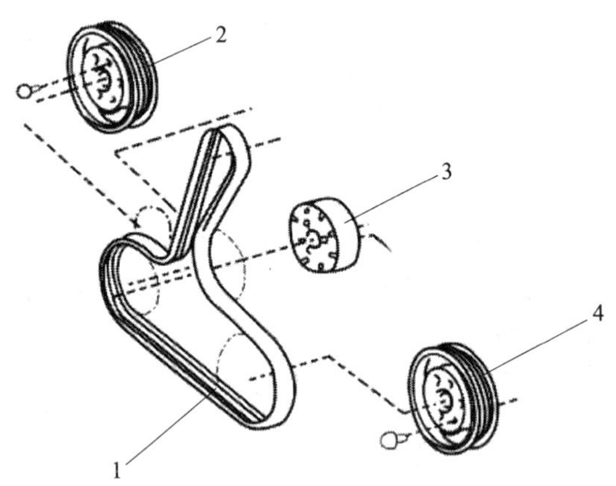

图2—225 拆卸发电机驱动带

1—驱动带 2—空调压缩机带轮 3—张紧轮 4—动力转向油泵带轮

(1)用17号开口扳手卡住驱动带张紧轮的调整凸块,用力向发电机侧扳动扳手使张紧机构顺时针转动一定角度,如图2—226所示。

(2)当张紧轮的定位孔与其支架上的挡块对齐时,将定位销插入定位孔中,松开工具。

(3)拆下驱动带。

注意:拆下驱动带前,应做好旋转方向的标记;装复时应保持旋转方向相同,否则将会影响驱动带的使用寿命。

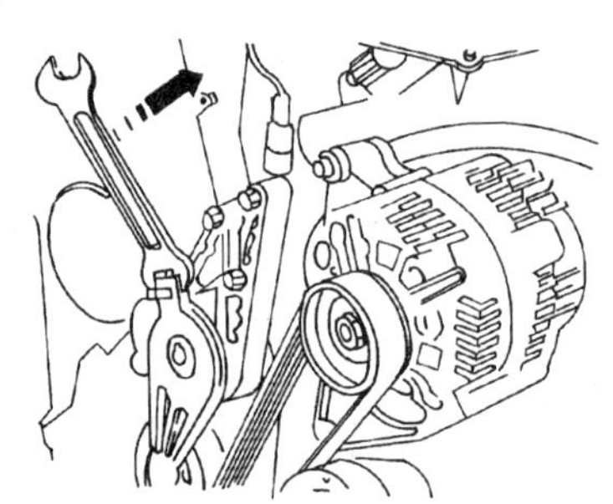

图2—226 松开驱动带张紧轮

3. 水泵的拆卸

(1)拆卸散热器风扇电动机。

(2)拆下正时齿带的上防护罩、中防护罩。

(3)将曲轴调整到第一缸上止点位置。

(4)从凸轮轴正时齿形带轮上拆下正时齿形带,但不必拆下曲轴带轮。保持正时齿形带在曲轴正时齿形带轮上的位置。

(5)拆下正时齿形带后防护罩。

(6)如图2—227所示,拆下水泵固定螺栓,小心取出水泵。

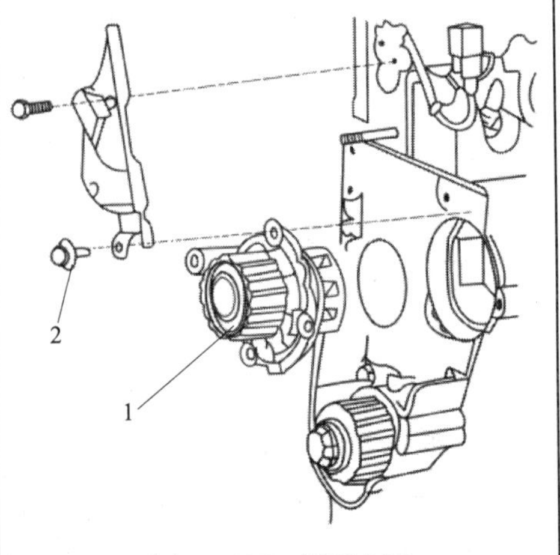

图2—227 拆下水泵

1—水泵 2—水泵固定螺栓

二、驱动带和水泵的安装

1. 水泵的安装

(1) 清洁安装O形密封圈的密封表面。

(2) 用冷却液浸湿新的O形密封圈。

(3) 装上水泵，以15 N·m的力矩拧紧水泵固定螺栓。

(4) 装上正时齿形带后防护罩。

(5) 装上正时齿形带，并调整好松紧度。

2. 加注冷却液

(1) 加注冷却液至冷却液膨胀箱上、下刻度线之间，如图2—228所示。冷却液加注量为3.5～4.0 L。

(2) 旋紧冷却液膨胀箱盖。

(3) 使发动机运转5～7 min。

(4) 再次检查冷却液液面，必要时补充冷却液到上、下刻度线之间。

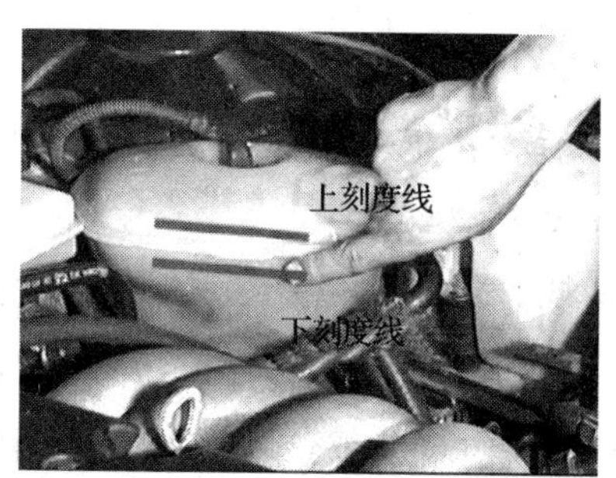

图2—228 冷却液膨胀箱上、下刻度线

项目2 节温器的拆装

一、节温器的拆卸

节温器安装位置如图2—229所示。

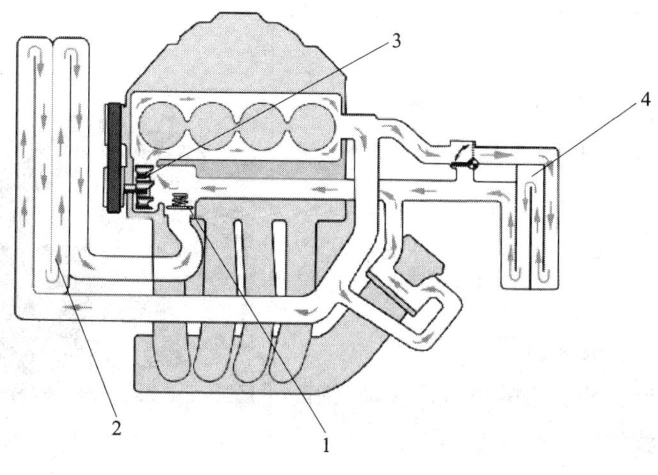

图2—229 节温器安装位置

1—节温器 2—散热器 3—水泵 4—热交换器

<table>
<tr><td>

1. 把发动机可靠固定在专用拆装台架上。

2. 打开仪表盘上的暖风控制阀，在冷却液膨胀箱盖上盖一块抹布，小心地旋开盖子。

注意：在热态时不可立即取下盖子，防止蒸汽喷出。

3. 在发动机下放置一个干净的冷却液收集盘。

4. 松开夹箍，拔下散热器下橡胶软管。

注意：严禁使用一字旋具等尖锐器具拆卸水管。

5. 放出冷却液。

注意：下水管即将脱开时要防止冷却液溅出，避免烫伤。

6. 松开空调压缩机，拆下空调压缩机驱动带。

7. 顺时针扳动张紧轮，使发电机驱动带松弛，用销钉固定张紧轮，拆下张紧轮，取下驱动带。

8. 拆下发动机与散热器的连接水管。

9. 如图 2—230 所示，松开节温器盖固定螺栓，取下节温器盖、O 形密封圈及节温器。

注意：如取节温器困难，可用橡胶锤振动取下，严禁使用旋具或铁锤砸。

</td><td>

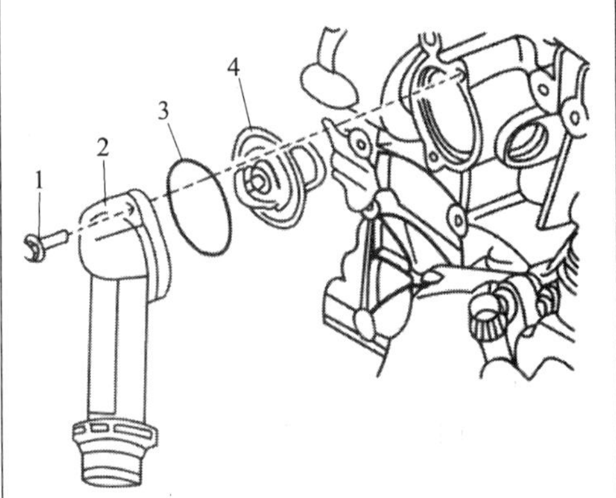

图 2—230　节温器的拆卸

1—节温器固定螺栓　2—节温器盖

3—O 形密封圈　4—节温器

</td></tr>
<tr><td colspan="2">

二、节温器的安装

</td></tr>
<tr><td>

1. 按正确安装方向将节温器放入进水口，如图 2—231 所示。

2. 用冷却液浸湿新的 O 形密封圈，安装在节温器盖上，并保持密封圈的自然平顺状态，严禁扭曲。

3. 拧紧节温器盖固定螺栓，拧紧力矩为 10 N·m。

4. 安装驱动带，安装张紧轮。

5. 套上驱动带，检查带的位置，保证正确。

6. 拆下张紧轮销钉，张紧驱动带。

7. 加注冷却液至冷却液膨胀箱上、下刻度线之间。

</td><td>

图 2—231　节温器安装方向

</td></tr>
</table>

项目3　电子风扇及温控开关的拆装

一、电子风扇及温控开关的拆卸

1. 在发动机下放置一个干净的冷却液收集盘。

2. 松开夹箍，拔下散热器下橡胶软管，放出冷却液。

注意：严禁使用一字旋具等尖锐器具拆卸水管；下水管即将脱开时要防止冷却液溅出，避免烫伤。

3. 拔下温控开关导线插头，如图2—232所示。

4. 拆下双冷却电子风扇及风扇罩壳。

5. 拆下温控开关。

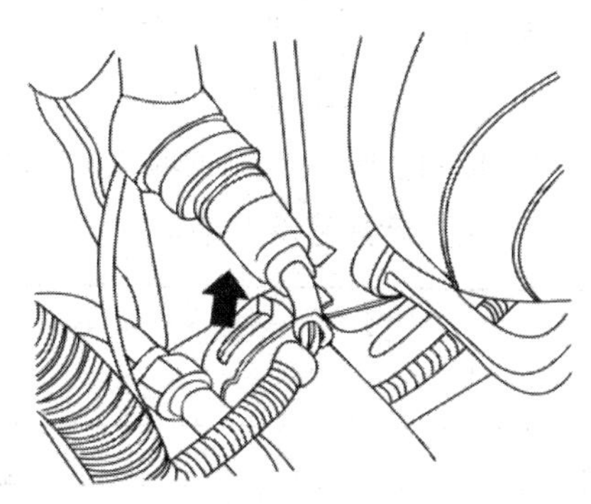

图2—232　拔下温控开关导线插头

二、电子风扇及温控开关的安装

1. 安装温控开关。
2. 安装双冷却电子风扇及风扇罩壳。
3. 插上温控开关导线插头。
4. 拧紧散热器下橡胶水管夹箍。
5. 加注冷却液至冷却液膨胀箱上、下刻度线之间。

项目4　散热器的拆装

一、散热器的拆卸

1. 松开散热器夹箍，拔开散热器下橡胶水管与散热器的连接，放净冷却液。

注意：用容器收集冷却液，以免产生污染。

2. 松开散热器上橡胶水管夹箍，拔开散热器上橡胶软管与散热器的连接。
3. 松开蒸汽软管夹箍，拔开散热器蒸汽软管与散热器的连接。
4. 拔下位于电子风扇罩壳上的热敏开关插头。
5. 拆下电子风扇及罩壳。
6. 松开散热器固定螺栓，拆下散热器。

二、散热器的安装
1. 装上散热器，并用固定螺栓固定。 2. 装上电子风扇及风扇罩壳。 3. 插上位于电子风扇罩壳上的热敏开关插头。 4. 插回蒸汽软管，并装上夹箍。 注意：装上夹箍时，应保持夹箍在原位夹紧。 5. 插回散热器上橡胶软管，并装上夹箍。 6. 插回散热器下橡胶软管，并装上夹箍。 7. 按规定加注冷却液。

学习过程记录表

<table>
<tr><td>姓名：</td><td>班级：</td><td>学号：</td><td>日期：</td></tr>
<tr><td>第二单元　发动机的拆装</td><td>课题六　冷却系的拆装</td><td>第（　）工作页</td><td>项目3　电子风扇及温控开关的拆装</td></tr>
<tr><td colspan="4">说明：完成桑塔纳3000AYJ型发动机电子风扇及温控开关拆装、冷却液加注的工作过程，将拆装步骤、操作注意事项、冷却液加注步骤、操作注意事项填写在下面。</td></tr>
<tr><td colspan="2">拆装步骤</td><td colspan="2">操作注意事项
（包括所使用的工具、力矩大小）</td></tr>
<tr><td colspan="2"></td><td colspan="2"></td></tr>
<tr><td colspan="2"></td><td colspan="2"></td></tr>
<tr><td colspan="2"></td><td colspan="2"></td></tr>
<tr><td colspan="2"></td><td colspan="2"></td></tr>
<tr><td colspan="2"></td><td colspan="2"></td></tr>
<tr><td colspan="2"></td><td colspan="2"></td></tr>
<tr><td colspan="2">冷却液加注步骤</td><td colspan="2">操作注意事项</td></tr>
<tr><td colspan="2"></td><td colspan="2"></td></tr>
<tr><td colspan="2"></td><td colspan="2"></td></tr>
<tr><td colspan="2"></td><td colspan="2"></td></tr>
</table>

批语：　　　　　　　　　　　　　　教师：

第三单元　底盘的拆装

课题一　离合器的拆装

教学目标

1. 掌握离合器及操纵装置的拆装方法、步骤和技术要求。
2. 熟悉离合器及操纵装置主要零部件的名称、作用及相互装配关系。
3. 掌握离合器及操纵装置的一般调整方法。

工具与设备

1. 常用工具、量具。
2. 汽车举升器。
3. 离合器夹具、工作台等。
4. 桑塔纳 3000 型轿车、卡罗拉轿车。

项目 1　桑塔纳 3000 型轿车离合器的拆装

一、桑塔纳 3000 型轿车离合器的拆卸（图 3—1）

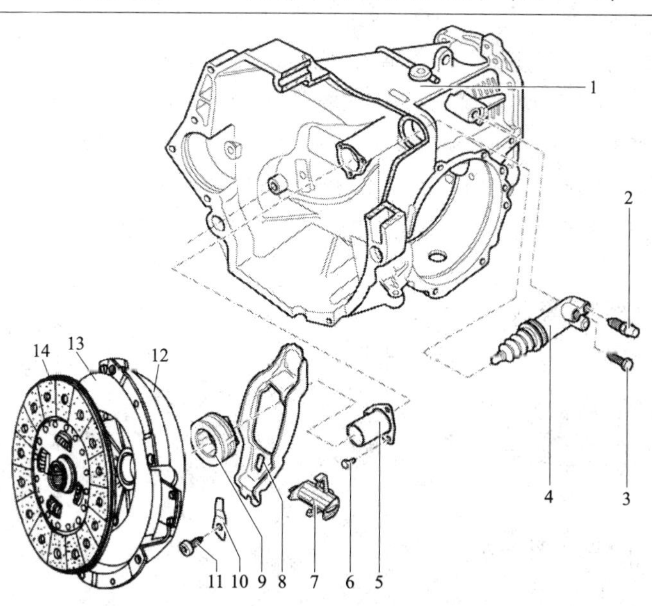

图 3—1　桑塔纳 3000 型轿车离合器的分解

1—变速器壳体　2—放空气螺栓　3—工作缸固定螺栓　4—工作缸　5—导向套　6—螺钉　7—中间支承　8—分离叉　9—分离轴承　10—弹簧片　11—螺栓　12—离合器盖　13—膜片弹簧与压盘　14—离合器从动盘

1. 离合器的拆卸

(1) 首先拆下手动变速器总成(见第三单元课题二)。

(2) 用专用工具固定飞轮。

(3) 在离合器盖和飞轮上做上定位记号,以保证装复后的动平衡,然后分次松开并拆下离合器与飞轮的连接螺栓,取下离合器总成和从动片。

2. 离合器液压操纵机构(图 3—2)的拆装

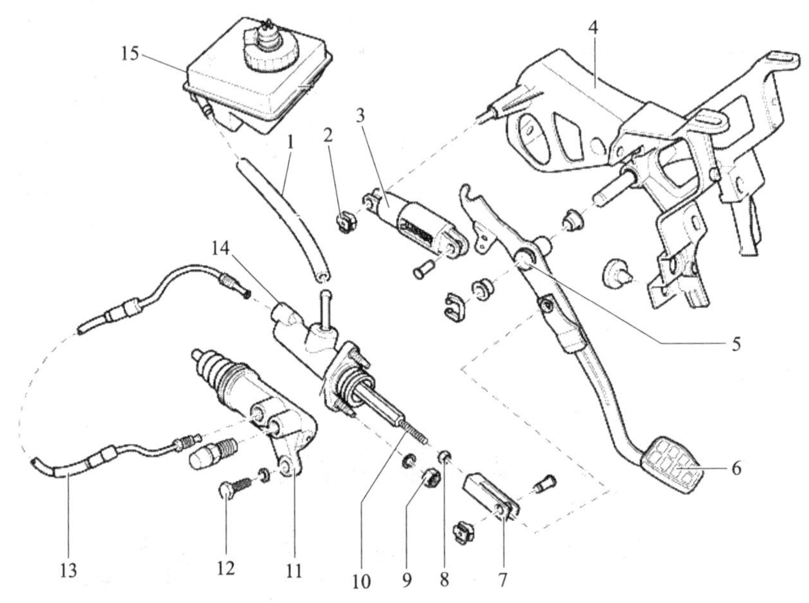

图 3—2 离合器液压操纵机构的分解

1—进油管 2—卡子 3—助力弹簧 4—踏板支架 5—离合器踏板销轴轴承衬套 6—离合器踏板 7—主缸推杆 U 形接头 8—调整螺母 9—主缸固定螺母 10—主缸推杆 11—工作缸 12—工作缸固定螺栓 13—离合器硬管 14—主缸 15—制动液储液罐

(1) 拆卸驾驶座侧仪表板下挡板。

(2) 装上专用工具 VW3117,拆卸卡子。

(3) 拆卸连接销。

(4) 拆卸离合器踏板助力弹簧,如图 3—3 所示。

(5) 拆卸主缸推杆 U 形接头。

(6) 将离合器踏板踩到底,拆卸踏板销卡子。

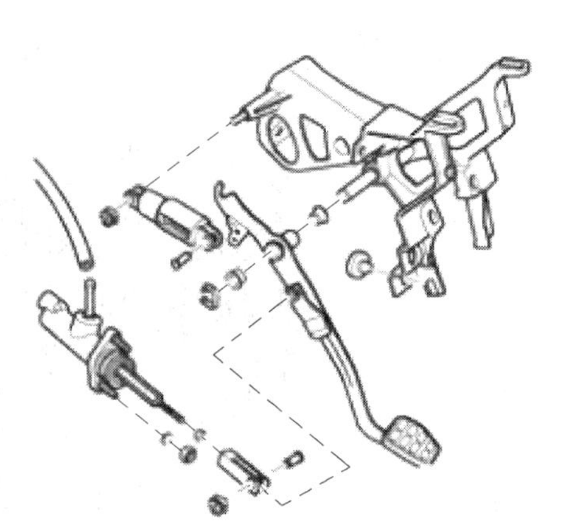

图 3—3 离合器踏板拆卸与安装

(7) 拆卸离合器踏板。

(8) 放出制动液，拆卸与工作缸连接的油管并封闭管口。

(9) 拆卸主缸进油管总成并封闭管口。

(10) 拆卸连接销卡子与连接销。

(11) 从发动机舱隔板上拆卸主缸固定螺母，取下主缸。

(12) 将工作缸与离合器硬管总成连接螺丝松开。

(13) 拆下工作缸与主缸连接的硬管并封闭。

(14) 拆下工作缸固定螺栓，取下工作缸。

二、离合器的装复

1. 离合器操纵机构安装

(1) 安装好工作缸，以 20 N·m 的力矩拧紧固定螺栓。

(2) 将工作缸与主缸之间离合器硬管总成相连接，拧紧连接螺母。

(3) 将主缸安装在发动机舱隔板上，以 20 N·m的力矩拧紧固定螺母，如图 3—4 所示。

(4) 装上连接销卡子与连接销。

(5) 装上油管。

(6) 固定好离合器踏板，安装好踏板销卡子。

(7) 连接好主缸推杆 U 形接头。

(8) 用 VW3117 预装助力弹簧。

(9) 将离合器踏板置于起始位置，安装好卡子。

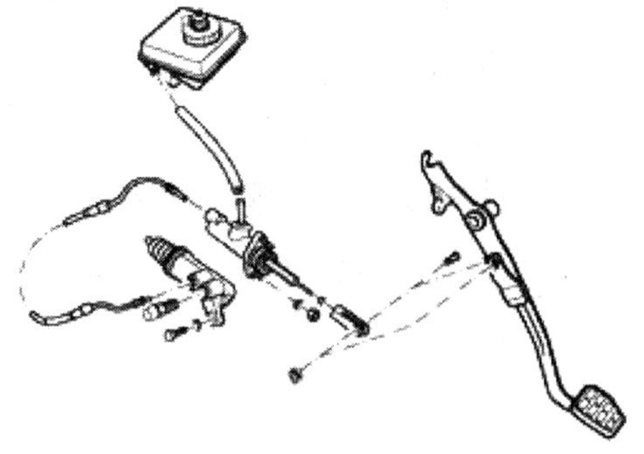

图 3—4　离合器主缸的拆卸与安装

(10) 插入连接销。

(11) 加装制动液 (见第三单元课题七)。

(12) 对离合器系统排气。

2. 离合器的安装

(1) 装上离合器和从动盘。

(2) 用专用工具将离合器从动盘定位在飞轮和压盘的中心,如图 3—5 所示。

(3) 装上离合器的固定螺栓,并以 25 N·m 的力矩对角分次逐渐拧紧。

(4) 装上变速器总成。

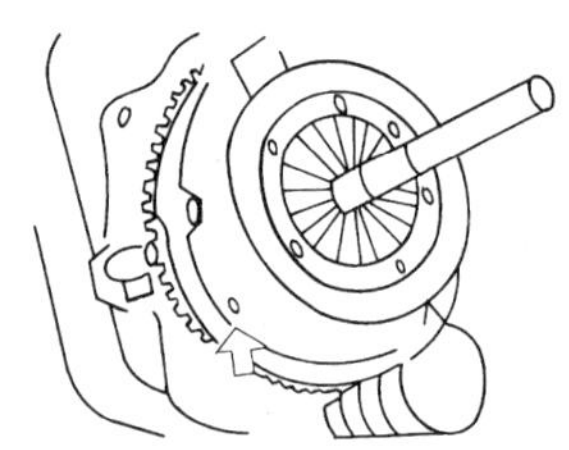

图 3—5 将从动盘定位在飞轮和压盘的中心

三、离合器液压操纵系统排气

1. 将制动液充放机 BSF—10 加压管与制动液储液罐相连接。

2. 将排气软管连接到工作缸放空气螺栓 A,如图 3—6 所示。

3. 松开放空气螺栓。

4. 启用 BSF—10 排放空气。

5. 排气过程结束后,多次踩下离合器踏板。

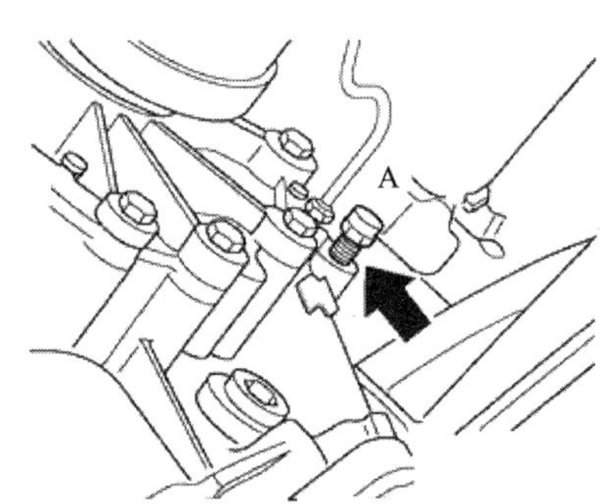

图 3—6 离合器液压操纵系统排气

四、离合器踏板自由行程的调整

松开离合器踏板自由行程锁紧螺母,通过旋转调整螺母进行调整,使自由行程达到 15～20 mm。调整后固定锁紧螺母。

项目 2　卡罗拉轿车离合器的拆装

一、卡罗拉轿车离合器系统拆卸

1. 离合器总成（图 3—7）的拆卸

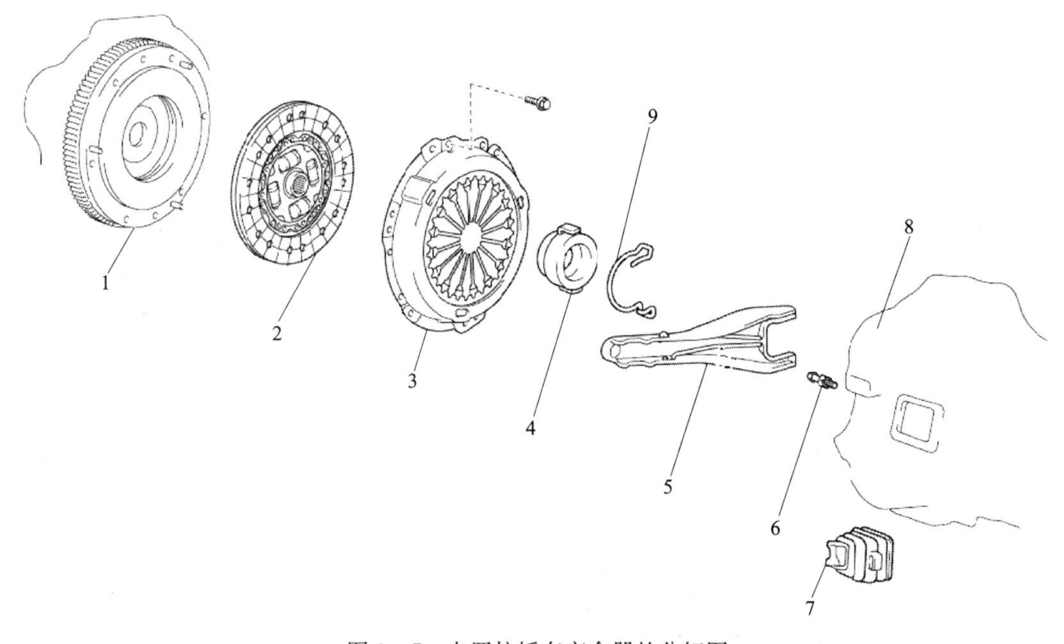

图 3—7　卡罗拉轿车离合器的分解图

1—飞轮　2—离合器从动盘　3—离合器总成　4—分离轴承总成　5—分离叉总成
6—分离叉支承件　7—分离叉防尘套　8—变速器　9—分离轴承毂卡子

（1）拆下手动变速器总成（见第三单元课题二）。

（2）从手动变速器上拆下带离合器分离轴承的离合器分离叉总成。

（3）从手动变速器上拆下离合器分离叉防尘套。

（4）拆卸离合器分离轴承总成。

（5）拆卸分离叉支承件。

（6）拆卸离合器总成。在离合器总成和飞轮上做好装配标记，如图 3—8 所示。然后，分次将离合器与飞轮的各固定螺栓拧松一圈，直至弹簧张力被完全释放，拆下固定螺栓并拉下离合器盖。

（7）拆下离合器从动盘。

注意：离合器从动盘衬片部分、压盘和飞轮分总成表面不能接触油污和异物。

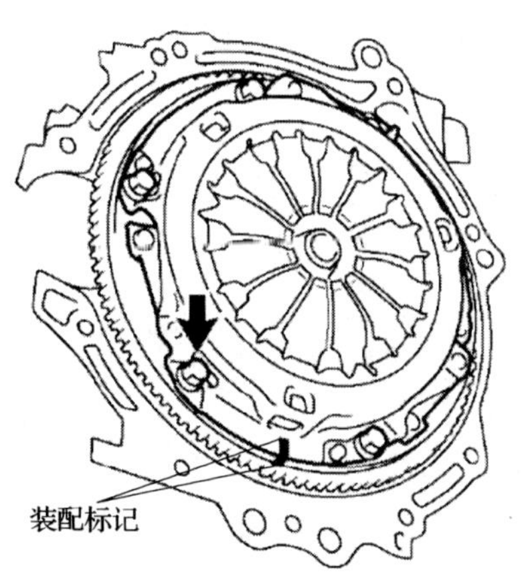

图 3—8　离合器总成拆卸

2. 离合器操纵机构拆卸

(1) 从蓄电池负极端子断开电缆。

注意：从蓄电池的负极端子上断开电缆后，至少等待 90 s，以防止气囊和安全带预紧器被触发。断开蓄电池电缆后重新连接时，某些系统需要初始化。

(2) 拆卸仪表板下挡板总成。

(3) 拆下 2 个螺钉并分离主车身 ECU。

(4) 断开连接器。

(5) 拆卸带孔销的离合器主缸推杆连接销卡子。

(6) 拆卸离合器踏板支架分总成，如图 3—9 所示。

(7) 拆卸制动主缸分总成（见第三单元课题七）。

(8) 断开真空软管。

(9) 拆卸制动助力器总成。

(10) 断开离合器储液管。

(11) 断开离合器管路。

(12) 拆卸离合器主缸总成，如图 3—10 所示。

(13) 拆卸散热器上空气导流板。

(14) 拆卸离合器工作缸总成，如图 3—11 所示。

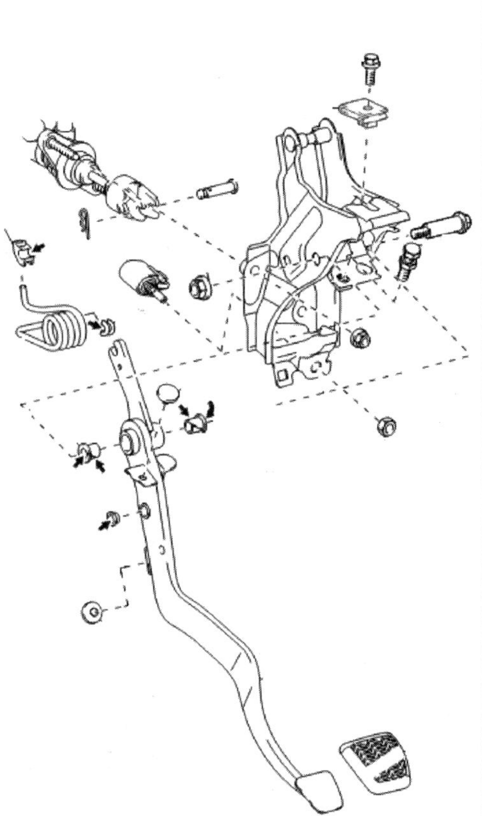

图 3—9　拆卸离合器踏板支架分总成

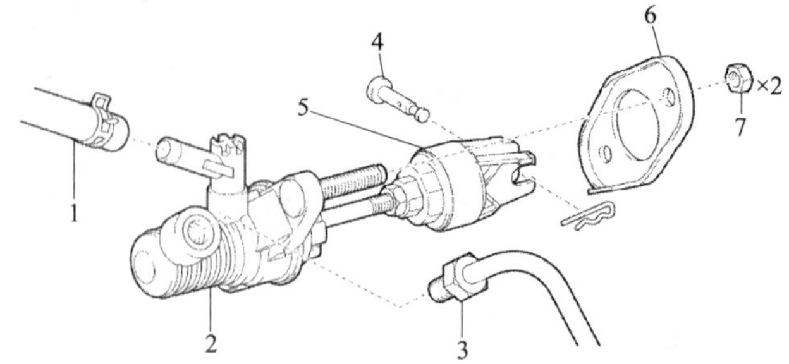

图 3—10　离合器主缸

1—储液管　2—离合器主缸总成　3—离合器管路　4—连接销　5—主缸推杆　6—主缸支架　7—固定螺母

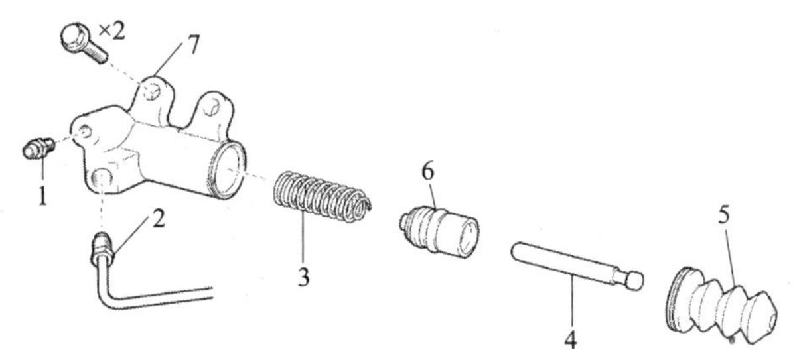

图 3—11　离合器工作缸

1—放空气螺塞　2—离合器管路　3—弹簧　4—推杆　5—防尘套　6—活塞　7—工作缸体

二、离合器的检查

1. 检查离合器从动盘

(1) 用游标卡尺测量铆钉头深度，如图 3—12 所示。最小允许铆钉深度为 0.3 mm。

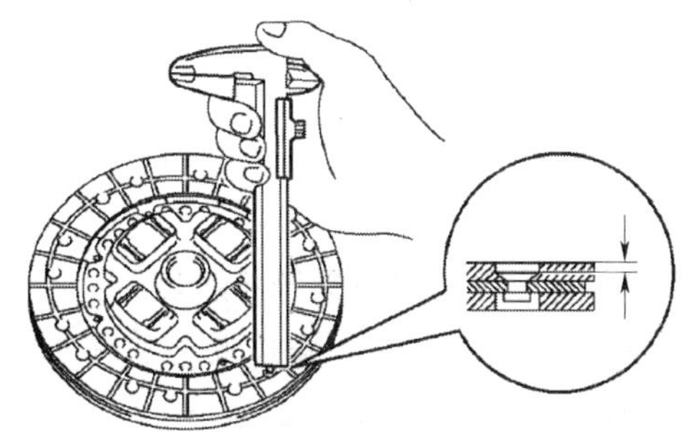

图 3—12　离合器从动盘铆钉深度检查

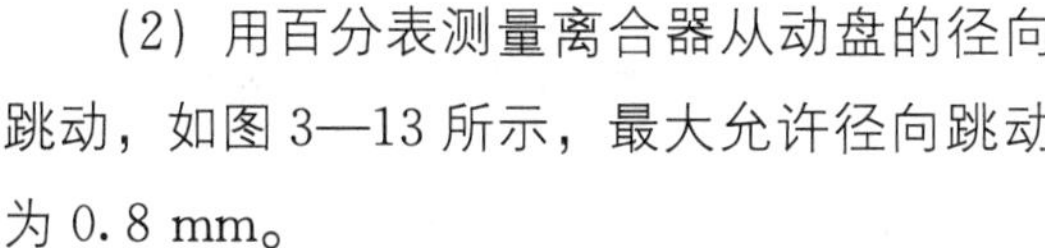

(2) 用百分表测量离合器从动盘的径向跳动，如图 3—13 所示，最大允许径向跳动为 0.8 mm。

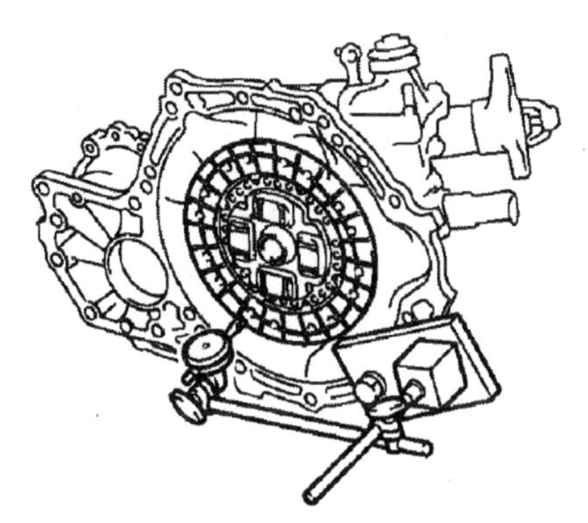

图 3—13　离合器从动盘径向跳动检查

2. 检查离合器膜片弹簧

用游标卡尺测量膜片弹簧磨损的深度和宽度，如图 3—14 所示。最大允许深度 A 为 0.5 mm，最大允许宽度 B 为 6.0 mm。

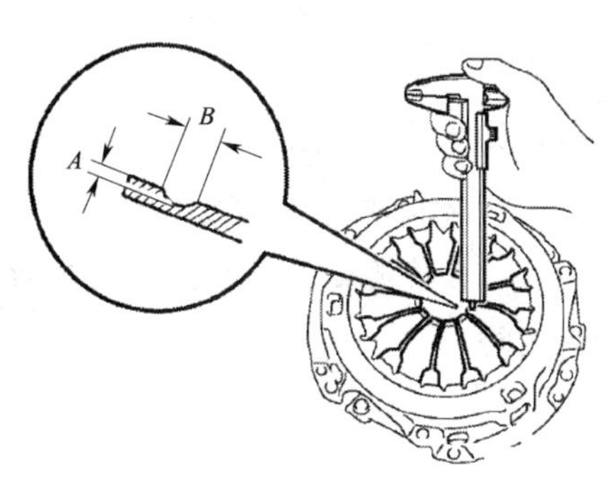

图 3—14　离合器膜片弹簧检查

3. 检查飞轮分总成 用百分表测量飞轮分总成的径向跳动，如图 3—15 所示。最大允许径向跳动为 0.1 mm。	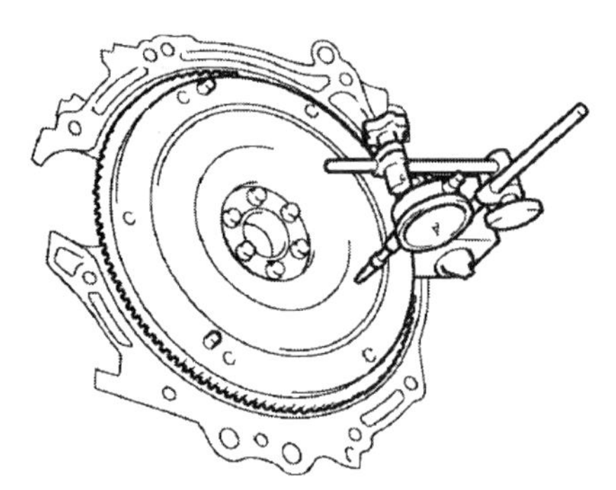 图 3—15 离合器飞轮径向跳动检查
4. 检查离合器分离轴承总成 (1) 在轴向施力，旋转离合器分离轴承总成的滑动部件（与离合器盖的接触面），检查并确认离合器分离轴承总成移动平稳且无异常阻力，如图 3—16 所示。 (2) 检查离合器分离轴承总成是否损坏。	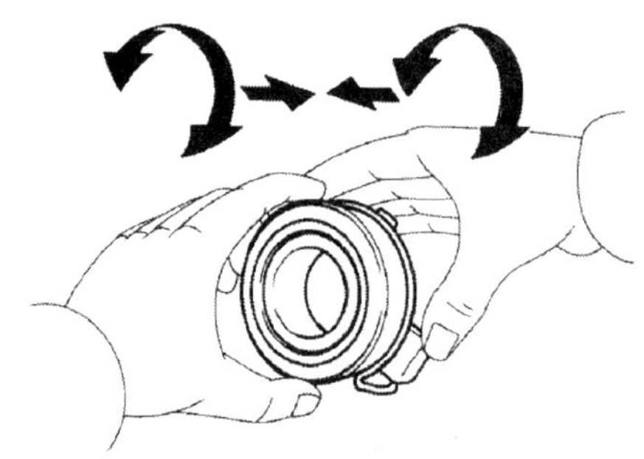 图 3—16 离合器分离轴承总成检查
三、离合器总成的装复	
1. 离合器的安装 (1) 安装离合器从动盘。将专用工具插入离合器从动盘，然后将它们一起插入飞轮分总成，如图 3—17 所示。 **注意：安装时应仔细观察摩擦片表面是否有油污，并将离合器从动盘花键较短的一端朝向飞轮。**	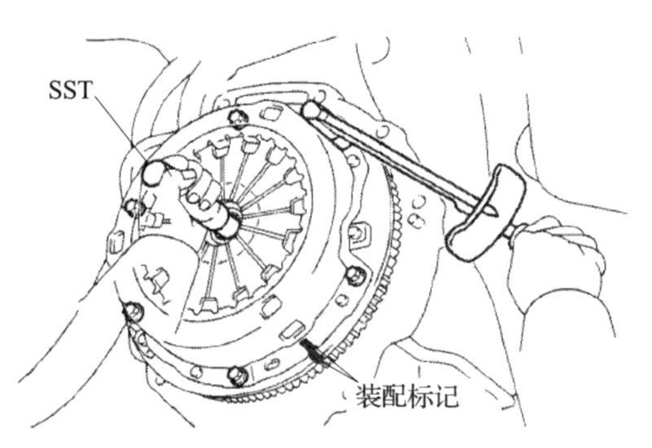 图 3—17 离合器从动盘的安装

三、离合器总成的装复	
(2) 安装离合器总成，如图 3—18 所示。 注意：将离合器总成上的装配标记和飞轮上的装配标记对准，按顺序拧紧 6 个螺栓(力矩：19 N·m)。 (3) 检查并调整离合器总成。 (4) 安装分离叉支承件，力矩为 37 N·m。 (5) 安装离合器分离叉防尘套。 (6) 安装离合器分离叉分总成。 (7) 安装离合器分离轴承总成。 (8) 安装手动变速器总成。	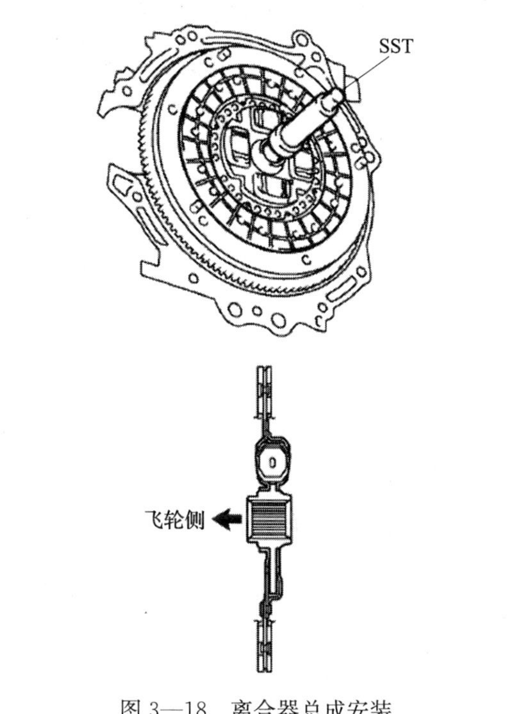 图 3—18　离合器总成安装
2. 离合器操纵机构安装 (1) 用 2 个螺母和螺栓安装离合器踏板支架分总成，力矩分别为：螺栓 24 N·m；螺母 13 N·m。 (2) 安装离合器工作缸总成，固定螺栓力矩 12 N·m。 (3) 安装离合器主缸总成，固定螺栓力矩 13 N·m。 (4) 以 15 N·m 的力矩连接离合器管路。 (5) 用卡子将离合器储液罐连接至离合器主缸总成上。 (6) 安装制动助力器总成。 (7) 连接真空软管。 (8) 安装制动主缸。 (9) 检查并调整离合器系统。 (10) 对离合器管路进行放空气。	
四、离合器踏板的调整	
1. 离合器踏板自由行程和推杆行程的调整 (1) 检查并确认踏板自由行程和推杆行程是否符合要求。踏板自由行程为 5～15 mm，踏板顶端处的推杆行程为 1～5 mm。	

(2) 调整踏板自由行程和推杆行程。松开锁紧螺母并转动推杆直至获得符合要求的自由行程和推杆行程。调整后拧紧锁紧螺母。

(3) 调整好踏板自由行程后，再检查踏板高度。

2. 离合器踏板高度调整

(1) 翻起地毯。

(2) 检查并确认踏板高度是否符合要求。踏板高度为 143.6～153.6 mm，如图 3—19 所示。

(3) 松开锁紧螺母并转动限位螺栓，直至获得符合要求的高度。

(4) 拧紧锁紧螺母，力矩为 16 N·m。

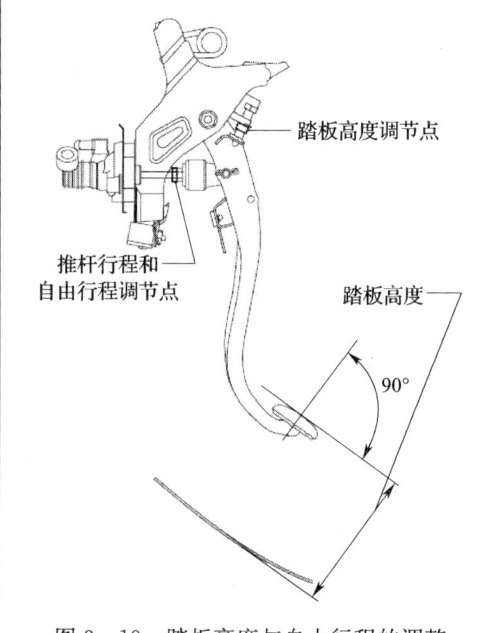

图 3—19 踏板高度与自由行程的调整

五、离合器管路放空气

1. 对制动液储液罐进行加注（参见第三单元课题七)。
2. 拆下放空气螺塞盖。
3. 将塑料管连接至放空气螺塞。
4. 踩下离合器踏板数次，并在踩下踏板时松开放空气螺塞。
5. 当离合器油不再外流时，拧紧放空气螺塞，然后松开离合器踏板。再次重复操作，直至放出的油中没有气泡。
6. 拧紧放空气螺塞，拧紧力矩为 8.3 N·m。安装放空气螺塞盖。
7. 检查并确认离合器管路中的空气已全部放出。
8. 检查储液罐中的制动液液位。

学习过程记录表

<table>
<tr><td>姓名：</td><td>班级：</td><td>学号：</td><td>日期：</td></tr>
<tr><td>第三单元　底盘的拆装</td><td>课题一　离合器的拆装</td><td>第（　）工作页</td><td>项目1　桑塔纳3000型轿车离合器的拆装</td></tr>
<tr><td colspan="4">说明：完成桑塔纳3000型轿车离合器拆卸和装复的工作过程，将安装步骤、操作注意事项、离合器踏板自由行程的检查、调整步骤、自由行程填写在下面。</td></tr>
<tr><td colspan="4">车型：　　　　　　发动机型号：　　　　　　底盘型号：</td></tr>
<tr><td colspan="2">安装步骤</td><td colspan="2">操作注意事项
（包括使用工具、力矩）</td></tr>
<tr><td colspan="2"></td><td colspan="2"></td></tr>
<tr><td colspan="2"></td><td colspan="2"></td></tr>
<tr><td colspan="2"></td><td colspan="2"></td></tr>
<tr><td colspan="2"></td><td colspan="2"></td></tr>
<tr><td colspan="2"></td><td colspan="2"></td></tr>
<tr><td colspan="4">离合器踏板自由行程的检查、调整步骤</td></tr>
<tr><td colspan="2"></td><td colspan="2"></td></tr>
<tr><td colspan="2"></td><td colspan="2"></td></tr>
<tr><td colspan="2"></td><td colspan="2"></td></tr>
<tr><td colspan="4">自由行程
标准：　　　　　　实际值：　　　　　　调整后：</td></tr>
</table>

批语：　　　　　　　　　　教师：

课题二　手动变速器的拆装

教学目标

1. 掌握手动变速器的拆装方法、步骤和技术要求。
2. 熟悉手动变速器的结构、作用及相互装配关系。
3. 掌握手动变速器零部件的检查、调整方法。

工具与设备

1. 常用工具。
2. 轴承顶拔器、倒挡轴顶拔器、压床等。
3. 桑塔纳3000 2P型5挡手动变速器，卡罗拉C50手动变速器。
4. 桑塔纳3000型轿车、卡罗拉轿车。

项目1 桑塔纳3000型轿车2P型五挡手动变速器的拆装

一、桑塔纳3000 2P型五挡手动变速器操纵机构的拆装（图3—20）

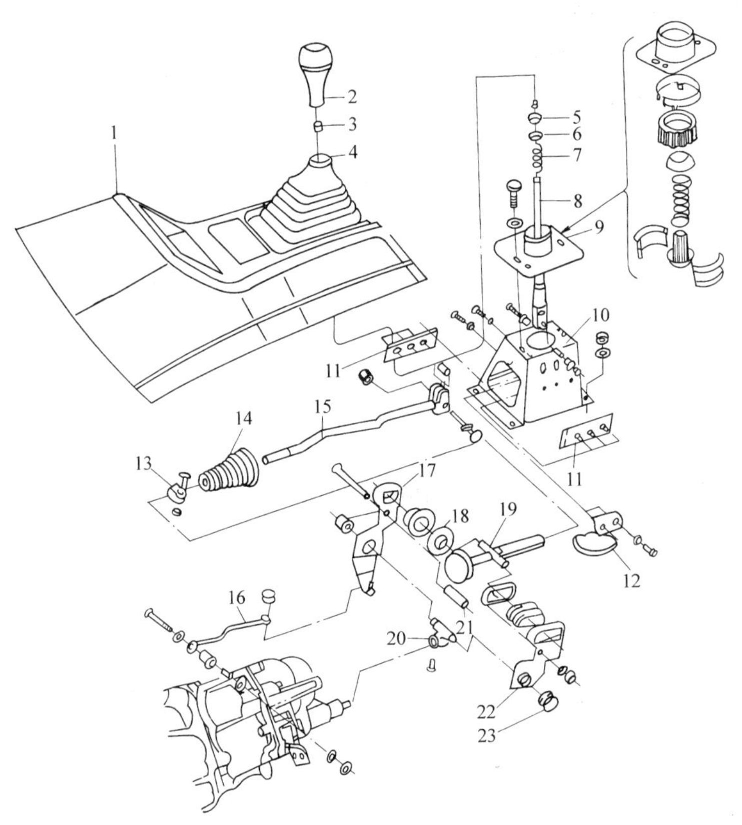

图3—20 变速器操纵机构的分解图

1—装饰罩 2—换挡手柄 3—防尘罩衬套 4—防尘罩 5—卡簧 6—挡圈 7—弹簧 8—上换挡杆 9—换挡杆支架 10—换挡杆罩壳 11—缓冲垫 12—倒挡缓冲垫 13—夹箍 14—密封罩 15—外换挡杆 16—支承杆 17—轴承右侧压板 18—罩盖 19—换挡结合器 20—离合块 21—支承轴 22—轴承左侧压板 23—塑料衬套

1. 变速器操纵机构的分解

(1) 拆下换挡手柄。

(2) 取下防尘罩。

(3) 拆下装饰罩。

(4) 拆下固定在上换挡杆上的卡簧，取下挡圈和弹簧。

(5) 拆下换挡杆支架。

(6) 拆下换挡杆罩壳。

(7) 使上换挡杆与外换挡杆分离。

(8) 用 T 形扳手旋松外换挡杆螺栓，如图 3—21 所示。

(9) 压出支承杆球头，并将外换挡杆与离合块分离，如图 3—22 所示。

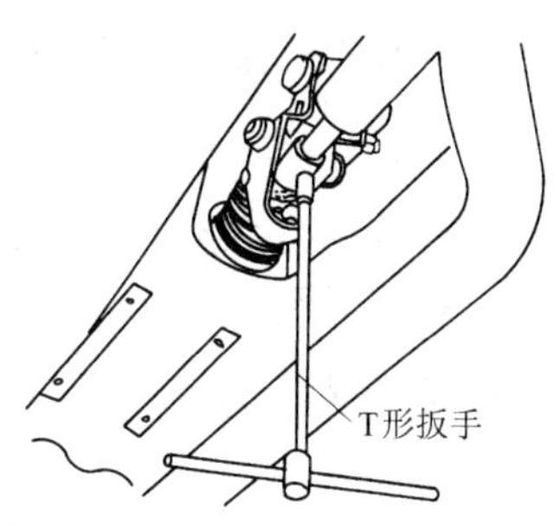

图 3—21　旋松外换挡杆螺栓

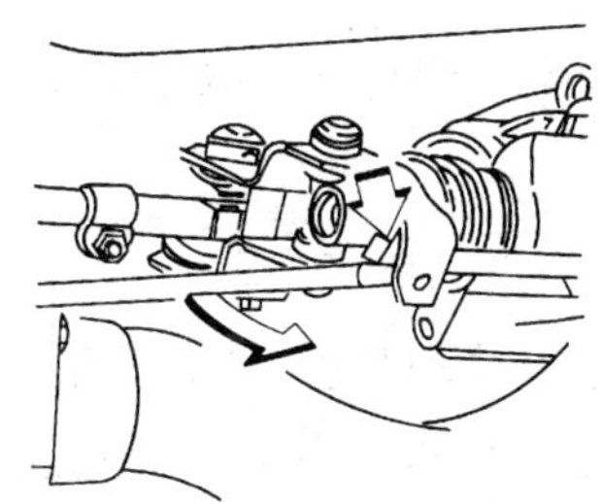
图 3—22　压出支承杆球头

2. 变速器操纵机构的安装

(1) 压入支承杆球头，并使外换挡杆与离合块结合。

(2) 用 T 形扳手旋紧外换挡杆螺栓。

(3) 装上上换挡杆和外换挡杆。

(4) 装上换挡杆罩壳。

(5) 用润滑脂润滑换挡杆支架内的部件。

(6) 装上换挡杆支架，螺栓不用旋紧。

(7) 装上弹簧和挡圈，将卡簧装在上换挡杆上。

(8) 装上装饰罩。

(9) 装上防尘罩。

(10) 装上换挡手柄。

二、桑塔纳 3000 2P 型五挡手动变速器总成的拆装

1. 变速器总成的拆卸

(1) 拆卸蓄电池接地线，拆卸蓄电池。

(2) 旋出离合器工作缸螺栓，松开连接油管，拆下离合器工作缸（见第三单元课题一）。

注意：拆卸工作缸后不允许踩离合器。

(3) 拆下空气滤清器以及空气滤清器与节气门之间的管路。

(4) 将发动机固定好，如图 3—23 所示。

(5) 拆卸变速器与发动机上部的连接螺栓。

(6) 将连接螺栓附近区域的线束移开。

(7) 用举升机举起汽车。

(8) 将传动轴从变速器上拆下，将其固定，并密封传动法兰，防止灰尘进入。

(9) 拆下螺栓 A，再旋松变速控制系统的内换挡杆螺栓 B，如图 3—24 所示。

(10) 压出支承杆球头并将内换挡杆与离合块分离。

(11) 拔下倒车灯开关的接线插头。

(12) 拔下变速器上的车速传感器插头。

(13) 拆下防尘板。

(14) 拆卸发动机氧传感器。

(15) 拆下排气管。

(16) 拆下起动机（见第四单元课题二）。

(17) 安装并调整好变速器托架。

(18) 拆下发动机前部支架。

(19) 拆下变速器减振垫和减振垫前支架。

(20) 拆下发动机变速器下部连接螺栓，并取下变速器，如图 3—25 所示。

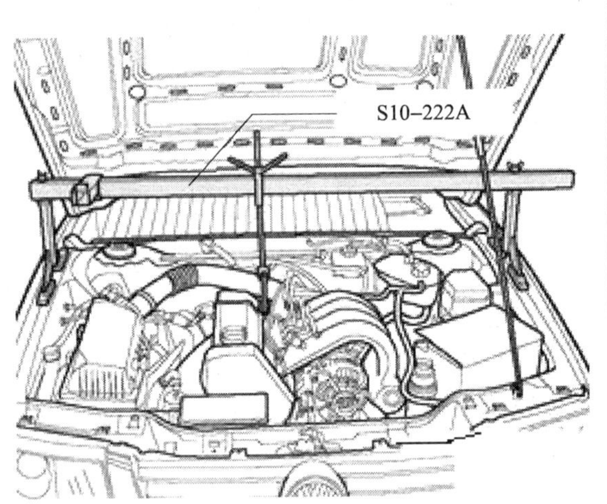

图 3—23　固定发动机

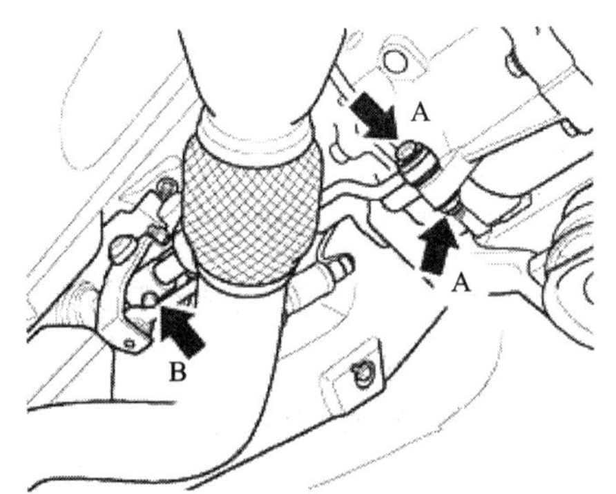

图 3—24　变速控制系统换挡杆螺栓拆卸

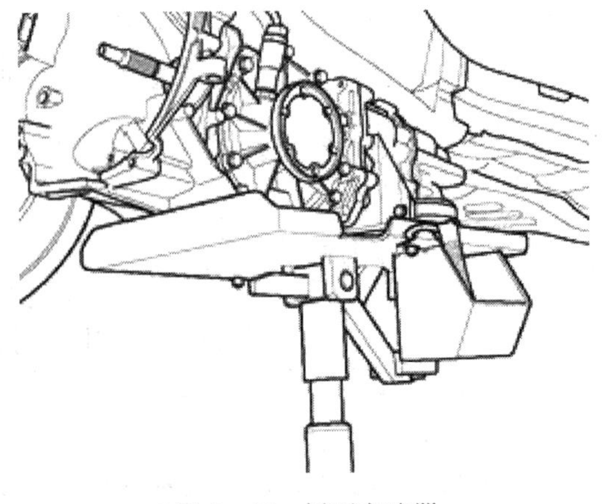

图 3—25　拆下变速器

2. 变速器总成的安装

（1）用举升机举起车辆到适当位置，把变速器举升到安装位置。

（2）用 55 N·m 的力矩旋紧变速器与发动机下部连接螺栓。

（3）用 25 N·m 的力矩旋紧变速器减振垫前支架的固定螺栓。

（4）用 20 N·m 的力矩旋紧减震垫固定在前后支架上的螺栓。

（5）用 110 N·m 的力矩旋紧减振垫固定在车身上的螺栓。

（6）用 70 N·m 的力矩旋紧变速器支架固定在车身上的螺栓。

（7）用 30 N·m 的力矩旋紧发动机前部支架固定在车身上的螺栓，如图 3—26 所示。

（8）装上起动机。

（9）装上排气管。

（10）装上发动机氧传感器。

（11）装上防尘板。

（12）连接车速传感器插头。

（13）连接倒车灯开关的接线插头。

（14）连接内换挡杆与离合块，用 30 N·m 的力矩旋紧内换挡杆固定螺栓。

（15）安装传动轴，用 40 N·m 的力矩旋紧传动轴固定在变速器上的螺栓，如图 3—27 所示（见第三单元课题五）。

（16）安装离合器工作缸，螺栓拧紧力矩为 20 N·m，连接好油管。

（17）放下汽车，用 55 N·m 的力矩旋紧变速器与发动机上部连接螺栓。

（18）取下发动机固定专用工具。

（19）安装空气滤清器以及空气滤清器与节气门之间的管路。

（20）安装好蓄电池，连接好电源线。

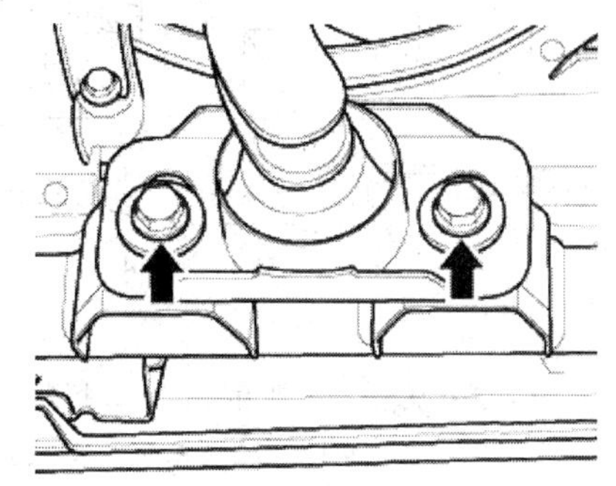

图 3—26　发动机前部支架的安装

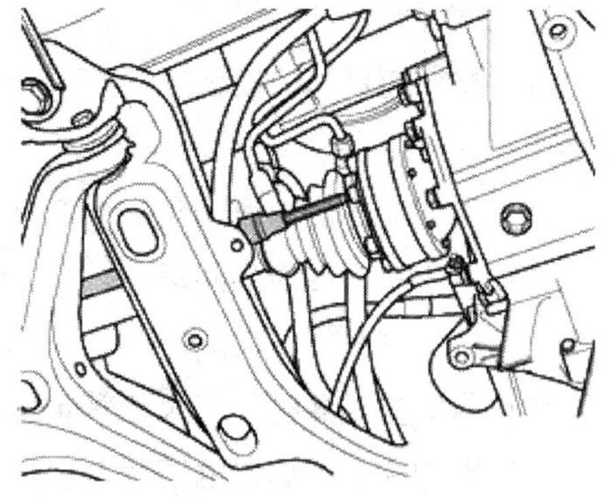

图 3—27　传动轴的安装

三、桑塔纳 3000 2P 型 五挡手动变速器总成的分解（图 3—28）

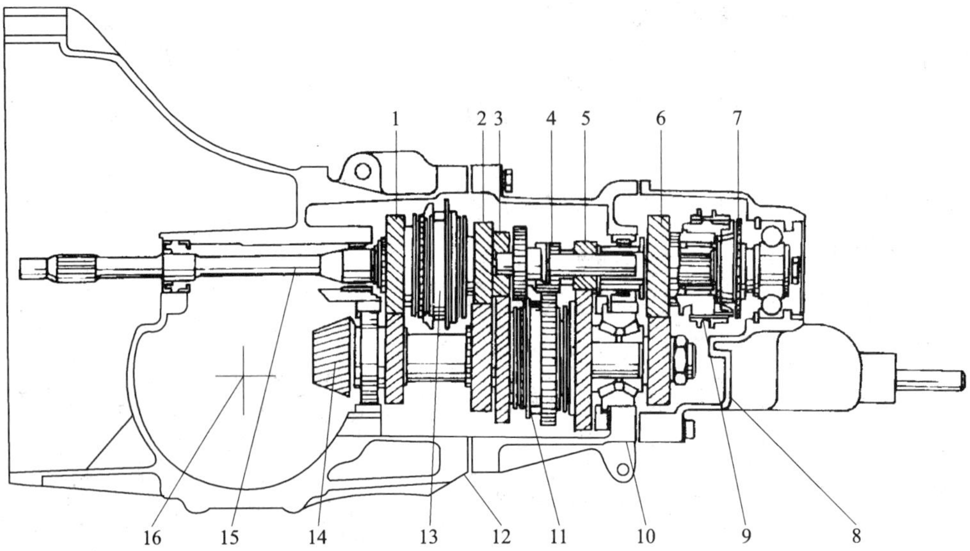

图 3—28　五挡手动变速器

1—四挡齿轮　2—三挡齿轮　3—二挡齿轮　4—倒挡齿轮　5—一挡齿轮　6—五挡齿轮　7—五挡齿圈
8—换挡机构　9—五挡同步器　10—齿轮箱体　11—一、二挡同步器　12—变速器壳体
13—三、四挡同步器　14—输入轴　15—输出轴　16—主减速器和差速器

1. 变速器后盖的分解

(1) 将变速器总成安装在变速器拆装架上，如图 3—29 所示。

(2) 拆下离合器分离轴承和分离杠杆。

(3) 放净变速器内的润滑油。

(4) 拆卸倒车灯开关。

(5) 冲掉变速器壳体和齿轮箱定位销。

(6) 拆卸变速器后盖的密封盖。

(7) 锁住输入轴，不让其转动，拆下输入轴的固定螺栓，如图 3—30 所示。

(8) 拆下变速器后盖固定螺栓，取下变速器后盖。

(9) 拆掉后盖内换挡杆油封（需更换）。

(10) 拆掉后盖内换挡杆衬套。

(11) 拆卸后盖内挡油圈（需更换），用卡簧钳拆卸卡环。

(12) 拆卸输入轴的后轴承。

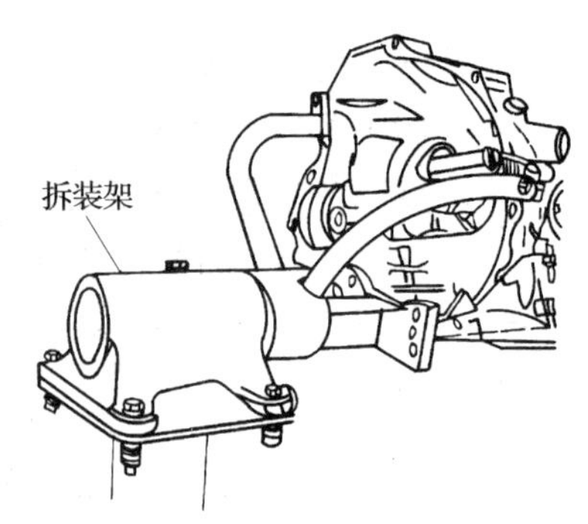

图 3—29　将变速器总成安装在拆装架上

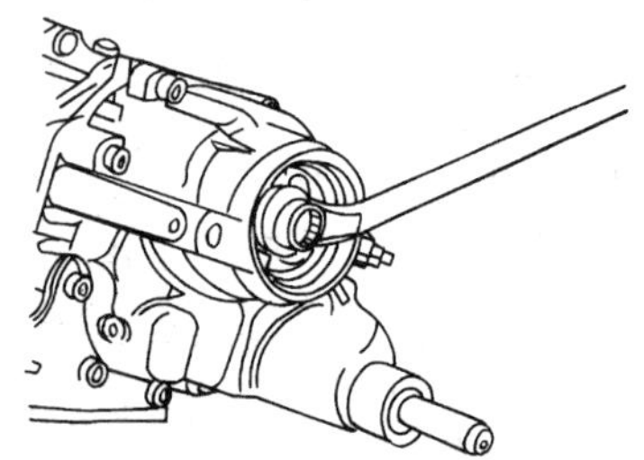

图 3—30　拆下输入轴的固定螺栓

2. 变速器换挡机构的拆卸

(1) 拆下一、二挡拨叉的锁销，将拨叉转向左边。

(2) 挂入二挡，边转动边取下一、二挡拨叉轴。

(3) 取下一、二挡拨叉。

(4) 取下锁销，取下五挡拨叉轴和五挡齿轮的管套。

(5) 拆下五挡同步器、输入轴的五挡齿轮，如图 3—31 所示。

(6) 拆下五挡滚针轴承内圈和固定垫圈。

(7) 挂入一挡，锁住输入轴，拆下输出轴五挡齿轮的紧固螺母。

(8) 用顶拔器拆下输出轴五挡齿轮。

(9) 分开轴承座的导向销，如图 3—32 所示。

(10) 拆下变速器轴承座。

(11) 取下三、四挡拨叉的锁销和三、四挡拨叉轴。

(12) 拆下倒挡锁。

(13) 拆下五挡和倒挡拨叉轴。

(14) 将变速器放在压床上，拆下输入轴组件，取下外后轴承。

(15) 取出倒挡轴和齿轮。

(16) 取下倒挡拨叉。

(17) 取下输出轴后轴承的卡簧。

(18) 取下拨叉轴衬套。

(19) 从轴承座上拆下自锁弹簧和导向套筒。

(20) 取下互锁销。

(21) 用压床拆下输入轴中间轴承。

(22) 用压床拆下输出轴后轴承。

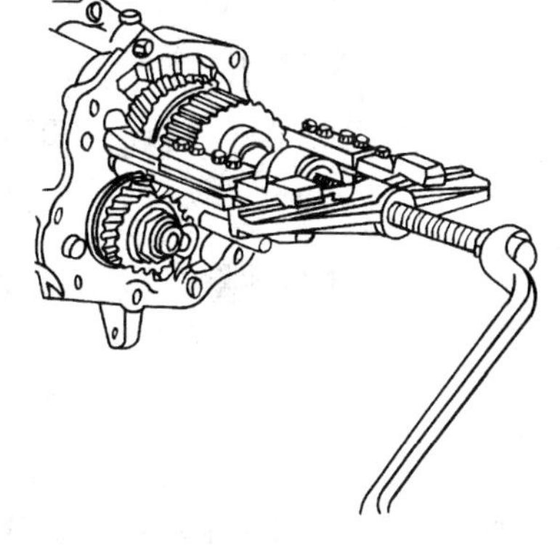

图 3—31　拆下同步器和输入轴的五挡齿轮

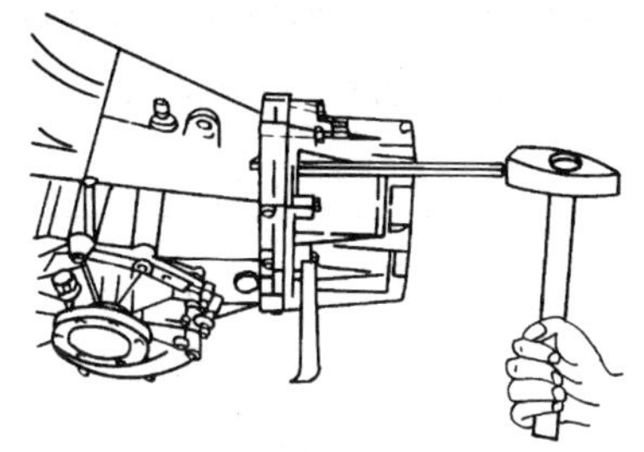

图 3—32　分开轴承座的导向销

3. 输入轴（图 3—33）的分解

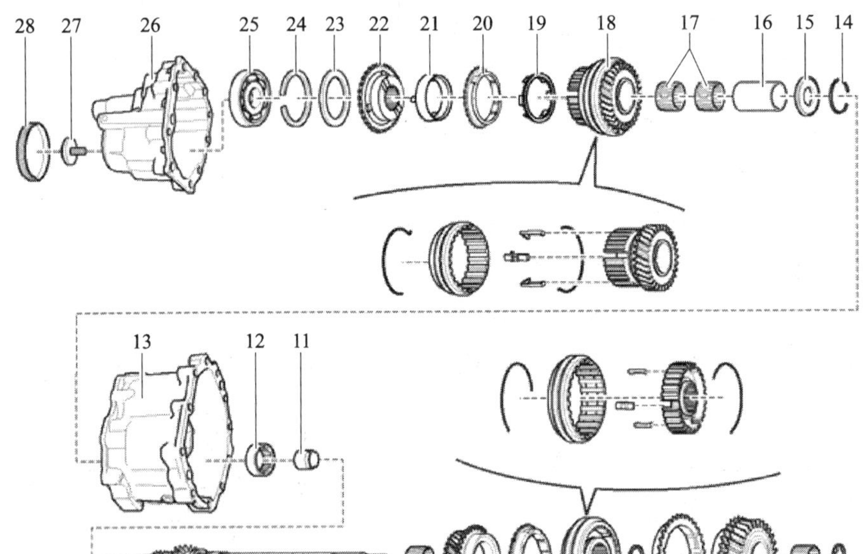

图 3—33　输入轴的分解

1—带齿卡环　2、9、17—滚针轴承　3—四挡齿轮　4—四挡同步环　5、14、24—卡环　6—三、四挡同步器　7—三挡同步环　8—三挡齿轮　10—输入轴　11—中间轴承的内环　12—中间轴承　13—齿轮箱壳体　15—固定垫圈　16—五挡齿轮滚针轴承内环　18—五挡齿轮和同步器　19—拉环　20—同步环　21—内锥环　22—五挡结合齿轮　23—挡油圈　25—输入轴后轴承　26—变速器后盖　27—螺栓　28—后盖的密封盖

(1) 拆下四挡齿轮的带齿卡环。

(2) 取下四挡齿轮、四挡同步环和滚针轴承。

(3) 拆下同步器卡环，如图 3—34 所示。

(4) 取下三、四挡同步器、三挡同步环和三挡齿轮。

(5) 取下三挡齿轮滚针轴承。

(6) 拆卸输入轴的中间轴承内环。

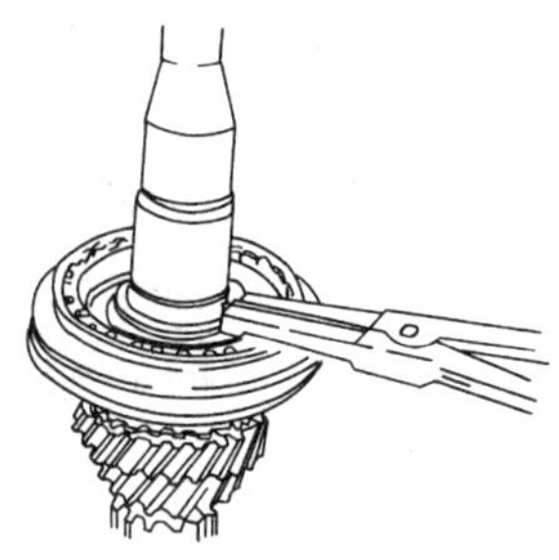

图 3—34　拆下同步器卡环

4. 输出轴（图 3—35）的分解

（1）拆下输出轴内后轴承和一挡齿轮。

（2）取下滚针和一挡同步环。

（3）取下一、二挡同步器，滚针轴承内环和二挡齿轮。

（4）取下二挡齿轮和滚针轴承。

（5）拆下三挡齿轮的卡环。

（6）拆下三挡齿轮。

（7）拆下四挡卡环。

（8）拆下四挡齿轮。

（9）拆下输出轴前轴承。

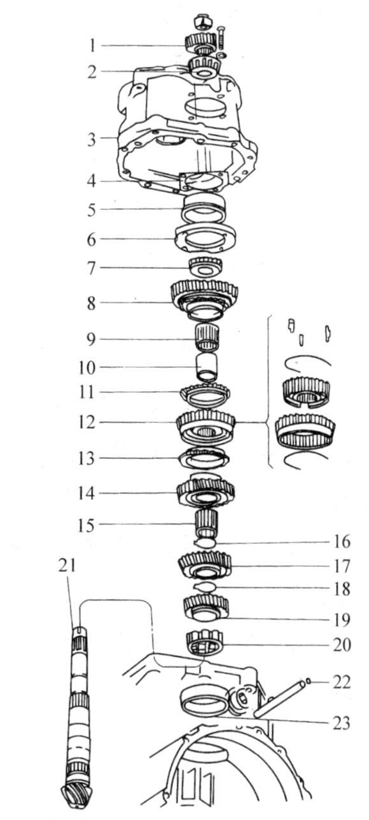

图 3—35 输出轴的分解

1—五挡齿轮 2—输出轴外后轴承 3—轴承保持架 4—后轴承外圈 5—调整垫片 6—轴承座 7—输出轴内后轴承 8—一挡齿轮 9—一挡齿轮滚针轴承 10—一挡齿轮滚针轴承内圈 11—一挡同步环 12—一、二挡同步器 13—二挡同步环 14—二挡齿轮 15—二挡齿轮滚针轴承 16—挡圈 17—三挡齿轮 18—挡圈 19—四挡齿轮 20—输出轴前轴承 21—输出轴 22—圆柱销 23—输出轴前轴承外圈

四、桑塔纳 3000 2P 型五挡手动变速器的装复

1. 输出轴的装复

（1）将前轴承装在输出轴上。

（2）用压床将四挡齿轮装在输出轴上。

注意：齿轮有凸缘的一边朝向轴承。

（3）安装四挡齿轮的卡环。

（4）装上三挡齿轮，有凸缘的一边朝向四挡齿轮。

(5) 装上三挡卡环。

(6) 装上滚针轴承、二挡齿轮和二挡同步环。

(7) 组装一、二挡同步器，如图 3—36 所示。

注意：花键毂的细槽应朝向接合套拨叉槽的对面一侧。

花键毂上的三个凹槽与接合套上的三个凹陷对齐后组合成一体，装上滑块、锁环和止动弹簧。止动弹簧弯的一端嵌入锁环中的一个槽内，如图 3—37 所示。

(8) 装上一、二挡同步器，同步器花键毂上的槽应朝向一挡齿轮。

(9) 装上一挡齿轮的滚针轴承内圈。

(10) 装上一挡齿轮一侧的同步环，再装上一挡齿轮。

(11) 装上一挡齿轮的滚针轴承。

(12) 装上内后轴承。

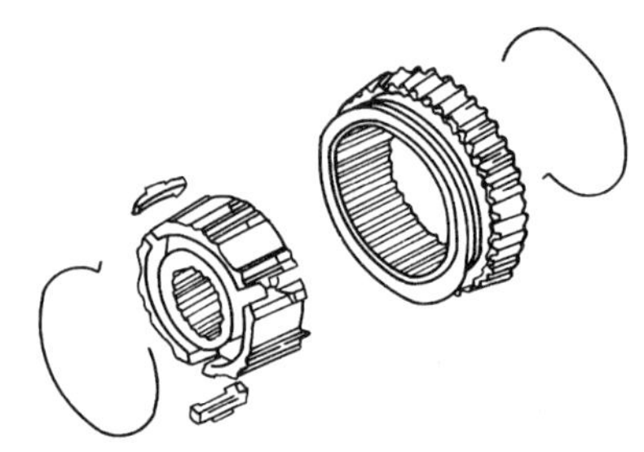

图 3—36 一、二挡同步器图

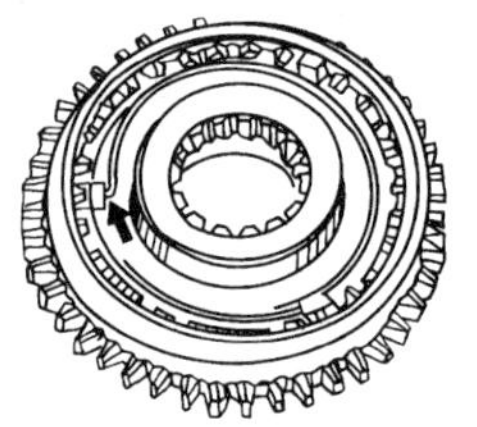

图 3—37 安装止动弹簧

2. 输入轴的装复

(1) 装上中间轴承的内环。

(2) 装上预先润滑过的三挡齿轮滚针轴承，有油槽的一边朝向二挡齿轮。

(3) 组装三、四挡同步器，如图 3—38 所示。

(4) 安装三挡齿轮、三挡同步环及三、四挡同步器。

(5) 装上同步器卡环。

(6) 装上四挡同步环、滚针轴承和四挡齿轮，再装上带齿的卡环。

(7) 用 2 kN 的力将三挡齿轮、同步器和四挡齿轮压在带齿的卡环上，并将总成固定好，如图 3—39 所示。

(8) 将输入轴装在轴承座上。

图 3—38 组装三、四挡同步器

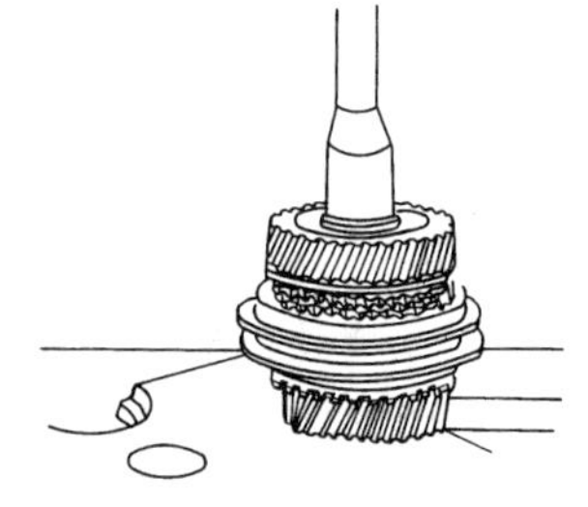

图 3—39 安装三挡齿轮、同步器和四挡齿轮

3. 变速器换挡机构的装复

（1）将导向销和弹簧装在齿轮组壳体上。

（2）装上输出轴后轴承外卡。

（3）装上输入轴中间轴承的卡环。

（4）装上输入轴的中间轴承。

（5）装上后轴承的止动环，用 25 N·m 的力矩拧紧固定螺栓。

（6）装上拨叉轴衬套。

（7）将带拨叉的第一和第二挡滑杆和输出轴安装在齿轮箱中。

（8）装上倒挡齿轮、倒挡轴及拨叉。

（9）装上垫圈和倒挡拨叉的固定螺栓。将拨叉往下压，并插入螺栓，直至碰到拨叉。

（10）将拨叉朝向螺栓压下，旋入螺栓，并用 35 N·m 的力矩旋紧螺栓。挂倒挡几次，在各个位置上应操作灵活，否则应重装。

（11）装上倒挡锁止装置。

（12）装上第三和第四挡换挡滑杆。

（13）将装有三、四挡拨叉的输入轴及输出轴的外后轴承装在轴承座上。

（14）装上三、四挡的拨叉轴和拨叉，并用锁销固定。

（15）装上固定垫圈和五挡齿轮滚针轴承的内圈，用专用冲头和锤子将其安装到位，如图 3—40 所示。

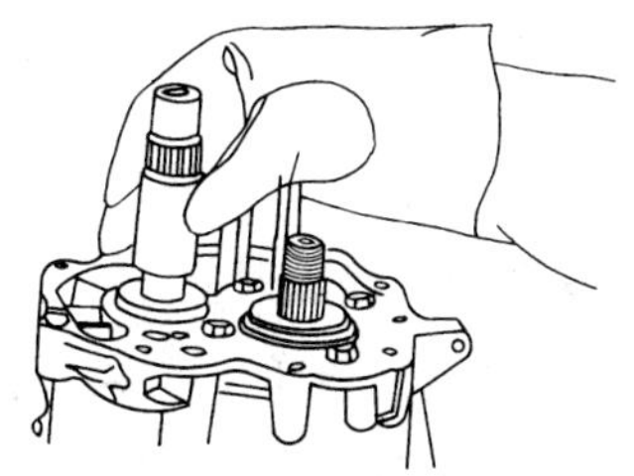

图 3—40　固定垫圈和五挡齿轮滚针轴承的内圈

（16）将五挡齿轮装在输出轴上。

（17）将五挡齿轮、五挡同步器、五挡同步环和五挡拨叉装在输入轴上。

（18）将同步器套管装在输入轴上。

（19）装上衬垫，将轴承座安装在变速器壳体上，用 25 N·m 的力矩拧紧连接螺栓。

（20）挂上一挡，锁住输入轴。

（21）装上输出轴的螺母，并用 100 N·m 的力矩将其拧紧。

(22) 在拨叉轴上装上一、二挡拨叉。

(23) 将内换挡杆装在轴承座上，如图3—41所示。

(24) 将弹簧的两端放在三、四挡的拨叉轴上，凸缘部分与拨叉轴的凹槽对齐（成直线），将内换挡杆朝左转动，使其安装在轴承座上。

(25) 用锁销固定一、二挡的拨叉，如图3—42 所示。

(26) 用锁销固定五挡的拨叉。

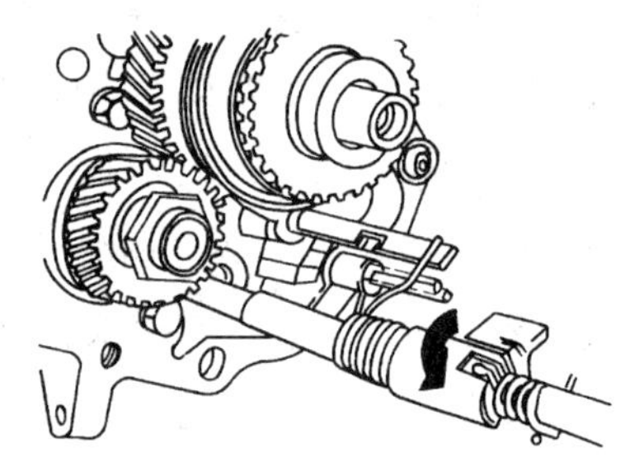

图 3—41 安装内换挡杆

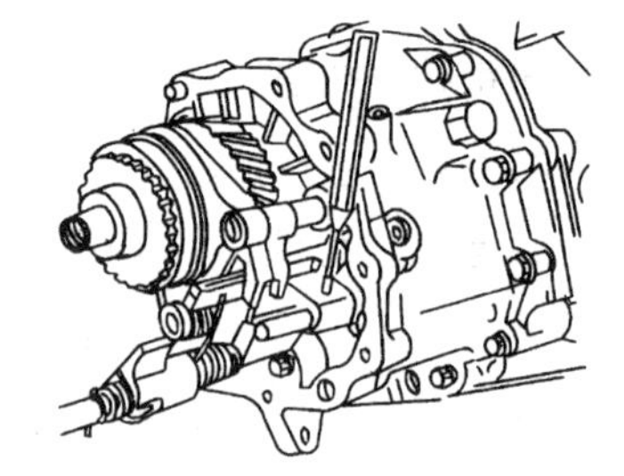

图 3—42 用锁销固定一、二挡的拨叉

4. 变速器后盖的装复

(1) 将输入轴轴承安装到后盖。

(2) 装上新的卡环。

(3) 安装新的挡油圈。

(4) 在轴承座和后盖之间装上密封衬垫和油封。

(5) 将后盖安放到位后插上带螺母的螺杆A，拧紧螺母直到后盖完全顶在变速器上，如图 3—43 所示。

(6) 拆下带螺母的螺杆 A，装上输入轴的固定螺栓，用 45 N·m 的力矩拧紧固定螺栓。

(7) 装上齿轮组和后盖的连接螺栓，用25 N·m 的力矩拧紧螺栓。

(8) 装上后轴承盖。

(9) 安装倒车灯开关。

(10) 安装离合器分离轴承和分离杠杆。

(11) 加足变速器润滑油。

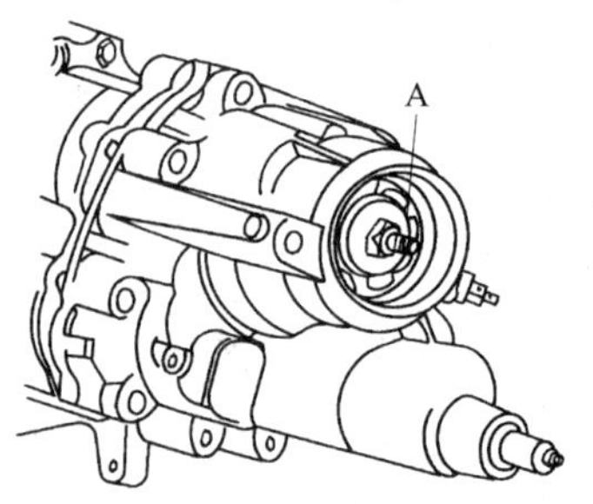

图 3—43 变速器后盖的安装

项目 2 卡罗拉 C50 型手动变速器的拆装

一、卡罗拉轿车手动变速器换挡操纵机构的拆装

1. 变速器操纵机构（图 3—44）的分解

(1) 从蓄电池负极端子断开电缆。

(2) 拆卸散热器上空气导流板。

(3) 拆卸蓄电池和托盘。

(4) 拆卸 2 号气缸盖罩。

(5) 拆卸空气滤清器。

(6) 断开氧传感器连接器。

(7) 拆卸前排气管总成。

(8) 拆下 3 个螺母和前地板 1 号隔热垫。

(9) 拆卸仪表板左下、右下装饰板。

(10) 拆卸换挡杆把手分总成。

(11) 拆卸中央仪表组装饰板总成。

(12) 拆卸仪表盒总成。

(13) 拆卸前 1 号、2 号地板控制台嵌入件。

(14) 拆卸地板控制台上面板分总成和毡垫。

(15) 拆卸后地板控制台总成。

(16) 拆卸变速器控制拉索总成。

1) 从换挡杆总成上断开线束、选挡控制拉索和换挡控制拉索。

2) 用旋具拉出变速器控制拉索挡块。

3) 逆时针旋转螺母约 180°并保持在此位置，从换挡杆固定架上断开变速器控制拉索。

4) 从变速器上断开 2 个变速器控制拉索。

5) 从控制拉索支架上断开 2 个变速器控制拉索。

6) 拆下变速器控制拉索总成。

(17) 拆下换挡杆总成。

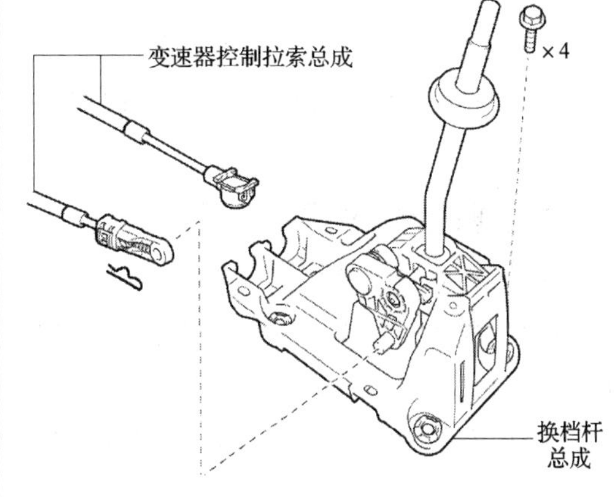

图 3—44 变速器操纵机构

2. 变速器操纵机构的安装

(1) 用 4 个螺栓安装换挡杆总成，力矩为 12 N·m。

(2) 安装变速器控制拉索总成。

1) 顺时针转动变速器控制拉索螺母约 180°，将螺母保持在此位置，压入挡块直至发出 2 次“咔嗒”声。

2) 将变速器控制拉索的外部安装至换挡杆固定架，检查并确认弹簧位置与图 3—45中所示的 A 位置相同并压入挡块。

3) 将换挡控制拉索安装至换挡杆总成，如图 3—46 所示。

4) 将选挡控制拉索安装至换挡杆总成。

5) 将卡子安装至换挡杆总成。

6) 用 3 个卡夹将线束安装至换挡杆总成。

(3) 调节变速器选挡控制拉索。

(4) 安装后地板控制台总成。

(5) 安装地板控制台毡垫和上面板分总成。

(6) 安装前 1 号、2 号地板控制台嵌入件。

(7) 安装仪表盒总成。

(8) 安装中央仪表组装饰板总成。

(9) 安装换挡杆把手分总成。

(10) 安装仪表板左下、右下装饰板。

(11) 用 3 个螺母安装前地板 1 号隔热垫，如图 3—47 所示，力矩为 5.5 N·m。

(12) 安装前排气管总成。

(13) 连接氧传感器连接器。

(14) 安装空气滤清器。

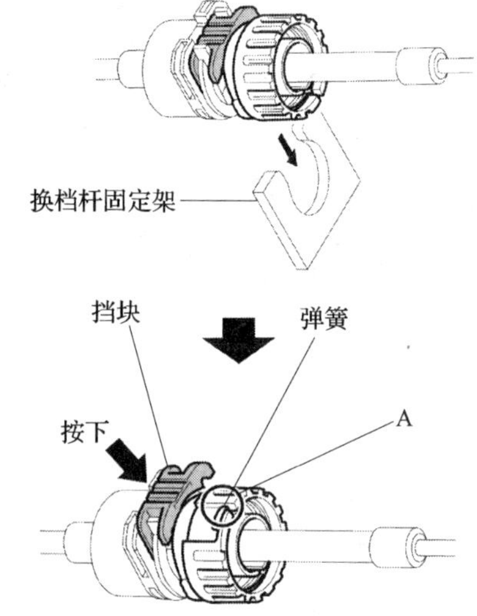

图 3—45 变速器控制拉索的连接

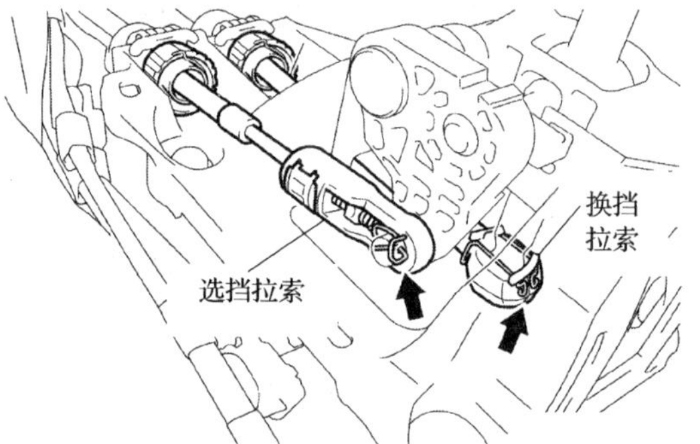

图 3—46 选挡和换挡拉索的安装

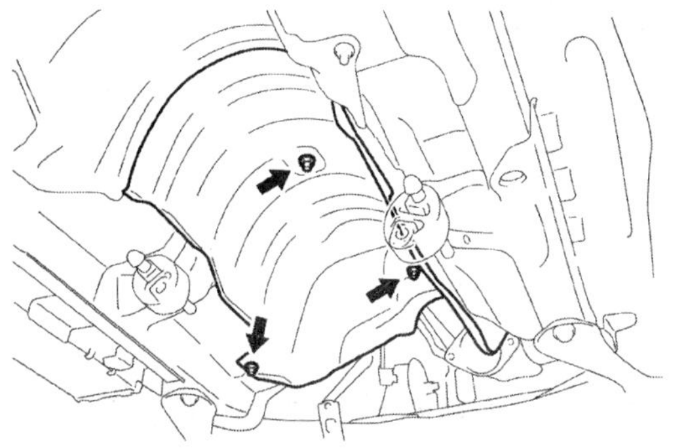
图 3—47 安装前地板 1 号隔热垫

(15) 安装2号气缸盖罩。

(16) 安装蓄电池托盘和蓄电池。

(17) 安装散热器上空气导流板。

二、卡罗拉C50型手动变速器总成的拆装

1. 手动变速器总成（图3—48）的拆卸

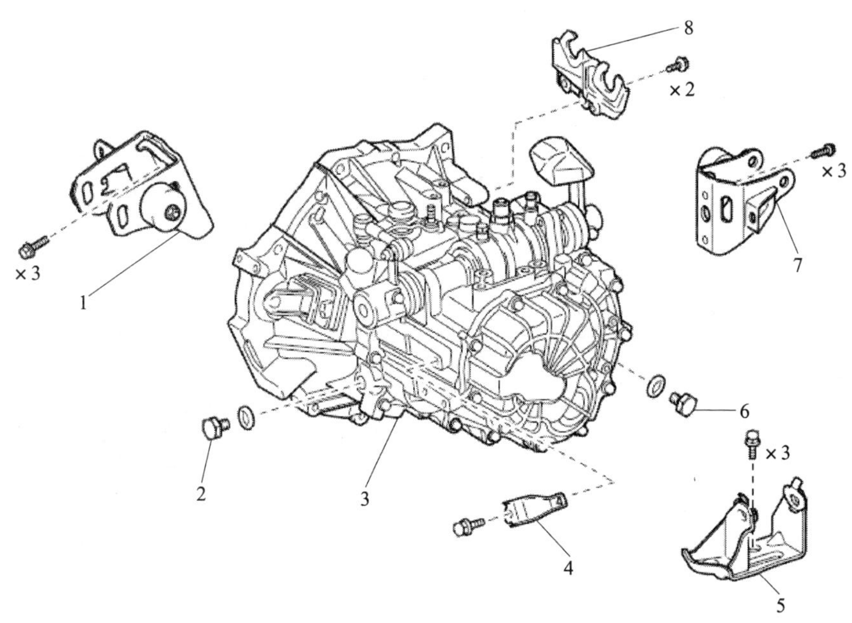

图3—48　手动变速器的拆卸

1—发动机前悬置支架　2—注油螺塞　3—手动变速器总成　4—线束卡夹支架　5—发动机左侧悬置支架　6—放油螺塞　7—发动机后悬置支架　8—控制拉索支架

(1) 拆卸带变速器的发动机总成。

(2) 拆卸发动机后悬置隔振垫。

(3) 安装发动机吊架。

(4) 拆卸飞轮壳侧盖。

(5) 拆卸起动机总成（见第四单元课题二）。

(6) 拆下连接螺栓分离手动变速器总成，如图3—49所示。

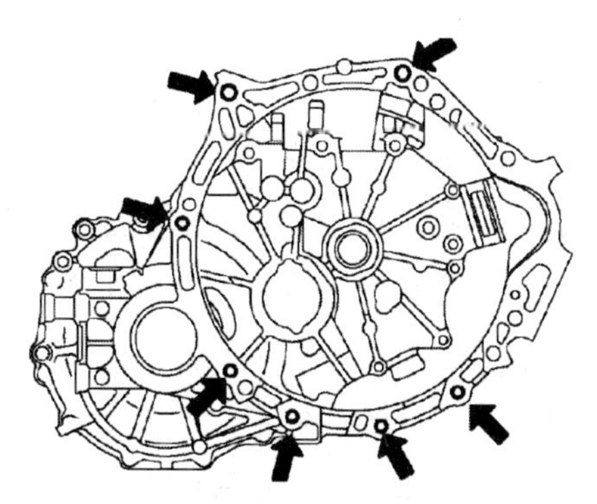

图3—49　手动变速器连接螺栓位置

(7) 拆卸线束卡夹支架。

(8) 拆卸控制拉索支架。

(9) 拆卸发动机左侧、前、后悬置支架(见图 3—50、图 3—51、图 3—52)。

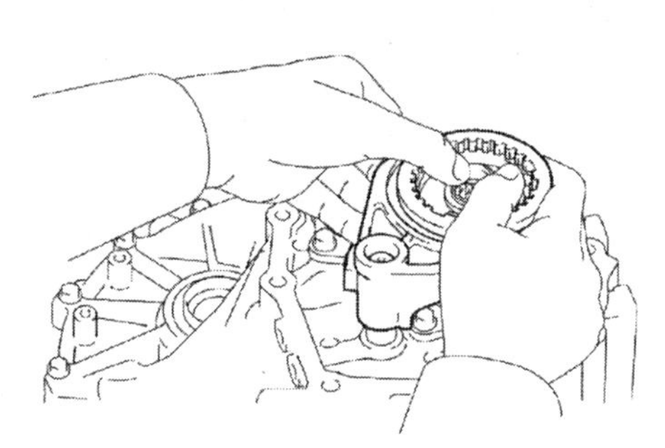

图 3—50 发动机左侧悬置支架

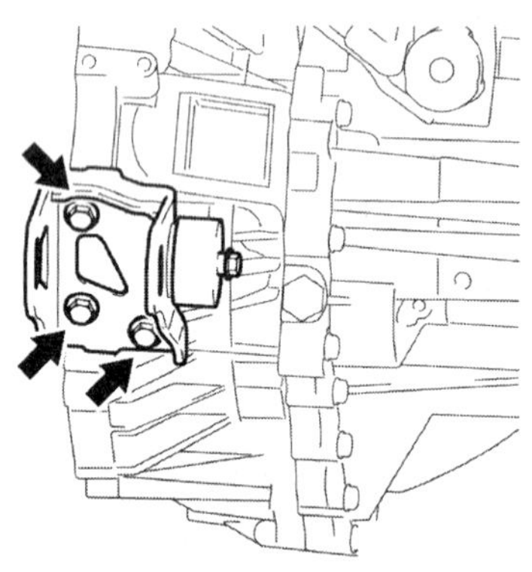

图 3—51 发动机前悬置支架

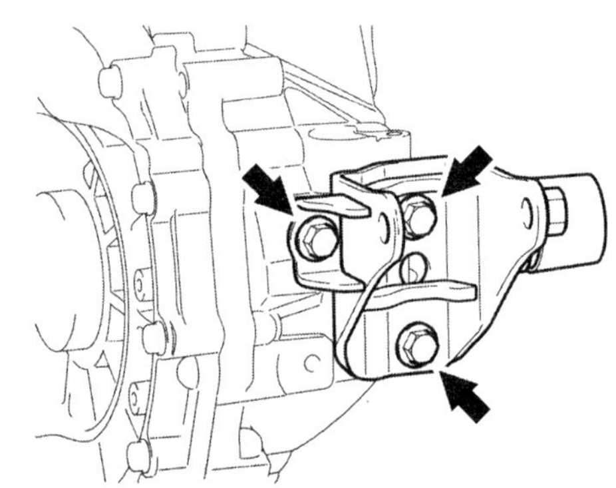

图 3—52 发动机后悬置支架

2. 手动变速器总成安装

(1) 安装发动机后、前、左侧悬置支架，力矩分别为 45 N·m、64 N·m、64 N·m。

(2) 安装控制拉索支架，并以 25 N·m 的力矩拧紧固定螺栓。

(3) 安装线束卡夹支架，并以 26 N·m 的力矩拧紧固定螺栓。

(4) 将手动变速器总成安装至发动机，并以 33 N·m 的力矩拧紧固定螺栓。

注意：紧固螺栓前将定位销牢固插入定位销孔，使变速器总成端面紧贴发动机总成。

(5) 安装起动机总成。

(6) 安装飞轮壳侧盖。

(7) 安装发动机后悬置隔振垫。

(8) 安装带变速器的发动机总成。

三、卡罗拉 C50 型手动变速器的分解（图 3—53）

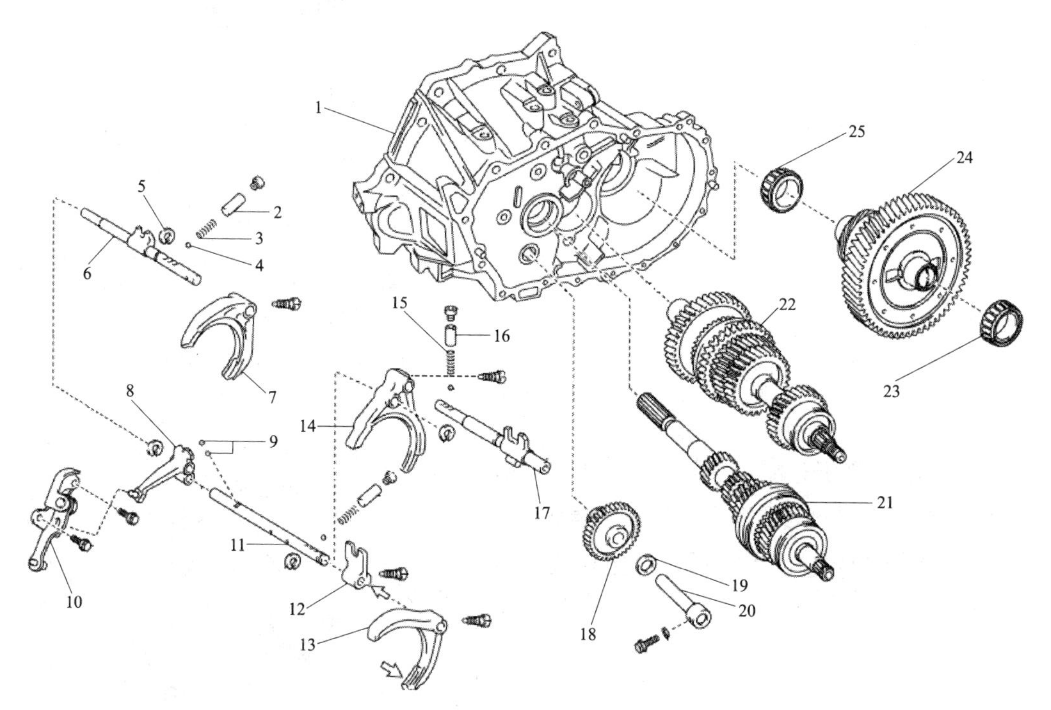

图 3—53 手动变速器 C50 的分解

1—自动变速器壳 2、16—弹簧座 3、15—压缩弹簧 4、9—滚珠 5—卡环 6—3 号换挡拨叉轴
7—3 号换挡拨叉 8—倒挡换挡拨叉 10—倒挡换挡臂支架总成 11—2 号换挡拨叉轴
12—1 号变速导块 13—2 号换挡拨叉 14—1 号换挡拨叉 17—1 号换挡拨叉轴
18—倒挡惰轮 19—倒挡惰轮止推垫圈 20—倒挡惰轮轴 21—输入轴总成
22—输出轴总成 23—前差速器壳后滚锥轴承 24—差速器总成 25—前差速器壳前滚锥轴承

1. 手动变速器单元分解

（1）从手动变速器壳上拆下手动变速器注油螺塞和衬垫。

（2）拆卸放油螺塞分总成和衬垫。

（3）拆卸速度表从动齿轮孔盖分总成，拆下 O 形圈。

（4）用专用工具从手动变速器壳上拆下倒车灯开关总成和衬垫，如图 3—54 所示。

（5）拆卸选挡直角杠杆总成。

（6）拆卸地板式换挡控制杆。

（7）拆卸换挡杆阻尼器。

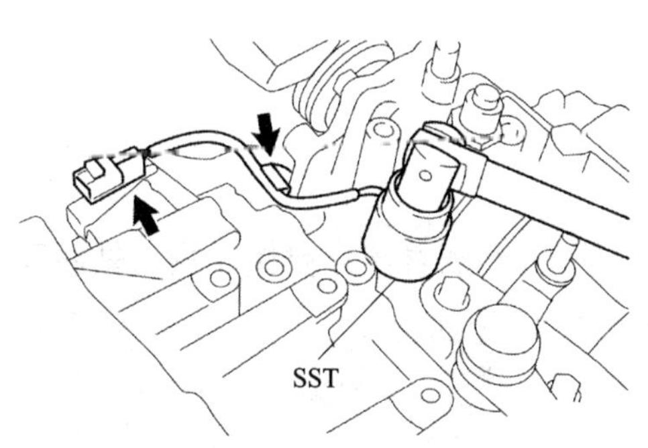

图 3—54 用专用工具拆下倒车灯开关总成

(8) 将手动变速器总成放置在木块上，如图 3—55 所示。

(9) 拆卸 1 号锁止钢球总成。

(10) 拆卸换挡导向销和垫圈。

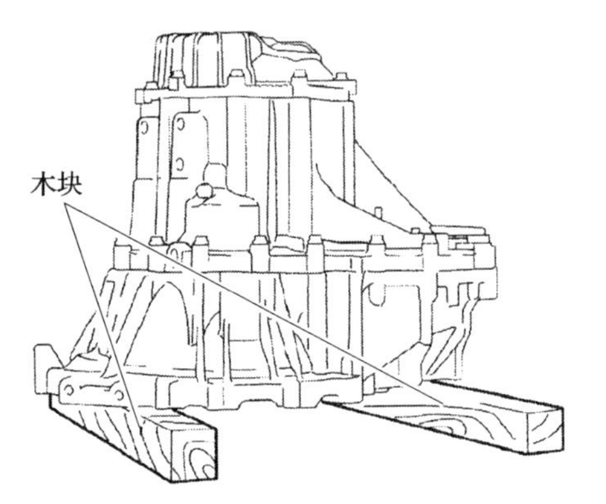

图 3—55　手动变速器放置在木块上

(11) 拆卸控制轴罩和衬垫，如图 3—56 所示，并用旋具从控制轴罩上取下控制轴罩油封。

(12) 从手动变速器壳上拆下换挡和选挡杆轴总成。

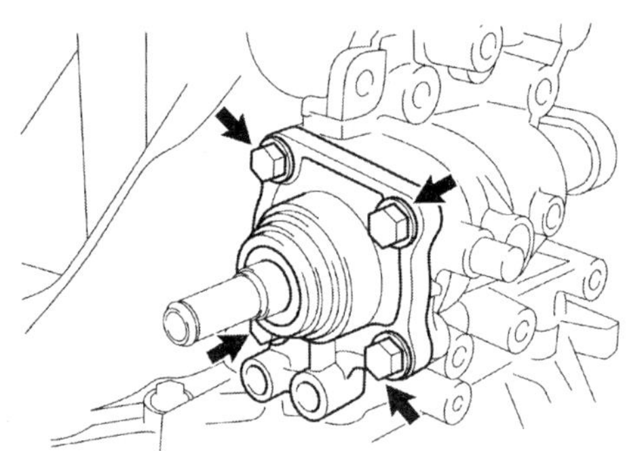

图 3—56　拆卸控制轴罩图

(13) 拆卸手动变速器盖分总成，如图 3—57 所示。

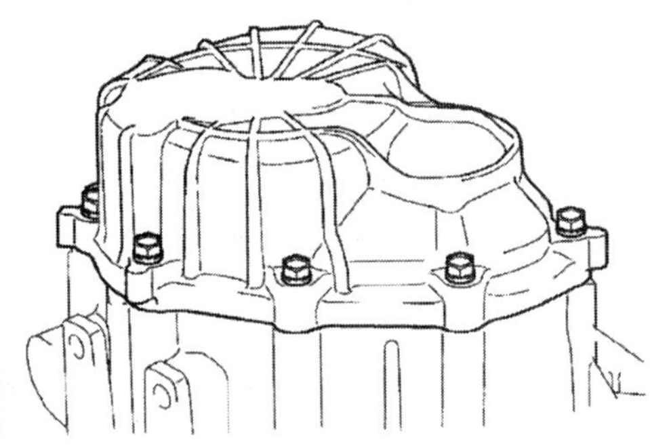

图 3—57　手动变速器盖拆卸

(14) 拆卸手动变速器输出轴后固定螺母，如图 3—58 所示。

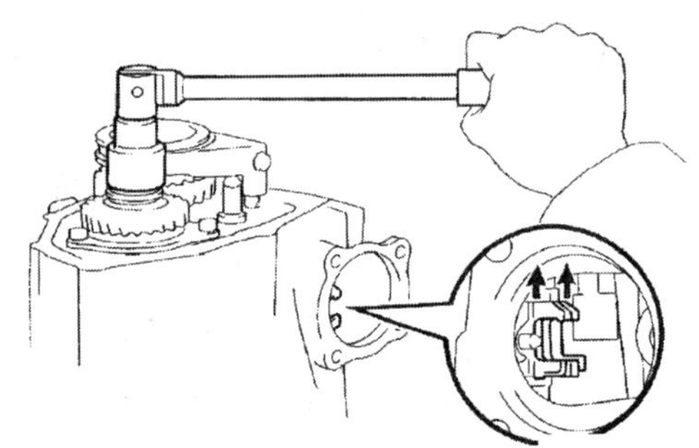

图 3—58　输出轴后固定螺母拆卸

（15）拆卸 3 号换挡拨叉，如图 3—59 所示。

（16）从输入轴上拆下变速器 3 号离合器毂、五挡齿轮和同步器 3 号锁环。

（17）拆卸五挡齿轮滚针轴承和五挡齿轮轴承隔垫。

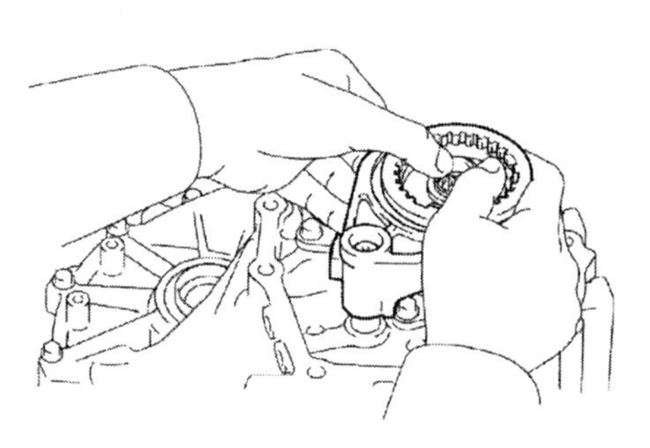

图 3—59　拆卸 3 号换挡拨叉

（18）用专用工具从输出轴上拆下五挡从动齿轮，如图 3—60 所示。

（19）拆卸后轴承护圈。

（20）拆卸输出轴、输入轴后轴承孔卡环。

（21）拆卸倒挡惰轮轴螺栓。

（22）拆卸换挡拨叉轴卡环。

（23）拆卸换挡锁止钢球。

（24）拆卸手动变速器壳。

（25）拆卸倒挡惰轮，如图 3—61 所示。

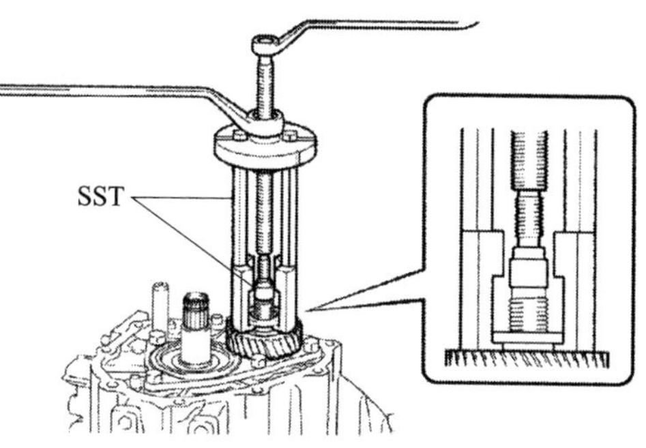

图 3—60　拆卸五挡从动齿轮

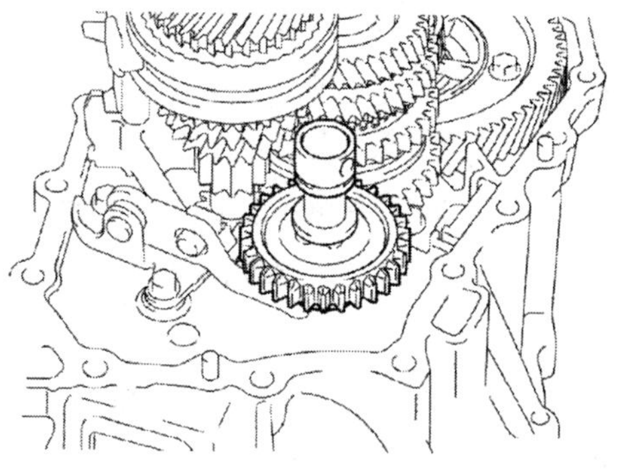

图 3—61　拆卸倒挡惰轮分总成

（26）拆卸倒挡换挡臂支架总成，如图 3—62 所示。

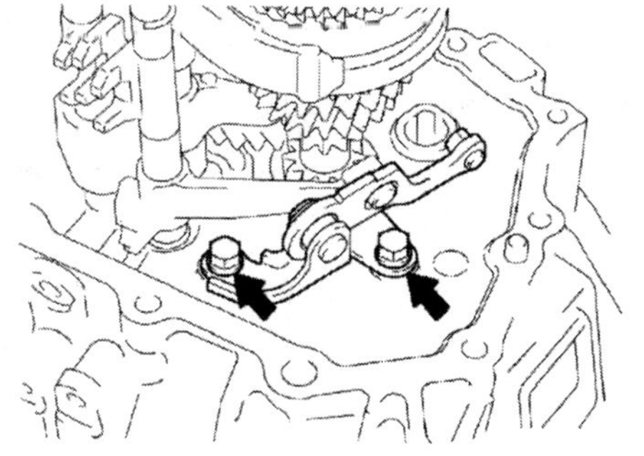

图 3—62　拆卸倒挡换挡臂支架总成

(27) 拆卸 2 号、1 号、3 号换挡拨叉轴和拨叉，如图 3—63、图 3—64 所示。

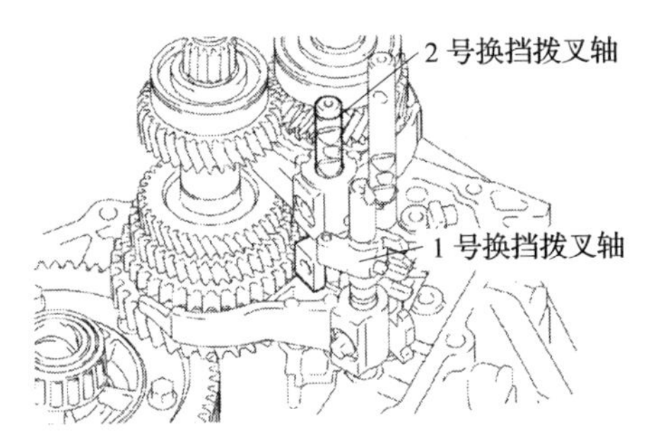

图 3—63　拆卸 2 号、1 号换挡拨叉轴

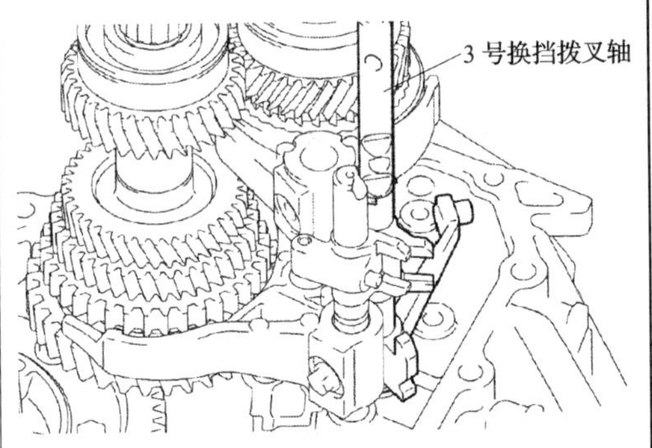

图 3—64　3 号换挡拨叉轴

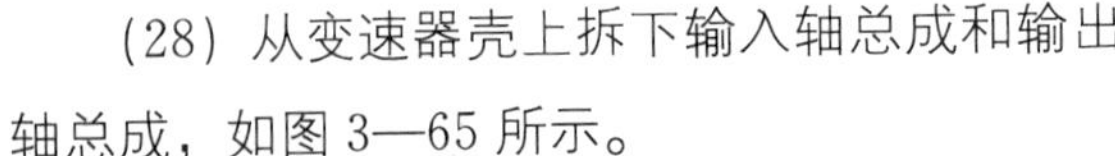

(28) 从变速器壳上拆下输入轴总成和输出轴总成，如图 3—65 所示。

(29) 拆卸差速器壳总成。

(30) 拆卸手动变速器壳集油槽。

(31) 拆下倒挡定位销总成。

(32) 拆卸 1 号、2 号集油管。

(33) 从变速器壳上拆下螺栓和轴承锁止板。

(34) 从变速器壳上拆下变速器磁铁。

(35) 用专用工具从变速器壳上拆下输入轴前轴承，如图 3—66 所示。

(36) 用旋具从变速器壳上拆下前变速器壳油封。

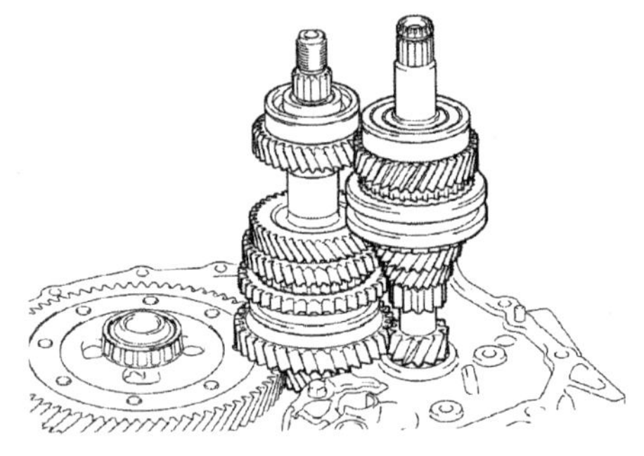

图 3—65　输入轴和输出轴总成

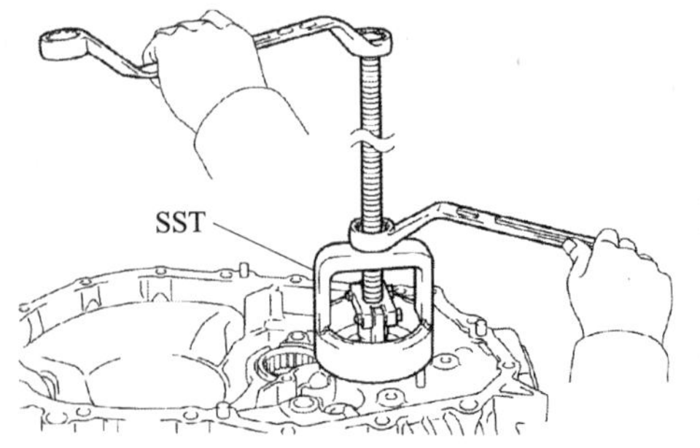

图 3—66　拆卸输入轴前轴承

(37) 用专用工具拆下输出轴前轴承。

(38) 拆卸输出轴盖。

(39) 拆卸前差速器壳前滚锥轴承。

(40) 拆卸变速器壳油封。

(41) 拆卸前差速器壳后滚锥轴承。

(42) 拆卸变速器油封。

(43) 拆卸换挡和选挡杆轴油封和滑动滚珠轴承。

2. 输入轴（图 3—67）的分解

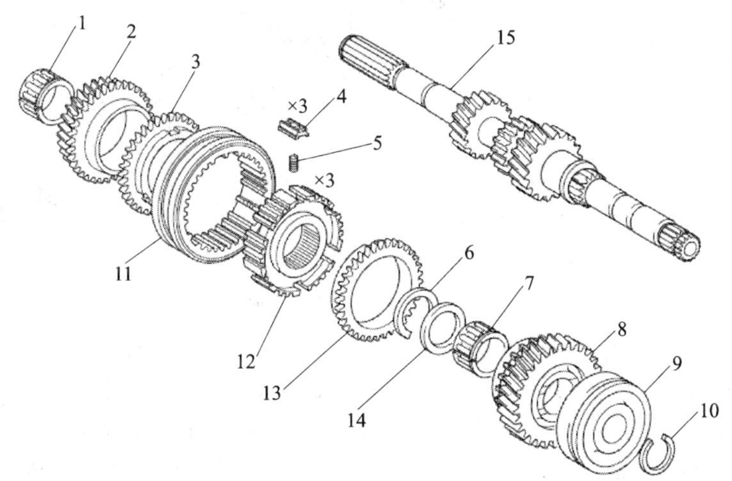

图 3—67　输入轴的分解

1—三挡齿轮滚针轴承　2—三挡齿轮　3—三挡齿轮同步器锁环　4—同步啮合换挡键　5—同步啮合换挡键弹簧　6、10—卡环　7—四挡齿轮滚针轴承　8—四挡齿轮　9—输入轴后径向滚珠轴承　11—变速器 2 号结合套　12—变速器 2 号离合器毂　13—四挡齿轮同步器锁环　14—四挡齿轮轴承隔垫　15—输入轴

(1) 拆下输入轴后轴承卡环，拆卸输入轴后径向滚珠轴承、四挡齿轮、四挡齿轮滚针轴承和四挡齿轮轴承隔垫。

(2) 拆卸四挡齿轮同步器锁环。

(3) 拆下 2 号离合器毂调节轴卡环、2 号离合器毂和三挡齿轮。

(4) 从三挡齿轮上拆下三挡齿轮同步器锁环。

(5) 从输入轴上拆下三挡齿轮滚针轴承。

(6) 从 2 号离合器毂上拆下变速器 2 号结合套、3 个换挡键和 3 个换挡键弹簧。

3. 输出轴（图 3—68）的分解

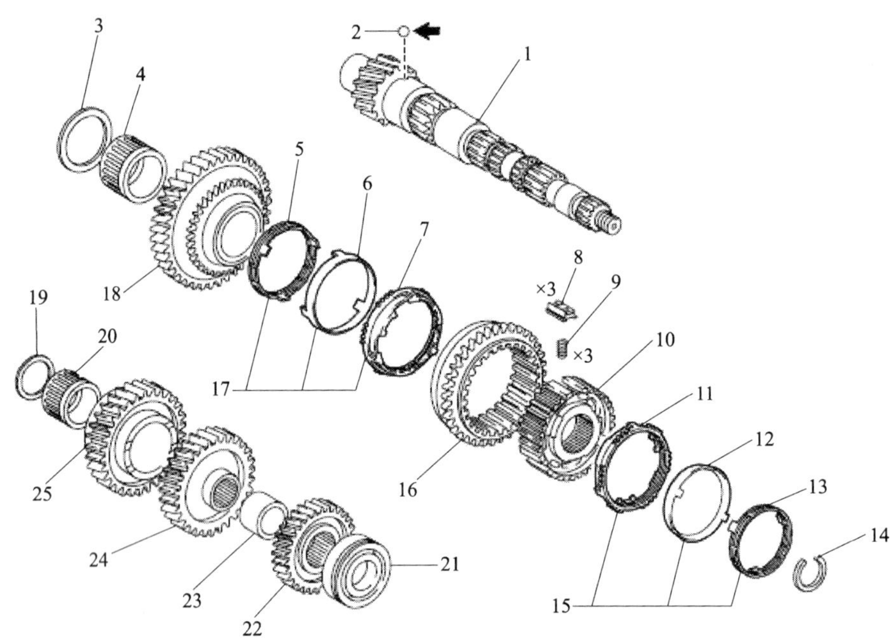

图 3—68 输出轴的分解

1—输出轴 2—一挡齿轮止推垫圈钢球 3—一挡齿轮止推垫圈 4—一挡齿轮滚针轴承 5、13—内环 6、12—中间环 7、11—外环 8—同步啮合换挡键 9—同步啮合换挡键弹簧 10—1 号离合器毂 14—卡环 15—同步器 2 号锁环组件 16—倒挡齿轮 17—同步器 1 号锁环组件 18—一挡齿轮 19—二挡齿轮轴承隔垫 20—二挡齿轮滚针轴承 21—输出轴后轴承 22—四挡传动齿轮 23—输出齿轮隔垫 24—三挡从动齿轮 25—二挡从动齿轮

(1) 拆卸输出轴后轴承和四挡从动齿轮。

(2) 从输出轴上拆下输出齿轮隔垫。

(3) 拆下三挡从动齿轮和二挡齿轮。

(4) 拆下二挡齿轮滚针轴承和隔垫。

(5) 拆卸同步器 2 号锁环组件。

(6) 拆卸一挡齿轮、同步器 1 号锁环组件和一挡齿轮滚针轴承。

(7) 拆卸一挡齿轮止推垫圈和止推垫圈销。

(8) 拆卸倒挡齿轮。

4. 换挡和选挡杆轴的（图 3—69）分解

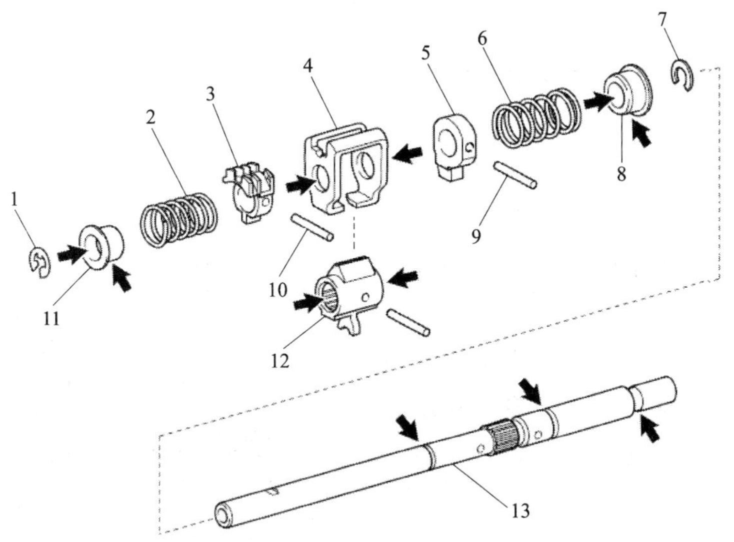

图 3—69　换挡和选挡杆轴的分解

1—E 形卡环　2、6—压缩弹簧　3—2 号内换挡杆　4—换挡互锁板　5—内选挡杆　7—1 号选挡弹簧座轴卡环　8—1 号选挡弹簧座　9、10—开槽弹簧销　11—2 号选挡弹簧座　12—1 号内换挡杆　13—换挡和选挡杆轴

（1）拆卸地板式换挡控制直角杠杆防尘罩。

（2）从选挡直角杠杆上拆下 1 号选挡直角杠杆防尘罩。

（3）从选挡直角杠杆上拆下螺母、弹簧垫圈和 2 号选挡直角杠杆平垫圈。

（4）从选挡直角杠杆支架上拆下 2 号选挡直角杠杆、杠杆防尘罩和杠杆衬套。

（5）拆卸地板式换挡控制轴总成。

（6）从换挡和选挡轴上拆下 E 形卡环、2 号选挡弹簧座和压缩弹簧。

（7）拆下内换挡杆开槽弹簧销和 2 号内换挡杆。

（8）拆下内换挡杆开槽弹簧销、1 号内换挡杆和换挡互锁板。

（9）拆下内换挡杆开槽弹簧销、内换挡杆、1 号选挡回位压缩弹簧和 1 号选挡弹簧座。

（10）拆下 1 号选挡弹簧座轴卡环。

四、卡罗拉 C50 型手动变速器的装复

1. 输入轴装配

（1）安装变速器 2 号结合套。

（2）将三挡齿轮滚针轴承和三挡齿轮安装至输入轴。

（3）安装三挡齿轮同步器锁环。

（4）安装变速器 2 号离合器毂，如图 3—70 所示，确保轴向间隙小于 0.1 mm。

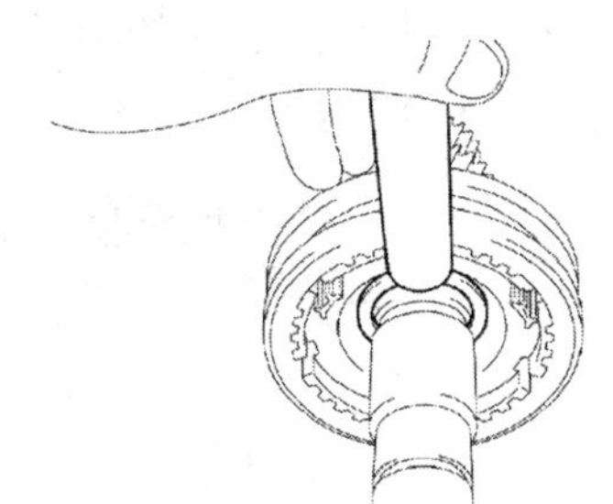

图 3—70　测量 2 号离合器毂轴向间隙

(5) 安装四挡齿轮同步器锁，如图3—71所示。

(6) 安装四挡齿轮滚针轴承和四挡齿轮。

(7) 安装输入轴后径向滚珠轴承，确保轴向间隙小于0.1 mm。

注意：敲击卡环时要小心，不要损坏卡环轴颈表面。

(8) 用百分表测量三挡齿轮径向间隙。标准间隙分别为：NSK制造轴承，0.015～0.056 mm；KOYO制造轴承，0.015～0.058 mm。

(9) 用百分表测量四挡齿轮径向间隙。标准间隙分别为：NSK制造轴承，0.009～0.050 mm；KOYO制造轴承，0.009～0.050 mm。

(10) 用百分表测量三挡齿轮轴向间隙。标准间隙为0.10～0.35 mm。

(11) 用塞尺测量四挡齿轮轴向间隙。标准间隙为0.10～0.55 mm。

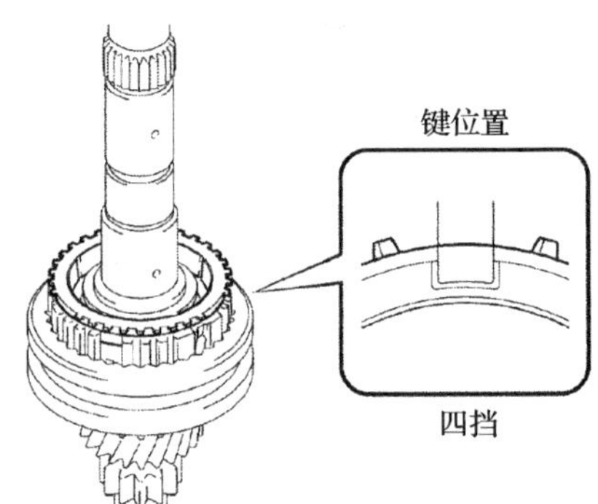

图3—71 安装四挡齿轮同步器锁环

2. 输出轴装配

(1) 将倒挡齿轮安装至变速器1号离合器毂总成。

(2) 安装一挡齿轮止推垫圈销和止推垫圈。

(3) 安装一挡齿轮滚针轴承。

(4) 安装同步器1号锁环组件，并将一挡齿轮组件安装至输出轴，如图3—72所示。

(5) 安装变速器1号离合器毂，并使轴向间隙小于0.1 mm。

(6) 安装二挡齿轮滚针轴承。

(7) 安装同步器2号锁环组件，并将二挡齿轮组件安装至输出轴。

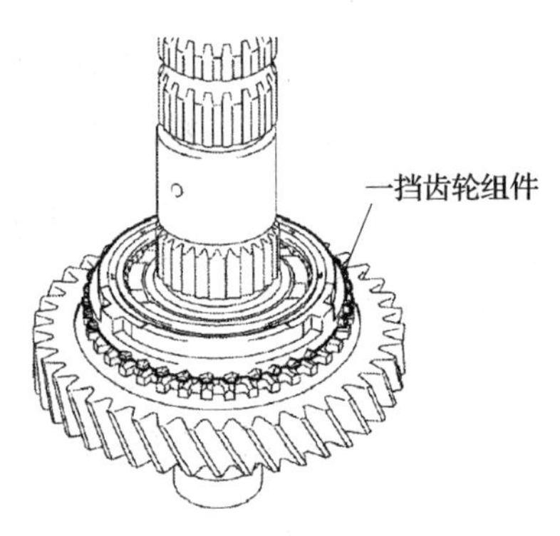

图3—72 安装一挡齿轮组件

(8) 安装三挡从动齿轮。

(9) 安装输出齿轮隔垫。

(10) 安装四挡从动齿轮。

(11) 安装输出轴后轴承。

(12) 用百分表测量二挡齿轮径向间隙。标准间隙分别为：NSK 制造轴承，0.015～0.056 mm；KOYO 制造轴承，0.015～0.058 mm。

(13) 用百分表测量一挡齿轮径向间隙，如图 3—73 所示。标准间隙分别为：NSK 制造轴承，0.015～0.056 mm；KOYO 制造轴承，0.015～0.058 mm。

(14) 用百分表测量二挡齿轮轴向间隙。标准间隙为 0.10～0.55 mm。

(15) 用塞尺测量一挡齿轮轴向间隙。标准间隙为 0.10～0.40 mm。

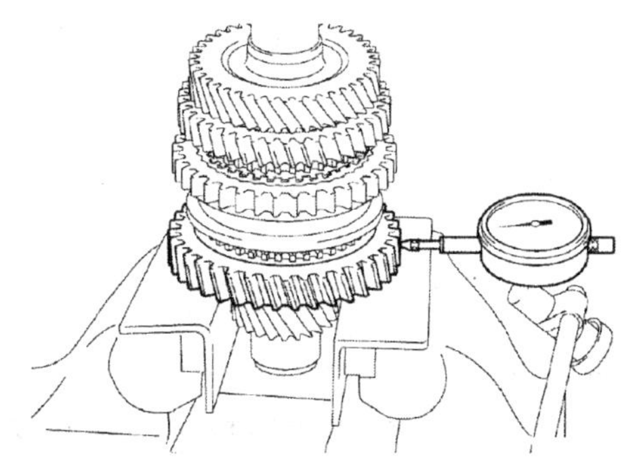

图 3—73　一挡齿轮径向间隙测量

3. 换挡和选挡杆轴装配

(1) 安装 1 号选挡弹簧座轴卡环。

(2) 安装内选挡杆，嵌入深度为 3.0～4.0 mm。

(3) 安装 1 号内换挡杆，如图 3—74 所示。嵌入深度为－0.5～0.5 mm。

(4) 安装 2 号内换挡杆，嵌入深度为 1.0～2.0 mm。

(5) 安装 2 号选挡弹簧座。

(6) 安装地板式换挡控制轴总成，并以 12 N·m 的力矩拧紧固定螺栓。

(7) 安装 2 号选挡直角杠杆衬套和杠杆防尘罩。

(8) 安装选挡直角杠杆和杠杆平垫圈，并以 12 N·m 的力矩拧紧固定螺栓。

(9) 安装 1 号选挡直角杠杆防尘罩。

(10) 安装地板式换挡控制直角杠杆防尘罩。

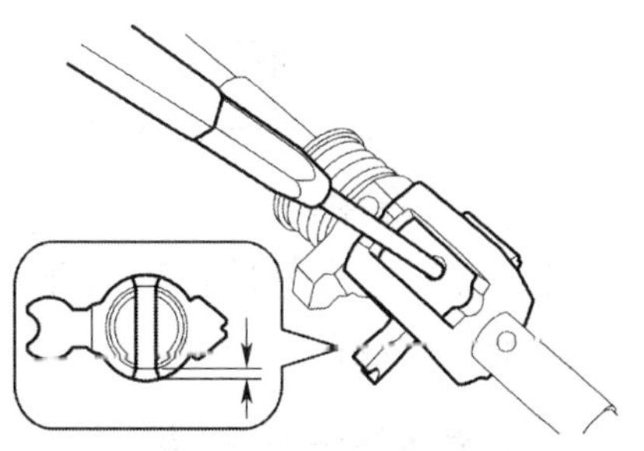

图 3—74　1 号内换挡杆的安装

4. 手动变速器单元装配

(1) 在输出轴盖上涂抹润滑脂，并安装至手动变速器壳，安装输出轴前轴承。

(2) 用专用工具和锤子将新的前变速器壳油封安装至变速器壳，嵌入深度为 15.6～16.0 mm。在油封唇口上涂抹润滑脂，如图 3—75 所示。

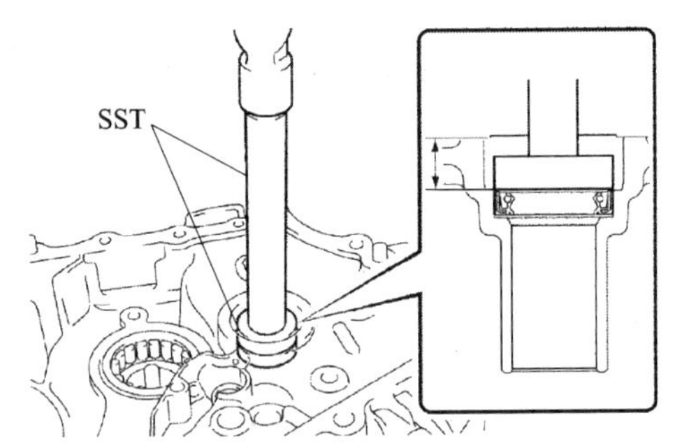

图 3—75 安装前变速器壳油封

(3) 安装输入轴前轴承，嵌入深度为 0～0.3 mm。

(4) 安装换挡和选挡杆轴滑动滚珠轴承，嵌入深度为 0～0.5 mm。

(5) 安装换挡和选挡杆轴油封，嵌入深度为 9.7～10.3 mm。

(6) 安装前差速器壳前、后滚锥轴承。

(7) 调节差速器半轴轴承预紧力。新轴承的预紧力为 0.78～1.57 N·m，旧轴承的预紧力为 0.49～0.98 N·m。

(8) 安装变速器油封，嵌入深度为 9.6～10.2 mm。

(9) 安装变速器壳油封，嵌入深度为 1.6～2.2 mm。

(10) 安装变速器磁铁。

(11) 安装轴承锁止板，并以 11 N·m 的力矩拧紧固定螺栓。

(12) 安装 1 号、2 号集油管，并以 17 N·m的力矩拧紧。

(13) 安装倒挡定位销总成。

(14) 安装手动变速器壳集油槽，并以 11 N·m 的力矩拧紧固定螺栓。

(15) 在差速器壳滚锥轴承上涂抹齿轮油，并将差速器壳总成安装至变速器壳，如图 3—76 所示。

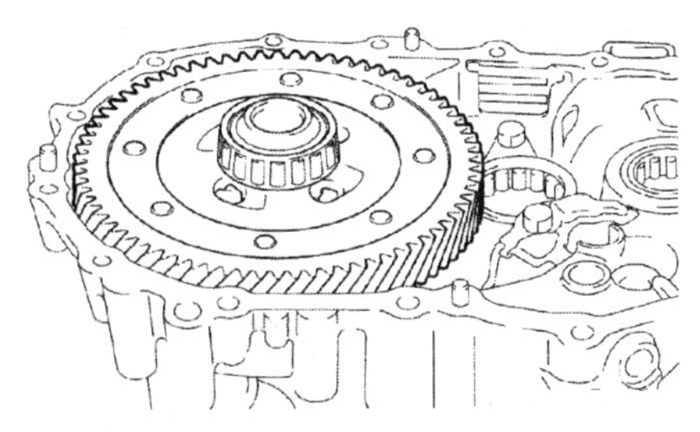

图 3—76 安装差速器壳总成

（16）在输入轴和输出轴的滑动面和旋转面上涂抹齿轮油，并将其安装至变速器壳。

（17）安装倒挡惰轮分总成。

（18）安装1号换挡拨叉轴，如图3—77所示。

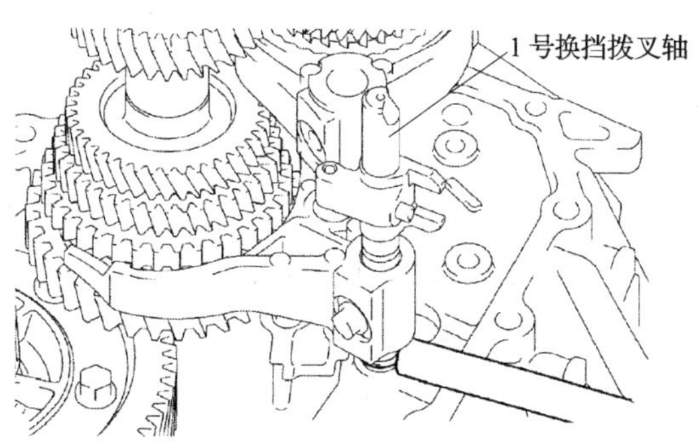

图3—77　安装1号换挡拨叉轴

（19）安装3号换挡拨叉轴，如图3—78所示。

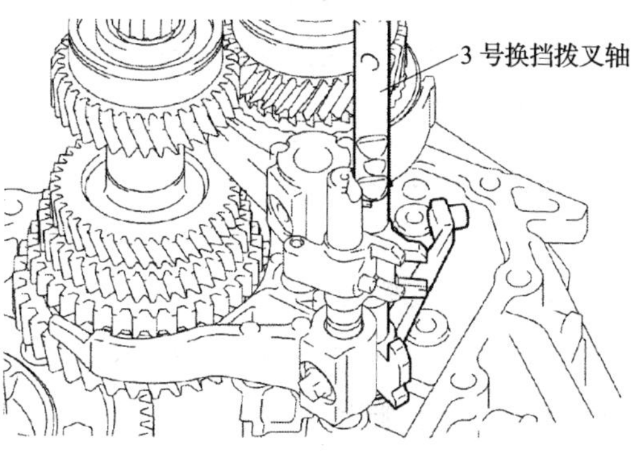

图3—78　安装3号换挡拨叉轴

（20）安装2号换挡拨叉轴，如图3—79所示。

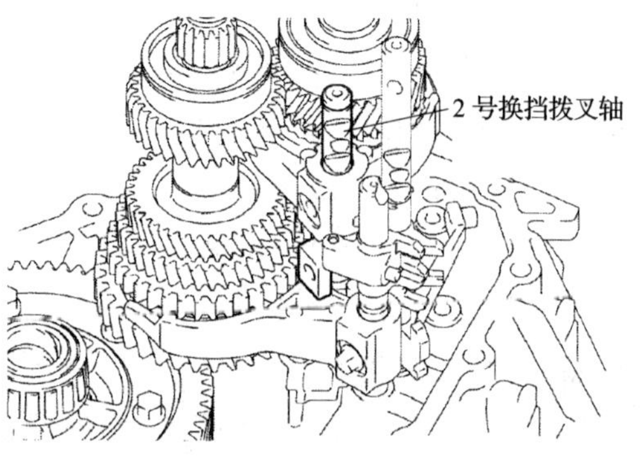

图3—79　2号换挡拨叉轴安装

（21）安装倒挡换挡臂支架总成，并以17 N·m的力矩拧紧固定螺栓。

（22）安装手动变速器壳，并以29 N·m的力矩拧紧固定螺栓。

（23）安装倒挡惰轮轴螺栓，并以29 N·m的力矩拧紧固定螺栓。

（24）安装2号锁止钢球总成。

（25）安装换挡锁止钢球。

（26）安装输入轴后轴承孔卡环。

（27）安装换挡拨叉轴卡环。

（28）安装后轴承护圈。

（29）安装五挡从动齿轮、五挡滚针轴承和五挡齿轮。

（30）安装同步器3号锁环。

（31）安装变速器3号离合器毂。

注意：切勿将变速器3号离合器毂安装至错误方向，并确保轴向间隙小于0.1 mm。

（32）用百分表检查五挡齿轮轴向间隙，标准间隙为0.10～0.55 mm。

（33）用百分表检查五挡齿轮径向间隙。标准间隙分别为：NSK制造轴承，0.015～0.056 mm；KOYO制造轴承，0.015～0.058 mm。

(34) 安装3号换挡拨叉，并以16 N·m的力矩拧紧换挡拨叉锁止螺栓。

(35) 安装手动变速器输出轴后固定螺母，并以118 N·m的力矩拧紧螺母。

(36) 安装手动变速器盖分总成，并以18 N·m的力矩拧紧固定螺栓。

注意：必须在涂胶后10 min内组装各零件。否则必须先清除填料，然后重新涂抹。

(37) 安装换挡和选挡杆轴总成，如图3—80所示。

(38) 安装控制轴罩油封和控制轴罩，并以20 N·m的力矩拧紧固定螺栓。

注意：将换挡互锁板的卡爪牢固放入换挡拨叉轴变速导块内。

(39) 安装换挡导向销，并以11 N·m的力矩拧紧固定螺栓。

(40) 安装1号锁止钢球总成，并以29 N·m的力矩拧紧固定螺栓。

(41) 安装换挡杆阻尼器，并以12 N·m的力矩拧紧固定螺栓。

(42) 安装地板式换挡控制杆，并以12 N·m的力矩拧紧固定螺栓。

(43) 安装选挡直角杠杆总成，力矩分别为：螺栓，25 N·m；螺母，12 N·m。

(44) 用专用工具和新衬垫将倒车灯开关总成安装至变速器壳，力矩为40 N·m，将线束安装至2个卡夹，如图3—81所示。

(45) 安装速度表从动齿轮孔盖分总成，并以11 N·m的力矩拧紧。

(46) 安装手动变速器注油、放油螺塞，并以39 N·m的力矩拧紧。

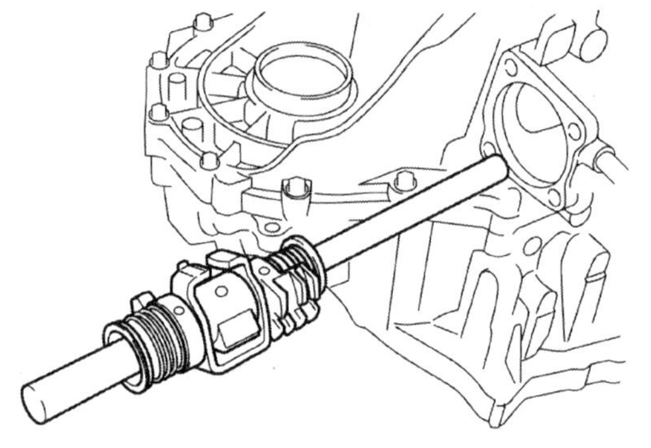

图3—80 安装换挡和选挡杆轴总成

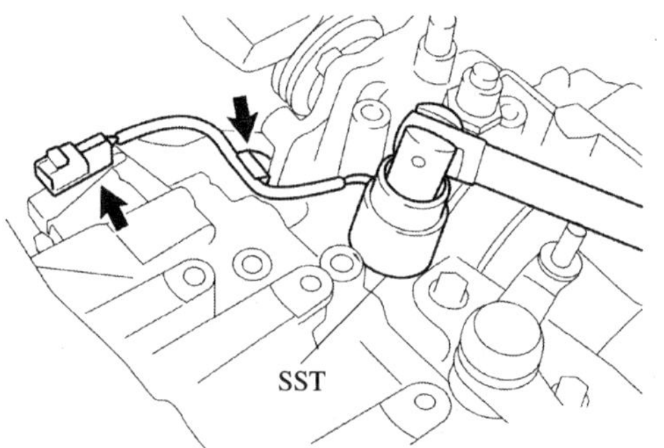

图3—81 安装倒车灯开关总成

学习过程记录表

<table>
<tr><td>姓名：</td><td>班级：</td><td>学号：</td><td>日期：</td></tr>
<tr><td>第三单元　底盘的拆装</td><td>课题二　手动变速器的拆装</td><td>第（　）工作页</td><td>项目2　卡罗拉C50型手动变速器的拆装——卡罗拉C50型手动变速器的分解</td></tr>
<tr><td colspan="4">说明：完成卡罗拉C50型手动变速器分解的工作过程，将分解步骤、操作注意事项填写在下面。</td></tr>
<tr><td colspan="4">车型：　　　　　　　　　　发动机型号：　　　　　　　　　　变速器型号：</td></tr>
<tr><td colspan="2">分解步骤</td><td colspan="2">操作注意事项
（包括使用工具、力矩）</td></tr>
<tr><td colspan="2"></td><td colspan="2"></td></tr>
<tr><td colspan="2"></td><td colspan="2"></td></tr>
<tr><td colspan="2"></td><td colspan="2"></td></tr>
<tr><td colspan="2"></td><td colspan="2"></td></tr>
<tr><td colspan="2"></td><td colspan="2"></td></tr>
<tr><td colspan="2"></td><td colspan="2"></td></tr>
<tr><td colspan="2"></td><td colspan="2"></td></tr>
<tr><td colspan="2"></td><td colspan="2"></td></tr>
<tr><td colspan="2"></td><td colspan="2"></td></tr>
<tr><td colspan="2"></td><td colspan="2"></td></tr>
</table>

批语：　　　　　　　　　　教师：

课题三　自动变速器总成的拆卸与安装

教学目标

1. 掌握自动变速器的拆装方法、步骤和技术要求。
2. 熟悉自动变速器控制系统的组成及控制原理。
3. 熟悉自动变速器总成与发动机、车身、电气设备等的连接关系。
4. 掌握拆装工具和机具的使用。

工具与设备

1. 常用工具。
2. 汽车举升器。
3. 自动变速器专用托架。
4. 桑塔纳3000型轿车自动变速器、卡罗拉轿车U340E型自动变速器。

项目1 桑塔纳3000型轿车01N型四挡自动变速器总成的拆卸与安装

一、桑塔纳3000型轿车自动变速器换挡控制机构拆装（图3—82）

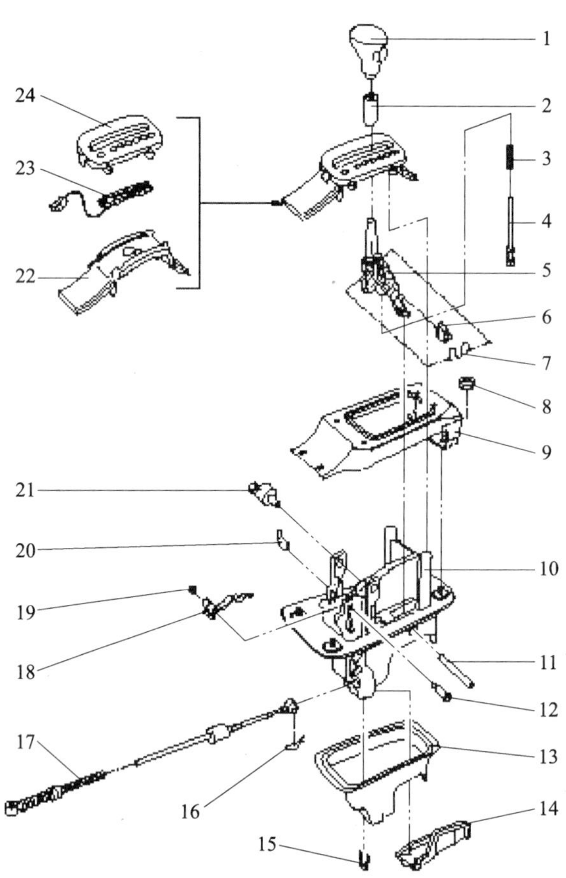

图3—82 换挡机构的结构

1—换挡杆手柄 2—套筒 3—弹簧 4—拉杆 5—换挡杆 6—止动板 7—弹簧卡环 8—螺母 9—换挡杆罩 10—安装支架 11—支轴销 12—销子 13—橡胶框架 14—盖板 15—锁止板 16—固定卡环 17—换挡杆拉索 18—杠杆 19—卡环 20—固定弹簧 21—换挡杆锁止电磁阀 22—导向装置 23—发光元件 24—盖板

1. 换挡机构的拆卸

(1) 把换挡杆移动到P挡。

(2) 脱开蓄电池的负极线。

(3) 向下按套筒，拔出制动块上的按钮并且向上拔出换挡杆的手柄。

(4) 拆下汽车仪表台（见第四单元课题六）。

(5) 举升汽车。

(6) 拆卸排气管。

(7) 松开前部隔热板的螺栓。

(8) 沿箭头 A 的方向按下弹簧锁，松开盖板，如图 3—83 所示。

(9) 从安装支架上取下盖板。

(10) 按拢固定卡环的两端，然后拆下卡环。

(11) 拔下换挡杆上的换挡杆拉索。

(12) 向下拔出安装支架上的换挡杆拉索的止退板。

(13) 拔出安装支架上的换挡杆拉索。

注意：拔的过程中，不要弯折拉索。

(14) 拆下带导向装置的盖板。

(15) 稍稍提升锁止弹簧，从安装支架的锁止弹簧上松开锁止拉索。

(16) 松开换挡杆锁止电磁阀和换挡杆照明线束插头。

(17) 拆下 4 个安装支架的紧固螺母。

(18) 向下拆出安装支架。

(19) 松开变速箱上换挡杆拉索。

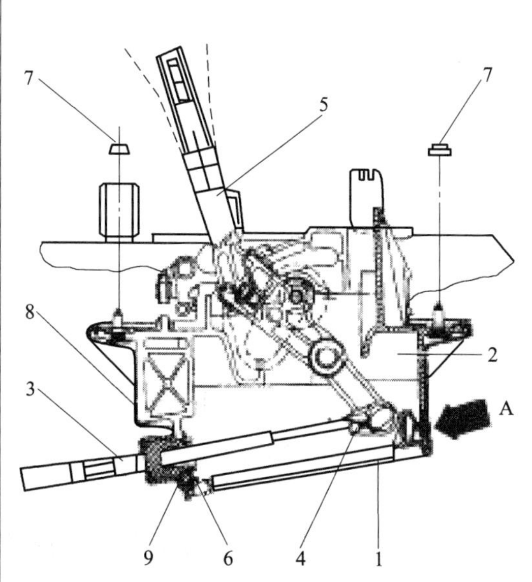

图 3—83　换挡机构的拆卸

1—盖板　2—安装支架　3—换挡杆拉索　4—固定卡环　5—换挡杆　6—止退板　7—螺母　8—锁止弹簧　9—导入槽

2. 换挡机构的安装

(1) 装入之前在拉索的拉环和末端加入少许润滑脂。

(2) 将换挡杆拉索与变速箱连接好，拧紧力矩为 23 N·m。

(3) 用 4 个紧固螺栓安装好安装支架，拧紧力矩为 9 N·m，应确保安装支架和底座之间密封完好。

注意：需要更换安装支架时，装入之前先用卡环卡住橡胶框架。

(4) 安装换挡杆锁止电磁阀和照明线束。

(5) 安装好安装支架上的锁止拉索。

(6) 将盖板导入槽内，然后啮合弹簧搭扣，确保盖板坐落在正确的位置上和密封完好。

(7) 安装好安装支架上的换挡杆拉索。

(8) 安装好安装支架上换挡杆拉索的止退板。

(9) 安装换挡杆上的换挡杆拉索，并用卡环固定好。

(10) 用盖板把安装支架盖好，用弹簧锁锁住盖板。

(11) 安装排气管。

(12) 放下车辆。

(13) 安装中央控制台。

(14) 安装换挡杆的手柄。

(15) 检查调整换挡杆拉索的状况。

(16) 连接好蓄电池的负极线。

3. 换挡机构的检查

(1) 换挡杆放在P挡并且接通点火开关

1) 不踩制动踏板。换挡杆被锁住，并且不能被移出P挡。换挡杆锁止电磁阀锁定换挡杆。

2) 踩下制动踏板。换挡杆锁止电磁阀松开换挡杆，可以把换挡杆切换至各行驶挡位。

(2) 换挡杆放在N挡并且接通点火开关

1) 不踩制动踏板。换挡杆被锁住并且不能被移出N挡。换挡杆锁止电磁阀锁定换挡杆。

2) 踩下制动踏板。换挡杆锁止电磁阀松开换挡杆，可以把换挡杆切换至各行驶挡位。

3) 换挡杆位于1、2、3、D和R挡位时，不可能启动起动机。

4) 当以车速大于5 km/h的速度行驶并且把换挡杆移动至N挡时，换挡杆的锁止电磁阀不应当啮合并锁住换挡杆。应当能够把换挡杆切换至各行驶挡。

5) 当以车速小于5 km/h的速度行驶并且把换挡杆移动至N挡时，换挡杆的锁止电磁阀应当在1 s后才啮合。只有踩下制动踏板后，才能够把换挡杆移动出N挡。

二、桑塔纳3000型轿车四挡自动变速器总成的拆卸

1. 拆下蓄电池的接地线。
2. 拆下发动机盖板。
3. 拆下前车轮，举升汽车。
4. 拆下油底壳下部导流板及其支架。
5. 将变速器电磁阀和速度传感器电线插接器做上装配标记，以防安装时装错位置。
6. 拔下导线插接器，拆下线束卡箍。
7. 脱开变速器上转速表的插头。
8. 拆下带三元催化装置的前部排气管。

9. 拆下右传动轴防护板。

10. 拆下换挡杆拉索防护板。

11. 拆下变速器右侧带减振橡胶垫支架防护板。

12. 拆下发动机和变速器总成上的自动变速器油加注管，并加以固定。

13. 脱开凸缘处的传动轴，并将其捆扎好。

14. 拆下起动机的紧固螺栓，取下起动机，如图 3—84 所示。

15. 拆下发动机与变速器下部的连接螺栓。

16. 安装并调整好变速器托架，如图 3—85 所示。

17. 把带变速器托架的千斤顶移动至变速器的下面，支承好变速器。使调整板平行与变速器对齐，并将安全支承锁止在变速器上，如图 3—86 所示。

18. 把换挡杆移到 P 挡位置，拉出换挡杆拉索上的换挡杆轴。

19. 拆下换挡杆拉索支承支架上的螺栓，拆下换挡杆拉索。

20. 拆下带减振橡胶垫的变速器支架，如图 3—87 所示。

21. 用千斤顶稍稍放下发动机与变速器总成的后部。

22. 拆下液力变矩器与飞轮的连接螺母，将液力变矩器压出飞轮，并使其紧靠自动变速器油泵。

23. 拆下发动机与变速器上部的连接螺栓，使变速器与发动机分离。在此过程中变矩器应紧靠自动变速器油泵。

24. 放下变速器。注意防止液力变矩器掉下。

25. 取下液力变矩器。

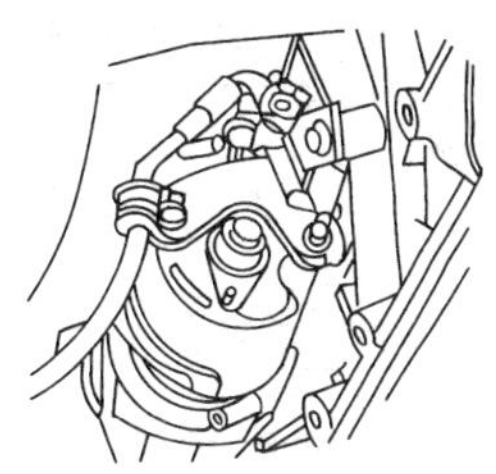

图 3—84　拆下起动机

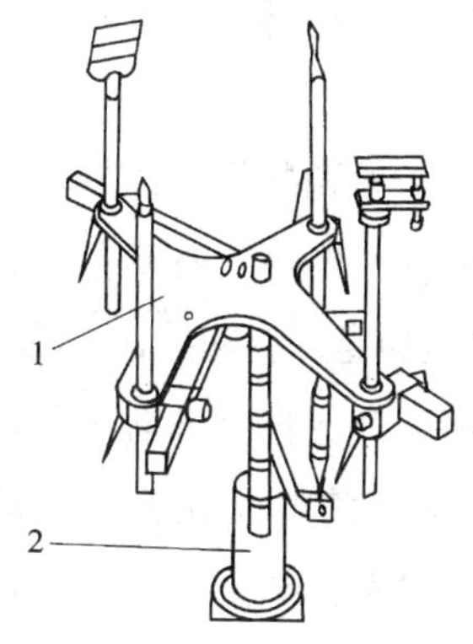

图 3—85　变速器托架

1—托架　2—千斤顶

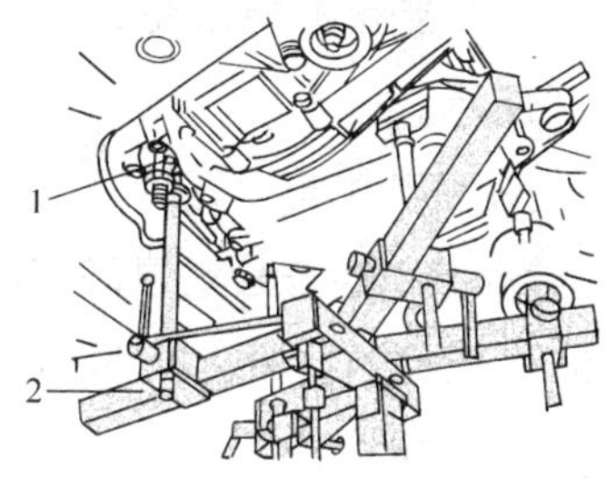

图 3—86　支承变速器

1—安全支承　2—托架

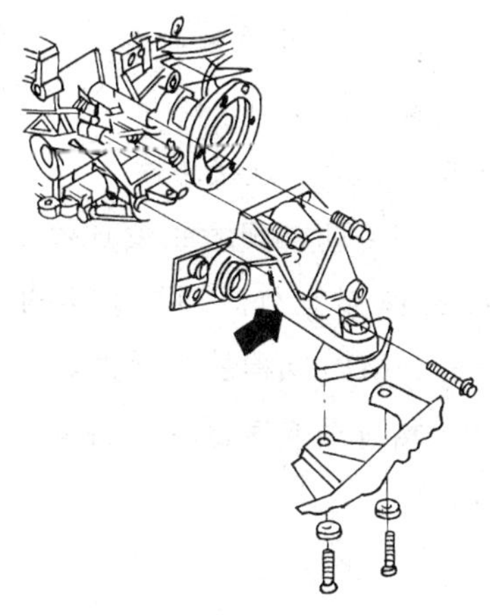

图 3—87　拆下变速器支架

三、桑塔纳3000型轿车四挡自动变速器总成的安装

1. 将液力变矩器安装在自动变速器输入轴上，安装时，转动变矩器使变矩器的油泵传动销钉落在自动变速器油泵的切口内。装好后，变矩器应低于变速器与发动机的接触面20 mm以上。

2. 安装并调整好变速器托架。

3. 将变速器放置在带托架的千斤顶上，并用安全支架锁定好变速器，如图3—86所示。

4. 将变速器托架放置在汽车的下面，调整千斤顶高度，使得变速器与发动机对齐，液力变矩器上的螺栓对准飞轮上的连接孔，安装发动机与变速器的上部固定螺栓。

5. 用千斤顶稍稍举升发动机与变速器总成的后部，装上带减振橡胶垫的支架，如图3—87中箭头所示。

6. 安装发动机与变速器下部固定螺栓。

7. 按规定力矩拧紧变速器与发动机的连接螺栓。M12螺栓的拧紧力矩为65 N·m，M10螺栓的拧紧力矩为45 N·m。

8. 移去变速器托架。

9. 安装液力变矩器与飞轮的连接螺母，并以85 N·m的力矩拧紧，如图3—88所示。

10. 安装起动机，以65 N·m的力矩扭紧起动机与变速器的连接螺栓。

11. 将传动轴安装到变速器上，并按规定力矩拧紧连接螺栓。M8螺栓的拧紧力矩为44 N·m，M10螺栓的拧紧力矩为77 N·m。

12. 将自动变速器油加注管安装到发动机与变速器上。

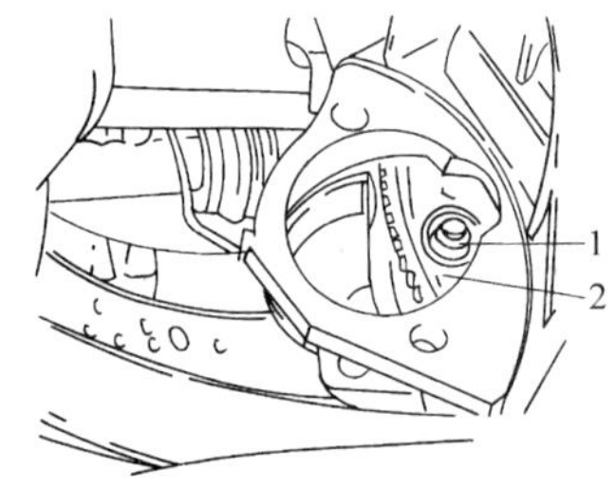

图3—88 液力变矩器与飞轮的连接螺母

1—螺母 2—飞轮

13. 将右侧减振橡胶支架防护板安装到变速器上，并以 10 N·m 的力矩拧紧固定螺栓。

14. 安装换挡杆拉索防护板，并以 10 N·m 的力矩拧紧固定螺栓。

15. 安装右传动轴防护板，并以 25 N·m 的力矩拧紧固定螺栓。

16. 装上带三元催化装置的前排气管。

17. 连接转速表传感器插头。

18. 按原位装回变速器电磁阀和速度传感器的电线插接器及线束卡箍。

注意：不要混淆插接器 C 和 D，插接器 C 连接至（变速器右侧的）车速传感器，插头 D 连接至（变速器左侧的）变速器速度传感器，如图 3—89 所示。

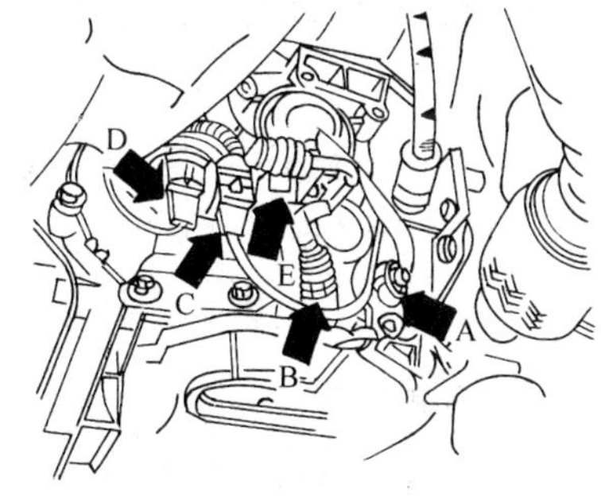

图 3—89　安装插接器

19. 安装油底壳下部导流板支架，装上油底壳下部导流板。

20. 安装前车轮，以 120 N·m 的力矩拧紧轮胎螺栓。

21. 安装发动机盖板。

22. 装上蓄电池负极线。

23. 将换挡杆移动到 P 挡位，并将换挡杆拉索装入换挡杆轴中。

24. 装入支承支架上的螺栓和换挡杆拉索。

25. 检查换挡杆拉索的调整状态，如有必要，重新进行调整。

26. 检查和补充自动变速器油至规定液位，检查主减速器的润滑油液位。

项目 2　卡罗拉轿车 U340E 型自动变速器总成的拆卸与安装

一、卡罗拉轿车 U340E 型自动变速器控制拉索总成拆装

1. 变速器控制拉索总成拆卸

（1）从蓄电池负极端子断开电缆。

（2）拆卸仪表板左下装饰板。

(3) 拆卸仪表板右下装饰板。

(4) 逆时针方向转动换挡杆把手并拆下换挡杆把手分总成,如图 3—90 所示。

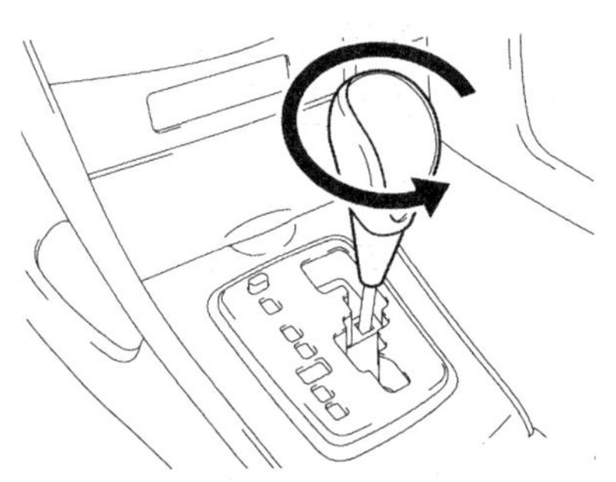

图 3—90 换挡杆把手分总成的拆装

(5) 拆卸中央仪表组装饰板总成。

(6) 拆卸仪表盒总成。

(7) 拆卸前 1 号地板控制台嵌入件。

(8) 拆卸前 2 号地板控制台嵌入件。

(9) 拆卸地板控制台上面板分总成。

(10) 拆卸地板控制台毡垫。

(11) 拆卸后地板控制台总成。

(12) 拆卸 2 号气缸盖罩。

(13) 拆卸空气滤清器盖分总成。

(14) 拆卸空气滤清器壳。

(15) 拆卸 2 号加热型氧传感器。

(16) 拆卸前排气管总成。

(17) 拆下 3 个螺母和前地板 1 号隔热垫。

(18) 断开变速器控制拉索总成。

1) 先将换挡杆移至 N 位置。

2) 从换挡杆总成上断开变速器控制拉索总成的端部,如图 3—91 所示。

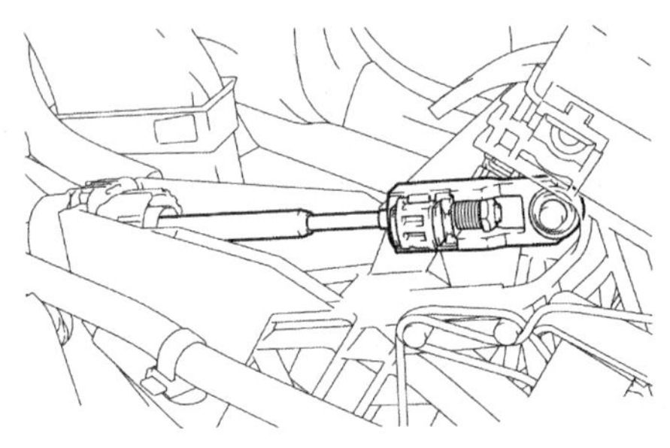

图 3—91 断开变速器控制拉索总成的端部

3) 用旋具拉出变速器控制拉索的挡块,如图 3—92 所示。

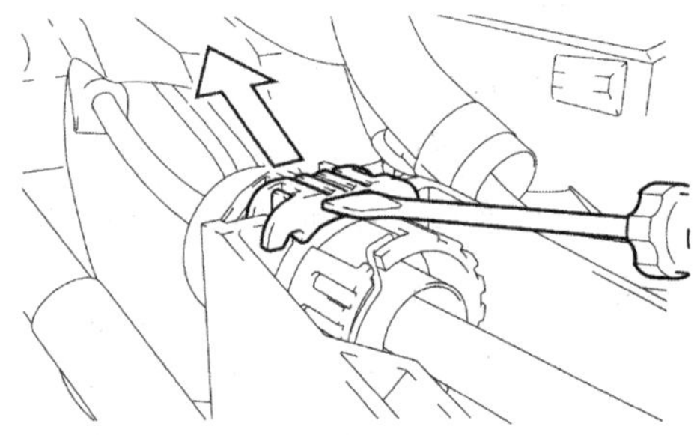

图 3—92 用旋具拉出变速器控制拉索挡块

注意:不要拆下挡块。如果挡块已拆下,将其重新安装至原位。

4) 将螺母逆时针旋转 180°并将其保持在该位置,然后从换挡杆固定架上断开变速器控制拉索。

注意:不要过度旋转螺母,以免导致内部弹簧脱落及变速器控制拉索不可重复使用。

5) 拆下卡子并从控制拉索支架上断开变速器控制拉索总成,如图 3—93 所示。

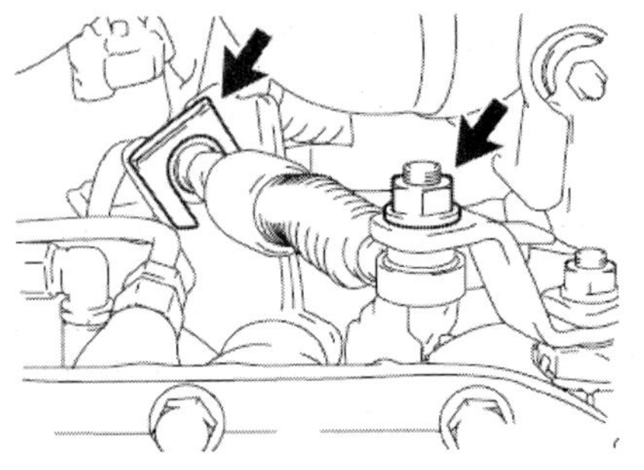

图 3—93 拆卸变速器控制拉索总成

6) 从控制杆上拆下螺母和变速器控制拉索总成。

7）拆下螺栓，并从发动机后悬置隔振垫上分离变速器控制拉索总成支架。

8）拆下 2 个螺栓，并从车身上分离变速器控制拉索总成。

9）从车身上拉出变速器控制拉索总成。

(19) 拆卸换挡杆总成，如图 3—94 所示，从换挡杆总成上断开 2 个连接器和分离 4 个线束卡夹，拆下 4 个螺栓和换挡杆总成。

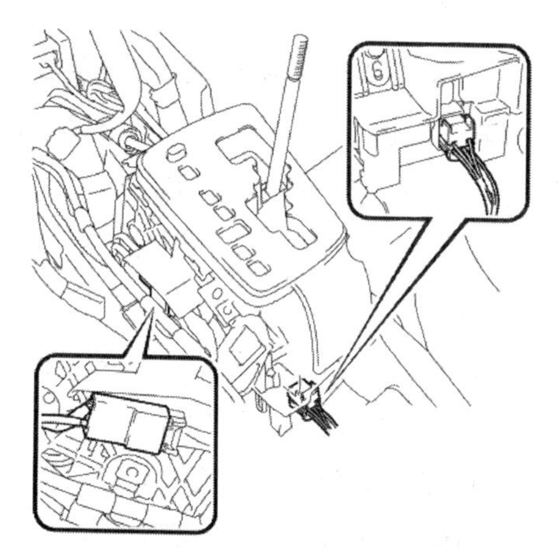

图 3—94　换挡杆总成的拆装

(20) 换挡杆总成分解

1）分离 4 个卡爪，并从换挡锁止控制单元上拆下位置指示灯壳体分总成。

2）从换挡锁止控制单元上拆下带位置指示灯 2 号滑盖的位置指示灯滑盖。

3）从位置指示灯滑盖上拆下位置指示灯 2 号滑盖。

4）拆卸指示灯线束分总成。从换挡锁止控制单元上分离位置指示灯线座和连接器。用旋具松开挡块，脱开端子 7 和 14 的锁止凸耳，并将端子从连接器后面拉出，如图 3—95 所示。

5）从指示灯线束灯座上拆下灯泡和盖。

6）从换挡锁止控制 ECU 分总成上分离连接器，分离 3 个卡爪和换挡锁止控制 ECU 分总成。

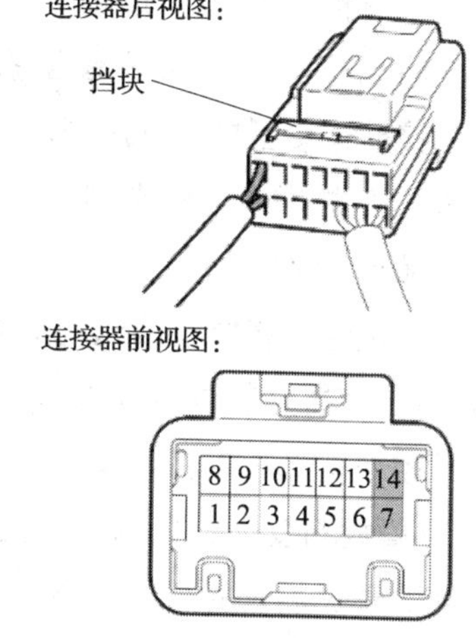

图 3—95　指示灯线束分总成的拆装

2. 变速器控制拉索总成安装

(1) 换挡杆总成的装复

1）接合 3 个卡爪，将换挡锁止控制 ECU 分总成安装至换挡锁止控制单元，将换挡锁止电磁阀连接器连接至换挡锁止控制 ECU 分总成，如图 3—96 所示。

2）将盖安装至灯泡，将灯泡安装至位置指示灯线座上。

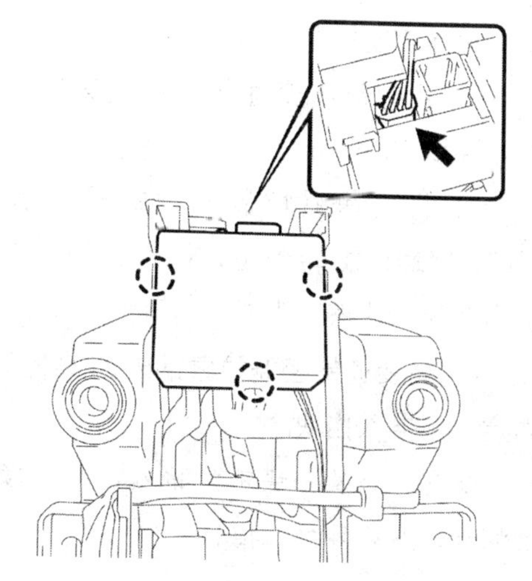

图 3—96　换挡锁止控制 ECU 分总成的拆装

3）安装指示灯线束分总成。将端子 7 和 14 连接至连接器，压入挡块。将位置指示灯线座和连接器安装至换挡锁止控制单元。

4）将位置指示灯 2 号滑盖安装至位置指示灯滑盖。

5）将带位置指示灯 2 号滑盖的位置指示灯滑盖安装至换挡锁止控制单元。

6）接合 4 个卡爪，将地板式换挡杆位置指示灯壳体分总成安装至换挡锁止控制单元。

（2）换挡杆总成的安装

用 4 个螺栓（力矩为 12 N·m）安装换挡杆总成，将 4 个线束卡夹安装至换挡杆总成，将 2 个连接器连接至换挡杆总成。

注意：检查并确认驻车挡/空挡位置开关和换挡杆置于 N 位置。

（3）变速器控制拉索总成的安装

1）将变速器控制拉索放入车厢，用螺母连接变速器控制拉索，并以 5 N·m 的力矩拧紧。

2）用螺栓将变速器控制拉索支架安装至发动机后悬置隔振垫，并以 5.0 N·m 的力矩拧紧，如图 3—97 所示。

图 3—97　变速器控制拉索支架安装至发动机

3）用一个新的卡子将变速器控制拉索安装至变速器控制拉索支架。

4）用螺母将变速器控制拉索安装到控制杆，并以 12 N·m 的力矩拧紧。

5）将变速器控制拉索螺母逆时针旋转 180°，将螺母旋转到位，推入挡块，直到挡块发出两次“咔嗒”声。

6）将变速器控制拉索的外部安装至换挡杆固定架，推入挡块。

注意：如果挡块不能推入，稍微顺时针转动螺母，然后再推入挡块。

7）将拉索端头安装至换挡杆总成，如图 3—98 所示。

注意：检查并确认锁止件被拉起。将拉索端头一直安装至销的底部。

8）将锁止件完全推入调节器壳，直至其锁止。

（4）用 3 个螺母（力矩为 5.5 N·m）安装前地板 1 号隔热垫。

（5）安装前排气管总成。

（6）安装 2 号加热型氧传感器。

（7）安装空气滤清器壳。

（8）安装空气滤清器盖分总成。

（9）安装 2 号气缸盖罩。

（10）安装后地板控制台总成。

（11）安装地板控制台毡垫。

（12）安装地板控制台上面板分总成。

（13）安装前 1 号地板控制台嵌入件。

（14）安装前 2 号地板控制台嵌入件。

（15）安装仪表盒总成。

（16）安装中央仪表组装饰板总成。

（17）安装换挡杆把手分总成。

（18）安装仪表板左下、右下装饰板。

（19）将电缆连接到蓄电池负极端子。

（20）检查换挡杆位置。

1）当点火开关置于 ON 位置且踩下制动踏板时，将换挡杆从 P 挡换至 R 挡，确保换挡杆平稳地换挡至正确位置。

2）启动发动机，确保将换挡杆从 N 挡换至 D 挡时车辆向前行驶，将其换至 R 挡时车辆向后行驶。

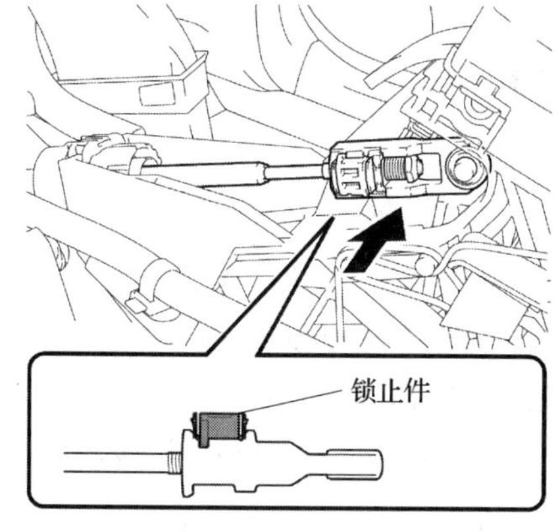

图 3—98 将拉索端头安装至换挡杆总成

3）如果不能按规定执行操作，检查驻车挡/空挡位置开关总成，并检查换挡杆总成的安装情况。

（21）调整换挡杆位置

1）拉紧驻车制动器并将换挡杆换至 N 挡。

2）拆下后地板控制台总成。

3）从换挡杆总成上断开变速器控制拉索总成的端部。

4）用旋具拉出变速器控制拉索的挡块。

5）将螺母逆时针旋转 180°，并将其保持在该位置，然后从换挡杆固定架上断开变速器控制拉索。

6）将变速器控制拉索锁止件顶端的 2 个卡爪推到一起。2 个卡爪保持在一起时，将锁止件底部的 2 个凸耳推向一起并向上拉出锁止件，如图 3—99 所示。

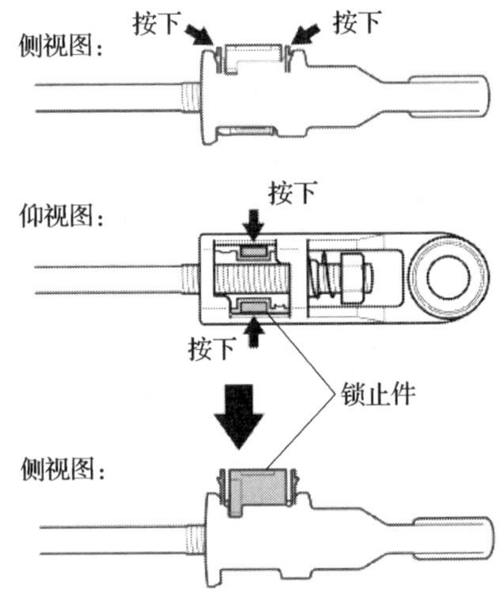

图 3—99　拆卸变速器控制拉索锁止件

7）将变速器控制拉索螺母顺时针旋转 180°。将螺母保持到位，推入挡块直到挡块发出两次“咔嗒”声。

8）将变速器控制拉索的外部安装至换挡杆固定架。检查并确认弹簧位于 A 位置，然后推入挡块，如图 3—100 所示。

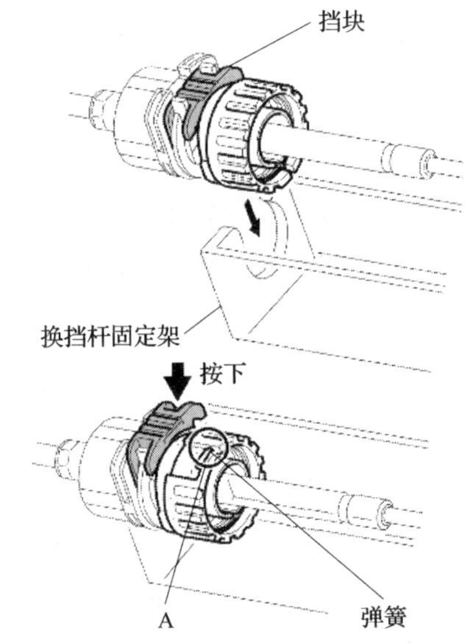

图 3—100　控制拉索的安装至换挡杆固定架

9）将拉索端头安装至换挡杆总成。

10）将锁止件推入调节器壳。

11）调整好换挡杆位置后，检查换挡杆的操作和功能。如果存在故障，再次调整位置。

12）安装后地板控制台总成。

二、卡罗拉 U340E 型自动变速器总成的拆卸（图 3—101）

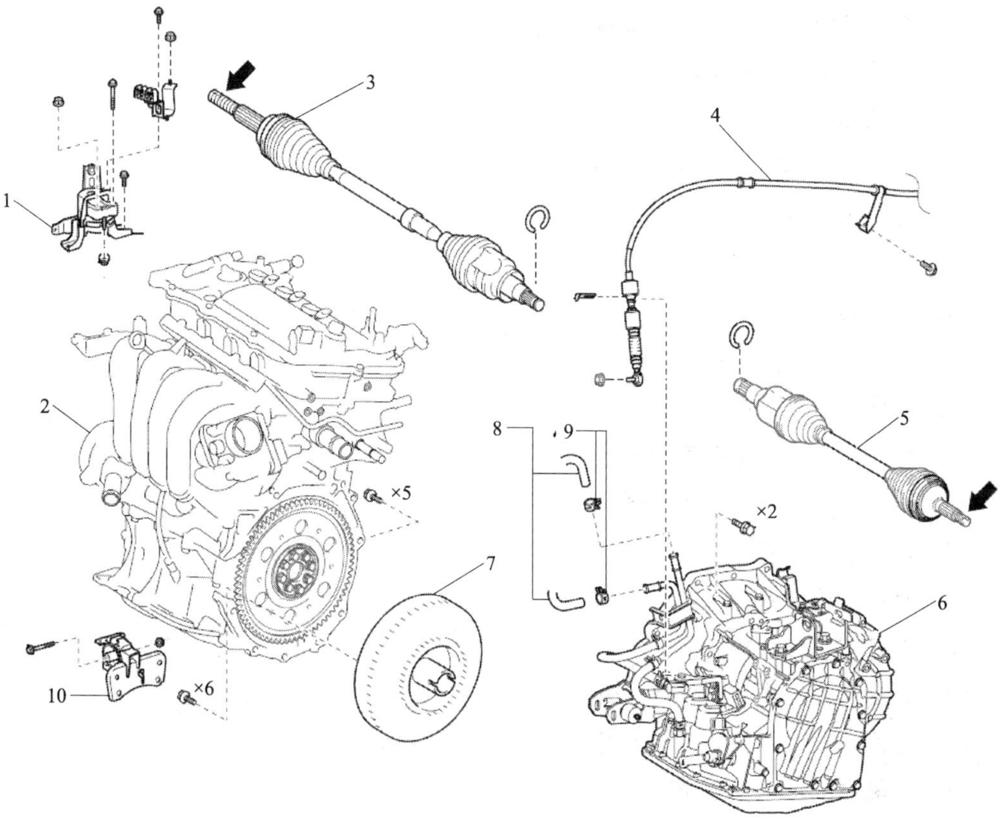

图 3—101　U340E 型自动变速器的拆装

1—发动机右侧悬置隔振垫　2—发动机　3—前桥右半轴总成　4—变速器控制拉索总成　5—前桥左半轴总成　6—U340E 型自动变速器　7—变矩器离合器总成　8—油冷却器软管　9—卡夹　10—发动机左侧悬置隔振垫

1. 燃油系统卸压。
2. 使前轮处于正前位置，拆卸前轮。
3. 拆卸发动机后部左侧、右侧底罩。
4. 拆卸发动机 1 号、2 号底罩。
5. 排净发动机冷却液。
6. 排空自动变速器油。
7. 拆卸散热器上空气导流板。
8. 拆卸第 2 号气缸盖罩。
9. 拆卸空气滤清器。
10. 拆卸蓄电池。
11. 拆卸蓄电池托架。
12. 分离散热器进、出水软管。
13. 断开变速器控制拉索总成。

14. 断开油冷却器软管。

15. 断开加热器出水、进水软管。

16. 断开燃油管分总成。

17. 拆卸多楔带。

18. 拆卸发电机总成（见第四单元课题一)。

19. 分离装有带轮的压缩机总成。

20. 断开线束。

21. 固定转向盘。

22. 拆卸转向柱孔盖消音板。

23. 分离 2 号转向中间轴总成。

24. 断开转向柱 1 号孔盖分总成。

25. 拆卸 2 号加热型氧传感器。

26. 拆卸前排气管总成。

27. 拆卸前桥轮毂螺母。

28. 断开前轮转速传感器。

29. 分离左侧、右侧拉杆接头分总成。

30. 分离左前、右前稳定杆连杆总成。

31. 分离左前、右前悬架下臂。

32. 分离左、右转向节。

33. 拆卸前桥左、右半轴总成（见第三单元课题五)。

34. 拆卸飞轮壳底罩。

35. 用扳手固定曲轴带轮螺栓，以拆下 6 个变矩器离合器固定螺栓，如图 3—102 所示。

图 3—102　传动板和变矩器离合器固定螺栓拆卸

36. 拆卸发动机前悬置支架下加强件。

37. 拆卸左、右前悬架横梁加强件。

38. 拆卸左、右前悬架横梁后支架。

39. 拆卸前悬架横梁分总成。

40. 拆卸前横梁。

41. 拆卸带变速器的发动机总成。

42. 拆卸发动机后悬置隔振垫。

43. 安装发动机吊架。

44. 拆卸自动变速器壳侧盖。

45. 拆卸起动机总成。

46. 拆下变速器固定螺栓，从发动机上拆下自动变速器，如图 3—103 所示。

47. 从自动变速器上拆下发动机左侧悬置支架。

48. 从自动变速器上拆下发动机前悬置支架。

49. 从发动机后悬置支架上拆下线束，拆下 3 个螺栓，从自动变速器上拆下发动机后悬置支架。

50. 分离转速传感器连接器和变速器控制拉索支架，从自动变速器上拆下线束。拆下螺栓，从自动变速器上拆下变速器控制拉索支架，如图 3—104 所示。

51. 拆下 2 个软管卡夹和螺栓，拆下油冷却器管分总成。

52. 拆卸变速器加油管分总成，从变速器加油管分总成上拆下 O 形圈。

53. 分离连接器和线束卡夹，从自动变速器上拆下线束。拆下 2 个螺栓，从自动变速器上拆下变速器 1 号控制拉索支架，如图 3—105 所示。

54. 拆下螺栓和速度表从动齿轮孔盖分总成。

55. 从自动变速器上拆下变矩器离合器。

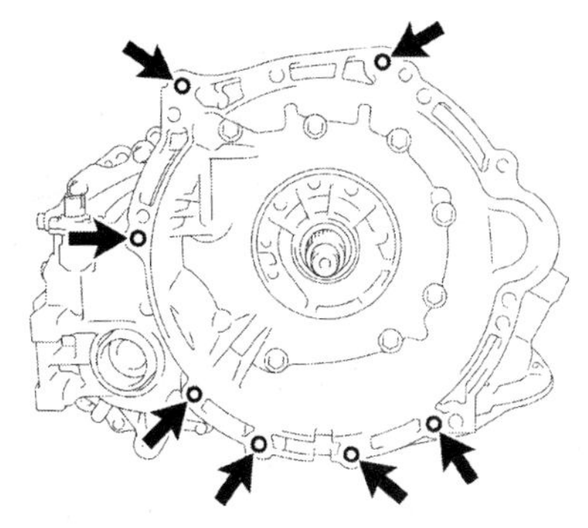

图 3—103　从发动机上拆下自动变速器

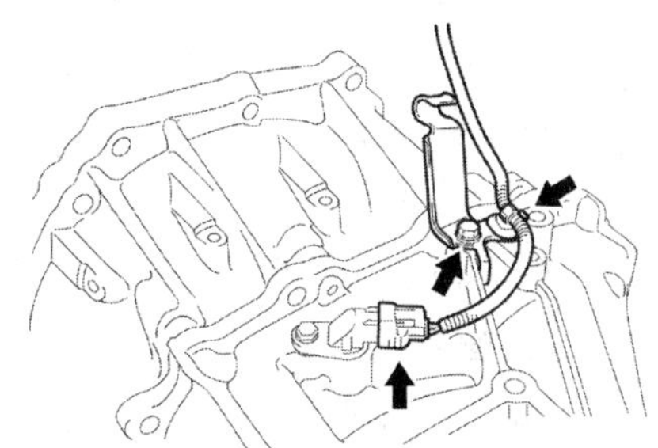

图 3—104　拆卸控制拉索支架

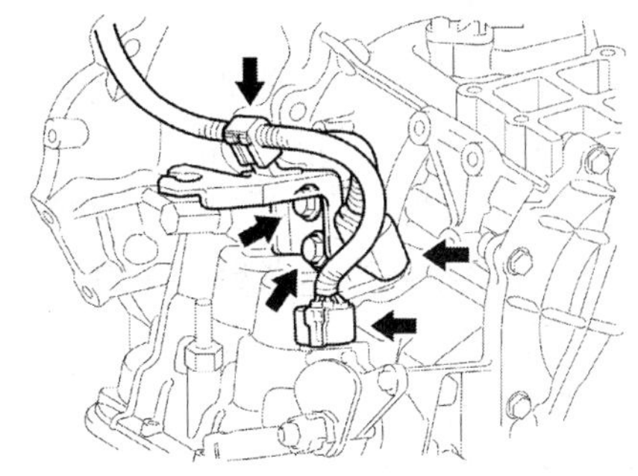

图 3—105　拆卸变速器 1 号控制拉索支架

三、卡罗拉 U340E 型自动变速器总成的安装

1. 安装变矩器离合器总成

(1) 使用游标卡尺，测量发动机变速器装配部件与传动板变矩器装配部件之间的尺寸 A，如图 3—106a 所示。

(2) 将键放在前油泵主动齿轮顶部，并在壳体上做好装配标记。

(3) 在变矩器上做好装配标记，以清晰指示它的凹槽，如图 3—106b 所示。

(4) 对准壳体和变矩器上的装配标记，将输入轴花键装配到涡轮转子花键上。

(5) 转动变矩器，将定子轴花键装配到定子花键上。

(6) 转动变矩器，再次对准壳体和变矩器上的标记，将油泵主动齿轮键装配到变矩器键槽中。

(7) 用游标卡尺和直尺，测量尺寸 B ($B \geqslant A + 1$ mm)，如图 3—106c 所示。

2. 用螺栓将速度表从动齿轮孔盖分总成安装至自动变速器，并以 7.0 N·m 的力矩拧紧。

3. 用螺栓将变速器 1 号控制拉索支架安装至自动变速器，并以 12 N·m 的力矩拧紧。连接 2 个连接器，并将卡夹安装至自动变速器。

4. 安装变速器加油管分总成

(1) 在新 O 形圈上涂 ATF (自动变速箱油)，并将其安装至变速器加油管分总成。

(2) 用螺栓将变速器加油管分总成安装至自动变速器，并以 12 N·m 的力矩拧紧。

(3) 将变速器油位计分总成安装至变速器加油管分总成。

5. 用 2 个软管卡夹将 2 个油冷却器软管连接至 2 个接头。用螺栓将油冷却器管分总成安装至自动变速器，并以 5.5 N·m 的力矩拧紧。

6. 用螺栓将变速器控制拉索支架安装至自动变速器，并以 5.0 N·m 的力矩拧紧。将卡夹连接至变速器控制拉索支架上，并将转速传感器连接器连接至转速传感器。

7. 用螺栓将发动机后悬置支架安装至自动变速器，并以 45 N·m 的力矩拧紧。并用线束卡夹将线束安装至发动机后悬置支架，如图 3—107 所示。

8. 用螺栓将发动机前悬置支架安装到自动变速器上，并以 64 N·m 的力矩拧紧固定螺栓，如图 3—108 所示。

9. 用螺栓将发动机左悬置支架安装至自动变速器，并以 64 N·m 的力矩拧紧，如图 3—109 所示。

10. 用螺栓将自动变速器安装至发动机，并以 30 N·m 的力矩拧紧。

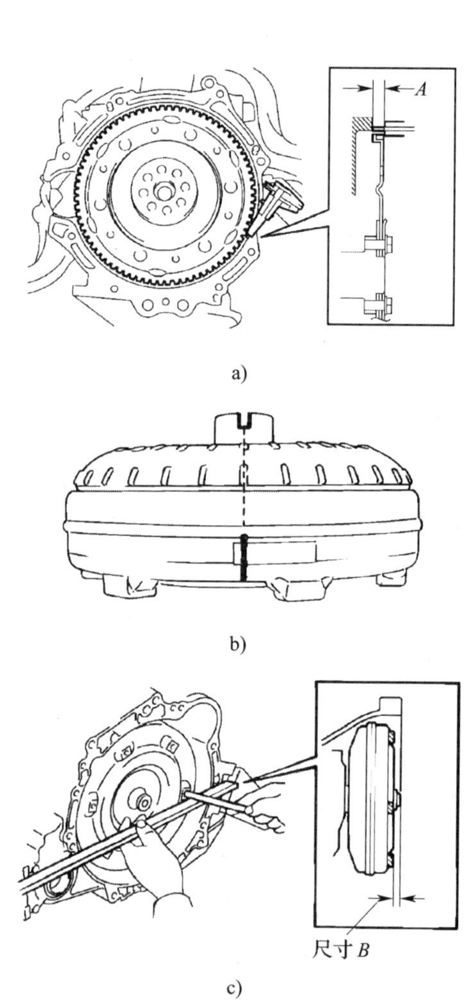

图 3—106 安装变矩器总成

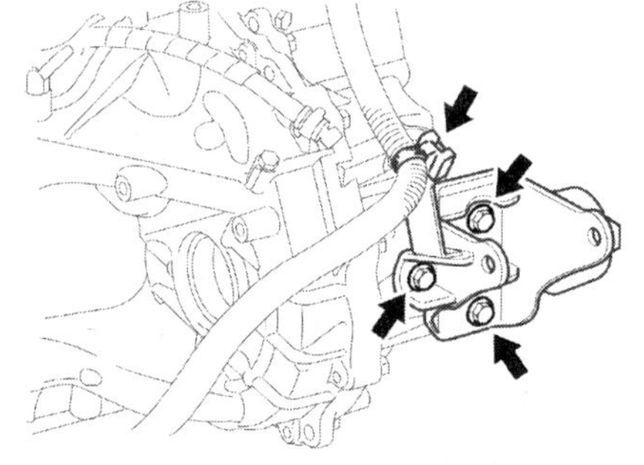
图 3—107 发动机后悬置支架安装

11. 安装起动机总成。

12. 安装飞轮壳侧盖。

13. 安装发动机后悬置隔振垫。

14. 安装带变速器的发动机总成。

15. 安装前横梁。

16. 安装前悬架横梁分总成。

17. 安装左前、右前悬架横梁后支架。

18. 安装左前、右前悬架横梁加强件。

19. 安装发动机前悬置下支架加强件。

20. 在6个变矩器离合器固定螺栓尖头的2圈螺纹上滴几滴黏合剂，用扳手固定曲轴带轮螺栓，安装变矩器离合器固定螺栓，并以28 N·m的力矩拧紧，如图3—110所示。

注意：先安装黑色螺栓，然后安装其余5个螺栓。

21. 安装飞轮壳底罩至自动变速器。

22. 安装前桥左、右半轴总成。

23. 安装左、右转向节。

24. 安装左、右前悬架下臂。

25. 安装左、右前稳定杆连杆总成。

26. 连接左、右侧横拉杆接头分总成。

27. 安装左、右前轮转速传感器。

28. 安装左、右前桥轮毂螺母。

29. 安装前排气管总成。

30. 安装2号加热型氧传感器。

31. 安装转向柱1号孔盖分总成。

32. 安装2号转向中间轴总成。

33. 安装转向柱孔盖消音板。

34. 安装线束。

35. 安装带带轮的压缩机总成。

36. 安装发电机总成。

37. 安装、调整、检查多楔带。

38. 连接燃油管分总成。

39. 连接加热器进、出水软管。

40. 连接单向阀软管接头。

41. 连接油冷却器软管。

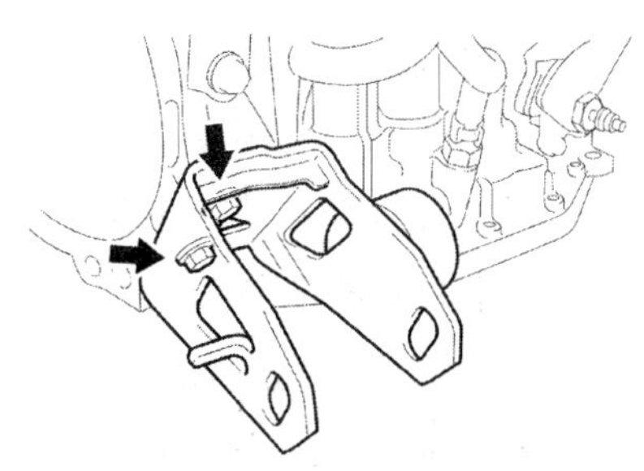

图3—108　发动机前悬置支架安装

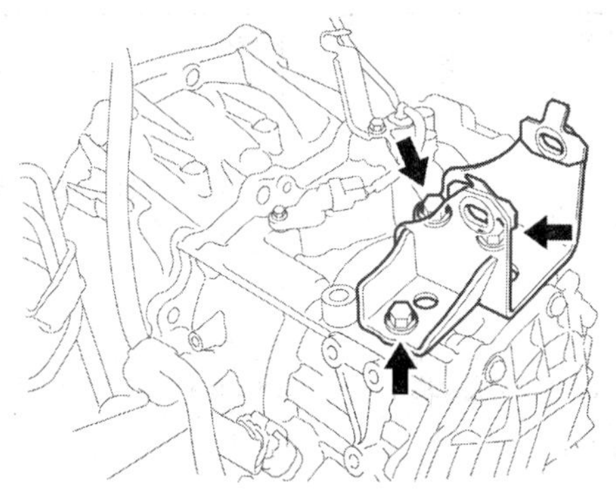

图3—109　发动机左悬置支架安装

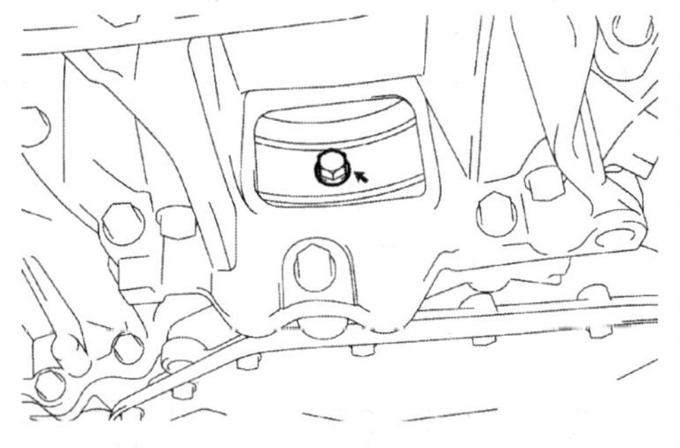

图3—110　安装传动板和变矩器离合器固定螺栓

42. 安装变速器控制拉索总成。

43. 连接散热器出水、进水软管。

44. 安装蓄电池托架。

45. 安装蓄电池。

46. 安装空气滤清器。

47. 安装前轮。

48. 添加发动机冷却液。

49. 添加并检查自动变速器油(油液类型:丰田原厂 ATF WS;容量:2.9 L)。

50. 安装发动机底罩。

51. 安装 2 号气缸盖罩。

52. 安装散热器上空气导流板。

学习过程记录表

<table>
<tr><td>姓名:</td><td>班级:</td><td>学号:</td><td>日期:</td></tr>
<tr><td>第三单元　底盘的拆装</td><td>课题三　自动变速器总成的拆卸与安装</td><td>第(　)工作页</td><td>项目 1　桑塔纳 3000 型轿车 01N 型四挡自动变速器总成拆卸与安装——桑塔纳 3000 型轿车四挡自动变速器总成的安装</td></tr>
<tr><td colspan="4">说明:完成桑塔纳 3000 型轿车四挡自动变速器总成安装的工作过程,将安装步骤、操作注意事项填写在下面。</td></tr>
<tr><td colspan="4">车型:　　　　　　　　发动机型号:　　　　　　　　变速器型号:</td></tr>
<tr><td colspan="2">安装步骤</td><td colspan="2">操作注意事项
(包括使用工具、力矩)</td></tr>
<tr><td colspan="2"></td><td colspan="2"></td></tr>
<tr><td colspan="2"></td><td colspan="2"></td></tr>
<tr><td colspan="2"></td><td colspan="2"></td></tr>
<tr><td colspan="2"></td><td colspan="2"></td></tr>
<tr><td colspan="2"></td><td colspan="2"></td></tr>
<tr><td colspan="2"></td><td colspan="2"></td></tr>
<tr><td colspan="2"></td><td colspan="2"></td></tr>
<tr><td colspan="2"></td><td colspan="2"></td></tr>
<tr><td colspan="2"></td><td colspan="2"></td></tr>
<tr><td colspan="2"></td><td colspan="2"></td></tr>
</table>

批语:　　　　　　　　　　　　　　　　　　教师:

课题四 自动变速器的分解与组装

教学目标

1. 掌握自动变速器总成的分解组装方法、步骤和技术要求。
2. 了解自动变速器各零件名称、作用。
3. 掌握自动变速器各零部件的检修。
4. 掌握拆装工具和机具的使用。

工具与设备

1. 常用工具。
2. 汽车举升器。
3. 变速器专用托架。
4. 桑塔纳01N型自动变速器、卡罗拉U340E型自动变速器。

项目1 桑塔纳轿车01N型自动变速器的分解与组装（图3—111）

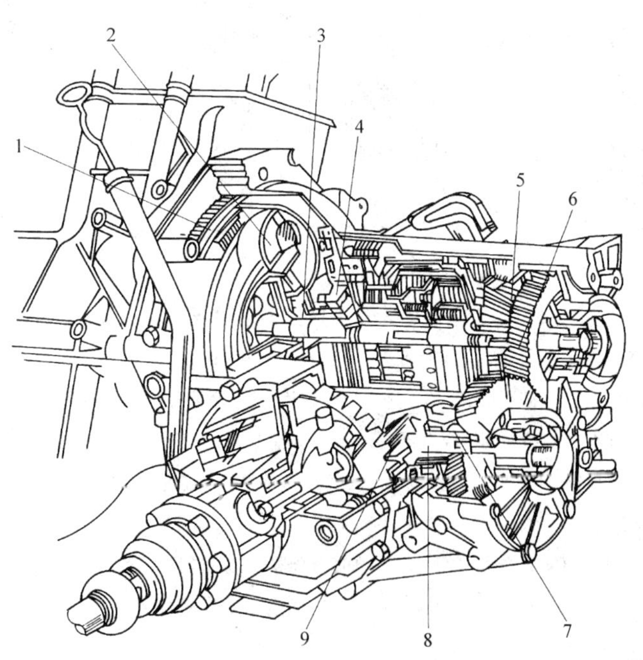

图3—111 01N型自动变速器

1—飞轮 2—液力变矩器 3—齿圈 4—行星齿轮变速机构 5—油泵 6—定子支撑 7—驻车齿轮 8—主动锥齿轮 9—主减速器

一、桑塔纳01N型自动变速器的分解（图3—112）

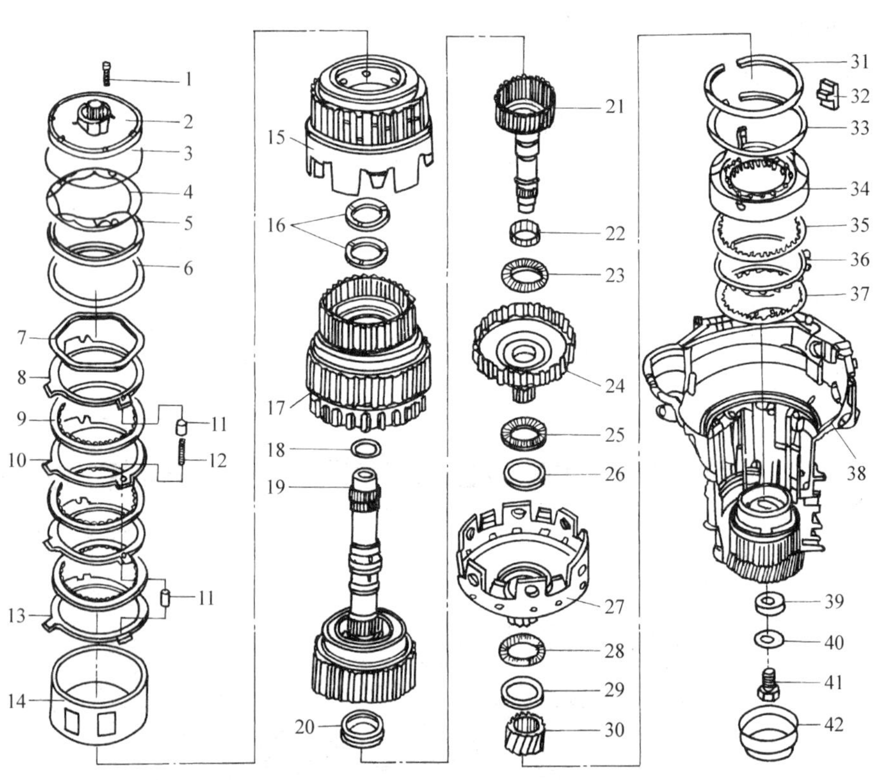

图3—112　桑塔纳01N型自动变速器的分解

1—螺栓　2—油泵及制动器活塞　3、18—O形密封圈　4—密封垫　5—卡簧　6—调整垫片　7—波形弹簧　8、10、13—钢片　9—摩擦片　11—弹簧座　12—弹簧　14—B2支承套　15—倒挡离合器C2　16—调整垫片　17—一、二、三挡离合器C1　19—三、四挡离合器C3及输入轴　20、23、25、28—滚针推力轴承　21—小传动轴　22—滚针轴承　24—大传动轴　26、29—垫圈　27—大太阳轮　30—小太阳轮　31—卡簧　32—导流块　33—单向离合器卡簧　34—单向离合器　35—碟形弹簧　36—压盘　37—摩擦片　38—壳体　39—调整垫片　40—垫圈　41—螺栓　42—盖板

1. 阀体的拆卸（图 3—113）

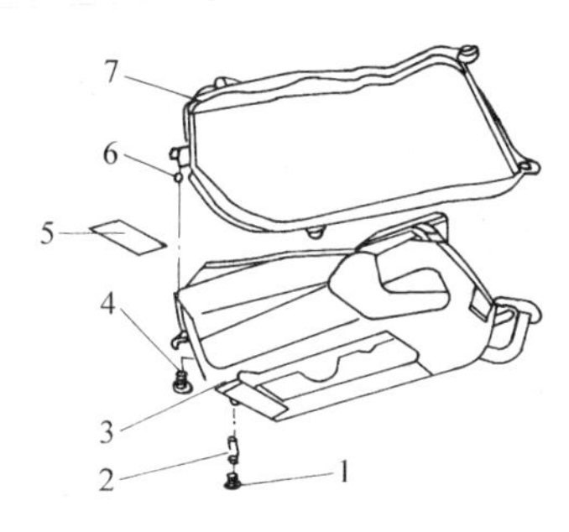

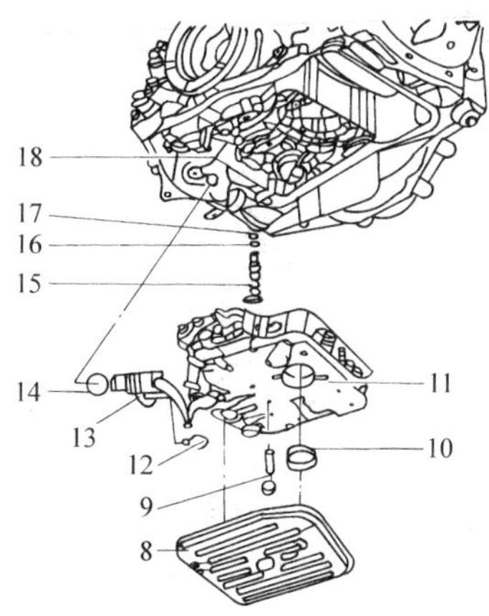

图 3—113　阀体的拆卸

1—螺塞　2—溢流管　3—油底壳　4、9、12—螺栓　5—磁铁　6—间隔套筒
7、10—密封垫　8—滤网　11—阀体　13—扁状导线　14、16、17—O 形密封圈
15—密封塞　18—手动换挡阀操纵杆

（1）将自动变速器总成安装在专用拆装翻转架上。

（2）将接油容器放在变速器底部，拆下放油螺塞和溢流管，放净自动变速器油。

（3）装回放油螺塞和溢流管。

（4）拆下盖板，如图 3—114 所示。

（5）转动翻转架使变速器底部朝上，拆下油底壳固定螺栓，取下油底壳及密封垫。

（6）拆下滤网固定螺栓，取出滤网及密封圈。

（7）用专用工具拔出扁状线束插接器，拆下导线固定螺栓。

（8）取出电磁阀线束。

（9）用内六角扳手，由内向外对角依次拧开阀体固定螺栓。

（10）拨动手动换挡阀，使它与操作杆分离。固定手动换挡阀使其不会脱落。

（11）用手扣住控制阀下边的隔板，将阀体和隔板一起取出。

注意：在取下阀体过程中，不要使阀体与隔板分离，以免阀体与隔板间的钢球等零件散落。

（12）取出倒挡制动器 B1 的密封塞，如图3—115 所示。

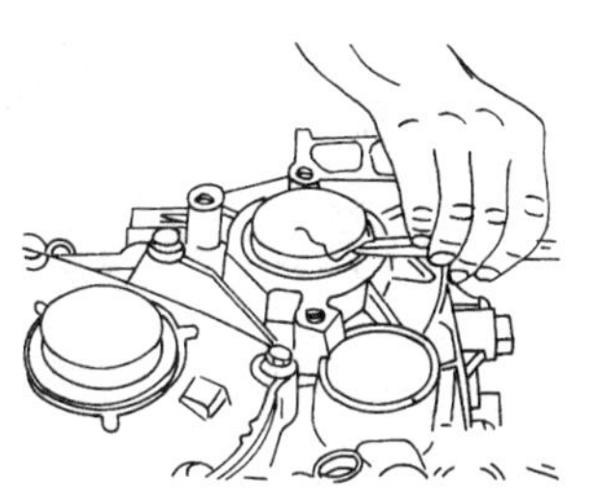

图 3—114　拆下盖板

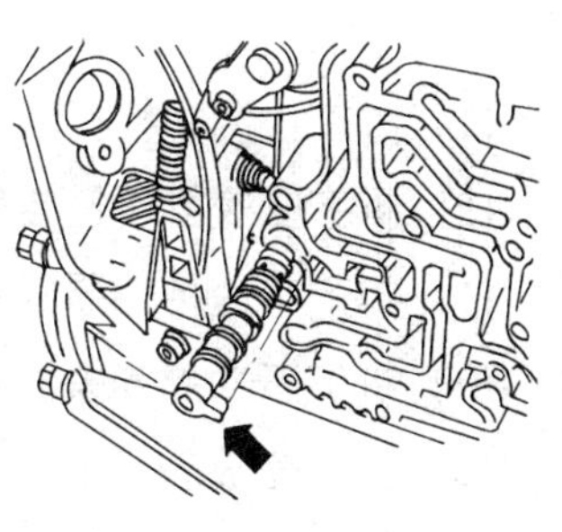

图 3—115　取出密封塞

2. 驻车装置的分解（图 3—116）

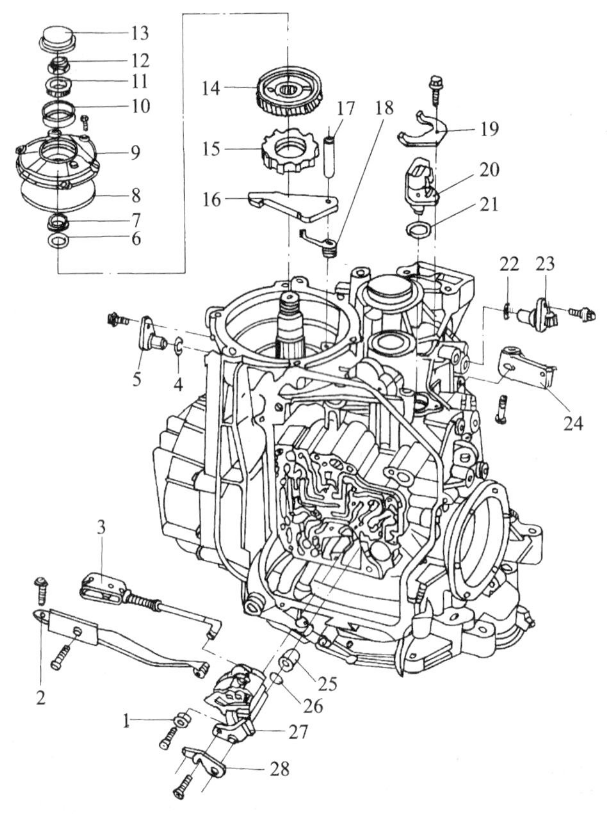

图 3—116　驻车装置的分解

1、9、14、20、22、27—螺栓　2—锁止垫圈　3、5—螺栓　4—定位弹簧　6—操纵杆
7、17、18、24—O 形密封圈　8—转速传感器　10—驻车锁止爪　11—驻车齿轮
12—驻车锁止爪定位销　13—回位弹簧　15—支承板　16—多功能开关　19—车速传感器
21—控制轴杠杆　23—衬套　25—换挡轴　26—换挡阀控制臂

(1) 拧下控制轴杠杆固定螺栓，拆下控制轴杠杆。

(2) 拆下变速器转速传感器固定螺栓，取下转速传感器及密封圈。

(3) 拆下车速传感器固定螺栓，取下车速传感器及密封圈。

(4) 拆下多功能开关固定螺栓，取下支承板和多功能开关。

(5) 拆下盖板。

(6) 拆下主动锥齿轮轴的固定螺母。

(7) 取下圆锥滚子轴承。

(8) 拆下轴承盖固定螺栓，取下轴承盖。

(9) 取下套管和调整垫片。

(10) 用顶拔器拆下减速器输入齿轮。

(11) 拆下定位弹簧固定螺栓。

(12) 用手提起驻车锁止爪，取下定位弹簧。

(13) 拆下手动换挡阀控制臂固定螺栓，取下换挡阀控制臂。

(14) 拆下换挡轴固定螺栓，从换挡轴上取下锁止垫圈，如图 3—117 所示。

(15) 取出换挡轴、操作杆、O 形密封圈和安装衬套。

(16) 拔出驻车锁止爪定位销，取下驻车锁止爪和回位弹簧。

(17) 拆下驻车齿轮。

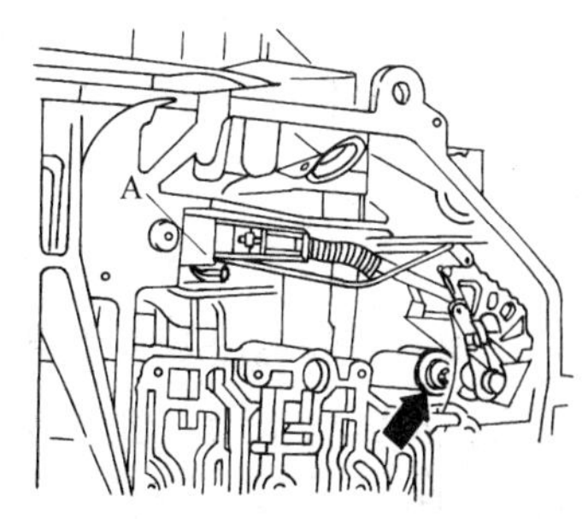

图 3—117 拆卸换挡轴固定螺栓

3. 行星齿轮变速机构的分解

(1) 用扳手对角拧下油泵的固定螺栓。

(2) 用 M8 的螺栓拧入油泵的螺纹孔内，然后用手晃动两只螺栓，将油泵从变速器的壳体内取出。

注意：不能用扳手将 M8 螺栓拧入的方法顶出油泵，以免损坏变速器壳体。

(3) 油泵的分解，如图 3—118 所示。

1) 从油泵上取下液力变矩器密封圈。

2) 取下油泵 O 形密封圈。

3) 拆下倒挡制动器 B1 的活塞环。

4) 拆下倒挡制动器卡簧。

5) 拆下倒挡制动器活塞。

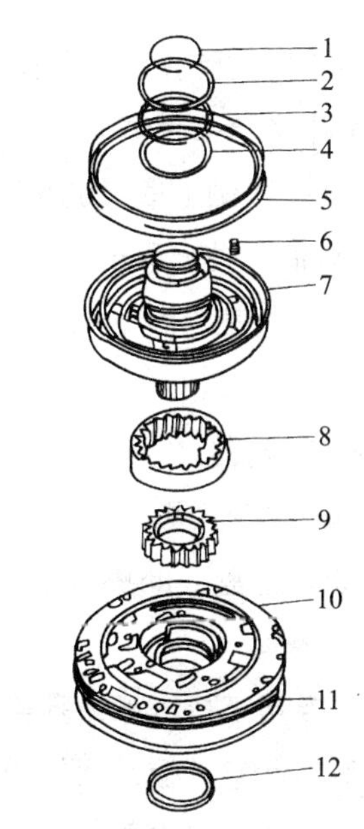

图 3—118 油泵的分解

1、2、3—活塞环 4—卡簧 5—活塞 6—螺栓 7—导轮支承环 8—油泵外齿轮 9—油泵内齿轮 10—泵体 11—O 形密封圈 12—密封圈

6）拆下油泵螺栓。

7）分解油泵，取出油泵内齿轮和外齿轮。

(4) 用手抓住变速器输入轴，将二、四挡制动器 B2、倒挡离合器 C2 和离合器总成 C1C3 一起取出。

(5) 取下第二、四挡制动器 B2 的钢片、摩擦片、弹簧、弹簧座及支承管。

(6) 从输入轴上取下倒挡离合器 C2。

(7) 倒挡离合器 C2 的分解，如图 3—119 所示。

1）拆下卡簧。

2）从离合器毂中取出压盘、钢片、摩擦片和波形弹簧。

3）用专用工具压下弹簧支承板，拆下卡簧。

4）拆下回位弹簧及弹簧支承板。

5）取出离合器活塞。

(8) 从输入轴上取出调整垫片。

(9) 从输入轴上取出一～三挡离合器 C1。

(10) 一～三挡离合器 C1 的分解，如图 3—120 所示。

1）拆下卡簧。

2）从花键鼓上取下支承环。

3）取下压盘、摩擦片支架、摩擦片、钢片、波形弹簧。

4）用专用工具压下活塞盖板，拆下卡簧。

5）取下活塞盖板、回位弹簧。

6）从离合器毂中取下离合器活塞。

(11) 取出带涡轮轴的三、四挡离合器 C3。

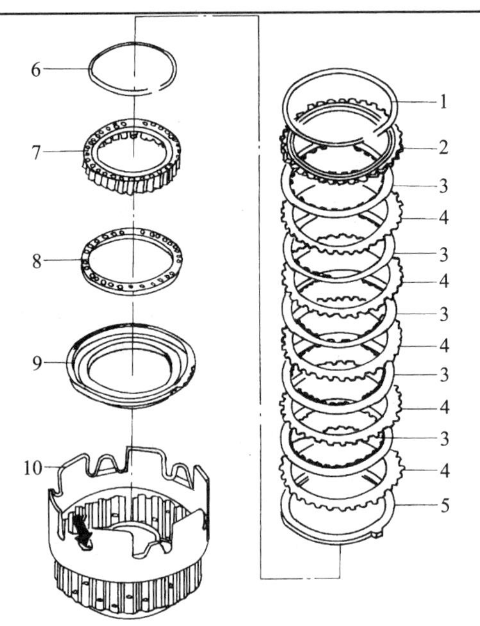

图 3—119 倒挡离合器的分解

1、6—卡簧 2—压盘 3—摩擦片 4—钢片 5—波形弹簧 7—回位弹簧 8—弹簧支承板 9—活塞 10—离合器毂

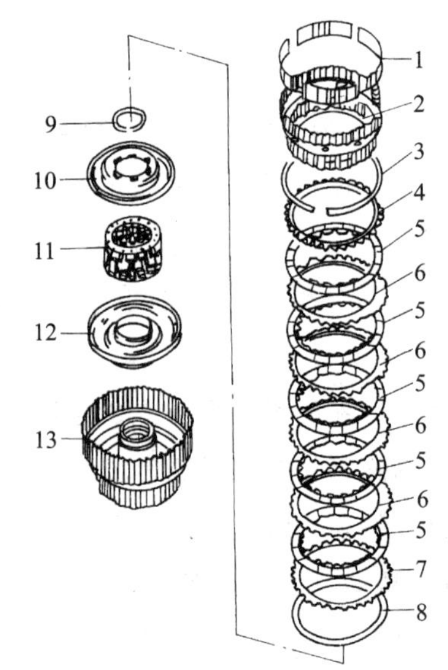

图 3—120 一～三挡离合器 C1 的分解

1—支承环 2—花键鼓 3、9—卡簧 4—压盘 5—摩擦片 6—钢片 7—摩擦片 8—波形弹簧 10—活塞盖板 11—回位弹簧 12—活塞 13—离合器毂

(12) 三、四挡离合器 C3 的分解，如图 3—121 所示。

1) 拆下卡簧。

2) 取出压盘、摩擦片、钢片和波形弹簧片。

3) 用专用工具压下活塞盖板，拆下卡簧。

4) 取下活塞盖板、弹簧。

5) 从离合器毂中取下离合器活塞。

6) 从输入轴上拆下活塞环和 O 形密封圈。

(13) 拆下变速器后盖。

(14) 用螺钉旋具穿过大太阳轮的孔，固定小传动轴，如图 3—122 所示，松开小传动轴螺栓。

(15) 拆下小传动轴螺栓、垫圈和调整垫片，抽出小传动轴。

(16) 抽出大传动轴。

(17) 取出大太阳轮，如图 3—123 所示。

(18) 拆下变速器速度传感器。

(19) 拆下二、四挡制动器支承管卡簧。

(20) 拔出导流块，如图 3—124 所示。

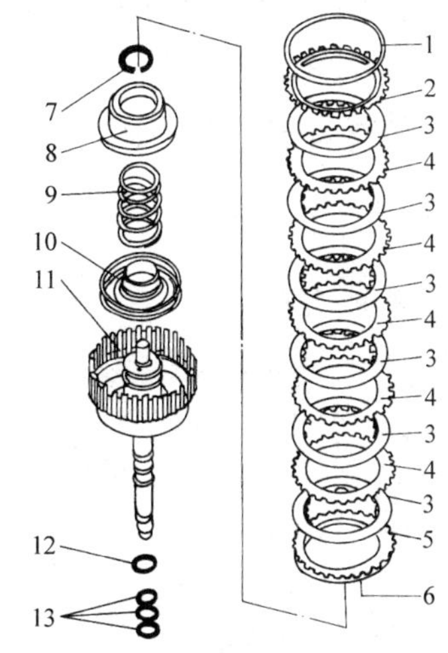

图 3—121　三、四挡离合器 C3 的分解
1、7—卡簧　2、5—压盘　3—摩擦片
4—钢片　6—波形弹簧　8—活塞盖板　9—弹簧
10—活塞　11—离合器毂
12—O 形密封圈　13—活塞环

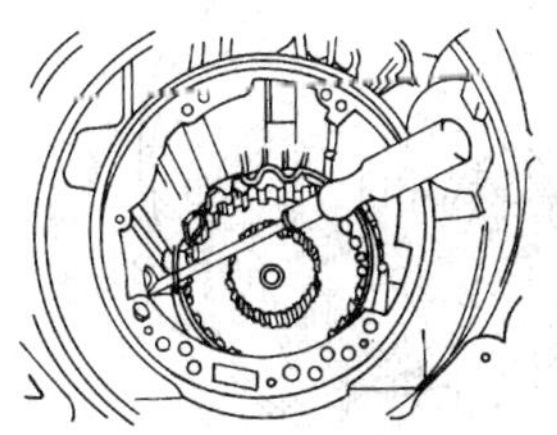

图 3—122　固定小传动轴

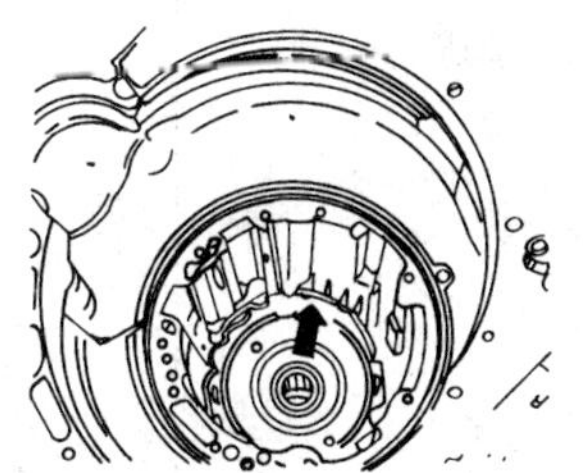

图 3—123　取出大太阳轮

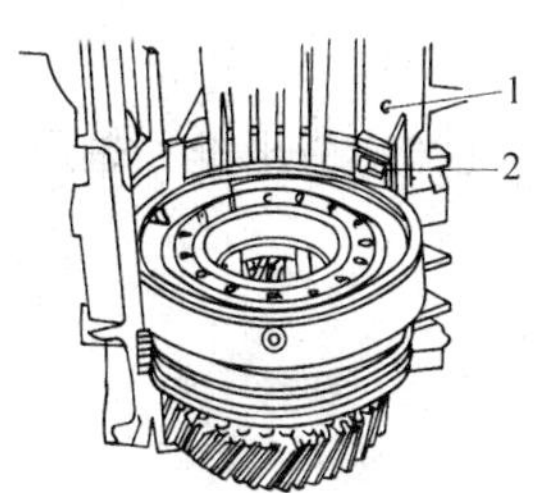

图 3—124　拔出导流块
1—通气孔　2—导流块

(21) 拆单向离合器的卡簧，用钳子夹住单向离合器的定位键，从变速器壳体中取出带倒挡制动器 B1 活塞的单向离合器。

(22) 带倒挡制动器 B1 活塞的单向离合器的分解，如图 3—125 所示。

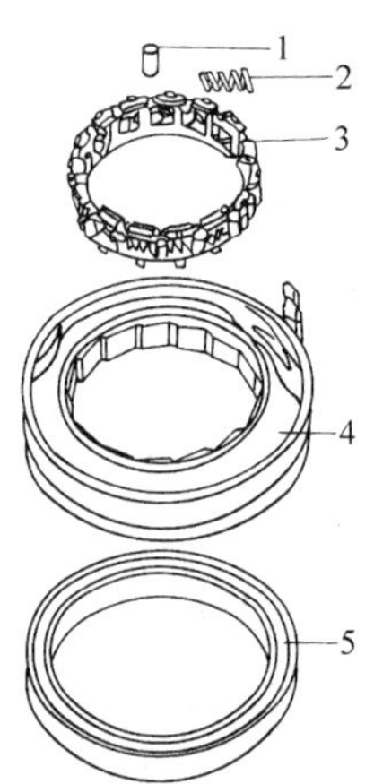

图 3—125 带倒挡制动器活塞的单向离合器

1—滚柱 2—弹簧 3—保持架

4—外环 5—活塞

1) 从单向离合器上拆下倒挡制动器活塞。

2) 从单向离合器外环上拆下带滚柱和弹簧的保持架。

3) 压缩弹簧，从保持架上取下滚柱。

(23) 从行星齿轮架中取出小太阳轮及垫圈、推力滚针轴承，如图 3—126 所示。

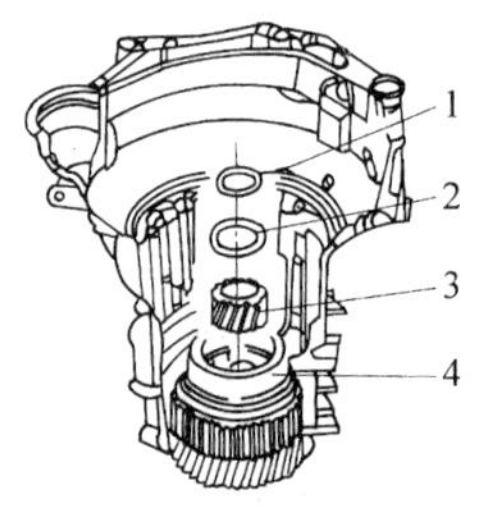

图 3—126 取出小太阳轮

1—推力滚针轴承 2—垫圈

3—小太阳轮 4—行星齿轮架

(24) 取出行星齿轮架和碟形弹簧，如图 3—127 所示。

(25) 拆下倒挡制动器 B1 的摩擦片。

(26) 取出推力轴承和垫圈。

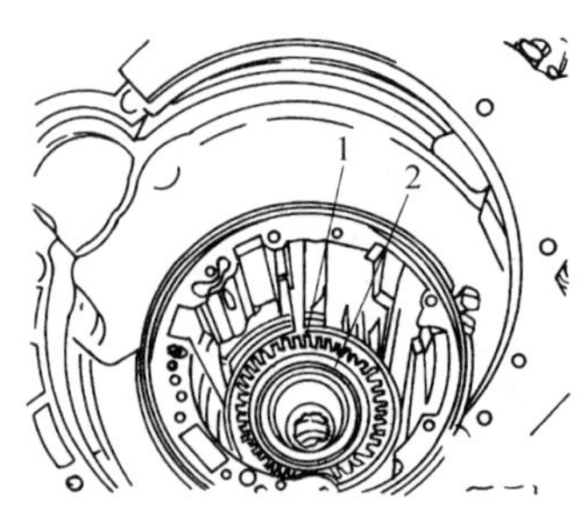

图 3—127 拆下行星齿轮架和碟形弹簧

1—行星齿轮架 2—碟形弹簧

二、桑塔纳01N型自动变速器的装复

1. 行星齿轮变速机构的装复

(1) 将O形密封圈装入行星齿轮架，如图3—128所示。

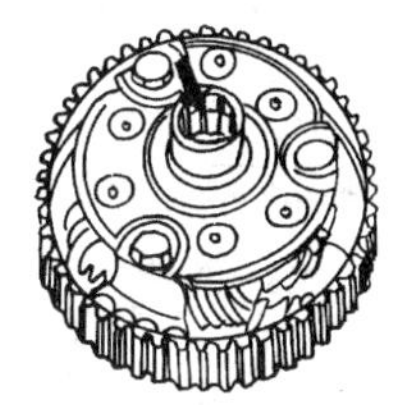

图3—128　装上O形密封圈

(2) 将推力轴承、垫圈及行星齿轮架装入变速器壳体内，如图3—129所示。

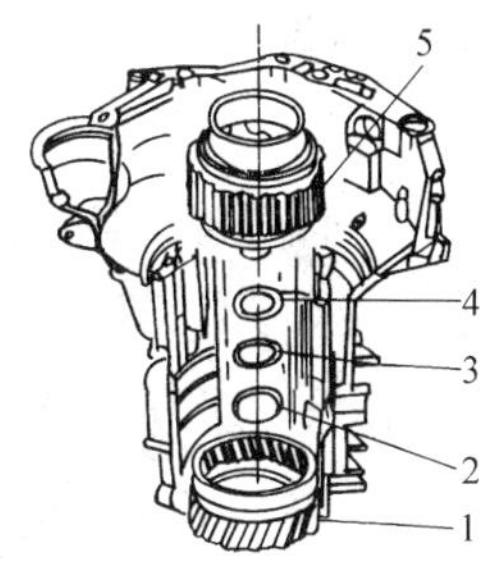

图3—129　装行星齿轮架

1—变速器输出齿轮　2、4—垫圈　3—推力滚针轴承　5—行星齿轮架

(3) 将小太阳轮以及垫圈和推力滚针轴承一同装入行星齿轮内。将垫圈和推力轴承调整到小太阳轮的中心。

(4) 装入倒挡制动器B1的钢片和摩擦片。装入压盘，压盘平面一侧朝摩擦片，根据需要更换不同厚度的压盘进行调整。

(5) 装入碟形弹簧，凸起的一侧朝着单向离合器。

(6) 组装带倒挡制动器活塞的单向离合器。

1) 将弹簧装入保持架，较长的一端插在保持架内，然后将滚柱装在保持架与弹簧之间。

2) 将保持架装入单向离合器外圈，注意大的凸缘朝上安装。

3) 顺时针转动保持架，使保持架安装到位。

4) 将倒挡制动器活塞装入单向离合器。

(7) 将带倒挡制动器活塞的单向离合器装入变速器壳体内。

注意：单向离合器的定位键必须正确坐落在变速器壳体上的槽内，如图3—130箭头所示。

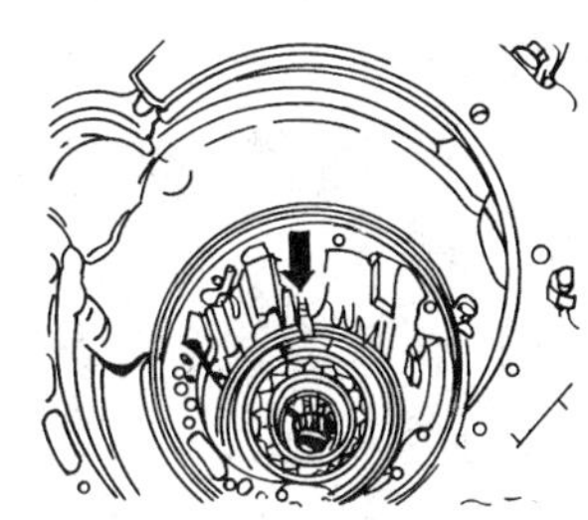

图3—130　装单向离合器

(8) 装上单向离合器的卡簧，卡簧的开口装到单向离合器的定位键上。

(9) 将导流块装入变速器壳体内。

(10) 装上支承管的卡簧，将卡簧的开口装到单向离合器的定位键上。

(11) 装上变速器速度传感器。

(12) 依次将大太阳轮齿轮、垫圈、推力滚针轴承、大传动轴、推力滚针轴承、滚针轴承和小传动轴装入变速器壳体内，如图3—131所示。

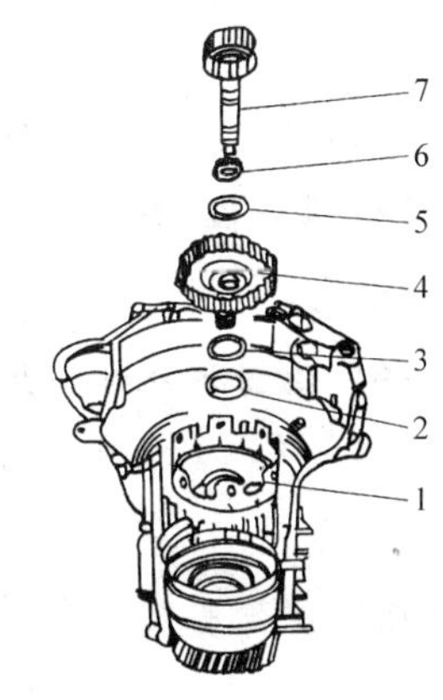

图3—131　装大太阳轮和小传动轴

1—大太阳轮　2—垫圈　3、5—推力滚针轴承　4—大传动轴　6—滚针轴承　7—小传动轴

(13) 将调整垫片放在小传动轴的凸缘上，装入小传动轴的垫圈和螺栓，并以 30 N·m 的力矩拧紧螺栓。

(14) 组装三、四挡离合器 C3。

1) 用润滑油涂活塞密封唇口，将活塞装入变速器毂内。

2) 用润滑油涂活塞盖板密封唇口，装上弹簧和活塞盖板，用专用工具压下活塞盖板，装上锁止卡簧。

3) 将波形弹簧、钢片、摩擦片和压盘装入离合器毂，卡上卡簧。

4) 将 O 形密封圈装入输入轴的凹槽内。

5) 将三只活塞环分别装在输入轴上的三个活塞环槽内，并用力捏住活塞环使两端接口勾在一起，如图 3—132 所示。

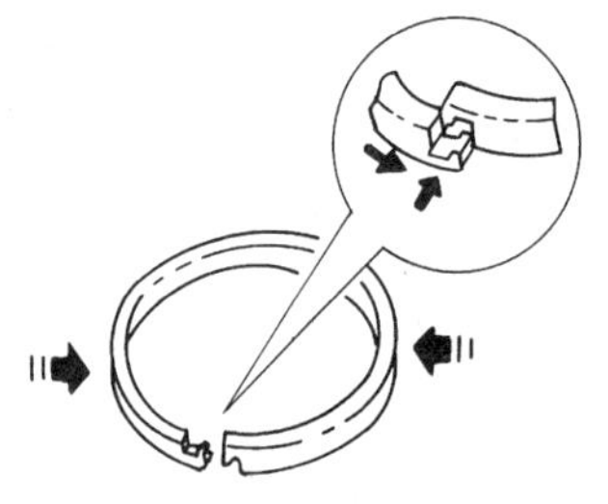

图 3—132 活塞环的两端相互钩

注意：活塞环的接口远离进油口，相邻两活塞环接口错开 45°。

(15) 将带垫圈的推力滚针轴承装入三、四挡离合器内。

(16) 将三、四挡离合器及输入轴装入变速器壳体内，装上密封圈。

(17) 组装一～三挡离合器 C1。

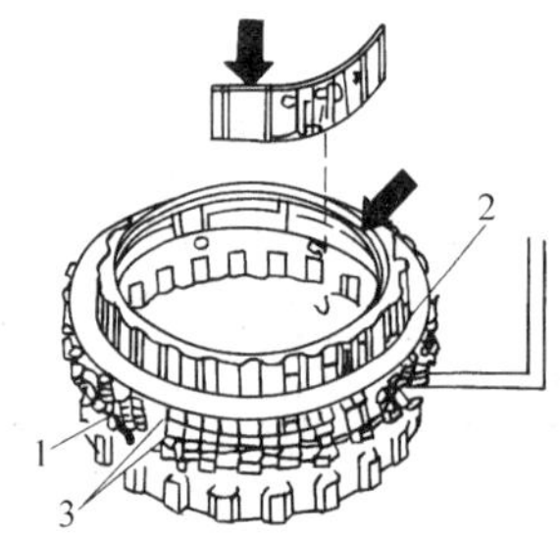

图 3—133 装上支承环

1—压盘 2—摩擦片 3—钢片

1) 用润滑油涂活塞密封唇口，将活塞装入离合器毂。

2) 用润滑油涂活塞盖板密封唇口，将回位弹簧和活塞盖板装入离合器毂，用专用工具压下活塞盖板，卡上卡簧。

3) 将止推板装入花键鼓，止推板光滑的一面朝摩擦片，装上 3 片摩擦片、2 片钢片，卡住带台阶的支承环，如图 3—133 所示。

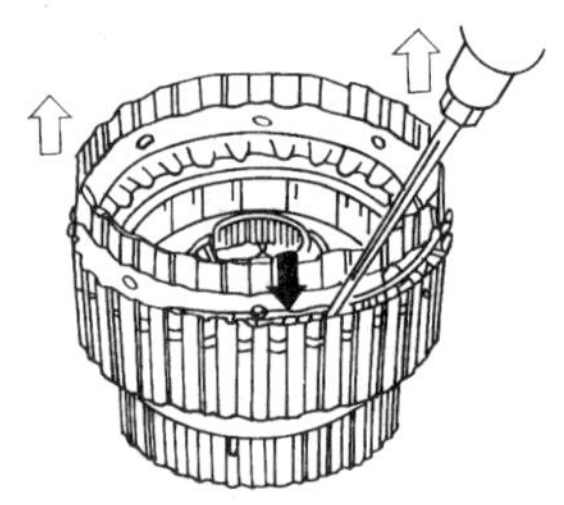

图 3—134 卡上卡簧

4) 将波形弹簧装入离合器毂，装上其余钢片和摩擦片。

5) 将摩擦片支架装入离合器毂，稍抬摩擦片支架，卡上卡簧，如图 3—134 所示。

(18) 将一～三挡离合器装入变速器壳体。

(19) 装入调整垫片。

(20) 组装倒挡离合器

1) 用润滑油涂活塞密封唇口，将活塞装入离合器毂。

2) 装上弹簧支承环和带回位弹簧的弹簧支持板。

3) 用专用工具压下弹簧支持板，卡上卡簧。

5) 装上波形弹簧、钢片、摩擦片和压盘，压盘光滑的一面朝向摩擦片。

6) 卡上卡簧。

(21) 将倒挡离合器装入变速器壳体内，如图3—135所示。

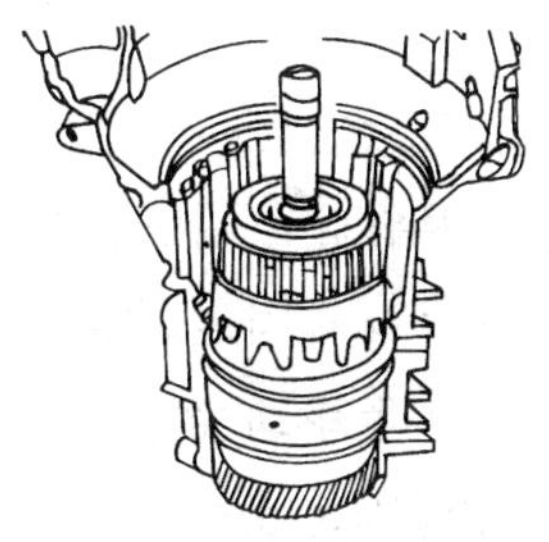

图3—135　装入倒挡离合器

(22) 装入二、四挡制动器B2摩擦片支承管，使支承管的卡槽卡在单向离合器的定位键上。

(23) 将3 mm厚的钢片装入变速器壳体，再将三个弹簧座装在钢片上。

(24) 依次装上摩擦片和钢片，装上三个压缩弹簧和弹簧座后再装入3 mm厚的钢片。

(25) 装上调整垫片和压盘，压盘光滑的一面朝向调整垫片，如图3—136所示。

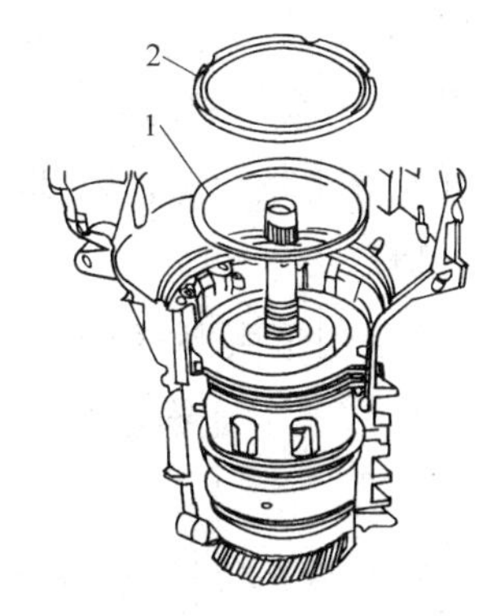

图3—136　装上调整垫片和止推板

1—卡簧　2—调整垫片

(26) 组装油泵。

1) 将内齿轮和外齿轮装入泵体内。

2) 装上导轮支承环，以10 N·m的力矩旋转45°拧紧固定螺栓。

3) 用润滑油涂活塞密封唇口，将活塞装入导轮支承环。

4) 装上止推环和三个活塞环。

5) 装上变矩器油密封圈。

(27) 将O形密封圈装在油泵泵体上，然后将油泵装入变速器壳体。

(28) 以8 N·m的力矩旋转90°，均匀、交叉地拧紧油泵固定螺栓。

注意：拧紧过程中，不要损坏O形密封圈。

(29) 用专用工具装入盖板。

2. 驻车装置的装复

(1) 装上驻车齿轮。

注意:圆头一侧朝向传动小齿轮盖板。

(2) 将停车棘爪和回位弹簧一起装入,敲入驻车锁止爪定位销,定位销有螺纹孔的一侧朝上。用冲头A通过敲击变速器壳体使定位销锁止,如图3—137所示。

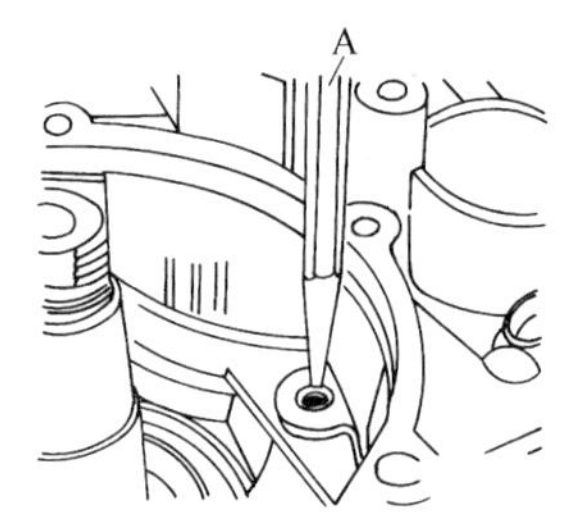

图3—137 用冲头敲击壳体锁止定位销

(3) 安装衬套、O形密封圈、操作杆和换挡轴。

(4) 将锁止垫圈安装在换挡轴上,以10 N·m的力矩拧紧换挡轴固定螺栓。

(5) 装上手动换挡阀控制臂,以5 N·m的力矩拧紧控制臂固定螺栓。

(6) 用手提起驻车锁止爪,装上定位弹簧。

(7) 装入定位弹簧固定螺栓,将螺栓1和2拧入3圈,再以10 N·m的力矩拧紧螺栓2,然后以10 N·m的力矩拧紧螺栓1,如图3—138所示。

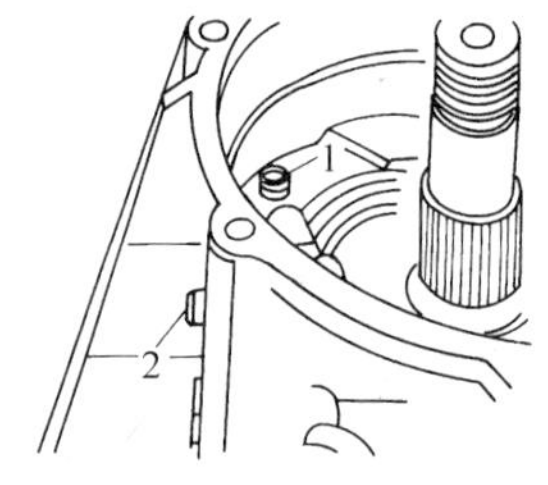

图3—138 安装定位弹簧固定螺栓

(8) 装上减速器输入齿轮。

(9) 装上套管和调整垫片。

(10) 装上轴承盖,以25 N·m的力矩扭紧轴承盖固定螺栓。

(11) 装上圆锥滚子轴承。

(12) 装上主动锥齿轮轴的固定螺母,并将其锁紧。

(13) 用专用工具敲入盖板。

(14) 装上多功能开关和支承板,以10 N·m的力矩拧紧多功能开关固定螺栓。

(15) 装上密封圈及车速传感器,以10 N·m的力矩拧紧车速传感器固定螺栓。

(16) 装上密封圈及转速传感器,以10 N·m的力矩拧紧固定螺栓。

(17) 装上控制轴杠杆,以10 N·m的力矩拧紧控制轴杠杆固定螺栓。

3. 阀体的装复

(1) 将倒挡制动器 B1 的密封塞装入变速器壳体的孔中，凸缘必须插入油槽内。

(2) 旋转手动换挡阀，使凸肩对准操作杆，将手动换挡阀的操作杆装入阀体，如图 3—139 所示。

(3) 将换挡轴放到 P 挡，将手动换挡阀的操作杆推入阀体的底部，然后以 3～4 N・m 的力矩拧紧螺栓，如图 3—140 所示。

(4) 装上带扁状线束的阀体，以 5 N・m 的力矩从外侧向内侧交叉拧紧阀体固定螺栓。

(5) 将扁状线束的插接器插入变速器壳体内，并用螺栓固定。

(6) 将油密封圈压到油滤网的吸入颈圈上，将油滤网压入阀体约 3 mm。

(7) 装上密封垫和油底壳，以 12 N・m 的力矩拧紧油底壳固定螺栓。

(8) 从变速器拆装架上拆下自动变速器。

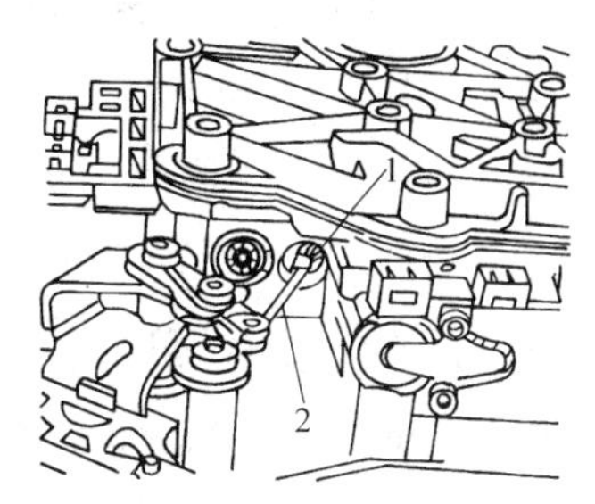

图 3—139　装换挡阀操作杆

1—手动换挡阀　2—换挡阀操作杆

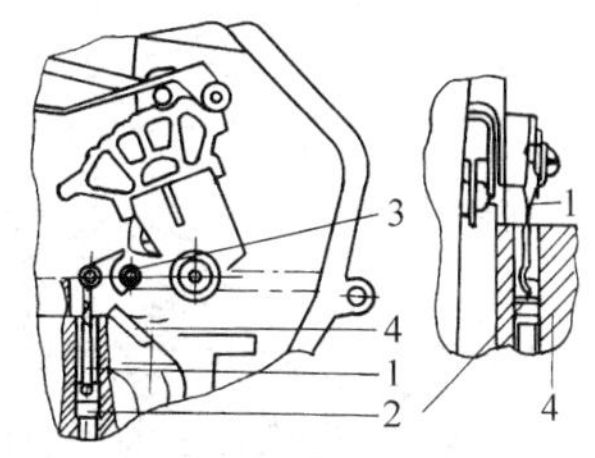

图 3—140　调整换挡阀操作杆

1—操作杆　2—手动换挡阀

3—螺栓　4—阀体

项目 2　卡罗拉轿车 U340E 型自动变速器的分解与组装

一、卡罗拉 U340E 型自动变速器的分解

1. 自动变速器附件的拆卸

(1) 从自动变速器壳上拆下速度表从动齿轮孔盖分总成，并从速度表从动齿轮孔盖分总成上取下 O 形圈，如图 3—141 所示。

(2) 拆卸驻车挡/空挡位置开关总成，如图 3—142 所示。

1) 从驻车挡/空挡位置开关总成上断开连接器。

2) 拆下螺母、垫圈和控制杆。

3) 撬出锁止板并拆下手动阀轴螺母。

4) 拆下 2 个螺栓，并拉出驻车挡/空挡位置开关总成。

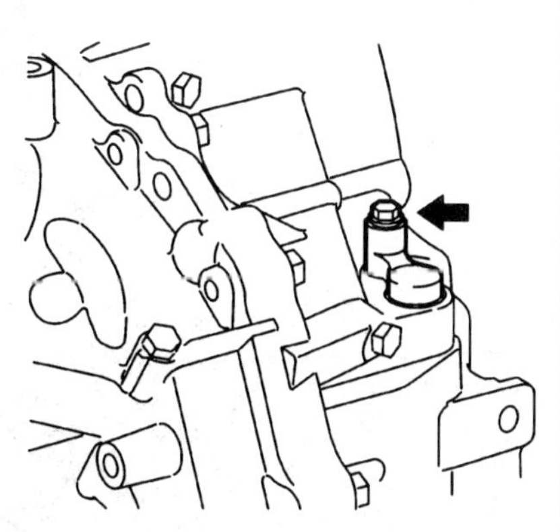

图 3—141　速度表从动齿轮孔盖分总成拆装

(3) 拆卸转速传感器。断开转速传感器连接器，拆下螺栓和转速传感器。

(4) 从自动变速器壳上拆下 2 个变速器油冷却器管接头。

(5) 从自动变速器壳上拆下自动变速器壳 1 号塞，从变速器壳塞上拆下 O 形圈。

(6) 从通气塞上拆下通气塞软管。

(7) 从自动变速器壳上拆下通气塞。

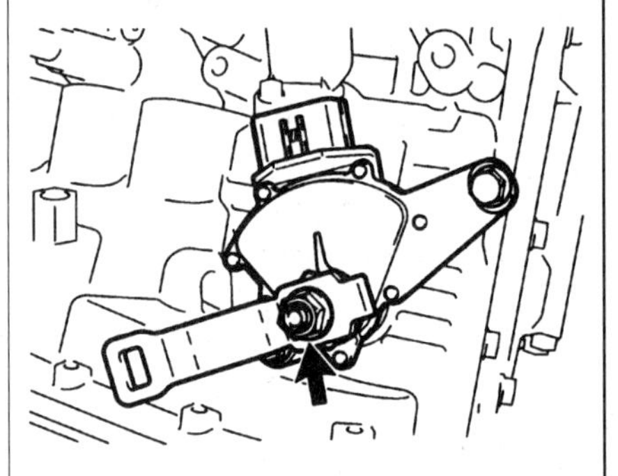

图 3—142 拆卸驻车挡/空挡位置开关总成

2. 自动变速器阀体的拆卸（图 3—143）

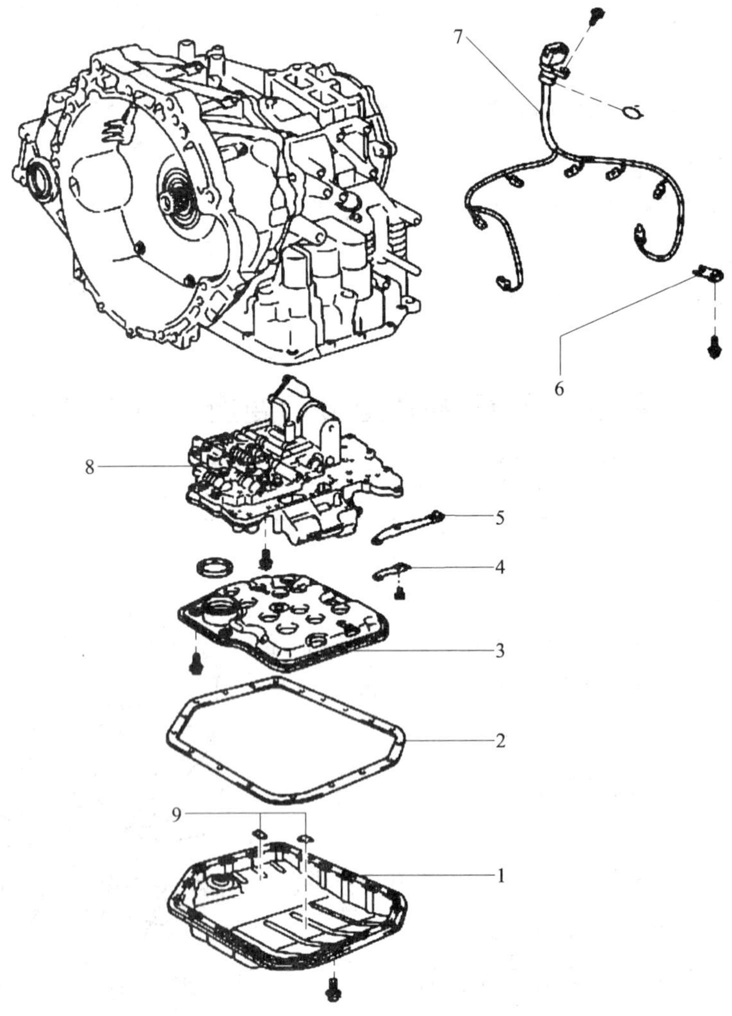

图 3—143 阀体的拆卸

1—油底壳 2—油底壳衬垫 3—滤网总成 4—弹簧盖 5—手动锁上弹簧 6—温度传感器夹 7—线束 8—阀体总成 9—磁铁

(1) 固定自动变速器总成。

(2) 拆下油底壳螺栓、取下油底壳和壳衬垫，从油底壳上拆下变速器油滤清器磁铁，如图 3—144 所示。

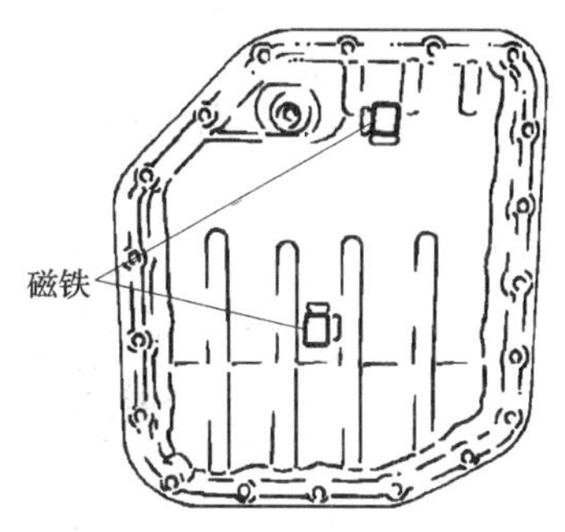

图 3—144　自动变速器油底壳分总成拆卸

(3) 拧下滤网螺栓，取下滤网总成，从滤网总成上拆下滤网衬垫，如图 3—145 所示。

注意：操作时需小心，因为一些油液会从滤网中流出。

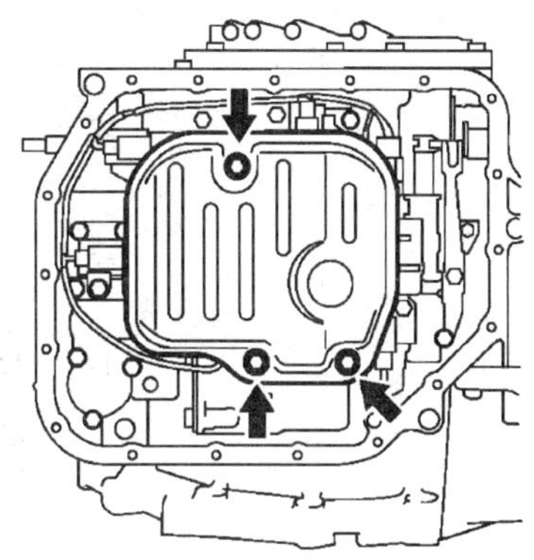
图 3—145　阀体滤网总成的拆装

(4) 拆卸变速器阀体总成。

1) 断开电磁阀连接器，拆下螺栓、锁止板和 ATF 温度传感器。

2) 拆下锁止弹簧罩和锁止弹簧，如图 3—146 所示。

3) 拆下阀体固定螺栓，取下阀体总成。

4) 从阀体上拆下球式单向阀体和二挡制动器衬垫。

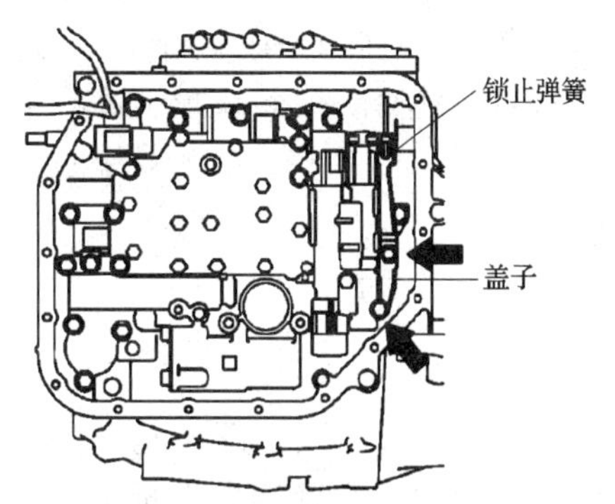

图 3—146　变速器阀体总成的拆装

(5) 从自动变速器壳上拆下变速器线束，从线束上取下 O 形圈，如图 3—147 所示。

图 3—147　变速器线束的拆装

3. 蓄压器的拆卸(图 3—148)

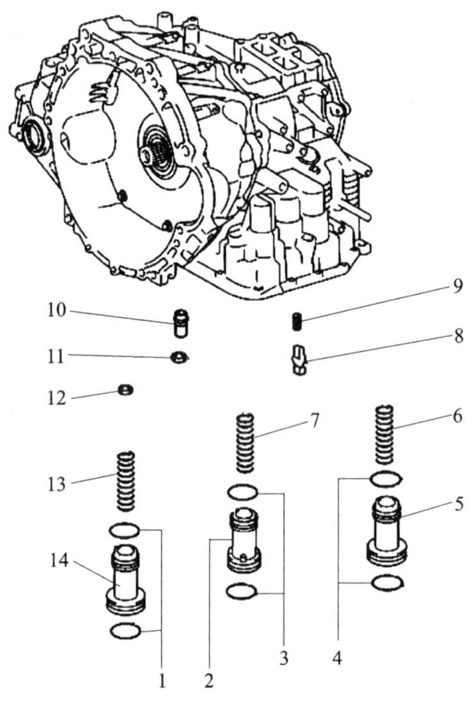

图 3—148 蓄压器的拆卸图

1、3、4—O 形密封圈 2—C3 蓄压器活塞 5—C2 蓄压器活塞 6—C2 蓄压器弹簧 7—C3 蓄压器弹簧 8—球式单向阀体 9—球式单向阀体弹簧 10—制动鼓衬垫 11—变速器壳体衬垫 12—二挡制动器衬垫 13—B2 蓄压器弹簧 14—B2 蓄压器活塞

(1) 从自动变速器壳上拆下自动变速器壳二挡制动器衬垫。

(2) 从自动变速器壳上拆下自动变速器壳衬垫。

(3) 从自动变速器壳上拆下制动鼓衬垫。

(4) 从自动变速器壳上拆下球式单向阀体,如图 3—149 所示。

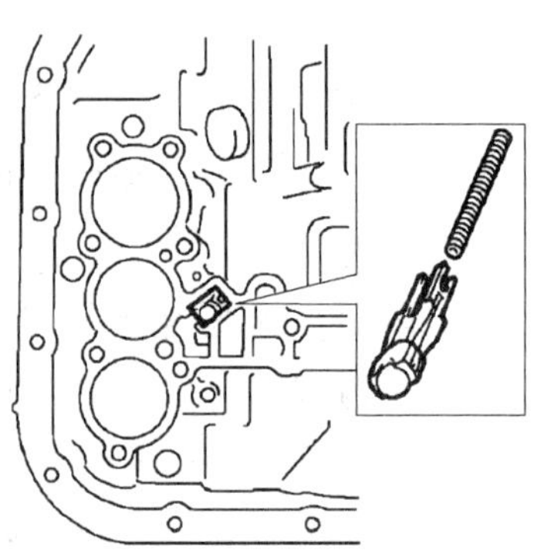

图 3—149 球式单向阀体的拆装

(5) 拆卸 B2 蓄压器活塞。向油孔施加压缩空气，拆下 B2 蓄压器活塞和弹簧，如图 3—150 所示，从 B2 蓄压器活塞中拆下 O 形圈。

注意：吹入空气可能导致活塞跳出。拆下活塞时，用抹布或布条将其握住。使用压缩空气时不要将 ATF 溅出。

(6) 拆卸 C3 蓄压器活塞。向油孔施加压缩空气，拆下 C3 蓄压器活塞和弹簧，从 C3 蓄压器活塞中取出 O 形圈。

(7) 拆卸 C2 蓄压器活塞。向油孔施加压缩空气，拆下 C2 蓄压器活塞和弹簧，从 C2 蓄压器活塞中拆下 O 形圈。

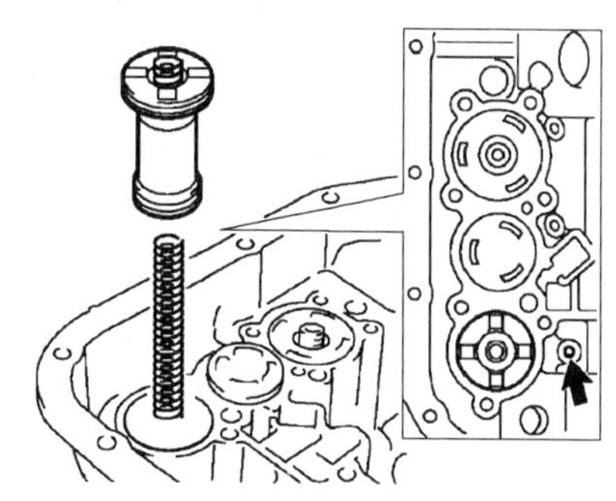

图 3—150 拆卸 B－2 蓄压器活塞

4. 油泵及差速器总成的拆卸（图 3—151）

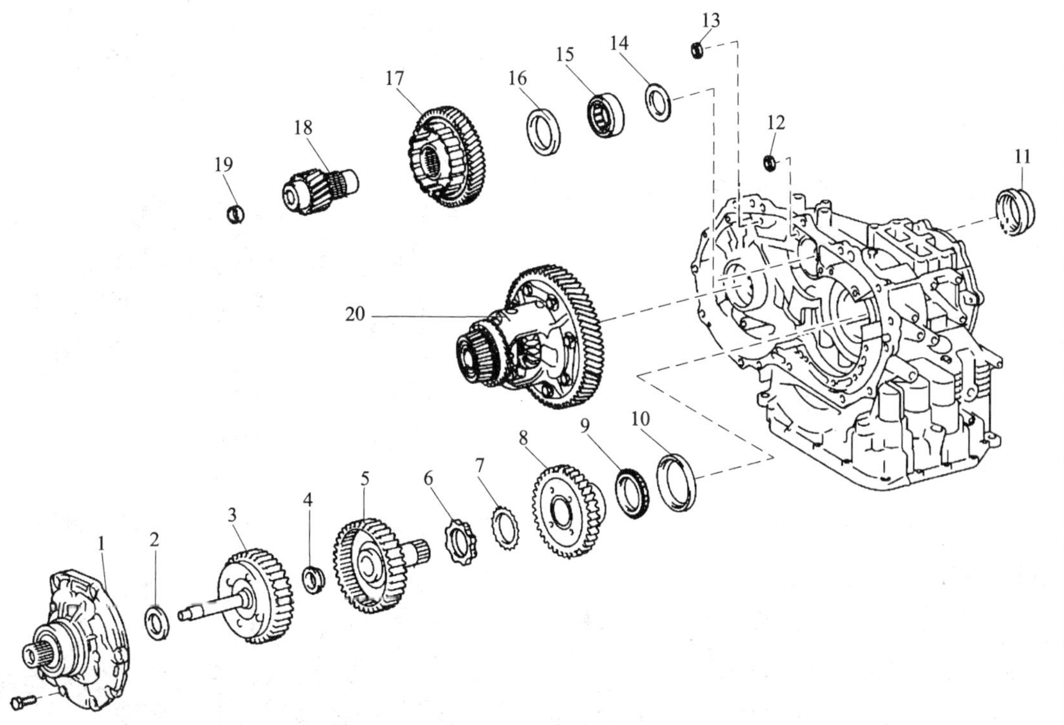

图 3—151 油泵及差速器总成的拆卸图

1—油泵 2—止推轴承 3—输入轴总成 4—止推轴承 5—前进挡离合器毂 6—中间轴主动齿轮螺母 7—垫圈 8—中间轴主动齿轮 9—轴承 10—轴承座圈 11—油封 12—衬垫 13—衬垫 14—挡圈 15—轴承 16—止推轴承 17—中间轴从动齿轮 18—差速器主动上齿轮 19—螺塞 20—差速器总成

(1) 拆下变速器外壳的固定螺栓，用塑料锤敲打变速器外壳的周边，从自动变速器壳上拆下变速器外壳，如图 3—152 所示。

注意：拆下变速器外壳时，应注意防止差速器齿轮总成意外掉落。

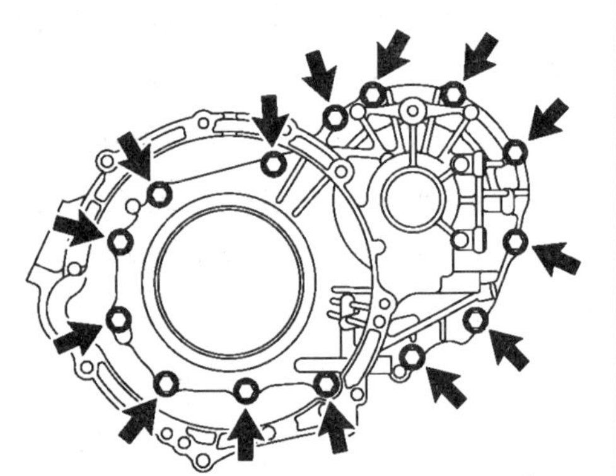

图 3—152 拆卸变速器外壳

(2) 从自动变速器壳上拆下油泵固定螺栓，取出油泵总成，如图 3—153 所示。

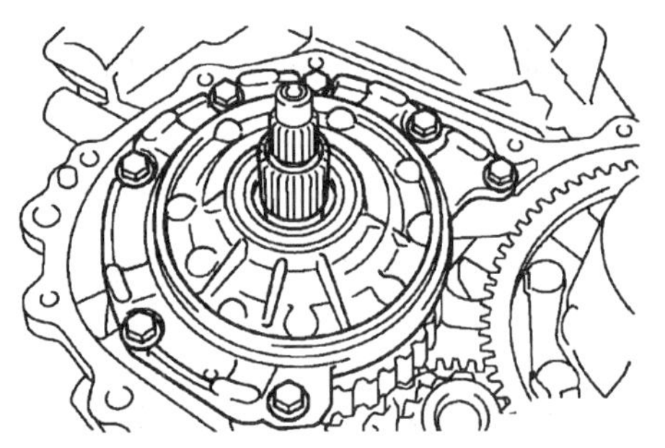

图 3—153 油泵总成的拆装

(3) 从自动变速器壳上拆下差速器齿轮总成，如图 3—154 所示。

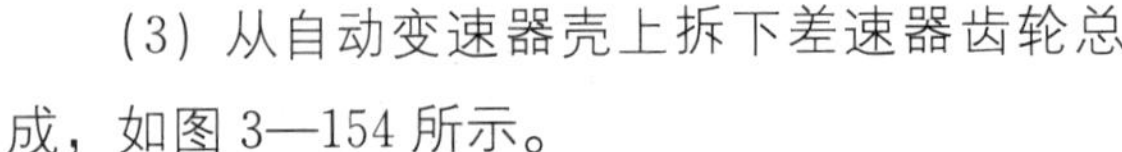

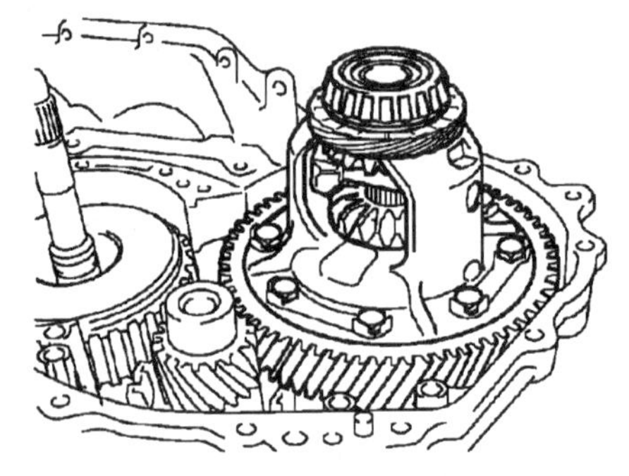

图 3—154 差速器齿轮总成的拆装

(4) 用旋具从自动变速器壳上拆下超速挡制动器衬垫。

(5) 从自动变速器壳上拆下输入轴总成，如图 3—155 所示。

(6) 从输入轴上拆下定子轴止推滚针轴承。

(7) 从前进挡离合器毂上拆下前进挡离合器毂止推滚针轴承。

(8) 从自动变速器壳内取出前进挡离合器毂。

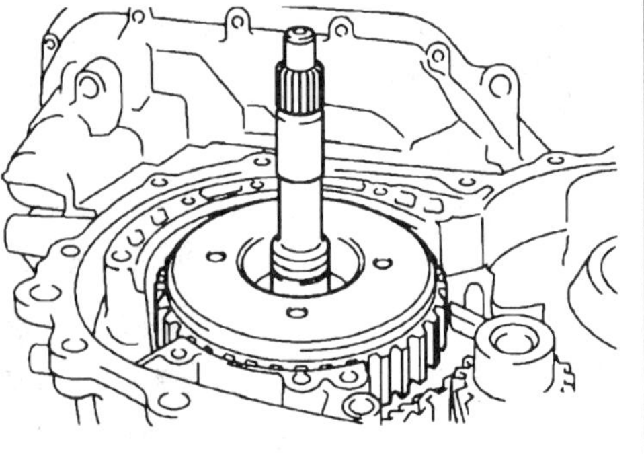

图 3—155 输入轴总成的拆装

5. 中间轴及后行星太阳轮的拆卸（图 3—156）

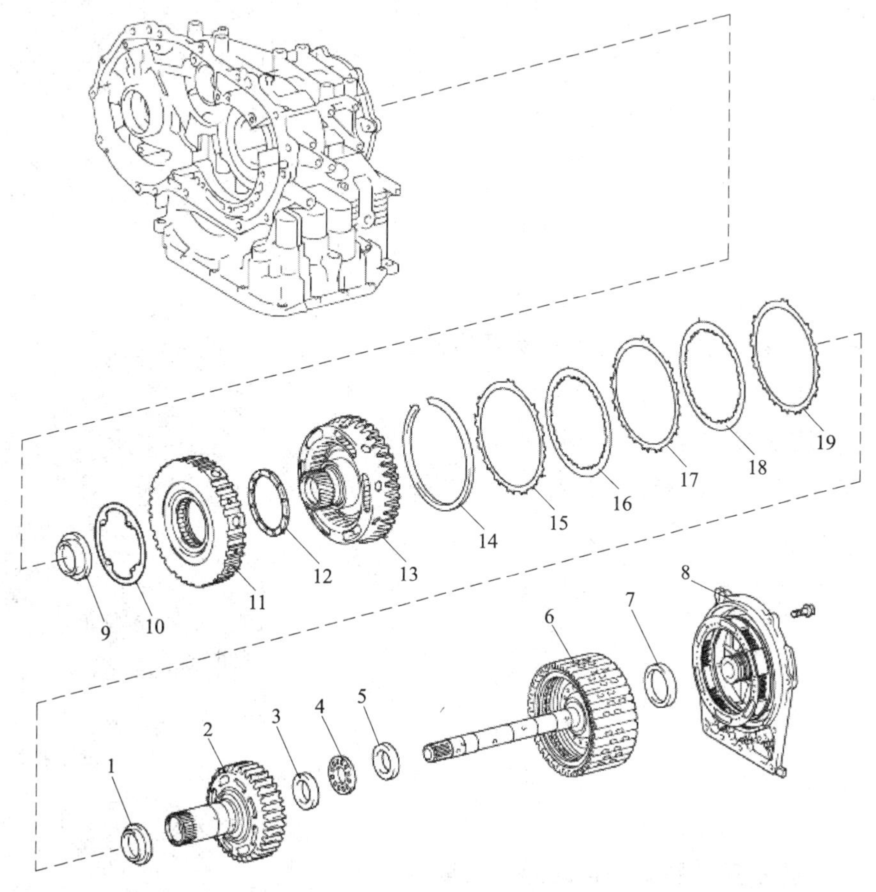

图 3—156　中间轴及后行星太阳轮的拆卸图

1—止推轴承　2—直接挡离合器毂　3—止推轴承座　4—止推轴承　5—止推轴承座　6—中间轴总成　7—止推轴承　8—变速器后盖总成　9—止推轴承　10—1 号行星齿轮架止推垫片　11—单向离合器总成　12—止推轴承　13—后行星太阳轮总成　14—卡环　15、17、19—二挡滑行和超速挡制动器钢片　16、18—二挡滑行和超速挡制动器摩擦片

（1）拆下变速器后盖固定螺栓，用塑料锤敲打变速器后盖的周边，从自动变速器壳上拆下变速器后盖，如图 3—157 所示。

（2）拆下自动变速器壳衬垫。

（3）用磁棒取出后离合器鼓止推滚针轴承。

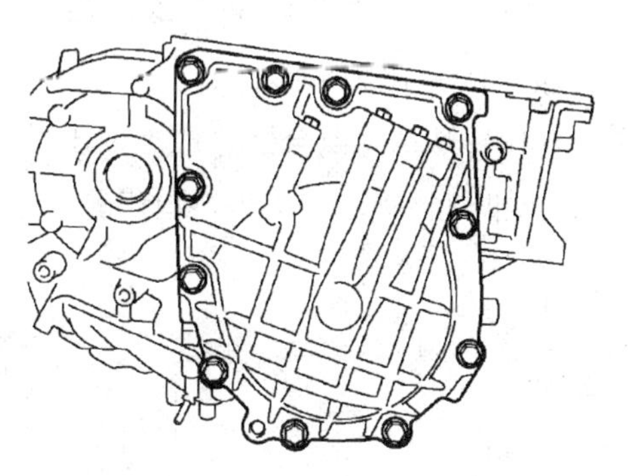

图 3—157　变速器后盖总成的拆装

(4) 从自动变速器壳内取出中间轴总成，如图 3—158 所示。

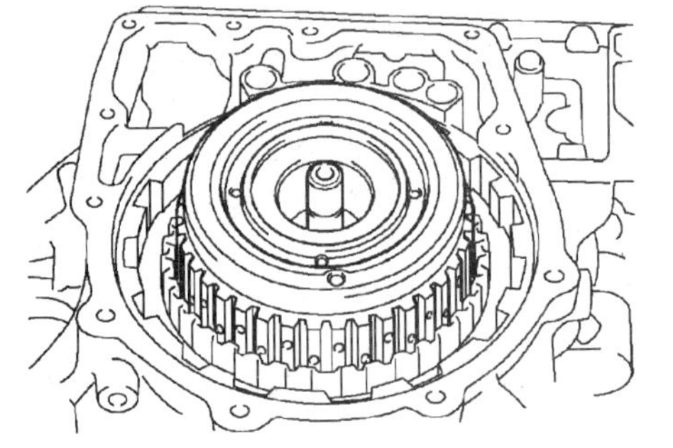

图 3—158　中间轴总成的拆装

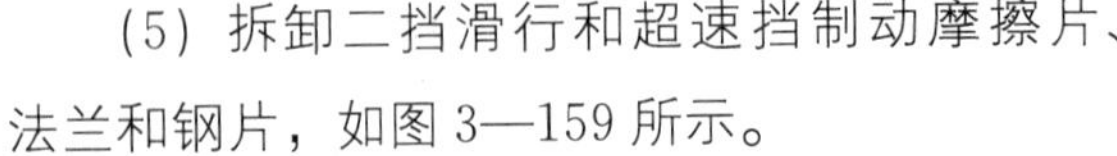

(5) 拆卸二挡滑行和超速挡制动摩擦片、法兰和钢片，如图 3—159 所示。

(6) 用磁棒从直接挡离合器毂上取出 C—2 毂止推轴承座圈、止推滚针轴承和 3 号止推轴承座圈。

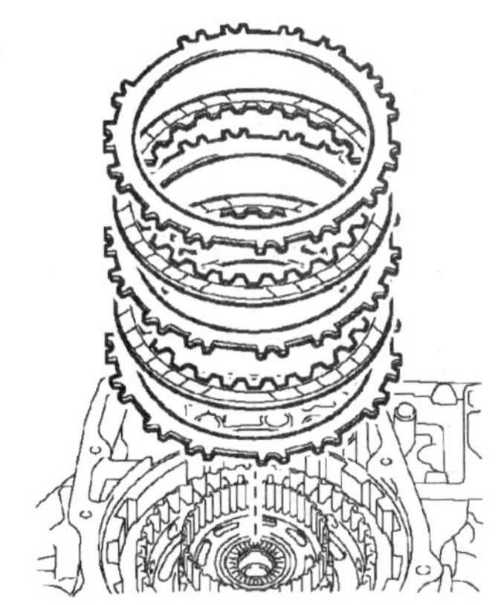

图 3—159　二挡滑行和超速挡制动摩擦片的拆装

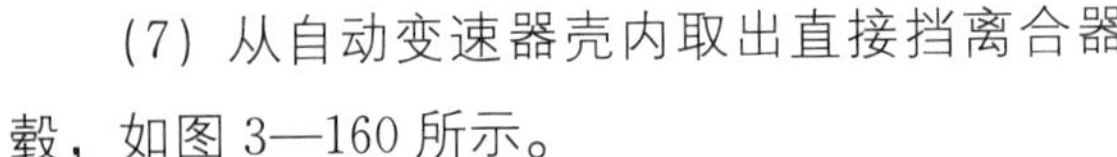

(7) 从自动变速器壳内取出直接挡离合器毂，如图 3—160 所示。

(8) 用磁棒从后行星太阳齿轮总成上取出后 2 号行星太阳齿轮止推滚针轴承。

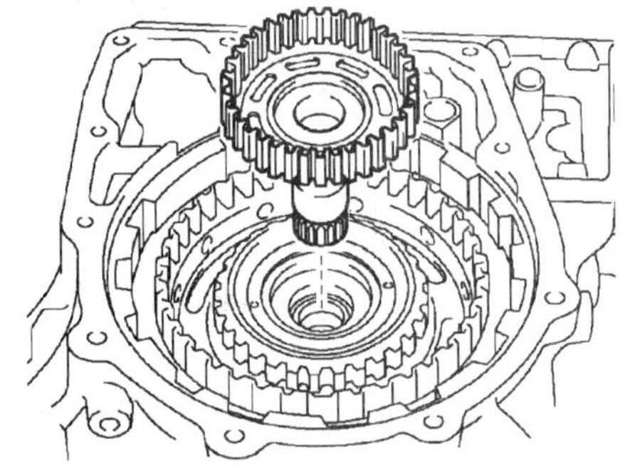

图 3—160　直接挡离合器毂的拆装

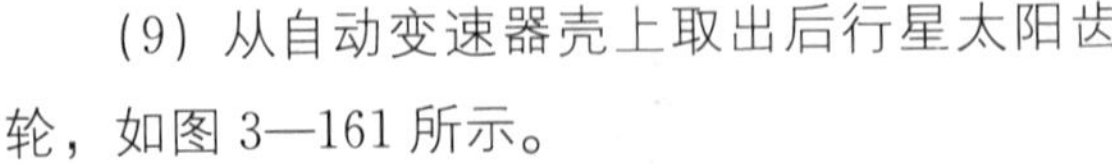

(9) 从自动变速器壳上取出后行星太阳齿轮，如图 3—161 所示。

(10) 从单向离合器总成上取出后行星太阳齿轮止推滚针轴承和 1 号行星齿轮架止推垫圈。

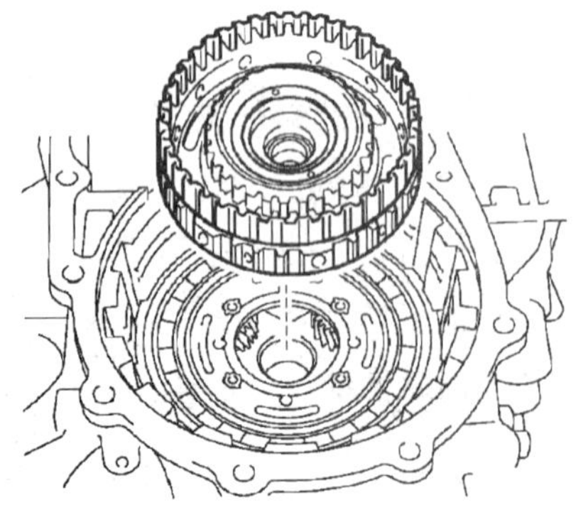

图 3—161　后行星太阳齿轮总成的拆装

(11) 从后行星太阳齿轮上拆下单向离合器总成和2号行星齿轮架止推垫圈，如图3—162所示。

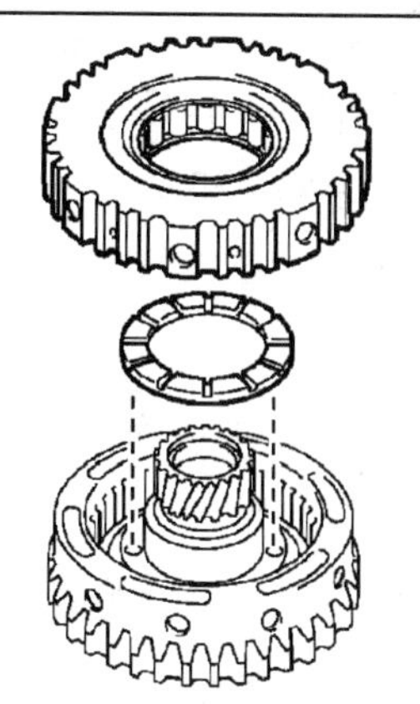
图3—162　单向离合器总成拆装

6. 二挡制动器及后行星齿轮的拆卸（图3—163）

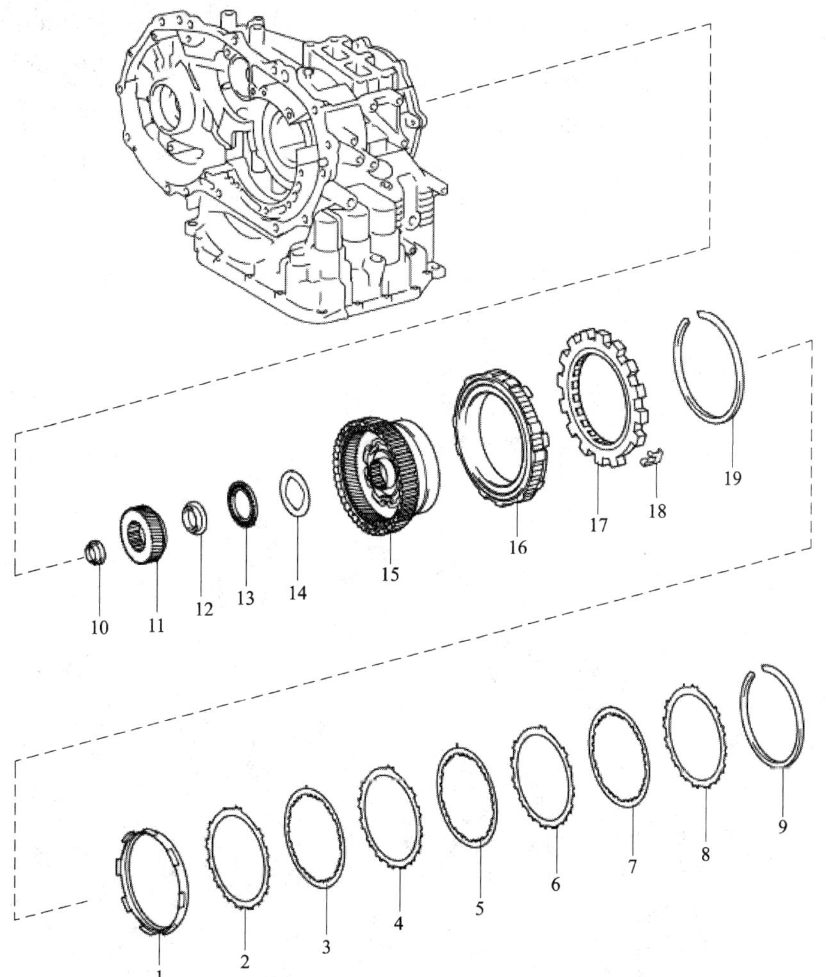

图3—163　二挡制动器及后行星齿轮的拆卸

1—二挡制动器活塞衬套　2、8—二挡制动器钢片　3、5、7—二挡制动器摩擦片　4、6—二挡制动器1号钢片　9—卡环　10—止推轴承　11—前行星太阳轮　12—止推轴承座　13—止推轴承　14—止推轴承座　15—后行星齿轮总成　16—二挡制动器总成　17—2号单向离合器　18—固定架　19—卡环

(1) 用专用工具拆下2个卡环，取出二挡制动法兰、摩擦片和钢片。

(2) 从自动变速器壳上拆下二挡制动器活塞套筒。

(3) 用旋具拆下卡环，从自动变速器壳上拆下后行星齿轮总成。

(4) 从后行星齿轮总成上拆下止推滚针轴承和2个轴承座圈。

(5) 分离二挡制动工作缸、2号单向离合器和后行星齿轮，如图3—164所示。

(6) 从2号单向离合器上拆下固定架。

(7) 从自动变速器壳上拆下前行星太阳齿轮和止推滚针轴承，如图3—165所示。

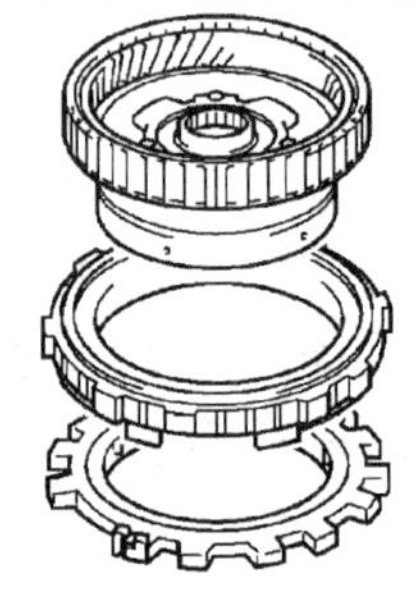

图3—164 2号单向离合器的拆装

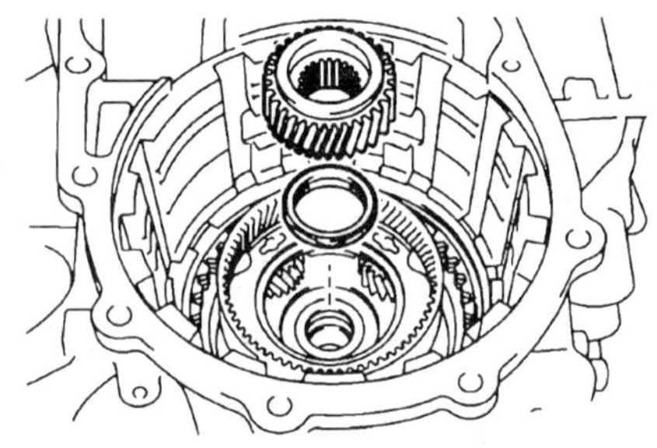

图3—165 前行星太阳齿轮的拆装

7. 一挡和倒挡制动器及行星齿轮总成的拆卸（图3—166）

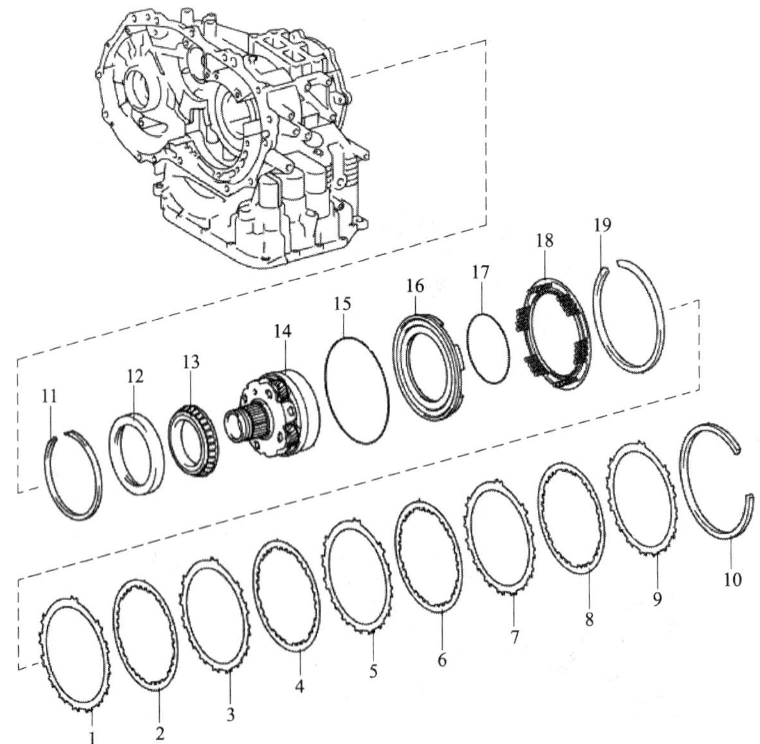

图3—166 一挡和倒挡制动器及行星齿轮总成的拆卸

1、3、5、7—一挡、倒挡制动器钢片 2、4、6、8—一挡、倒挡制动器摩擦片 9—一挡、倒挡制动器法兰 10、11、19—卡环 12—轴承座圈 13—轴承 14—行星齿轮总成 15、17—O形密封圈 16—一挡、倒挡制动器2号活塞 18—一挡、倒挡制动器回位弹簧

(1) 拆卸一挡和倒挡制动摩擦片，如图3—167所示。

(2) 用专用工具压力机和旋具拆下卡环，拆下一挡和倒挡制动器回位弹簧分总成。

(3) 向自动变速器壳施加压缩空气(392 kPa)，拆下2号一挡和倒挡制动器活塞。

(4) 从2号一挡和倒挡制动器活塞上拆下O形圈。

(5) 拆卸中间轴主动齿轮螺母。用驻车锁爪固定中间轴从动齿轮，用专用工具和锤子松开锁紧螺母垫圈，用专用工具拆下螺母和锁紧螺母垫圈。

(6) 使用专用工具和压力机，将行星齿轮总成从自动变速器壳上拆下。

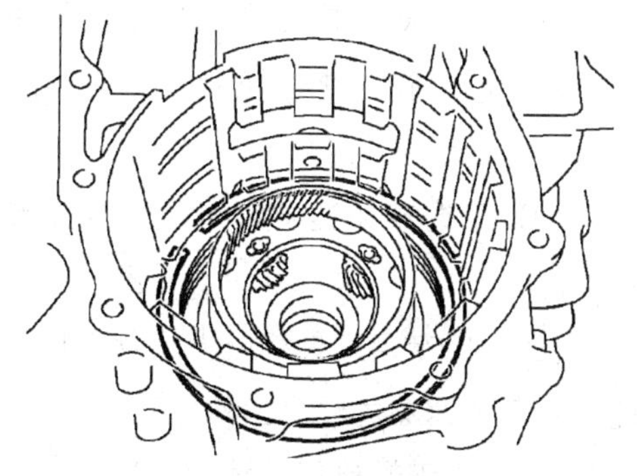

图3—167　拆卸一挡和倒挡制动盘

8. 中间轴主动齿轮的拆卸

(1) 拆卸中间轴主动齿轮。将2个螺栓安装至中间轴主动齿轮，通过旋转2个螺栓，拆下中间轴主动齿轮和前行星太阳齿轮。从中间轴主动齿轮和前行星太阳齿轮上拆下2个径向滚珠轴承，如图3—168所示。

(2) 从自动变速器壳上拆下凸轮导向装置和支架。

(3) 从手动阀杆轴上拆下手动阀杆轴止动弹簧。

(4) 用旋具松开并拆下隔套，用尖冲头和锤子敲出手动阀杆轴弹簧销，拆下手动阀杆轴和手动阀杆。

(5) 从手动阀杆上拆下驻车锁杆。

(6) 从自动变速器壳上拆下手动阀杆轴。

(7) 用旋具从自动变速器壳上拆下驻车锁爪轴、驻车锁爪扭力弹簧和驻车锁爪。

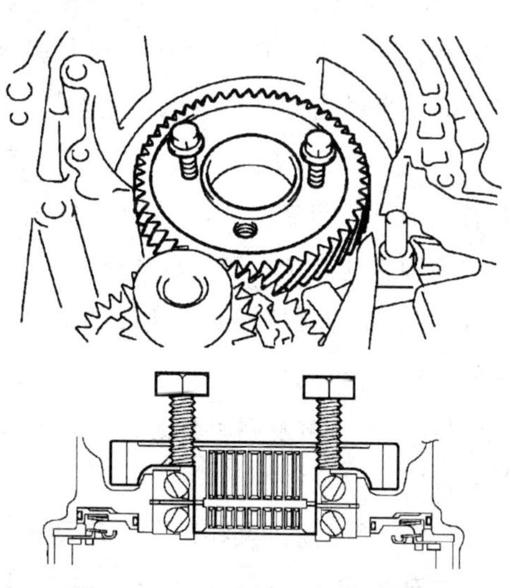

图3—168　拆卸中间轴主动齿轮

(8) 从自动变速器壳上拆下中间轴从动齿轮、主动小齿轮和止推滚针轴承，如图 3—169 所示。

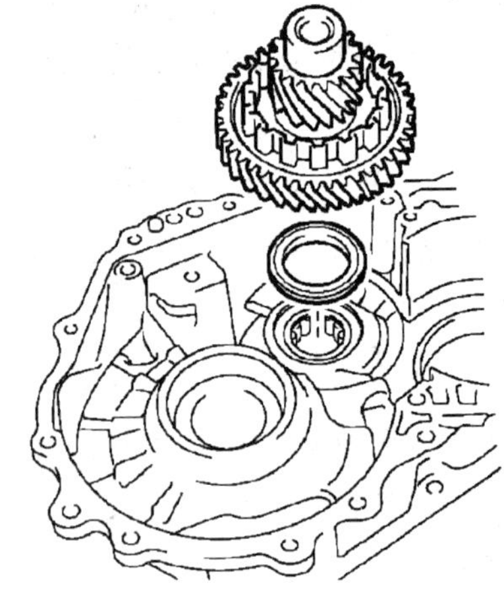

图 3—169　中间轴从动齿轮的拆装

(9) 用铜棒和锤子拆下差速器主动小齿轮螺塞。

(10) 用专用工具和压力机从中间轴从动齿轮上拆下差速器主动小齿轮。

(11) 拆下螺栓和轴承锁止板。

(12) 从变速器外壳上拆下差速器齿轮润滑油供油管。

(13) 用专用工具从变速器外壳上拆下前主动小齿轮前滚锥轴承，如图 3—170 所示。

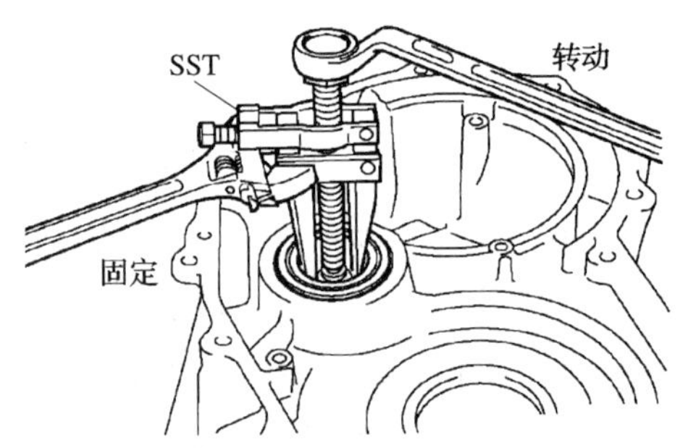

图 3—170　拆卸前主动小齿轮前滚锥轴承

(14) 用专用工具从自动变速器壳上拆下前主动小齿轮后滚锥轴承和自动变速器壳 1 号挡片。

(15) 从自动变速器壳上拆下中间轴主动齿轮左侧轴承，用专用工具从自动变速器壳上拆下中间轴主动齿轮左侧轴承外座圈。

(16) 从自动变速器壳上拆下中间轴主动齿轮右侧轴承，用专用工具从自动变速器壳上拆下中间轴主动齿轮右侧轴承外座圈。

(17) 用旋具从自动变速器壳上拆下中间轴主动齿轮孔卡环。

(18) 用旋具从自动变速器壳上拆下手动阀杆轴油封。

(19) 用专用工具和锤子从自动变速器壳上拆下自动变速器壳油封，如图 3—171 所示。

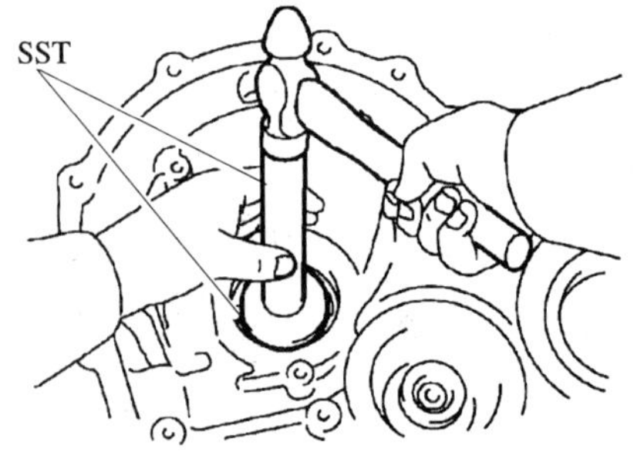

图 3—171　自动变速器壳油封的拆装

二、自动变速器主要部件的分解与组装

1. 油泵的分解与组装（图 3—172）

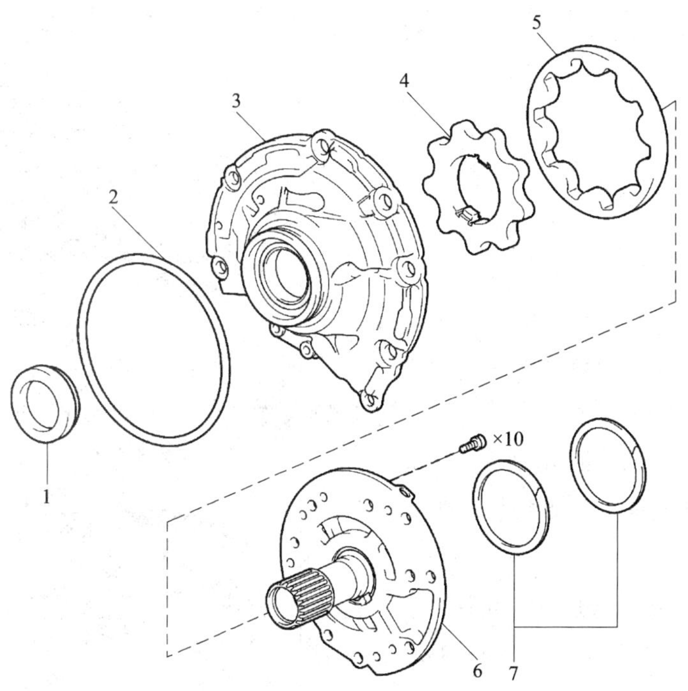

图 3—172　油泵的分解

1—前油泵油封　2—前油泵体 O 形密封圈　3—前油泵体　4—前油泵主动齿轮　5—前油泵从动齿轮　6—定子轴总成　7—离合器鼓油环

（1）油泵的分解

1）从油泵上拆下前油泵体 O 形密封圈。

2）用梅花套筒扳手（T30）拆下梅花螺钉。

3）从油泵体上拆下前油泵主动齿轮。

4）从油泵体上拆下前油泵从动齿轮。

5）用专用工具从油泵体上拆下前油泵油封。

6）用旋具从定子轴总成上拆下 2 个离合器鼓油环。

（2）油泵检查

1）检查定子轴总成。用百分表测量定子轴衬套的内径（标准内径：21.500～21.526 mm，最大内径：21.526 mm），如果内径超过最大值，则更换定子轴，如图 3—173 所示。将输入轴总成安装到定子轴总成上，检查并确认输入轴总成旋转平稳。如果运动不稳或发出异常噪声，则换上新的定子总成。

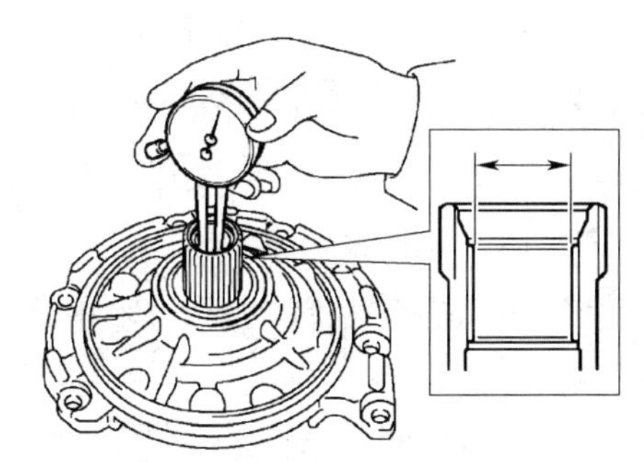

图 3—173　检查定子轴总成

注意：更换时检查输入轴与轴承的接触面，如果发现任何损坏或变色，则换上新的输入轴。

2）检查油泵齿轮间隙。测量从动齿轮齿顶和主动齿轮齿顶的间隙（标准顶部间隙：0.07～0.15 mm，最大顶部间隙：0.15 mm），如果顶部间隙大于最大值，则更换油泵体分总成，如图3—174所示；将从动齿轮推向泵体一侧用塞尺测量间隙（标准泵体间隙：0.10～0.15 mm，最大泵体间隙：0.15 mm），如果泵体间隙大于最大值，则更换油泵体分总成；用钢直尺和塞尺测量这两个齿轮的侧隙（标准侧隙：0.02～0.05 mm，最大侧隙：0.05 mm），如果侧隙大于最大值，则更换主动齿轮、从动齿轮或泵体。

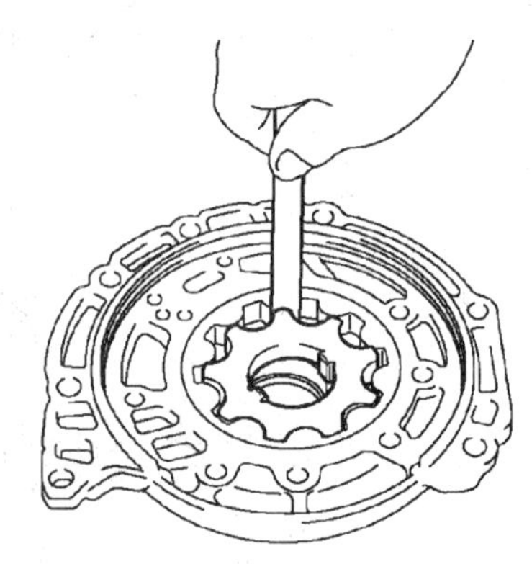

图3—174 检查油泵齿轮间隙

3）检查前油泵体分总成。用百分表测量油泵体衬套内径（标准内径：38.113～38.138 mm，最大内径：38.138 mm），如果内径大于最大内径，更换油泵体分总成，如图3—175所示。

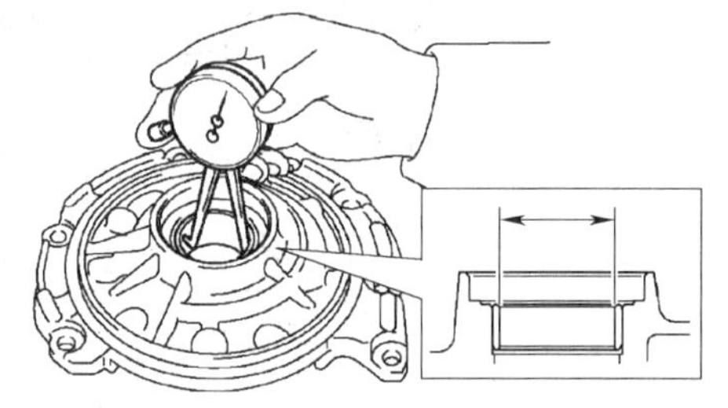

图3—175 检查前油泵体分总成

（3）油泵组装

1）在2个新的离合器鼓油环上涂ATF，并将其安装至定子轴。

2）用专用工具将前油泵油封安装至油泵体，如图3—176所示。油封嵌入深度为－0.15～0.15 mm。

3）在前油泵从动齿轮上涂ATF，然后将其安装至油泵体，有标记的一面朝上。

4）在前油泵主动齿轮上涂ATF，然后将其安装至油泵体，有标记的一面朝上。

5）用梅花套筒扳手安装定子轴总成，并以9.8 N·m力矩拧紧梅花螺钉。

6）用2把旋具转动主动齿轮并确保它能平稳转动。

7）在新的前油泵体O形圈上涂ATF，并将其安装至油泵。

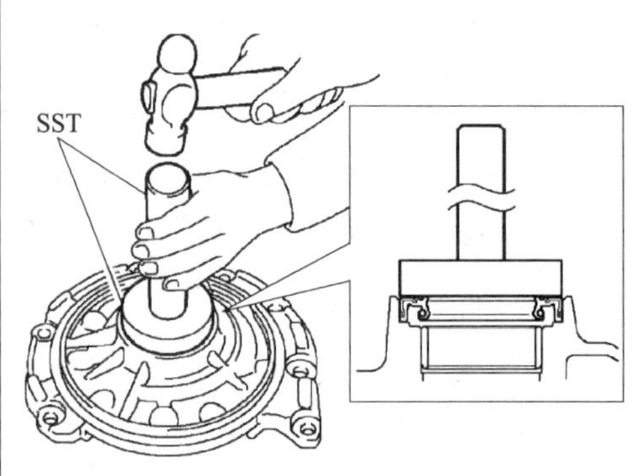

图3—176 安装前油泵油封

2. 输入轴的分解与组装（图 3—177）

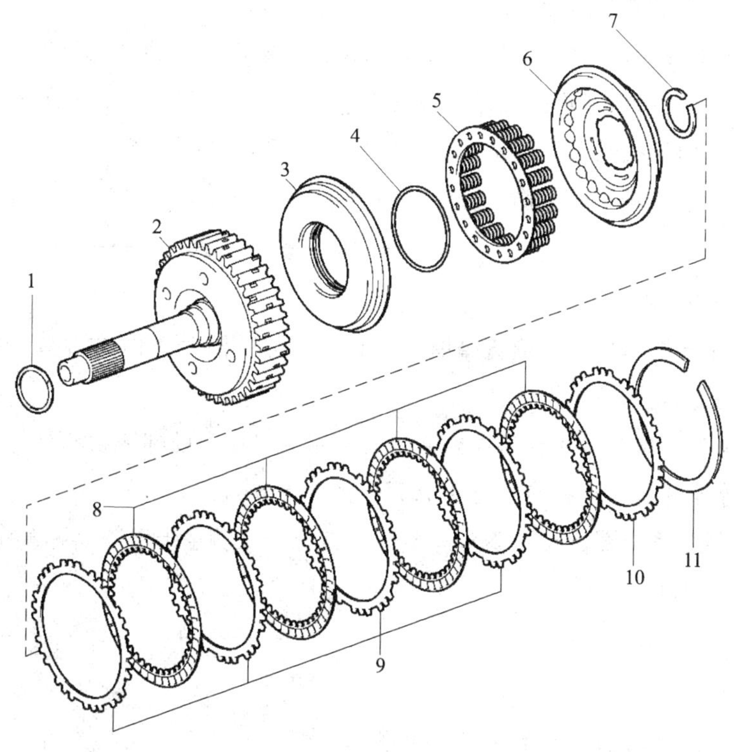

图 3—177　输入轴的分解

1—输入轴油环　2—输入轴　3—前进挡离合器活塞　4—前进挡离合器活塞 O 形密封圈　5—前进挡离合器回位弹簧分总成　6—1 号离合器平衡器　7、11—卡环　8—前离合器摩擦片　9—前进挡多片式离合器片　10—前进挡离合器法兰

(1) 输入轴的分解

1) 拆卸前离合器摩擦片。用旋具拆下卡环，从输入轴上拆下法兰、4 个摩擦片和 4 个钢片。

2) 在离合器平衡器上使用专用工具、压力机压缩回位弹簧，用卡环扩张器拆下卡环后取下离合器平衡器和活塞回位弹簧，如图 3—178 所示。

注意：不要过度压缩回位弹簧。

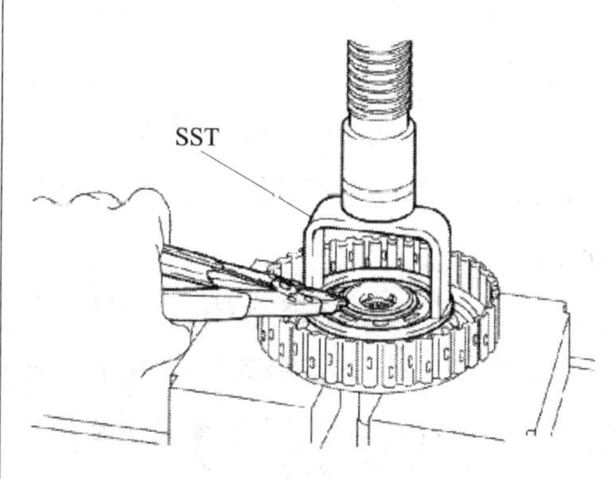

图 3—178　拆卸前进挡离合器回位弹簧分总成

3）将输入轴放置到油泵上，用手固定前进挡离合器活塞，向油泵施加压缩空气(392 kPa)，以拆下前进挡离合器活塞。

注意：如果因为活塞倾斜而不能拆下，在保持活塞水平时再次施加压缩空气，或用尖嘴钳拆下活塞，尖嘴钳顶部应缠绕保护性胶带。

4）用旋具从前进挡离合器活塞上拆下离合器活塞O形密封圈。

5）用旋具从输入轴上拆下输入轴油环。

（2）输入轴的检查

1）检查前离合器摩擦片。检查摩擦片、钢片和鼓的滑动表面是否有磨损或烧蚀，如有必要，更换它们。

注意：如果任何摩擦衬片剥落或变色，或者印制有编号的部分被损坏，则更换所有摩擦片。组装新摩擦片前，应将其浸泡在ATF中15 min以上。

2）检查前进挡离合器回位弹簧分总成。用游标卡尺测量弹簧连同弹簧座的自由长度。标准自由长度为21.69 mm。

（3）输入轴的组装

1）在新的输入轴油环上涂ATF，并将其安装至输入轴。

2）在新的离合器活塞O形密封圈上涂ATF，并将其安装至前进挡离合器活塞。

3）将前进挡离合器活塞安装至输入轴。

4）将回位弹簧和离合器平衡器安装至输入轴，用专用工具、压力机和卡环钳将卡环安装至输入轴。

5）依次安装4个钢片和摩擦片，放入法兰，用旋具将卡环安装至输入轴，如图3—179所示。

6）检查前进挡离合器的装配间隙，如图3—180所示。使用百分表，在施加和释放压缩空气（392 kPa）的同时测量装配间隙。标准装配间隙为1.406～1.806 mm。

注意：如果间隙不在规定范围内，更换并安装新的制动器法兰。

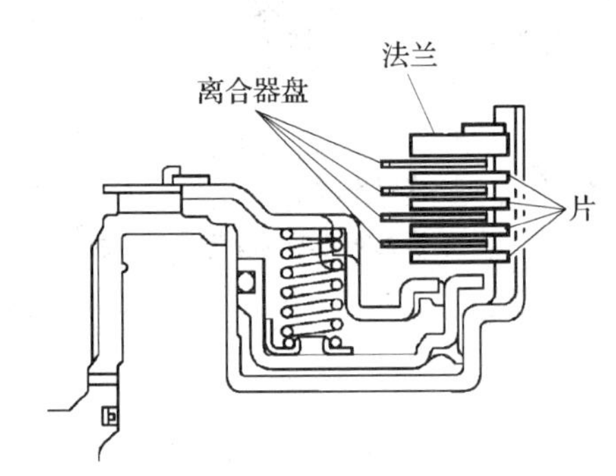

图3—179 安装前离合器摩擦片

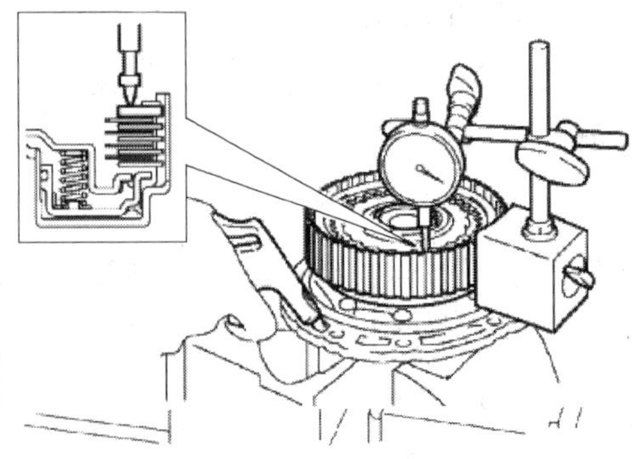

图3—180 检查前进挡离合器的装配间隙

3. 中间轴的分解与组装（图 3—181）

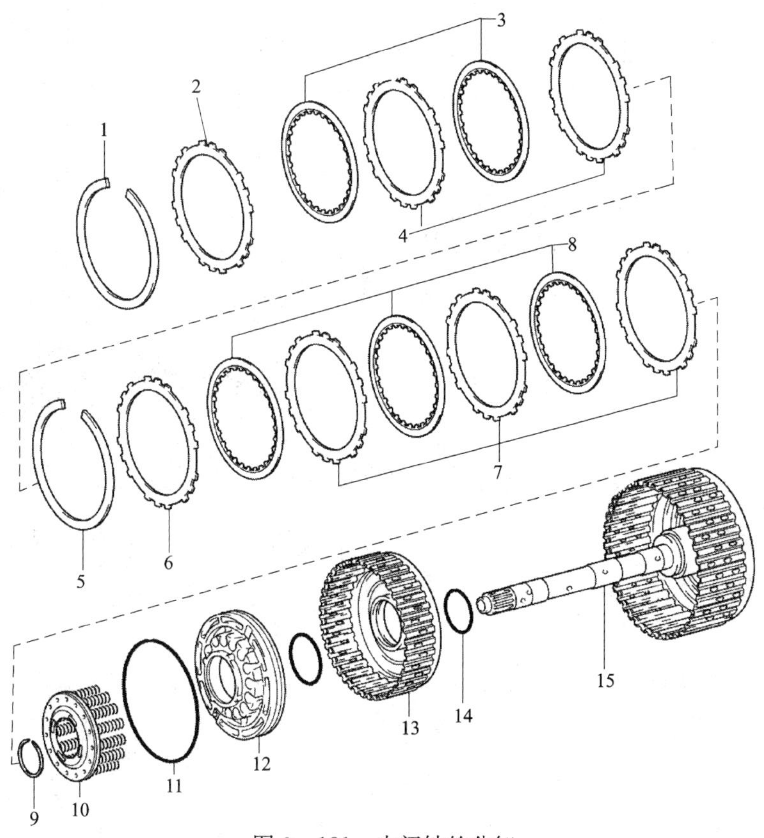

图 3—181　中间轴的分解

1、5、9—卡环　2—倒挡离合器法兰　3—倒挡离合器摩擦片　4—3 号离合器片　6—直接挡离合器法兰　7—后离合器法兰　8—直接挡离合器摩擦片　10—直接挡离合器回位弹簧分总成　11—直接挡离合器活塞 O 形密封圈　12—直接挡离合器活塞分总成　13—直接挡离合器鼓分总成　14—直接挡离合器鼓 O 形密封圈　15—中间轴

（1）中间轴的分解

1）拆卸倒挡离合器摩擦片。用旋具拆下卡环，取出法兰、2 个摩擦片和 2 个钢片。

2）拆卸直接挡离合器摩擦片。用旋具拆下卡环。取出直接挡离合器法兰、3 个摩擦片和 3 个后离合器法兰。

3）用专用工具和压力机拆下卡环，从中间轴上拆下直接挡离合器回位弹簧分总成。

4）拆卸直接挡离合器活塞分总成。将中间轴安装至变速器后盖，向油孔施加压缩空气（392 kPa），并从中间轴上拆下直接挡离合器活塞，如图 3—182 所示。

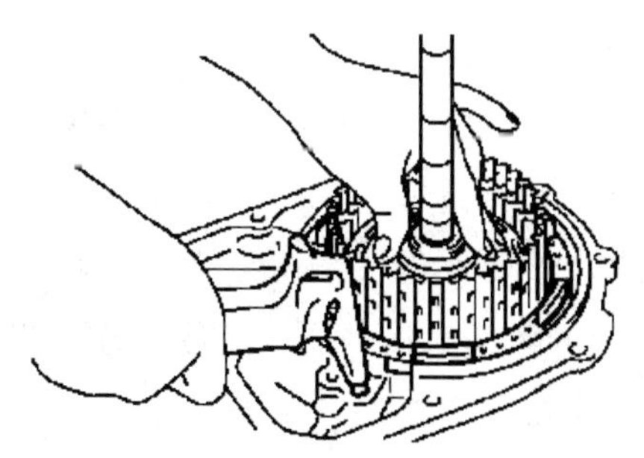

图 3—182　拆卸直接挡离合器活塞分总成

注意：吹入空气可能导致活塞跳出。拆下活塞时，用抹布或布条将其握住。使用压缩空气时不要将 ATF 溅出。

5) 拆卸直接挡离合器鼓分总成。将中间轴安装至变速器后盖，按中间轴总成切口的同一位置，在直接挡离合器鼓上做好装配标记。向油孔施加压缩空气（392 kPa），并从中间轴上拆下直接挡离合器鼓，如图 3—183 所示。

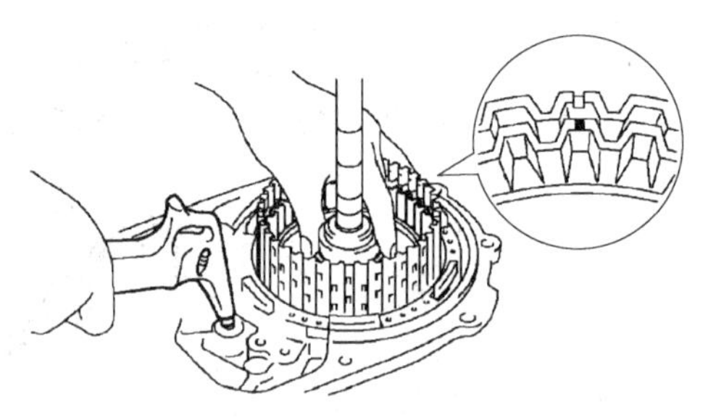

图 3—183　拆卸直接挡离合器鼓分总成

6) 用旋具从直接挡离合器活塞上拆下 2 个活塞 O 形密封圈。

7) 用旋具从直接挡离合器鼓上拆下直接挡离合器鼓 O 形密封圈。

(2) 中间轴的检查

1) 检查倒挡离合器摩擦片。检查摩擦片、钢片和鼓的滑动表面是否有磨损或烧蚀。如有必要，更换它们。

注意：如果任何摩擦衬片剥落或变色，或者印制有标记的部分被损坏，则更换所有摩擦片。组装新摩擦片前，将其浸泡在 ATF 中至少 15 min。

2) 检查直接挡离合器摩擦片。检查摩擦片、钢片和鼓的滑动表面是否有磨损或烧蚀。如有必要，更换它们。

3) 检查直接挡离合器回位弹簧分总成。用游标卡尺测量弹簧连同弹簧座的自由长度。标准自由长度为 32.9 mm。

4) 检查直接挡离合器活塞分总成。晃动直接挡离合器销并确认单向球未卡住。向单向球吹入低压压缩空气并确认无空气泄漏，如图 3—184 所示。

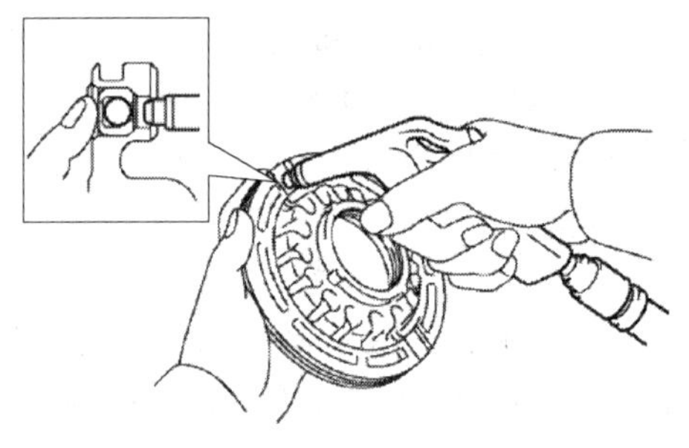

图 3—184　检查直接挡离合器活塞分总成

(3) 中间轴的组装

1) 在新 O 形圈上涂 ATF，然后将其安装至直接挡离合器鼓。

2) 在 2 个新 O 形圈上涂 ATF，并将其安装至直接挡离合器活塞。

3) 在直接挡离合器鼓上涂 ATF。将中间轴总成上的切口对准直接挡离合器鼓上的装配标记，并将直接挡离合器鼓安装至中间轴总成，如图 3—185 所示。

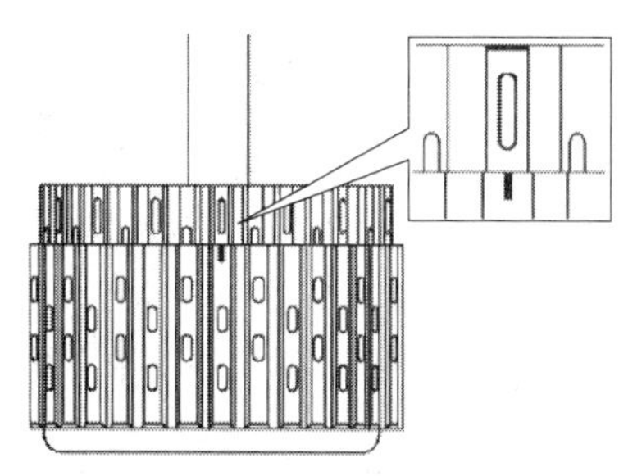

图 3—185　安装直接挡离合器鼓分总成

4) 在直接挡离合器活塞上涂 ATF，并将其安装至中间轴。

5) 将直接挡离合器回位弹簧安装至直接挡离合器活塞。将专用工具置于活塞回位弹簧上，并用压力机压缩弹簧。用卡环钳将卡环安装至直接挡离合器鼓。

注意：当弹簧座低于卡环槽 1～2 mm 时，停止施压，以防弹簧座变形。不要过度扩张卡环。

6) 安装直接挡离合器摩擦片。在 3 个后离合器法兰、3 个摩擦片和直接挡离合器法兰上涂 ATF，并将其安装至中间轴，将卡环安装至中间轴，如图 3—186 所示。

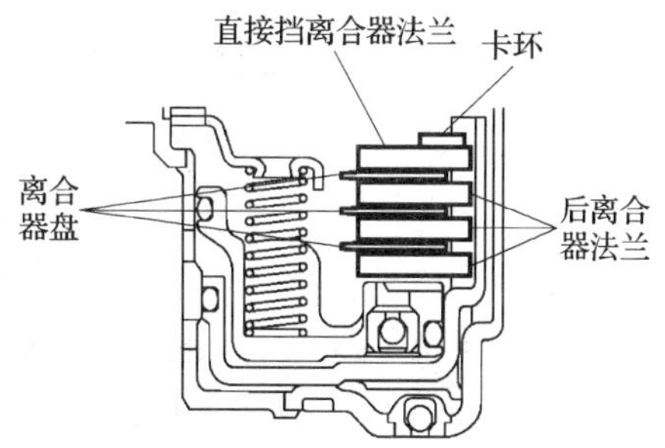

图 3—186　安装直接挡离合器摩擦片

7) 安装倒挡离合器摩擦片。在 2 个钢片、2 个摩擦片和法兰上涂 ATF，并将其安装至中间轴，将卡环安装至中间轴。

8) 检查倒挡离合器装配间隙。将中间轴和止推滚针轴承安装至变速器后盖。使用百分表，在施加和释放压缩空气（392 kPa）的同时测量倒挡离合器的装配间隙。装配间隙为 0.62～1.16 mm。如果间隙不在规定范围内，选择一个新的离合器法兰，如图 3—187 所示。

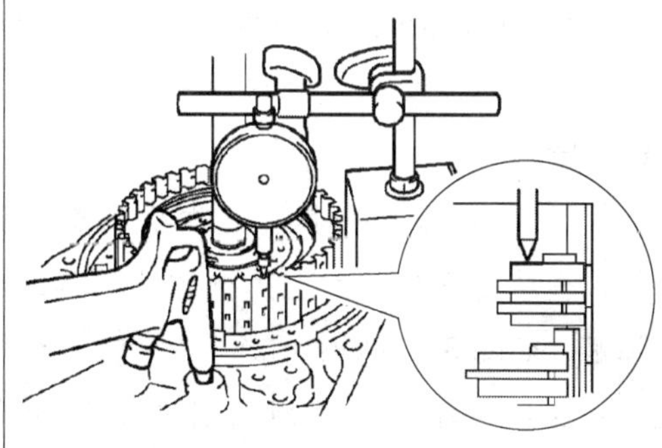

图 3—187　检查倒挡离合器装配间隙

9) 检查直接挡离合器的装配间隙。将中间轴和止推滚针轴承安装至变速器后盖。使用百分表和测量端子，在施加和释放压缩空气（392 kPa）的同时测量前进挡离合器的装配间隙。

4. 变速器后盖的分解与组装（图 3—188）

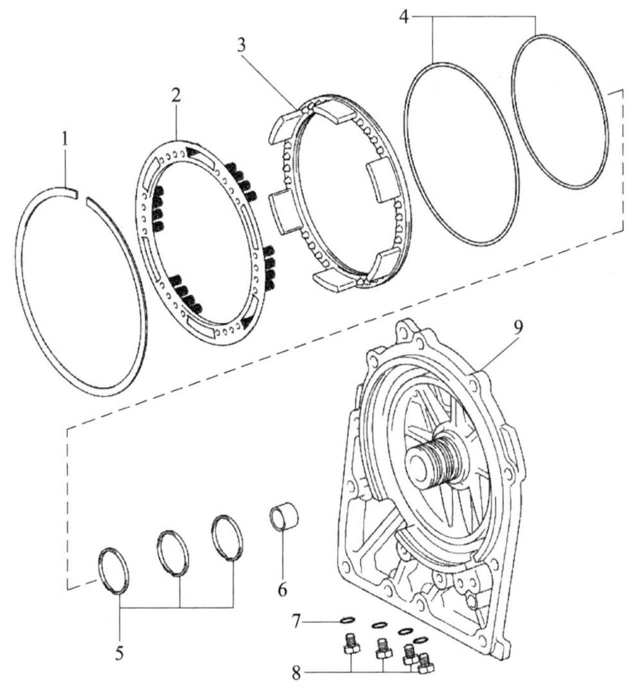

图 3—188　变速器后盖的分解

1—卡环　2—超速挡制动器回位弹簧分总成　3—二挡滑行和超速挡制动器活塞
4—二挡滑行和超速挡 O 形圈　5—离合器鼓油环　6—变速器后盖滚针轴承
7—O 形圈　8—变速器后盖螺塞　9—变速器后盖

(1) 变速器后盖分解

1) 从变速器后盖上拆下 4 个变速器后盖螺塞。用旋具从 4 个变速器后盖螺塞上拆下 4 个 O 形圈。

2) 先用专用工具、压力机和旋具拆下卡环，在从变速器后盖上拆下超速挡制动器回位弹簧，如图 3—189 所示。

注意：当超速挡制动器活塞低于卡环槽 1～2 mm 时，停止施压，以防超速挡制动器活塞变形。

3) 向变速器后盖施加压缩空气（392 kPa），以拆下二挡滑行和超速挡制动器活塞。

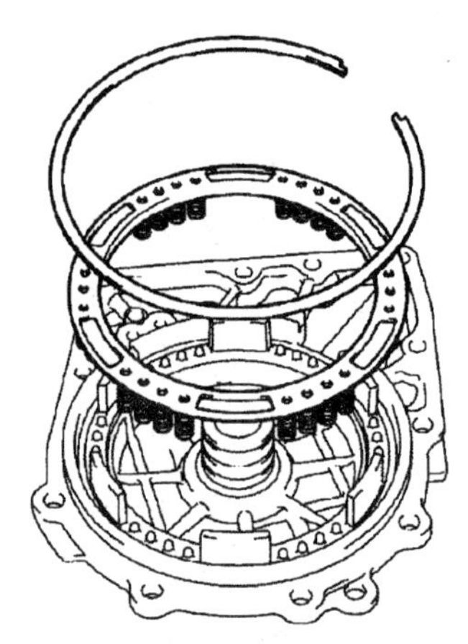

图 3—189　拆卸超速挡制动器回位弹簧

注意：吹入空气可能导致活塞跳出。拆下活塞时，用抹布或布条将其握住。使用压缩空气时不要将 ATF 溅出。

4）用旋具从二挡滑行和超速挡制动器活塞上拆下 2 个 O 形圈。

5）从变速器后盖上拆下 3 个油环。

6）用专用工具从变速器后盖上拆下滚针轴承。

（2）变速器后盖的检查

用游标卡尺测量超速挡制动器回位弹簧连同弹簧座的自由长度，如图 3—190 所示。标准自由长度为 17.88 mm。

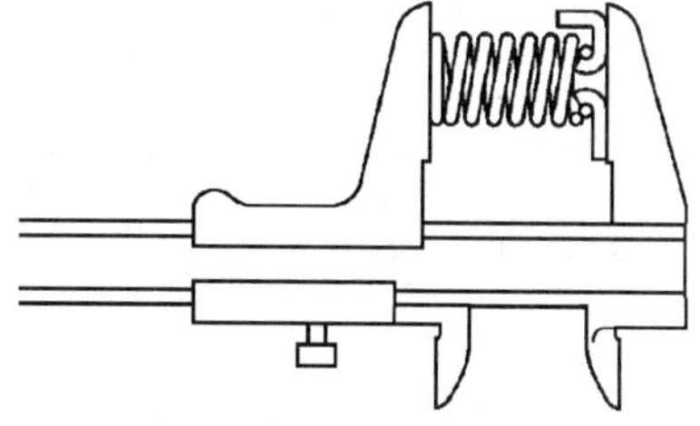

图 3—190　检查超速挡制动器回位弹簧

（3）变速器后盖的组装

1）在新变速器后盖滚针轴承上涂 ATF。用专用工具和压力机将滚针轴承安装至变速器后盖。标准间隙为 25.1 mm。

2）安装 3 个离合器鼓油环。

3）在 2 个新二挡滑行和超速挡 O 形圈上涂 ATF，并将其安装至二挡滑行和超速挡制动器活塞，如图 3—191 所示。

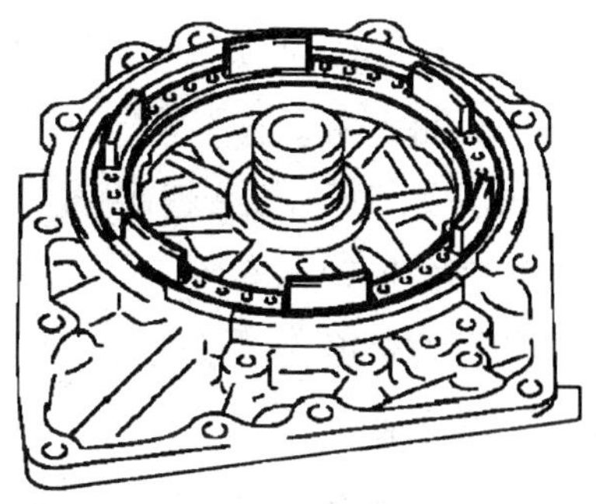

图 3—191　安装二挡滑行和超速挡制动器活塞

4）在二挡滑行和超速挡制动器活塞上涂 ATF，并将其安装至变速器后盖。

5）用专用工具和压力机，将超速挡制动器回位弹簧和卡环安装至变速器后盖。

注意：当弹簧座低于卡环槽 1～2 mm 时，停止施压，以防弹簧座变形。不要过度扩张卡环。

6）在 4 个新 O 形圈上涂 ATF，并将其安装至 4 个变速器后盖螺塞。将变速器后盖螺塞安装至变速器后盖，并以 7.4 N·m 力矩拧紧。

三、自动变速器的装复

1. 差速器的装复

(1) 在前差速器壳和轴承上涂 ATF，并将其安装至自动变速器壳，按规定力矩拧紧变速器外壳固定螺栓，如图 3—192 所示。力矩分别为：螺栓 A，29 N·m；螺栓 B，22 N·m。用专用工具和小力矩扳手测量差速器齿轮的预紧力。预紧力矩分别应为：新的差速齿轮，0.98～1.57 N·m；旧的差速齿轮，0.49～0.78 N·m，如果预紧力不符合规定可调整自动变速器壳垫片厚度。

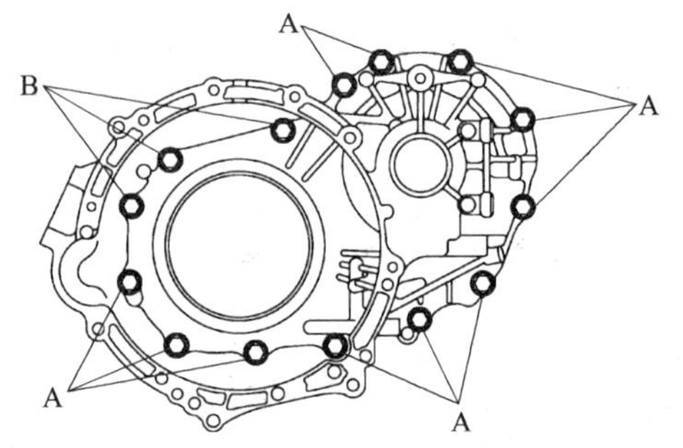

图 3—192 变速器外壳安装

(2) 在新自动变速器壳油封的唇口上涂通用润滑脂，使用专用工具和锤子，敲入油封。

(3) 在新前自动变速器壳油封的唇口上涂通用润滑脂，使用专用工具和锤子敲入油封，如图 3—193 所示。

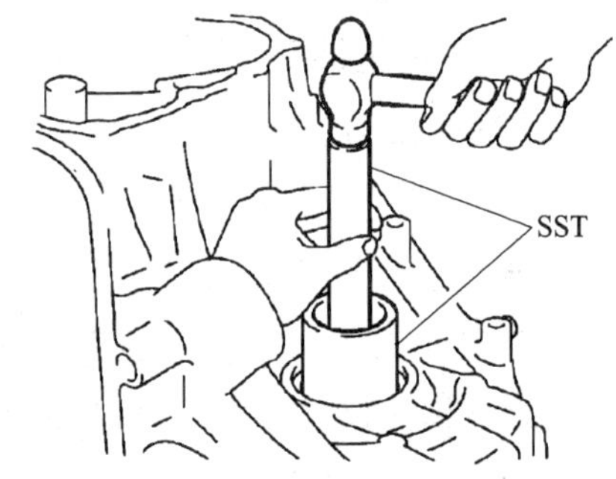

图 3—193 前自动变速器壳油封的拆装

(4) 将自动变速器壳 1 号挡片安装至自动变速器壳，用专用工具和锤子将前主动小齿轮后滚锥轴承安装至自动变速器壳。

(5) 将止推轴承安装至变速器外壳，用专用工具和压力机将新的前主动小齿轮前滚锥轴承安装至变速器外壳。

(6) 将差速器齿轮润滑油供油管安装至变速器外壳。

(7) 用螺栓将轴承锁止板安装至变速器外壳，并以 11 N·m 的力矩拧紧。

(8) 用旋具将中间轴主动齿轮孔卡环安装至自动变速器壳。

(9) 用专用工具和锤子将中间轴主动齿轮左侧轴承外座圈安装至自动变速器壳，将中间轴主动齿轮左侧轴承安装至自动变速器壳，如图 3—194 所示。

图 3—194 安装中间轴主动齿轮左侧轴承

(10) 用专用工具和锤子将中间轴主动齿轮右侧轴承外座圈安装至自动变速器壳，将中间轴主动齿轮右侧轴承安装至自动变速器壳。

(11) 在新手动阀杆轴油封唇口上涂抹一层通用润滑脂，用专用工具和锤子安装手动阀杆轴油封。

(12) 用专用工具和压力机将差速器主动小齿轮安装至中间轴从动齿轮，如图 3—195 所示。

注意：更换中间轴从动齿轮时，同时更换自动变速器壳中的中间轴主动齿轮。

(13) 用专用工具和塑料锤将新的差速器主动小齿轮螺塞安装至差速器主动小齿轮。

(14) 将中间轴从动齿轮和主动小齿轮止推轴承安装至自动变速器壳。

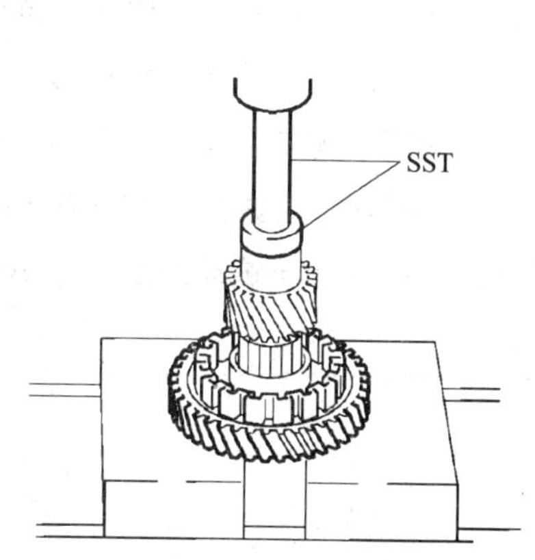

图 3—195　差速器主动小齿轮的安装

2. 驻车装置的安装

(1) 在驻车锁爪轴上涂 ATF，将驻车锁爪、驻车锁爪轴扭力弹簧和驻车锁爪轴安装至自动变速器壳，如图 3—196 所示。

注意：检查并确认驻车锁爪移动平稳。

(2) 将手动阀杆轴安装至自动变速器壳。

(3) 将驻车锁杆安装至手动阀杆，如图 3—197 所示。

(4) 安装手动阀杆分总成。首先在手动阀杆分总成上涂 ATF，将手动阀杆和新的手动阀杆隔套安装至手动阀杆轴，再用尖冲头和锤子将销敲入，然后转动隔套和杆轴，使定位小孔与杆轴上的锁紧位置标记对齐，最后使用一个尖冲头，通过小孔锁紧隔套。

(5) 将手动阀杆轴止动弹簧安装至手动阀杆轴。

(6) 用螺栓将驻车锁爪支架、驻车锁杆和凸轮导套安装至自动变速器壳，力矩为 20 N·m。

图 3—196　安装驻车锁爪

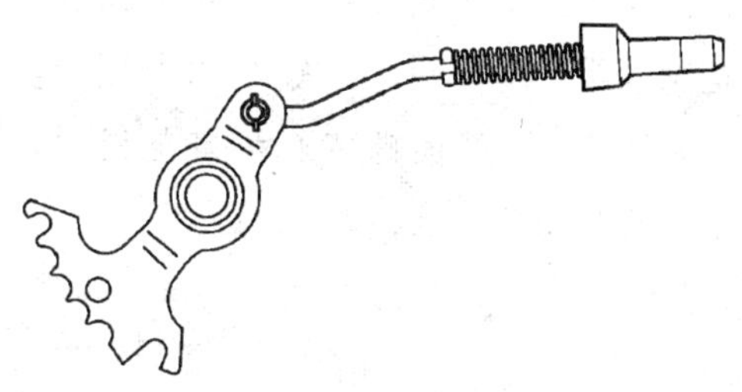

图 3—197　安装驻车锁杆分总成

3. 中间轴主动齿轮安装

(1) 用专用工具和压力机将中间轴主动齿轮安装至自动变速器壳。

(2) 用专用工具和压力机将行星齿轮总成安装至自动变速器壳。

(3) 安装中间轴主动齿轮螺母。用驻车锁爪固定中间轴从动齿轮，用专用工具安装新的锁紧垫圈和螺母（力矩为 280 N·m），并测量以 60 r/min 的速度旋转中间轴主动齿轮时的转动力矩（标准转动力矩为 0.20～0.49 N·m）。用专用工具和锤子锁紧螺母垫圈。

4. 一挡和倒挡制动器及行星轮的装复

(1) 在 2 号一挡和倒挡制动器活塞 O 形圈上涂 ATF，并将其安装至 2 号一挡和倒挡制动器活塞，如图 3—198 所示。

(2) 在 2 号一挡和倒挡制动器活塞上涂 ATF，并将其安装至自动变速器壳。

(3) 将一挡和倒挡制动器回位弹簧分总成安装至自动变速器壳。用专用工具、压力机和旋具安装卡环。

(4) 安装一挡和倒挡制动摩擦片，并用旋具安装卡环，如图 3—199 所示。

(5) 检查一挡和倒挡制动器的装配间隙。装配间隙为 0.806～1.206 mm。将压缩空气 (392 kPa) 吹入油孔中，检查并确认一挡和倒挡制动器活塞移动，如图 3—200 所示。

注意：如果间隙不在规定范围内，选择一个新的制动器法兰。

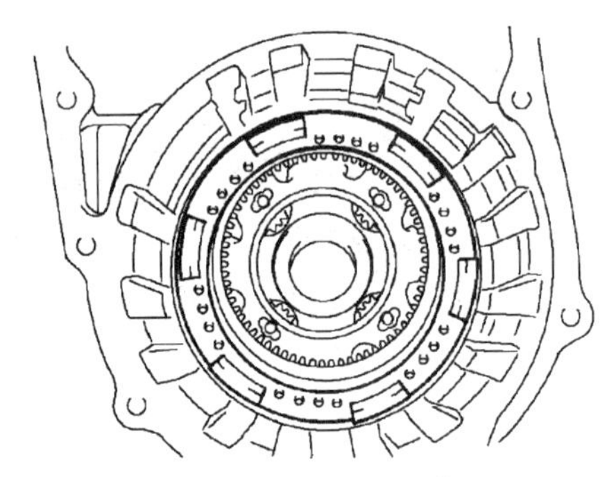

图 3—198 安装 2 号一挡和倒挡制动器活塞

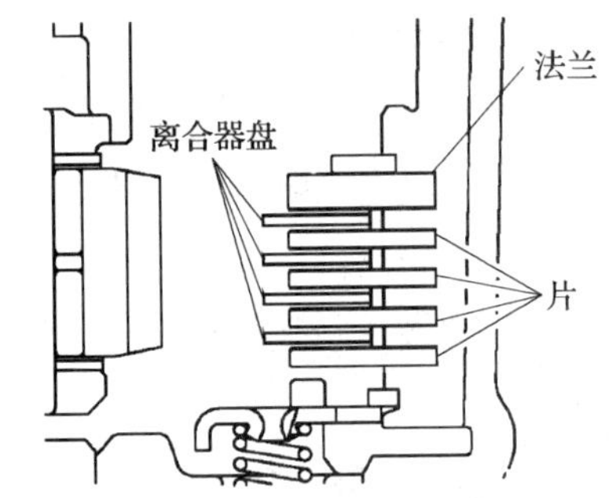

图 3—199 安装一挡和倒挡制动摩擦片

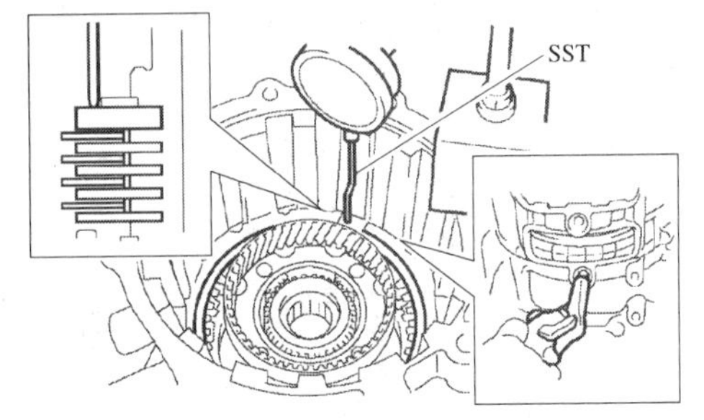

图 3—200 检查一挡和倒挡制动器的装配间隙

5. 二挡制动器及后行星齿轮总成的装复

(1) 将行星轮和滚针轴承安装至行星齿轮总成。

(2) 将外座圈固定架安装至 2 号单向离合器。

(3) 将 2 号单向离合器和二挡制动器活塞总成安装至后行星齿轮总成。

(4) 将 2 号止推轴承座圈、行星齿轮止推滚针轴承和止推轴承座圈安装至后行星齿轮总成。

(5) 将后行星齿轮总成安装至自动变速器壳，用旋具安装卡环，如图 3—201 所示。检查并确认后行星齿轮总成逆时针旋转时自由转动，而顺时针旋转时则锁止。

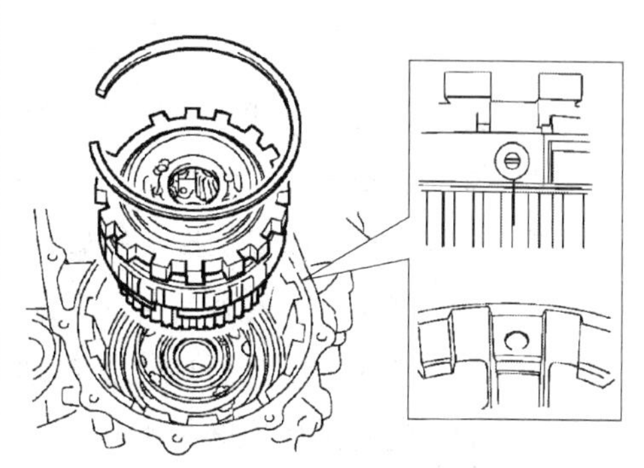

图 3—201　安装后行星齿轮总成

(6) 将二挡制动器活塞套筒安装至自动变速器壳。

(7) 安装二挡制动摩擦片。先将 3 个摩擦片、2 个 1 号法兰和 2 个法兰安装至自动变速器壳，用旋具将 2 个卡环安装至自动变速器壳，如图 3—202 所示。

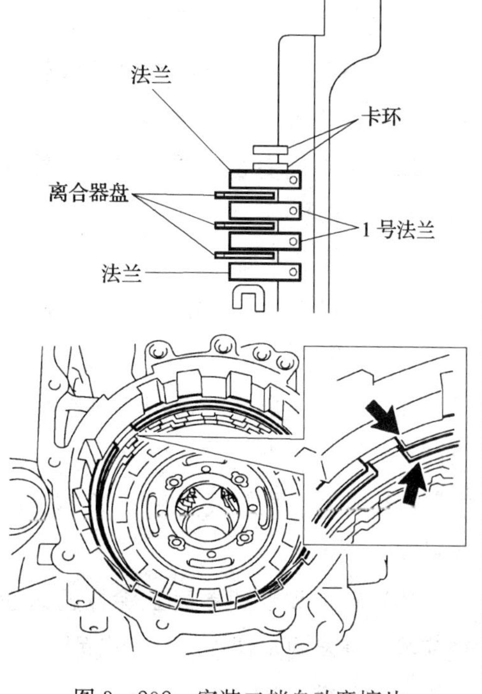

图 3—202　安装二挡自动摩擦片

(8) 检查二挡制动器的装配间隙。在施加和释放压缩空气（392～785 kPa）的同时，用百分表测量二挡离合器的装配间隙，装配间隙应为 0.847～1.247 mm。

注意：如果间隙不在规定范围内，应更换新的制动器法兰。

(9) 将 2 号止推垫圈安装至后行星齿轮总成。将单向离合器总成安装至后行星太阳齿轮总成。

(10) 将止推滚针轴承和垫圈安装至后行星太阳齿轮。

(11) 安装后行星太阳齿轮总成。

(12) 将后 2 号行星太阳齿轮止推滚针轴承安装至后行星太阳齿轮。

6. 中间轴及后离合器的装复

(1) 安装直接挡离合器毂。

(2) 将3号止推轴承座圈、止推滚针轴承和C2毂止推轴承座圈安装至直接挡离合器毂。

(3) 安装二挡滑行和超速挡制动摩擦片。

(4) 将中间轴总成安装至自动变速器壳。

(5) 安装后离合器鼓止推滚针轴承。

(6) 将4个新衬垫安装至自动变速器壳。

(7) 安装变速器后盖总成。在自动变速器壳上涂抹密封胶，安装变速器后盖，并以25 N·m的力矩拧紧固定螺栓。

7. 前进挡离合器及差速器的装复

(1) 将前进挡离合器毂分总成安装至自动变速器壳，如图3—203所示。

(2) 将轴承安装至前进挡离合器毂，如图3—204所示。

(3) 安装定子轴止推滚针轴承。

(4) 将输入轴总成安装至自动变速器壳。

(5) 安装超速挡制动器衬垫。

(6) 将差速器齿轮总成安装至自动变速器壳。

(7) 安装油泵总成，并以22 N·m的力矩拧紧固定螺栓。

(8) 在自动变速器壳上涂抹密封胶，安装变速器外壳及固定螺栓。力矩分别为：螺栓A，29 N·m；螺栓B，22 N·m。

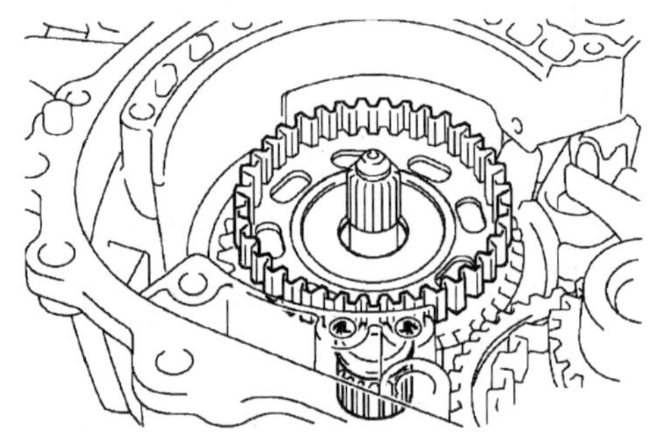

图3—203 安装前进挡离合器毂分总成

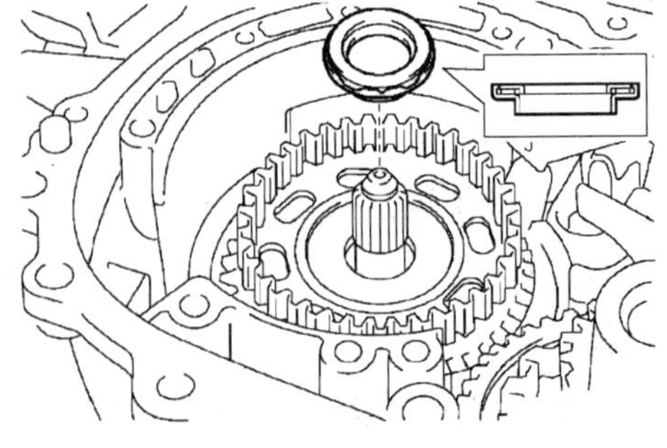

图3—204 安装前进挡离合器毂止推滚针轴承

8. 蓄压器及阀体的安装

(1) 在2个新O形圈上涂ATF，并将其安装至C2蓄压器活塞，安装弹簧和C2蓄压器活塞。

注意：不要损坏O形圈。

(2) 在2个新O形圈上涂ATF，并将其安装至C3蓄压器活塞，安装弹簧和C3蓄压器活塞，如图3—205所示。

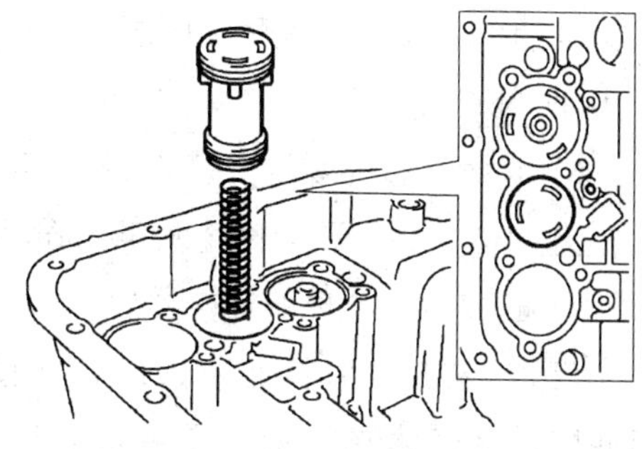

图3—205　安装C—3蓄压器活塞

(3) 在2个新O形圈上涂ATF，并将其安装至B2蓄压器活塞，安装弹簧和B2蓄压器活塞。

(4) 安装弹簧和球式单向阀体。

(5) 安装新的制动鼓衬垫。

(6) 在新的自动变速器壳衬垫上涂ATF，然后将其安装至自动变速器壳。

(7) 在新的自动变速器壳二挡制动器衬垫上涂ATF，然后将其安装至自动变速器壳，如图3—206所示。

图3—206　安装自动变速器壳二挡制动器衬垫

(8) 在新O形圈上涂ATF，然后将其安装至变速器线束，将变速器线束插入变速器，并用5.4 N·m的力矩拧紧固定螺栓。

(9) 安装阀体总成。

1) 在2个新的自动变速器壳二挡制动器衬垫上涂ATF，然后将其安装至自动变速器壳。

2) 安装球式单向阀体弹簧和球式单向阀体。

3) 先将手动阀凹槽对准手动阀杆销，用13个螺栓暂时安装阀体，如图3—207a所示。螺栓长度分别为：螺栓A，32 mm；螺栓B，22 mm；螺栓C，55mm；螺栓D，45 mm。

4）用 2 个螺栓暂时安装锁止弹簧和锁止弹簧盖，如图 3—207b 所示。螺栓长度分别为：螺栓 A，14 mm；螺栓 B，45 mm。

5）检查并确认手动阀杆接触到锁止弹簧顶部滚柱的中心部分，然后拧紧这 15 个螺栓。力矩为 11 N · m。

6）用锁止板和螺栓安装 ATF 温度传感器。力矩为 11 N · m，螺栓长度为 55 mm。

7）连接 5 个电磁阀连接器。

（10）在新 O 形圈上涂 ATF，并将其安装至滤网。将阀体滤网总成安装至自动变速器，并以 11 N · m 的力矩拧紧固定螺栓。

（11）将 2 块磁铁、新油底壳衬垫安装到油底壳上，并以 7.8 N · m 的力矩拧紧固定螺栓。

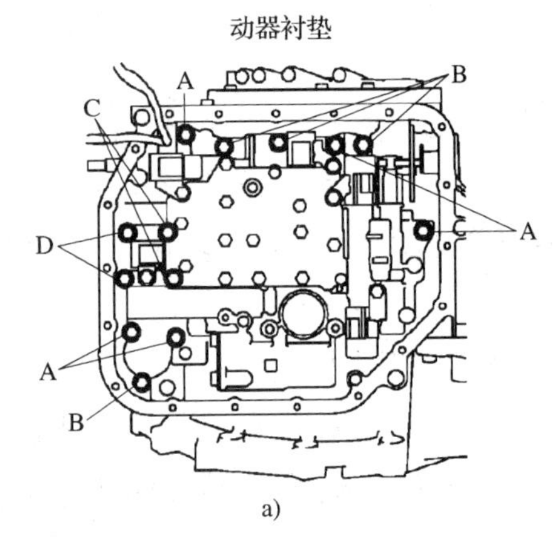

a)

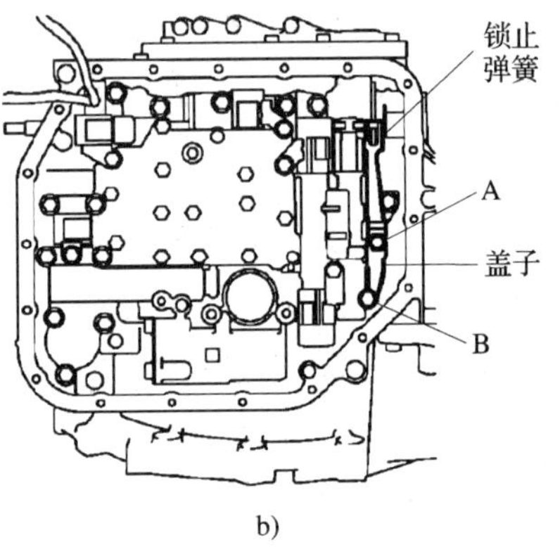

b)

图 3—207　变速器阀体总成的安装

9. 自动变速器附件的安装

（1）将通气塞安装至自动变速器壳。

（2）将通气塞软管安装至通气塞。

（3）在 5 个新 O 形圈上涂 ATF，并将其安装至 5 个自动变速器壳 1 号塞。将自动变速器壳 1 号塞安装至变速器外壳和自动变速器壳，并以 7.4 N · m 的力矩拧紧。

（4）在 2 个新 O 形圈上涂 ATF，并将其安装至 2 个油冷却器管接头。将 2 个油冷却器管接头安装至自动变速器壳。力矩为 27 N · m。

（5）在新 O 形圈上涂 ATF，然后将其安装至转速传感器。用螺栓将转速传感器安装至自动变速器壳，并以 5.4 N · m 的力矩拧紧螺栓。

（6）安装驻车挡/空挡位置开关总成。

（7）先在新 O 形圈上涂 ATF，然后将其安装至速度表从动齿轮孔盖分总成，再将速度表从动齿轮孔盖分总成安装至驱动桥外壳，并以 7.0 N · m 的力矩拧紧固定螺栓。

学习过程记录表

<table>
<tr><td>姓名：</td><td>班级：</td><td colspan="2">学号：</td><td>日期：</td></tr>
<tr><td>第三单元　底盘的拆装</td><td>课题四　自动变速器的分解与组装</td><td colspan="2">第（　）工作页</td><td>项目2　卡罗拉轿车U340E型自动变速器的分解与组装——油泵的分解与组装</td></tr>
<tr><td colspan="5">说明：完成油泵的分解与组装的工作过程，将分解、安装步骤，操作注意事项，检测项目，检测要求和实际检测值填写在下面。</td></tr>
<tr><td>车型：</td><td colspan="3">发动机型号：</td><td>变速器型号：</td></tr>
<tr><td colspan="2">分解、安装步骤</td><td colspan="3">操作注意事项
（包括使用工具、力矩）</td></tr>
<tr><td colspan="2"></td><td colspan="3"></td></tr>
<tr><td colspan="2"></td><td colspan="3"></td></tr>
<tr><td colspan="2"></td><td colspan="3"></td></tr>
<tr><td colspan="2"></td><td colspan="3"></td></tr>
<tr><td colspan="2"></td><td colspan="3"></td></tr>
<tr><td colspan="2">检测项目</td><td colspan="2">检测要求</td><td>实际检测值</td></tr>
<tr><td colspan="2"></td><td colspan="2"></td><td></td></tr>
<tr><td colspan="2"></td><td colspan="2"></td><td></td></tr>
<tr><td colspan="2"></td><td colspan="2"></td><td></td></tr>
</table>

批语：　　　　　　　　　　　　　　教师：

课题五　差速器和半轴的拆装

教学目标

1. 掌握差速器和半轴的拆装方法、步骤和技术要求。
2. 掌握差速器的调整方法与工作原理。
3. 掌握拆装工具和机具的使用。

工具与设备

1. 常用工具。
2. 轴承顶拔器、吊车。
3. 桑塔纳3000型轿车和卡罗拉轿车。

项目1　桑塔纳3000型轿车差速器的拆装（图3—208）

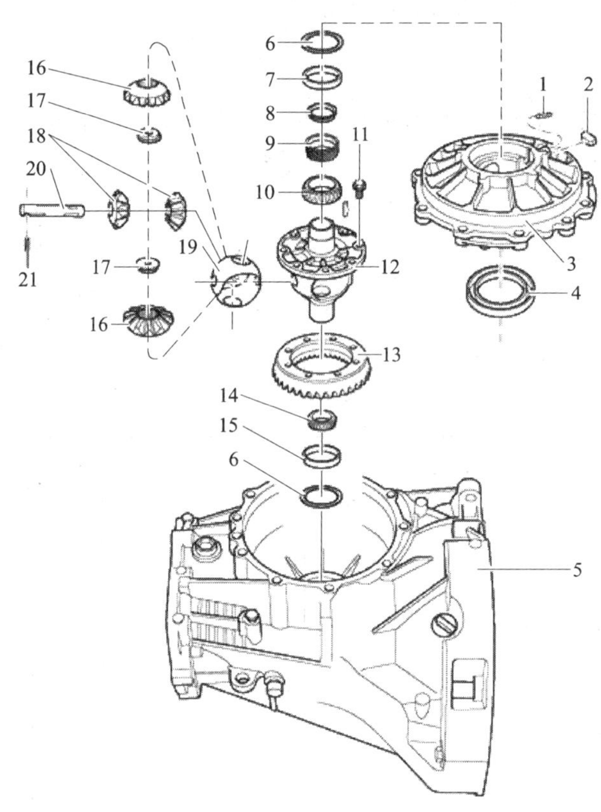

图3—208　差速器构造图

1—磁铁固定销　2—磁铁　3—差速器盖　4—密封圈　5—变速器壳体　6—调整垫片
7、15—轴承外环　8—锁紧套筒　9—车速表驱动齿轮　10、14—差速器轴承　11—从动锥齿轮紧固螺栓
12—差速器罩壳　13—从动锥齿轮　16—半轴齿轮　17—螺纹件　18—行星齿轮
19—复合止推垫圈　20—行星齿轮轴　21—夹紧销

一、差速器的拆卸

1. 拆卸变速器，将其固定在支架上。
2. 拆下齿轮组壳体和后盖。
3. 拆下车速表传感器。
4. 锁住传动轴法兰，拆卸传动轴法兰紧固螺栓，如图3—209所示。
5. 取下传动轴法兰。
6. 用橇棒撬出传动轴法兰密封圈。

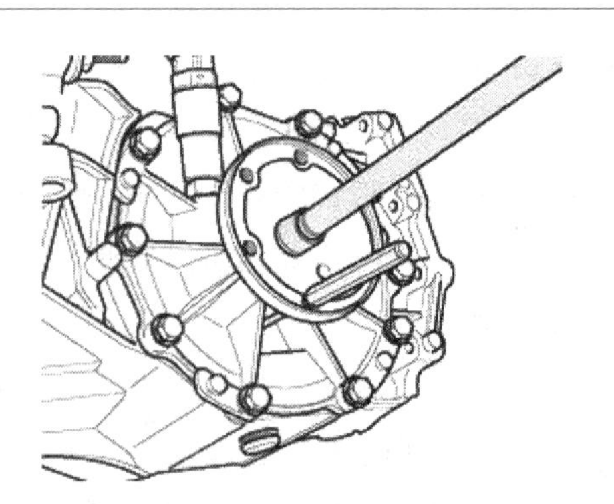

图3—209　拆卸传动轴法兰

7. 取下车速表的小齿轮。

8. 拆下差速器盖。

9. 从变速器壳体上取下差速器。

10. 用橇棒撬出变速器侧面和差速器盖上的油封。

11. 从差速器盖上取下固定销和磁铁，拆下差速器轴承的外环和调整垫片。

12. 从变速器壳体上敲下差速器轴承的外环和调整垫片。

注意：当更换差速器轴承时，外环需一起更换，同时必须计算出从动锥齿轮的 2 个调整垫片的厚度。

13. 将差速器夹持在台虎钳上，松开从动锥齿轮与差速器壳的连接螺栓。

注意：主传动齿轮的紧固螺栓是自锁螺栓，一经拆卸就必须更换。

14. 从差速器壳上取下从动锥齿轮，如图 3—210 所示。

15. 拆下行星齿轮轴的锁销。

16. 取下行星齿轮轴，如图 3—211 所示。

17. 取下行星齿轮和半轴齿轮。

18. 拆下差速器轴承，如图 3—212 所示。

19. 拆下车速传感器的驱动齿轮。

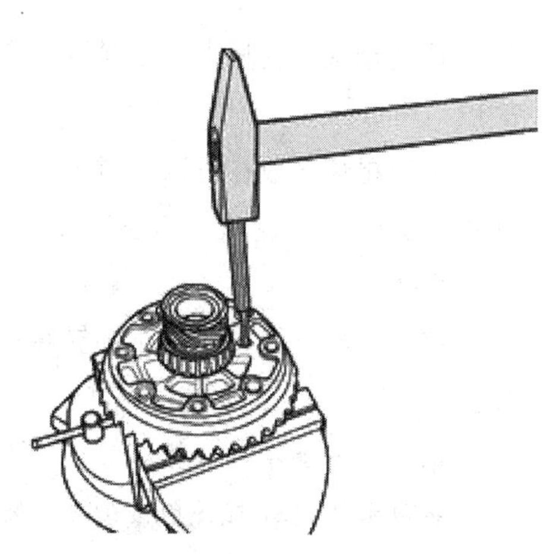

图 3—210　拆卸从动锥齿轮

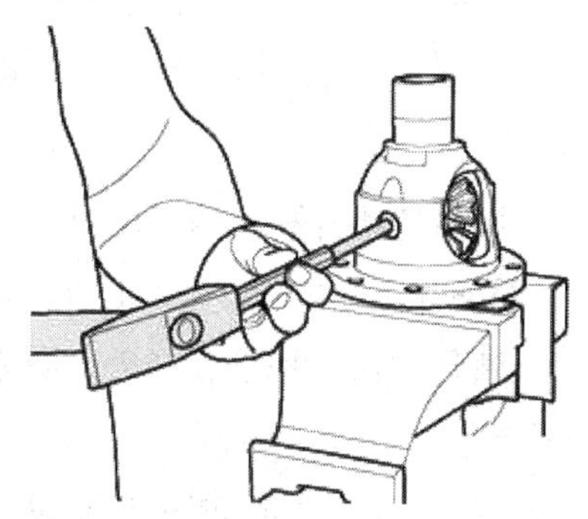

图 3—211　取下行星齿轮轴

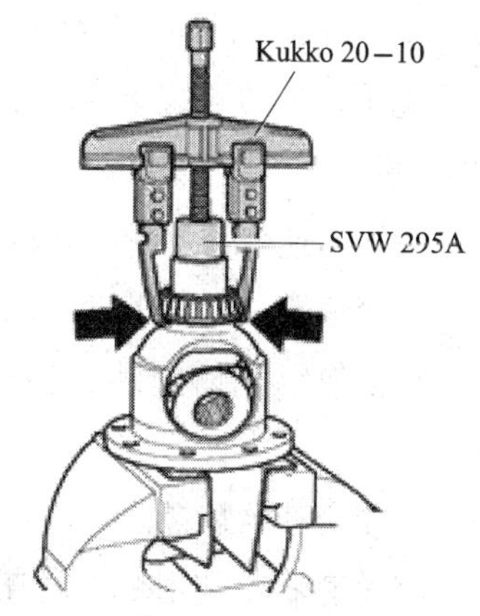

图 3—212　差速器轴承的拆卸

二、差速器的安装

1. 通过半轴法兰将半轴齿轮固定在差速器罩壳上。

2. 将行星齿轮放在适当位置上，接着转动半轴法兰使行星齿轮进入差速器罩壳，如图3—213所示。

3. 装上行星齿轮轴，并用锁销将行星齿轮轴固定。

4. 取下差速器半轴法兰。

5. 将从动锥齿轮加热到120℃后安装在差速器壳上，用2只螺纹销定位。

6. 用新的螺栓以80 N·m的力矩交替旋紧从动锥齿轮。

7. 计算从动锥齿轮的2个调整垫片的厚度。

8. 把调整垫片和差速器轴承外环装置安装至变速器壳体上，如图3—214所示。

9. 清洁磁铁，把它装在差速器盖上，并用锁销固定。

10. 把调整垫片和轴承外环装在差速器盖上，如图3—215所示。

11. 装上变速器侧面油封。

12. 将差速器轴承加热到120℃后安装在差速器罩壳上，用专用工具将轴承压到位，如图3—216所示。

13. 装上车速传感器驱动齿轮和锁紧套筒。

14. 用变速器油润滑差速器轴承。

15. 将齿轮组壳体安装到变速器上，使用新的衬垫。

16. 安装变速器后盖。

17. 将差速器安装到变速器壳体上。

18. 将差速器盖装在壳体上，用25 N·m的力矩旋紧固定螺栓。

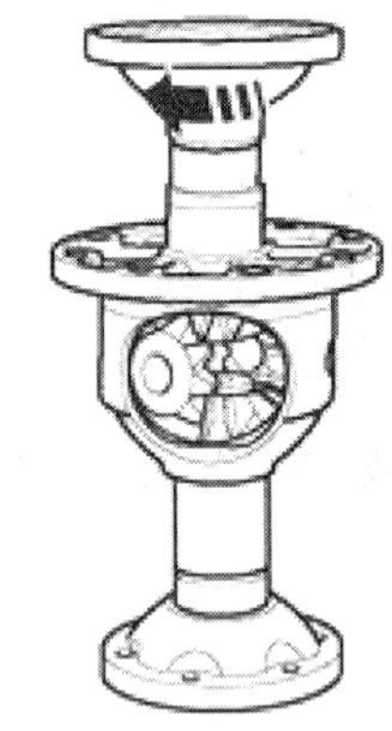

图3—213 安装行星齿轮

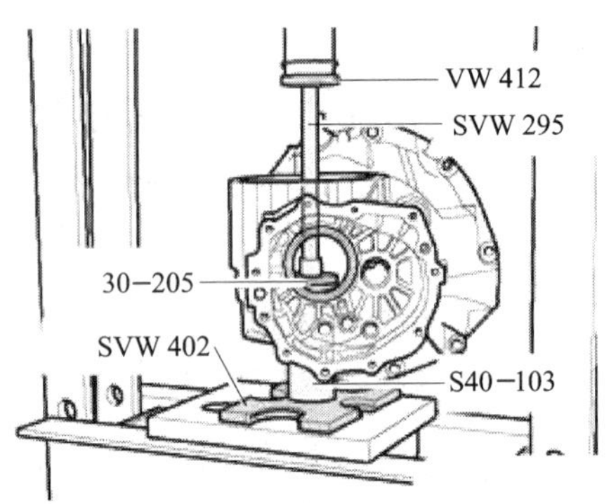

图3—214 安装调整垫片

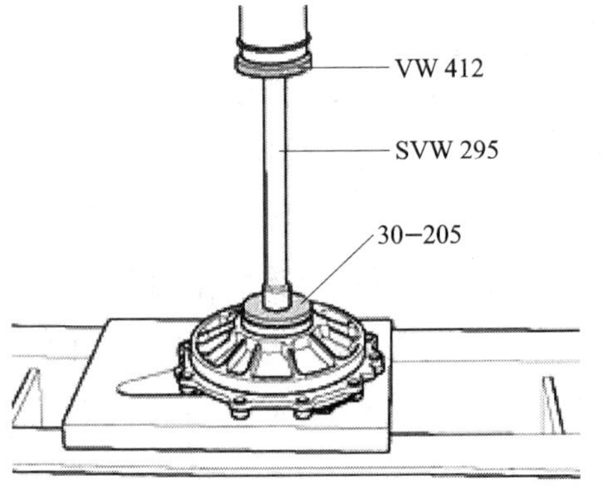

图3—215 安装调整垫片

19. 调整从动圆锥齿轮啮合间隙。

20. 装上车速表小齿轮和传感器。

21. 安装新的半轴法兰密封圈。

22. 装上半轴法兰，用冲头锁住法兰，装上螺栓，用 20 N·m 的力矩旋紧。

23. 润滑并装上变速器。

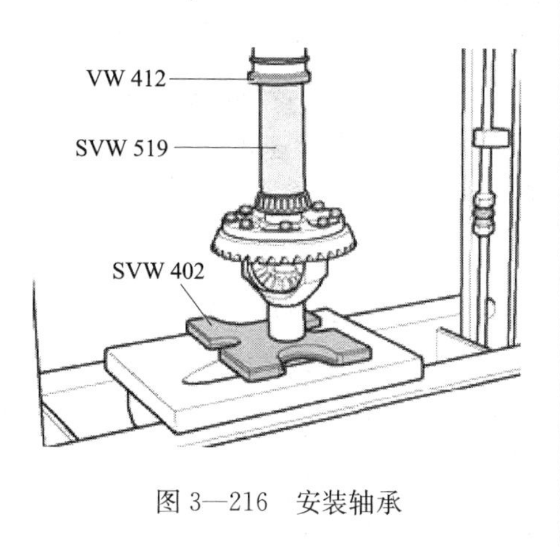

图 3—216　安装轴承

三、桑塔纳汽车主减速器的调整（图 3—217）

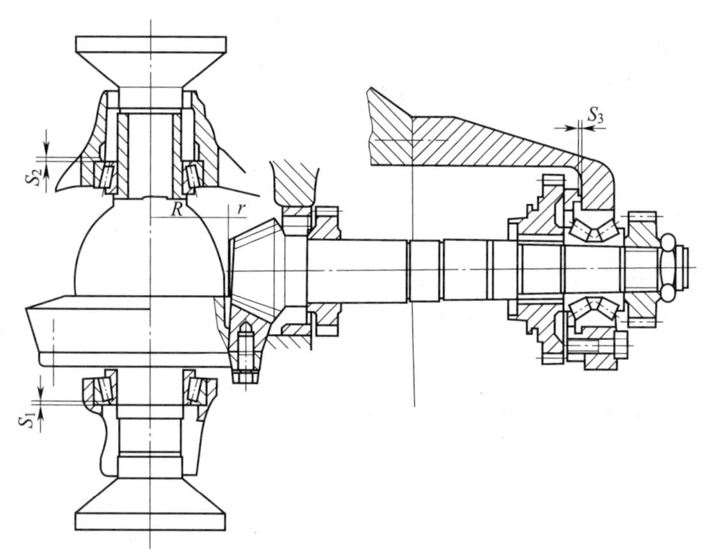

图 3—217　轴承预紧度的调整

S_1—调整垫片（从动锥齿轮一边）的厚度　S_2—调整垫片（与从动锥齿轮相对）的厚度

S_3—输出轴的调整垫片的厚度　R—主动齿轮位置的理论值，R=50.7 mm

1. 差速器轴承预紧度的调整

（1）将主动齿轮拆掉。

（2）拆下差速器油封和轴承的外环，取出调整垫片。

（3）在轴承外环上装上 1.2 mm 的标准调整垫片 S_2。

（4）将带有调整垫片（厚度为 S_2）的轴承外环压入变速器壳体，直到接触到挡块为止。

(5) 将没有调整垫片的轴承外环安装到主减速器盖上，直到接触到挡块为止。

(6) 将不带转速表齿轮的差速器装入变速器壳体中。

(7) 将主减速器盖安装在变速器壳体上，并以 25 N·m 的力矩拧紧固定螺栓。

(8) 安装专用工具，并将固定螺钉拧紧，如图 3—218 所示。

(9) 将夹紧套筒 VW521/4 上下移动，读出千分表上的变化。

(10) 对测量值增加一个常数值，使之达到所规定的轴承预紧力。

(11) 求出总垫片厚度 $S_{总}=S_1+S_2$。

(12) 拆下主减速器盖，压出轴承外圈。

(13) 放置厚度为 $S_{总}$ 的垫片，安装轴承外圈和主减速器盖。

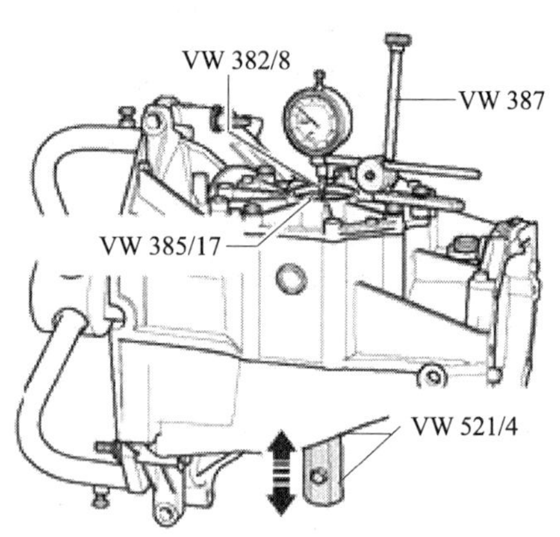

图 3—218 专用工具的安装

2. 主动锥齿轮轴承预紧度的调整

(1) 装上齿轮组壳体的后轴承外环，不带调整垫片。

(2) 安装后轴承外环的止动环，用 25 N·m 的力矩旋紧螺栓。

(3) 装上第一挡齿轮滚针轴承内环。

(4) 装上输出轴后轴承。

(5) 装上第五挡齿轮，用台虎钳夹紧输出轴，装上螺母，并用 100 N·m 的力矩旋紧。

(6) 将齿轮箱和主动齿轮一起安装到变速器壳体，使用新的衬垫，用 4 个螺栓固定。

(7) 安装专用测量工具，确定调整垫片的厚度 S_3，如图 3—219 所示。

(8) 将带有调整垫片（厚度为 S_3）的轴承外环装入变速器壳体。

(9) 校验测量减速器齿轮啮合间隙。数值公差±0.04 mm。

图 3—219 调整垫片厚度 S_3 的测量

3. 减速器齿轮啮合间隙的调整

(1) 装好主动锥齿轮和从动锥齿轮，并按规定力矩拧紧各连接螺栓。

(2) 正反方向转动从动锥齿轮数次，使轴承到位。

(3) 用工具固定主动锥齿轮，转动从动锥齿轮，测量从动锥齿轮的转动量，应为0.2 mm。

(4) 如果间隙过大，减少调整垫片的厚度 S_1，增加厚度 S_2。否则，调整相反，直至间隙符合要求。

注意：一侧调整垫片厚度的增加量应与另一侧调整垫片厚度的减少量应相等。

项目2　卡罗拉轿车差速器的拆装

一、差速器的拆卸（图3—220）

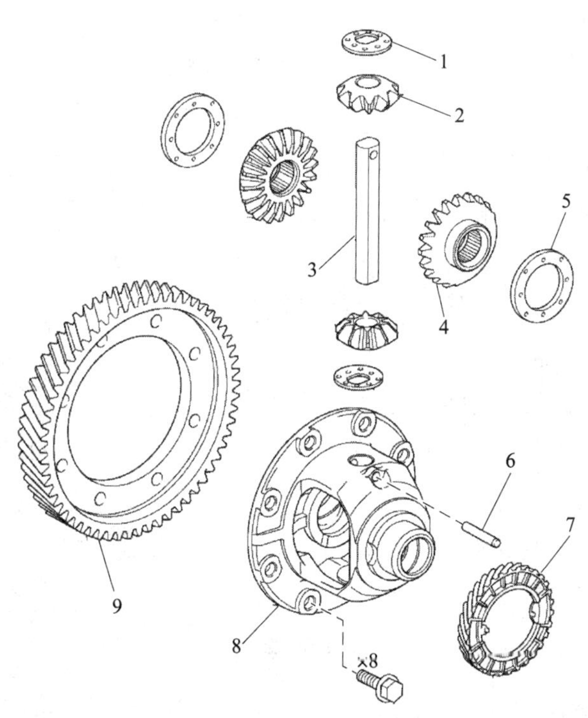

图3—220　差速器结构图

1—行星齿轮止推垫圈　2—行星齿轮　3—1号行星齿轮轴　4—半轴齿轮　5—1号半轴齿轮止推垫圈　6—行星齿轮轴直销　7—速度表主动齿轮　8—差速器壳　9—差速器齿圈

1. 从变速器壳上拆下差速器壳总成。

2. 从差速器壳上拆下速度表主动齿轮。

3. 拆卸差速器齿圈，在差速器齿圈和差速器壳上做好装配标记，如图 3—221 所示。

4. 拆卸差速器行星齿轮轴直销。

5. 拆卸前差速器 1 号行星齿轮轴。

6. 从差速器壳上拆下 2 个差速器行星齿轮、2 个差速器行星齿轮止推垫圈、2 个差速器 1 号半轴齿轮止推垫圈和 2 个差速器半轴齿轮。

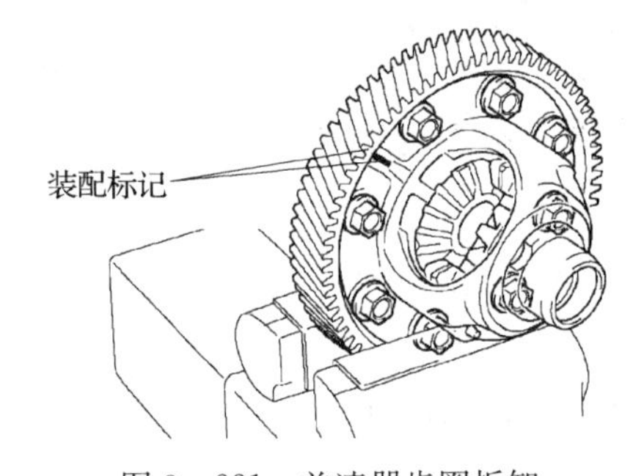

图 3—221 差速器齿圈拆卸

二、差速器的部件检查

1. 检查差速器行星齿轮止推垫圈。测量差速器行星齿轮止推垫圈的厚度，最小厚度为 0.94 mm。

2. 检查差速器 1 号行星齿轮轴。用千分尺测量差速器 1 号行星齿轮轴的外径，最小外径为 16.982 mm。

三、差速器的装配

1. 安装差速器半轴齿轮。

(1) 在前差速器半轴齿轮的滑动面和旋转面上涂抹齿轮油。

(2) 将 2 个前差速器、1 号半轴齿轮止推垫圈安装至 2 个前差速器半轴齿轮。

(3) 将 2 个前差速器半轴齿轮、2 个前差速器行星齿轮和 2 个前差速器行星齿轮止推垫圈安装至前差速器壳。

2. 在差速器 1 号行星齿轮轴上涂抹通用润滑脂后安装至前差速器壳。

注意：使差速器行星齿轮轴直销孔与差速器壳上的孔对准。

3. 调节差速器半轴齿轮齿隙。将前差速器行星齿轮安装至前差速器壳侧，用百分表测量差速器半轴齿轮齿隙，如图 3—222 所示。标准齿隙为 0.05～0.20 mm。如果齿隙超过规定范围，更换半轴齿轮止推垫圈。

4. 安装差速器行星齿轮轴直销。

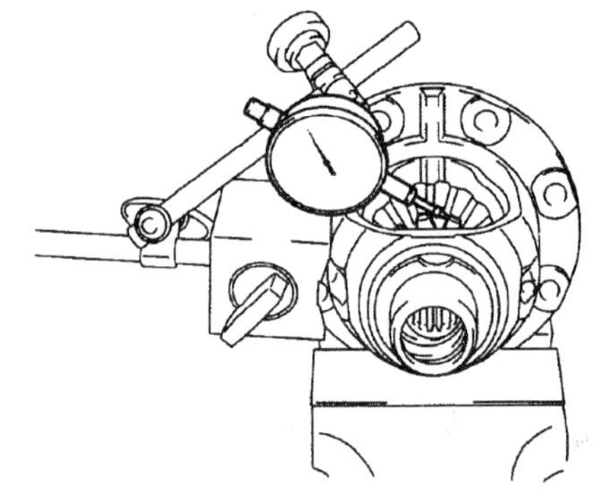

图 3—222 差速器半轴齿轮齿隙检查

5. 安装差速器齿圈。清洁差速器和齿圈的接触面后将齿圈加热到 90～110℃，如图 3—223 所示。待齿圈上的水分完全蒸发后，对准装配标记，将差速器齿圈迅速安装至差速器壳上，并用螺栓拧紧。螺栓力矩为 77 N·m。

6. 将速度表主动齿轮安装至差速器壳。

7. 将差速器总成安装至变速器。

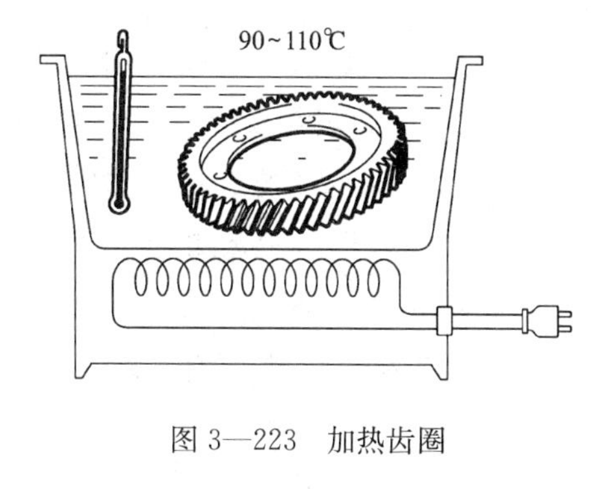

图 3—223　加热齿圈

项目 3　桑塔纳 3000 型轿车万向传动装置的拆装

一、桑塔纳等角速万向传动装置的分解（图 3—224）

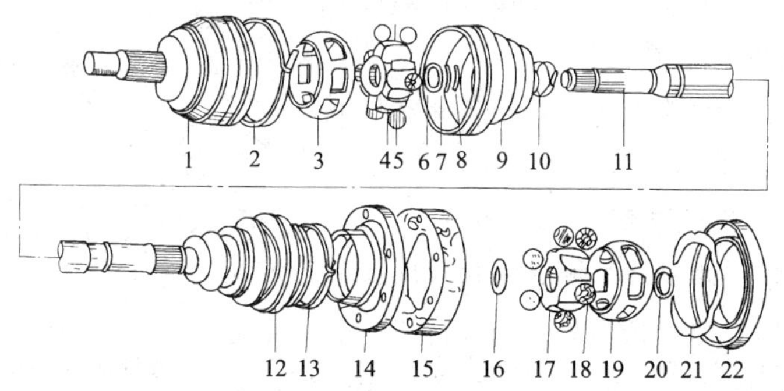

图 3—224　桑塔纳传动轴

1、15—球壳　2、10、13—抱箍　3、19—钢笼　4、17—球毂　5、18—钢球　6、20—卡簧　7—中间挡圈　8、16—座圈　9、12—防尘罩　11—传动轴　14—结合盘　21—密封垫片　22—塑料护罩

1. 在车轮着地时，取下车轮装饰外罩，旋松半轴与轮毂的紧固螺母。
2. 举升汽车，拆下车轮。
3. 拧下传动轴与变速器法兰的螺栓，将传动轴与变速器法兰分开。
4. 旋下前悬挂臂球头的紧固螺母，取下螺栓，压出前悬挂臂球头。
5. 利用两个固定车轮凸缘上的螺孔将压力装置 VAG 1389 固定到轮毂上。
6. 用液压装置压出轮毂中的传动轴。

7. 拆下压力装置。

8. 拆下防尘罩卡箍，拆下防尘罩。

9. 用木锤用力从传动轴上敲下外等角速万向节，如图 3—225 所示。

10. 拆下传动轴端头的卡簧，如图 3—226 所示。

11. 用专用工具压出内万向节。

12. 分解外等角速万向节

(1) 做好球笼、球毂和球壳上的位置标记。

(2) 转动球毂、球笼，依次取出钢球，如图 3—227 所示。

(3) 用力转动球笼直至两个方孔与球壳对齐，如图 3—228 所示，拆下球笼。

(4) 将球毂上扇形齿旋入球笼的方孔，从球笼中取下球毂，如图 3—229 所示。

13. 分解内等角速万向节

(1) 转动球毂和球笼，按垂直方向取出球笼内的钢球，如图 3—230 所示。

注意：球笼与球壳是一对偶件，应成对放置，不能互换。

(2) 从球笼上取下球毂，如图 3—231 所示。

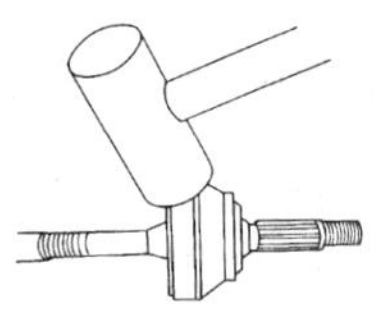

图 3—225 敲下外等角速万向节

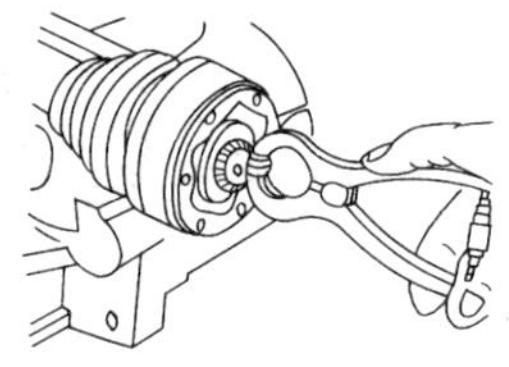

图 3—226 拆下传动轴端头的卡簧

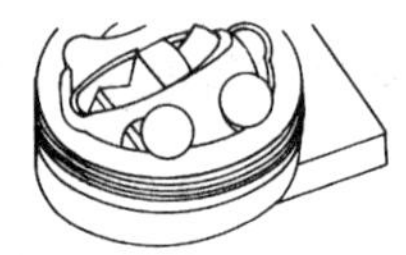

图 3—227 取出钢球

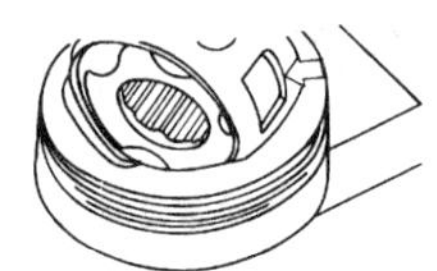

图 3—228 拆下球笼

图 3—229 取下球毂

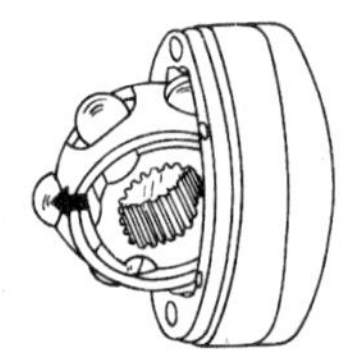

图 3—230 取出钢球

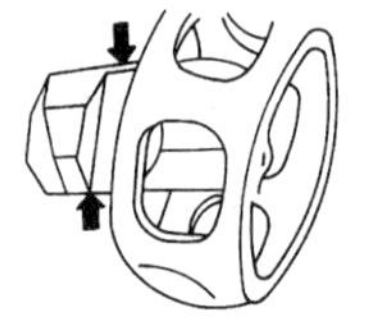

图 3—231 取出球毂

二、桑塔纳等角速万向传动装置的装复

1. 内等角速万向节的组装

(1) 对准凹槽将球毂装入球笼。

(2) 将钢球压入球笼，注入润滑脂，如图 3—232 所示。

(3) 将带钢球的球笼垂直装入球壳。

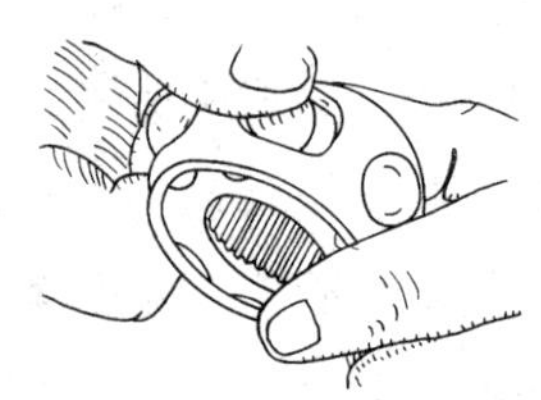

图 3—232 将钢球压入球笼

（4）用力压下球笼，使装有钢球的球毂完全转入球壳内，如图 3—233 所示。

2. 外等角速万向节的组装

（1）将球笼与球毂一起装入球壳中。

（2）对角交替压入钢球。

注意：应使球毂在球笼和球壳中保持分解前的原位置。

（3）将卡簧装入球毂。

（4）将润滑脂注入万向节内。

3. 在传动轴上装上防尘罩。

4. 装上蝶形座圈，如图 3—234 所示。

5. 用专用工具将内万向节压入传动轴，使蝶形座圈贴合，球毂花键上的倒角必须朝向传动轴台阶。

6. 装上卡簧。

7. 装上外侧万向节。

8. 在外侧万向节上装上防尘罩。

9. 装上防尘罩卡箍。

10. 在外等角速万向节花键面上涂一圈厚度 5 mm 的防护剂。

11. 将外等角速万向节的传动轴装入车轮轴承壳。

12. 将内等角速万向节的传动轴与变速器的法兰相连。

13. 压入前悬挂臂球头。

14. 用 50 N·m 的力矩旋紧前悬挂臂球头的新自锁螺母。

15. 旋上传动轴上自锁螺母，用 230 N·m 的力矩拧紧自锁螺母。

16. 装上车轮，车轮着地，用 120 N·m 的力矩拧紧轮毂紧固螺母。

17. 装上车轮装饰外罩。

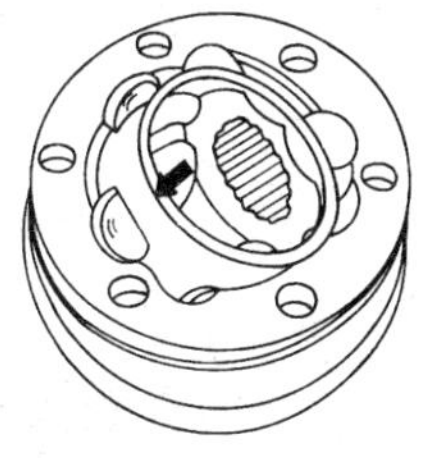

图 3—233　将球毂转入球壳

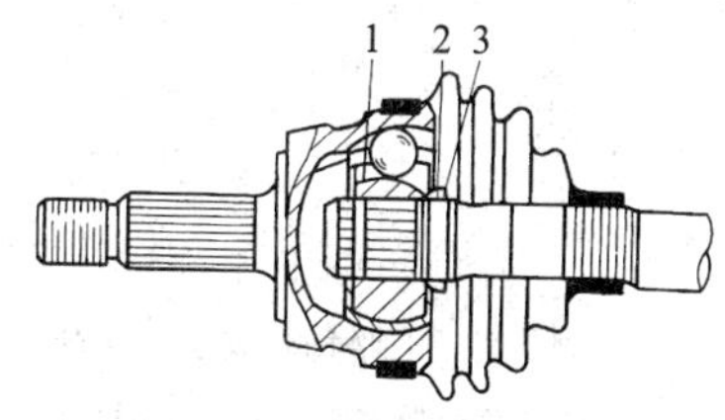

图 3—234　座圈和中间挡圈的安装

1—卡簧　2—中间挡圈　3—座圈

项目4　卡罗拉轿车前桥半轴拆装

一、前桥半轴总成的拆卸（图 3—235）

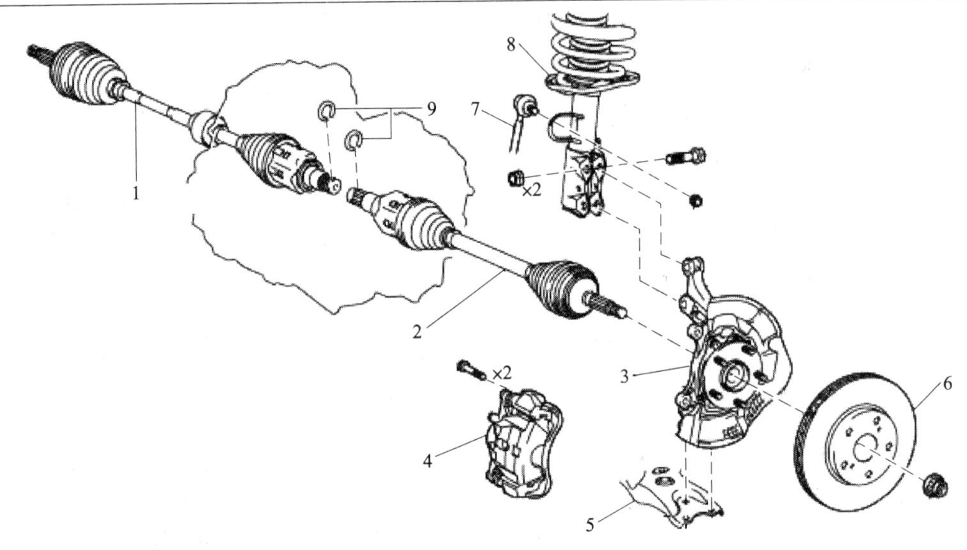

图 3—235　卡罗拉轿车前桥半轴的分解

1—前桥右半轴总成　2—前桥左半轴总成　3—前桥总成　4—前盘式制动器制动钳总成　5—前悬架下臂　6—前制动盘　7—前稳定杆连接总成　8—减振器　9—前桥半轴孔卡环

1. 拆卸前轮。
2. 拆卸发动机后部右侧、左侧底罩。
3. 排净驱动桥油。
4. 拆卸前桥轮毂螺母。
5. 分离前稳定杆连杆总成。
6. 分离前轮转速传感器。
7. 分离前挠性软管。
8. 分离左前盘式制动器制动钳总成。
9. 拆卸前制动盘（见第三单元课题七）。
10. 分离横拉杆接头分总成。
11. 分离前悬架下臂。
12. 拆卸前桥总成。
13. 使用专用工具拆下前桥左半轴总成，如图 3—236 所示。

注意：小心不要损坏自动变速器壳油封、内侧万向节防尘套及驱动轴防尘罩，不要掉落驱动轴。

14. 用旋具和锤子，拆下前桥右半轴总成，如图 3—237 所示。

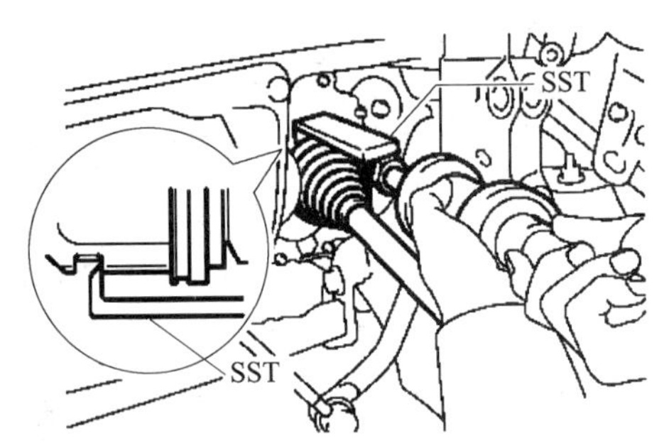

图 3—236　前桥左半轴总成的拆装

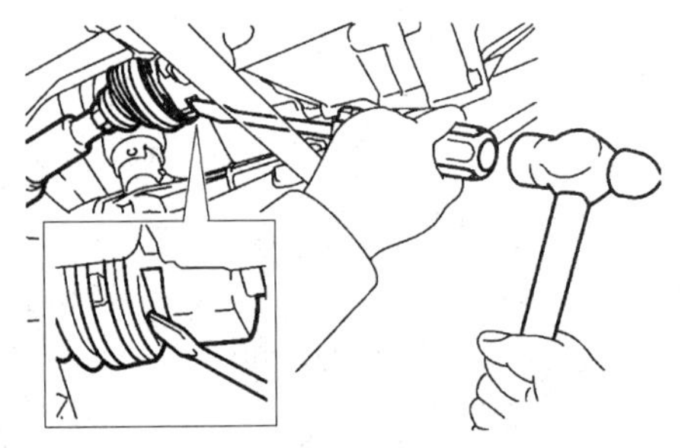

图 3—237　前桥右半轴总成的拆装

二、前桥半轴总成的拆解（以左半轴为例）（图 3—238）

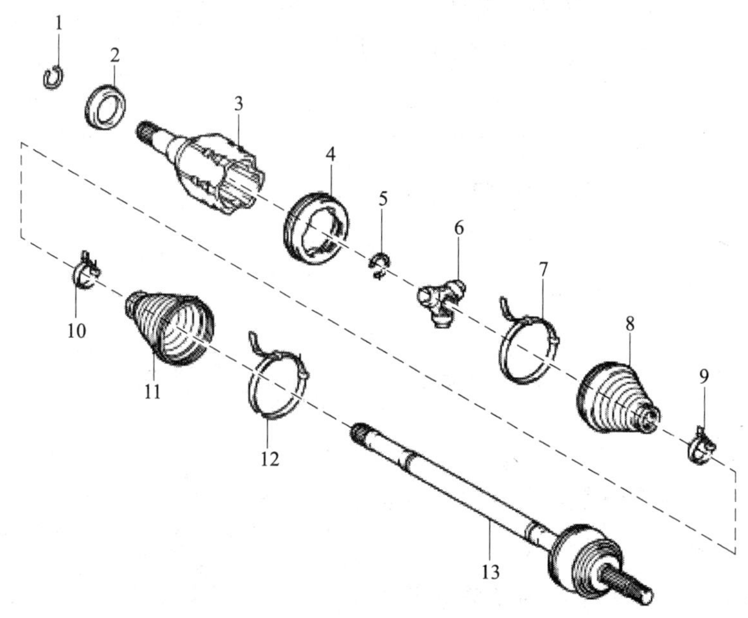

图 3—238　前桥半轴总成的构造

1—半轴孔卡环　2—防尘罩　3—内侧万向节总成　4—万向节密封垫　5—轴卡环　6—三销架　7—内侧万向节防尘罩 2 号卡夹　8—内侧万向节防尘罩　9—内侧万向节防尘罩 1 号卡夹　10—外侧万向节防尘罩 1 号卡夹　11—外侧万向节防尘罩　12—外侧万向节防尘罩 2 号卡夹　13—左半轴外侧万向节轴总成

1. 拆卸前桥内侧万向节防尘罩卡夹。

2. 将内侧万向节防尘罩从内侧万向节密封垫上分离。

3. 拆卸前桥左半轴内侧万向节总成。

（1）清除内侧万向节上的所有旧润滑脂。

（2）在内侧万向节和外侧万向节轴上做好装配标记，如图 3—239a 所示。

（3）将内侧万向节从外侧万向节轴上拆下。

（4）在台钳上的两个铝板之间夹住外侧万向节轴。

（5）使用卡环扩张器，拆下轴卡环。

（6）在外侧万向节轴和三销架上设置装配标记，如图 3—239b 所示。

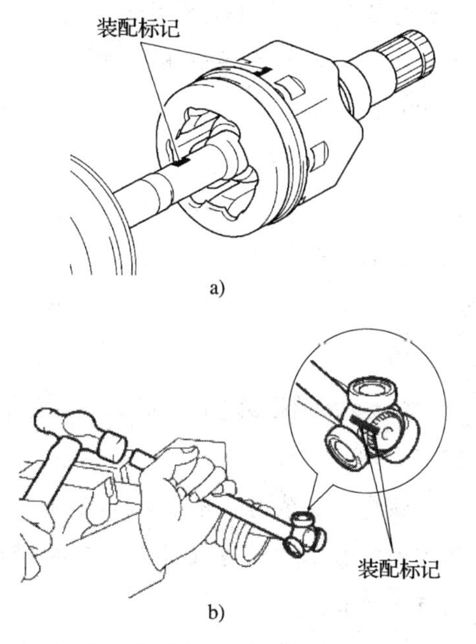

图 3—239　前桥左半轴内侧万向节总成拆装

a）装配标记 1　b）装配标记 2

(7) 用铜棒和锤子从外侧万向节轴上敲出三销架。

4. 将内侧万向节密封垫从内侧万向节上拆下。

5. 拆下内侧万向节防尘套、内侧万向节防尘套 2 号卡夹和内侧万向节防尘套卡夹。

6. 用旋具，松开前桥外侧万向节防尘套卡夹的锁紧部件并拆下防尘套卡夹。

7. 从外侧万向节轴上拆下外侧万向节防尘套，清除外侧万向节上的所有旧润滑脂。

8. 用旋具拆下前桥左半轴孔卡环。

9. 使用专用工具和压力机，压出半轴防尘罩。

三、前桥半轴总成的装配（以左半轴为例）

1. 使用专用工具和压力机，压进一个新的半轴防尘罩，如图 3—240 所示。

注意：不要损坏防尘罩，确保防尘罩安装到位。

2. 安装一个新的前桥半轴孔卡环。

3. 将防尘套安装到前桥外侧万向节轴上，如图 3—241 所示。

(1) 在安装防尘套之前，先用塑料带缠绕驱动轴的花键，以防止防尘套损坏。

(2) 将新的 2 号外侧万向节防尘套卡夹、外侧万向节防尘套和外侧万向节防尘套卡夹依次安装到万向节轴上。

(3) 用防尘套维修组件中的润滑脂涂抹外侧万向节轴和防尘套。

(4) 将外侧万向节防尘套安装在外侧万向节轴槽上。

4. 安装前桥外侧万向节防尘套 2 号卡夹，如图 3—242 所示。

注意：安装时，不要损坏导流板，确保外侧万向节与工作面直接接触，不要损坏外侧万向节防尘套。

5. 安装前桥外侧万向节防尘套卡夹。

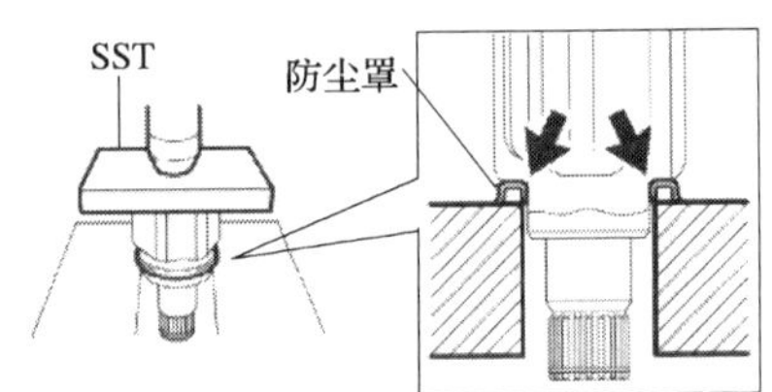

图 3—240　安装前桥半轴防尘罩

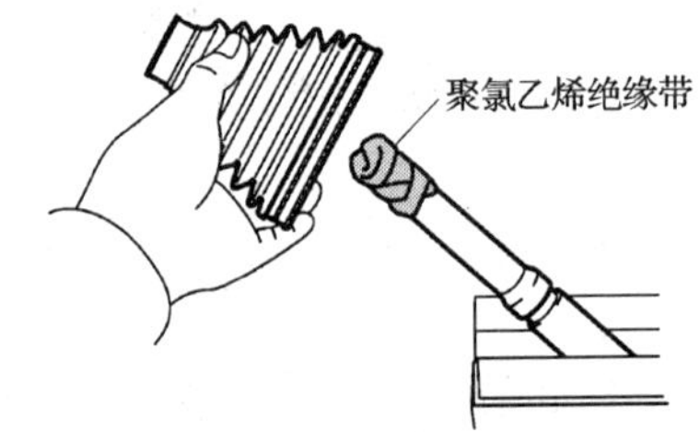

图 3—241　安装外侧万向节防尘套

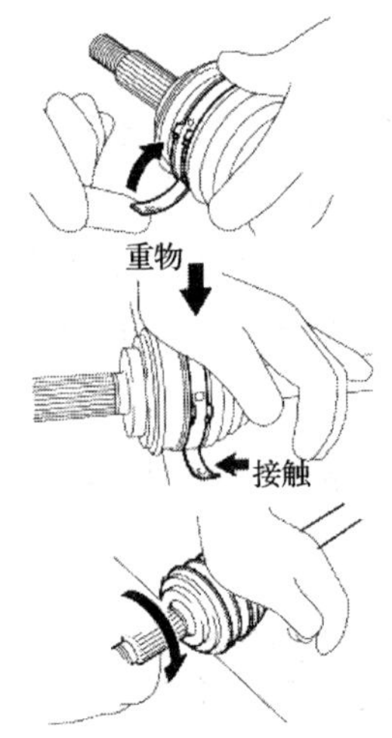

图 3—242　安装前桥外侧万向节防尘套 2 号卡夹

6. 暂时安装前桥内侧万向节防尘套。

7. 将一个新的内侧万向节密封垫安装到内侧万向节槽上。内侧万向节密封垫上的凸出部分牢固地安装至内侧万向节槽。

8. 安装前桥半轴内侧万向节总成

(1) 使三销架轴向花键的斜面朝向外侧万向节。

(2) 对准做好的装配标记，用铜棒和锤子把三销式万向节敲进驱动轴。

注意：不要敲击滚子，确保以正确方向安装三销架。

(3) 用防尘套维修组件中的润滑脂涂抹内侧万向节轴和防尘套。标准润滑脂容量为175～185 g。

(4) 使用卡环扩张器，安装一个新的半轴卡环。

(5) 对准装配标记，将内侧万向节安装至外侧万向节轴。

9. 将内侧万向节防尘套安装到内侧万向节密封垫和外侧万向节轴的槽中。

注意：槽里不能有润滑脂。

10. 安装前桥内侧万向节防尘套卡夹，如图 3—243 所示。

11. 安装前桥内侧万向节防尘套 2 号卡夹。

注意：执行该操作时，内侧万向节的内部必须保持在大气压力下。

12. 检查前桥半轴。

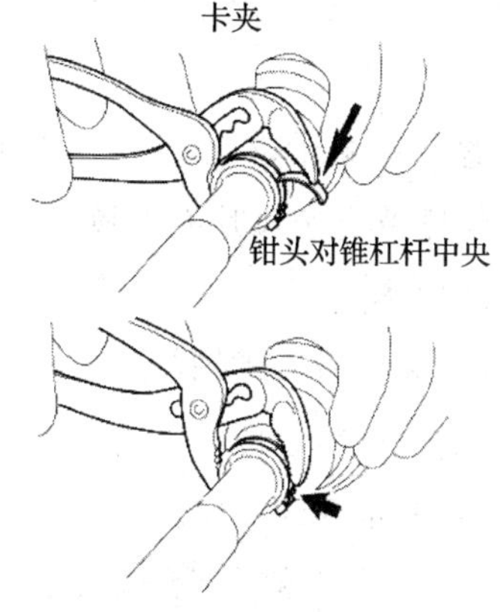

图 3—243 安装前桥内侧万向节防尘套卡夹

四、前桥半轴总成的检查（图 3—244）

1. 检查外侧万向节在径向上是否间隙过大。

2. 检查内侧万向节在止推方向上是否滑动顺畅。

<table>
<tr><td>

3. 检查内侧万向节在径向上是否间隙过大。

4. 检查防尘套是否损坏。

注意：在检查过程中保持驱动轴总成水平。

</td><td>

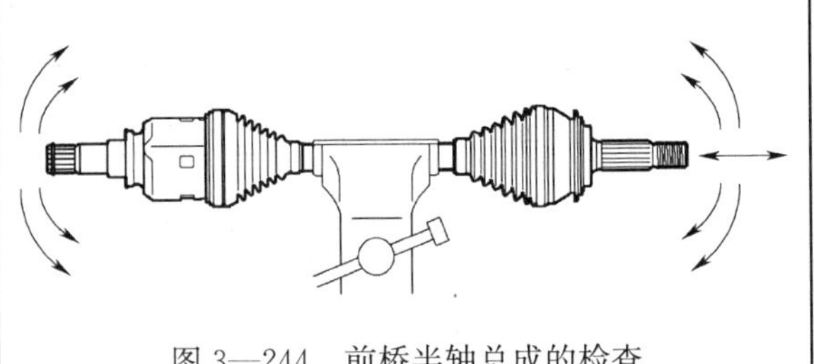

图 3—244 前桥半轴总成的检查

</td></tr>
<tr><td colspan="2">五、前桥半轴总成的安装</td></tr>
<tr><td>

1. 安装前桥左半轴总成。在内侧万向节轴花键上涂齿轮油，对准轴花键，用铜棒和锤子敲进驱动轴，如图 3—245 所示。

注意：安装卡环时，应使开口侧向下；用铜棒敲击安装时不要损坏油封、防尘套和防尘罩。

2. 安装前桥右半轴总成。

3. 安装前桥总成。

4. 安装前悬架下臂。

5. 安装前稳定杆连杆总成。

6. 安装横拉杆接头分总成。

7. 安装前制动盘。

8. 安装前盘式制动器制动钳总成。

9. 安装前挠性软管。

10. 安装前轮转速传感器。

11. 使用套筒扳手，安装前桥轮毂螺母，并以 216 N·m 的力矩拧紧。用冲子和锤子，锁紧前桥轮毂螺母，如图 3—246 所示。

12. 加注并检查驱动桥油。

13. 安装前轮，并以 103 N·m 的力矩拧紧轮胎螺栓。

14. 检查并调整前轮定位。

15. 检查转速传感器信号。

16. 安装发动机底罩。

</td><td>

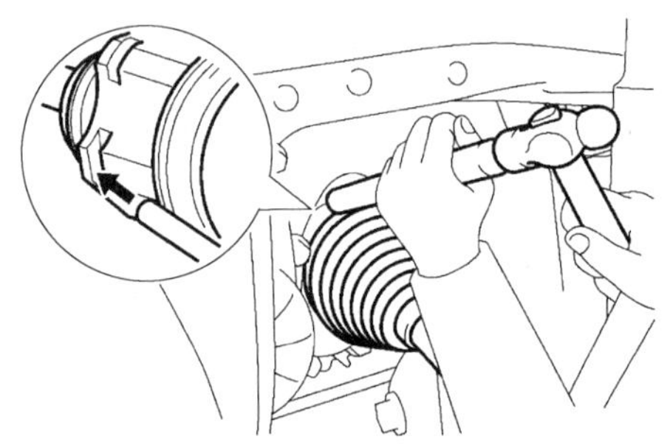

图 3—245 安装前桥左半轴总成

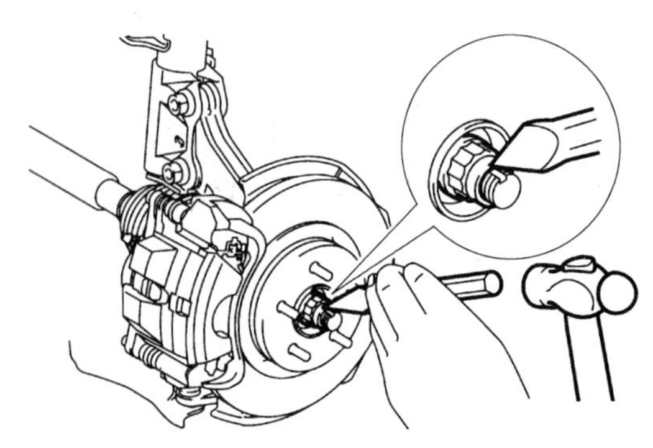

图 3—246 安装前桥轮毂螺母

</td></tr>
</table>

学习过程记录表

姓名：	班级：	学号：	日期：
第三单元　底盘的拆装	课题五　差速器和半轴的拆装	第（　）工作页	项目1　桑塔纳3000型轿车差速器的拆装——差速器的安装
说明：完成差速器的安装的工作过程，将安装步骤、操作注意事项填写在下面。			
车型：	发动机型号：		底盘型号：
安装步骤		操作注意事项（包括使用工具、力矩）	

批语：　　　　　　　　　　　　　　　　教师：

课题六　转向系的拆装

教学目标

1. 掌握转向系的拆装方法、步骤和技术要求。
2. 掌握转向系的调整方法。
3. 掌握动力转向系的结构特点、工作原理。
4. 掌握相关拆装工具和机具的使用。

工具与设备

1. 常用工具。
2. 千斤顶、举升器等。
3. 桑塔纳3000型轿车、卡罗拉轿车。

项目1 桑塔纳3000型轿车动力转向系的拆装（图3—247）

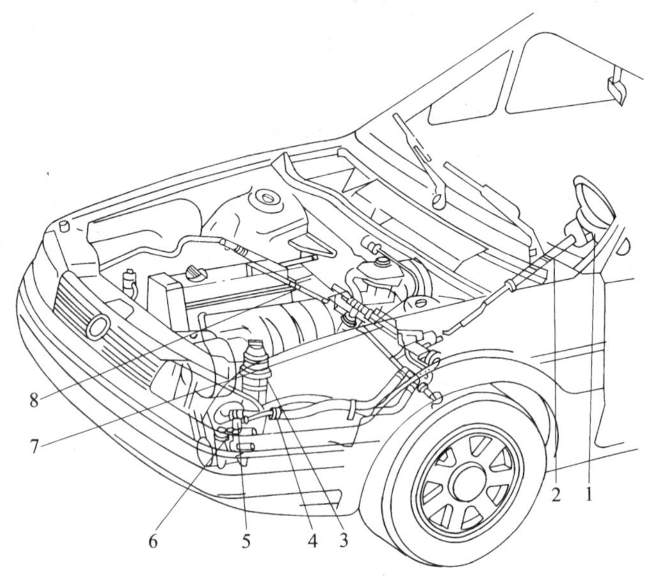

图3—247 桑塔纳汽车动力转向系零部件分布位置

1—转向盘 2—转向柱 3—储油罐 4—回油管 5—进油管 6—液压泵 7—动力转向器 8—横拉杆

一、桑塔纳汽车转向系的拆卸

1. 转向操纵机构的拆卸（图3—248）

(1) 断开蓄电池负极线。

(2) 转动转向盘，直到其条幅成垂直方向。

(3) 用旋具从转向盘后部使安全气囊的凸耳从弹簧夹上脱开。

(4) 将转向盘置于直线向前方向，断开安全气囊上的线束接头，拆卸安全气囊。

(5) 松开3个螺钉，拆卸转向盘底板护罩。

(6) 断开安全气囊的插头连接。

(7) 松开转向盘的固定螺母，拆下转向盘。

(8) 拆卸转向盘上盖板。

(9) 拆卸转向开关3个螺钉。

(10) 拔下转向开关线束的插头。

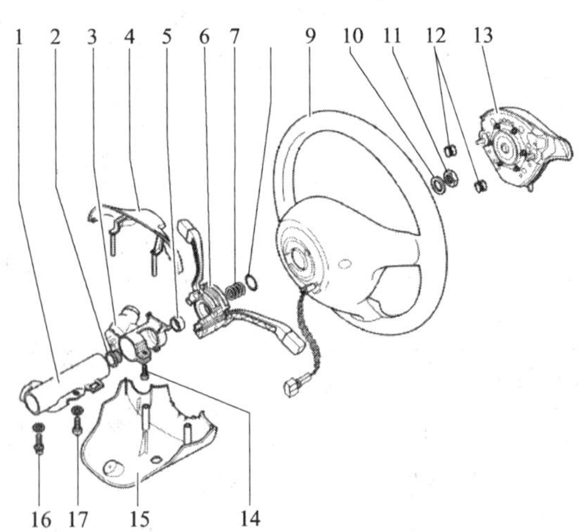

图3—248 转向操纵机构的拆卸

1—转向柱 2—轴承 3—转向盘锁壳 4—上盖板 5—轴承内圈压圈 6—转向柱组合开关 7、12—弹簧 8、10—弹簧垫圈 9—转向盘 11—螺母 13—安全气囊总成 14、16—螺栓 15—下盖板

(11) 拆下转向柱上的转向组合开关。

(12) 使用专用工具拉出转向柱上的套筒。

(13) 用鲤鱼钳拆下转向柱上弹簧垫圈。

(14) 拔下点火开关线束。

(15) 拆卸防盗系统读取线圈套圈。

(16) 拆卸螺栓，拆卸转向盘锁壳。

(17) 拆下驾驶员底板挡板的两个螺钉，取下底部挡板。

(18) 拆下转向柱支承螺栓。

(19) 松开固定转向柱柔性万向节与转向器之间的螺栓连接。

(20) 拆卸转向柱。

2. 动力转向器的拆卸（图 3—249）

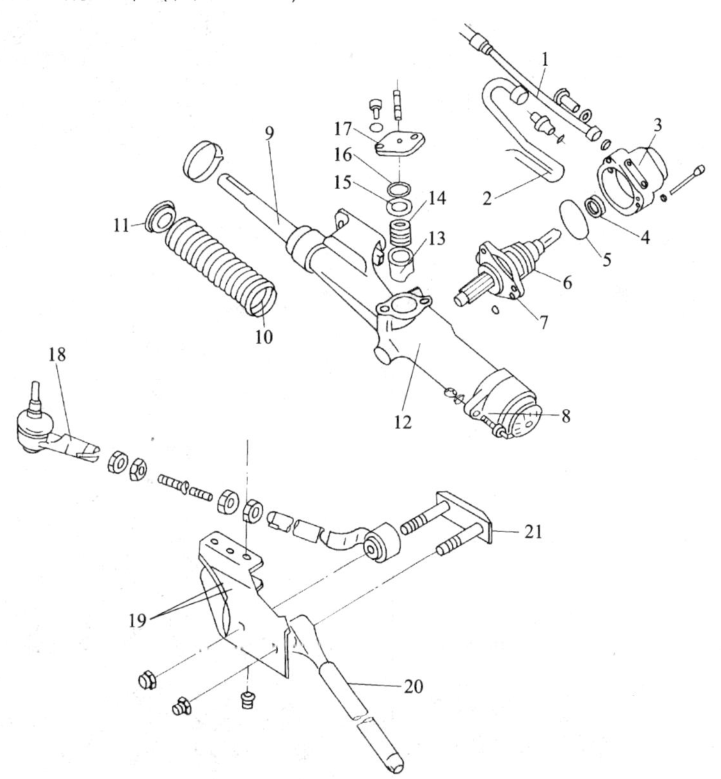

图 3—249　齿轮齿条式动力转向器的分解

1—进油管　2—回油管　3—阀体　4—轴承　5—密封圈　6—转向齿轮　7—连接盖　8—密封罩　9—齿条　10—防尘罩　11—挡圈　12—转向器壳　13—压块　14—弹簧　15—垫片　16—密封圈　17—盖板　18—右转向横拉杆　19—支架　20—左转向横拉杆　21—连接件

(1) 用举升器举起车辆。 (2) 放净转向液压油。 (3) 拆下转向横拉杆固定螺母。 (4) 拆下左前轮罩处的转向器固定螺栓，如图 3—250 所示。 (5) 松开转向器转向控制阀外壳上的进油管。 (6) 拆下后围板上转向器的固定螺母。 (7) 放下车辆。 (8) 拆下固定齿条与转向横拉杆的螺栓。 (9) 拆下仪表板侧面下盖、通风管和踏板盖。 (10) 拆下转向齿轮轴与联轴节的紧固螺栓，使各轴分开，如图 3—251 所示。 (11) 拆下防尘套。 (12) 从车厢内部拆下固定在转向器控制阀外壳上回油管的连接螺栓。 (13) 从后围板上拆下转向器固定螺母，取下转向器。	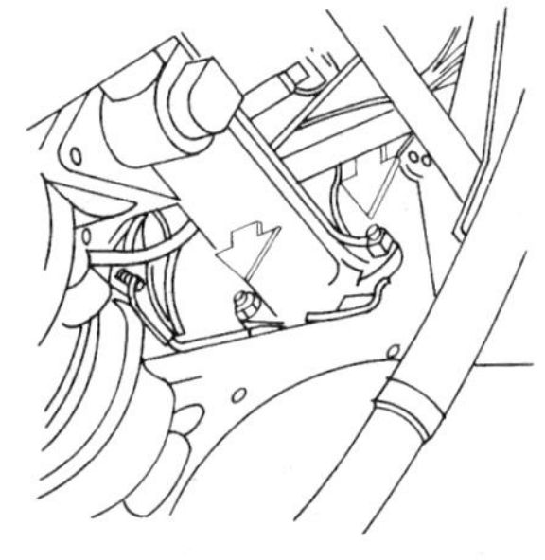 图 3—250 拆下左前轮罩处的转向器固定螺栓 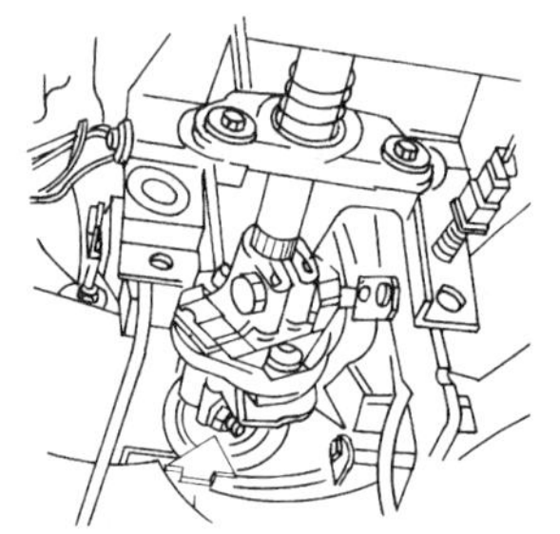 图 3—251 拆下联轴节的螺栓
3. 转向助力泵的拆卸 (图 3—252) (1) 举升车辆。 (2) 拆下转向助力泵上的进油管和出油管，放出液压油，如图 3—253 所示。 (3) 拆下转向助力泵前支架上的张紧螺栓。	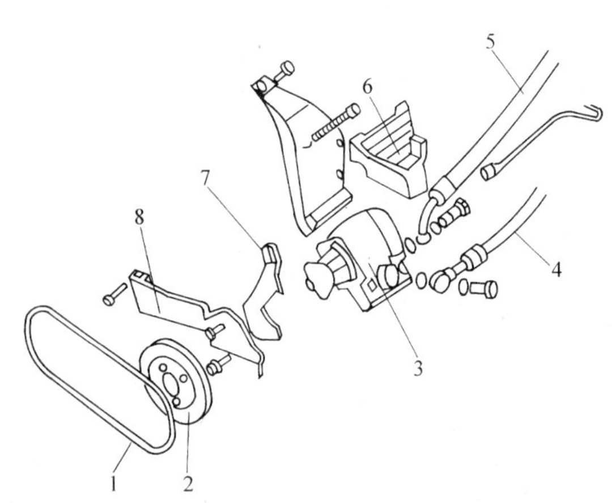 图 3—252 转向助力泵的拆卸 1—V 带 2—V 带轮 3—转向助力泵 4—进油管 5—出油管 6—后摆动支架 7—前摆动支架 8—夹紧支架

<table>
<tr><td>(4) 拆卸转向助力泵后支架上的固定螺栓。
(5) 松开转向助力泵中心支架上的固定螺母和螺栓，取下转向助力泵。
(6) 将转向助力泵固定在台虎钳上，拆下 V 带轮和中间支架。</td><td>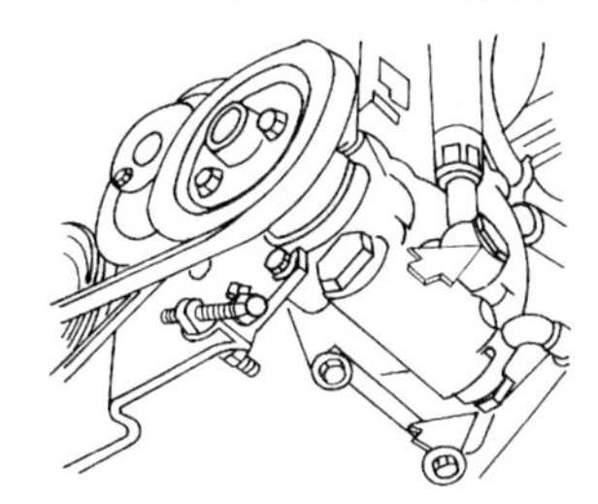
图 3—253　拆下进油管和出油管</td></tr>
<tr><td colspan="2">二、桑塔纳汽车转向系的装复</td></tr>
<tr><td>1. 转向助力泵的安装
(1) 将转向助力泵固定在台虎钳上，装上 V 带轮和中间支架。
(2) 举起车辆。
(3) 装上转向助力泵，拧紧液压泵中心支架上的固定螺母和螺栓。
(4) 拧紧转向助力泵中心支架上的固定螺母和螺栓，如图 3—254 所示。
(5) 装上并拧紧液压泵后支架上的固定螺栓。
(6) 装上转向助力泵前支架上的张紧螺栓。
(7) 装上转向助力泵上的进油管和出油管。
(8) 加注液压油。</td><td>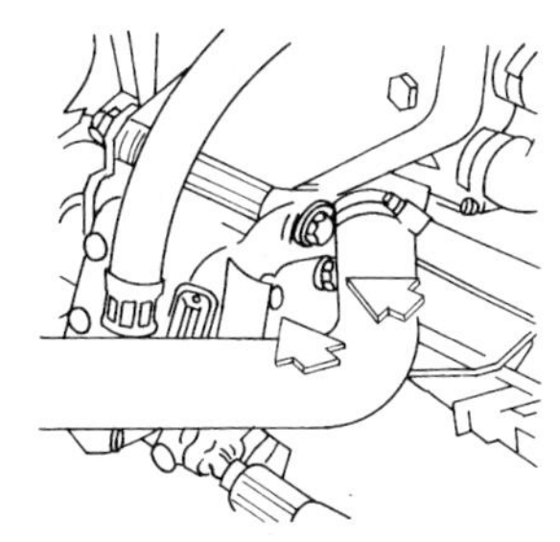
图 3—254　拧紧后支架上的固定螺栓</td></tr>
<tr><td colspan="2">2. 齿轮齿条式动力转向器的装复
(1) 将转向器安装在后围板上，拧上转向器固定螺母，但不必完全拧紧。
(2) 用举升器举起车辆。
(3) 在液压泵上装上进油管和回油管，并以 40 N·m 的力矩拧紧连接螺栓。
(4) 安装左前轮罩上的转向器固定螺栓，并以 20 N·m 的力矩拧紧螺母。
(5) 安装围板上的转向器固定自锁螺母，并以 40 N·m 的力矩拧紧螺母。
(6) 把进油管固定在转向器控制阀外壳上。
(7) 将车辆放下。
(8) 以 40 N·m 的力矩拧紧在后围板上的转向器固定螺母。
(9) 安装转向横拉杆支架固定螺栓，并以 45 N·m 的力矩拧紧。</td></tr>
</table>

(10) 从车厢内把回油管安装在转向器控制阀外壳上。

(11) 装上防尘套。

(12) 连接联轴节，装上联轴节固定螺栓，以 25 N·m 的力矩拧紧螺栓。

(13) 安装踏板盖、通风管和仪表板盖。

(14) 向储油罐内注入液压油，直至油面到达标有“MAX”处。

(15) 举起车辆，使转向轮离地，转动转向盘数次，以排出系统中的空气。

(16) 起动发动机，向左、向右转动转向盘至最大转向角度，观察油面高度，直到油面稳定在标有“MAX”处。

3. 转向操纵机构的装复

(1) 连接好转向柱柔性万向节与转向器之间的连接螺栓。

(2) 连接转向柱固定螺栓，先拧紧至螺栓断开后，然后拧紧圆柱螺栓，拧紧力矩 10 N·m。

(3) 用 2 个螺钉安装驾驶员底板挡板，拧紧力矩 10 N·m。

(4) 装上转向盘锁壳。

(5) 安装防盗系统读取线圈套圈。

(6) 连接点火开关线束。

(7) 用鲤鱼钳旋转装上弹簧垫圈。

(8) 装上套管。

(9) 用 3 个螺钉安装转向开关，连接好转向开关线束的插头，如图 3—255 所示。

(10) 装好转向盘上盖板。

(11) 使转向轮处于直线行驶位置，装上转向盘，以 40 N·m 的力矩拧紧转向盘的固定螺母。

(12) 安装安全气囊，用弹簧夹将安全气囊凸耳固定，如图 3—256 所示。

(13) 连接安全气囊的插头，装好转向盘底部护罩。

(14) 装上转向盘盖板，按下转向盘中间盖板使其到位。

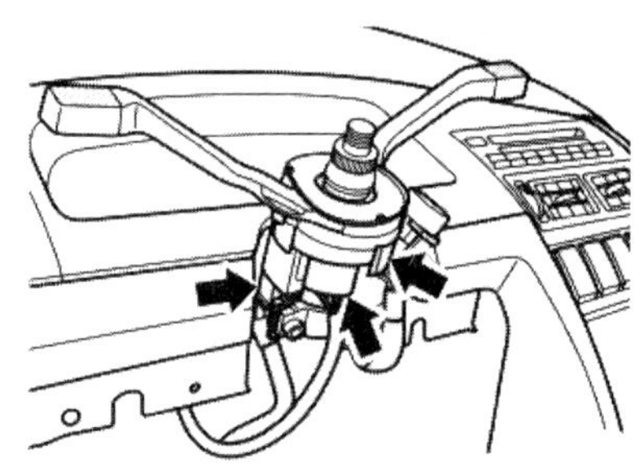

图 3—255 转向组合开关的装复

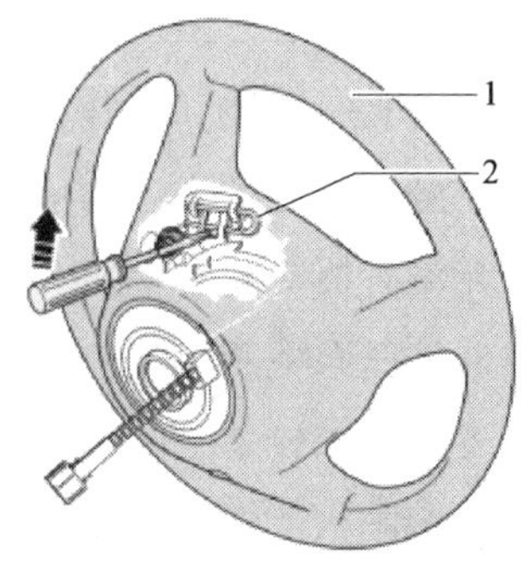

图 3—256 安全气囊凸耳固定

1—转向盘 2—弹簧夹

三、转向助力泵V带的调整

1. 松开转向助力泵支架上的后固定螺栓。

2. 松开调整螺栓的锁紧螺母。

3. 转动调整螺栓，如图3—257所示，改变V带张紧度。顺时针转，张紧力增大；反之，减小。当压下V带中间，其挠度为10 mm时为合适。

4. 拧紧调整螺栓的锁紧螺母。

5. 拧紧转向助力泵支架上的固定螺栓。

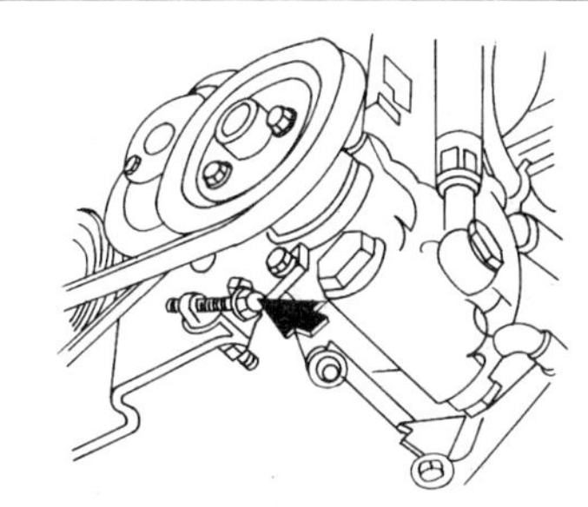

图3—257 转向助力泵V带的调整

项目2 卡罗拉轿车转向操纵机构的拆装

一、卡罗拉轿车转向操纵机构的拆卸（图3—258）

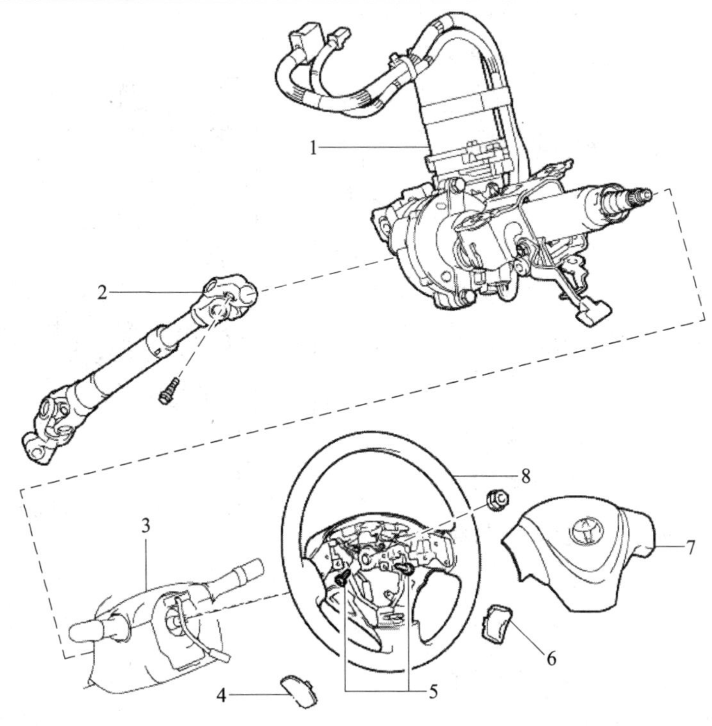

图3—258 卡罗拉轿车转向操纵机构拆装

1—转向柱总成 2—2号转向中间轴总成 3—转向柱罩 4—转向盘3号下盖 5—螺栓 6—转向盘2号下盖 7—转向盘装饰盖 8—转向盘总成

1. 转向柱总成拆卸

（1）将前轮转向正前位置。

（2）从蓄电池负极端子断开电缆。

（3）拆卸转向盘2号、3号下盖。

（4）拆卸转向盘装饰盖。

(5) 拆卸转向盘总成。拆下转向盘总成固定螺母，在转向盘总成和转向主轴上做装配标记，如图 3—259 所示；将连接器从螺旋电缆上断开；使用专用工具拆下转向盘总成。

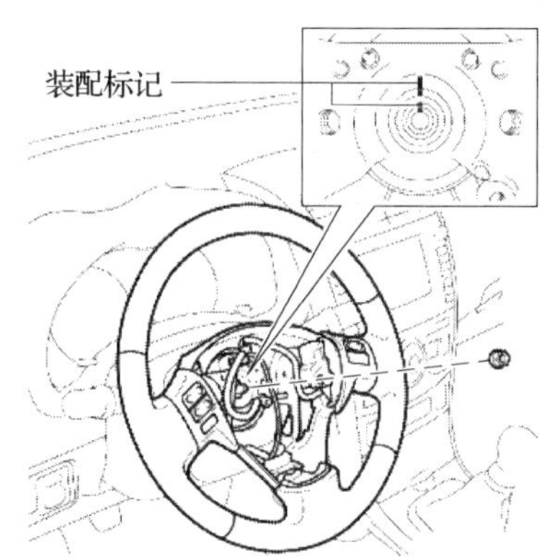

图 3—259 转向盘总成的拆装

(6) 拆卸仪表板 1 号底罩分总成。

(7) 拆卸仪表板下装饰板分总成。

(8) 拉动下转向柱罩的左右两侧，脱开 4 个卡爪，将手指插入下转向柱罩斜度调节杆的开口处以脱开卡爪，转动下转向柱罩以脱开 2 个卡爪并拆下转向柱罩。

(9) 脱开卡爪和 2 个销并拆下上转向柱罩。

(10) 将连接器从带螺旋电缆分总成的转向信号开关总成上断开，用钳子固定卡夹并用旋具提起卡爪，从转向柱总成上拆下带螺旋电缆分总成的转向信号开关总成，如图 3—260 所示。

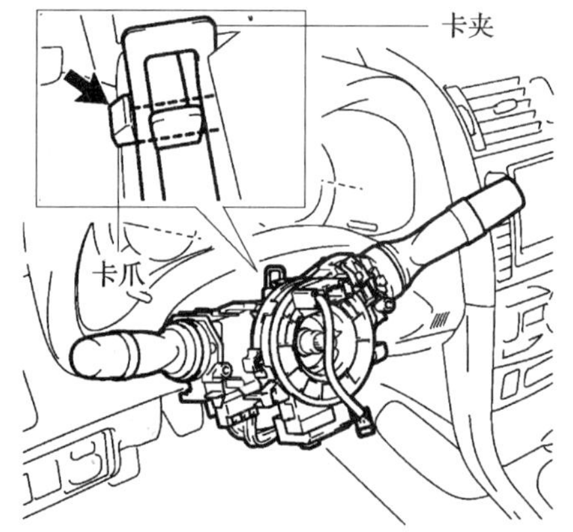

图 3—260 拆卸转向信号开关总成

(11) 拆卸仪表板左下、右下、左端、右端装饰板。

(12) 拆卸中央仪表板调风器总成。

(13) 拆卸仪表组装饰板总成。

(14) 拆卸组合仪表总成。

(15) 拆卸左侧、右侧前柱装饰板。

(16) 拆卸仪表板下装饰板总成。

(17) 断开左前门开口装饰密封条。

(18) 拆卸手套箱盖总成。

(19) 拆卸仪表板 1 号箱盖分总成。

(20) 断开右前门开口装饰密封条。

(21) 断开仪表板线束总成。

(22) 拆卸上仪表板分总成。

(23) 掀起地毯，拆下 2 个卡子和转向柱孔盖消音板。

(24) 将防护罩从转向柱总成上拆下。

(25) 拆下螺栓，在 2 号转向中间轴总成和转向中间轴上做装配标记后，将两者分离，如图 3—261 所示。

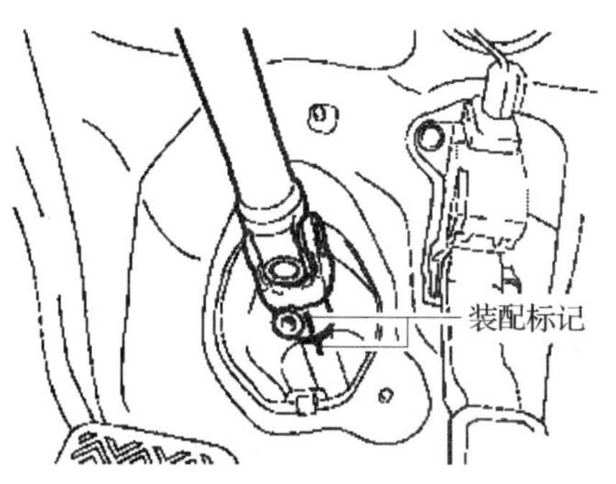

图 3—261 分离 2 号转向中间轴总成

(26) 拆卸制动灯开关总成。

(27) 脱开 2 个卡瓜以拆下制动灯开关座调节器。

(28) 从动力转向 ECU 总成上分离线束卡夹及断开 2 个连接器，将线束卡夹从转向柱总成上脱开，拆下螺栓、螺母和转向柱总成，如图 3—262 所示。

注意：未将转向柱总成安装至车辆时，不要松开倾斜度调节杆，不要掉落或敲击转向柱总成，如果已掉落或敲击，则应更换新的转向柱总成。

(29) 拆下螺栓，在 2 号转向中间轴总成和转向柱总成上做装配标记，从转向柱总成上拆下 2 号转向中间轴总成。

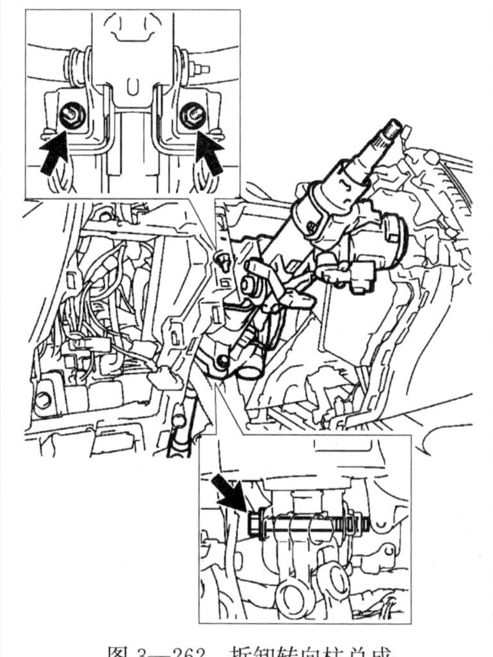

图 3—262　拆卸转向柱总成

2. 转向柱总成拆解

(1) 拆卸转向锁执行器总成（带智能上车和起动系统），将转向柱总成固定在台钳上，用中心冲头在锥头螺栓中心做标记，用直径为3～4 mm 的钻头在锥头螺栓上钻一个孔。用一个螺钉取出器拆下锥头螺栓，然后将转向柱总成从转向锁执行器总成拆下，如图 3—263 所示。

(2) 拆卸带开关的转向柱上支架总成（不带智能上车和起动系统），将转向柱总成固定在台钳上，用中心冲头在锥头螺栓中心做标记，用直径为 3～4 mm 的钻头在锥头螺栓上钻一个孔，使用螺钉取出器拆下锥头螺栓，然后将带开关的转向柱上支架总成从转向柱总成上拆下。

(3) 拆卸 2 个螺钉，将点火或起动机开关总成从转向柱上支架拆下（手动变速器），如图 3—264 所示。

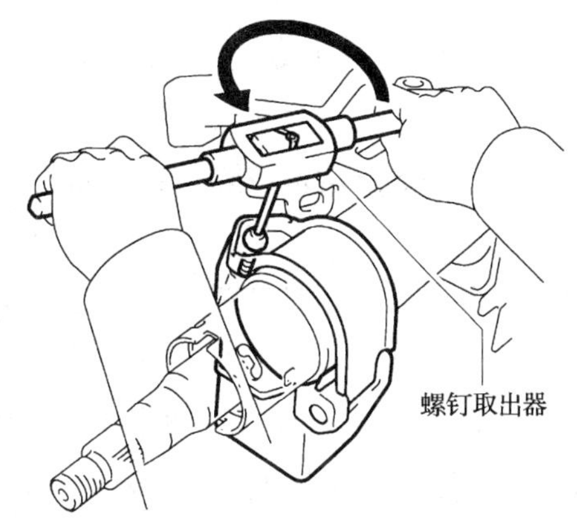

图 3—263　拆卸转向锁执行器总成

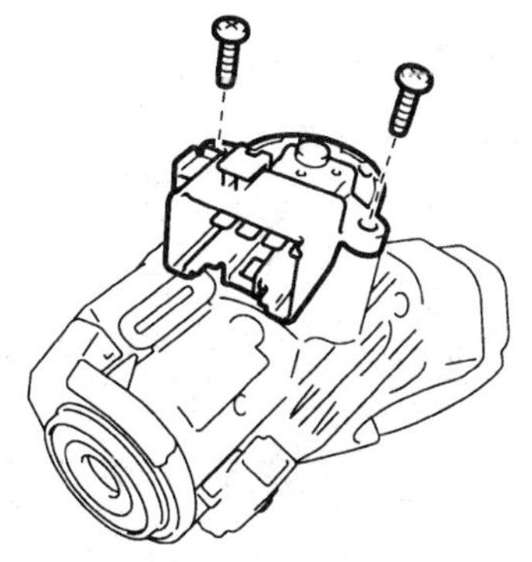

图 3—264　拆卸点火开关总成

(4) 将电磁阀线束连接器从点火或起动机开关总成拆下，拆卸 2 个螺钉，将点火或起动机开关总成从转向柱上支架拆下（不带智能上车和起动系统的自动变速器）。

(5) 将 2 个螺栓和钥匙互锁电磁阀从转向柱上支架拆下，将电磁阀线束连接器从钥匙互锁电磁阀断开（不带智能上车和起动系统的自动变速器），如图 3—265 所示。

图 3—265 拆卸钥匙互锁电磁阀

(6) 将电磁阀线束从转向柱上支架拆下（不带智能上车和起动系统的自动变速器）。

(7) 用旋具将挂在上支架上的 2 个卡爪扩开约 1.0 mm，在卡爪张开时拔出收发器钥匙放大器（不带智能上车和起动系统的自动变速器）。

(8) 将点火开关锁芯总成置于 ACC 位置，如图 3—266a 所示，将旋具插入带开关的转向柱上支架总成孔内。拉动点火开关锁芯总成，直到其卡爪接触到带开关的转向柱上支架总成的挡块。将旋具插入带开关的转向柱上支架总成孔内，如图 3—266b 所示，倾斜旋具，以松开点火开关锁芯总成的卡爪并拉出点火开关锁芯总成（不带智能上车和起动系统的自动变速器）。

(9) 向上推中心部分并松开 2 个卡爪，以拆下解锁警告开关总成（不带智能上车和起动系统的自动变速器）。

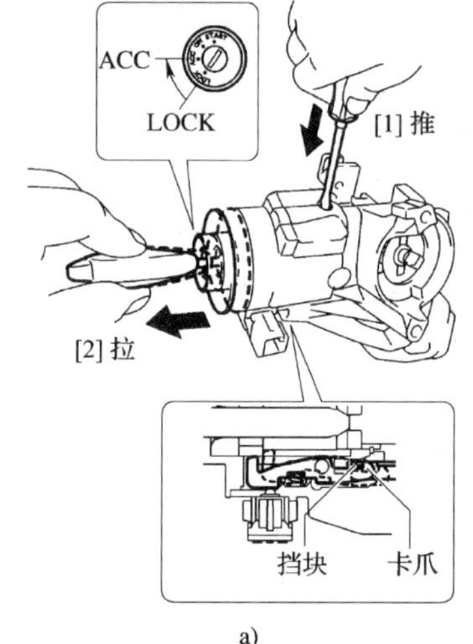

a)

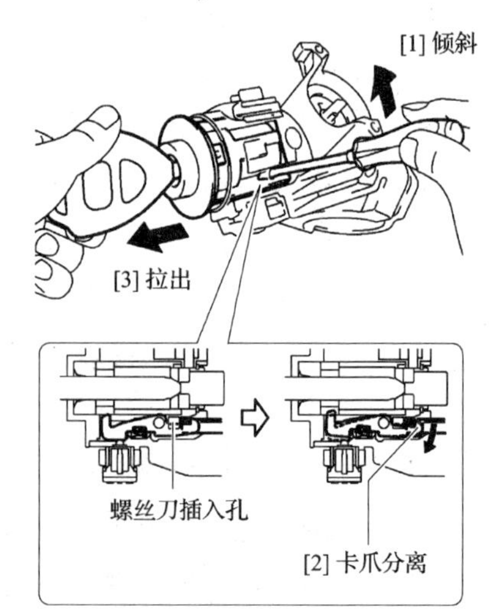

b)

图 3—266 拆卸点火开关锁芯总成

a) 旋具插入总成孔内 b) 用旋具拆卸

3. 转向盘拆解

(1) 从转向盘辐条分总成上拆下 2 个螺钉和转向减振器。

(2) 拆卸巡航控制主开关（带巡航控制系统）。

(3) 拆卸转向盘装饰盖左开关。

(4) 拆下螺钉，脱开 2 个销以将转向盘 1 号装饰件从转向盘辐条分总成上拆下。

(5) 拆卸转向盘装饰盖开关总成（带导航系统）。

(6) 拆下 2 个螺钉，脱开 2 个卡爪，将转向盘凸台下盖从转向盘辐条分总成上拆下。

(7) 将 2 个转向盘装饰盖固定螺钉从转向盘凸台下盖拆下。

二、卡罗拉轿车转向柱检查

1. 转向盘的自由行程检查（图 3—267）

(1) 停车，使车轮正对前方。

(2) 向左和向右慢慢转动转向盘，检查转向盘的自由行程。

(3) 最大自由行程为 30 mm。如果自由行程超过最大值，检查转向系统。

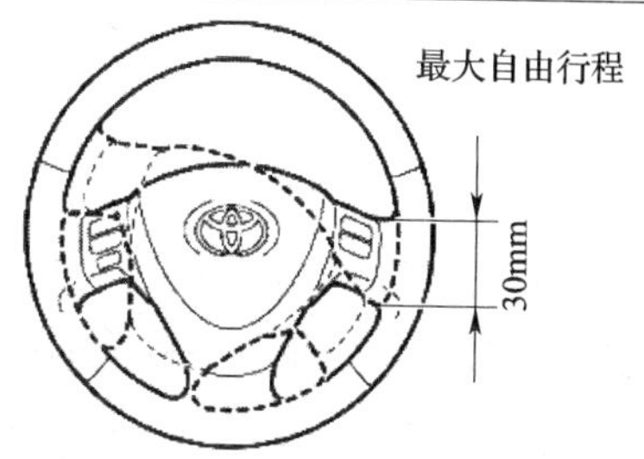

图 3—267　转向盘的自由行程检查

2. 检查预紧力（图 3—268）

将转向柱总成固定在台钳上，使用专用工具，转动主轴并测预紧力，力矩为 0.8～1.2 N·m。如果预紧力不符合规定，更换转向柱总成。

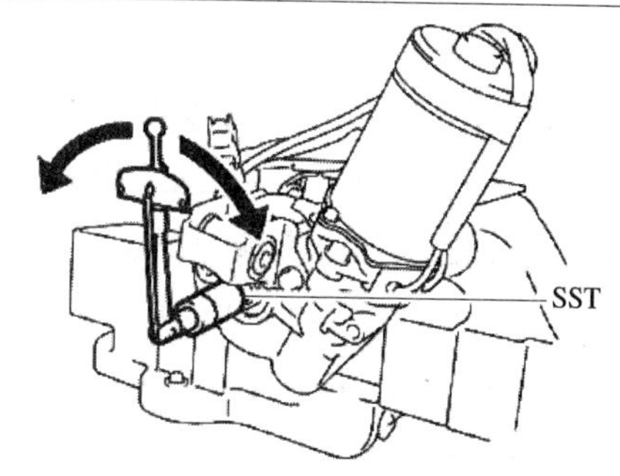

图 3—268　测量转向柱预紧力

3. 检查转向锁的工作情况

检查并确认拔出钥匙后转向锁止机构被激活。检查并确认插入钥匙并将其置于 ACC 位置后，转向锁止机构解除锁止。如果有任何异常情况，更换点火开关锁芯总成或转向柱上支架总成。

三、卡罗拉轿车转向柱装复

1. 转向盘装复

(1) 将 2 个转向盘装饰盖固定螺钉安装至转向盘凸台下盖。

(2) 接合 2 个卡爪以使将转向盘凸台下盖安装至转向盘辐条分总成，并以 2.4 N·m 的力矩旋紧螺钉。

(3) 安装转向盘装饰盖左开关。

(4) 接合 2 个销以将转向盘 1 号装饰件安装至转向盘辐条分总成上，旋紧螺钉，力矩为 2.4 N·m。

(5) 安装转向盘装饰盖开关总成（带导航系统）。

(6) 安装巡航控制主开关（带巡航控制系统）。

(7) 用螺钉将转向减振器安装至转向盘辐条分总成。

2. 转向柱的装复

(1) 安装转向锁执行器总成(带智能上车和起动系统),将转向柱总成固定在台钳上,用一个新的锥头螺栓临时安装转向锁执行器总成,紧固此锥头螺栓直到螺栓头折断,如图 3—269 所示。

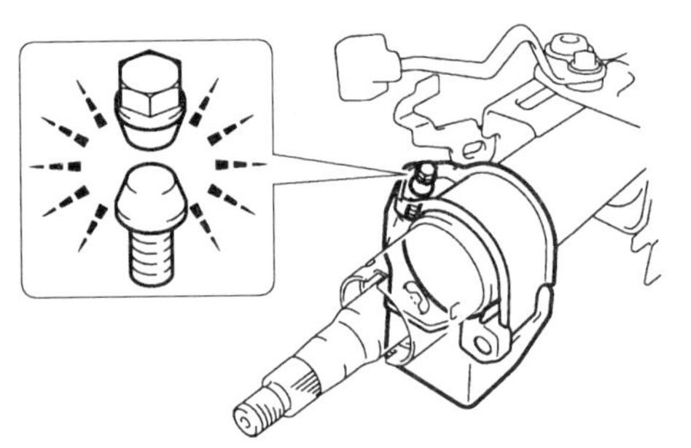

图 3—269 安装转向锁执行器总成

(2) 连接 2 个卡爪以便将解锁警告开关安装至转向柱上支架(不带智能上车和起动系统的自动变速器)。

(3) 安装点火开关锁芯总成(不带智能上车和起动系统的自动变速器),确保点火开关锁芯总成置于 ACC 位置,将点火开关锁芯总成安装至转向锁分总成,如图 3—270 所示。

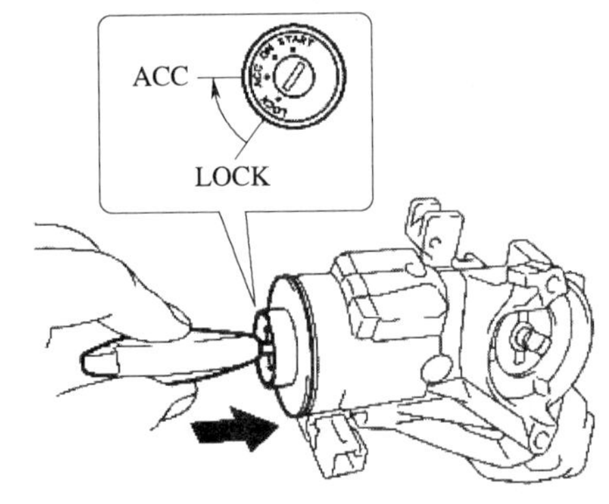

图 3—270 安装点火开关锁芯总成

(4) 安装收发器钥匙放大器(不带智能上车和起动系统),将收发器钥匙放大器与转向柱上支架对准,轻轻地倾斜放大器并将其滑动到位。推动收发器钥匙放大器,接合 2 个卡爪,将收发器钥匙放大器安装至转向柱上支架。

(5) 将电磁阀线束安装至转向柱上支架(不带智能上车和起动系统的自动变速器),如图 3—271 所示。

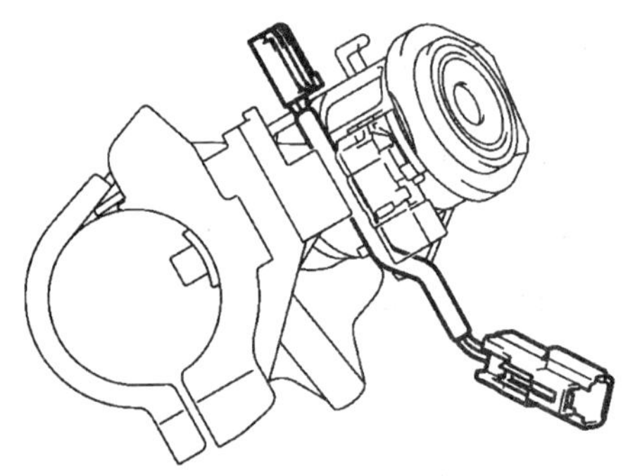

图 3—271 安装电磁阀线束

(6) 将电磁阀线束连接器连接至钥匙互锁电磁阀,用 2 个螺钉将钥匙互锁电磁阀安装至转向柱上支架(不带智能上车和起动系统的自动变速器)。

(7) 用 2 个螺钉将点火或起动机开关总成安装至转向柱上支架(手动变速器)。

(8) 用 2 个螺钉将点火或起动机开关总成安装至转向柱上支架,将电磁阀线束连接器安装至点火或起动机开关总成(不带智能上车和起动系统的自动变速器)。

(9) 检查转向锁操作(不带智能上车和起动系统的自动变速器)。

(10) 将转向柱总成固定在台钳上,用锥头螺栓将带开关的转向柱上支架总成安装至转向柱总成,紧固此锥头螺栓直到螺栓头折断(不带智能上车和起动系统的自动变速器)。

3. 转向柱总成安装

（1）对齐 2 号转向中间轴总成和转向柱总成上的装配标记，如图 3—272 所示。用螺栓紧固好 2 号转向中间轴总成。螺栓力矩为 35 N·m。

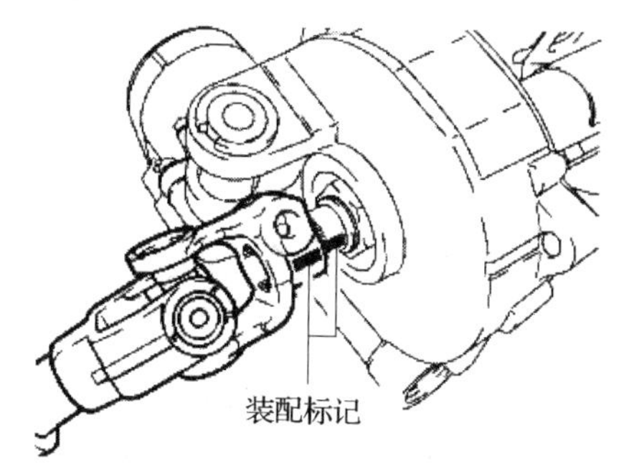

图 3—272　安装 2 号转向中间轴总成

（2）检查衬套是否牢固安装在转向柱总成上，用螺栓安装好转向柱总成，并以 25 N·m 的力矩旋紧。连接连接器并接合线束卡夹至转向柱总成，将连接器与动力转向 ECU 连接，并用线束卡夹固定，如图 3—273 所示。

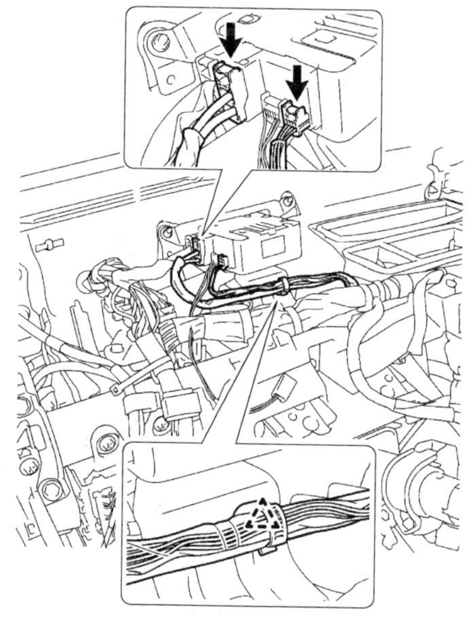

图 3—273　安装转向柱总成

（3）将前轮转向正前位置。

（4）对齐 2 号转向中间轴总成和转向中间轴总成上的装配标记，安装好 2 号转向中间轴总成，并以 35 N·m 的力矩旋紧，如图 3—274 所示。

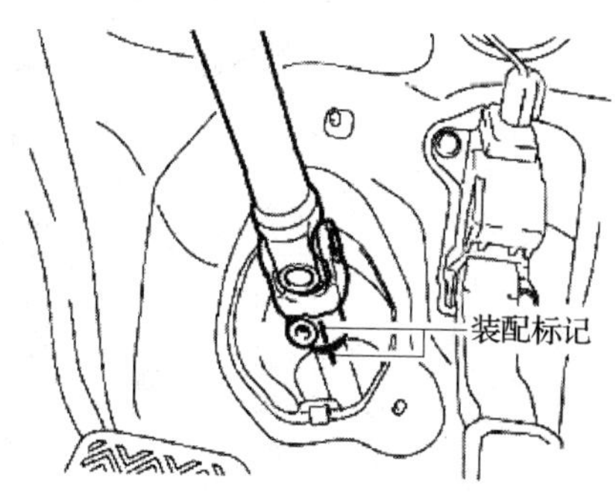

图 3—274　连接 2 号转向中间轴总成

（5）接合 2 个卡爪，以安装刹车灯开关座调节器。

（6）安装刹车灯开关总成。

（7）安装转向柱孔盖消音板，盖好地毯。

（8）用螺钉将防护罩安装至转向柱总成。

（9）安装上仪表分总成。

（10）连接仪表板线束总成。

（11）连接左前车门开口装饰密封条。

（12）安装仪表板下装饰板总成。

（13）连接右前车门开口装饰密封条。

（14）安装仪表板 1 号箱盖分总成。

（15）安装手套箱盖总成。

（16）安装左、右侧前柱装饰板。

（17）安装组合仪表总成。

（18）安装仪表组装饰板总成。

（19）安装中央仪表板调风器总成。

（20）安装仪表板端装饰板。

（21）将前轮转向正前位置。

（22）将带螺旋电缆分总成的转向信号开关总成安装至转向柱总成，连接好连接器。

（23）安装上转向柱罩。

（24）安装下转向柱罩。

(25) 安装仪表板下装饰板分总成。

(26) 安装仪表板 1 号底罩分总成。

(27) 调整螺旋电缆。

(28) 安装转向盘总成。对准转向盘总成和转向主轴上的装配标记，安装转向盘总成固定螺母，并以 50 N·m 的力矩旋紧，将连接器连接至螺旋电缆，如图 3—275 所示。

(29) 安装转向盘装饰盖。

(30) 安装转向盘 2 号、3 号下盖。

(31) 检查转向盘装饰盖。

(32) 检查转向盘中心点。

(33) 将电缆连接到蓄电池负极端子。

(34) 校正力矩传感器零点。

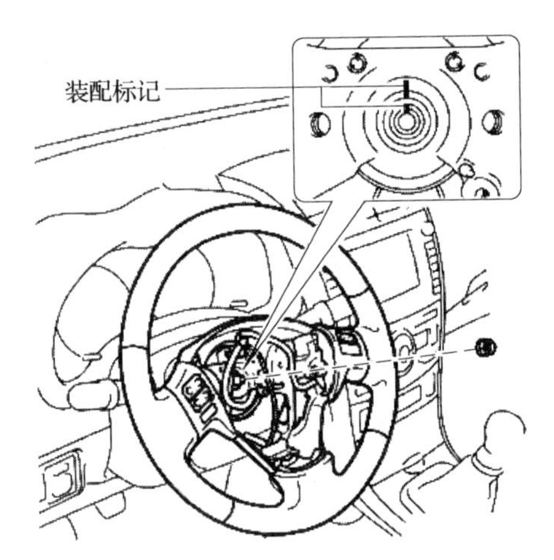

图 3—275 安装转向盘总成

项目 3 卡罗拉轿车动力转向系的拆装

一、卡罗拉轿车动力转向器的拆装（图 3—276）

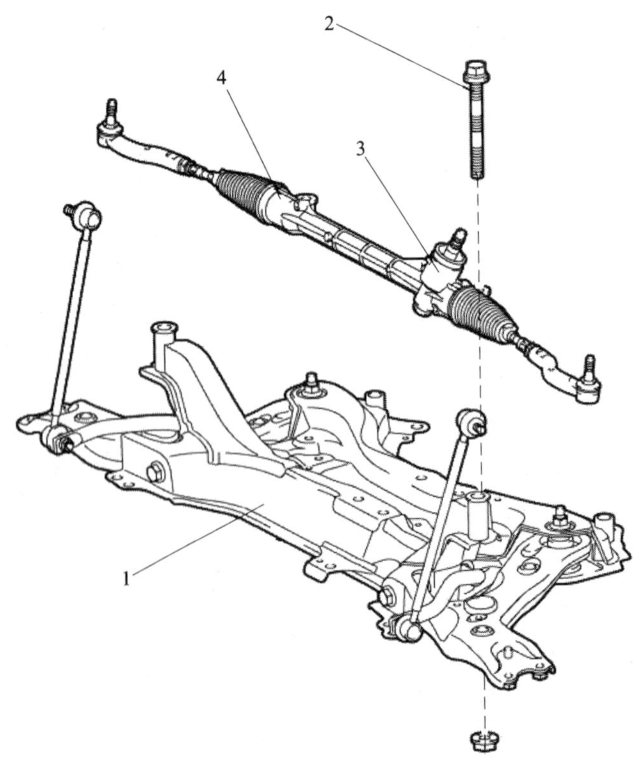

图 3—276 卡罗拉轿车动力转向器的分解图

1—前悬架横梁总成 2—转向器固定螺栓 3—转向器 4—转向拉杆总成

1．动力转向器的拆卸

（1）使前轮处于正前位置。

（2）用座椅安全带固定转向盘以防止转动，如图 3—277 所示。

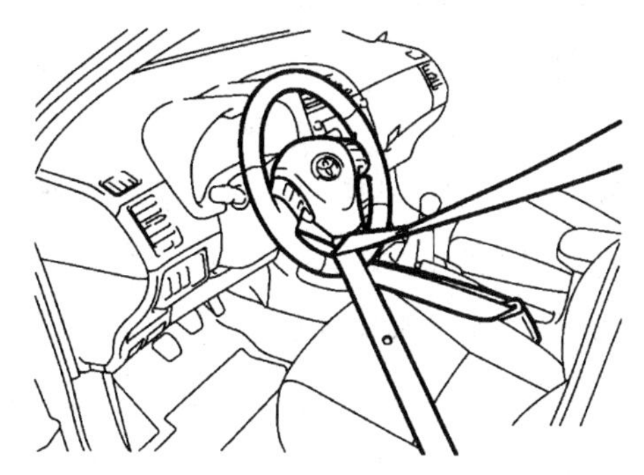

图 3—277 固定转向盘

（3）拆卸转向柱孔盖消音板。

（4）分离 2 号转向中间轴总成。

（5）拆下卡子 A 和转向柱 1 号孔盖分总成，并从车身上分离卡子 B，如图 3—278 所示。

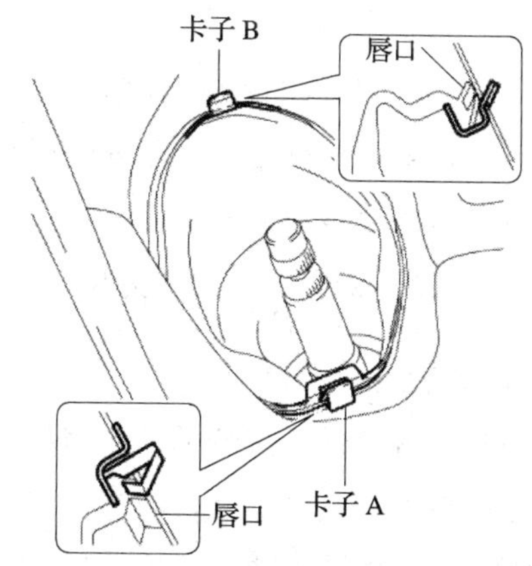

图 3—278 分离转向柱 1 号孔盖分总成

（6）拆卸前轮。

（7）拆卸发动机 1 号、2 号底罩。

（8）拆卸发动机后部左侧、右侧底罩。

（9）拆卸发动机前悬置支架下加强件。

（10）拆卸左前悬架横梁加强件。

（11）拆卸右前悬架横梁加强件。

（12）分离左前稳定杆连杆总成。

（13）分离右前稳定杆连杆总成。

（14）拆下开口销和螺母，用专用工具从左侧转向节上分离横拉杆接头。

注意：将专用工具固定在转向节上时，确保已绑紧专用工具的线绳以防其掉落；拆卸时，不要损坏前盘式制动器防尘罩，不要损坏球节防尘罩，不要损坏转向节。

（15）分离右侧横拉杆接头分总成。

（16）分离左前悬架 1 号下臂分总成。拆下开口销和螺母，将专用工具安装至横拉杆接头，从转向节上分离横拉杆接头，如图 3—279 所示。

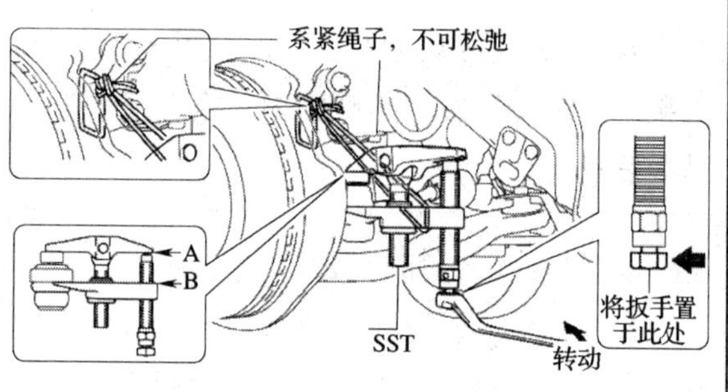

图 3—279 分离左前悬架 1 号下臂分总成

（17）分离右前悬架 1 号下臂分总成。

（18）拆卸左前悬架横梁后支架。

（19）拆卸右前悬架横梁后支架。

（20）拆卸前悬架横梁分总成。

(21) 从转向拉杆总成上拆下转向柱1号孔盖分总成。

(22) 在转向中间轴和转向拉杆总成上做好装配标记，从转向拉杆总成拆下螺栓和转向中间轴，如图3—280所示。

(23) 从前悬架横梁分总成上拆下转向拉杆总成。

注意：因为螺母有它自己的挡块，所以拆卸时不要转动螺母，松开螺栓时要把螺母固定住。

(24) 用专用工具将转向拉杆总成固定在台钳中，如图3—281所示。

(25) 在左侧横拉杆接头分总成与转向器总成上做好装配标记，拆下左侧横拉杆接头分总成和锁紧螺母。

(26) 拆卸右侧横拉杆接头分总成。

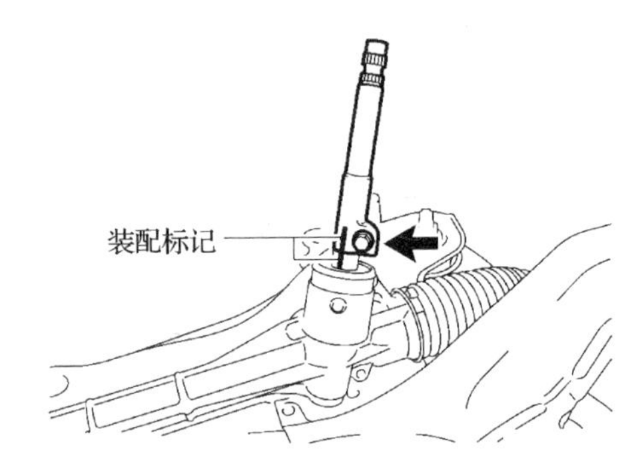

图3—280 转向中间轴的拆装

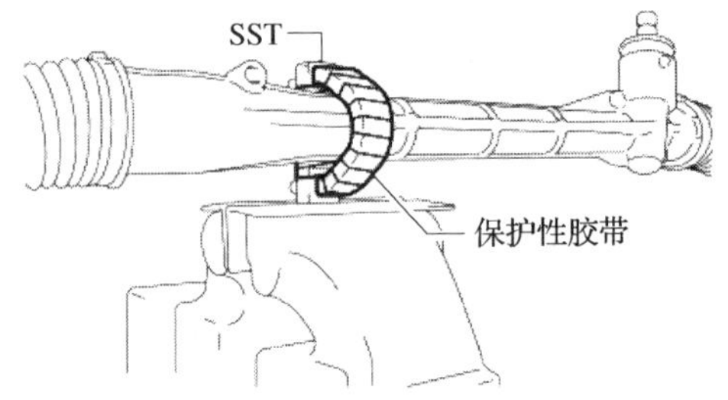

图3—281 固定转向拉杆总成

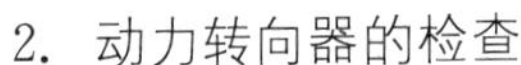

2. 动力转向器的检查

(1) 检查横拉杆接头分总成。将横拉杆接头分总成固定在台钳上，将螺母安装至双头螺栓，前后晃动球节5次，然后将力矩扳手置于螺母上，以一圈3～5 s的速度连续转动球节，并检查第五圈的力矩，标准力矩为0.98～3.92 N·m。如果力矩不在规定范围内，换上新的横拉杆接头分总成。

(2) 检查总预紧力，如图3—282所示。用专用工具和力矩扳手检查总预紧力。标准预紧力矩为0.5～1.1 N·m。如果总预紧力不在规定范围内，换上新的转向器总成。

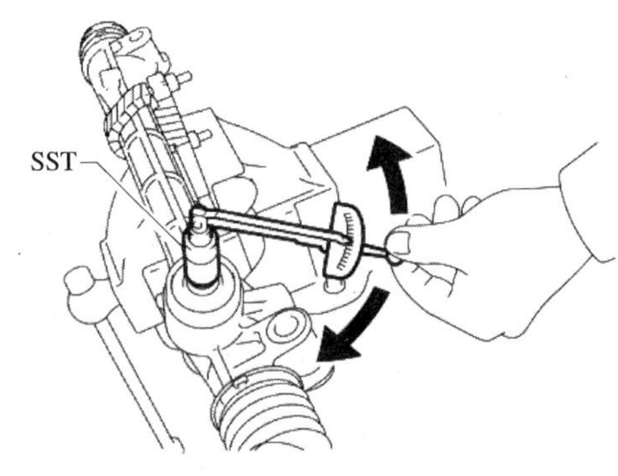

图3—282 检查总预紧力

3. 动力转向器的安装

(1) 将锁紧螺母和左侧横拉杆接头分总成安装至转向器总成，直至装配标记对齐。调整前束后拧紧锁紧螺母，如图3—283所示。

(2) 安装右侧横拉杆接头分总成。

(3) 将转向拉杆总成安装至前悬架横梁分总成上，并以 135 N·m 的力矩旋紧螺母。

注意：需从车辆左侧开始拧紧螺栓。因为螺母有自己的挡块，所以不要转动螺母，拧紧螺栓时要把螺母固定住。

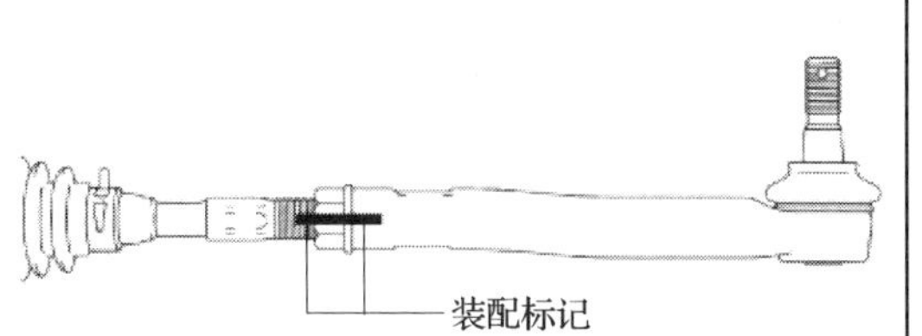

图 3—283　安装左侧横拉杆接头分总成

(4) 对准装配标记将转向中间轴安装至转向拉杆总成，并以 35 N·m 的力矩旋紧固定螺栓。

(5) 将转向柱 1 号孔盖分总成上的圆孔与转向拉杆总成的凸出部分对准，以安装转向柱 1 号孔盖分总成。

(6) 安装前悬架横梁分总成。

(7) 安装左前悬架横梁后支架。

(8) 安装右前悬架横梁后支架。

(9) 连接左前悬架 1 号下臂分总成。

(10) 连接右前悬架 1 号下臂分总成。

(11) 用螺母将左侧横拉杆接头分总成连接至转向节，并以 49 N·m 的力矩旋紧。用新的开口销锁止，如图 3—284 所示。

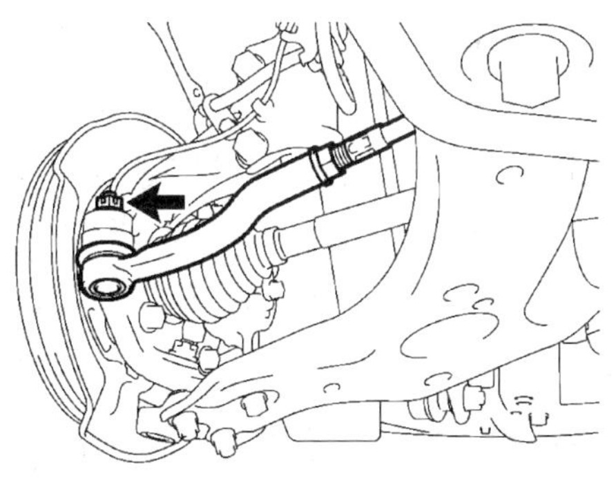

图 3—284　连接左侧横拉杆接头分总成

注意：如果开口销孔未对齐，将螺母进一步拧紧 60°。

(12) 连接右侧横拉杆接头分总成。

(13) 安装左前稳定杆连杆总成。

(14) 安装右前稳定杆连杆总成。

(15) 安装左前悬架横梁加强件。

(16) 安装右前悬架横梁加强件。

(17) 安装发动机前悬置支架下加强件。

(18) 安装发动机后部左侧底罩。

(19) 安装发动机后部右侧底罩。

(20) 安装发动机 2 号底罩。

(21) 安装发动机 1 号底罩。

(22) 连接转向柱 1 号孔盖分总成，如图 3—285 所示，将卡子 B 连接至车身部分，并用卡子 A 将转向柱 1 号孔盖分总成安装至车身部分。

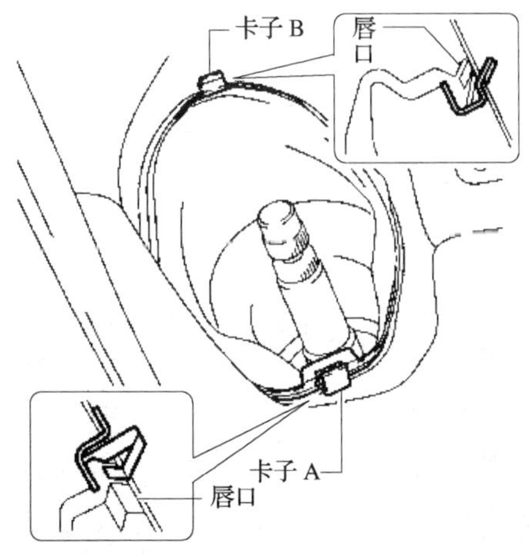

图 3—285　连接转向柱 1 号孔盖分总成

注意：确保转向柱1号孔盖分总成唇口部分未损坏。

(23) 连接2号转向中间轴总成。

(24) 安装转向柱孔盖消音板。

(25) 安装前轮，并以103 N·m的力矩旋紧轮胎螺栓。

(26) 调整前轮定位。

二、动力转向ECU拆装

1. 动力转向ECU拆卸（图3—286）

(1) 使前轮处于正前位置。

(2) 拆卸上仪表板（见第四单元课题六）。

(3) 拆卸动力转向ECU总成。从动力转向ECU总成上分离线束卡夹，断开4个连接器，拆下螺栓、2个螺母和动力转向ECU总成。

2. 动力转向ECU安装

(1) 安装动力转向ECU总成。安装动力转向ECU总成，并以8.0 N·m的力矩旋紧固定螺栓；将4个连接器连接至动力转向ECU总成，安装好线束卡夹。

(2) 安装上仪表板。

(3) 校正力矩传感器零点。

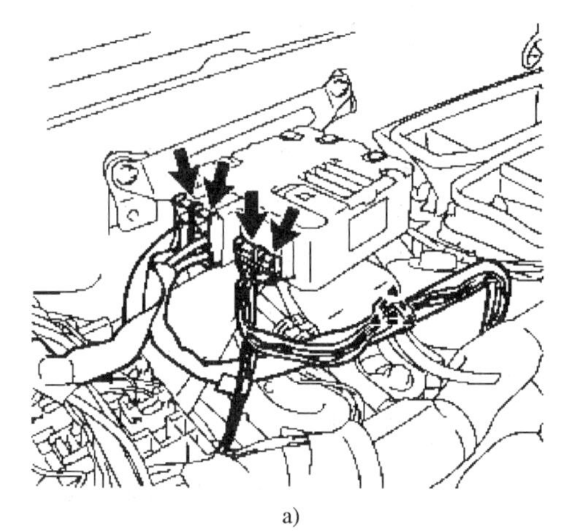

a)

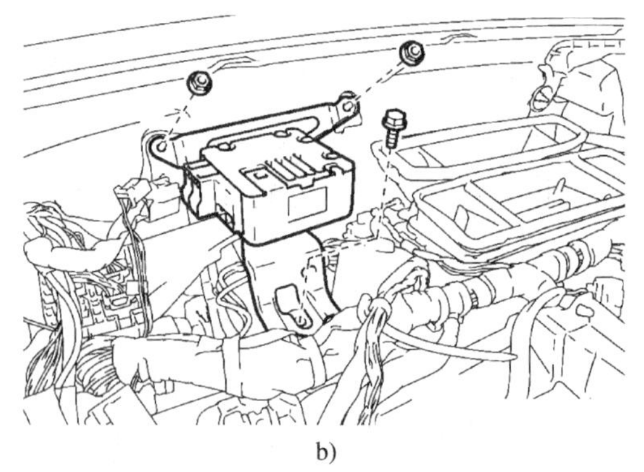

b)

图3—286 动力转向ECU拆装

三、校正力矩传感器零点

1. 检查有无DTC

将点火开关置于OFF位置，将智能检测仪连接到DLC3，将点火开关置于ON（IG）位置并打开智能检测仪主开关，根据检测仪的提示读取DTC。

注意：如果存储了DTCC1516（力矩传感器零点调整未完成），则不能校正力矩传感器零点。开始校正前清除该DTC。

2. 预先校正检查

(1) 将点火开关置于 OFF 位置。

(2) 断开 E32 动力转向 ECU 连接器，如图 3—287 所示。

(3) 将点火开关置于 ON (IG) 位置。

(4) 测量 E32—6 (IG) 与车身之间电压。标准电压为 11～14 V，如果测量值为 9 V 或更低，则不能执行校正。需对蓄电池先充电或更换蓄电池，然后执行校正。

(5) 将点火开关置于 OFF 位置。

(6) 连接 E32 动力转向 ECU 连接器。

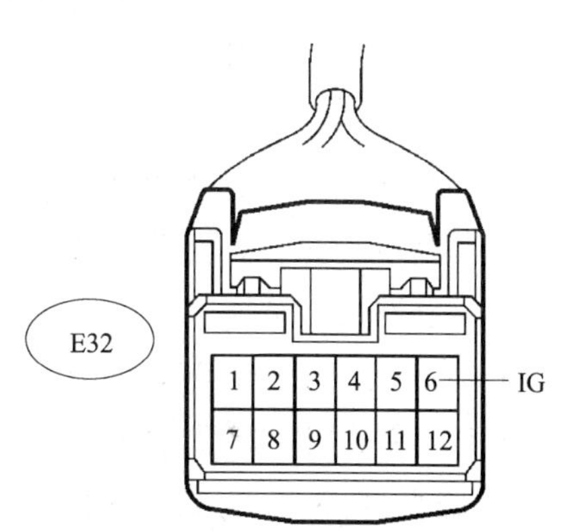

图 3—287　动力转向 ECU 连接器 E32

3. 初始化力矩传感器零点 (图 3—288)

(1) 将转向盘置于中心位置，并将前车轮对准正前方。

(2) 将点火开关置于 OFF 位置。

(3) 使用专用工具，连接 DLC3 端子 12 (TS) 和 4 (CG)，如图 3—289 所示。

(4) 使用专用工具，连接 DLC3 端子 13 (TC) 和 4 (CG)。

(5) 将点火开关置于 ON (IG) 位置。

(6) 在 20 s 内断开并重新连接 DLC3 端子 13 (TC) 20 次或更多次。

(7) 检查并确认 P/S 警告灯闪烁并且一直亮。

(8) 将点火开关置于 OFF 位置。

注意：清除力矩传感器零点校正值后，如果点火开关置于 ON (IG) 位置，则不能执行零点校正。

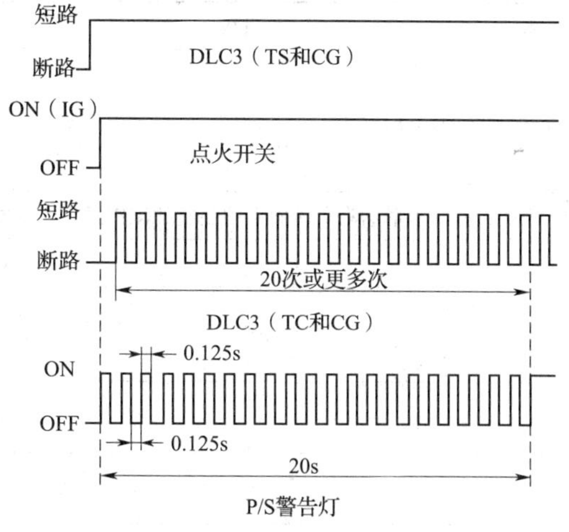

图 3—288　清除传感器校准值

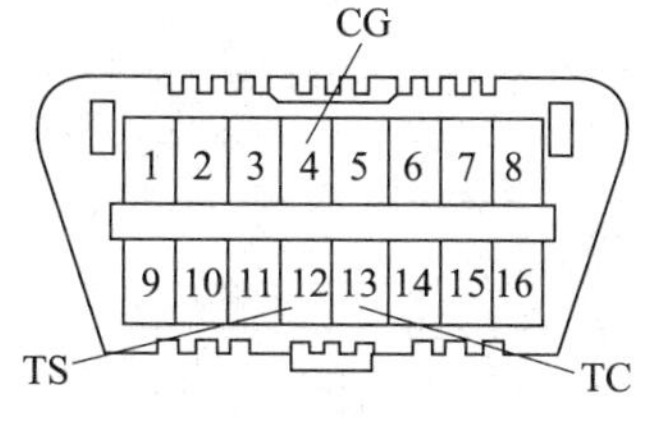

图 3—289　DLC3 端子

<table>
<tr><td>

4. 执行力矩传感器零点校正

注意：校正过程中不要触碰转向盘。

(1) 将转向盘置于中心位置，并将前车轮对准正前方。

(2) 将点火开关置于 OFF 位置。

(3) 使用专用工具，连接 DLC3 端子 12 (TS) 和 4 (CG)。

(4) 将点火开关置于 ON (IG) 位置。

(5) P/S 警告灯亮起后等待 7 s。

(6) 确定 P/S 警告灯的闪烁间隔为 0.125 s (4 Hz)，如图 3—290 所示。

(7) 从 DLC3 上断开专用工具。

(8) 确认未输出 DTC。

</td><td>

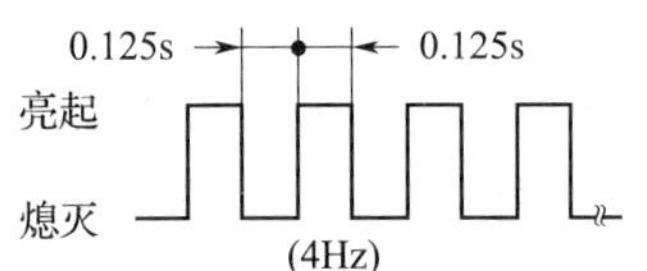

图 3—290 P/S 警告灯的闪烁频率

</td></tr>
</table>

学习过程记录表

姓名：	班级：	学号：	日期：
第三单元 底盘的拆装	课题六 转向系的拆装	第( ) 工作页	项目 1 桑塔纳 3000 型轿车动力转向系的拆装——桑塔纳汽车转向系的装复
说明：完成桑塔纳汽车转向系的装复的工作过程，将安装步骤、操作注意事项填写在下面。			
车型：		车身识别码：	
安装步骤		操作注意事项 (包括使用工具、力矩)	

批语： 教师：

课题七　液压制动系的拆装

教学目标

1. 掌握液压制动系的拆装方法、步骤和技术要求。
2. 掌握液压制动系的检查、调整方法。
3. 掌握液压制动系的主要零件名称、结构特点、装配关系。
4. 掌握相关拆装工具和机具的使用。

工具与设备

1. 常用工具。
2. 千斤顶、举升器等。
3. 桑塔纳 3000 型轿车、卡罗拉轿车。

项目 1　桑塔纳 3000 型轿车液压制动系的拆装

一、桑塔纳汽车前轮制动器的拆装

1. 前轮制动器的分解（图 3—291）

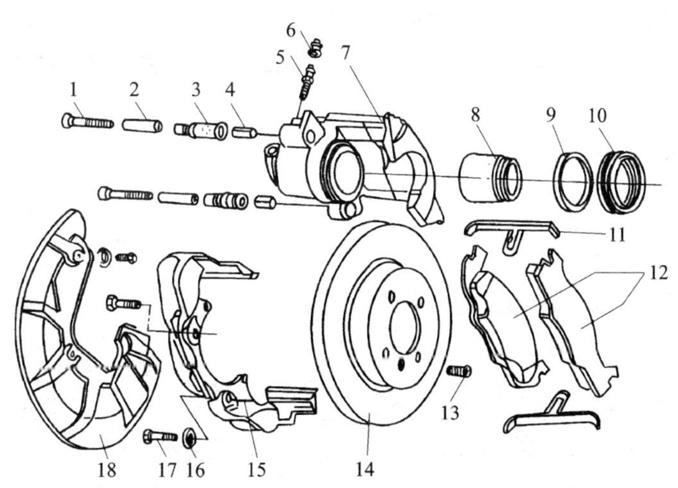

图 3—291　桑塔纳汽车前轮制动器的分解图

1、17—螺栓　2—导向缸套　3—橡胶衬套　4—塑料套　5—放空气螺塞　6—防尘套　7—制动钳壳体　8—活塞　9—密封圈　710—防尘罩　11—保持弹簧　12—摩擦块　13—制动盘固定螺钉　14—制动盘　15—制动钳支架　16—弹簧垫圈　18—防溅盘

(1) 取下车轮装饰罩，拧松轮胎螺栓。

(2) 用举升器举起汽车。

(3) 拆下轮胎螺母，取下车轮。

(4) 拆下制动油管，并将制动液放入容器中。

(5) 用内六角扳手拆下制动钳壳体的固定螺栓，取下制动钳壳体，用铁丝将钳体挂起。

(6) 从制动钳壳体上拆下保持弹簧和摩擦块等。

(7) 取下活塞防尘罩。

(8) 用压缩空气对进油口吹气，取出活塞及密封圈。

(9) 拆下制动钳支架固定螺栓，取下制动钳支架。

(10) 拆下制动盘固定螺钉，取下制动盘。

(11) 拆下防溅盘。

2. 前轮制动器的装复

(1) 装上防溅盘。

(2) 装上制动盘，拧紧制动盘固定螺钉。

(3) 装上制动钳支架，拧紧支架固定螺栓。

(4) 分别在活塞、密封圈及活塞承孔中涂以制动液，并将活塞装入制动钳壳体的承孔中。

(5) 装上活塞防尘罩。

(6) 装复制动油管。

(7) 装上摩擦块及保持弹簧。

(8) 装上制动钳壳体（注意：活塞要压到底），并拧紧 2 个紧固螺栓。

(9) 排除制动管路中的空气。

(10) 装上车轮，以 110 N·m 的力矩拧紧轮胎螺栓。

(11) 降下举升器，使车轮落地。

(12) 装上车轮装饰罩。

二、桑塔纳后轮制动器的拆装

1. 后轮制动器的分解（图 3—292）

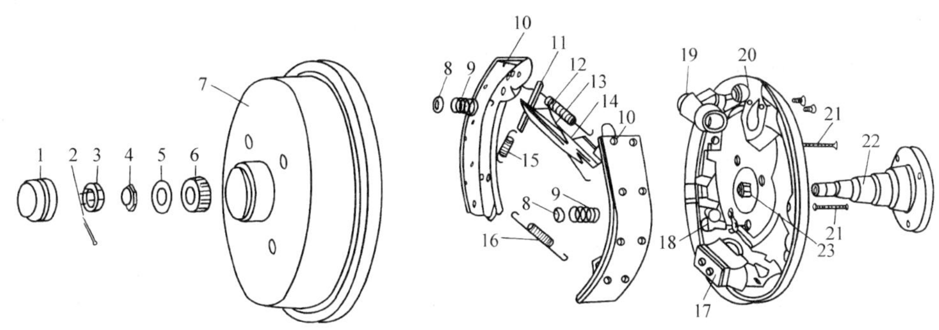

图 3—292 后轮制动器的分解

1—轮毂盖 2—开口销 3—开槽垫圈 4—调整螺母 5—止推垫圈 6—轴承 7—制动毂 8—弹簧座 9—保持弹簧 10—制动蹄片 11—楔形件 12—回位弹簧 13—上回位弹簧 14—推杆 15—楔形件回位弹簧 16—下回位弹簧 17—固定板 18—螺栓 19—制动工作缸 20—制动底板 21—定位销 22—后轮支承轴 23—观察孔橡皮塞

(1) 取下车轮装饰罩，拧松轮胎螺栓。

(2) 用举升器举起汽车。

(3) 拆下轮胎螺母，取下车轮。

(4) 如图 3—293 所示，用专用工具撬下轮毂盖，取下开口销和开槽垫圈，旋下调整螺母，取出止推垫圈。

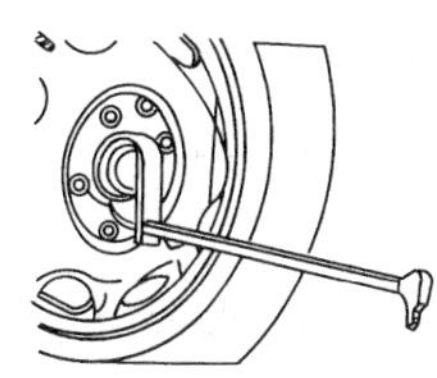

图 3—293 撬下轮毂盖

(5) 如图 3—294 所示，通过车轮螺栓孔向上拨动调整楔形块，使制动蹄摩擦片与制动毂的间隙增大。

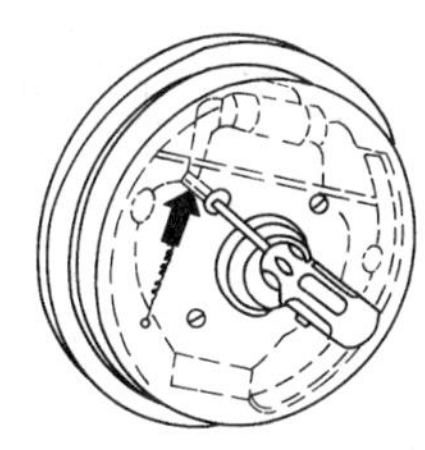

图 3—294 拨动调整楔形块

(6) 拉出制动毂，用尖嘴钳拆下制动蹄保持弹簧、弹簧座圈和定位销。

(7) 用钳子拆下制动杆上的驻车制动拉索。

(8) 用钳子取下楔形调整块弹簧和上回位弹簧。

(9) 拆下制动蹄。

(10) 将带推杆的制动蹄夹紧在台钳上，拆下定位弹簧，取下制动蹄。

(11) 从制动底板上拆下制动工作缸。

(12) 制动工作缸的分解，如图 3—295 所示。

1) 拆下工作缸体两端活塞防尘罩。

2) 从工作缸体两端取出活塞和密封圈。

3) 从工作缸体内取出弹簧。

4) 取下放空气螺栓防尘罩，拆下放空气螺栓。

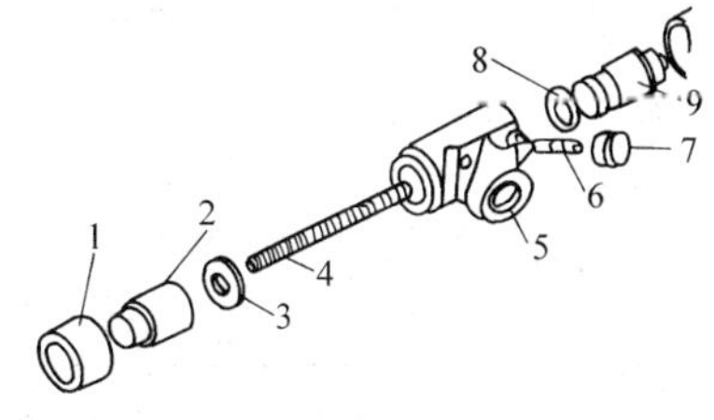

图 3—295 制动工作缸的分解

1—防尘罩 2、9—活塞 3、8—密封圈 4—弹簧 5—工作缸本体 6—放空气螺栓 7—防尘罩

2. 后轮制动器的装复

(1) 制动工作缸组装

1) 清洁工作缸各零件。

2) 将弹簧装入工作缸体内。

3) 在活塞和皮圈上应涂以制动液进行润滑。

4) 分别从两端依次装上密封圈、活塞和防尘罩。

5) 装上放空气螺栓和放空气螺栓防尘罩。

(2) 将制动工作缸按固定力矩紧固于制动底板上。

(3) 装上回位弹簧，并将制动蹄与推杆连接好，如图 3—296 所示。

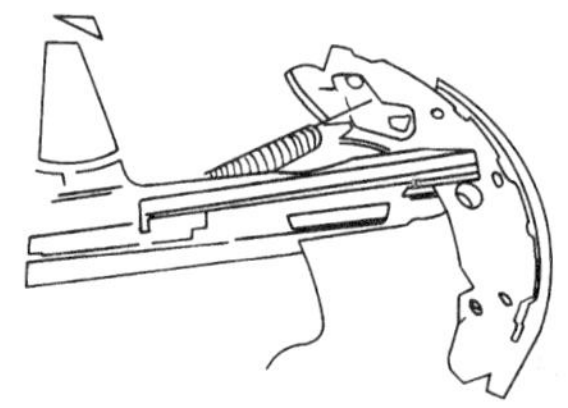

图 3—296 安装回位弹簧

(4) 装上楔形调整块，凸出一边朝向制动底板。

(5) 将另一带有驻车制动杆的制动蹄装到推杆上，如图 3—297 所示。

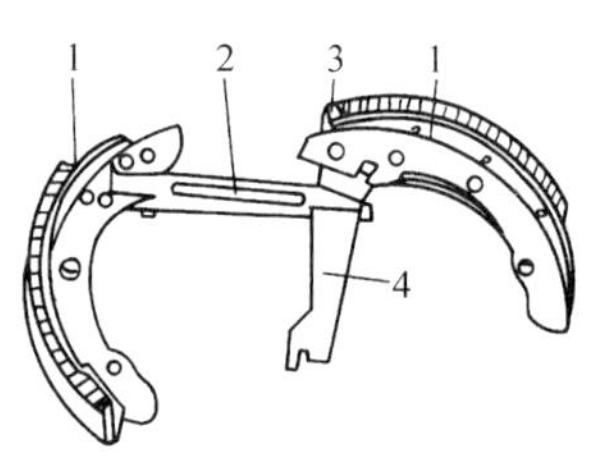

图 3—297 将制动蹄装到推杆上
1—制动蹄 2—推杆 3—轴销
4—驻车制动杆

(6) 装入上回位弹簧，将驻车制动拉索装在驻车制动杆上。

(7) 将制动蹄装至制动底板，靠住制动工作缸。

(8) 装入下回位弹簧，提起制动蹄，将制动蹄装到下面的支架中。

(9) 装上楔形件的回位弹簧、制动蹄保持弹簧和弹簧座。

(10) 使制动蹄回位。

(11) 装上制动毂以及后轮轴承和螺母，然后调整好后轮轴承预紧度。

(12) 用力踩制动踏板一次，使制动蹄能正确就位，以自动调整制动蹄与制动毂的间隙，标准制动间隙为 0.2～0.3 mm。

三、真空助力器与制动主缸的拆装

1. 真空助力器与制动主缸的拆卸（图 3—298）

(1) 拆下传感器线束接头。

(2) 拆下离合器总泵进油管。

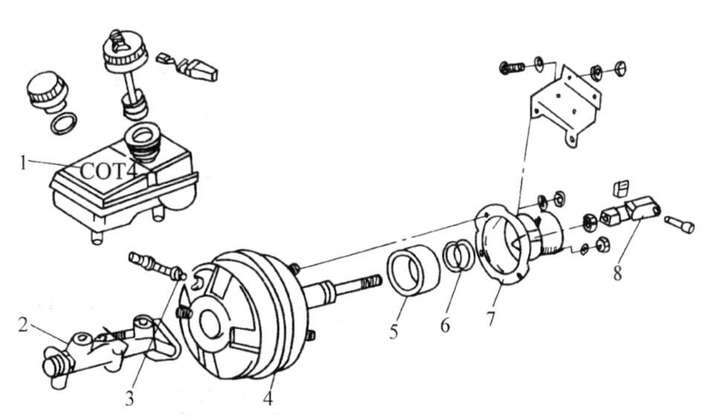

图 3—298　真空助力器与制动主缸

1—储液罐　2—制动主缸　3—真空单向阀　4—真空助力器　5—密封垫圈　6—支架密封圈　7—支架　8—连接叉

(3) 拧松真空管的卡箍，取下真空管。

(4) 拆下制动主缸上的油管。

(5) 拆卸制动主缸固定螺母。

(6) 拆下真空助力器安装支架的固定螺母。

(7) 拆卸驾驶室杂物箱。

(8) 拆下制动踏板与真空助力器压杆连接叉的锁片和销。

(9) 将真空助力器和制动主缸一起从车上卸下。

(10) 拆下制动主缸与真空助力器的紧固螺母，使总泵与真空助力器分离。

注意：制动主缸如图 3—299 所示，桑塔纳汽车制动主缸不允许分解和修理。

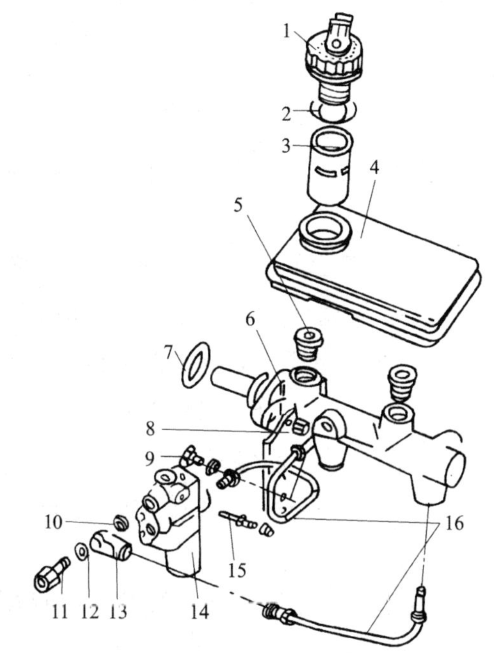

图 3—299　制动主缸的拆卸

1—盖　2、7—密封圈　3—滤网　4—储液罐　5—密封塞　6—制动主缸　8—支架　9—螺栓　10、12—密封垫　11—接头螺栓　13—油管接头　14—制动力分配阀　15—放空气螺栓　16—油管

2. 真空助力器的分解（图 3—300）

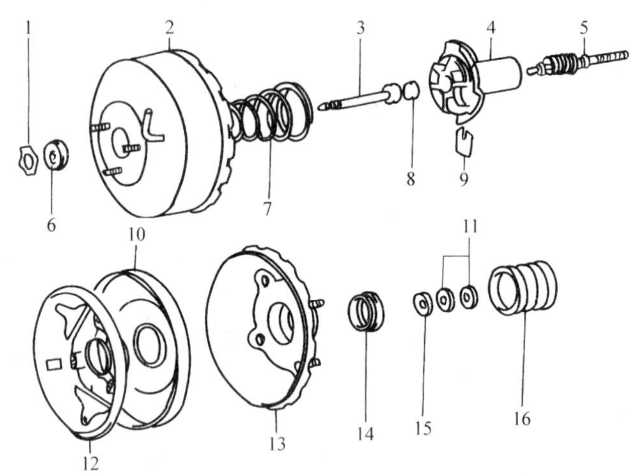

图 3—300 真空助力器的拆装

1—圆环 2—前壳体 3—推杆 4—阀体 5—操作杆 6—前壳体密封圈 7—膜片弹簧 8—橡胶块 9—定位键 10—膜片 11—空气滤芯 12—膜片板 13—后壳体 14—后壳体密封圈 15—滤芯 16—防尘罩

（1）把助力器夹在专用工具中，并在前、后壳体上做上定位记号，将前后体相对转动，如图 3—301 所示。

（2）旋转专用工具上面的左右螺母，并把 2 根木条插在前体边缘和上压板之间，均匀地向下旋紧助力器安装螺母，将前后体分开，如图 3—302 所示，然后取出膜片弹簧和推杆。

（3）从后体上拆下防尘罩。

（4）从后体上拆下膜片总成，如图 3—303 所示。

（5）从后体上拆下密封圈，如图 3—304 所示。

（6）将专用工具夹在台虎钳上，把膜片放在专用工具上进行旋转，使阀体与活塞分开，如图 3—305 所示，从助力器活塞上拆下膜片。

（7）把操作杆推入阀体，拆下定位键，拔出操作杆，如图 3—306 所示。

（8）从阀体上拆下橡胶块。

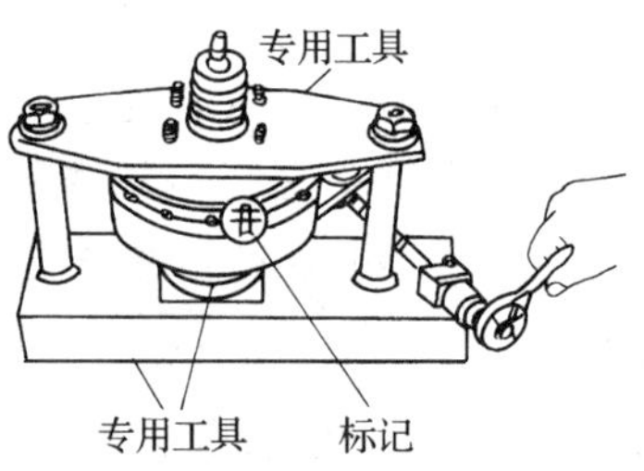

图 3—301 使前后壳体相对转动

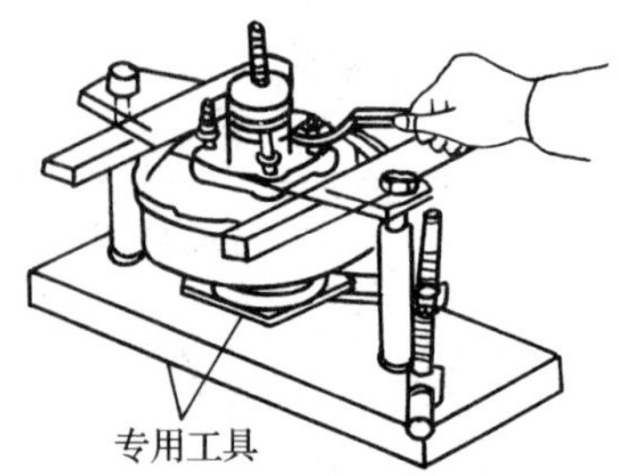

图 3—302 分解前后体

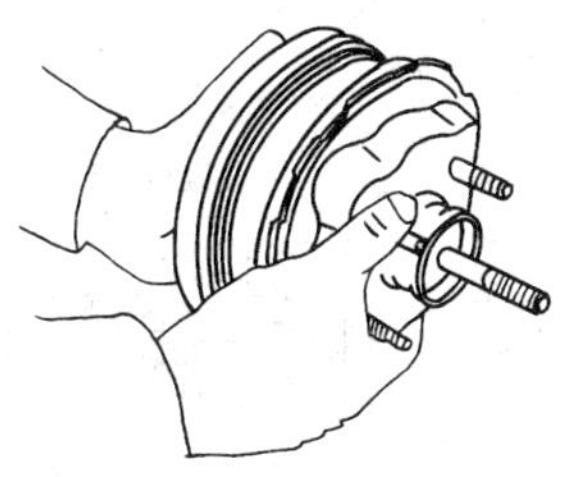

图 3—303　拆下膜片

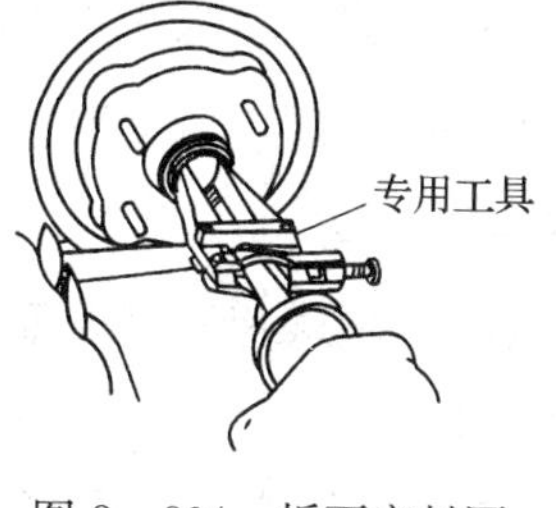

图 3—304　拆下密封圈

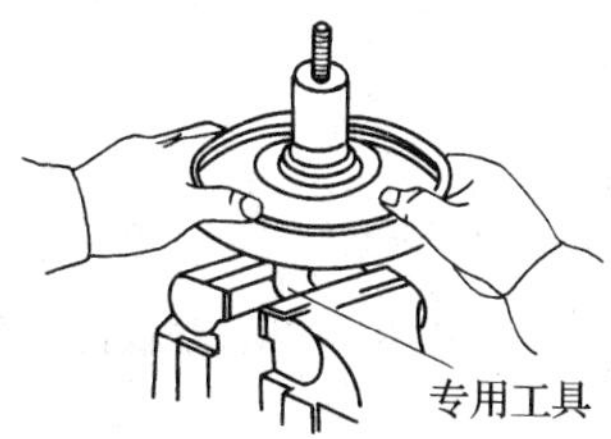

图 3—305　阀体与活塞分离

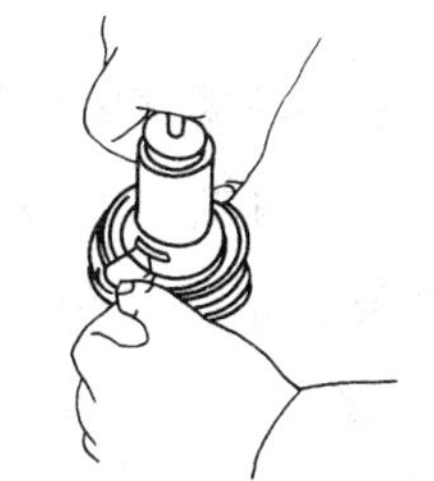

图 3—306　拆下操作杆

3. 制动助力器的装复

(1) 把操作杆插入阀体，装上定位键。

(2) 把橡胶块装入阀体。

(3) 把膜片装入助力器活塞，再把阀体插入助力器活塞中。

(4) 把工作缸体密封圈装入工作缸体，再把膜片装入工作缸体。

(5) 把毛毡空气滤芯、海绵状滤芯、防尘罩依次装入工作缸体。

(6) 把弹簧和推杆放入前壳体，用专用工具把弹簧压入前、后壳体之间，然后将前、后体旋转，直至前、后体的装配标记对准。

(7) 装上真空管和空气管。

4. 总成装复

(1) 合上总泵与真空助力器，以 20 N·m 的力矩拧紧制动主缸与真空助力器的 2 只紧固螺母。

(2) 将真空助力器和制动主缸一起装在车上，以 20 N·m 的力矩拧紧制动主缸与真空助力器与安装支架的连接螺栓。

(3) 装上真空管，拧紧真空管的卡箍。

(4) 安装制动主缸油管。

(5) 装上制动踏板与真空助力器推杆连接叉的锁片和销。

(6) 装好驾驶室内杂物箱。

(7) 装上离合器总泵进油管。

(8) 连接好传感器线束接头。

(9) 装上储液罐，将制动液加在最高（Max）液面线与最低（Min）液面线之间。

<table>
<tr><td colspan="2">四、制动踏板自由行程的调整（图 3—307）</td></tr>
<tr><td>1. 关闭发动机，踩下制动踏板若干次，使制动助力器中没有空气。
2. 松开推杆锁紧螺母，松开制动主缸助力器推杆上的调整螺母，转动 U 形叉改变推杆长度，调短推杆，则踏板自由行程增大；调长推杆，则踏板自由行程减小。
注意：调好后应拧紧锁紧螺母。
3. 踏板自由行程的检查。先测量出制动踏板的自由高度，然后压下踏板至感到稍有阻力，再次测量出踏板高度，两高度之差即这踏板自由行程。桑塔纳汽车踏板自由行程应不大于 45 mm。</td><td>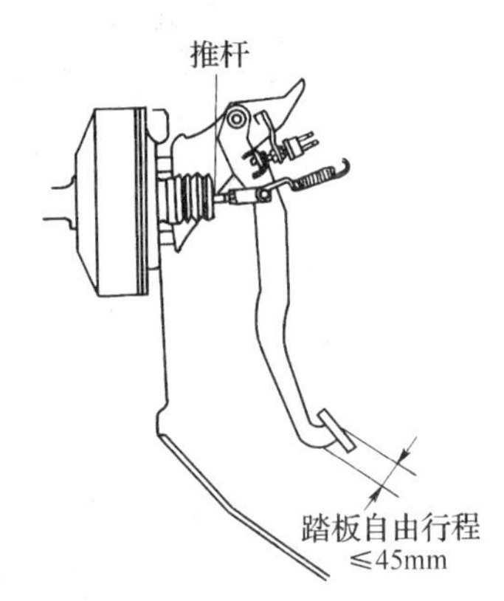

图 3—307　踏板自由行程的调整</td></tr>
<tr><td colspan="2">五、制动系统空气的排除</td></tr>
<tr><td>1. 将一根软管一端插入放空气螺钉上，另一端插入一容器中，如图 3—308 所示。
2. 一人用力快速踩下放松制动踏板数次后，踩下制动踏板不动。
3. 另一人拧松放空气螺钉，管路中的空气随制动液一起从软管中流出，排出空气后将放空气螺钉拧紧。
4. 重复上述步骤多次，直至流到容器中的制动液无气泡。
5. 取下软管，拧紧放空气螺钉，装上防尘罩。
6. 观察储液罐制动液液面高度，看是否需要添加制动液。</td><td>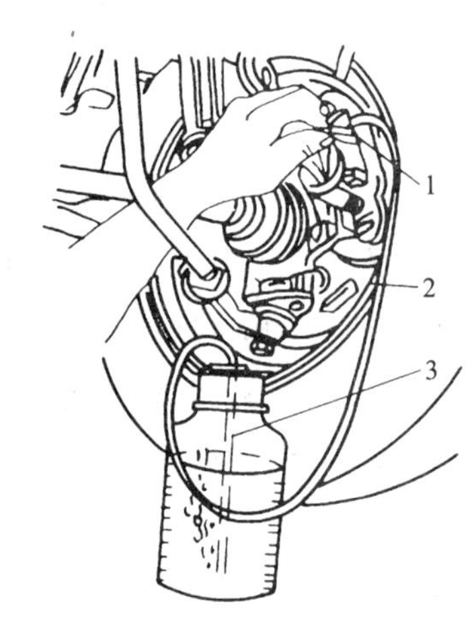

图 3—308　制动系统放空气
1—放空气螺钉　2—软管　3—容器</td></tr>
</table>

项目 2　桑塔纳 3000 型轿车制动系电子控制装置的拆装

<table>
<tr><td>一、压力调节器的拆装</td></tr>
<tr><td>1. 压力调节器的拆卸
(1) 关闭点火开关，拆下蓄电池。
(2) 拆下蓄电池支架。</td></tr>
</table>

（3）拆下锁止扣，从 ABS 电子控制单元上拔下 25 针插接器，如图 3—309 所示。

（4）踩下制动踏板，并用踏板架定位。

（5）在压力调节器下垫一块毛巾，以防制动液流落到车身上。

（6）拆下制动主缸到压力调节器的制动油管 A 和 B，并做好标记，用密封塞将接头塞住，以防污物掉入。

（7）用铁丝将制动管 A、B 扎在一起，挂到高于储液罐液面的位置。

（8）拆下液压调节器到各车轮制动器的制动管，如图 3—310 所示，并做好标记，用密封塞将接头塞住，以防脏物掉入。

注意：操作中不能让制动液渗入电子控制单元的壳体内，以免产生腐蚀。

（9）将 ABS 压力调节器从支架上拆下。

（10）拔下控制单元上液压泵电线插头。

（11）拆下电子控制单元与压力调节器的连接螺栓，如图 3—311 所示。

（12）将电子控制单元与压力调节器分离。

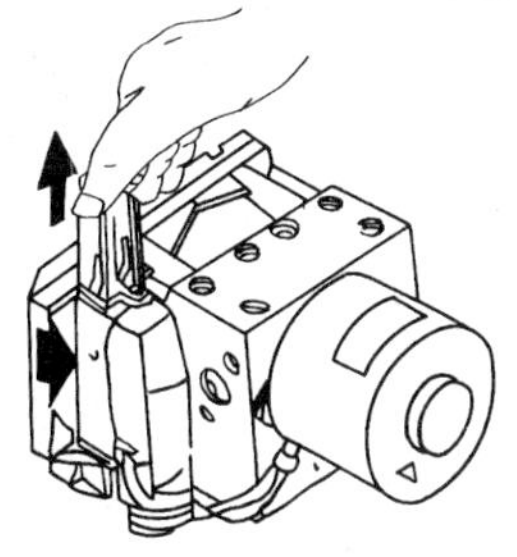

图 3—309　拔下 25 针插接器

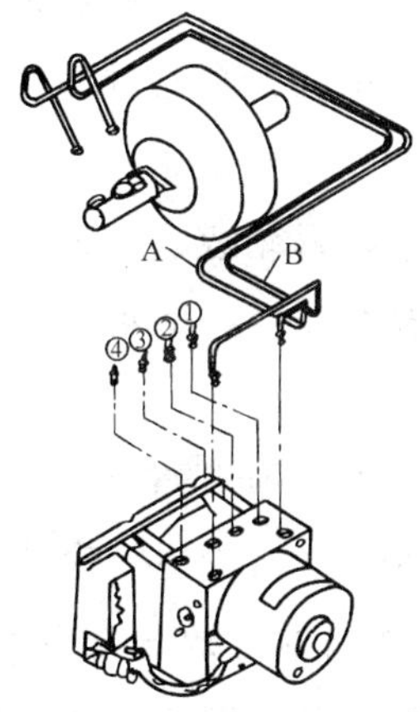

图 3—310　制动管的拆卸

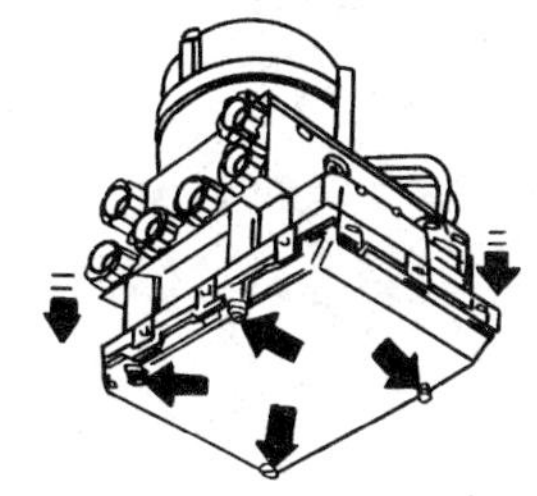

图 3—311　拆下电子控制单元

2. 压力调节器的装复

（1）用螺栓将电子控制单元固定在压力调节器上，并以 4 N·m 以下的力矩拧紧固定螺栓。

（2）插上液压泵电线插头。

（3）将 ABS 压力调节器固定在支架上，拧紧固定螺栓 10 N·m。

（4）拆下开口处的密封塞，装上液压调节器到各车轮制动器的制动管，检查油管位置是否正确，用 20 N·m 的力矩拧紧管接头。

（5）装上制动主缸到压力调节器的制动油管 A 和 B，用 20 N·m 的力矩拧紧管接头。

（6）插上 ABS 电子控制单元的 25 针插接器，压下锁止扣。

（7）装上蓄电池架，装上蓄电池。

（8）对 ABS 系统充液和放空气。

二、前轮转速传感器的拆装(图 3—312)

1. 前轮转速传感器的拆卸(图 3—313)

(1)拔下传感器导线插接器。

(2)用内六角扳手拆下传感器固定螺栓,取下轮速传感器。

注意:前轮左、右轮速传感器型号不同,不能互换;后轮左、右轮速传感器型号相同,可以互换。

(3)传感器齿圈的拆卸。用 200 mm 拉具的 2 个活动臂钩住前轮轴承壳的两边,在前轮毂腰的中心放一块专用压块,转动顶尖,使拉具顶住专用压块,将前轮毂连同齿圈一起顶出。最后,拆下齿圈的十字槽固定螺栓。

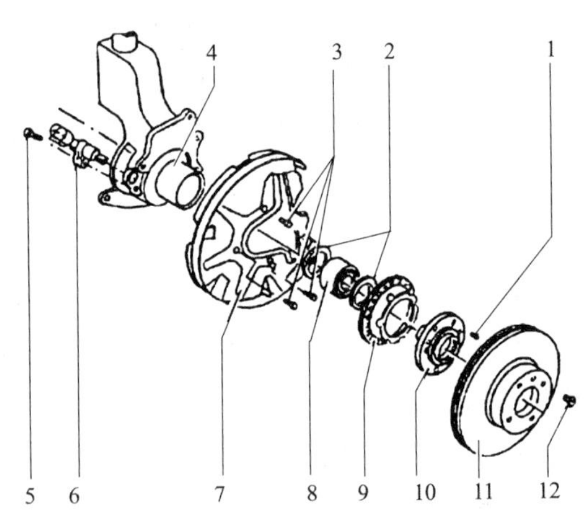

图 3—312 前轮转速传感器安装位置

1—沉头螺钉 2—弹性挡圈 3、5—螺栓 4—轴承壳 6—转速传感器 7—防尘板 8—轴承 9—齿圈 10—轮毂 11—制动盘 12—十字槽螺栓

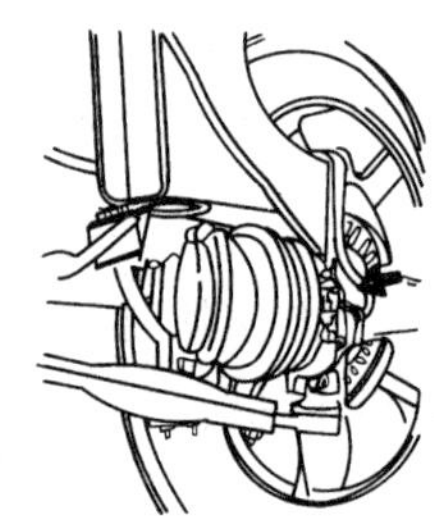

图 3—313 前轮转速传感器的拆卸

2. 转速传感器的装复

(1)装复传感器齿圈。

(2)清洁传感器的安装孔内表面,并涂上固体润滑膏。

(3)装上传感器,用内六角扳手以 10 N·m 的力矩拧紧传感器固定螺栓。

(4)插上传感器导线插接器。

三、后轮轮速传感器的拆装

1. 后轮轮速传感器的拆卸(图 3—314)

(1)先翻起汽车后坐垫,分开要拆的后轮轮速传感器的连接插头。

(2) 拧下传感器的内六角紧固螺栓，拆下后轮轮速传感器。

(3) 取下后梁上的转速传感器导线保护罩，拉出导线和导线插头。

2. 后轮轮速传感器的装复

(1) 清洁传感器的安装孔内表面，并涂上固体润滑膏。

(2) 装上传感器，用内六角扳手以 10 N·m 的力矩拧紧传感器固定螺栓。

(3) 安装传感器的导线，装好后梁上的转速传感器导线保护罩。

(4) 插上传感器导线插接器，铺好汽车后坐垫。

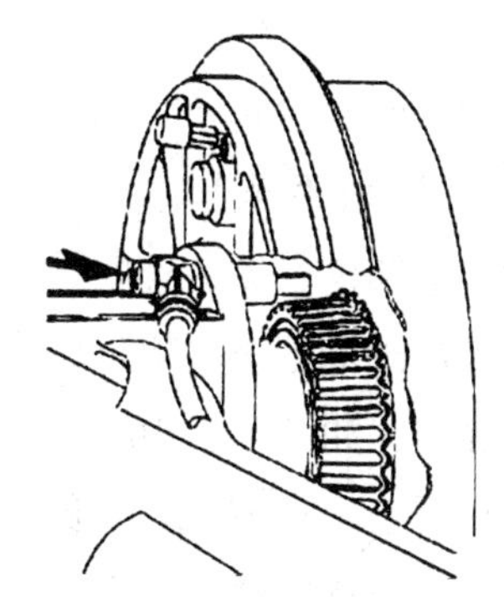

图 3—314　后轮轮速传感器的拆装

项目 3　卡罗拉轿车液压制动系的拆装

一、制动踏板（图 3—315）的拆装

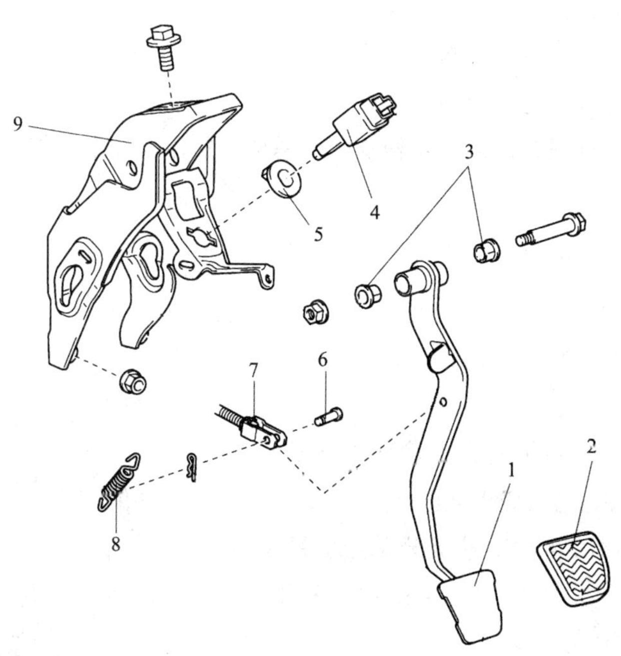

图 3—315　制动踏板分解图

1—制动踏板　2—制动踏板垫　3—衬套　4—制动灯开关总成　5—开关座调节器　6—销　7—U 形接头　8—回位弹簧　9—制动踏板支架

1. 制动踏板的拆卸

（1）拆卸上仪表板。

（2）拆卸仪表板 1 号底罩分总成。

（3）从制动踏板支架分总成上拆下制动踏板回位弹簧，如图 3—316 所示。

（4）拆下卡子和 U 形接头销，从制动踏板分总成上分离制动主缸推杆 U 形接头。

（5）首先松开螺栓，从仪表板加强件上分离制动踏板支架分总成，断开制动灯开关连接器并脱开 2 个卡夹，最后松开 4 个螺母，拆下制动踏板支架分总成，如图 3—317 所示。

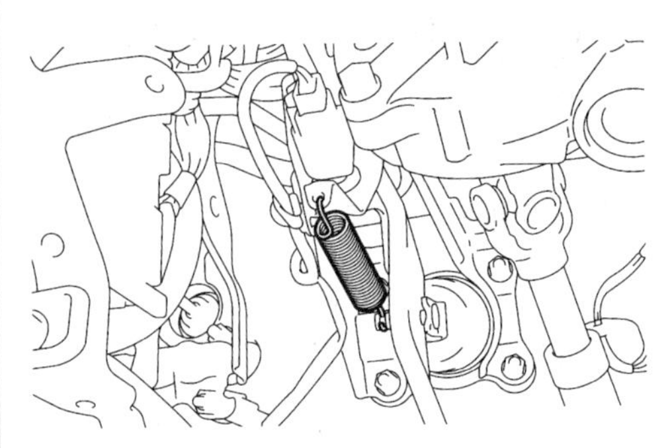

图 3—316 拆卸制动踏板回位弹簧

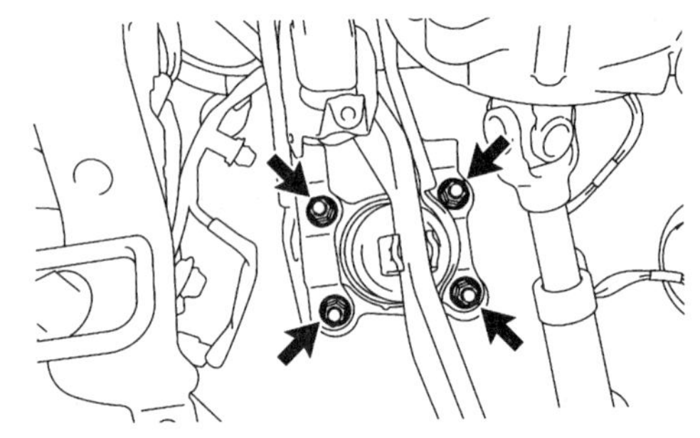

图 3—317 拆卸制动踏板支架分总成

2. 制动踏板的拆解

（1）转动制动灯开关总成并将其拆下。

（2）拆下制动灯开关座调节器。

（3）拆下螺栓和螺母，从制动踏板支架分总成上拆下 2 个制动器衬套和制动踏板分总成。

（4）从制动踏板分总成上拆下 2 个制动踏板衬套。

（5）拆下制动踏板垫。

3. 制动踏板的装复

（1）安装制动踏板垫

（2）在 2 个新制动踏板衬套上涂抹锂皂基乙二醇润滑脂，并将其安装至制动踏板分总成上。

（3）用螺栓和螺母将制动踏板分总成安装至制动踏板支架分总成上，并以 37 N · m 的力矩旋紧，如图 3—318 所示。

（4）安装制动灯开关座调节器。

（5）先暂时紧固制动灯开关总成，等调整好制动踏板高度后，再完全安装制动灯开关总成。

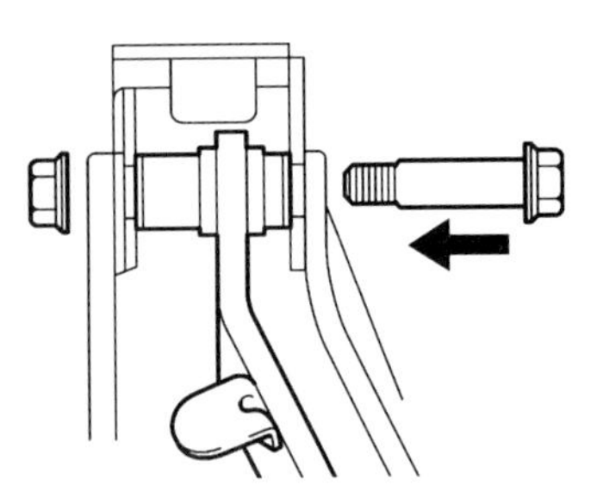

图 3—318 安装制动踏板分总成

4. 制动踏板安装

(1) 首先，用螺母安装制动踏板支架分总成，并以 13N·m 的力矩旋紧。然后，连接制动灯开关连接器并接合 2 个卡夹。最后，用螺栓将制动踏板支架分总成安装至仪表板加强件，并以 24 N·m 的力矩旋紧固定螺栓。

(2) 用推杆销将制动主缸推杆 U 形接头连接至制动踏板，并安装新卡子，如图 3—319 所示。

注意：在推杆销上涂抹锂皂基乙二醇润滑脂。

(3) 在制动踏板支架分总成和制动主缸推杆 U 形接头之间安装制动踏板回位弹簧。

(4) 检查并调整制动踏板高度。

(5) 检查制动踏板自由行程。

(6) 检查制动踏板行程余量。

(7) 安装仪表板 1 号底罩分总成。

(8) 安装上仪表板。

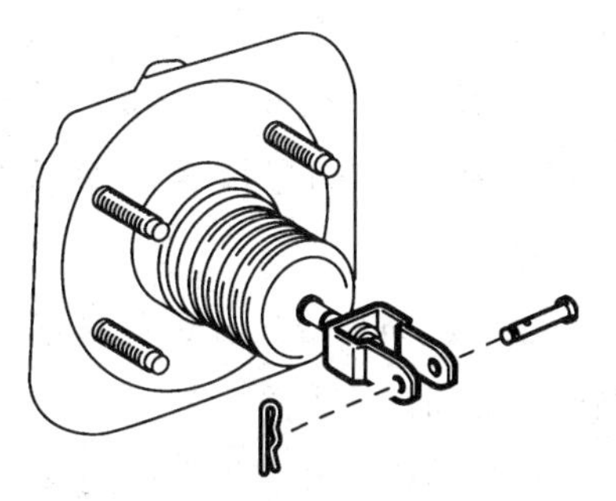

图 3—319　连接制动主缸推杆 U 形接头

5. 制动踏板的调整

(1) 检查、调整制动踏板高度，如图 3—320 所示。

1) 检查制动踏板高度。翻起地毯，从前围消声器固定架上的开口处翻转前围消声器，测量制动踏板表面和地板踏板之间的最短距离。踏板距离地板踏板的高度为 145.8～155.8 mm。

2) 调整制动踏板高度。断开制动灯开关连接器，拆下制动灯开关总成，松开推杆 U 形接头锁紧螺母，转动推杆以调整制动踏板高度，调整好后拧紧推杆 U 形接头锁紧螺母，并以 26 N·m 的力矩旋紧，将制动灯开关插入调节器固定架，直至开关壳体接触到制动踏板，最后调整好制动灯开关，连接好开关连接器。

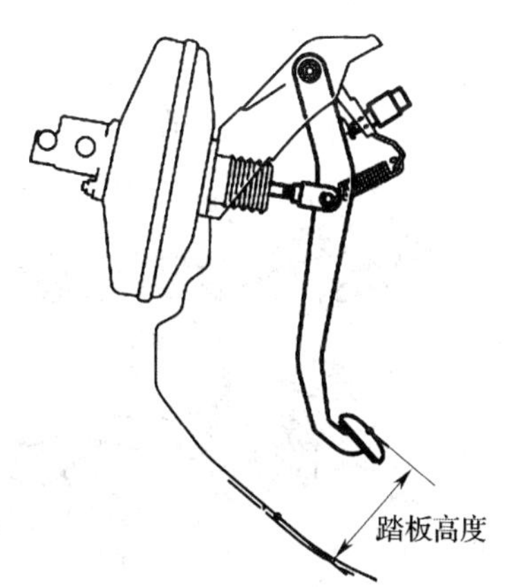

图 3—320　检查制动踏板高度

(2) 检查制动踏板自由行程

1) 关闭发动机，多次踩下踏板直至制动助力器内无真空，松开制动踏板。

2) 踩下踏板直至感觉到轻微的阻力，如图3—321所示，测量距离。踏板标准自由行程为1.0～6.0 mm。

注意：如果踏板自由行程不符合规定，检查制动灯开关间隙。

(3) 检查制动踏板行程余量

1) 松开驻车制动操纵手柄。

2) 发动机运转时踩下制动踏板，如图3—322所示，测量踏板行程余量。踏板力294 N时踏板行程余量为：不带VSC，85 mm；带VSC，90 mm。

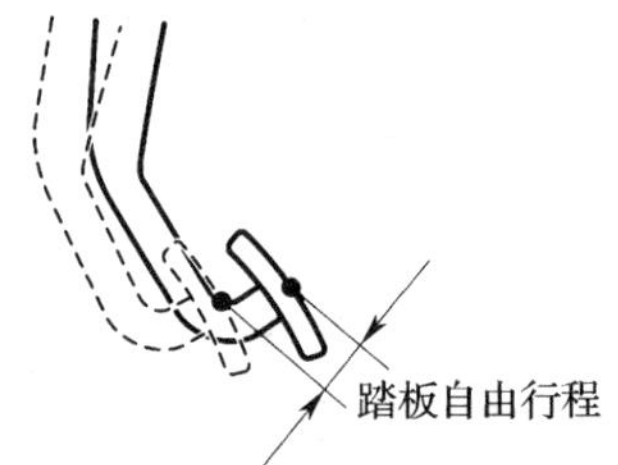

图3—321 检查制动踏板自由行程

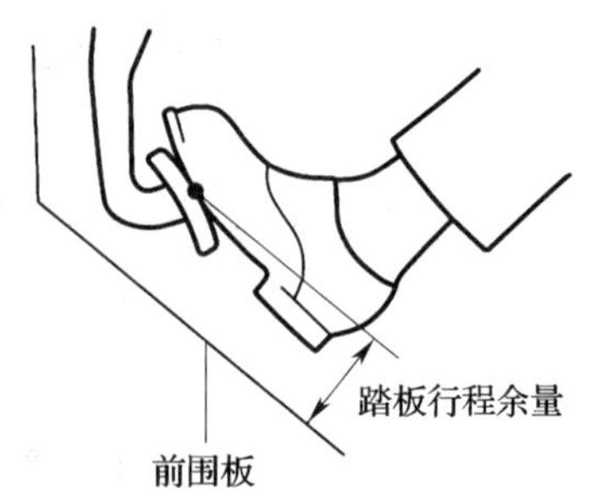

图3—322 检查制动踏板行程余量

二、制动主缸的拆装（图3—323）

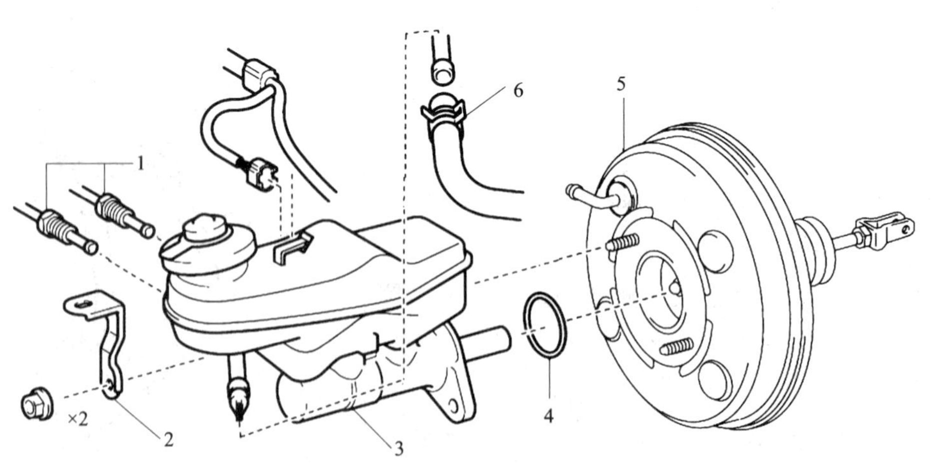

图3—323 制动主缸的拆装

1—制动管路 2—线束卡夹支架 3—制动主缸分总成 4—O形圈 5—制动助力器 6—离合器管

1. 制动主缸的拆卸

注意：从制动助力器上拆下主缸时，务必先释放制动助力器真空。

(1) 拆卸 2 号气缸盖罩。

(2) 拆卸前刮水器臂端盖。

(3) 拆卸左前、右前刮水器臂和刮水片总成。

(4) 拆卸发动机盖至前围上侧密封。

(5) 拆卸前围板右上、左上通风栅板。

(6) 拆卸风窗玻璃刮水器电动机及连杆。

(7) 排净制动液。

(8) 脱开卡夹，弯曲右侧防水片，脱开线束卡夹，拆下 10 个螺栓和前围上外板。

(9) 拆卸空气滤清器盖分总成。

(10) 拆卸空气滤清器壳。

(11) 移动卡子并断开离合器管，如图 3—324 所示。

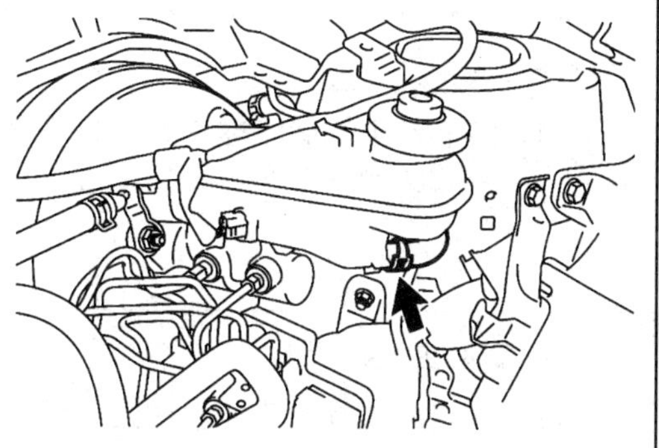

图 3—324　离合器管拆装

(12) 用连接螺母扳手 (10 mm) 从制动主缸分总成上断开 2 个制动管路。

(13) 断开连接器并脱开 2 个卡夹，拆下 2 个螺母、卡夹支架和制动主缸分总成，从制动主缸分总成上拆下 O 形圈，如图 3—325 所示。

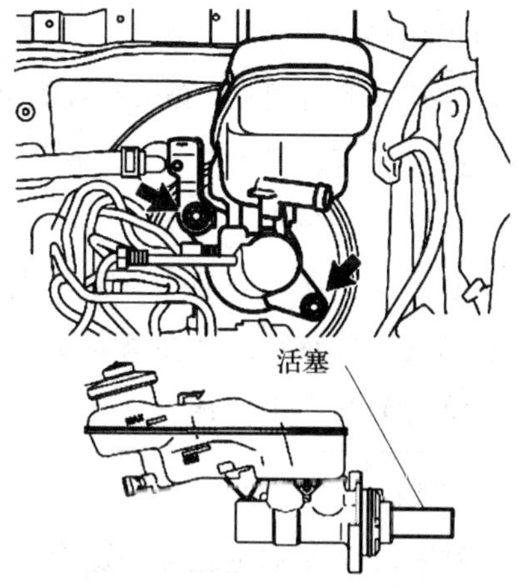

图 3—325　拆卸制动主缸分总成

注意：主缸需小心处理。避免主缸遭受任何冲击，如掉落。不要敲击或捏住主缸活塞。不要用任何其他方式对主缸活塞造成损坏。

将主缸安装至制动助力器或从制动助力器上拆下主缸时，确保主缸水平或端面向下（活塞面朝上），以防主缸活塞掉落。

不要让任何异物污染主缸活塞。如果活塞沾染异物，应用抹布或布条将其擦掉，然后在活塞周边（滑动部件）上均匀涂抹锂皂基乙二醇润滑脂，不要使用其他种类的润滑脂或液体。

2. 制动主缸的拆解（图 3—326）

（1）拆卸制动主缸储液罐加注口盖总成。

（2）拆卸制动主缸储液罐滤网。

（3）将制动主缸分总成安装到台钳上，用尖冲头和锤子敲出直销，并拆下制动主缸储液罐总成。

注意：在台钳上放置铝板以防止损坏制动主缸分总成。

（4）从制动主缸储液罐总成上拆下 2 个主缸储液罐密封垫。

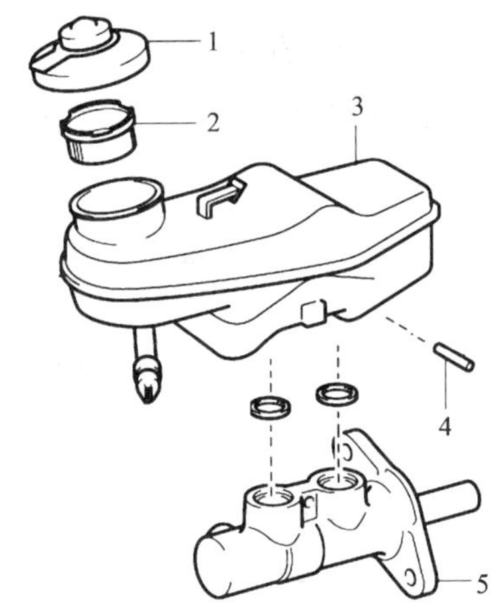

图 3—326　制动主缸的拆解

1—储液罐加注口盖　2—滤网　3—储液罐　4—直销　5—主缸缸体

3. 制动主缸检查

（1）在附属工具的头部涂抹白垩粉。

（2）将附属工具放置在制动助力器总成上。

（3）测量制动助力器推杆和附属工具之间的间隙。标准间隙为 0 mm。

（4）如果间隙不符合规定，用专用工具固定推杆并用套筒旋具（7 mm）转动推杆头部，以调整推杆长度，如图 3—327 所示。

（5）调整后再次检查推杆间隙。

注意：换上新的制动主缸分总成时，需要调整制动助力器推杆。调整需在制动助力器总成为非真空的状态下进行。

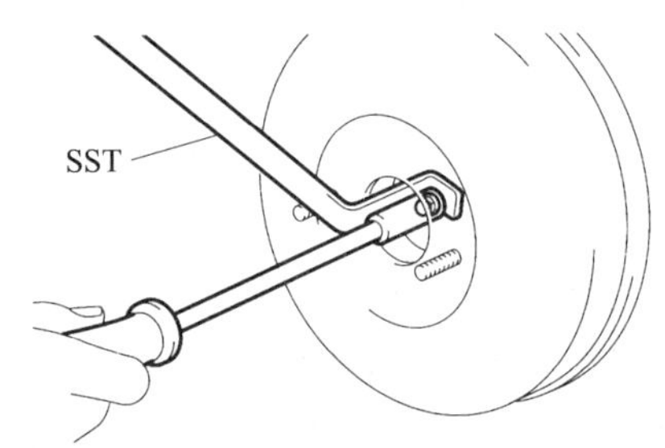

图 3—327　制动助力器推杆调整

4. 制动主缸装配

（1）在 2 个新的主缸储液罐密封垫上涂抹锂皂基乙二醇润滑脂，然后将它们安装到制动主缸储液罐总成上。

（2）安装制动主缸储液罐总成。首先将制动主缸储液罐总成安装至主缸体，然后将制动主缸分总成安装到台钳上，用尖冲头和锤子敲入直销。

注意：安装新的制动主缸储液罐总成时，切开制动主缸储液罐总成的离合器管端部。离合器管端部的长度为 22～24 mm。确保不要让任何异物进入制动主缸储液罐总成，制动液供应不受切管的影响。

(3) 安装制动主缸储液罐滤网。

(4) 安装制动主缸储液罐加注口盖总成。

5. 制动主缸安装

(1) 检查并调整制动助力器推杆。

(2) 将新O形圈安装到制动主缸分总成，然后用螺母安装卡夹支架和制动主缸分总成，并以13 N·m的力矩旋紧，如图3—328所示。接合2个卡夹并连接连接器。

(3) 用连接螺母扳手（10 mm）将2个制动管路连接至制动主缸分总成，并以15 N·m的力矩旋紧。

(4) 移动卡子并连接好离合器管。

(5) 安装空气滤清器壳。

(6) 安装空气滤清器盖分总成。

(7) 用螺栓安装前围上外板，接合卡夹，并以8.8 N·m的力矩旋紧，如图3—329所示。

(8) 安装风窗玻璃刮水器电动机及连杆。

(9) 安装前围板左上、右上通风栅板。

(10) 安装发动机盖至前围上侧密封。

(11) 安装右前、左前刮水器臂和刮水片总成。

(12) 安装前刮水器臂端盖。

(13) 安装2号气缸盖罩。

(14) 对制动液储液罐进行加注。

(15) 对离合器管路进行放空气。

(16) 对制动主缸进行放空气。

(17) 对制动管路进行放空气。

(18) 对制动器执行器进行放空气。

(19) 检查制动液是否泄漏。

(20) 检查制动液液位。

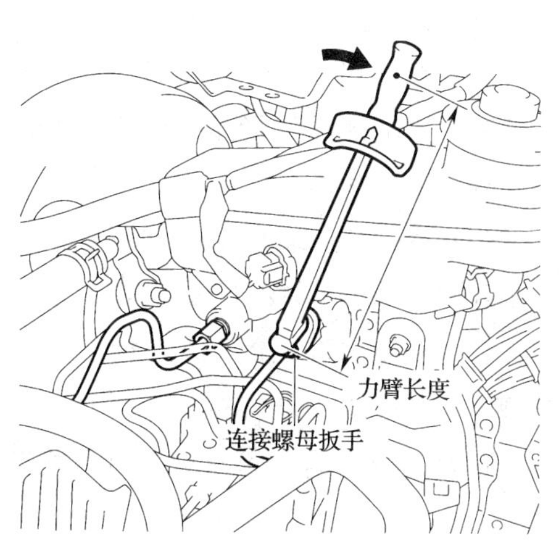

图3—328　连接制动管路

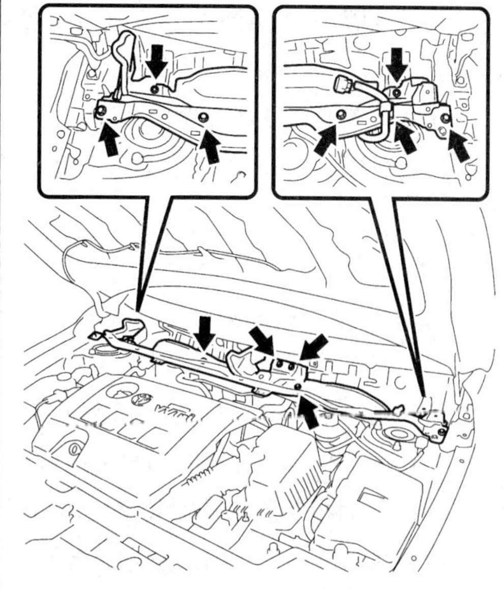
图3—329　安装前围上外板

三、制动助力器的拆装（图 3—330）

1. 制动助力器的拆卸

(1) 拆卸制动主缸分总成。

(2) 拆卸仪表板 1 号底罩分总成。

(3) 拆卸制动踏板回位弹簧。

(4) 分离制动主缸推杆 U 形接头。

(5) 松开锁紧螺母，从制动助力器总成上拆下制动主缸推杆 U 形接头和锁紧螺母。

(6) 断开线束。

(7) 拆卸带支架的制动器执行器。

(8) 滑动卡子并断开真空软管。

(9) 从制动助力器总成上拆下真空单向阀总成。

(10) 从制动助力器总成上拆下单向阀密封垫。

(11) 从制动管路上拆下螺栓，断开分离 4 个制动管路。

(12) 从车身上拆下 4 个螺母和制动助力器总成。

注意：不要损坏制动管路。

(13) 从制动助力器总成上拆下制动助力器衬垫。

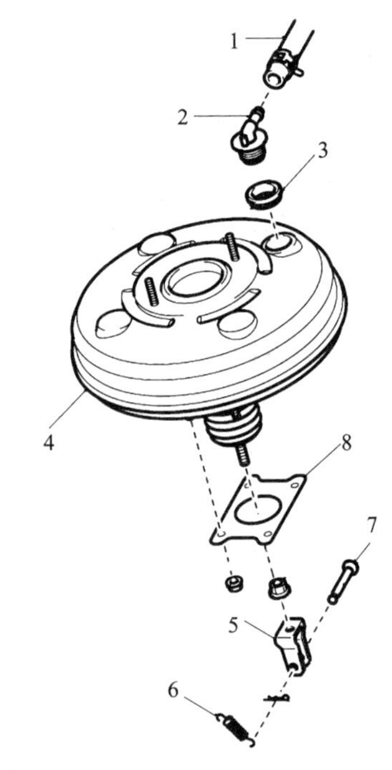

图 3—330　制动助力器的拆装

1—真空软管　2—真空单向阀　3—密封垫　4—制动助力器总成　5—推杆 U 形接头　6—制动踏板回位弹簧　7—推杆 U 形接头销　8—制动助力器衬垫

2. 制动助力器的安装

(1) 将新的制动助力器衬垫安装至制动助力器总成。

(2) 用 4 个螺母（力矩为 13 N·m）将制动助力器总成安装至车身。

(3) 用 5 个新卡夹将制动管路接合至车身，用连接螺母扳手连接 4 个制动管路，并以 15 N·m 的力扭矩旋紧。安装螺栓，力矩为 8.0 N·m。

(4) 将新的单向阀密封垫安装至制动助力器总成。

(5) 将真空单向阀总成安装至制动助力器总成。

(6) 连接真空软管并移动卡子。

(7) 安装带支架的制动器执行器。

(8) 连接线束。

(9) 将锁紧螺母和制动主缸推杆U形接头安装至制动助力器总成，调整好制动踏板高度后完全拧紧锁紧螺母。

(10) 连接制动主缸推杆U形接头。

(11) 安装制动踏板回位弹簧。

(12) 安装制动主缸分总成。

(13) 检查并调整制动踏板高度。

(14) 检查制动踏板自由行程。

(15) 检查制动踏板行程余量。

(16) 安装仪表板1号底罩分总成。

3. 制动助力器的检查

(1) 检查制动器真空单向阀总成。检查并确认从助力器到发动机有气流通过，但从发动机到助力器无气流通过。如果结果不符合规定，更换制动器真空单向阀总成。

(2) 制动助力器总成气密性检查，如图3—331所示。

1) 起动发动机并在1～2 min后关闭发动机。慢慢踩下制动踏板数次。如果第一次踏板可以踩到底，但第二次和第三次不能踩到底，则助力器气密性良好。

2) 发动机运转时踩下制动踏板后关闭发动机。踩住踏板30 s，如果踏板行程余量没有变化，则说明助力器气密性良好。

(3) 制动助力器总成操作检查。点火开关置于OFF位置时踩下制动踏板数次，并确认踩下踏板时踏板行程余量没有改变；踩住踏板，然后起动发动机，如果踏板稍稍下移，说明操作正常。

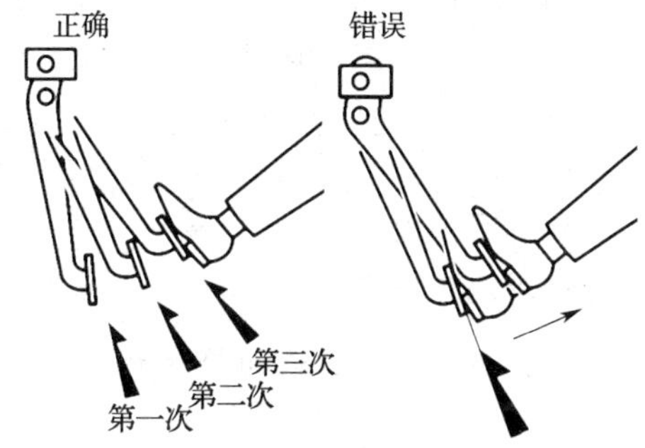

图3—331 制动助力器总成气密性检查

四、前轮制动器的拆装

1. 前轮制动器（图3—332）的拆卸（以左侧前轮为例）

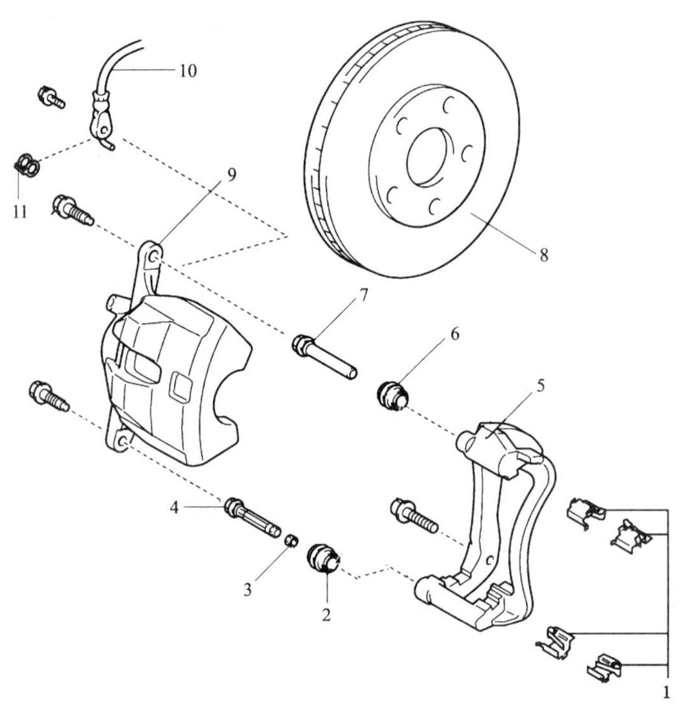

图 3—332 前轮制动器分解

1—制动摩擦块支承板 2—防尘套 3—滑套 4—2 号滑销 5—制动工作缸固定架 6—防尘套 7—制动工作缸滑销 8—前制动盘 9—制动工作缸总成 10—软管 11—衬垫

(1) 拆卸前轮。

(2) 排净制动液。

注意：当任何涂漆表面接触到制动液时需立即冲洗。

(3) 拆卸前挠性软管。首先拆下接头螺栓和衬垫，分离前挠性软管，然后固定好前挠性软管后，用连接螺母扳手断开制动管路。接着拆下卡子和螺栓从减振器支架上分离前轮转速传感器支架。最后拆下螺栓和前挠性软管。

注意：不要弯曲或损坏制动管路，不要让任何异物如污垢和灰尘进入制动管路。

(4) 固定前盘式制动器制动工作缸滑销，并拆下 2 个螺栓和盘式制动器制动工作缸总成，如图 3—333 所示。

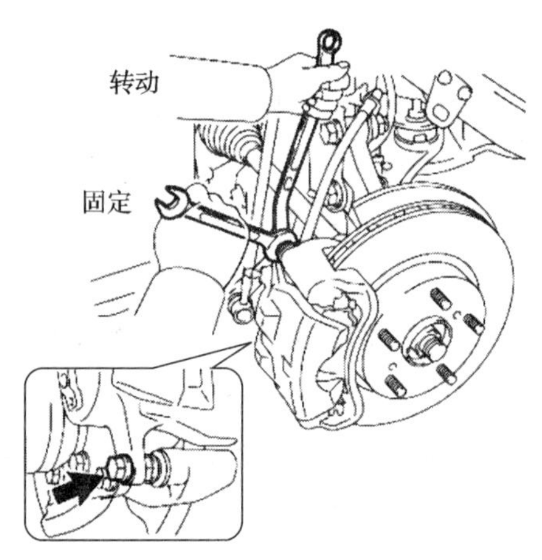

图 3—333 制动器制动工作缸总成的拆装

(5) 从前盘式制动器制动工作缸固定架上拆下 2 个盘式制动器摩擦块。

(6) 从各制动摩擦块上拆下 4 个消音垫片。

(7) 从前盘式制动器制动工作缸固定架上拆下 2 个盘式制动器摩擦块 1 号支承板和 2 个前盘式制动器摩擦块 2 号支承板，如图 3—334 所示。

注意：各前盘式制动器摩擦块支承板的形状均不相同。确保在各前盘式制动器摩擦块支承板上做好识别标记，以便将其安装至各自的原位。

(8) 从盘式制动器制动工作缸固定架上拆下前盘式制动器制动工作缸滑销，如图 3—335 所示。

(9) 从前盘式制动器制动工作缸固定架上拆下前盘式制动器制动工作缸 2 号滑销。

(10) 用旋具从前盘式制动器制动工作缸 2 号滑销上拆下前盘式制动器制动工作缸滑套。

注意：不要损坏前盘式制动器制动工作缸 2 号滑销。在使用旋具之前，请在旋具头部缠上胶带。

(11) 从前盘式制动器制动工作缸固定架上拆下 2 个前盘式制动器制动工作缸衬套防尘罩。

(12) 从转向节上拆下 2 个螺栓和前盘式制动器制动工作缸固定架，如图 3—336 所示。

(13) 拆卸前制动盘，如图 3—337 所示。

注意：在制动盘和车桥轮毂上做好装配标记。

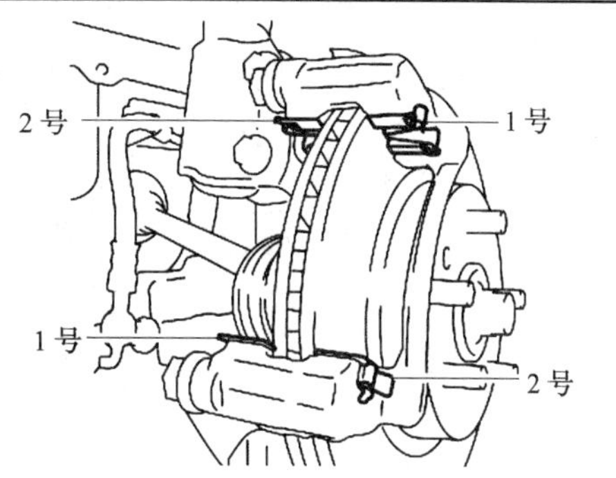

图 3—334　制动器摩擦块支承板的拆装

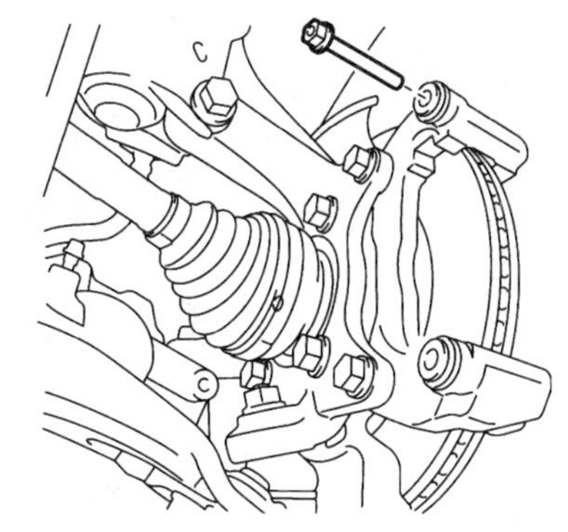
图 3—335　制动器制动工作缸滑销的拆装

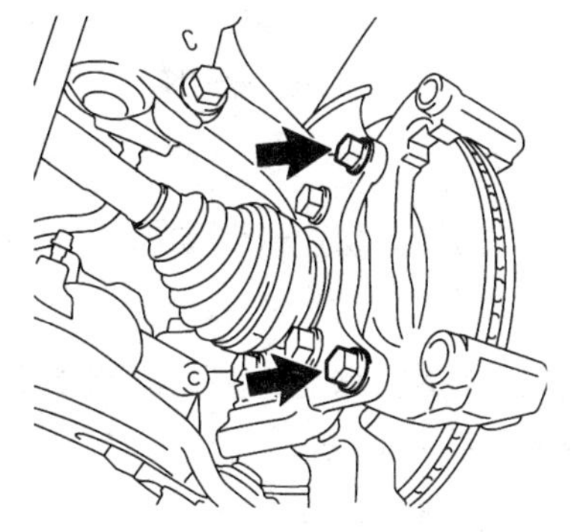
图 3—336　制动器制动工作缸固定架的拆装

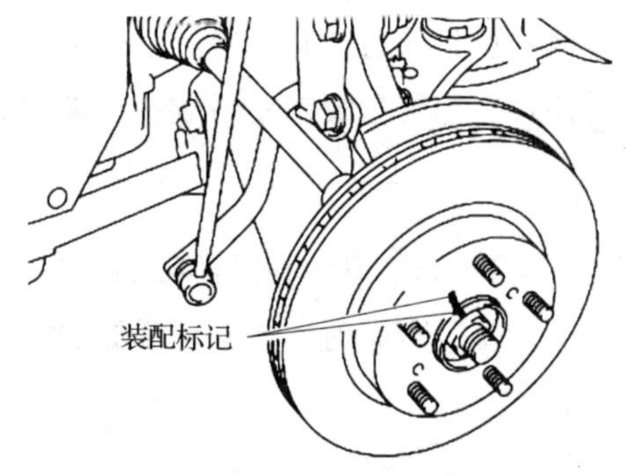

图 3—337　制动盘的拆装

2. 前轮制动器制动工作缸拆解（图 3—338）

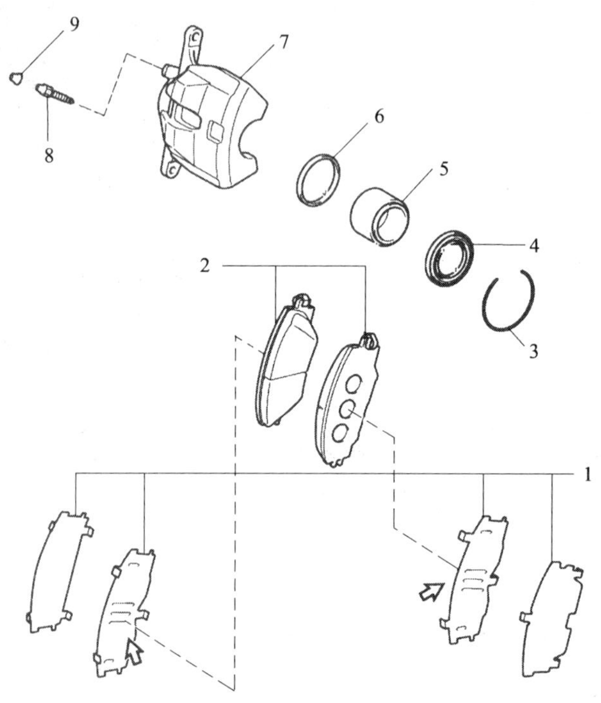

图 3—338　制动工作缸分解

1—消音垫片　2—制动器摩擦块　3—定位环　4—防尘罩　5—活塞　6—密封圈　7—制动工作缸总成　8—放气螺塞　9—放气螺塞盖

(1) 用旋具从盘式制动器制动工作缸上拆下制动工作缸防尘罩定位环和制动工作缸防尘罩。

(2) 在活塞和盘式制动器制动工作缸之间放置一块抹布，用压缩空气从盘式制动器制动工作缸上拆下活塞。

注意：用压缩空气时不要将手指放在活塞前面。拆卸时不要使任何制动液溢出。

(3) 用旋具从盘式制动器制动工作缸上拆下活塞密封。

(4) 拆卸前盘式制动器放空气螺塞盖。

(5) 拆卸前盘式制动器放空气螺塞。

3. 前轮制动器制动工作缸的装配

(1) 暂时紧固前盘式制动器放空气螺塞，等放空气完全后再紧固前盘式制动器放空气螺塞。

(2) 安装前盘式制动器放空气螺塞盖。

（3）在新的活塞密封上涂抹锂皂基乙二醇润滑脂，涂后将活塞密封安装至盘式制动器制动工作缸总成，如图 3—339 所示。

注意：将活塞密封牢固安装至盘式制动器制动工作缸凹槽内。

（4）先在活塞和新制动工作缸防尘罩上涂抹锂皂基乙二醇润滑脂，然后将制动工作缸防尘罩安装至活塞，再将活塞安装至盘式制动器制动工作缸总成。

（5）将制动工作缸防尘罩安装至盘式制动器制动工作缸总成，再用旋具安装好新定位环。

注意：将制动工作缸防尘罩牢固安装至盘式制动器制动工作缸和活塞，不要损坏制动工作缸防尘罩。

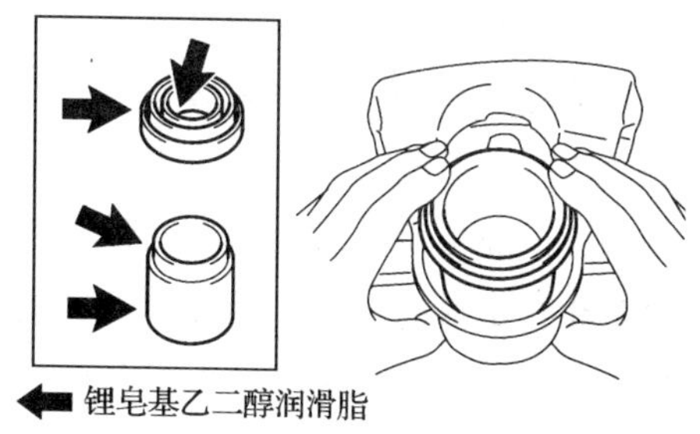

图 3—339　安装制动器活塞

4. 前轮制动器的安装

（1）对准制动盘和车桥轮毂的装配标记，安装制动盘。

注意：更换新制动盘时，应选择前制动盘径向跳动最小的位置进行安装。

（2）用螺栓将前盘式制动器制动工作缸固定架安装至转向节，并以 107 N·m 的力矩旋紧。

（3）在 2 个新的前盘式制动器衬套防尘罩上涂抹润滑脂，然后安装到前盘式制动器制动工作缸固定架上，如图 3—340 所示。

（4）在新的前盘式制动器制动工作缸滑套上涂抹锂皂基乙二醇润滑脂，然后安装到前盘式制动器制动工作缸 2 号滑销上。

（5）在前盘式制动器制动工作缸滑销上涂抹锂皂基乙二醇润滑脂，然后安装到前盘式制动器制动工作缸固定架上。

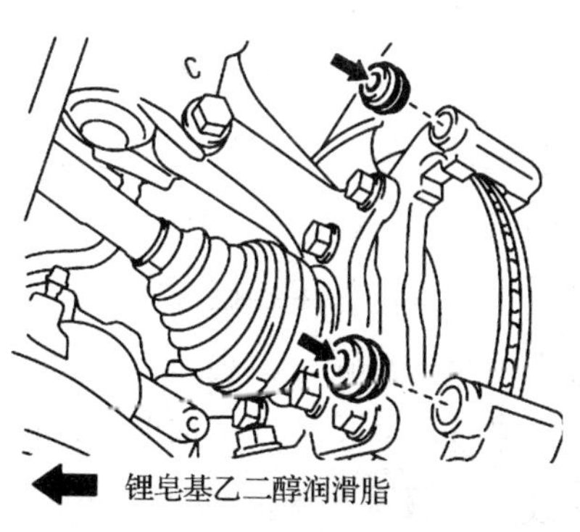

图 3—340　安装制动器衬套防尘罩

(6) 在前盘式制动器制动工作缸 2 号滑销上涂抹锂皂基乙二醇润滑脂，然后安装至前盘式制动器制动工作缸固定架上。

(7) 将 2 个前盘式制动器摩擦块 1 号支承板和 2 个前盘式制动器摩擦块 2 号支承板安装到前盘式制动器制动工作缸固定架上。

注意：确保每个前盘式制动器摩擦块支承板都安装到正确的位置，并且方向正确。

(8) 在每个消音垫片的两侧涂抹盘式制动器润滑脂后安装至各制动摩擦块，如图 3—341 所示。

注意：更换磨损的摩擦块时必须一同更换消音垫片并确保垫片位置、方向安装正确。

(9) 将 2 个盘式制动器摩擦块安装至前盘式制动器制动工作缸固定架。

注意：盘式制动器摩擦块或前制动盘的摩擦面上应无油污或润滑脂。

(10) 固定前盘式制动器制动工作缸滑销，并用螺栓将盘式制动器制动工作缸总成安装至前盘式制动器制动工作缸固定架，并以 34 N·m 的力矩旋紧。

(11) 连接前挠性软管，如图 3—342 所示。首先，用接头螺栓和新衬垫连接前挠性软管（力矩为 29 N·m）；然后，用新卡子安装固定好；接着，使用连接螺母扳手将制动管路连接至前挠性软管（力矩为 15 N·m）；最后，用 2 个螺栓将前挠性软管和前轮转速传感器支架安装至减振器支架。

注意：不要弯曲或损坏制动管路。不要让任何异物如污垢和灰尘进入制动管路，首先安装前挠性软管，然后再安装转速传感器支架。

(12) 对制动液储液罐进行加注。

(13) 对制动主缸进行放空气。

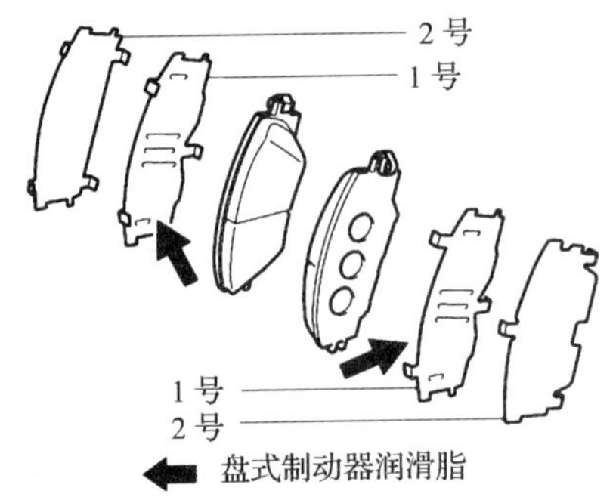

图 3—341 安装消音垫片

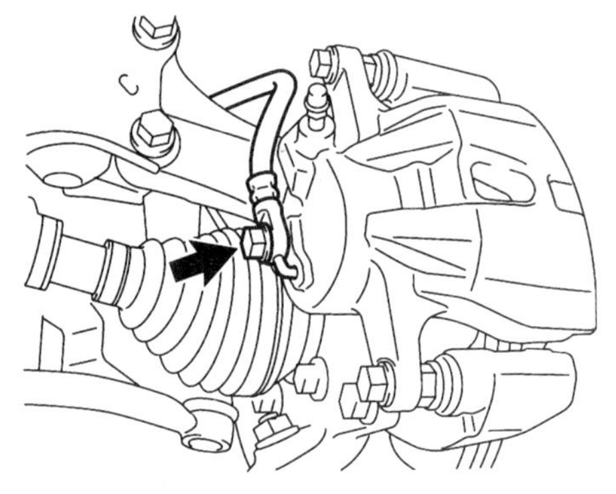

图 3—342 连接前挠性软管

(14) 对制动管路进行放空气。

(15) 对制动器执行器进行放空气。

(16) 检查制动液是否泄漏。

(17) 检查制动液液位。

(18) 安装前轮，并以 103 N·m 的力矩旋紧轮胎螺栓。

五、后轮制动器的拆装

1. 后轮制动器的拆卸（以左后轮为例）

(1) 拆卸后轮。

(2) 排净制动液。

(3) 拆卸仪表板左下、右下装饰板。

(4) 拆卸换挡杆把手分总成。

(5) 拆卸中央仪表组装饰板总成。

(6) 拆卸控制台上面板分总成。

(7) 完全松开驻车制动操纵手柄，松开并调整锁紧螺母以完全松开驻车制动器拉索。

(8) 从后盘式制动器制动工作缸操作杆上断开并拉出 3 号驻车制动器拉索总成，如图 3—343 所示。

(9) 拆下接头螺栓和衬垫，并从后盘式制动器制动工作缸总成上分离后轮制动器挠性软管。

(10) 固定后盘式制动器摩擦块导向销，并拆下 2 个螺栓和后盘式制动器制动工作缸总成，如图 3—344 所示。

(11) 从后盘式制动器制动工作缸固定架上拆下盘式制动器摩擦块。

(12) 从各制动摩擦块上拆下消音垫片。

(13) 从盘式制动器制动工作缸固定架上拆下后盘式制动器摩擦块支承板。

注意：各后盘式制动器摩擦块支承板的形状均不相同。确保在各后盘式制动器摩擦块支承板上做好识别标记，以便将其安装各自的原位。

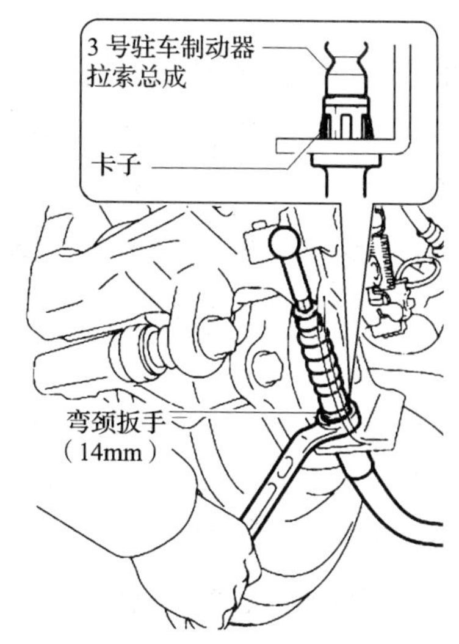

图 3—343 断开 3 号驻车制动器拉索

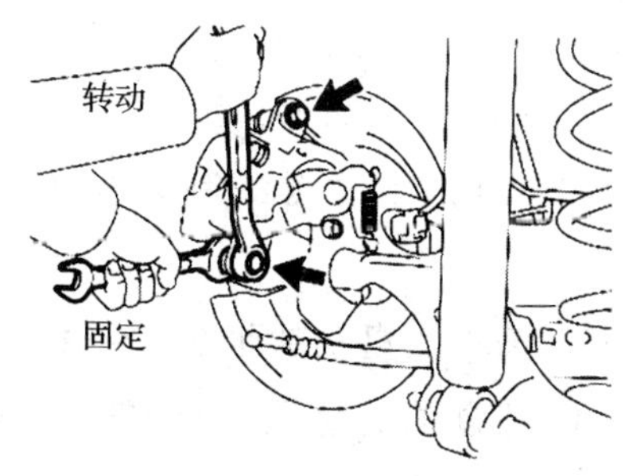

图 3—344 后制动器制动工作缸总成的拆装

(14) 从盘式制动器制动工作缸固定架上拆下后盘式制动器摩擦块导向销。

(15) 从后盘式制动器制动工作缸固定架上拆下 2 个后盘式制动器衬套防尘罩。

(16) 从车桥横梁上拆下 2 个螺栓和后盘式制动器制动工作缸固定架。

(17) 拆下后制动盘，如图 3—345 所示，在制动盘和车桥轮毂上做好装配标记。

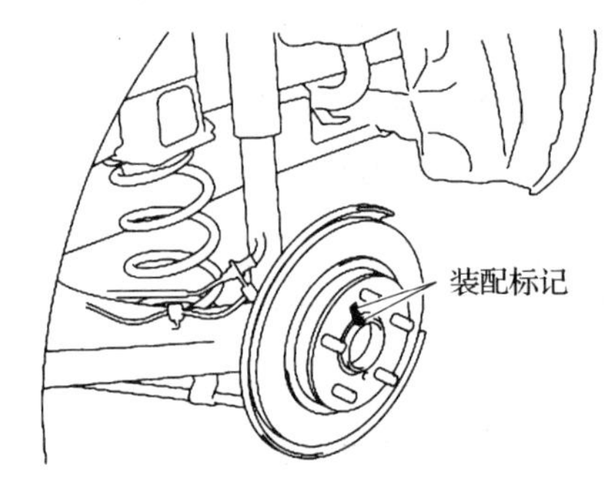

图 3—345　后制动盘的拆装

2. 后轮制动器的拆解

(1) 用专用工具沿逆时针方向旋转活塞以将其拆下，如图 3—346 所示。

(2) 从活塞上拆下制动工作缸防尘罩。

(3) 用旋具从后盘式制动器制动工作缸上拆下活塞密封。

注意：不要损坏制动工作缸内表面或活塞密封凹槽，在使用旋具之前，请在旋具头部缠上胶带。

(4) 拆卸后盘式制动器放空气螺塞盖。

(5) 拆卸后盘式制动器放空气螺塞。

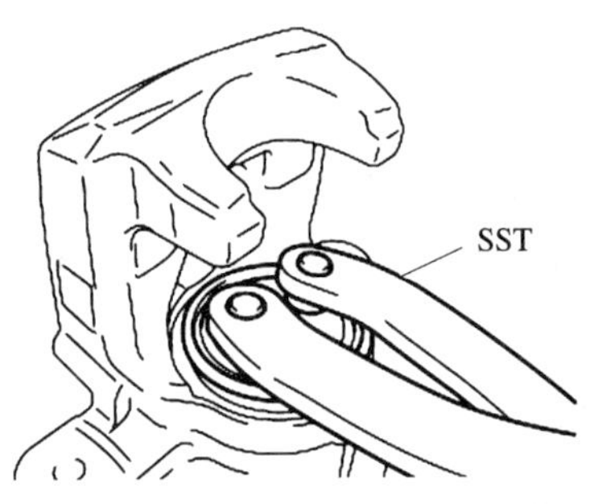

图 3—346　拆卸制动器活塞

3. 后轮制动器的装复

(1) 暂时紧固后盘式制动器放空气螺塞，放空气后完全紧固后盘式制动器放空气螺塞。

(2) 安装后盘式制动器放空气螺塞盖。

(3) 在新的活塞密封上涂抹锂皂基乙二醇润滑脂，然后安装到盘式制动器制动工作缸总成上。

注意：将活塞密封牢固安装至盘式制动器制动工作缸凹槽。

(4) 在活塞和新制动工作缸防尘罩上涂抹锂皂基乙二醇润滑脂，然后将制动工作缸防尘罩安装到活塞上。

注意：将活塞安装到盘式制动器制动工作缸后，不要安装制动工作缸防尘罩。

（5）安装后盘式制动器活塞。首先，将制动工作缸防尘罩的密封部分牢固地安装到后盘式制动器制动工作缸的凹槽部分；然后，用专用工具顺时针方向将活塞拧到底，并在逆时针方向缓慢转动活塞，直至活塞凹槽位于如图3—347所示的位置。确保将制动工作缸防尘罩牢固安装到盘式制动器制动工作缸和盘式制动器活塞的凹槽中。

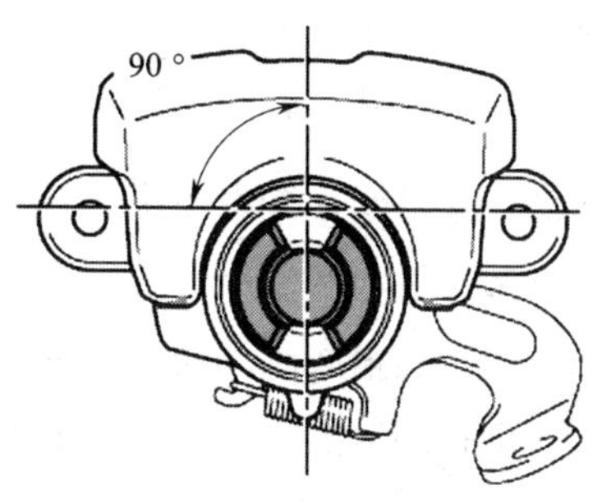

图3—347　制动器活塞安装位置

4．后轮制动器的安装

（1）对准制动盘和车桥轮毂的装配标记，安装制动盘。

注意：换上新的制动盘时，应选择后制动盘径向跳动最小的位置进行安装。

（2）用螺栓将后盘式制动器制动工作缸固定架安装至车桥梁，并以57 N·m的力矩旋紧，如图3—348所示。

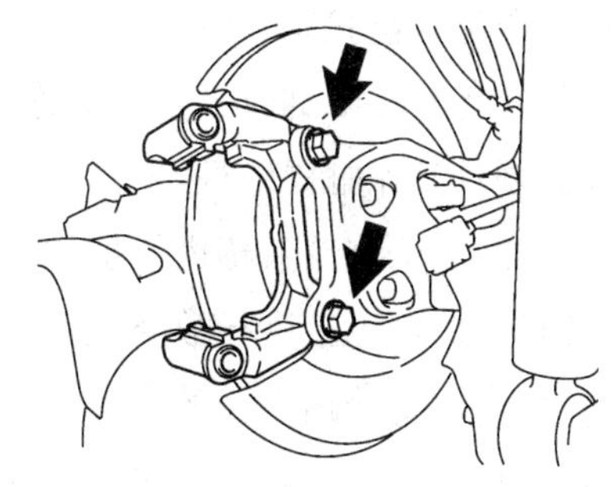

图3—348　安装制动器制动工作缸固定架

（3）在2个新的后盘式制动器衬套防尘罩上涂抹锂皂基乙二醇润滑脂，然后安装到后盘式制动器制动工作缸固定架上。

（4）在后盘式制动器摩擦块导向销上涂抹锂皂基乙二醇润滑脂，然后安装到后盘式制动器制动工作缸固定架上。

（5）将后盘式制动器摩擦块支承板安装到后盘式制动器制动工作缸固定架上，如图3—349所示。

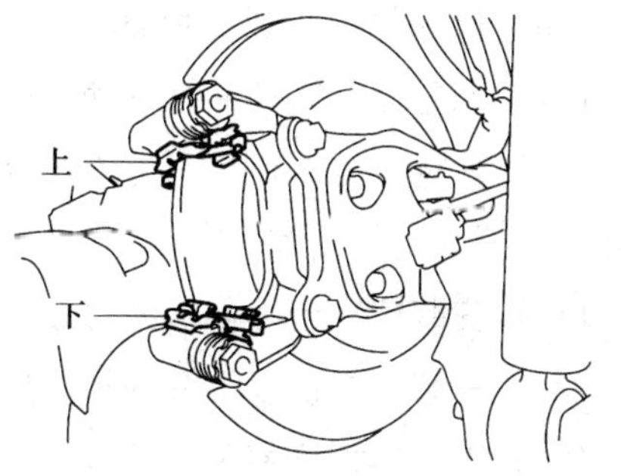

图3—349　安装制动器摩擦块支承板

注意：确保每个后盘式制动器摩擦块支承板都安装到正确的位置，并且方向正确。

（6）安装后盘式制动器摩擦块消音垫片。

(7) 将后盘式制动器摩擦块安装到后盘式制动器制动工作缸固定架上，如图 3—350 所示。

注意：盘式制动器摩擦块和后制动盘的摩擦面上应无油污和润滑脂。

(8) 固定后盘式制动器摩擦块导向销，并用螺栓将盘式制动器制动工作缸安装至后盘式制动器制动工作缸固定架，并以 35 N·m 的力矩旋紧螺栓。

(9) 用接头螺栓和新衬垫连接挠性软管，并以 29 N·m 的力矩旋紧。

(10) 连接 3 号驻车制动器拉索总成，如图 3—351 所示。先将 3 号驻车制动器拉索总成插入后盘式制动器制动工作缸总成，并将拉索卡爪接合至后盘式制动器制动工作缸导向装置，再将 3 号驻车制动器拉索末端连接至后盘式制动器制动工作缸操作杆。

(11) 对制动液储液罐进行加注。

(12) 对制动主缸进行放空气。

(13) 对制动管路进行放空气。

(14) 检查制动液液位。

(15) 对制动器执行器进行放空气。

(16) 检查制动液是否泄漏。

(17) 调整驻车制动操纵手柄行程。

(18) 检查后盘式制动器制动工作缸操作杆和制动器之间的间隙。

(19) 安装控制台上面板分总成。

(20) 安装中央仪表组装饰板总成。

(21) 安装换挡杆把手分总成。

(22) 安装仪表板左下、右下装饰板。

(23) 安装后轮，并以 103 N·m 的力矩旋紧轮胎螺栓。

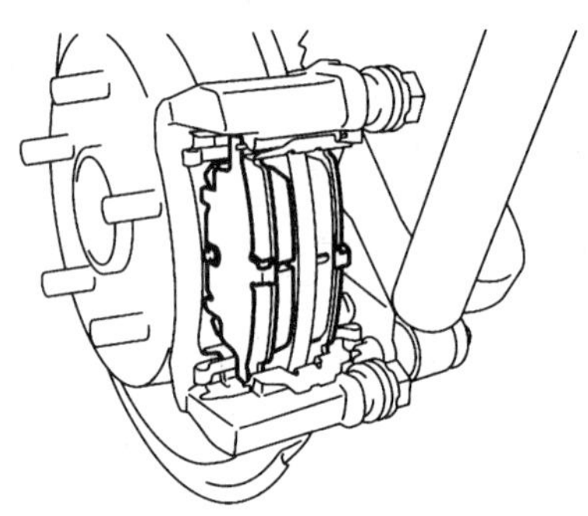

图 3—350 安装制动器摩擦块

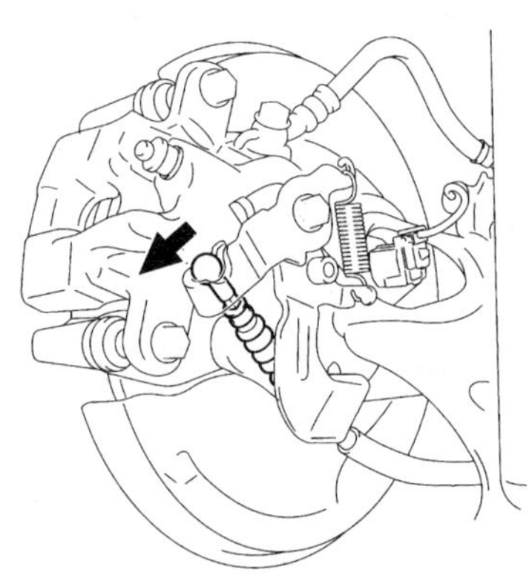

图 3—351 连接 3 号驻车制动器拉索总成

5. 制动器的检查

(1) 检查气缸孔和活塞是否生锈或有划痕。如有必要，更换盘式制动器制动工作缸和活塞。

(2) 用直尺测量摩擦块厚度，如图 3—352 所示。前轮标准厚度为 12.0 mm，最小厚度为 1.0 mm；后轮标准厚度为 9.5 mm，最小厚度为 1.0 mm。

注意：如果摩擦块厚度小于最小厚度，更换盘式制动器摩擦块。

换上新的制动摩擦块后，务必检查制动盘的磨损。

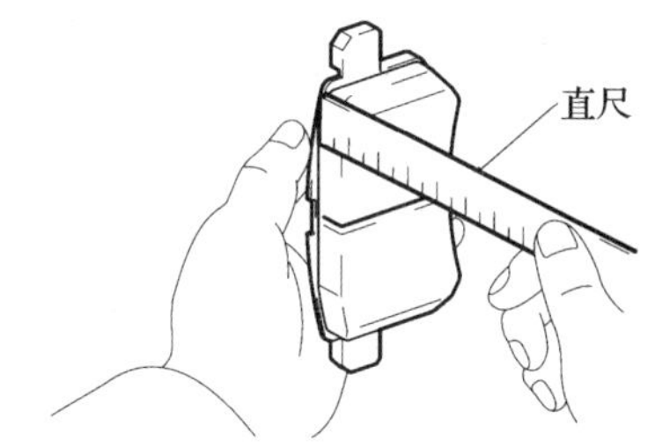

图 3—352　用直尺测量摩擦块厚度

(3) 检查盘式制动器摩擦块支承板。确保盘式制动器摩擦块支承板有足够的弹性，没有变形、裂纹或磨损，并清除所有的锈迹和污垢。如有必要，更换盘式制动器摩擦块支承板。

(4) 用千分尺测量制动盘厚度，如图 3—353 所示。前轮标准厚度为 22.0 mm，最小厚度为 19.0 mm；后轮标准厚度为 9.0 mm，最小厚度为 7.5 mm。

注意：如果制动盘厚度小于最小值，应更换制动盘。

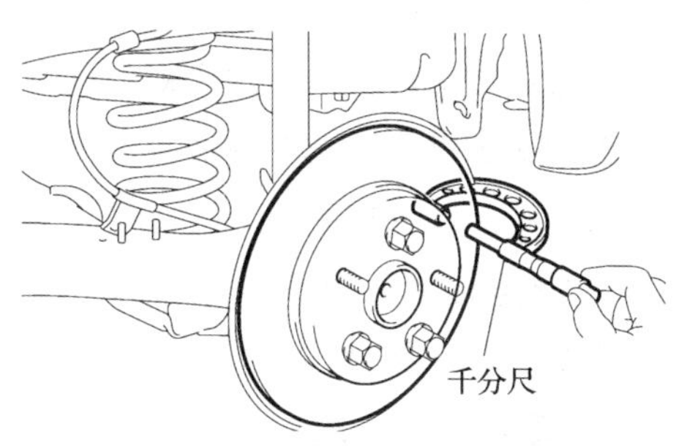

图 3—353　用螺旋测微器测量制动盘厚度

(5) 检查制动盘径向跳动，如图 3—354 所示。用专用工具固定制动盘，并用 3 个螺母紧固制动盘，力矩为 103 N·m。用百分表在距离制动盘外缘 10 mm 的地方测量制动盘的径向跳动，前制动盘最大径向跳动为 0.05 mm，后制动盘最大径向跳动为 0.15 mm。

注意：如果径向跳动超过最大值，改变车桥轮毂上制动盘的安装位置以减小径向跳动。如果安装位置改变后径向跳动仍超过最大值，则研磨制动盘。如果制动盘厚度小于最小值，则更换制动盘。

将百分表安装到减振器上，百分表的磁铁应远离车桥轮毂和转速传感器。

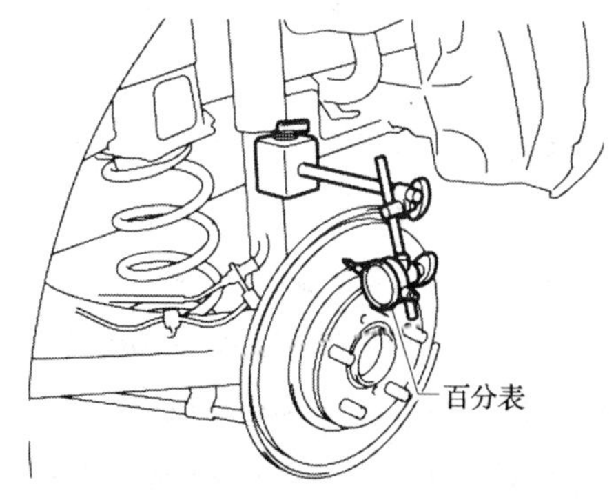

图 3—354　检查制动盘径向跳动

六、制动系统检查	
1. 检查储液罐中的制动液液位，如图3—355所示。如果制动液液位低于MIN线，检查是否泄漏，并检查盘式制动器摩擦块。如有必要，维修或更换后重新向储液罐加注制动液。	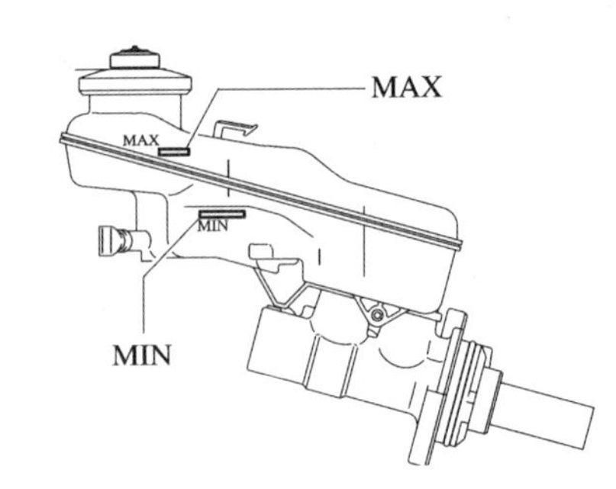 图3—355 检查储液罐中的制动液液位
2. 制动系统放空气 **注意：对制动系统进行放空气前，将换挡杆移至P位置并拉紧驻车制动器。** (1) 对制动主缸进行放空气。 1) 用连接螺母扳手（10 mm）从主缸上断开2个制动管路。 2) 缓慢踩下制动踏板并保持。 3) 用手指堵住2个外孔，并松开制动踏板。 4) 重复2)和3)步骤3次或4次。 5) 用连接螺母扳手（10 mm）将2个制动管路连接至主缸，力矩为15 N·m。 **注意：用抹布或布片盖在涂漆表面上，以防止制动液黏附。** (2) 对制动管路进行放空气 **注意：应首先对离主缸最远的车轮的制动管路进行放空气。对制动系统进行放空气的同时，添加制动液使储液罐的液面保持在MIN线和MAX线之间。** 1) 将塑料管连接至放空气螺塞。 2) 踩下制动踏板数次，然后踩住踏板，松开放空气螺塞，如图3—356a所示。	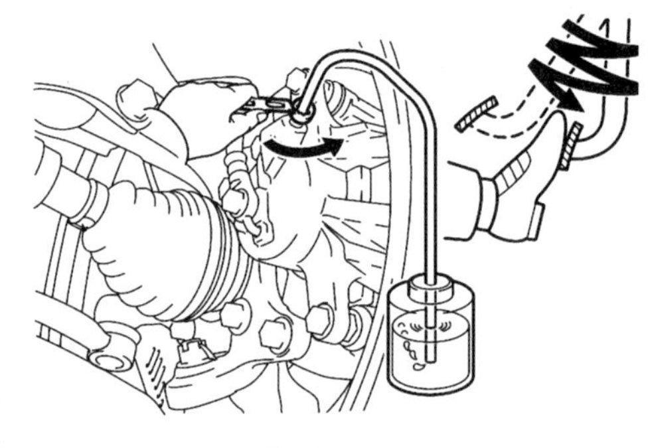 a) 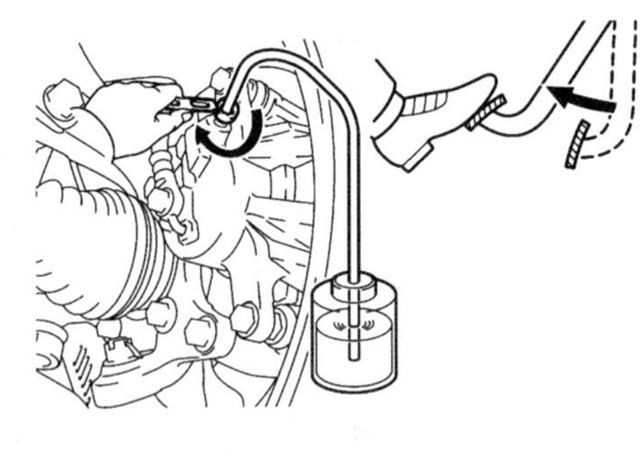 b) 图3—356 对制动管路进行放空气

3）当制动液不再溢出时，紧固放空气螺塞，然后松开制动踏板，如图3—356b所示。

4）重复2）和3）直至制动液中的气体完全放出。

5）完全紧固放空气螺塞。力矩分别为：前放空气螺塞，8.3 N·m；后放空气螺塞，10 N·m。

6）对每个车轮均重复上述程序，从而对制动管路进行放空气。

（3）对制动器执行器进行放空气

1）将点火开关置于OFF位置，踩下制动踏板20次以上。

2）将智能检测仪连接到DLC3，然后将点火开关置于ON（IG）位置。

3）接通智能检测仪并在屏幕上选择“AIR BLEEDING”。

4）根据智能检测仪显示屏上的“Step 1：Increase”进行放空气。

5）根据智能检测仪显示屏上的“Step 2：Inhalation”对吸液管路进行放空气。

6）根据智能检测仪显示屏上的“Step 3：Decrease”对减压管路进行放空气。

7）根据智能检测仪显示屏上的“Step 4：Increase”再对制动管路进行放空气。

8）完成智能检测仪上“AIR BLEEDING”操作后关闭检测仪。

9）从DLC3上断开智能检测仪，将点火开关置于OFF位置。

项目4　卡罗拉轿车制动系电子控制装置的拆装（图3—357）

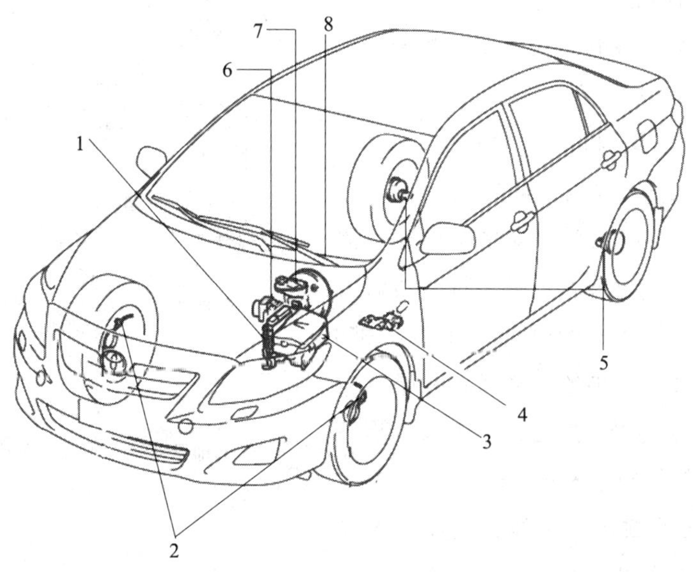

图3—357　卡罗拉制动系统电子控制装置的位置

1—ECM　2—前轮转速传感器　3—发动机室继电器盒　4—横摆率和加速度传感器　5—后轮轮速传感器　6—制动器执行器　7—制动主缸　8—组合仪表

一、制动器执行器拆装

1. 制动器执行器的拆卸

(1) 从蓄电池负极端子断开电缆。

(2) 拆卸前刮水器臂端盖。

(3) 拆卸左前刮水器臂和刮水片总成。

(4) 拆卸右前刮水器臂和刮水片总成。

(5) 拆卸发动机盖至前围上板密封。

(6) 拆卸前围右上通风栅板。

(7) 拆卸前围左上通风栅板。

(8) 拆卸风挡玻璃刮水器电动机及连杆。

(9) 拆卸前围上外板。

(10) 拆卸 2 号气缸盖罩。

(11) 拆卸空气滤清器盖分总成。

(12) 拆卸空气滤清器壳。

(13) 断开 ECM 连接器线束，如图 3—358 所示。

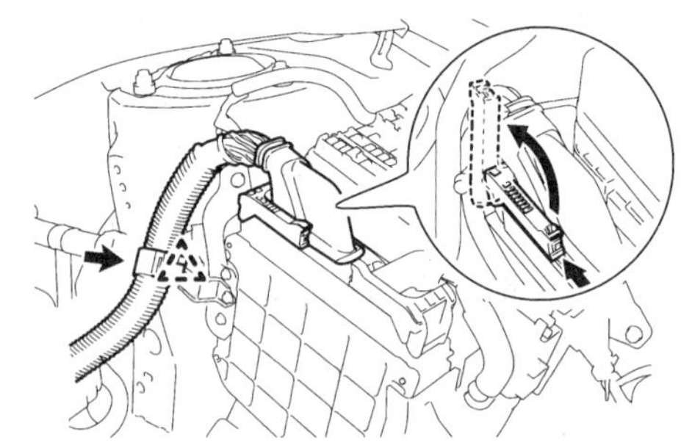

图 3—358 断开 ECM 连接器线束

(14) 排净制动液。

注意：如果制动液粘到任何涂漆表面，立即将其清除。

(15) 拆卸带支架的制动器执行器。首先，松开锁杆并断开制动器执行器连接器；然后，用连接螺母扳手 (10 mm) 从带支架的制动器执行器上断开 6 个制动管路，使用标签或做好记录，以识别重新连接时的位置，如图 3—359 所示；接着，分离带卡夹的制动管路和带 3 号燃油管路卡夹的燃油管；最后，从车身上拆下 3 个螺母和带支架的制动器执行器。

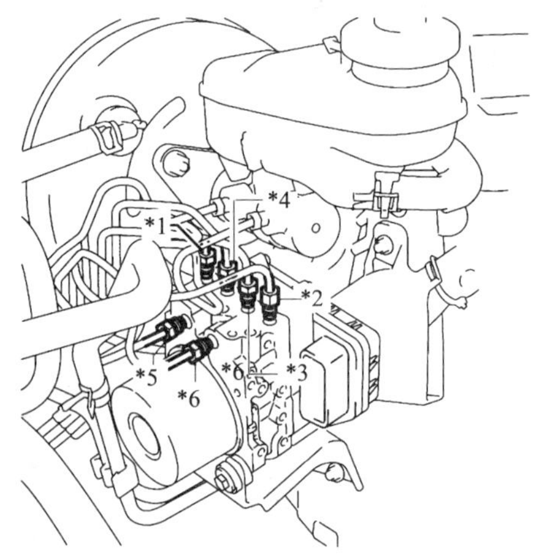

图 3—359 制动管路标记

1—至右前轮缸 2—至左前轮缸 3—至右后轮缸
4—至左后轮缸 5—从 1 号主缸 6—从 2 号主缸

(16) 拆下 4 个螺栓，将制动器执行器从制动器执行器支架总成上分离。

2. 制动器执行器的安装

(1) 将制动器执行器安装至制动器执行器支架总成。按1～4的顺序拧紧4个螺栓，如图3—360所示，力矩为5.4 N·m。

注意：因为制动器执行器加注有制动液，所以安装新制动器执行器前不要拆下孔塞。不能用连接器移动执行器。

(2) 按顺序拧紧3个螺母，将带支架的制动器执行器安装至车身，如图3—361所示，力矩为19 N·m。用卡夹安装好制动管路和燃油管路，将各制动管路紧固到带支架的制动器执行器的正确位置上。力矩为15 N·m。最后，连接好制动器执行器连接器，确保执行器连接器平稳连接。

注意：不要损坏制动管路或线束，不要使水、油或污物等进入。

(3) 连接ECM连接器并用锁杆锁紧连接器。

(4) 安装空气滤清器壳。

(5) 安装空气滤清器盖分总成。

(6) 安装2号气缸盖罩。

(7) 安装前围上外板。

(8) 安装风窗玻璃刮水器电动机及连杆。

(9) 安装前围板左上通风栅板。

(10) 安装前围板右上通风栅板。

(11) 安装发动机盖至前围上板密封。

(12) 安装右前刮水器臂和刮水片总成。

(13) 安装左前刮水器臂和刮水片总成。

(14) 给储液罐加注制动液。

(15) 对制动主缸放空气。

(16) 对制动管路放空气。

(17) 对制动器执行器放空气。

(18) 检查储液罐中的制动液液位。

(19) 检查制动液是否泄漏。

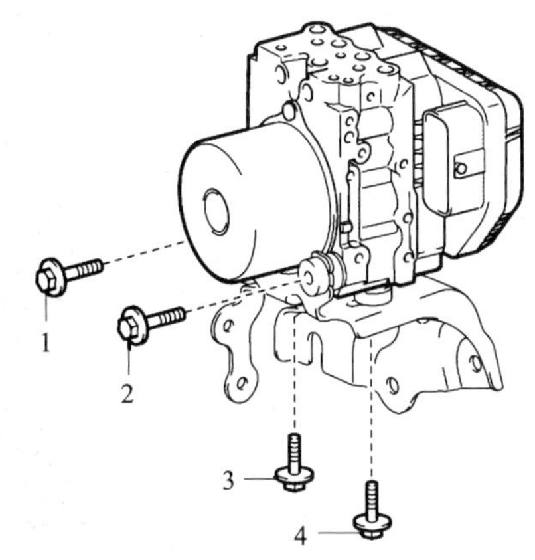

图3—360　制动器执行器螺栓安装顺序

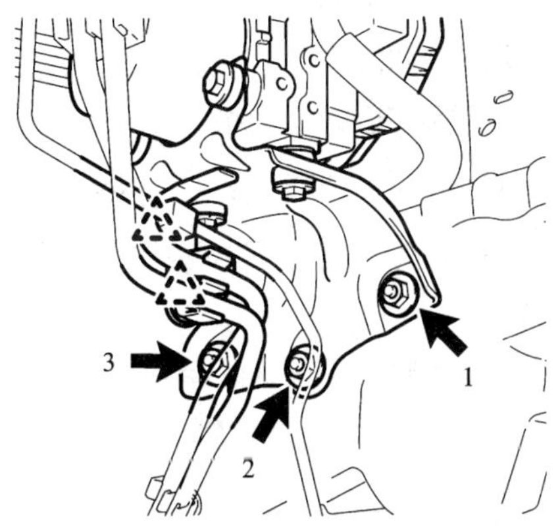

图3—361　安装制动器执行器

(20) 将电缆连接至蓄电池负极端子。

(21) 用智能检测仪检查制动器执行器。

(22) 执行横摆率和加速度传感器零点校准。

(23) 检查和清除 DTC。

二、前转速传感器的拆装 (以左前侧为例)

1. 左侧前轮转速传感器的拆卸 (图 3—362)

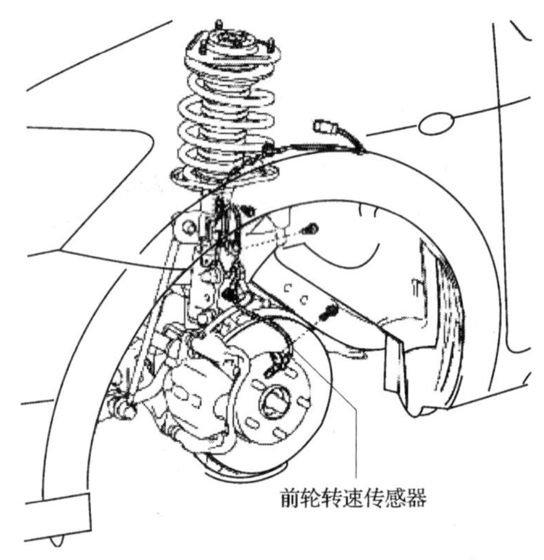

图 3—362 前轮转速传感器安装位置图

(1) 从蓄电池负极端子断开电缆。

(2) 拆卸前轮。

(3) 拆卸后轮罩前板 (带侧挡泥板)。

(4) 拆卸侧挡泥板。

(5) 拆卸前翼子板挡泥板 (带前翼子板、前挡泥板)。

(6) 拆卸前翼子板外接板衬块。

(7) 拆卸前翼子板内衬。

(8) 拆卸转速传感器。断开前轮转速传感器连接器，从车身拆下前轮转速传感器线束卡夹，从车身、减振器总成上拆下螺栓和传感器卡夹，拆下螺栓 C、卡夹和前轮转速传感器，如图 3—363 所示。

注意：拆卸时，防止异物粘在传感器端部。每次拆下转速传感器时，应清洁转速传感器的安装孔和表面。

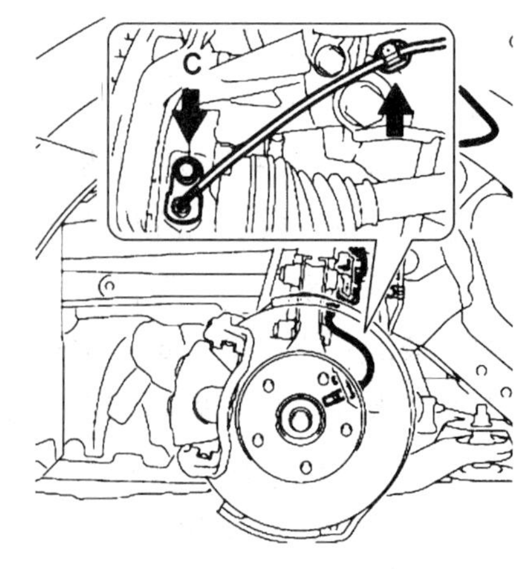

图 3—363 拆卸转速传感器

(9) 拆卸左前桥轮毂螺母。 (10) 拆下螺栓并分离前挠性软管，如图3—364所示。 (11) 分离前盘式制动器制动钳总成。 (12) 拆卸前制动盘。 (13) 分离横拉杆接头分总成。 (14) 分离前悬架1号下臂分总成。 (15) 拆卸前桥总成。 (16) 拆卸带传感器转子的前桥轮毂和轴承总成。	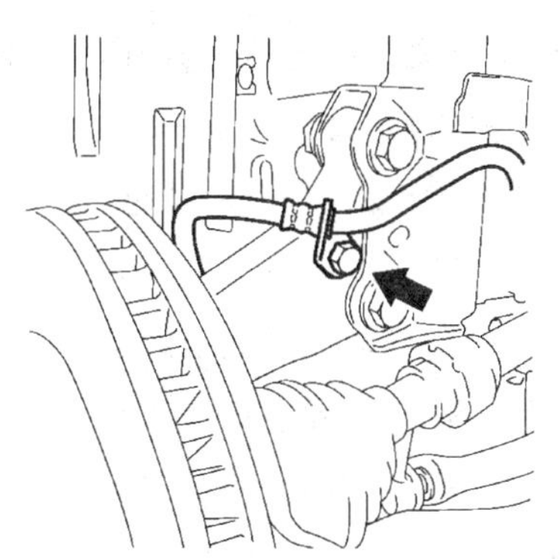 图3—364　拆装前挠性软管
2. 前轮转速传感器安装 (1) 安装带传感器转子的前桥轮毂和轴承总成。 *注意：如需更换传感器转子，则一同更换前桥轮毂和轴承总成。* (2) 安装前桥总成。 (3) 连接前悬架1号下臂分总成。 (4) 连接横拉杆接头分总成。 (5) 安装前制动盘。 (6) 安装前盘式制动器制动钳总成。 (7) 用螺栓安装前挠性软管，力矩为29 N·m。 (8) 安装前桥轮毂螺母。 (9) 安装前轮转速传感器。用螺栓C和卡夹安装前轮转速传感器，力矩为8.5 N·m。用螺栓B将前挠性软管和1号传感器卡夹安装至减振器，如图3—365所示，力矩为29 N·m。用螺栓A将2号传感器卡爪安装至车身，力矩为8.5 N·m，如图3—366所示。连接2个转速传感器线束卡夹。连接转速传感器连接器。	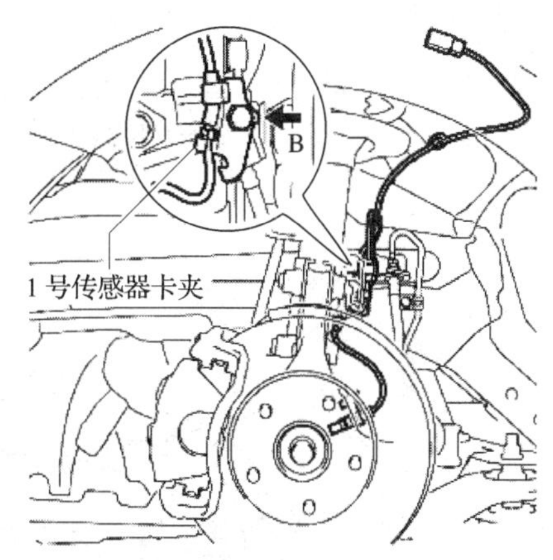 图3—365　安装前挠性软管 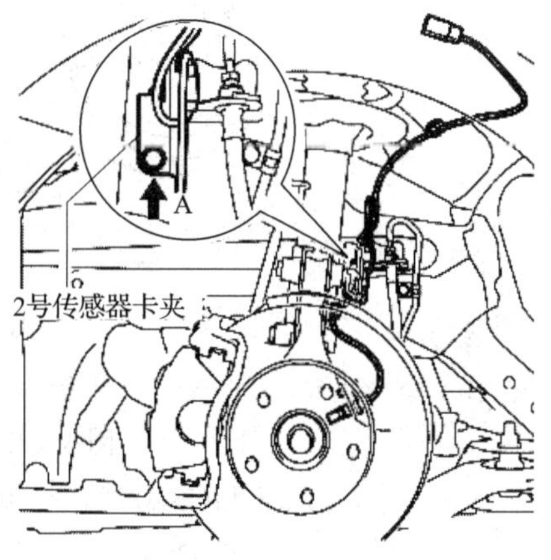 图3—366　安装2号传感器卡爪

注意：安装转速传感器时，不要扭曲前轮转速传感器线束。用螺栓将制动器挠性软管和前轮转速传感器紧固在一起。确保挠性软管位于前轮转速传感器上方。不要用锉刀锉孔或表面，因为磁性转子和传感器之间的间隙非常重要。

(10) 安装前翼子板内衬。

(11) 安装前翼子板挡泥板。

(12) 安装前翼子板外接板衬块。

(13) 安装侧挡泥板。

(14) 安装后轮罩前板。

(15) 安装前轮，力矩为 103 N·m。

(16) 将电缆连接至蓄电池负极端子。

(17) 检查转速传感器信号。

(18) 检查并调整前轮定位。

三、后转速传感器的拆装（以左后侧为例）（图 3—367）

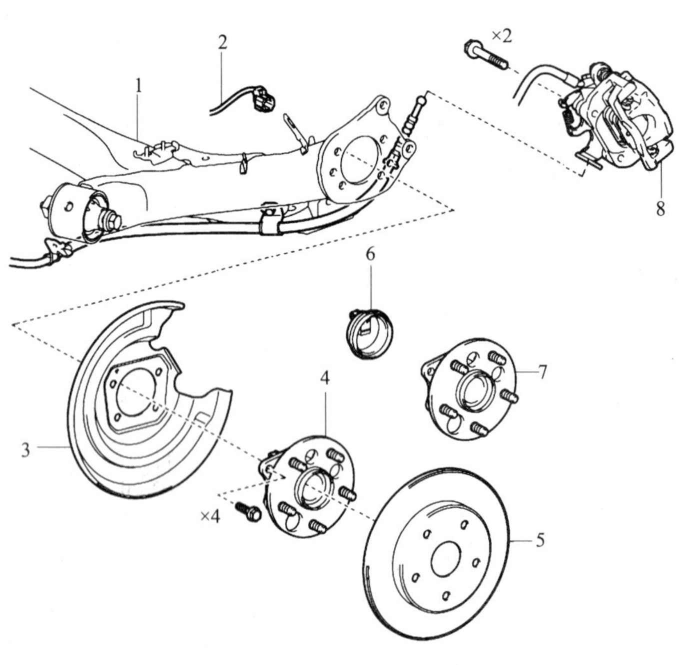

图 3—367 后轮轮速传感器拆装

1—后桥 2—后轮轮速传感器线束 3—制动盘防尘罩 4—带后轮轮速传感器的后桥轮毂和轴承总成 5—后制动盘 6—后轮轮速传感器 7—后轮轮毂和轴承总成

1. 转速传感器的拆卸

（1）从蓄电池负极端子断开电缆。

（2）拆卸后轮。

（3）拆卸仪表板左下、右下装饰板。

（4）拆卸换挡杆把手分总成。

（5）拆卸中央仪表组装饰板总成。

（6）拆卸地板控制台上面板分总成。

（7）松开驻车制动器拉索。

（8）用旋具从后轮轮速传感器上断开连接器，如图 3—368 所示。

（9）分离 3 号驻车制动器拉索总成。

（10）分离后盘式制动器制动钳总成。

（11）拆卸后制动盘。

（12）拆卸带后轮轮速传感器的后桥轮毂和轴承总成。

（13）拆卸后轮轮速传感器。用铝板将后桥轮毂和轴承总成安装至台钳，用尖冲头和锤子敲出 2 个销，用专用工具和 2 个直径 Φ12 mm、螺距 1.5 mm 的螺栓，从后桥轮毂和轴承总成上拆下后车轮轮速传感器，如图 3—369 所示。

注意：使后轮轮速传感器远离磁铁，笔直拉出后轮轮速传感器，小心不要使其接触到后轮轮速传感器转子。如果后轮轮速传感器转子损坏或变形，更换后桥轮毂和轴承总成。不要刮擦后桥轮毂和轴承总成与后轮轮速传感器之间的接触面。防止异物粘在转速传感器转子或顶部。

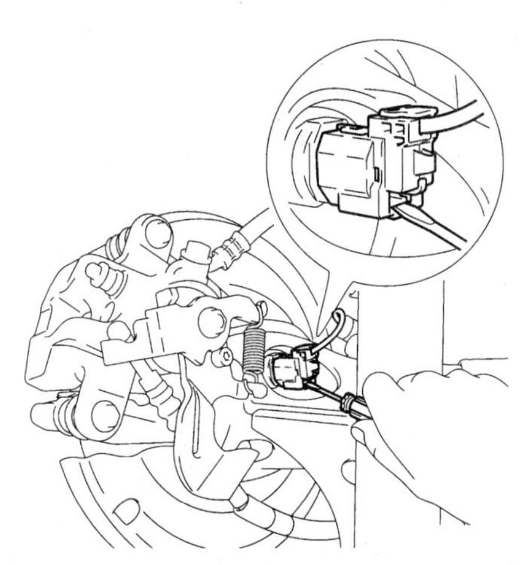

图 3—368　后轮轮速传感器线束的拆装

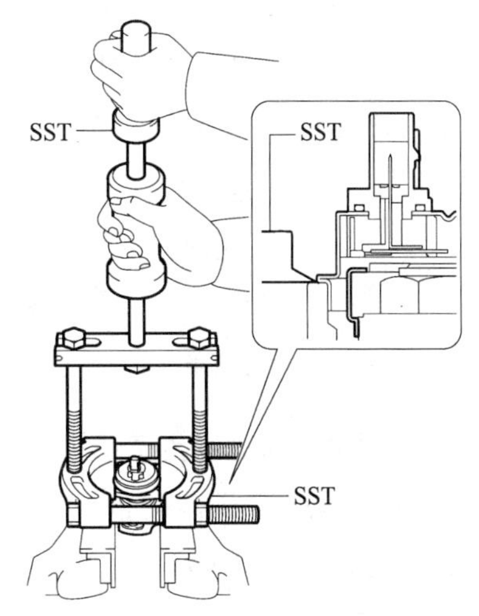

图 3—369　拆卸后轮轮速传感器

2. 转速传感器的安装

（1）安装后轮轮速传感器。清理后桥轮毂、轴承总成和新的后轮轮速传感器之间的接触面。将后轮轮速传感器放置在后桥轮毂和轴承总成上，安装位置在车辆后连接器的顶部，如图 3—370a 所示。用专用工具、钢板和压力机，将新的转速传感器安装至后桥轮毂和轴承总成上，如图 3—370b 所示。

(2) 安装带后轮轮速传感器的后桥轮毂和轴承总成。

(3) 安装后制动盘。

(4) 安装后盘式制动器制动钳总成。

(5) 连接 3 号驻车制动器拉索总成。

(6) 将后轮轮速传感器线束连接器连接至后轮轮速传感器。

(7) 调节驻车制动操纵手柄行程。

(8) 检查后盘式制动器制动工作缸操作杆和制动器之间的间隙。

(9) 安装地板控制台上面板分总成。

(10) 安装中央仪表组装饰板总成。

(11) 安装换挡杆把手分总成。

(12) 安装仪表板左下、右下装饰板。

(13) 安装后轮，力矩为 103 N·m。

(14) 将电缆连接至蓄电池负极端子。

(15) 检查转速传感器信号。

(16) 检查后轮定位。

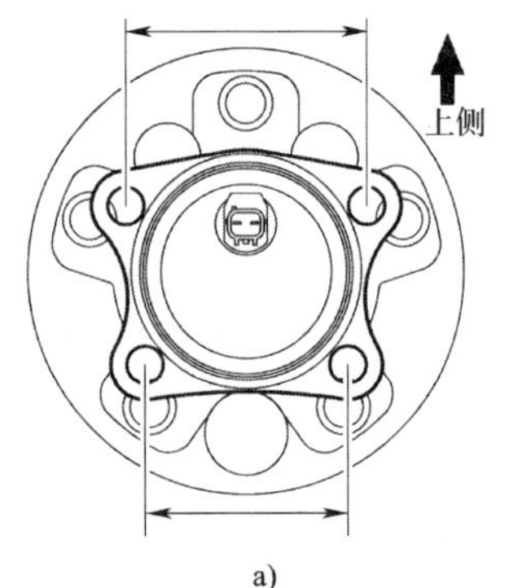

a)

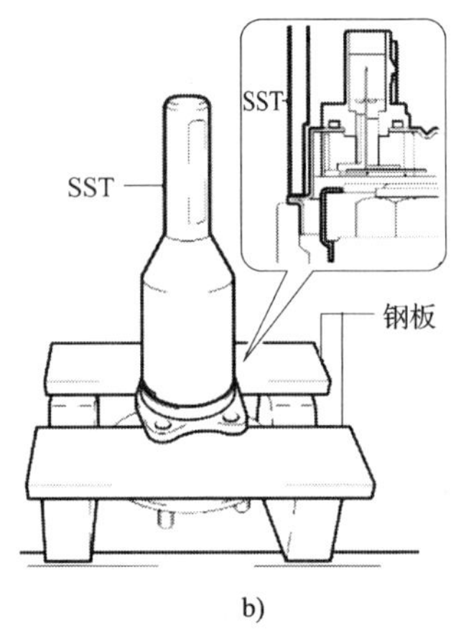

b)

图 3—370 后轮轮速传感器的安装

a) 安装位置 b) 安装操作

四、横摆率和加速度传感器拆装

1. 横摆率和加速度传感器拆卸

(1) 从蓄电池负极端子断开电缆。

(2) 拆卸前排座椅头枕总成。

(3) 拆卸座椅外滑轨盖。

(4) 拆卸座椅内滑轨盖。

(5) 拆卸前排左侧座椅总成。

(6) 拆下 2 个螺栓及横摆率和加速度传感器支架，断开连接器，拆下横摆率和加速度传感器，如图 3—371 所示。

注意：不要拆下安装螺母。

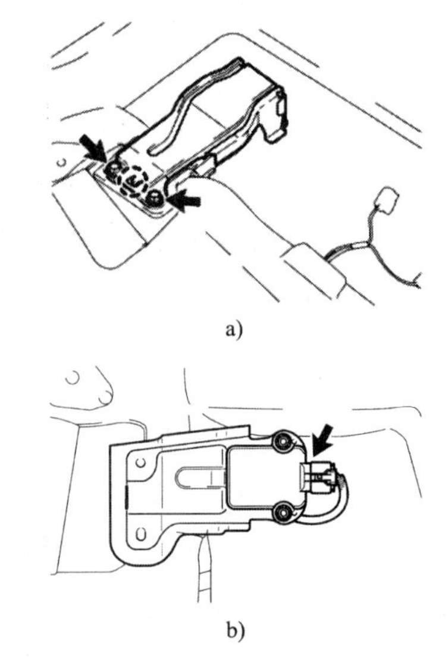

a)

b)

图 3—371 横摆率和加速度传感器拆装

a) 断开连接器 b) 拆卸传感器

2. 横摆率和加速度传感器安装

(1) 将连接器连接至横摆率和加速度传感器。将支架上的卡爪插入传感器，并用 2 个螺栓安装好横摆率和加速度传感器，力矩为 20 N·m。

注意：确保横摆率和加速度传感器连接安装牢固。不要损坏横摆率和加速度传感器。防止异物黏附到横摆率和加速度传感器支架之间的区域和车身上。

(2) 安装前排左侧座椅总成。

(3) 检查前排座椅滑动调节器锁止情况。

(4) 安装座椅内滑轨盖。

(5) 安装座椅外滑轨盖。

(6) 安装前排座椅头枕总成。

(7) 将电缆连接至蓄电池负极端子。

(8) 检查 SRS 警告灯。

(9) 横摆率和加速度传感器零点校准。

(10) 检查传感器信号。

五、转向角传感器的拆装（图 3—372）

1. 转向角传感器的拆卸

(1) 从蓄电池负极端子断开电缆。

(2) 使前轮处于正前位置。

(3) 拆卸仪表板 1 号底罩分总成。

(4) 拆卸仪表板下装饰板分总成。

(5) 拆卸转向盘 3 号、2 号下盖和装饰盖。

(6) 拆卸转向盘总成。

(7) 拆卸下转向柱罩和上转向柱罩。

(8) 拆卸带转向角传感器的螺旋电缆。

(9) 分离 6 个卡爪和 2 个销，从螺旋电缆上拆下转向角传感器。

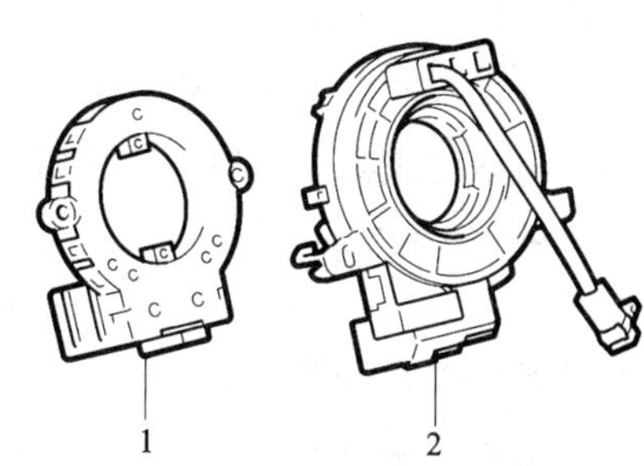

图 3—372　转向角传感器

1—转向角传感器　2—螺旋电缆

2. 转向角传感器的安装

(1) 对准 2 个定位销并接合 6 个卡爪，将转向角传感器安装至螺旋电缆，如图 3—373 所示。

(2) 安装带转向角传感器的螺旋电缆。

(3) 安装上转向柱罩和下转向柱罩。

(4) 调整螺旋电缆。

(5) 安装转向盘总成。

(6) 检查转向盘中心点。

(7) 安装转向盘装饰盖、3 号和 2 号下盖。

(8) 安装仪表板下装饰板分总成。

(9) 安装仪表板 1 号底罩分总成。

(10) 将电缆连接至蓄电池负极端子。

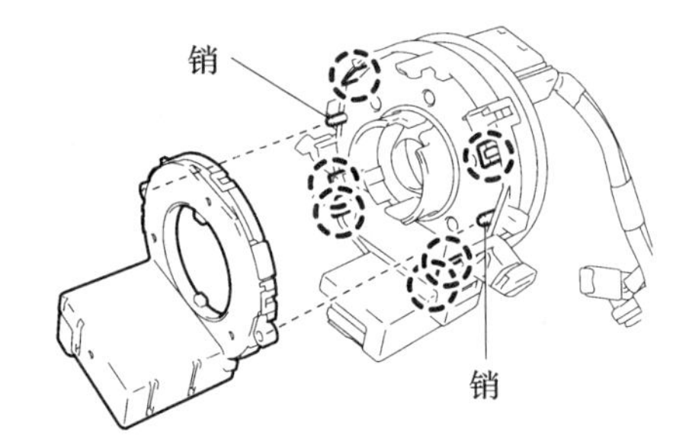

图 3—373 转向角传感器的拆装

六、VSC OFF 开关拆装

1. VSC OFF 开关（图 3—374）的拆卸

(1) 从蓄电池负极端子断开电缆。

(2) 拆卸仪表板下装饰板总成。

(3) 分离 2 个卡爪并拆下 VSC OFF 开关。

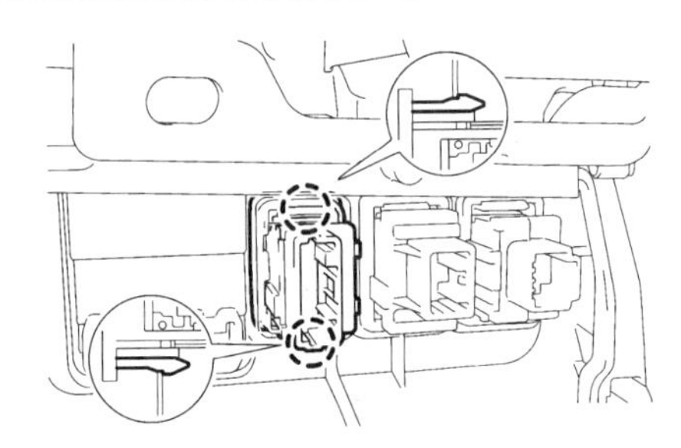

图 3—374 VSC OFF 开关拆装

2. VSC OFF 开关安装

(1) 接合 2 个卡爪并安装 VSC OFF 开关。

(2) 安装仪表板下装饰板总成。

(3) 将电缆连接至蓄电池负极端子。

(4) 检查 VSC 警告灯和指示灯。

3. VSC OFF 开关检查

(1) 根据下表中的方法测量 VSC OFF 开关电阻，如果结果不符合规定，更换开关。VSC OFF 开关线束端子，如图 3—375 所示。

检测仪连接	开关状态	规定状态
3—6	松开	≥10 kΩ
3—6	按下	≤25 Ω

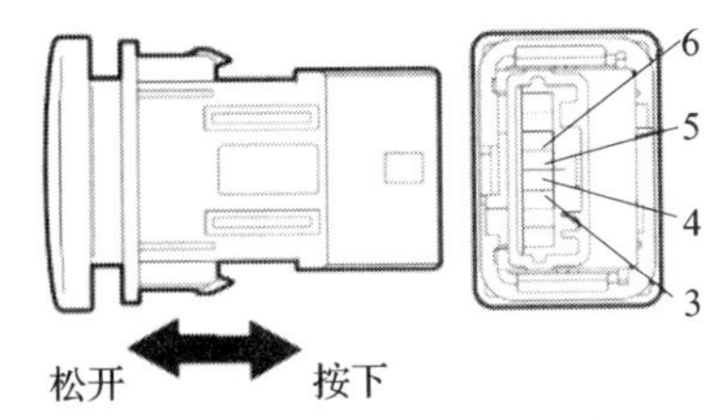

图 3—375 VSC OFF 开关线束端子

(2) 根据下表方法检查照明工作情况，如果结果不符合规定，更换 VSC OFF 开关。

检测仪连接	开关状态	规定状态
4—5	将蓄电池正极引线连接至端子 5 将蓄电池负极引线连接至端子 4	LED 亮起

项目5 卡罗拉轿车驻车制动系的拆装（图3—376）

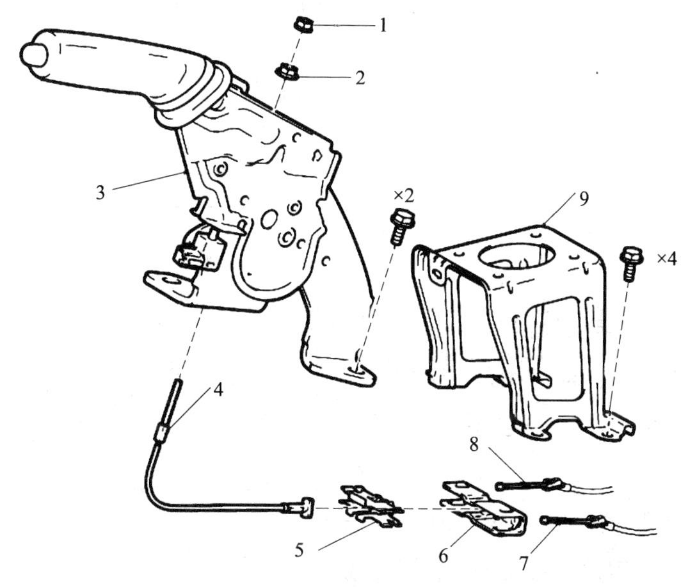

图3—376 驻车制动器拉索拆装

1—锁紧螺母 2—调整螺母 3—驻车制动操纵手柄总成 4—1号驻车制动器拉索
5—拉索末端止动块 6—驻车制动器平衡块 7—3号驻车制动器拉索
8—2号驻车制动器拉索 9—地板控制台2号安装支架

一、卡罗拉轿车驻车制动操纵手柄拆装（图3—377）

1. 驻车制动操纵手柄拆卸

(1) 拆卸仪表板左下装饰板。

(2) 拆卸仪表板右下装饰板。

(3) 拆卸换挡杆把手分总成。

(4) 拆卸中央仪表组装饰板总成。

(5) 拆卸仪表盒总成。

(6) 拆卸前1号地板控制台嵌入件。

(7) 拆卸前2号地板控制台嵌入件。

(8) 拆卸地板控制台上面板分总成。

(9) 拆卸地板控制台毡垫。

(10) 拆卸后地板控制台总成。

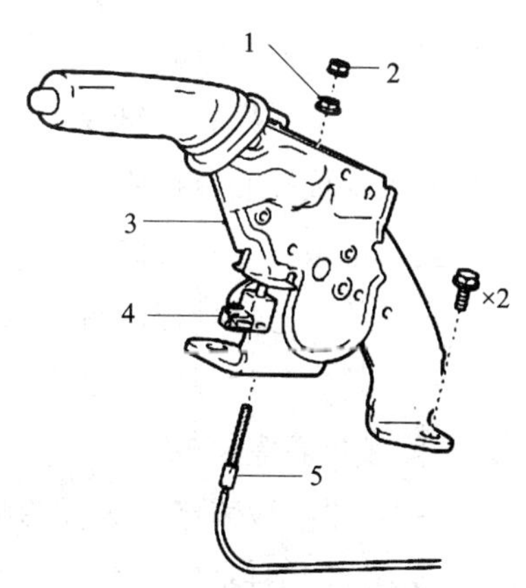

图3—377 驻车制动操纵手柄分解

1—调整螺母 2—锁紧螺母
3—驻车制动操纵手柄总成
4—驻车制动开关 5—1号驻车制动器拉索

(11) 拆卸驻车制动操纵手柄总成。先拆下锁紧螺母和调整螺母，断开驻车制动开关连接器；再拆下 2 个螺栓和驻车制动操纵手柄总成；最后拉起卡爪并拆下 1 号驻车制动器拉索总成。

(12) 从驻车制动操纵手柄分总成上拆下螺钉和驻车制动开关总成。

2. 驻车制动操纵手柄的装复

(1) 用螺钉将驻车制动开关总成安装到驻车制动操纵手柄分总成上，如图 3—378 所示，力矩为 0.9 N·m。

(2) 安装驻车制动操纵手柄总成。首先，将 1 号驻车制动器拉索总成穿过驻车制动操纵手柄总成，使驻车制动操纵手柄卡爪弯曲；接着，暂时将调整螺母和锁紧螺母安装到 1 号驻车制动器拉索总成上；然后，用螺栓安装驻车制动操纵手柄总成，并以 15 N·m 的力矩旋紧；最后，连接驻车制动开关连接器。

(3) 调整驻车制动操纵手柄行程。

(4) 检查制动警告灯。

(5) 安装后地板控制台总成。

(6) 安装地板控制台毡垫。

(7) 安装地板控制台上面板分总成。

(8) 安装前 1 号地板控制台嵌入件。

(9) 安装前 2 号地板控制台嵌入件。

(10) 安装仪表盒总成。

(11) 安装中央仪表组装饰板总成。

(12) 安装换挡杆把手分总成。

(13) 安装仪表板左下装饰板。

(14) 安装仪表板右下装饰板。

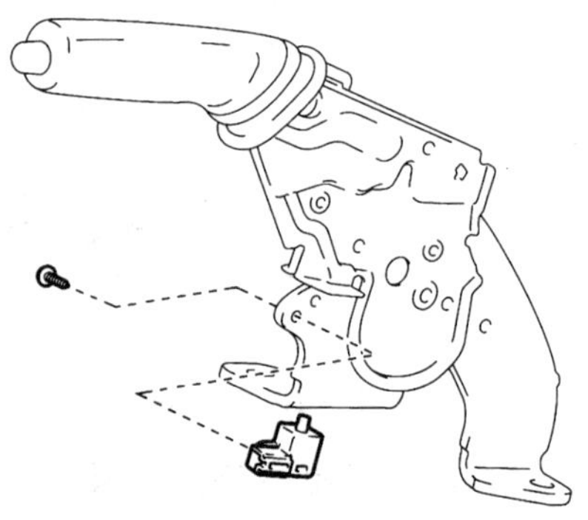

图 3—378 驻车制动开关安装

二、驻车制动器拉索拆装（图 3—379）

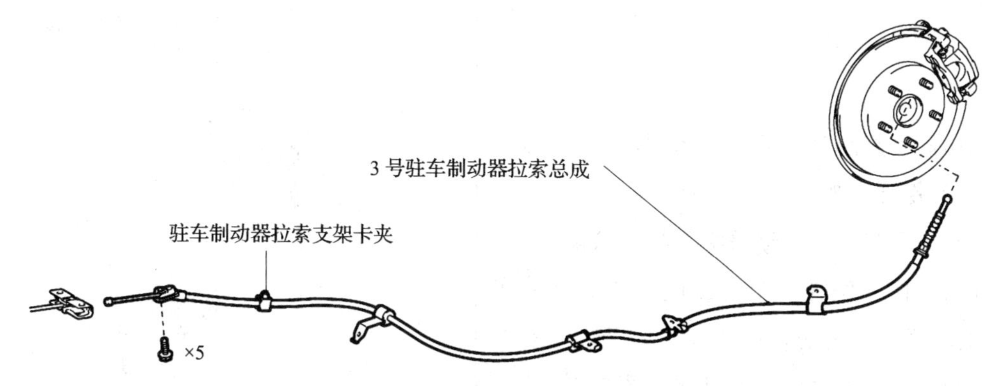

图 3—379　3 号驻车制动器拉索总成

1. 驻车制动器拉索总成拆卸（以 3 号驻车制动器拉索总成为例）

(1) 从蓄电池负极端子断开电缆。

(2) 拆卸前排左侧座椅头枕总成。

(3) 拆卸左侧座椅外滑轨盖。

(4) 拆卸左侧座椅内滑轨盖。

(5) 拆卸前排左侧座椅总成。

(6) 拆卸前排右侧座椅头枕总成。

(7) 拆卸右侧座椅外滑轨盖。

(8) 拆卸右侧座椅内滑轨盖。

(9) 拆卸前排右侧座椅总成。

(10) 拆卸仪表板左下装饰板。

(11) 拆卸仪表板右下装饰板。

(12) 拆卸换挡杆把手分总成。

(13) 拆卸中央仪表组装饰板总成。

(14) 拆卸仪表盒总成。

(15) 拆卸前 1 号地板控制台嵌入件。

(16) 拆卸前 2 号地板控制台嵌入件。

(17) 拆卸地板控制台上面板分总成。

(18) 拆卸地板控制台毡垫。

(19) 拆卸后地板控制台总成。

(20) 翻起地毯，拆下 4 个螺栓和地板控制台 2 号安装支架。

(21) 拆卸驻车制动操纵手柄总成。

(22) 将 3 号驻车制动器拉索总成从驻车制动器平衡器上分离，如图 3—380 所示。

(23) 分离 2 号驻车制动器拉索总成。

(24) 分离 2 个卡爪，以将 1 号驻车制动器拉索总成从驻车制动器拉索末端止动块上拆下，如图 3—381 所示。

(25) 分离 2 个卡爪，以将驻车制动器拉索末端止动块从驻车制动器平衡器上拆下。

(26) 拆卸 2 号氧传感器。

(27) 拆卸前排气管总成。

(28) 拆下 3 个螺母和前地板 1 号上隔热垫。

(29) 拆下 3 个螺母和前地板 2 号上隔热垫。

(30) 分离卡夹以脱开驻车制动器拉索支架卡夹分总成。

(31) 拆下 5 个螺栓，将 3 号驻车制动器拉索总成拉出至车身外侧后从后盘式制动器制动工作缸总成上分离，如图 3—382 所示。

(32) 脱开 2 个卡爪，以将驻车制动器拉索支架卡夹分总成从 3 号驻车制动器拉索总成上拆下。

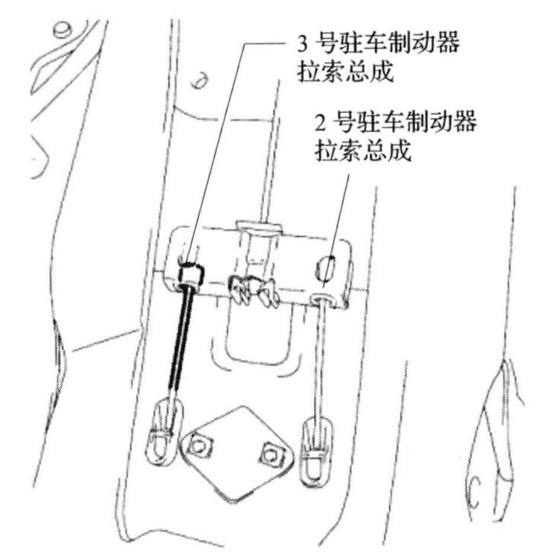

图 3—380 分离驻车制动器拉索总成

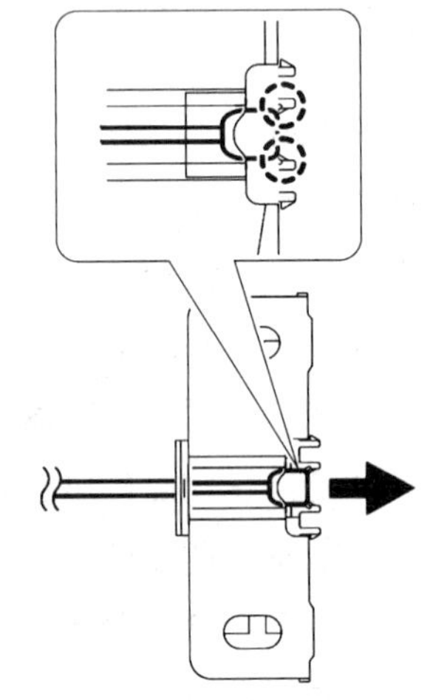
图 3—381 拆卸 1 号驻车制动器拉索

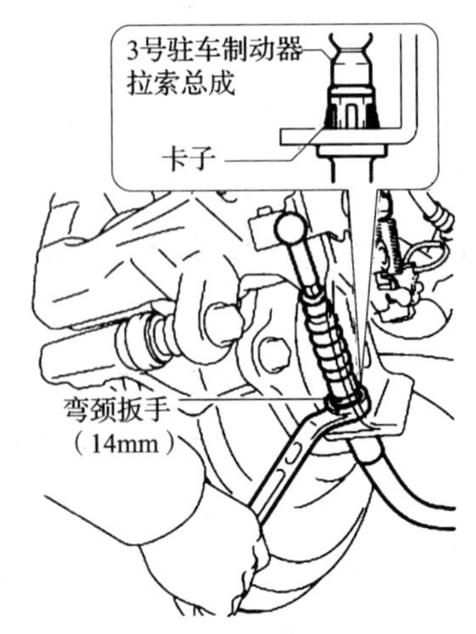

图 3—382 拆卸 3 号驻车制动器拉索总成

2. 驻车制动器拉索安装

(1) 接合 2 个卡爪，以将新的驻车制动器拉索支架卡夹分总成安装至 3 号驻车制动器拉索总成。

(2) 先将 3 号驻车制动器拉索总成插入车身，用 5 个螺栓安装好，并以 6.0 N·m 的力矩旋紧。再将 3 号驻车制动器拉索总成安装连接在左后盘式制动器制动工作缸总成上。

(3) 接合卡夹以安装驻车制动器拉索支架卡夹分总成，如图 3—383 所示。

(4) 用 3 个螺母安装前地板 2 号上隔热垫，并以 5.5 N·m 的力矩旋紧。

(5) 用 3 个螺母安装前地板 1 号上隔热垫，并以 5.5 N·m 的力矩旋紧。

(6) 安装前排气管总成。

(7) 安装 2 号氧传感器。

(8) 接合 2 个卡爪，以将驻车制动器拉索末端挡块安装至驻车制动器平衡器。

(9) 接合 2 个卡爪，以将 1 号驻车制动器拉索总成安装至驻车制动器拉索末端挡块。

(10) 将 3 号驻车制动器拉索总成连接至驻车制动器平衡器。

(11) 连接 2 号驻车制动器拉索总成。

(12) 安装驻车制动操纵手柄总成。

(13) 用 4 个螺栓安装好地板控制台 2 号安装支架，铺好地毯，如图 3—384 所示。

(14) 调整驻车制动行程。

(15) 安装后地板控制台总成。

(16) 安装地板控制台毡垫。

(17) 安装地板控制台上面板分总成。

(18) 安装前 1 号、2 号地板控制台嵌入件。

(19) 安装仪表盒总成。

(20) 安装中央仪表组装饰板总成。

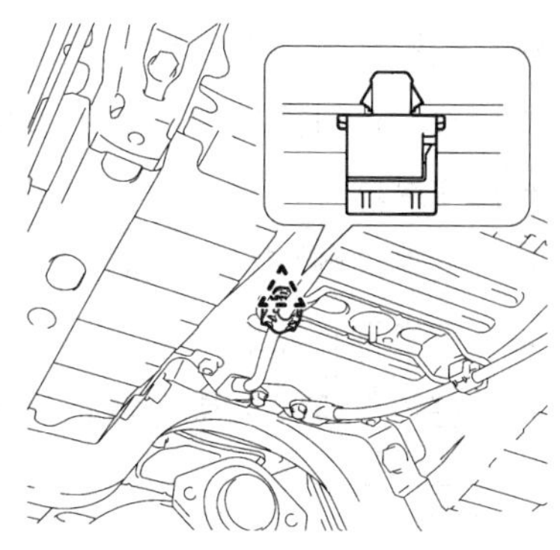

图 3—383　安装拉索支架卡夹

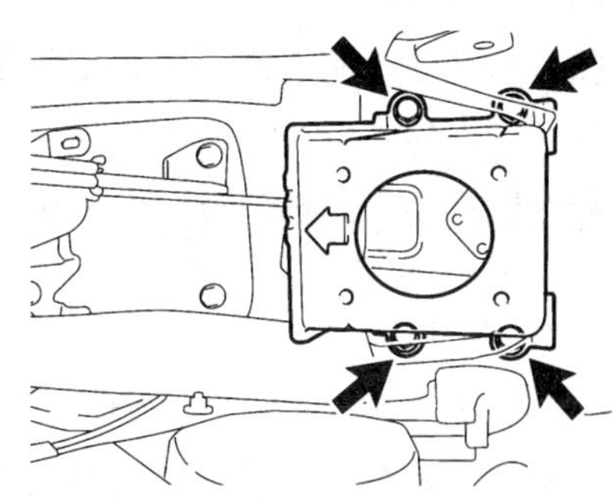

图 3—384　拆卸地板控制台 2 号安装支架

(21) 安装换挡杆把手分总成。

(22) 安装仪表板左下、右下装饰板。

(23) 安装前排左侧座椅总成。

(24) 检查前排座椅滑动调节器锁止情况。

(25) 安装左侧座椅内滑轨盖。

(26) 安装左侧座椅外滑轨盖。

(27) 安装前排左侧座椅头枕总成。

(28) 安装前排右侧座椅总成。

(29) 检查前排座椅滑动调节器锁止情况。

(30) 安装右侧座椅内滑、外滑轨盖。

(31) 安装右侧座椅轨盖。

(32) 安装前排右侧座椅头枕总成。

(33) 将电缆连接到蓄电池负极端子上。

三、驻车制动器的调整

1. 检查驻车制动操纵手柄行程

(1) 用力拉住驻车制动操纵手柄。

(2) 松开驻车制动器锁，并将驻车制动操纵手柄放回到关闭位置。

(3) 缓慢将驻车制动操纵手柄向上拉到底，并计算“咔嗒”声的次数。

驻车制动操纵手柄行程：200 N 时为 6～9 个槽口。

2. 调整驻车制动操纵手柄行程（图 3—385）

注意：在执行驻车制动器调整之前，确保制动管路已放空气且不再含有空气。

(1) 拆下后地板控制台总成。

(2) 完全松开驻车制动操纵手柄。

(3) 松开锁紧螺母和调整螺母，以完全松开驻车制动器拉索。

(4) 发动机停机时，完全踩下制动踏板 3～5 次。

(5) 转动调整螺母，直到驻车制动操纵手柄行程修正至规定范围内。

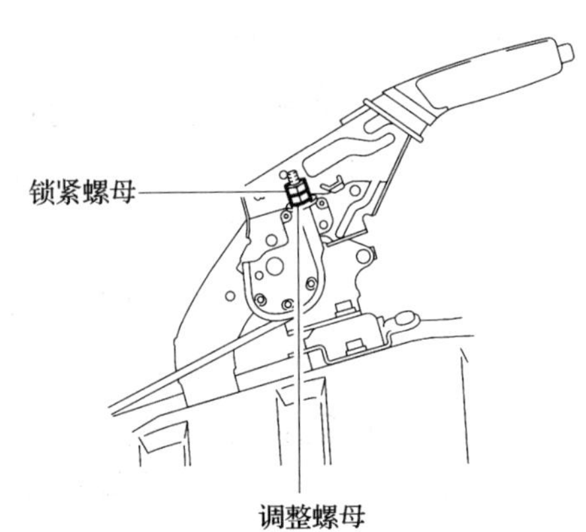

图 3—385 驻车制动操纵手柄行程的调整

(6) 以 6.0 N·m 的力矩紧固锁紧螺母。

(7) 操作驻车制动操纵手柄 3～4 次，并检查驻车制动操纵手柄行程。

(8) 检查驻车制动器是否卡滞。

(9) 安装后地板控制台总成。

3. 检查制动器制动工作缸操作杆和制动器间隙（图 3—386）

松开驻车制动操纵手柄，检查并确认后盘式制动器制动工作缸操作杆和挡块之间的间隙。间隙测量值应在规定范围内（规定间隙：小于 0.5 mm）。如果间隙不在规定范围内，应更换后盘式制动器制动钳总成。

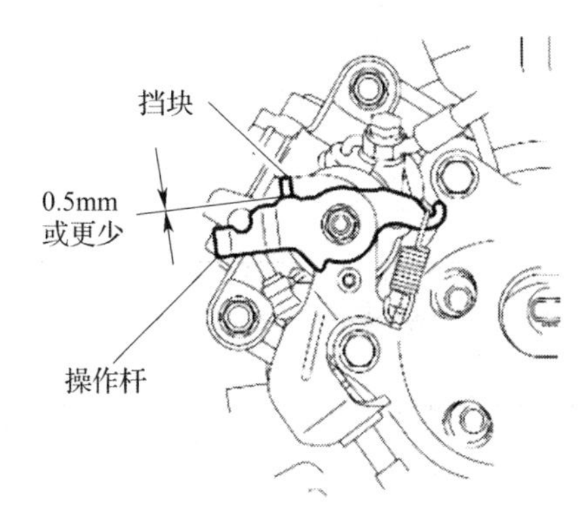

图 3—386　检查制动工作缸操作杆和制动器间隙

4. 检查制动警告灯

操作驻车制动操纵手柄时，检查并确认制动警告灯亮起。检查标准：制动警告灯始终应在第一下“咔嗒”声时亮起。

学习过程记录表

姓名：	班级：	学号：	日期：
第三单元　底盘的拆装	课题七　液压制动系的拆装	第（　）工作页	项目 1　桑塔纳 3000 型轿车液压制动系的拆装——桑塔纳汽车前轮制动器的拆装
说明：完成桑塔纳汽车前轮制动器拆装的工作过程，将拆装步骤、操作注意事项、检测制动摩擦块厚度的步骤、制动摩擦块厚度值填写在下面			
车型：	发动机型号：	底盘型号：	

拆装步骤	操作注意事项 （包括使用工具、力矩）

续表

拆装步骤	操作注意事项 (包括使用工具、力矩)	
检测制动摩擦块厚度的步骤	制动摩擦块厚度值	
	规定厚度值	实测厚度值

批语： 教师：

课题八 气压制动系的拆装

教学目标

1. 熟悉气压制动系各总成和部件的结构、主要零件的名称和装配关系。

2. 掌握各总成、部件的拆装方法、步骤和技术要求。

3. 掌握气压制动系统的调整方法。

工具与设备

1. 常用工具。

2. 空气压缩机、CA1092 型汽车制动气室、CA1092 型汽车串列活塞式双腔制动阀、EQ1092 型汽车并列双腔膜片式制动阀。

项目1 CA1092型汽车车轮制动器的拆装（图3—387）

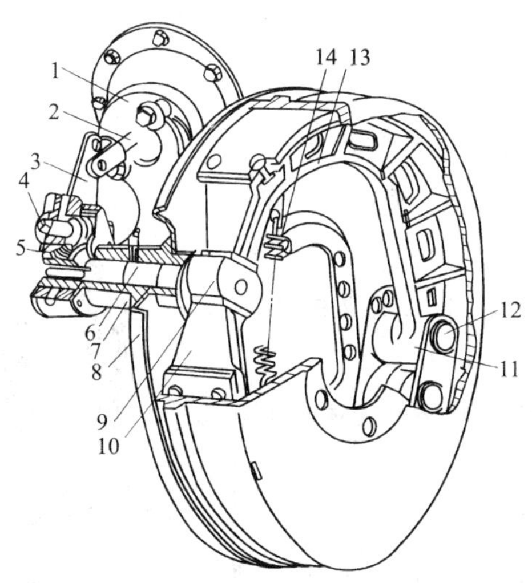

图3—387 CA1092型汽车车轮制动器

1—制动气室 2—推杆 3—调整臂 4—蜗杆 5—蜗轮 6—制动凸轮轴 7—支架 8—制动底板 9—制动凸轮 10、13—制动蹄 11—支承销座 12—蹄片轴 14—回位弹簧

一、CA1092型汽车车轮制动器的分解（图3—388）

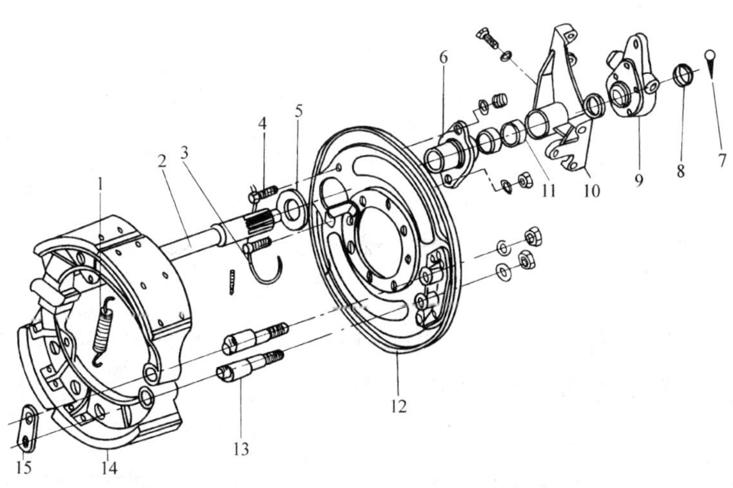

图3—388 制动器的分解（后轮）

1—回位弹簧 2—制动凸轮轴 3—钢丝锁线 4—螺栓 5—支承垫圈 6—支承座 7—开口销 8—垫圈 9—调整臂总成 10—支架 11—衬套 12—制动底板 13—蹄片轴 14—制动蹄 15—垫板

<table>
<tr>
<td>

1. 拆下半轴，用专用套筒拆下轮毂轴承锁紧螺母，依次取出锁紧垫圈、外油封用油封外壳，如图 3—389 所示。

2. 拆下轮毂调整螺母，取下轴承，卸下轮毂总成。

3. 用专用弹簧拉钩拆下回位弹簧。

4. 从蹄片轴上拆下两个开口销，取下垫板和两个制动蹄片总成。

5. 拆下蹄片轴固定螺母，取下弹簧垫圈、蹄片轴。

6. 拆下制动气室推杆与调整臂之间的开口销，取下连接销。

7. 拆下制动气管与制动气室。

8. 从凸轮轴上拆下调整臂开口销及垫圈，取下调整臂总成。

9. 抽出制动凸轮及制动凸轮支承垫圈。

10. 拆下制动气室凸轮支架或凸轮支承座和凸轮支架（后轮制动器）。

11. 拆下制动底板紧固螺栓，卸下制动底板（后轮制动器是柳钉连接，如无松动不需分解）。

12. 从轮毂上拆下制动毂。

</td>
<td>

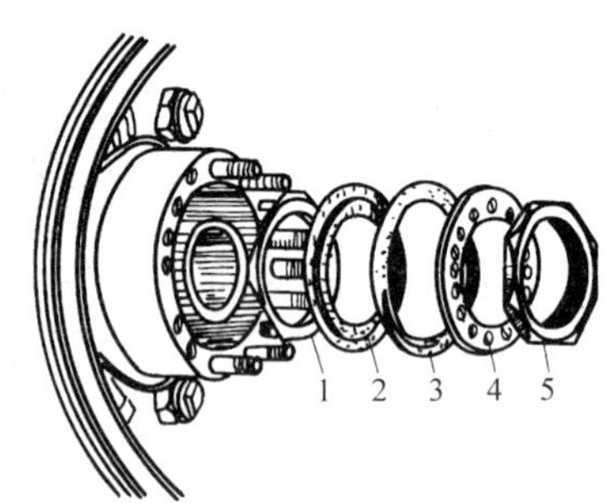

图 3—389　后轮毂的拆卸

1—调整螺母　2—油封外壳　3—轮毂外油封　4—锁紧垫圈　5—锁紧螺母

</td>
</tr>
<tr>
<td colspan="2">

二、CA1092 型汽车车轮制动器的装复

</td>
</tr>
<tr>
<td colspan="2">

1. 装上制动底板，交叉拧紧底板固定螺栓。

2. 装上蹄片轴，使蹄片轴偏心朝向另一蹄片轴，套上弹簧垫圈，拧紧蹄片轴紧固螺母。

3. 装上制动凸轮支承座及螺栓、弹簧垫圈和螺母，穿上钢丝锁线，再将螺母拧紧。

4. 分别在支持座和支架的承孔中压入衬套。

5. 在后桥壳上装上制动凸轮支架。

6. 将支承垫圈套在制动凸轮上，并把制动凸轮花键端穿过制动底板支承座及支架，再装上调整垫片、调整臂总成和垫圈，锁好开口销。

7. 将制动气室总成装在支架上，再把制动气室推杆与调整臂用连接销连接，然后锁好开口销。

</td>
</tr>
</table>

8. 按原标记装上制动蹄片，用弹簧拉钩将回位弹簧装上。

9. 装上蹄片轴垫板，并装好开口销。

10. 将制动毂与轮毂装复。

11. 装上轮毂内油封和内轴承。

12. 抬上轮毂总成，再装上轮毂外轴承和调整螺母。调整轴承预紧度。

13. 依次装上油封外壳、外油封、锁紧垫圈和锁紧螺母。

注意：油封外壳及锁紧垫圈上的孔必须对准调整螺母的定位销，再按规定力矩拧紧锁紧螺母。

三、CA1092 型汽车车轮制动器的调整

1. 轮毂轴承的预紧度

顺时针转动调整螺母，拧紧后退出 1/6～1/4 圈，以轴向拉动轮毂无松旷感觉，轮毂能灵活转动为宜。

2. 制动毂与制动蹄片的间隙

(1) 顺时针转动制动调整臂蜗杆，前车轮制动器的蹄毂间隙变小；逆时针转动制动调整臂蜗杆，则前轮制动器蹄毂间隙变大，如图 3—390 所示。

注意：后车轮制动器调整臂蜗杆与前车轮制动器调整臂蜗杆的调整转动方向相反。

(2) 将蹄片轴偏心的一侧向外转动，蹄片轴端间隙变小，凸轮轴端间隙变大；反之，蹄片轴端间隙变大，凸轮轴端间隙变小，如图 3—391 所示。调好后，将蹄片轴螺母拧紧，再用塞尺从制动毂监视孔检测间隙。

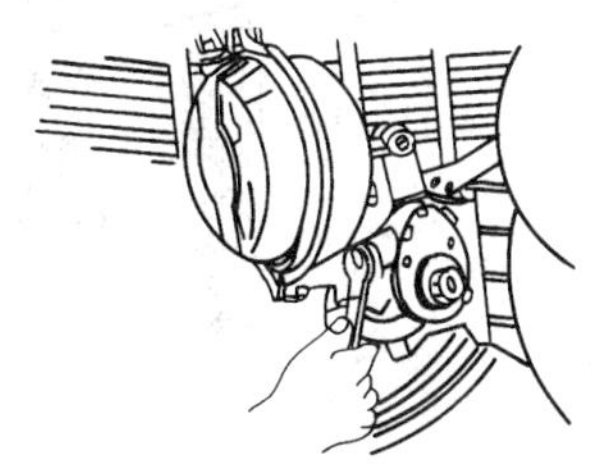

图 3—390　通过制动调整臂调整

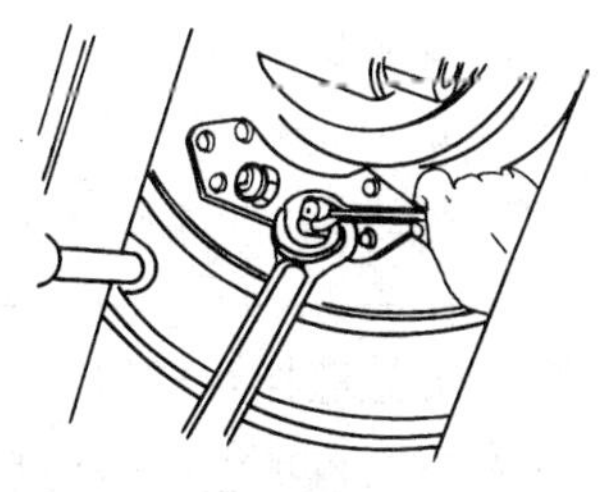

图 3—391　通过调整蹄片轴调整

项目2　气阀式空气压缩机的拆装

一、气阀式空气压缩机的分解

1. 缸体与缸盖（图3—392）的拆卸

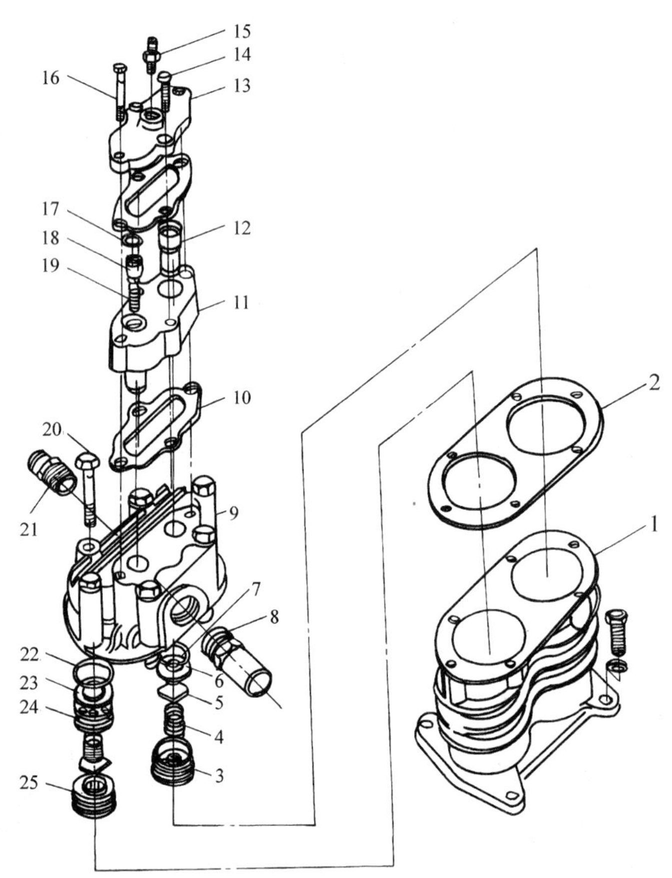

图3—392　空气压缩机缸体与缸盖的分解

1—缸体　2、10、22—密封垫　3—进气阀导向座　4—气阀弹簧　5—阀片　6—进气阀座　7—进气阀垫片　8、15、21—管接头　9—缸盖　11—松压阀体　12—松压阀套　13—松压阀盖　14—松压阀盖螺栓　16—松压阀盖总成螺栓　17—卡簧　18—松压阀杆　19—回位弹簧　20—缸盖螺栓　23—波形弹簧垫圈　24—排气阀导向座　25—排气阀座

(1) 拆下缸盖螺栓，将缸盖卸下。

(2) 用专用工具拆卸进气阀导向座和排气阀座，取出气阀弹簧、阀片、进气阀座、气阀导向座及密封垫等。

(3) 拆卸松压阀盖、卡簧和松压阀体，取出松压阀杆。

(4) 拆下曲轴箱底盖，如图3—393所示，把要拆的活塞曲柄连杆轴颈转至下部。

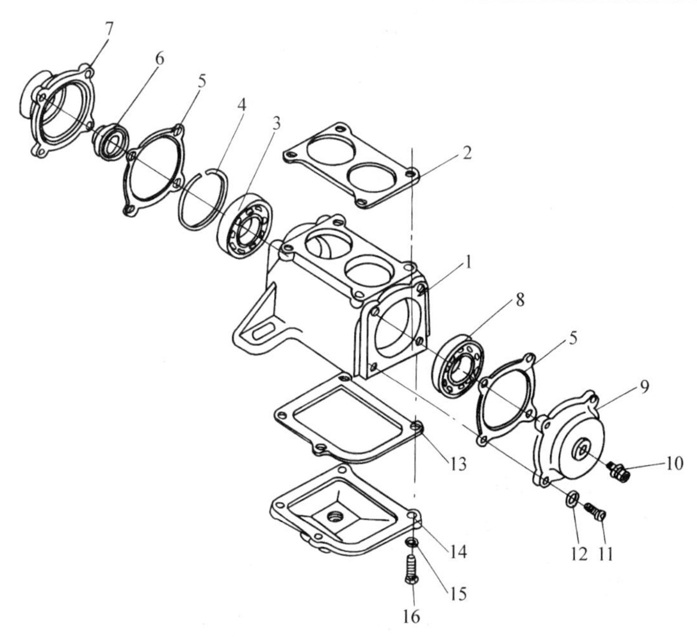

图 3—393　空气压缩机曲轴箱的分解

1—曲轴箱　2、13—密封垫　3—前轴承　4—卡簧　5—前后盖密封垫　6—油封总成　7—前盖　8—后轴承　9—后盖　10—管接头　11、16—螺栓　12、15—弹簧垫圈　14—底盖

2. 曲柄连杆机构（图 3—394）的拆卸

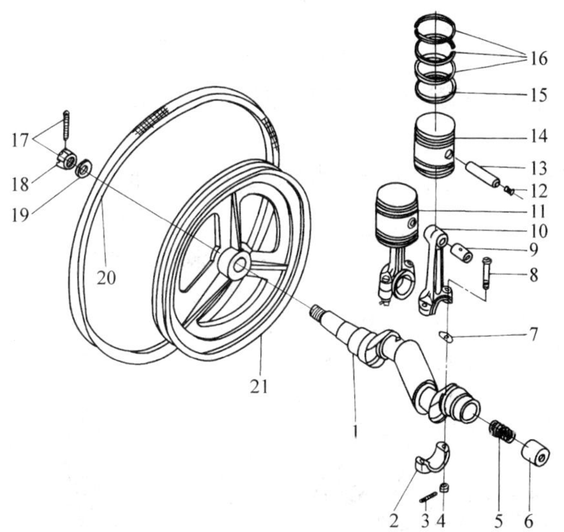

图 3—394　空气压缩机曲柄连杆机构分解

1—曲轴　2—连杆盖　3、17—开口销　4、18—螺母　5—后盖弹簧　6—后盖油堵　7—垫片　8—连杆螺栓　9—衬套　10—连杆　11—活塞连杆总成　12—堵塞　13—活塞销　14—活塞　15—油环　16—气环　19—垫圈　20—V 带　21—带轮

（1）从底部拆下开口销，拧下螺母，取下螺栓、连杆盖及垫片。注意连杆盖上的记号，以便与连杆装配。

(2) 用木棒将连杆及活塞从缸体中顶出。

(3) 拆下活塞环。

(4) 用同样的方法拆下另一缸活塞连杆组件。

(5) 拆下带轮。

(6) 拆下曲轴箱上前后盖和前后球轴承(图 3—393),取出曲轴。

二、气阀式空气压缩机的装复

1. 曲轴的装复

(1) 将曲轴装入曲轴箱,然后在曲轴两端装上轴承,并卡上卡簧。

注意:曲轴安装方向要正确。

(2) 将后盖油堵及弹簧装入曲轴后端,装上后盖及密封垫,拧紧后盖固定螺栓。

(3) 装上前盖及密封垫,拧紧固定螺栓。

(4) 装上带轮,拧紧带轮紧固螺母,装上开口销。

2. 活塞连杆的装复

(1) 将活塞环装在活塞上,活塞环内切口朝上,活塞环端口互成 90°。

(2) 转动曲轴,使曲轴轴颈处于下止点位置。

(3) 将活塞连杆总成从气缸上部装入,再装上垫片及连杆盖,并以 14.7~16.6 N·m 的力矩拧紧连杆螺栓,最后装上开口销。

3. 缸盖的装复

(1) 按拆卸的相反次序安装进、排气阀等零件。将弹簧与阀片装入进、排气阀导向座并正确定位后,分别拧紧进气阀导向座和排气阀导向座。

(2) 将缸盖 6 个螺栓按规定次序分两次拧紧,最后的拧紧力矩为 11.76~16.66 N·m。

项目 3 CA1092 型汽车制动气室的拆装

一、CA1092 型汽车制动气室的分解(图 3—395)

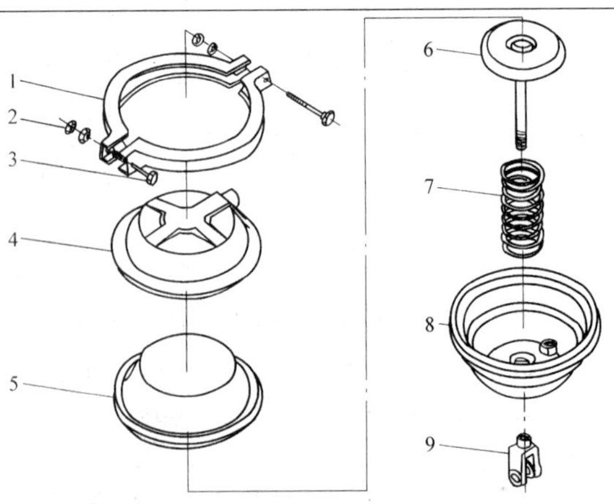

图 3—395 CA1092 型汽车制动气室的分解

1—卡箍 2—螺母 3—螺栓 4—盖 5—膜片 6—推杆总成 7—回位弹簧 8—外壳 9—连接叉

1. 从制动气室上旋下制动气管。
2. 拆下推杆与调整臂的连接销。
3. 拆下外壳与支架的固定螺栓，取下制动气室。
4. 拆下制动气室卡箍上的螺栓和螺母，打开制动气室盖，取下膜片。
5. 拆下连接叉，取下推杆和回位弹簧。

二、CA1092 型汽车制动气室的装复

按与拆时相反的顺序装复。

注意：1. 卡箍外壳、盖及卡箍螺栓的方向必须与原来保持一致。

2. 装复连接叉与调整臂，当两者的孔不重合时，可转动推杆予以调整，不允许以拉动推杆的方法对准连接叉孔。

3. 前后制动气室尺寸和安装方向不同，不能互换。

项目 4　CA1092 型汽车串列双腔活塞式制动阀的拆装

一、CA1092 型汽车串列双腔活塞式制动阀的分解（图 3—396）

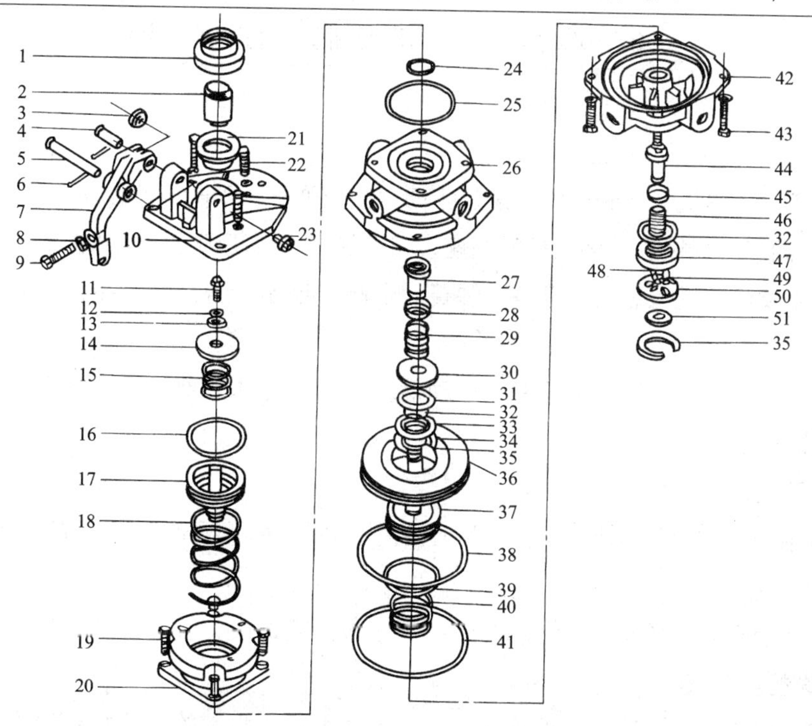

图 3—396　CA1092 型汽车串列双腔活塞式制动阀的分解

1—防尘罩　2—挺杆　3—滚轮　4、5—连接销　6—开口销　7—拉臂　8—螺母　9—调整螺栓　10—上盖　11、19、22、43—螺栓　12—弹簧垫圈　13、39、48—垫圈　14—平衡弹簧座　15—平衡弹簧　16、24、25、31、32、38、41—橡胶密封圈　17—上活塞　18—上活塞回位弹簧　20—上壳体　21—大衬套　23—小衬套　26—中壳体　27—上阀门总成　28—上阀门弹簧座　29—上阀门回位弹簧　30—上阀门座　33—上阀门垫圈　34、35、49—卡簧　36—继动活塞　37—下活塞　40—下活塞回位弹簧　42—下壳体　44—下阀门总成　45—下阀门弹簧座　46—下阀门回位弹簧　47—下阀门座　50—排气阀座　51—排气阀

1. 拆下制动阀与气管的连接螺母。

2. 拆掉制动灯开关上的导线，拆下制动阀与车架的连接螺栓、螺母，卸下制动阀。

3. 从上盖的耳架上拆下拉臂、挺杆及防尘罩，拆下上盖连接螺栓，取下上盖。

4. 取下平衡弹簧座、平衡弹簧及上活塞，取出回位弹簧，拆下上壳体。

5. 拆下中壳体与下壳体的连接螺栓，由中壳体依次取出回位弹簧、小活塞、继动活塞。

6. 拆下中壳体的两个卡簧，并依次取出上阀门座、上阀门总成及回位弹簧。

7. 拆下下壳体下部的卡簧，取出排气阀、排气阀座，拆下卡簧，取出下阀门座，取出回位弹簧、弹簧座及下阀门总成。

二、CA1092型汽车串列双腔活塞式制动阀的装复

1. 将下阀门总成、下阀门弹簧座、下阀门回位弹簧、下阀门座依次装入下壳体下部，用卡簧将下阀门总成锁住，装上排气阀座，用卡簧将排气阀锁在下壳体内。

2. 在上阀门总成上装上弹簧座、弹簧、上阀门垫圈、密封圈，并将卡簧固定在上阀门总成上。

3. 将下活塞回位弹簧、下活塞、继动活塞装入下壳体下部，将上阀门座、阀门座密封圈用卡簧固定在下活塞上。

4. 将下壳体与中壳体连接。

5. 将平衡弹簧、平衡弹簧座放入上活塞上部，并将平垫圈、弹簧垫圈用螺栓连接。

6. 将上活塞回位弹簧及上活塞总成依次放入上壳体内，装上上盖，拧紧上盖与上壳体的连接螺栓。

7. 将大衬套、挺杆装入上盖的孔内，装上防尘罩，将滚轮用连接销装在拉臂中，锁好开口销，再将拉臂用连接销装在上盖上，并装上小衬套及开口销。

8. 装上调整螺钉，并调整上阀门的排气间隙。排气间隙应为（1.2±0.2）mm（相对踏板自由行程为10～15 mm）。

项目 5　EQ1092 型汽车并列双腔膜片式制动阀的拆装

一、EQ1092 型汽车并列双腔膜片式制动阀的分解（图 3—397）

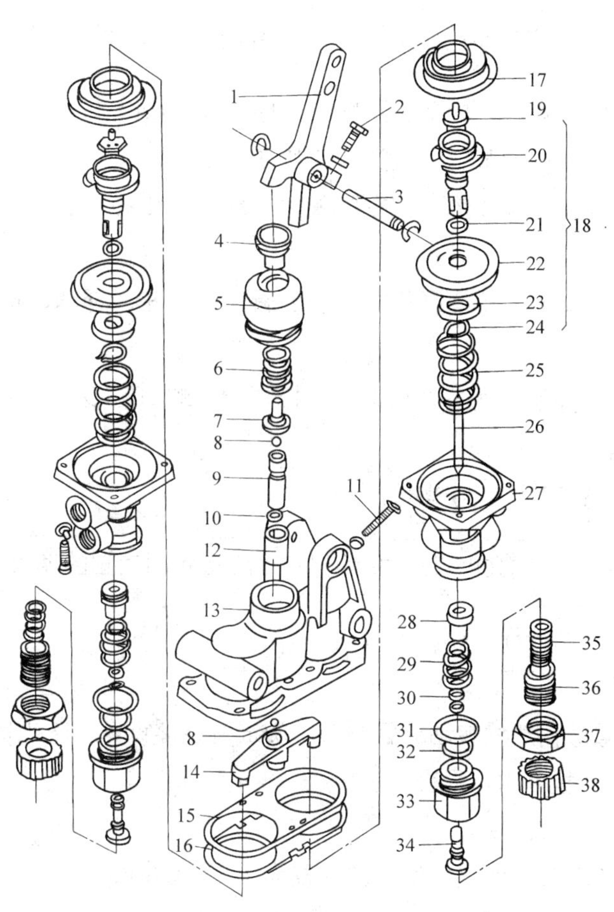

图 3—397　EQ1092 型汽车并列双腔膜片式制动阀的分解

1—拉臂　2—调整螺钉　3—拉臂轴　4—平衡弹簧上座　5—防尘罩　6—平衡弹簧　7—平衡弹簧下座　8—钢球　9—推杆　10、21、30、32—O 形密封圈　11—调整螺钉　12—衬套　13—上体　14—平衡臂　15—橡胶垫　16—钢垫　17—膜片压紧圈　18—膜片总成　19—推杆头　20—推杆　22—膜片　23—夹片　24—卡簧　25—膜片回位弹簧　26—顶杆　27—下体　28—进气阀　29—进气阀回位弹簧　31—密封圈　33—柱塞座　34—柱塞　35—调整弹簧　36—调整螺柱　37—锁紧螺母　38—塑料罩

1. 拆下制动阀与气管的连接螺母。

2. 拆下制动灯开关上的导线，拆下制动阀与车架的连接螺栓、螺母，拆下制动阀。

3. 从上体上拆下拉臂，取下防尘罩，依次拆下平衡弹簧、平衡弹簧上座、平衡弹簧下座、钢球、推杆及衬套。

4. 拆下上体与下体的连接螺栓，依次取出平衡臂、橡胶垫、左右腔膜片总成及回位弹簧，取出顶杆。

5. 分解下体总成：旋下柱塞座，取出密封圈、回位弹簧、进气阀。

6. 旋下塑料罩，松开锁紧螺母，拧下调整螺柱，拆下柱塞及回位弹簧。

二、EQ1092 型汽车并列双腔膜片式制动阀的装复

1. 装上柱塞及回位弹簧，旋下调整螺柱，拧紧锁紧螺母，装上塑料罩。

2. 装上密封圈、回位弹簧、进气阀，拧紧柱塞座。

3. 依次装上平衡臂、橡胶垫、左右腔膜片总成及回位弹簧，装上顶杆，拧紧上体与下体的连接螺栓。

4. 依次装上平衡弹簧、平衡弹簧上座、平衡弹簧下座、钢球、推杆及衬套，装上拉臂和防尘罩。

5. 装上制动阀，拧紧制动阀与车架的连接螺栓、螺母，装上制动操纵拉杆，装上制动灯开关上的导线。

6. 装上制动阀与气管的连接螺母。

三、EQ1092 型汽车并列双腔膜片式制动阀的调整

1. 制动踏板的自由行程

(1) 调整方法

首先松开锁紧螺母，然后转动调整螺钉。旋进调整螺钉，则踏板自由行程变小（排气间隙变小）；反之，踏板自由行程变大。

(2) 技术要求

制动控制阀芯管端头与阀门上端面的间隙为 1.5～1.8 mm。

2. 制动阀的最大工作气压

(1) 调整方法

松开锁紧螺母，旋进调整螺钉，则制动阀的最大工作气压降低；旋出螺钉，则最大工作气压升高。调好后，拧紧锁紧螺母。

(2) 技术要求

两储气筒气压应达到 0.7～0.74 MPa；在制动阀两腔输出端接气压表，制动踏板踩到底时，气压表的读数应为 0.55～0.6 MPa。

3. 制动阀两腔的气压差

(1) 调整方法

拆下塑料罩，松开锁紧螺柱，踩下制动踏板至任一位置，旋进调整螺柱，则前桥输出气压降低；反之，则前桥输出气压升高。调好后应将锁紧螺母拧紧。

(2) 技术要求

后腔输出气压较前腔低 9.8～39.2 kPa。松开制动踏板后，再踩下踏板至任一位置，如两腔气压差不变，则说明正常。

学习过程记录表

姓名：	班级：	学号：	日期：
第三单元　底盘的拆装	课题八　气压制动系的拆装	第（　）工作页	项目 4　CA1092 型汽车串列双腔活塞式制动阀的拆装——CA1092 型汽车串列双腔活塞式制动阀的装复
说明：完成 CA1092 型汽车串列双腔活塞式制动阀装复的工作过程，将安装步骤、操作注意事项填写在下面。			
车型：	车身识别码：		

安装步骤	操作注意事项 （包括使用工具、力矩）

批语：　　　　　　　　　　　　　　教师：

课题九　车桥、悬架和轮胎的拆装

教学目标

1. 掌握车桥、悬架和轮胎的拆装方法、步骤和技术要求。
2. 掌握车桥、悬架总成的装配关系，调整方法。
3. 掌握相关拆装工具和机具的使用。

工具与设备

1. 常用工具。
2. 千斤顶、举升器等。
3. 桑塔纳 3000 型轿车、卡罗拉轿车。

项目 1　桑塔纳 3000 型轿车前后悬架拆装

一、桑塔纳前悬架的拆卸（图 3—398）

1. 前悬架总成（图 3—399）的拆卸

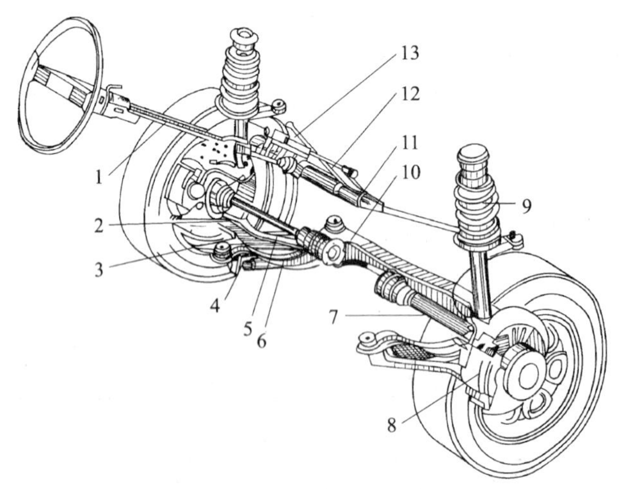

图 3—398　前桥与前悬架

1—转向柱　2—螺栓　3—下摇臂　4—衬套　5—稳定杆　6—副车架　7—传动轴　8—制动钳　9—减振器　10—前橡胶支承　11—动力转向器　12—转向减振器　13—横拉杆

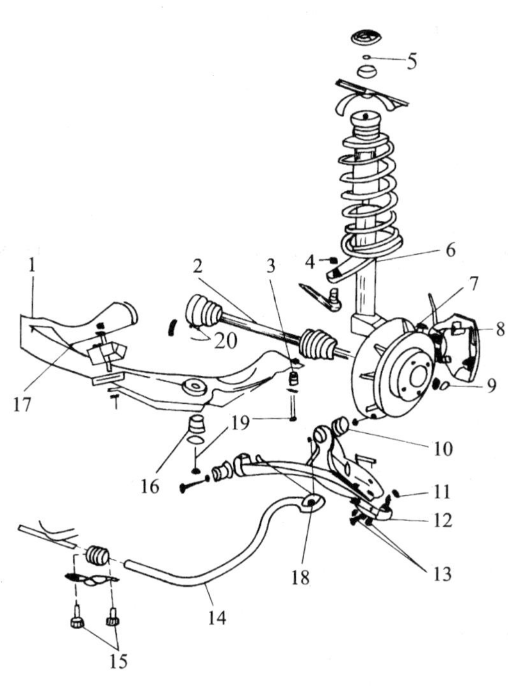

图 3—399　前桥与前悬架的分解

1—副车架　2—传动轴　3—后橡胶衬套　4、5、9、11、13、17、18—螺母　6—减振器　7、15、19、20—螺栓　8—制动钳　10—下摇臂下座　12—球头销　14—横向稳定杆　16—前橡胶衬套

（1）取下车轮装饰罩。

（2）旋松轮毂与外传动轴的紧固螺母。

（3）举升汽车。

（4）拆下轮胎螺母，拆下车轮。

（5）旋下 ABS 轮速传感头。

（6）旋下制动钳定位螺栓，拆下制动软管支架，并用铁丝将制动钳固定在车身上。

（7）取下制动蹄片，旋下制动钳支架紧固螺母。

（8）从减振器支柱上旋下横拉杆球头销紧固螺母。

（9）用专用工具压下转向横拉杆接头，如图 3—400 所示。

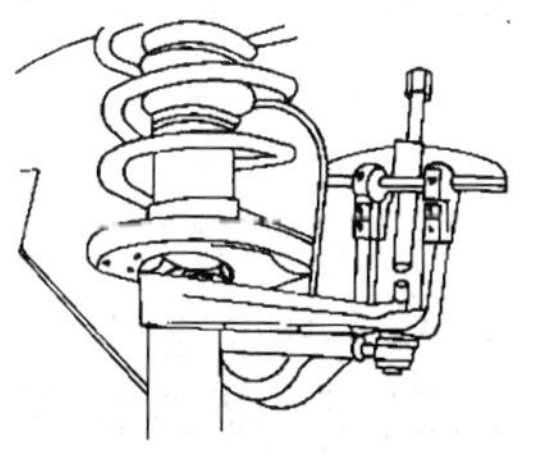

图 3—400　压下转向横拉杆接头

(10) 旋下稳定杆与悬挂臂连接的螺杆上的螺母。

(11) 压下前悬挂下摆臂球头。

(12) 拆下外传动轴与轮毂的固定螺母。

(13) 从车轮轴承壳内拉出传动轴。

(14) 取下悬挂支柱的橡胶盖，支承减振器支柱下部。

(15) 由车身上方撬下罩盖，用内六角扳手固定活塞杆，不让其转动，用专用扳手旋下活塞杆螺母，如图 3—401 所示，从车上取下减振器总成。

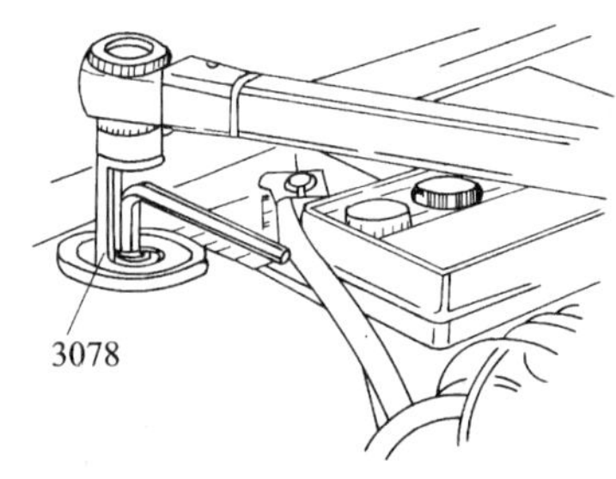

图 3—401 旋下活塞杆螺母

2. 副车架、下摇臂和稳定杆的拆卸

(1) 旋松稳定杆与下摇臂连接螺栓的紧固螺母。拆下固定在副车架上的支架螺栓，拆下稳定杆，如图 3—402 所示。

(2) 旋下副车架与车身固定的前悬架螺栓，拆下副车架摇臂组合件。

(3) 旋松下摇臂与副车架连接橡胶轴套的螺栓、螺母，拆下摇臂。

(4) 用专用工具压出副车架前后 4 个橡胶衬套。

(5) 用专用工具压出下摇臂两端橡胶衬套和前后衬套。

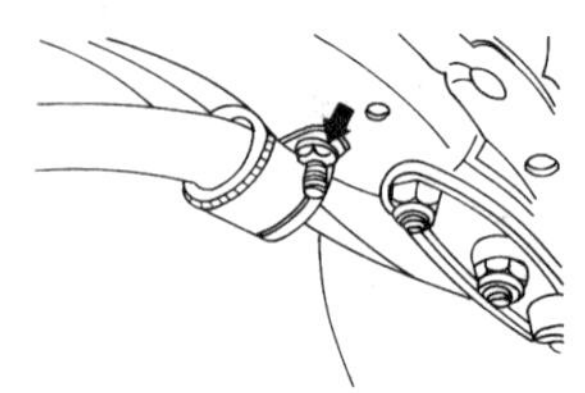

图 3—402 拆下横向稳定杆

3. 减振器（图 3—403）的分解

(1) 从减振器上拆下挡泥板固定螺栓，取下挡泥板。

(2) 用专用工具压缩螺旋弹簧，如图 3—404 所示，用内六角扳手固定住活塞杆，拆下活塞杆上的锁紧螺母。

(3) 拆下弹簧压缩工具，取下螺旋弹簧及弹簧座。

(4) 从减振器上压出轮毂，取下挡圈。

(5) 用专用工具旋下减振器螺母盖，从支柱内取出减振器。

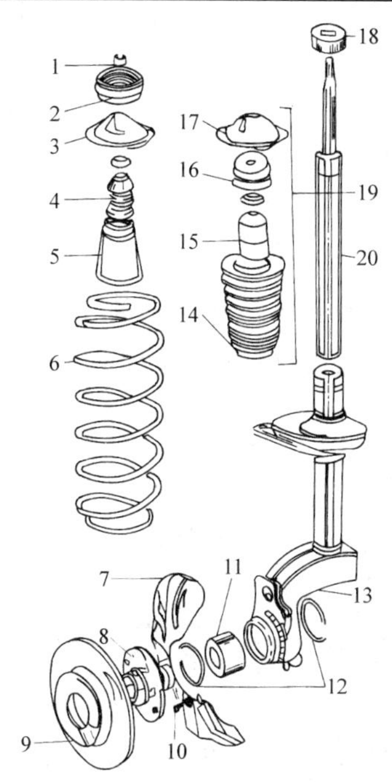

图 3—403　减振器的分解

1—螺母　2—支撑座　3—护圈　4—缓冲块　5—护套　6—弹簧　7—防溅盘　8—轮毂　9—制动盘　10—螺栓　11—轴承　12—卡簧　13—轴承壳　14—橡胶弹簧　15—缓冲块　16—盖　17—护圈　18—螺母　19—选装件　20—减振器

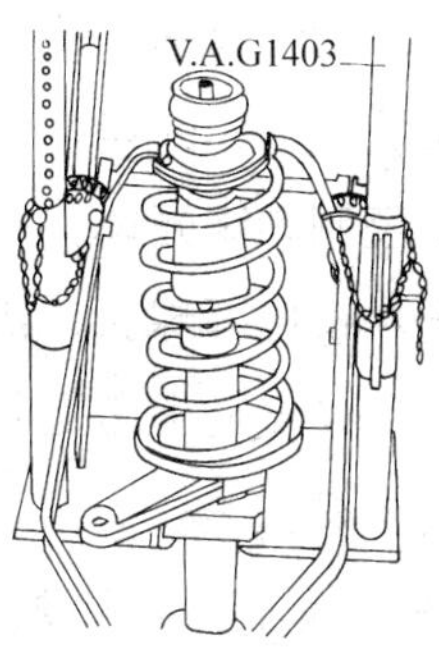

图 3—404　拆下活塞杆上的锁紧螺母

二、桑塔纳前悬架的装复

1. 减振器组件的装复

（1）将减振器装入支柱内，用专用工具以 150 N·m 的力矩旋紧减振器螺母盖。

（2）装上挡圈和轮毂。

（3）装上螺旋弹簧、护套、缓冲器、上支座、支撑轴承、支撑套、垫圈。

（4）用专用工具压缩弹簧，用内六角扳手固定住活塞杆，以 60 N·m 的力矩拧紧活塞杆上的锁紧螺母。

（5）装上挡泥板，拧紧挡泥板固定螺栓。

2. 副车架、下摇臂和稳定杆的拆卸

（1）用专用工具压入下摇臂两端橡胶衬套和前后衬套。

（2）用专用工具压入副车架前后 4 个橡胶衬套。

（3）装上下摇臂，以 50 N·m 的力矩拧紧摇臂与副车架连接橡胶轴套的螺栓螺母。

注意：左右下摇臂和球接头不能互换。

（4）装上副车架摇臂组合件，拧紧副车架与车身固定的前悬架螺栓。

(5) 装上稳定杆，以 25 N·m 的力矩拧紧稳定杆与下摇臂连接螺栓的紧固螺母和固定在副车架上的支架螺栓。

注意：稳定杆弯曲部分应位于下方。

3. 前悬架总成的装复

(1) 将传动轴外半轴安装入车轮轮毂内。

(2) 装上前悬挂臂上球形接头，以 50 N·m 的力矩拧紧球头紧固螺母。

(3) 安装 ABS 传感器，用 5 N·m 的力矩旋紧 ABS 传感器的紧固螺母。

(4) 将 ABS 传感器导线夹箍插入车轮轴承壳。

(5) 安装制动钳壳体，用 70 N·m 的力矩旋紧紧固螺母，并将制动蹄片放入支架。

(6) 安装制动钳壳体，用 25 N·m 的力矩拧紧制动钳紧固螺栓。

(7) 压入横拉杆球头，用 30 N·m 的力矩旋紧螺母。

(8) 在悬挂支柱上装上新螺母，用 60 N·m 的力矩旋紧。

(9) 装上橡胶盖。

(10) 装上车轮，放下汽车，用 230 N·m 的力矩旋紧传动轴的自锁螺母。

(11) 旋上轮毂锁紧螺母，用 120 N·m 的力矩旋紧轮毂锁紧螺母。

(12) 装上车轮装饰罩。

三、后桥与后悬架的拆卸（图 3—405）

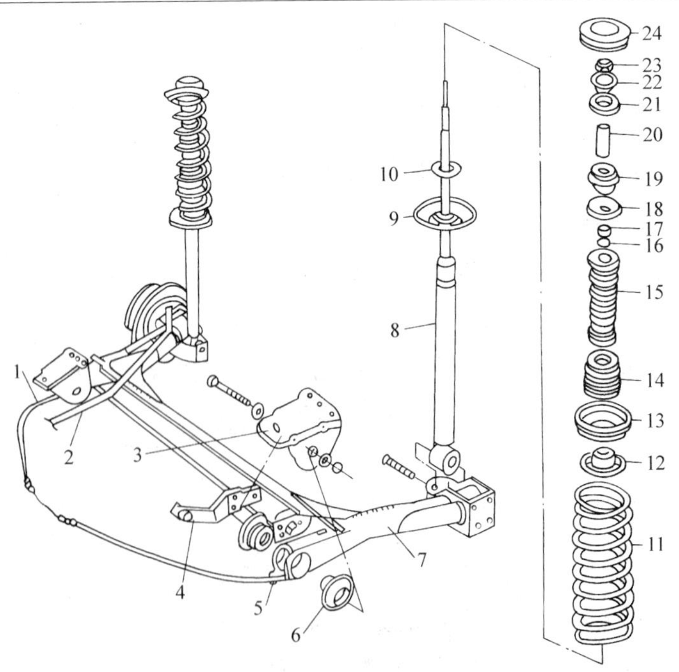

图 3—405 后桥与后悬架的分解

1—驻车制动器拉索 2—制动管 3—后桥支撑座 4—调节弹簧支架 5—驻车制动器拉索支架 6—衬套 7—后壳体 8—减振器 9—下弹簧座 10、18—垫圈 11—螺旋弹簧 12—护盖 13—上弹簧座 14—波纹橡胶管 15—缓冲块 16—卡簧 17—隔圈 19—下轴承环 20—隔套 21—上轴承环 22—隔圈 23—自锁螺母 24—盖板

(1) 拆下车轮。

(2) 举起汽车。

(3) 拆下排气管的紧固螺栓。

(4) 拆下排气管与车身底盘相连的橡胶减震圈，小心拆下排气管。

(5) 拆下驻车制动器拉索。

(6) 拆下 ABS 的转速传感器。

(7) 将 ABS 转速传感器的线束从夹头中松出。

(8) 拆下轴体上的制动管和制动软管。

(9) 用专用工具支撑后桥横梁。

(10) 拆下车身内的减振器盖板。

(11) 用内六角扳手固定住减振器活塞杆，用专用工具旋下自锁螺母。

(12) 拆下车身上的支撑座。

(13) 慢慢升起车辆。

(14) 从车身下取出后桥。

(15) 用专用工具压缩螺旋弹簧，拆下活塞杆卡簧。

(16) 取下缓冲块、波纹橡胶管、上弹簧座、螺旋弹簧、护盖。

(17) 拆下垫圈和下弹簧座。

四、后桥与后悬架的装复

(1) 将下弹簧座圈和垫圈卡装在减振器筒的外圈上。

(2) 装上护盖、螺旋弹簧、上弹簧座、波纹橡胶管、缓冲块。

(3) 用专用工具压缩螺旋弹簧，装上活塞杆卡簧。

(4) 将减振器安装在后桥体上，以 70 N·m 的力矩拧紧固定螺栓。

(5) 将后桥置于车身下面。

(6) 将减振器支承杆装入车身的支架中，以 45 N·m 的力矩旋紧减振器活塞杆自锁螺母。

(7) 装上支撑座，以 45 N·m 的力矩拧紧支撑座固定螺母。

注意：安装时，后桥必须放平。

(8) 盖上盖板。

(9) 装上制动管和制动软管。

(10) 连接 ABS 转速传感器，并固定线束夹头和护套。

(11) 将驻车制动拉索铺设在排气管上方。

(12) 装好排气管。

(13) 安装车轮。

项目2　卡罗拉轿车车桥的拆装（图3—406）

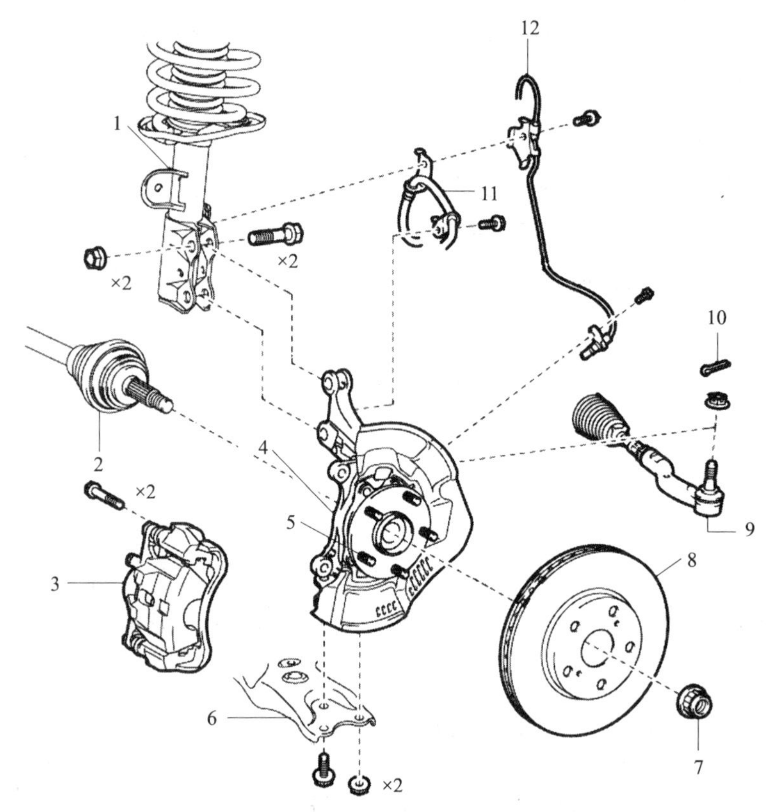

图3—406　卡罗拉轿车前桥分解

1—带螺旋弹簧的前减振器总成　2—前桥半轴总成　3—制动钳　4—前桥总成　5—前桥轮毂螺栓　6—前下悬架臂　7—轮毂螺母　8—制动盘　9—横拉杆接头　10—开口销　11—前挠性软管　12—前轮转速传感器

一、前桥轮毂、转向节的拆卸（以左侧轮毂为例）

1. 拆卸前轮。

2. 拆卸前桥轮毂螺母，如图3—407所示。

使用专用工具和锤子，松开前桥轮毂螺母的锁紧部件，在施加制动的同时，拆下前桥轮毂螺母。

注意：应完全松开前桥轮毂螺母的锁紧部分，否则会损坏驱动轴的螺纹。

3. 拆下螺栓和卡夹，分离前轮转速传感器，从转向节上分离前轮转速传感器。

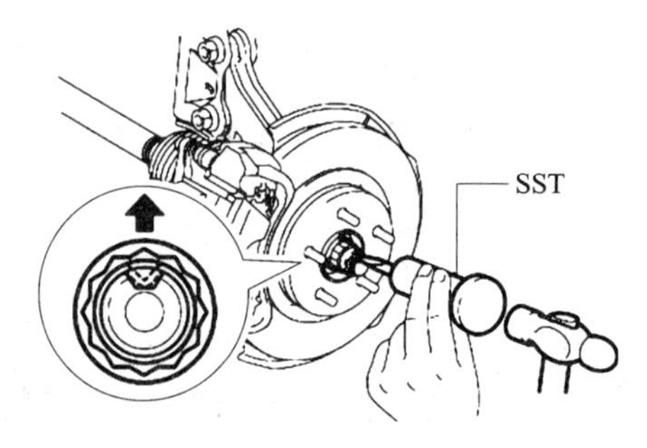

图3—407　拆卸前桥轮毂螺母

注意：确保将前轮转速传感器与带螺旋弹簧的前减振器完全分离。

4. 分离前挠性软管。

5. 拆下 2 个螺栓，并从转向节上分离前盘式制动器制动钳总成，如图 3—408 所示。

注意：使用钢丝或同等工具，悬挂制动钳，避免制动钳悬挂在挠性软管上。

6. 拆卸前制动盘。

7. 分离横拉杆接头分总成。

8. 拆下螺栓和 2 个螺母，从前下球节上分离前悬架下臂。

9. 拆卸前桥总成。拆下 2 个螺栓和 2 个螺母，并从转向节上断开带螺旋弹簧的前减振器总成，用塑料锤拆下前桥总成。

注意：在驱动轴和前桥轮毂分总成上做好装配标记，不要损坏前桥外侧万向节防尘套和转速传感器转子，从车桥总成推出驱动轴时切勿用力过大。

10. 拆卸前下球头。

11. 拆卸（转向节）前桥轮毂分总成，如图 3—409 所示，将前桥总成固定在台钳内，从转向节上拆下 4 个螺栓和前桥轮毂分总成，拆下前制动器防尘罩。

注意：使用台钳固定前桥总成时不要夹得过紧，不要使轮毂和轴承的磁性转子侧朝向下方，不要使磁性转子侧受损或者接触异物。

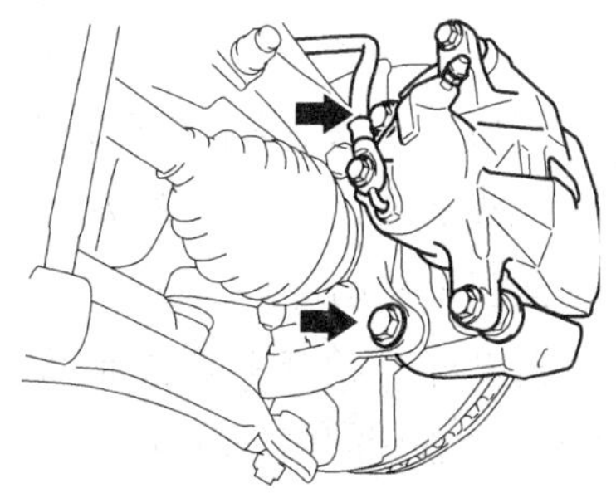

图 3—408　分离制动器制动钳总成

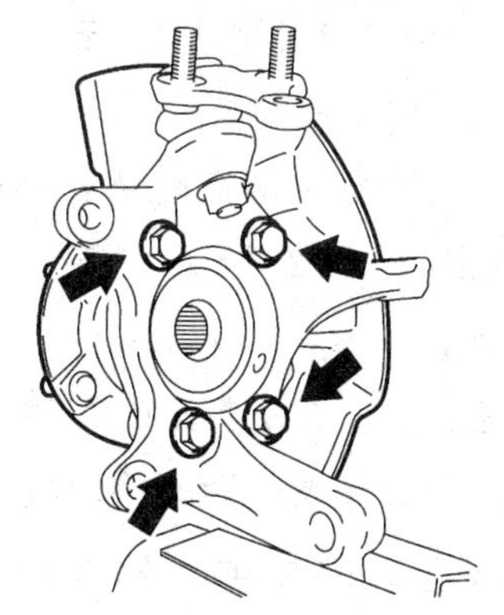

图 3—409　前桥轮毂分总成的拆装

二、前桥轮毂、转向节的装复（以左侧轮毂为例）

1. 安装前桥轮毂（转向节）分总成。在图 3—410 所示箭头指示的部位涂抹 0.1～0.3 g 通用润滑脂。用台钳夹紧转向节，安装好前制动器防尘罩，用 4 个螺栓安装前桥轮毂分总成。螺栓力矩为 96 N·m。

2. 安装前下球头。

3. 对齐装配标记，将前桥半轴总成安装至前桥轮毂分总成，如图 3—411 所示。用螺栓将前桥总成安装至前减振器总成。力矩为 240 N·m。

4. 安装前悬架下臂，力矩为 89 N·m。

5. 连接横拉杆接头分总成。

6. 安装前制动盘。

7. 用 2 个螺栓将前盘式制动器总成安装至转向节，力矩为 107 N·m。

8. 暂时安装前桥轮毂螺母，力矩为 216 N·m。

9. 分离前盘式制动器制动钳总成。

10. 拆卸前制动盘。

11. 用百分表检查前桥轮毂轴承的松弛度，如图 3—412 所示，最大松弛度为 0.05 mm。

注意：确保百分表垂直置于测量表面。

12. 用百分表检查前桥轮毂的径向跳动。最大跳动量为 0.05 mm，如图 3—412 所示。

13. 安装前制动盘。

14. 安装前盘式制动器制动钳总成。力矩为 107 N·m。

15. 安装前挠性软管。

16. 安装前轮转速传感器。用螺栓和卡夹将前轮转速传感器和前挠性软管安装至前减振器，力矩为 29 N·m。用螺栓将前轮转速传感器安装至转向节，力矩为 8.5 N·m。

17. 安装前桥轮毂螺母。

18. 安装前轮。力矩为 103 N·m。

19. 检查并调整前轮定位。

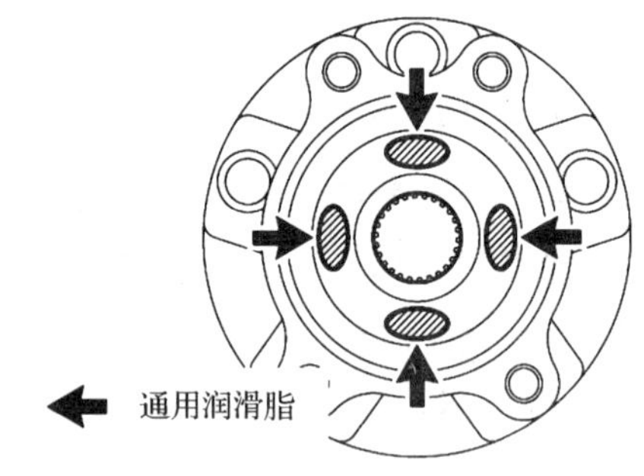

图 3—410 润滑脂涂抹部位

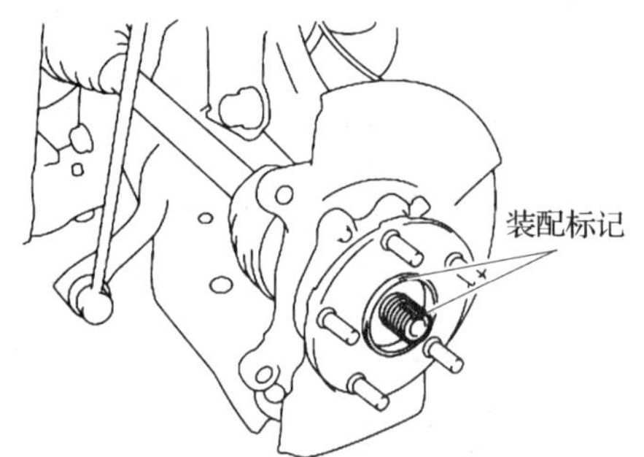

图 3—411 安装前桥总成

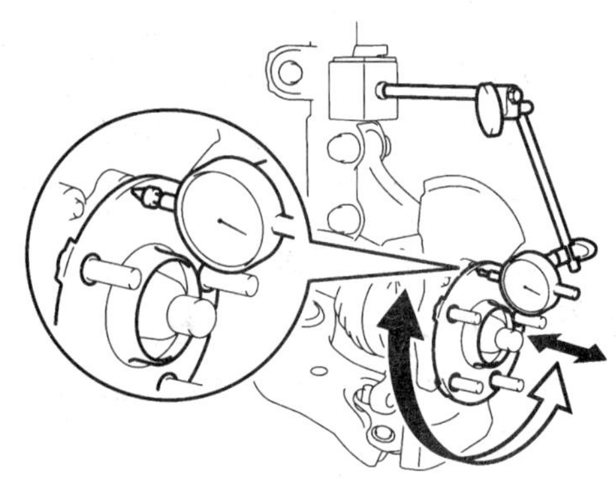
图 3—412 前桥轮毂的检查

三、卡罗拉轿车后桥轮毂的拆卸（图 3—413）

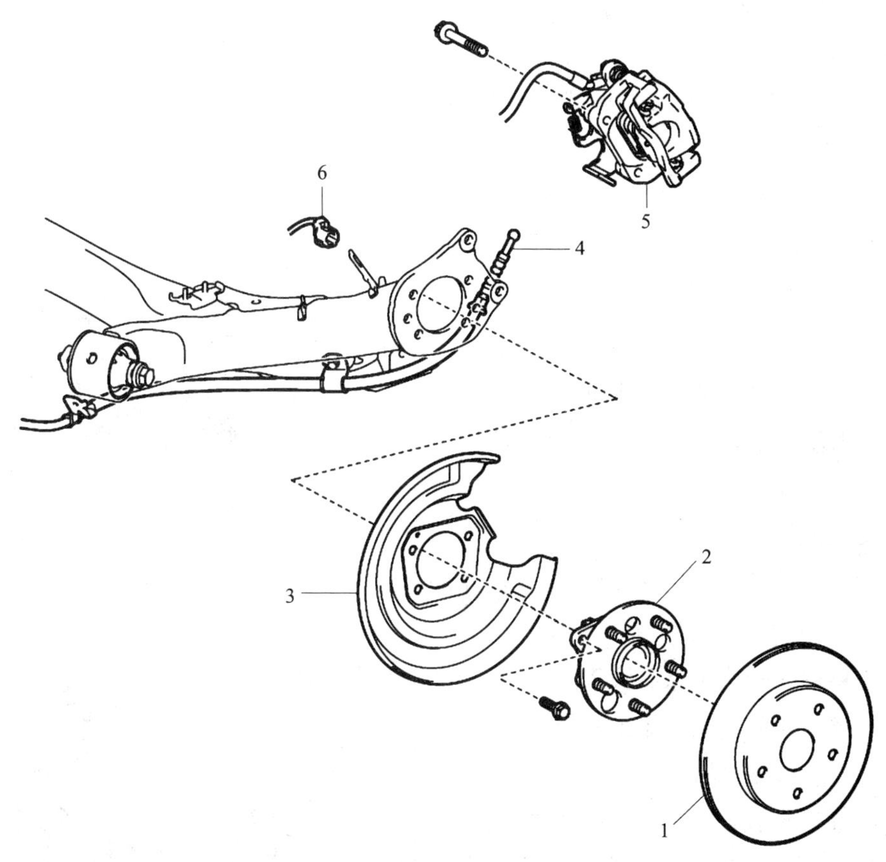

图 3—413　卡罗拉轿车后桥轮毂拆卸

1—后制动盘　2—后桥轮毂　3—制动盘防尘罩　4—3 号制动器拉索　5—制动钳　6—轮速传感器

1. 松开驻车制动器拉索。

2. 拆卸后轮。

3. 断开后轮轮速传感器线束。

4. 断开 3 号驻车制动器拉索总成。

5. 拆下 2 个螺栓，分离后盘式制动器制动钳总成，如图 3—414 所示。

6. 拆卸后制动盘。

7. 拆下 4 个螺栓以及后桥轮毂和轴承总成。

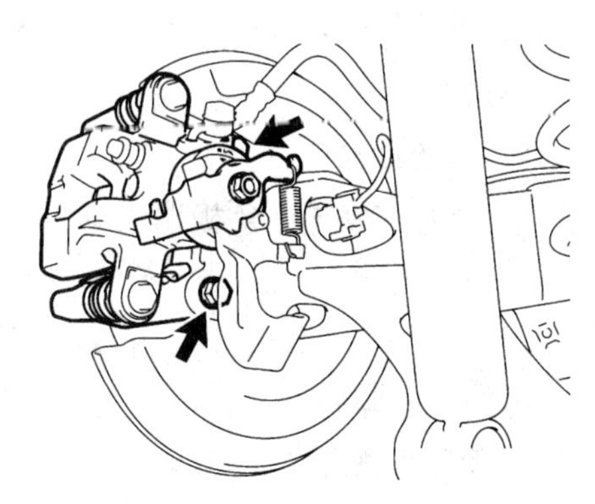

图 3—414　分离制动器制动钳

四、卡罗拉轿车后桥轮毂的装复

1. 安装后桥轮毂和轴承总成，并以 90 N·m 的力矩拧紧螺栓，如图 3—415 所示。

注意：这 4 个螺栓不能重复使用，安装时应更换 4 个新螺栓。

2. 用百分表检查车桥轮毂中心附近是否松动，最大松弛度为 0.05 mm，如图 3—412 所示。如果松弛度超过最大限度，更换车桥轮毂总成。

3. 用百分表检查轮毂螺栓外的车桥轮毂表面的径向跳动，如图 3—416 所示。最大跳动量为 0.07 mm。

4. 安装后制动盘。

5. 安装后盘式制动器制动钳总成，并以 57 N·m 的力矩拧紧螺栓。

6. 连接后轮轮速传感器线束。

7. 连接 3 号驻车制动器拉索总成。

8. 调整驻车制动操纵手柄行程。

9. 检查后盘式制动器制动工作缸操作杆和制动器之间的间隙。

10. 安装地板控制台上面板分总成。

11. 安装中央仪表组装饰板总成。

12. 安装换挡杆把手分总成。

13. 安装仪表板装饰板。

14. 安装后轮，并以 103 N·m 的力矩拧紧轮胎螺栓。

15. 检查后轮定位。

16. 连接好蓄电池负极端子电缆。

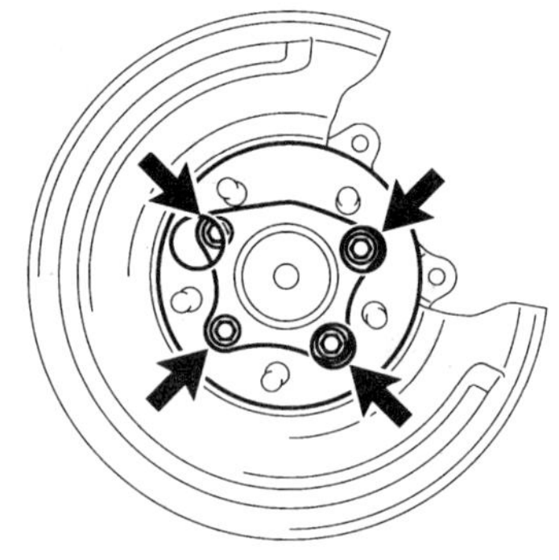

图 3—415 安装后桥轮毂总成

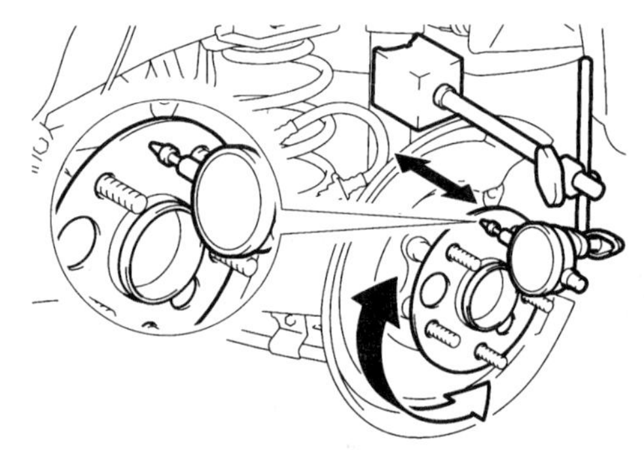

图 3—416 检查后桥轮毂

五、前轮定位

1. 检查轮胎。

2. 测量车辆高度

(1) 下压车辆几次以稳定悬架。

(2) 测量车辆高度，如图 3—417 所示。

3. 检查车轮转角

（1）在转向半径仪的最后点上作胎面中心标记。

（2）将转向盘向左、右转到完全锁止位置并测量其转角。

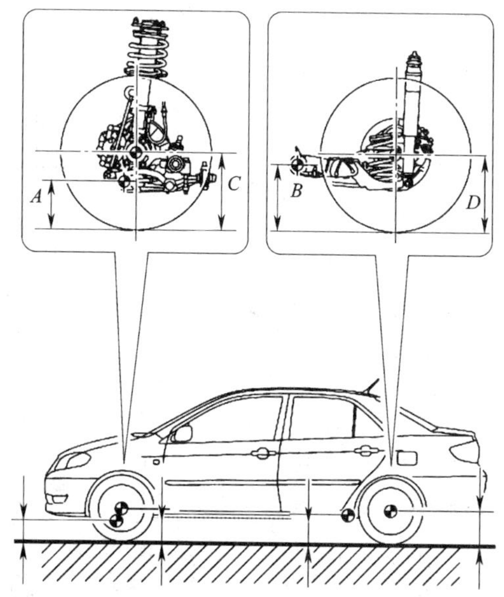

图 3—417　测量车辆高度

A—悬架 1 号下臂衬套固定螺栓中心的离地间隙　*B*—后牵引臂衬套固定螺栓中心的离地间隙

C—前轮中心的离地间隙　*D*—后轮中心的离地间隙

4. 检查外倾角、后倾角和转向轴线倾角，如图 3—418 所示。

（1）安装前轮定位测定仪或将前轮放至车轮定位检测仪中央。

（2）检查外倾角、后倾角和转向轴线倾角。

5. 调整外倾角

（1）拆下前轮。

（2）拆下前减振器下侧的 2 个螺母。

（3）清洁前减振器和转向节的安装表面。

（4）暂时安装 2 个螺母。

（5）按所需的调整方向将前桥轮毂推到底或拉到底，以 240 N·m 的力矩拧紧前减振器下侧的 2 个螺母。

（6）安装前轮，并以 103 N·m 的力矩拧紧轮胎螺栓。

（7）检查外倾角，如图 3—418 所示。如果测量值不在规定范围内，用下面的公式计算所需的调整量：

外倾角调整量＝规定值范围的中间值－测量值

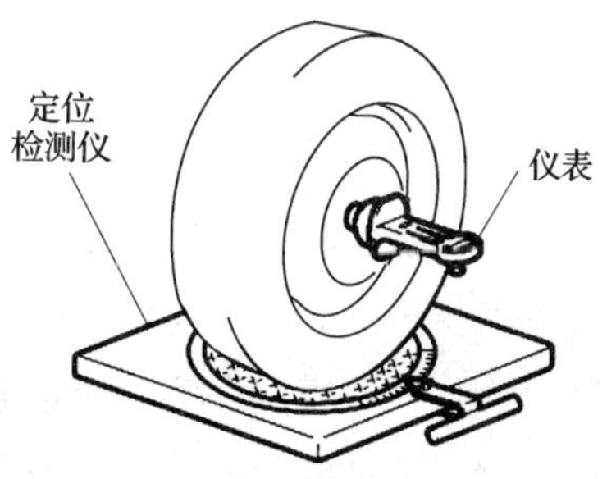

图 3—418　检查外倾角、后倾角

6. 检查前束，如图 3—419 所示。

(1) 从各个角度，使车轮上下弹跳几次，以稳定悬架。

(2) 松开驻车制动器，并将换挡杆移至空挡位置。

(3) 向正前方推动车辆移动约 5 m。

(4) 在前轮最靠后的部位做好胎面中心标记，并测量标记间的距离（尺寸 B）。

(5) 以前轮胎气门为参考点，向正前方缓慢推动车辆，使前轮旋转 180°。

(6) 测量车轮前侧胎面中心标记间的距离（尺寸 A）。

(7) 前束（空载车辆）标准值：$B-A=$ (2.0±2) mm，如果前束不在规定范围内，则通过齿条接头进行调整。

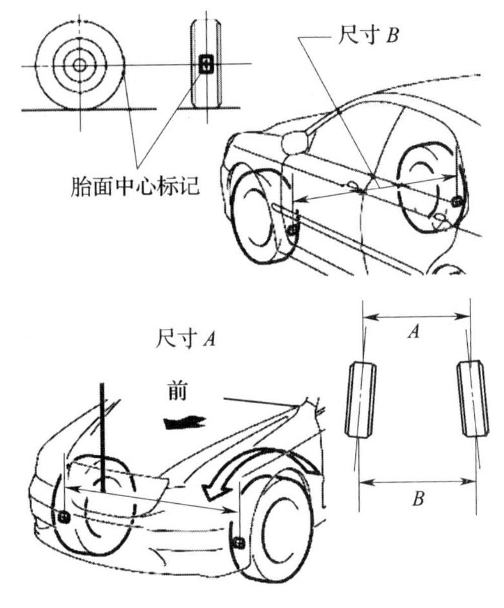

图 3—419　前束的检查

7. 调整前束

(1) 确保左、右齿条接头的长度基本相同，标准差异小于 1.5 mm。

(2) 拆下 2 个防尘套卡子。

(3) 松开横拉杆接头锁紧螺母。

(4) 等量转动左、右齿条接头，以调整前束至中间值。

(5) 以 74 N·m 的力矩拧紧横拉杆接头锁紧螺母。

(6) 将防尘套放到座椅上并安装防尘套卡子。

项目 3　卡罗拉轿车悬架的拆装

一、卡罗拉轿车前减振器的拆装（图 3—420）

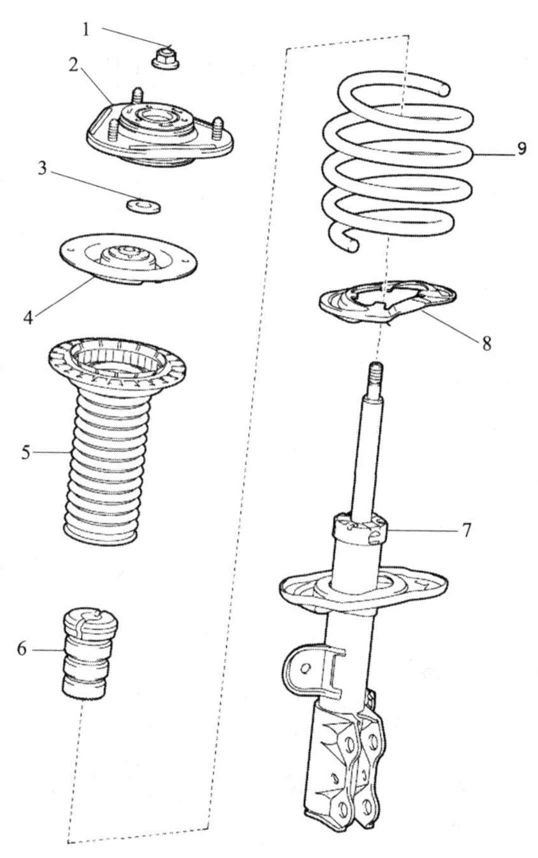

图 3—420　卡罗拉轿车减振器结构

1—支座至减振器螺母　2—悬架支座分总成　3—防尘密封圈　4—螺旋弹簧上座　5—螺旋弹簧上隔振垫　6—弹簧缓冲块　7—减振器　8—螺旋弹簧下隔振垫　9—螺旋弹簧

1．前减振器拆卸

（1）拆卸前刮水器臂端盖。

（2）拆卸风窗玻璃刮水器臂和挂水片总成。

（3）拆卸发动机盖至前围上板密封。

（4）拆卸前围板上通风栅板。

（5）拆卸风窗玻璃刮水器电动机及连杆。

（6）拆卸前围上外板。

(7) 拆卸前轮。

(8) 拆卸前悬架支座防尘罩。

(9) 分离前稳定杆连杆总成。

(10) 分离前轮转速传感器。

(11) 分离前挠性软管。

(12) 拆卸带螺旋弹簧的前减振器。松开前减振器的前支架至前减振器螺母，支承好前桥，拆下2个螺栓和螺母，从转向节上分离减振器（下部），拧下3个上部螺母，拆下带螺旋弹簧的前减振器。

2. 前减振器的拆解

(1) 固定带螺旋弹簧的前减振器。

(2) 拆下前支架至前减振器螺母。

(3) 拆卸前悬架支座分总成。

(4) 拆卸前悬架支座防尘密封圈。

(5) 拆卸前螺旋弹簧上座。

(6) 拆卸前螺旋弹簧上隔振垫。

(7) 拆卸前螺旋弹簧。

(8) 拆卸前弹簧缓冲块。

(9) 拆卸前螺旋弹簧下隔振垫。

3. 检查前减振器

压缩并伸长减振器杆4次或更多次，须无异常阻力或声音，且操作阻力正常，否则换上新的前减振器。

4. 前减振器装配

(1) 用台虎钳固定前减振器。

(2) 安装前螺旋弹簧下隔振垫。

(3) 安装前弹簧缓冲块。

(4) 先压缩前螺旋弹簧，安装好前螺旋弹簧，如图3—421所示。

注意：确保前螺旋弹簧的底端定位于弹簧下座的压缩下。确保油漆标记面朝下安装螺旋弹簧。

(5) 安装前螺旋弹簧上隔振垫。

(6) 安装前螺旋弹簧上座。

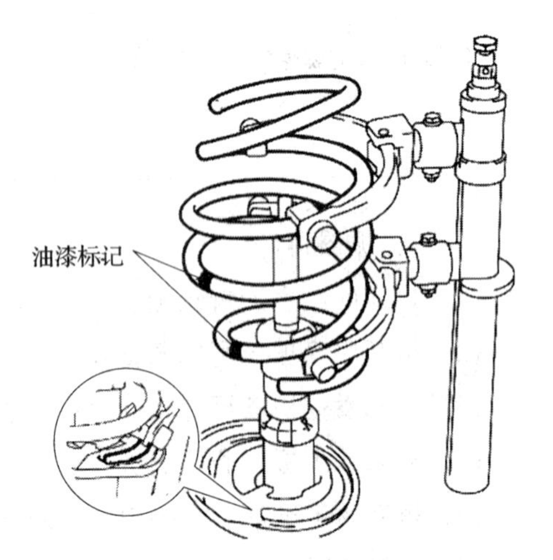

图3—421 安装前螺旋弹簧

(7) 安装前悬架支座防尘密封圈。

(8) 安装前悬架支座分总成。

(9) 暂时拧紧前支座至前减振器螺母。

5. 前减振器安装

(1) 安装带螺旋弹簧的前减振器，如图3—422所示。用3个螺母安装带螺旋弹簧的前减振器（上部），并以50 N·m的力矩拧紧螺栓。用2个螺栓和螺母将带螺旋弹簧的减振器（下部）安装在转向节上，并以240 N·m的力矩拧紧螺栓，以47 N·m的力矩完全紧固前支架至前减振器螺母。

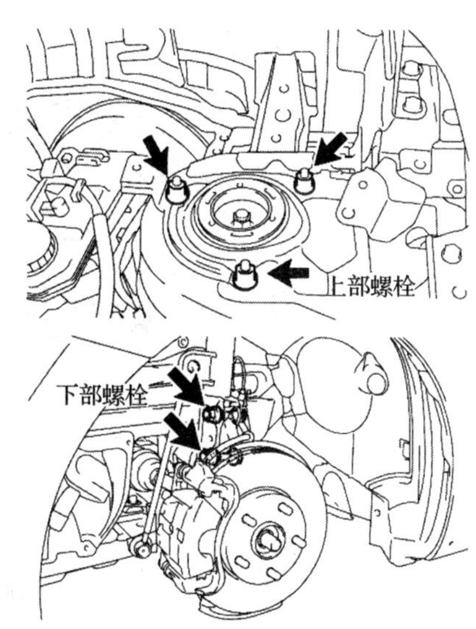

图3—422 安装带螺旋弹簧的前减振器

(2) 用螺栓将前挠性软管安装至转向节，力矩为29 N·m。

(3) 用螺栓和卡夹将前轮转速传感器和前挠性软管安装至前减振器，并以29 N·m的力矩拧紧螺栓。

(4) 用螺母将前稳定杆连杆总成安装在带螺旋弹簧的前减振器上，并以74 N·m的力矩拧紧，如图3—423所示。

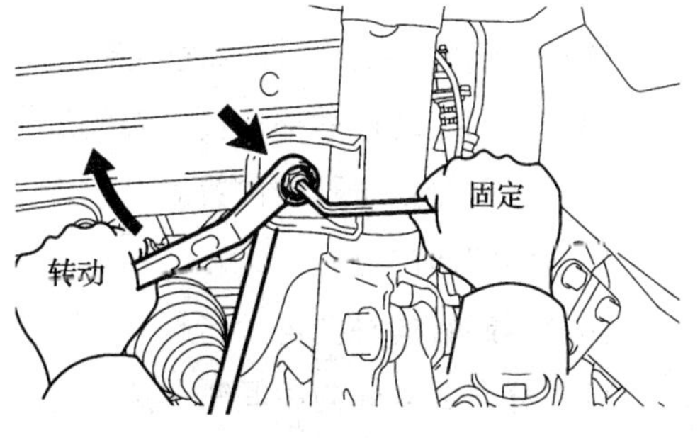

图3—423 安装前稳定杆连杆总成

注意：如果球节随螺母一起转动，则应使用内六角扳手固定双头螺栓。

(5) 安装前悬架支座防尘罩。

(6) 安装前轮，并以103 N·m的力矩拧紧轮胎螺栓。

(7) 安装前围上外板。

(8) 安装风窗玻璃刮水器电动机及连杆。

(9) 安装前围板上通风栅板。

(10) 安装发动机盖至前围上板密封。

(11) 安装风窗玻璃刮水器臂和刮水片总成。

(12) 安装前刮水器臂端盖。

(13) 检查并调整前轮定位。

二、前悬架下臂、前稳定杆的拆装（图 3—424）

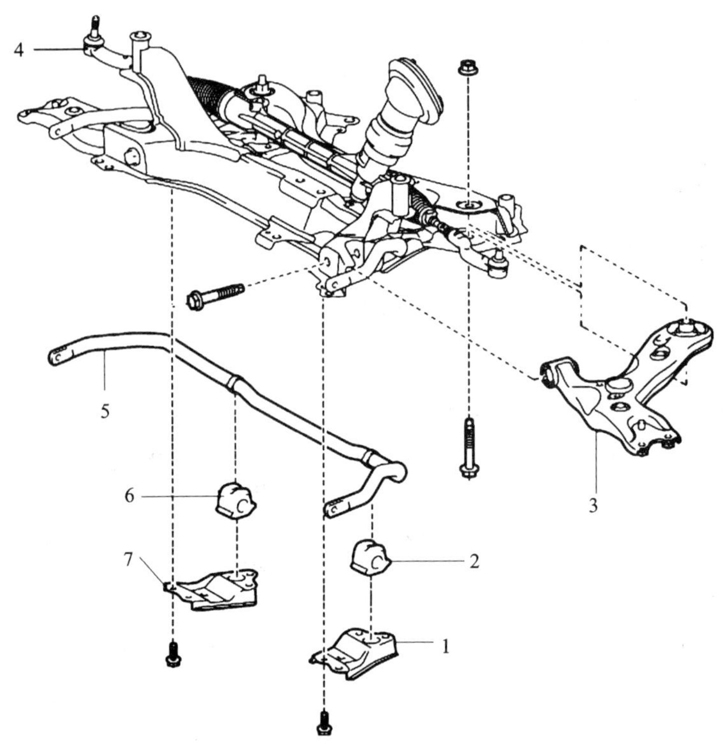

图 3—424 前悬架下臂、前稳定杆分解

1—左前悬架横梁前支架 2—前稳定杆 1 号衬套 3—左前支架下臂 4—右球节 5—前稳定杆 6—前稳定杆 1 号衬套 7—右前悬架横梁前支架

1. 前悬架下臂、前稳定杆的拆卸

(1) 拆卸前轮。

(2) 拆卸发动机 1 号、2 号底罩。

(3) 拆卸发动机后部左侧、右侧底罩。

(4) 使前轮处于正前位置。

(5) 固定转向盘。

(6) 拆卸转向柱孔盖消音板。

(7) 分离 2 号转向中间轴总成。

(8) 分离转向柱 1 号孔盖分总成。

(9) 拆下螺母，并从前稳定杆上分离左前稳定杆连杆总成，如图 3—425 所示。

(10) 分离右前稳定杆连杆总成。

(11) 分离左侧横拉杆接头分总成。

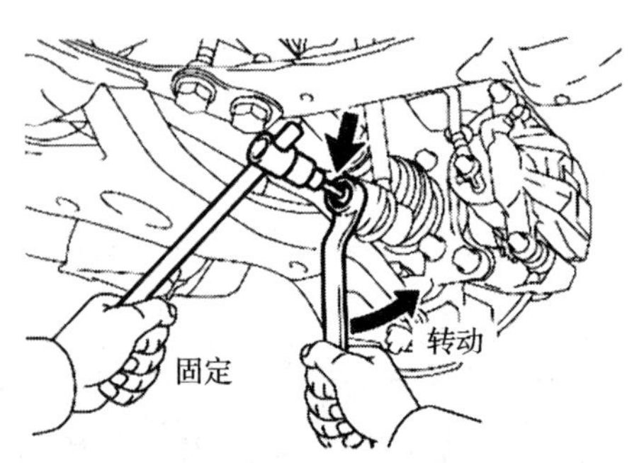

图 3—425 分离左前稳定杆连杆总成

（12）分离右侧横拉杆接头分总成。

（13）分离左前悬架下臂。

（14）分离右前悬架下臂，如图 3—426 所示。

（15）拆下 2 个螺栓和发动机前悬置支架下加强件。

（16）拆下 4 个螺栓和左前悬架横梁加强件。

（17）拆下 4 个螺栓和右前悬架横梁加强件。

（18）拆下 3 个螺栓和左前悬架横梁后支架。

（19）拆卸右前悬架横梁后支架。

（20）拆卸前悬架横梁分总成。脱开 2 个卡夹和卡爪，并从前悬架横梁分总成上分离氧传感器线束。用变速器千斤顶支承前悬架横梁。拆下 4 个螺栓、2 个螺母和前悬架横梁分总成。

（21）拆卸左前悬架下臂。

（22）拆下 4 个螺栓和左前悬架横梁前支架。

（23）拆卸右前悬架横梁前支架。

（24）从前悬架横梁分总成上拆下右前悬架下臂，如图 3—427 所示；拆卸前稳定杆，如图 3—428 所示。

（25）从前稳定杆上拆下 2 个前稳定杆 1 号衬套。

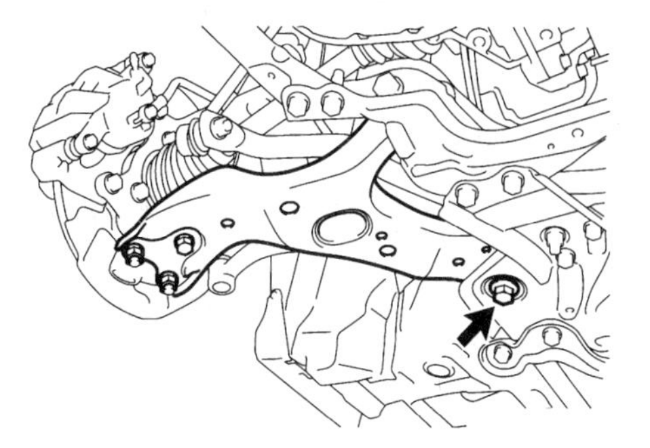

图 3—426　分离右前悬架下臂

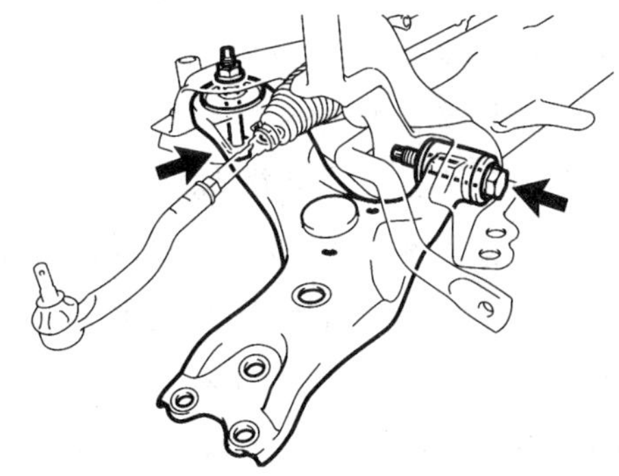

图 3—427　拆卸右前悬架下臂

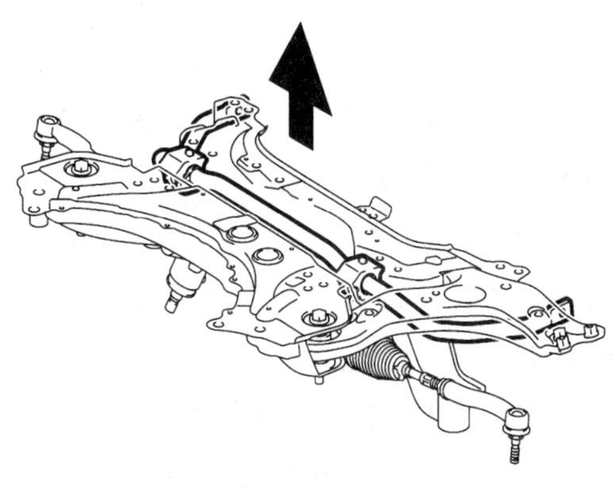

图 3—428　拆卸前稳定杆

2. 检查前稳定杆连杆总成

（1）检查球节的转矩。用铝板将前稳定杆连杆总成固定在台钳上，将螺母安装至前稳定杆连杆总成球头销，用力矩扳手以 3～5 s 一圈的速度连续转动螺母，并在第五圈时读取力矩读数，标准力矩为 0.05～1.96 N·m。

（2）检查防尘罩。检查并确认防尘罩无裂纹且其上没有润滑脂。

3. 前悬架下臂、前稳定杆的安装

(1) 安装前稳定杆1号衬套。

(2) 将前稳定杆安装在前悬架横梁分总成上，使识别标记位于车辆右侧，如图3—429所示。

(3) 用2个螺栓和螺母将右前悬架下臂暂时安装至前悬架横梁。

(4) 用4个螺栓安装左前、右前悬架横梁前支架，如图3—430所示。力矩为87 N·m。

(5) 用2个螺栓和螺母将左前悬架下臂暂时安装至前悬架横梁。

(6) 安装前悬架横梁分总成，如图3—431所示。用变速器千斤顶支承前悬架横梁，用专用工具交替将前悬架横梁的左侧和右侧的2个螺栓A、2个螺栓B和2个螺母分步按照各自规定的力矩拧紧。力矩分别为：螺栓A，145 N·m；螺栓B，95 N·m；螺母，93 N·m。接合2个卡夹和卡爪，将氧传感器线束安装至前悬架横梁分总成。

(7) 用3个螺栓安装左前悬架横梁后支架。力矩分别为：螺栓A，145 N·m；螺栓B，93 N·m。

(8) 安装右前悬架横梁后支架。

(9) 用4个螺栓安装左前悬架横梁加强件，如图3—432所示，力矩为96 N·m。

注意：暂时拧紧螺栓A和螺栓B，并按C、B、D、A的顺序完全拧紧这4个螺栓。

(10) 用4个螺栓安装右前悬架横梁加强件，并以96 N·m的力矩拧紧。

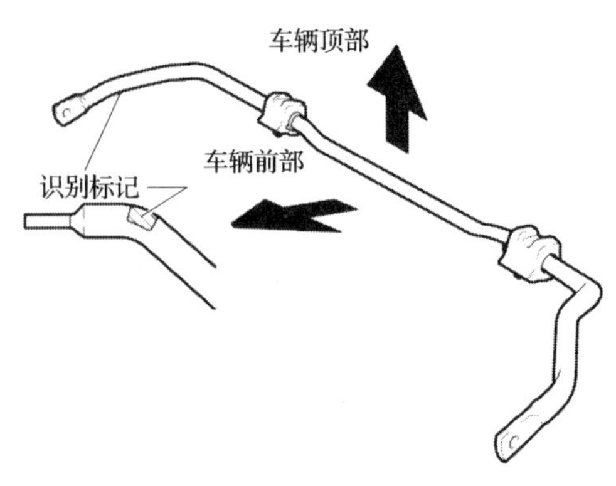

图3—429 安装前稳定杆

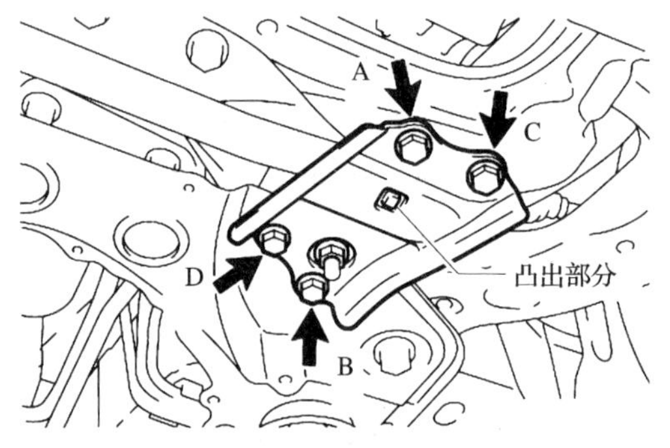

图3—430 安装悬架横梁前支架

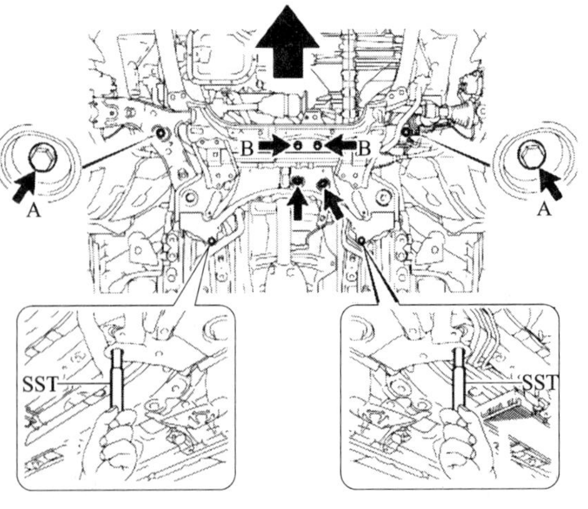

图3—431 安装前悬架横梁分总成

（11）用 2 个螺栓安装发动机前悬置支架下加强件，并以 96 N·m 的力矩拧紧。

（12）连接左前悬架下臂。

（13）连接右前悬架下臂。

（14）连接左侧横拉杆接头分总成。

（15）连接右侧横拉杆接头分总成。

（16）用螺母将左前稳定杆连杆总成安装至前稳定杆。力矩为 74 N·m。

（17）安装右前稳定杆连杆总成。

（18）连接转向柱 1 号孔盖分总成。

（19）连接 2 号转向中间轴总成。

（20）安装转向柱孔盖消音板。

（21）安装发动机后部左侧底罩。

（22）安装发动机后部右侧底罩。

（23）安装前轮，并以 103 N·m 的力矩拧紧轮胎螺栓。

（24）降下车辆，下压车辆几次以稳定悬架。

（25）完全紧固前悬架下臂。用专用工具完全拧紧螺栓 A，力矩为 172 N·m；完全拧紧螺栓 B，力矩为 233 N·m。

（26）安装发动机 2 号、1 号底罩。

（27）检查并调整前轮定位。

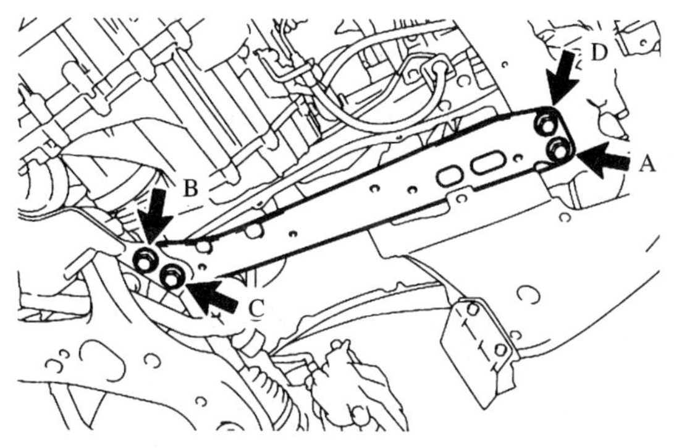

图 3—432　安装左前悬架横梁加强件

三、前下球节拆装

1. 前下球节拆卸

（1）拆卸前轮。

（2）拆卸前桥轮毂螺母。

（3）分离前轮转速传感器。

（4）分离横拉杆接头分总成。

（5）分离前盘式制动器制动钳总成。

（6）拆卸前制动盘。

(7) 分离前悬架下臂。

(8) 拆卸前桥总成。

(9) 拆卸前下球节。用台钳固定前桥总成。拆下开口销和螺母。将专用工具放置在前下球节上，从前桥总成上拆下前下球节，如图 3—433 所示。

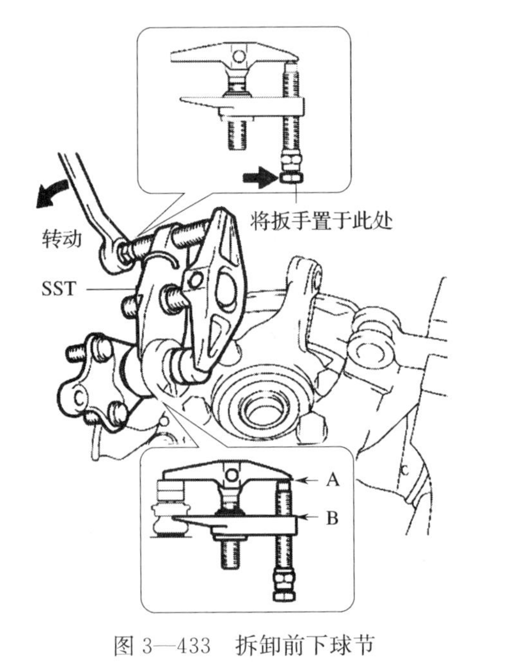

图 3—433 拆卸前下球节

2. 前下球节的检查

(1) 检查球节的转矩，如图 3—434 所示。垫上铝板，将前下球节固定在台钳上。将螺母装在前下球节的球头销上。用力矩扳手以 3～5 s 一圈的速度连续转动螺母，并在第五圈时读取力矩读数，标准力矩为 0.98～3.40 N·m。

(2) 检查防尘罩。确认防尘罩无裂纹，且其上没有润滑脂。

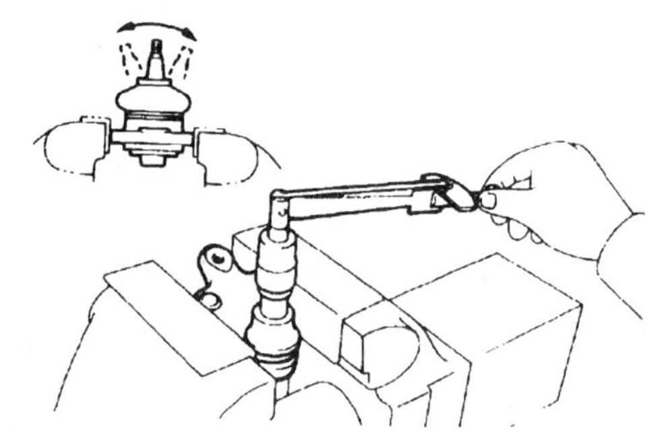
图 3—434 前下球节的检查

3. 前下球节的安装

(1) 安装前下球节，如图 3—435 所示。用台钳固定前桥总成。用螺母将前下球节安装至前桥总成，并以 133 N·m 的力矩拧紧。安装新的开口销。

(2) 安装前桥总成。

(3) 安装前悬架下臂。

(4) 安装横拉杆接头分总成。

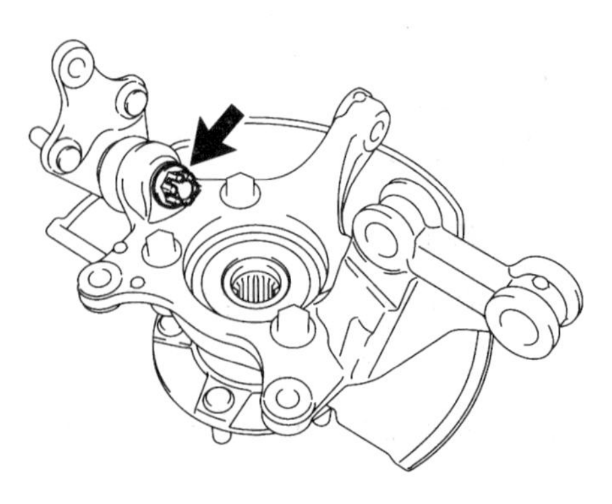
图 3—435 安装前下球节

(5) 安装前制动盘。

(6) 安装前盘式制动器制动钳总成。

(7) 安装前轮转速传感器。

(8) 安装前桥轮毂螺母。

(9) 安装前轮，并以 103 N·m 的力矩拧紧轮胎螺栓。

(10) 检查并调整前轮定位。

四、后螺旋弹簧的拆装（图 3—436）

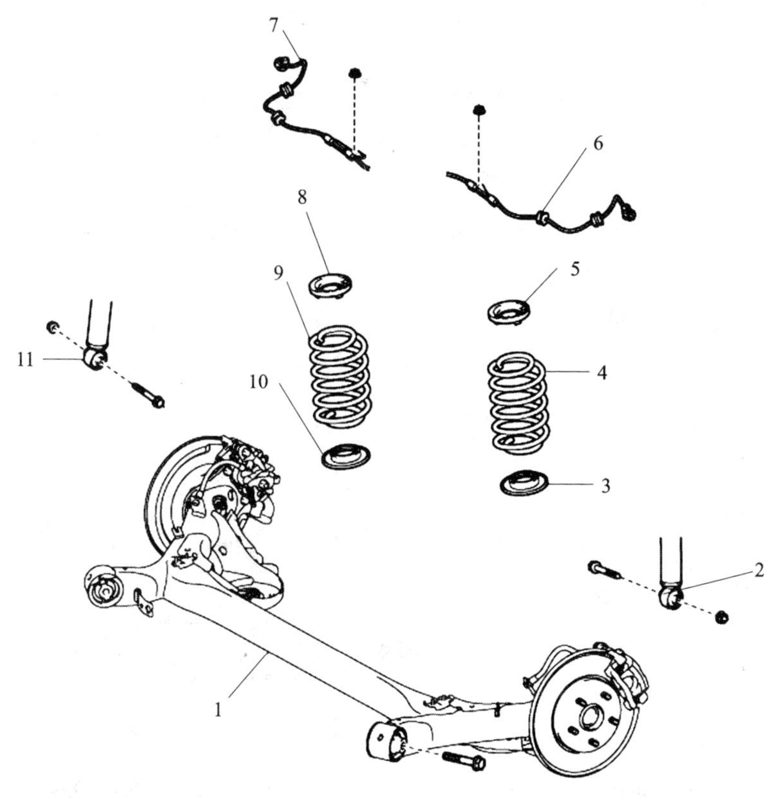

图 3—436　后螺旋弹簧分解

1—后桥横梁　2、11—减振器　3、10—下隔振垫　4、9—螺旋弹簧　5、8—上隔振垫　6、7—防滑控制传感器线束

1. 后螺旋弹簧的拆卸

(1) 拆卸后轮。

(2) 拆卸高度控制传感器。

(3) 拆卸后地板纵梁支架分总成。

(4) 分离防滑控制传感器线束。

(5) 用千斤顶和木块支承后桥横梁总成的弹簧座，松开 2 个螺栓，如图 3—437 所示。

注意：不要过度顶起后桥横梁总成，不要拆下螺栓。

(6) 分离左、右后减振器。

(7) 降低千斤顶并拆下后螺旋弹簧。

(8) 取下后螺旋弹簧上隔振垫。

(9) 取下后螺旋弹簧下隔振垫。

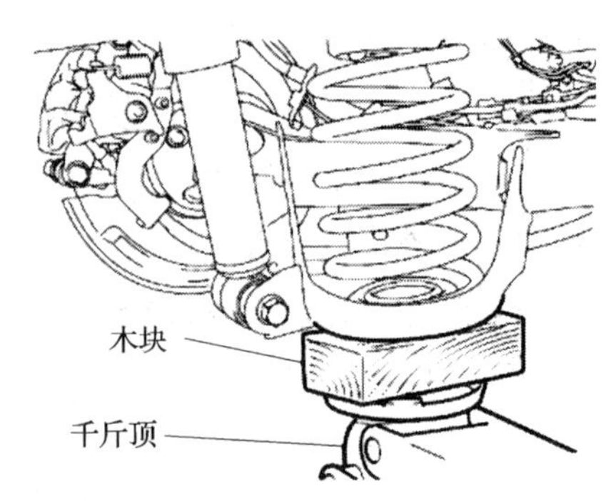

图 3—437 支承后桥横梁总成

2. 后螺旋弹簧的安装

(1) 将后螺旋弹簧上隔振垫安装至后螺旋弹簧。

注意：安装后螺旋弹簧上隔振垫，使制动器和后螺旋弹簧上端之间的尺寸小于 10 mm。

(2) 安装后螺旋弹簧下隔振垫。

(3) 将后螺旋弹簧安装至后桥横梁。

(4) 暂时紧固左、右后减振器。

(5) 连接防滑控制传感器线束。

(6) 安装后轮，并以 103 N·m 的力矩拧紧轮胎螺栓。

(7) 安装后地板纵梁支架分总成。

(8) 稳定悬架。

(9) 完全紧固后桥横梁。

(10) 以 900 N·m 的力矩紧固左、右后减振器固定螺栓。

(11) 安装高度控制传感器。

五、后减振器拆装

1. 后减振器拆卸

(1) 拆卸后排座椅坐垫总成。

(2) 拆卸后排左侧座椅靠背总成。

(3) 拆卸备胎罩。

(4) 拆卸后地板装饰板。

(5) 拆卸行李箱左侧内装饰罩。

(6) 拆卸后轮。

(7) 拆卸高度控制传感器。

(8) 用千斤顶和木块支承后桥横梁总成的弹簧座。用六角套筒扳手 (6 mm) 紧固后减振器杆并拆下锁紧螺母。拆下后减振器缓冲垫挡片，如图 3—438 所示。

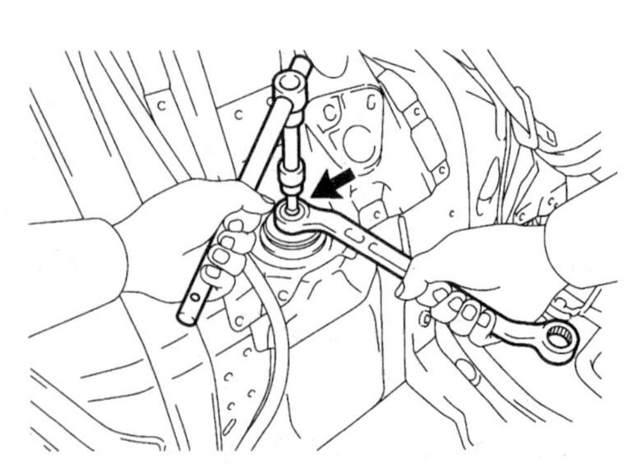

图 3—438 拆卸后减振器缓冲垫挡片

(9) 拆下后悬架支座。

(10) 固定住螺母以拆下螺栓，并拆下后减振器，如图 3—439 所示。

(11) 拆卸 1 号后弹簧缓冲块。

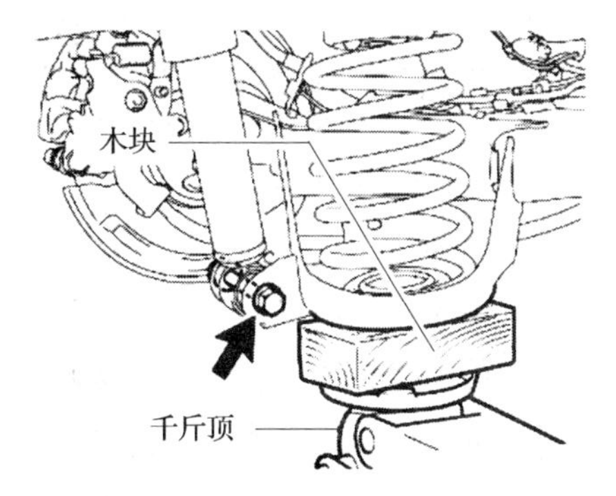

图 3—439　后减振器的拆装

(12) 检查后减振器总成，如图 3—440 所示。压缩和伸长减振器杆，检查并确认操作过程中没有异常阻力或异常声音。如果有任何异常，换上新的减振器。

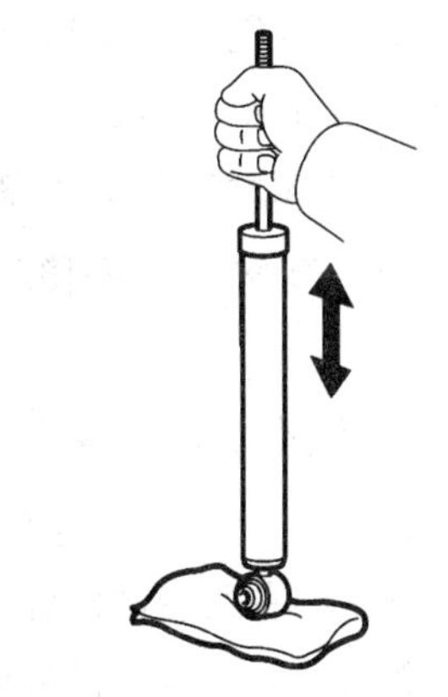
图 3—440　检查后减振器总成

2. 后减振器的安装

(1) 将 1 号后弹簧缓冲块安装至后减振器。

(2) 安装后减振器。用千斤顶和木块支承后桥横梁总成的弹簧座。用螺栓和螺母将后减振器总成暂时紧固至后桥横梁总成，慢慢升起千斤顶并将后减振器的上部插入安装孔。

(3) 安装后悬架支架。

(4) 安装后减振器缓冲垫挡片。用六角套筒扳手 (6 mm) 以 25 N·m 的力矩紧固后减振器总成并拧紧锁紧螺母。

(5) 安装高度控制传感器。

(6) 安装后轮，并以 103 N·m 的力矩拧紧轮胎螺栓。

(7) 稳定悬架。

(8) 以 90 N·m 的力矩拧紧后减振器的紧固螺栓。

(9) 安装行李箱左侧内装饰罩。

(10) 安装后地板装饰板。

(11) 安装备胎罩。

(12) 安装后排左侧座椅靠背总成。

(13) 安装后排座椅坐垫总成。

六、后桥横梁的拆装

1. 后桥横梁的拆卸

(1) 拆卸后轮。

(2) 排净制动液。

(3) 拆卸仪表板左、右下装饰板。

(4) 拆卸换挡杆把手分总成。

(5) 拆卸中央仪表组装饰板总成。

(6) 拆卸地板控制台上面板分总成。

(7) 松开驻车制动器拉索。

(8) 拆卸右后高度控制传感器分总成。

(9) 拆下 4 个螺栓、卡子和后地板纵梁支架分总成。

(10) 分离防滑控制传感器线束，如图 3—441 所示。

(11) 分离左、右后挠性软管。

(12) 分离后轮制动器挠性软管。

(13) 从后桥横梁总成上拆下螺母和 4 号后制动管。

(14) 拆卸 3 号后制动管。

(15) 分离 3 号、2 号驻车制动器拉索总成。

(16) 拆卸后盘式制动器制动工作缸总成。

(17) 拆卸后盘式制动器摩擦块。

(18) 拆卸后盘式制动器制动工作缸固定架。

(19) 拆卸后制动盘。

(20) 拆卸后桥轮毂和轴承总成。

(21) 拆卸后盘式制动器防尘罩分总成。

(22) 松开后桥横梁总成。

(23) 分离后减振器。

(24) 拆卸左后螺旋弹簧上隔振垫、螺旋弹簧、螺旋弹簧下隔振垫。

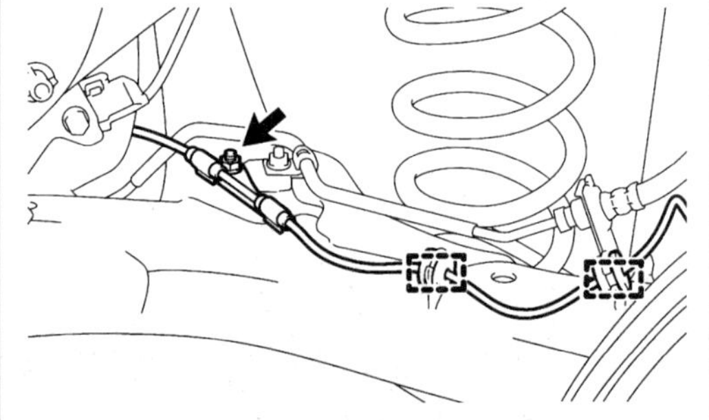

图 3—441 分离防滑控制传感器线束

（25）拆卸右后螺旋弹簧上隔振垫、螺旋弹簧、螺旋弹簧下隔振垫。

（26）拆下 2 个螺栓和后桥横梁总成，如图 3—442 所示。

（27）拆卸左后桥支架衬套。在后桥横梁总成上做好装配标记，使该标记与左后桥支架衬套上的箭头标记对齐。用冲子和锤子弯曲衬套上的 2 个肋片，用专用工具从后桥横梁总成上拆下衬套。

（28）拆卸右后桥支架衬套。

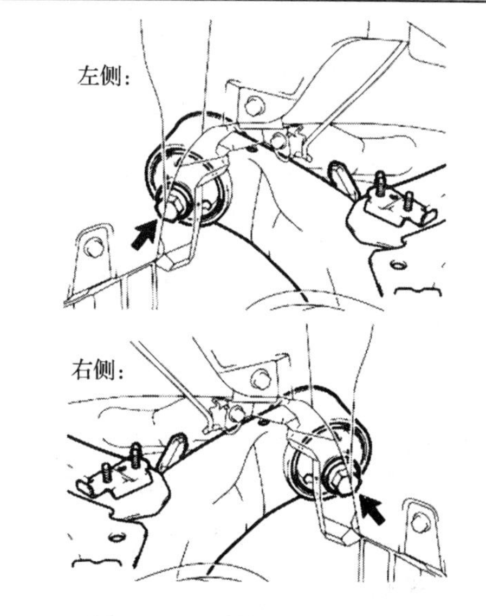

图 3—442　拆卸后桥横梁总成

2. 后桥横梁的安装

（1）安装左后桥支架衬套。将新的左后车桥支架衬套上的箭头标记与后桥横梁总成上的装配标记对齐，并暂时安装后桥支架衬套和后桥横梁总成。用专用工具将衬套安装至后桥横梁总成。

（2）安装右后桥支架衬套，如图 3—443 所示。

（3）用 2 个螺栓暂时安装后桥横梁总成。

（4）安装左后螺旋弹簧上、下隔振垫。

（5）安装左后螺旋弹簧。

（6）安装右后螺旋弹簧上、下隔振垫。

（7）安装右后螺旋弹簧。

（8）慢慢升起千斤顶，用螺栓和螺母将后减振器暂时紧固至后桥横梁总成。

（9）安装左后盘式制动器防尘罩分总成。

（10）安装后桥轮毂和左侧轴承总成。

（11）安装右后盘式制动器防尘罩分总成。

（12）安装后桥轮毂和右侧轴承总成。

（13）安装后制动盘。

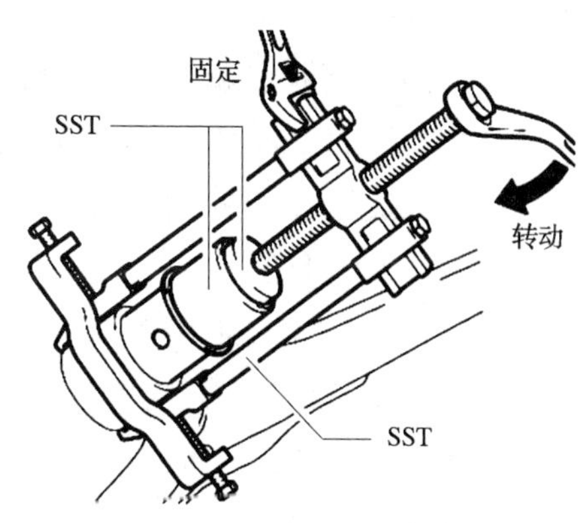

图 3—443　安装后桥支架衬套

(14) 安装后盘式制动器制动工作缸固定架。

(15) 安装后盘式制动器摩擦块。

(16) 安装后盘式制动器制动工作缸总成。

(17) 将 3 号驻车制动器拉索总成插入后盘式制动器制动工作缸总成，并接合 3 号驻车制动器拉索的卡子卡爪至后盘式制动器制动工作缸导槽，如图 3—444 所示。将 3 号驻车制动器拉索底端连接至后盘式制动器制动工作缸操作杆。用螺栓安装 3 号驻车制动器拉索，并以 6.0 N·m 的力矩拧紧螺栓。

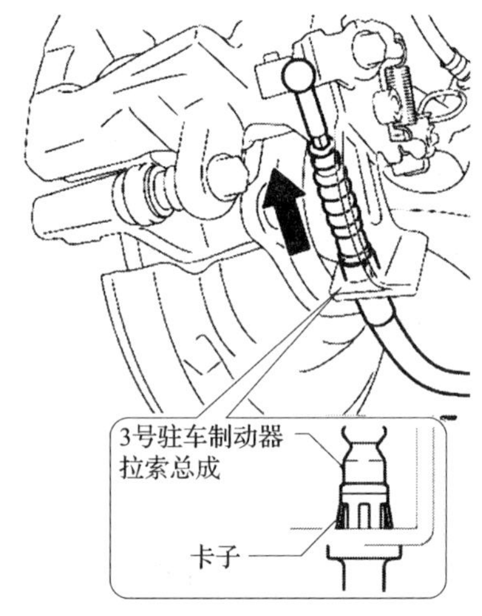

图 3—444 安装 3 号驻车制动器拉索总成

(18) 安装 2 号驻车制动器拉索总成。

(19) 安装 4 号、3 号后制动管，并以 8.5 N·m 的力矩拧紧。

(20) 安装后挠性软管。

(21) 连接后轮制动器挠性软管，如图 3—445 所示。

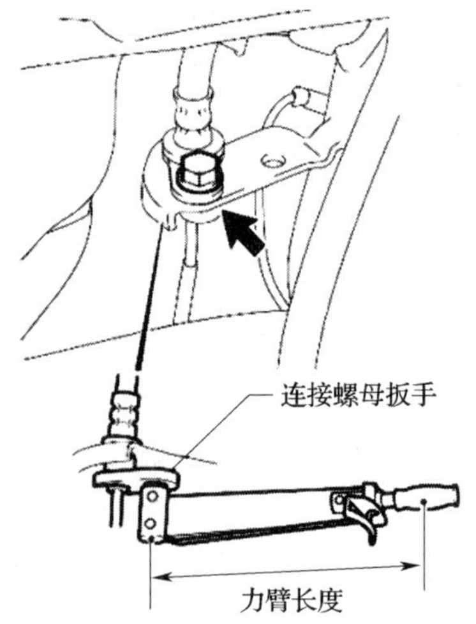

图 3—445 安装后挠性软管

(22) 安装螺母并连接 2 个卡夹，连接连接器，力矩为 8.0 N·m。

(23) 用 4 个螺栓和新卡子安装后地板纵梁支架分总成，并以 54 N·m 的力矩拧紧。

(24) 安装后高度控制传感器分总成。

(25) 将电缆连接至蓄电池负极端子。

(26) 对制动液储液罐进行加注。

(27) 对制动主缸进行放空气。

(28) 对制动管路进行放空气。

(29) 对制动器执行器进行放空气。

(30) 检查制动液液位。

(31) 检查制动液是否泄漏。

(32) 调整驻车制动操纵手柄行程。

(33) 检查制动器制动工作缸操作杆和止动器间隙。

(34) 安装地板控制台上面板分总成。

(35) 安装中央仪表组装饰板总成。

(36) 安装换挡杆把手分总成。

(37) 安装仪表板左、右下装饰板。

(38) 安装后轮，并以 103 N·m 的力矩拧紧轮胎螺栓。

(39) 稳定悬架，用左右螺栓完全紧固后桥横梁总成，并以 135 N·m 的力矩拧紧螺栓。

(40) 完全紧固后减振器螺栓，并以 90 N·m 的力矩拧紧。

项目 4　轿车轮胎的拆装

一、轮胎的检查

1. 检查轮胎是否磨损和充气压力是否正常。卡罗拉轿车冷胎充气压力为 220 kPa。用百分表检查轮胎的径向跳动。径向跳动量小于 1.4 mm。

2. 检查并调整车轮的车型平衡情况，如图 3—446 所示。调整后平衡度小于 8.0 g。

3. 轮胎换位，如图 3—447 所示。

4. 检查前桥轮毂轴承松弛度。

5. 检查后桥轮毂轴承松弛度。

6. 检查前桥轮毂径向跳动。

7. 检查后桥轮毂径向跳动。

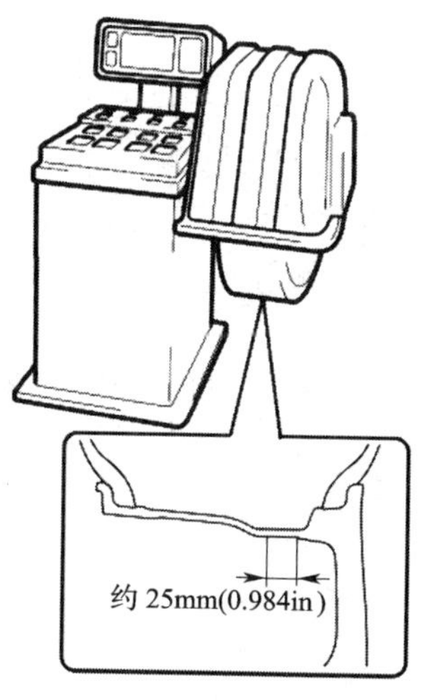

图 3—446　检查轮胎平衡情况

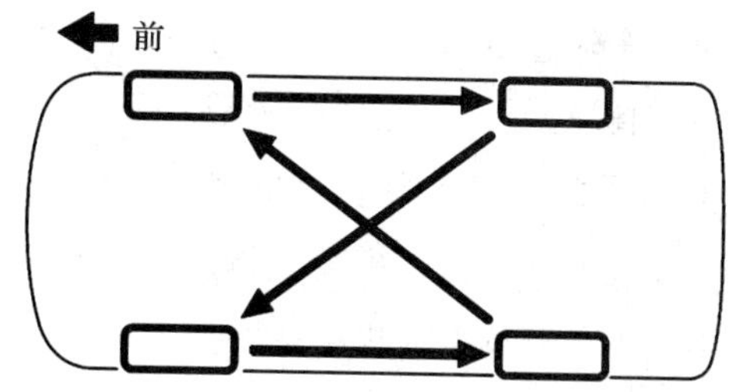

图 3—447　轮胎换位

二、轮胎的分解

1. 拆下气门芯。
2. 将已放空气的轮胎置于轮胎拆装机右边的橡胶支承靠板上。
3. 将拆卸铲顶在胎唇上。
4. 踩下踏板轮胎拆装铲控制踏板，使拆卸铲动作。
5. 当胎唇撬开时，松开踏板轮胎拆装铲控制踏板。
6. 将轮胎放在卡盘上，踩下踏板卡爪开合控制踏板，使卡爪将轮毂卡紧。
7. 踩下踏板立柱倾斜控制踏板，移动拆装头，使拆装头插到胎唇与轮辋之间，并使之与轮辋相距 2 mm。
8. 将橇棒插到胎唇与拆装头之间。
9. 踩下卡盘转动控制踏板，使卡盘转动直到轮辋与轮胎分离。
10. 将轮胎换面，用同样方法拆下另一侧胎唇。
11. 取出内胎，并使轮辋与轮胎分离。

三、轮胎的装复

1. 将轮辋放在卡盘上，踩下踏板卡爪开合控制踏板，使卡爪将轮辋卡紧。
2. 在外胎内涂抹滑石粉，将轮胎放在轮辋上，在胎唇上涂抹特殊润滑油。
3. 将胎唇移到拆装头边缘，压下拆装头，将胎缘压入轮辋，如图 3—448 所示。
4. 踩下卡盘转动控制踏板，使卡盘转动一圈，使胎唇到位。
5. 将轮胎换一边，装入内胎，并使气阀朝向轮胎侧面较轻部位标记“△、□、○、↑”处。
6. 重复 1~5 步骤，装好另一面胎唇。
7. 装上气门芯，将充气枪接到轮胎气嘴上。
8. 扣动充气枪扳机给轮胎充气至规定压力。

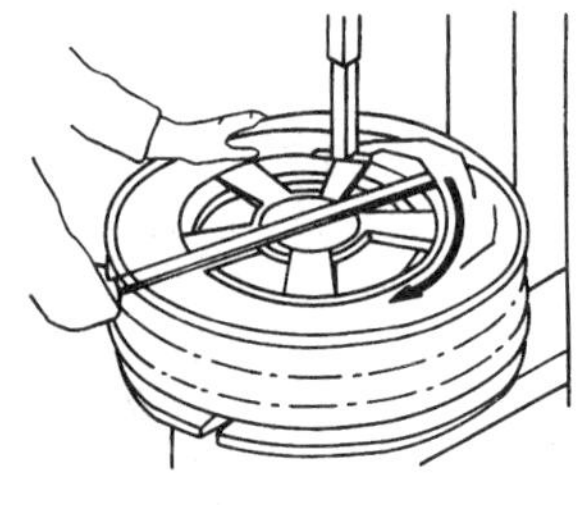

图 3—448　将胎缘压入轮辋

学习过程记录表

<table>
<tr><td>姓名：</td><td>班级：</td><td colspan="2">学号：</td><td>日期：</td></tr>
<tr><td>第三单元　底盘的拆装</td><td>课题九　车桥、悬架和轮胎的拆装</td><td colspan="2">第（　）工作页</td><td>项目 4　轿车轮胎的拆装——轮胎的检查、分解</td></tr>
<tr><td colspan="5">说明：完成轮胎检查、分解的工作过程，将检测轮胎气压的步骤、检测要求、检测结果、分解步骤、操作注意事项填写在下面。</td></tr>
<tr><td colspan="5">车型：　　　　　　　　车身识别码：　　　　　　　　轮胎型号：</td></tr>
<tr><td colspan="2">分解步骤</td><td colspan="3">操作注意事项
（包括使用工具、力矩）</td></tr>
<tr><td colspan="2"></td><td colspan="3"></td></tr>
<tr><td colspan="2"></td><td colspan="3"></td></tr>
<tr><td colspan="2"></td><td colspan="3"></td></tr>
<tr><td colspan="2"></td><td colspan="3"></td></tr>
<tr><td colspan="2"></td><td colspan="3"></td></tr>
<tr><td colspan="2"></td><td colspan="3"></td></tr>
<tr><td colspan="2"></td><td colspan="3"></td></tr>
<tr><td colspan="2">检测轮胎气压的步骤</td><td colspan="3">检测要求与测量结果</td></tr>
<tr><td colspan="2"></td><td colspan="2">检测要求</td><td>测量结果</td></tr>
<tr><td colspan="2"></td><td colspan="2"></td><td></td></tr>
</table>

批语：　　　　　　　　　　　　　　　教师：

第四单元 电气设备的拆装

课题一 充电系与发电机的拆装

教学目标

1. 了解充电系统的接线。
2. 掌握硅整流发电机的拆装方法。
3. 熟悉充电系统的检查方法。

工具与设备

1. 常用工具。
2. 拆装专用工具。
3. 桑塔纳 3000 型轿车、卡罗拉轿车。

项目 1 桑塔纳 3000 型轿车充电系的拆装（图 4—1）

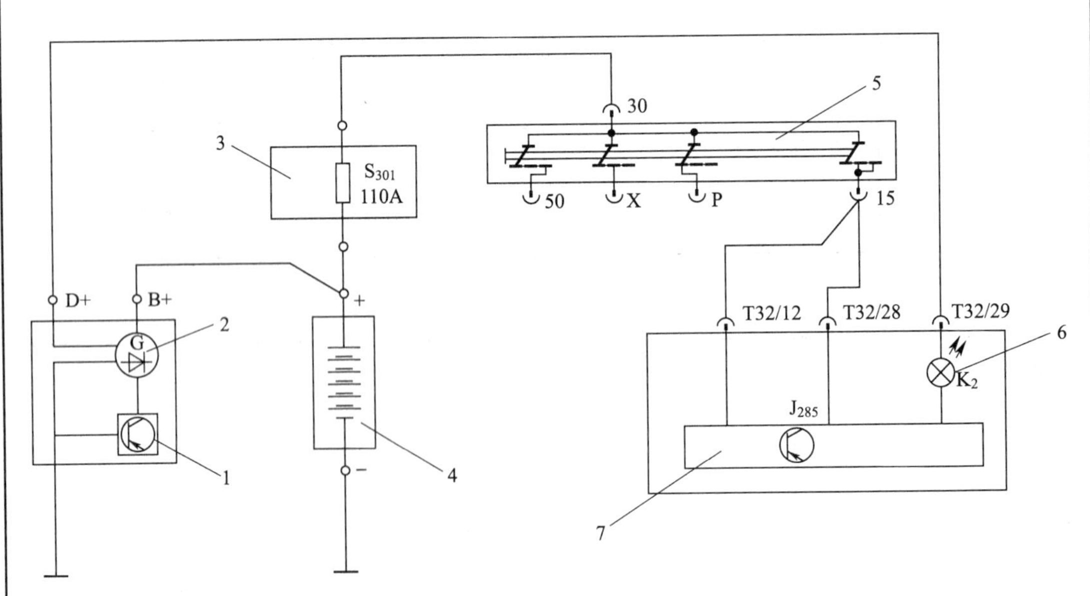

图 4—1 桑塔纳 3000 型轿车充电系线路图

1—调压器 2—发电机 3—熔断丝 4—蓄电池 5—点火开关 6—充电指示灯 7—组合仪表控制单元

一、桑塔纳轿车 JFZ1913 型发电机的拆卸与分解（图 4—2）

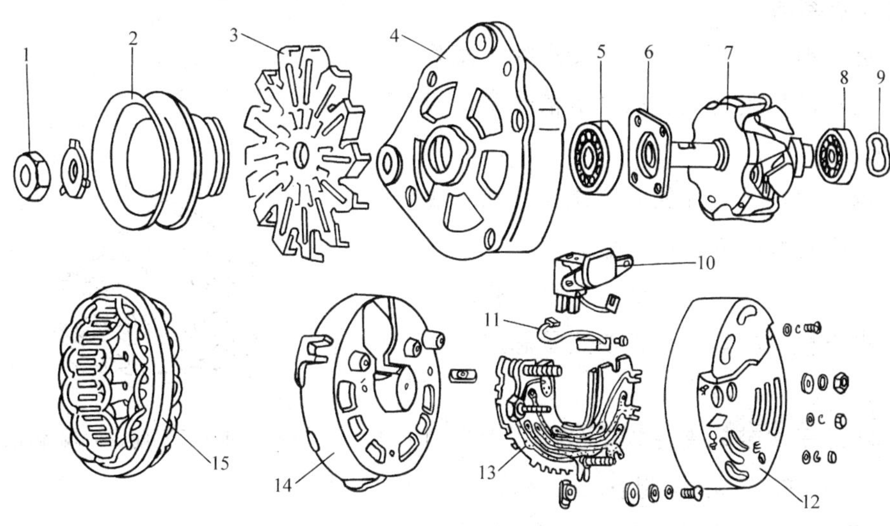

图 4—2　JFZ1913 型发电机的分解

1—螺母　2—V 带轮　3—风扇　4—前端盖　5、8—轴承　6—轴承盖　7—转子　9—垫圈　10—IC 调节器　11—电容器　12—防护罩　13—整流器组件　14—后端盖　15—定子

1. 发电机总成的拆卸（图 4—3）

（1）拆下蓄电池负极线。

（2）拆下发电机连接导线。

（3）松开发电机撑杆锁紧螺栓，取下 V 带。

（4）拆下上、下支架上的发电机固定螺栓，取下发电机总成。

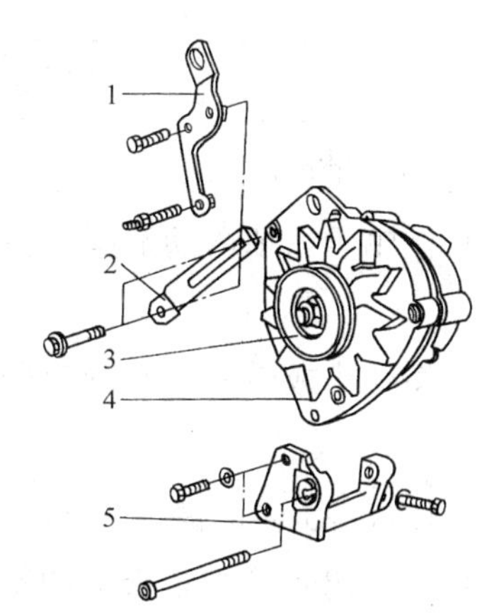

图 4—3　发电机总成的拆卸

1—上支架　2—撑杆　3—带轮　4—挂脚　5—下支架

2. 发电机的分解

（1）在前、后盖和定子铁心上做上装配标记。

（2）拆下电枢接柱和磁场输出接柱上的紧固螺母。

（3）拆下防尘罩固定螺栓，取下防尘罩。

（4）拆下固定电刷组件和调节器总成的两个固定螺栓，取下电刷和 IC 调节器。

<table>
<tr><td>
(5) 拆下防干扰电容固定螺栓，取下电容引线，取下电容器。
(6) 拆下前、后盖的6个连接螺栓，使装有转子的前端盖与装有定子的后端盖分离，如图4—4所示。
(7) 拆下整流器组件的固定螺栓，从后端盖上取下整流器组件和定子总成。
(8) 用电烙铁焊开定子绕组引线与整流二极管，引出电极间的焊接点，使定子总成与整流器组件分离。
(9) 将转子或带轮夹在软口台虎钳上，用专用扳手拆下带轮的紧固螺母。
(10) 取下带轮、风扇、半圆键，使转子与前端盖分离。
(11) 拆下前轴承盖，取下前轴承。
(12) 用顶拔器拆下转子轴后轴承。
</td><td>
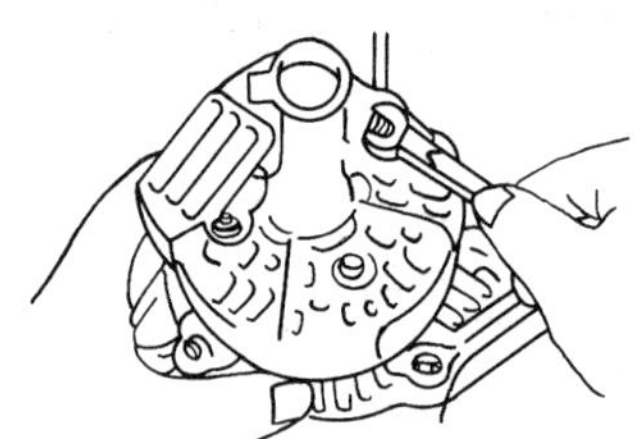
图4—4　拆下前、后端盖连接螺栓
</td></tr>
<tr><td colspan="2">二、桑塔纳轿车JFZ1913型发电机的装复</td></tr>
<tr><td>
1. 发电机的组装
(1) 在轴承内填入润滑脂，将轴承压在转子轴上。
(2) 将转子或带轮夹在软口台虎钳上，装上前轴承盖。
(3) 依次装上半圆键、风扇、带轮。
(4) 用专用套筒拧紧带轮的紧固螺母，旋紧力矩为(65±5) N·m，如图4—5所示。
(5) 用电烙铁焊接定子绕组引线与整流二极管引出电极间的焊接点。
(6) 将后端盖装在定子总成上，并使前、后端盖的装配标记对齐。
(7) 装上并拧紧前、后端盖的连接螺栓。
(8) 装上整流器组件，并将固定螺栓拧紧。
(9) 装上防干扰电容器，拧紧电容固定螺栓。
</td><td>
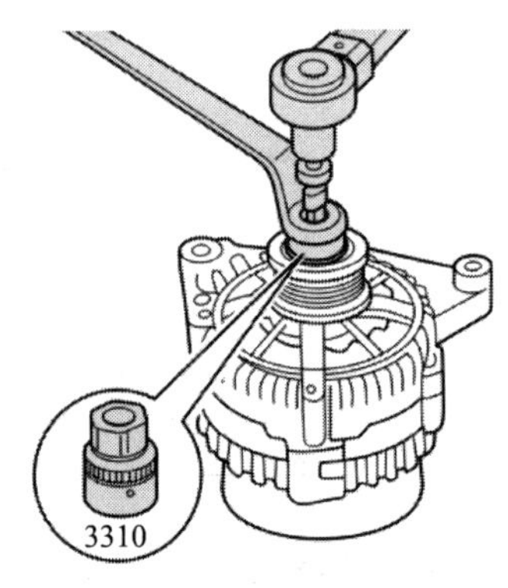

图4—5　用专用套筒拧紧带轮的紧固螺母
</td></tr>
</table>

（10）装上电刷组件和IC调节器，并将固定电刷组件和调节器总成的两个固定螺栓拧紧，如图4—6所示。

（11）装上防尘罩，拧紧防尘罩固定螺栓。

（12）拧紧电枢接柱和磁场输出接柱上的紧固螺母。

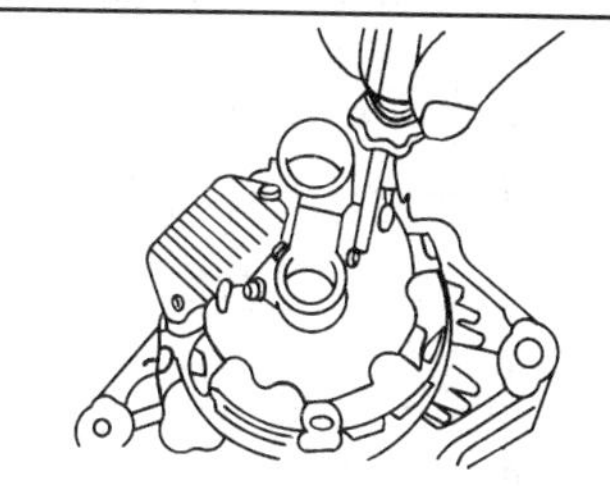

图4—6 装上电刷组件和调节器

2. 发电机总成的装车

（1）将发电机总成装在支架上，装上发电机固定螺栓。

（2）装上V带，将发电机向外侧扳动，使V带张紧力符合要求，以20 N·m的力矩拧紧撑杆上的锁紧螺栓。

（3）V带张紧力要求：以40～50 N的力压V带，V带的挠度应为8～12 mm。

（4）以30 N·m的力矩拧紧下支架上的发电机固定螺栓。

（5）将蓝色线接在发电机中性点“D+”接线柱上。

（6）将红色的电枢线接在发电机电枢“B+”接线柱上。

（7）装上蓄电池负极线。

项目2 卡罗拉轿车1ZR—FE型发动机充电系的拆装

一、卡罗拉轿车发电机的拆卸与分解（图4—7）

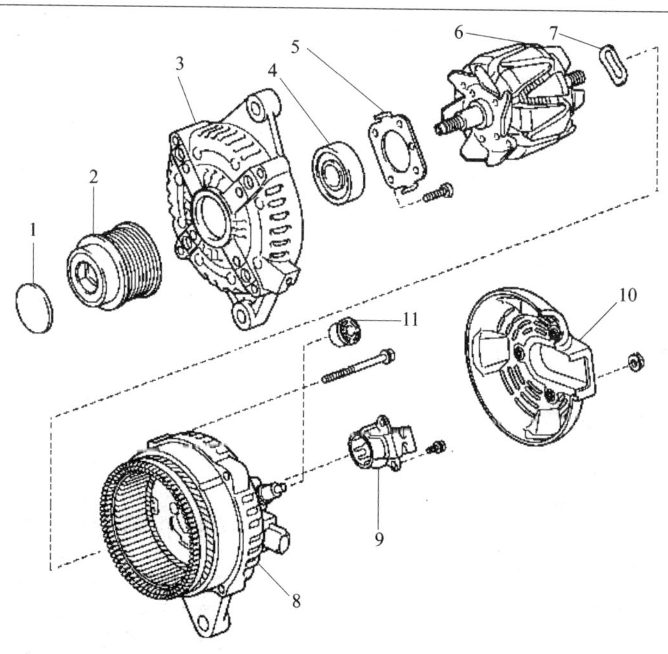

图4—7 卡罗拉1.6 L MT轿车发电机的分解

1—发电机带轮盖 2—发电机带轮 3—发电机前端盖 4—轴承 5—轴承护圈 6—转子总成 7—发电机垫圈 8—定子总成 9—电刷架总成 10—后端盖 11—发电机端子绝缘垫

1. 发电机总成的拆卸

(1) 从蓄电池负极端子断开电缆。

(2) 拆卸发电机后部右侧底罩。

(3) 拆卸散热器上空气导流板。

(4) 拆卸 2 号气缸盖罩。

(5) 拆卸多楔带。

(6) 拆卸发电机总成。拔开接线端子盖，拆下螺母并将线束从端子 B 上断开。断开连接器和线束卡夹。拆下 2 个螺栓和发电机总成。拆下螺栓和线束卡夹支架，如图 4—8 所示。

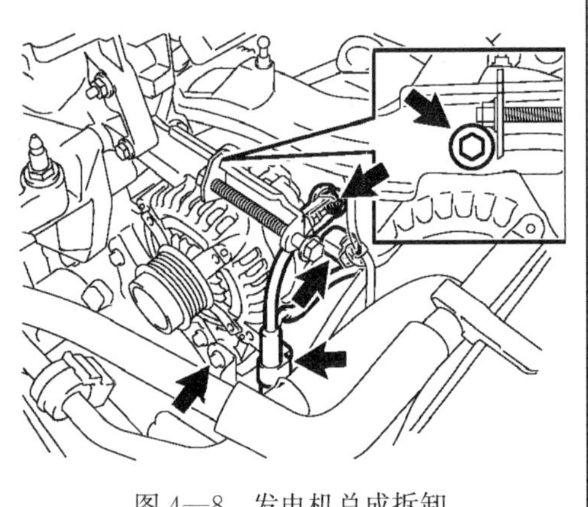

图 4—8 发电机总成拆卸

2. 发电机的分解

(1) 拆卸发电机带轮

1) 用旋具拆下发电机带轮盖。

2) 组装专用工具，如图 4—9 所示。

3) 将 SST (A) 夹在台钳上。

4) 将转子轴一端放在 SST (A) 中。

5) 将 SST (B) 安装到带轮上。

6) 按如图 4—10 所示方向转动 SST (B)，松开带轮。

7) 从 SST 上拆下发电机总成。

8) 将带轮从转子轴上拆下。

(2) 将发电机总成放在带轮上，拆下发电机后端盖的螺母，取下发电机后端盖。

(3) 将端子绝缘垫从发电机定子上拆下。

(4) 从发电机定子上拆下电刷架。

(5) 拆下固定螺栓，用专用工具拆下发电机定子总成，如图 4—11 所示。

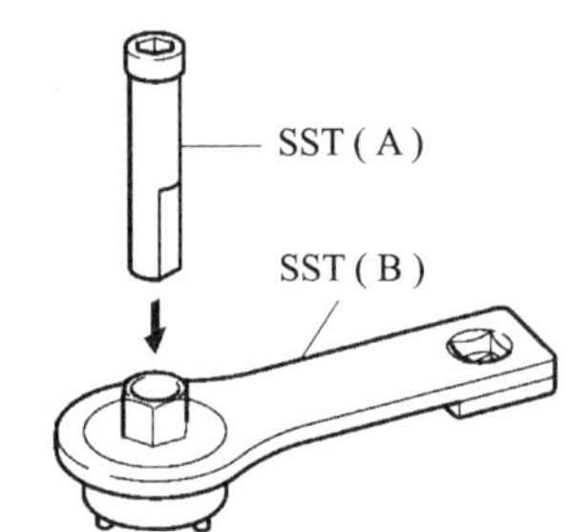

图 4—9 专用工具组装

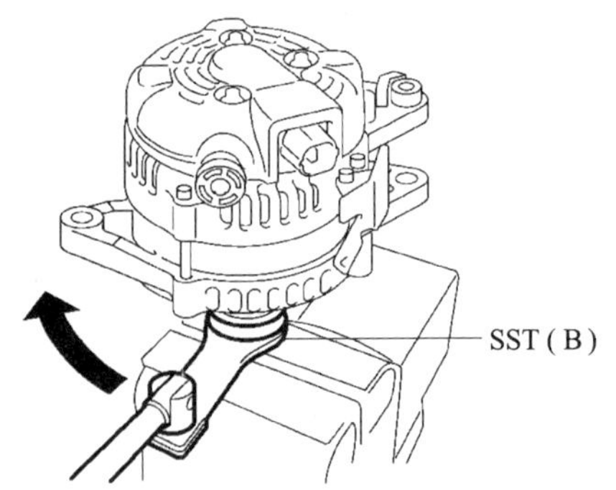

图 4—10 拆卸带轮

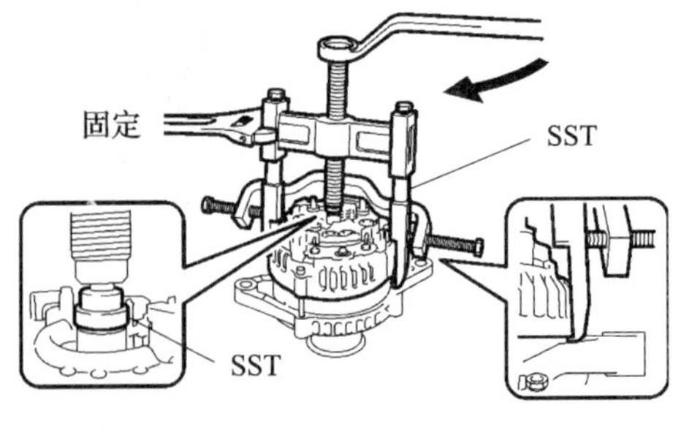

图 4—11 发电机定子拆卸

(6) 拆下发电机垫圈，拆下发电机转子总成。 (7) 从前端盖上拆下固定螺钉和挡片，用专用工具和锤子从前端盖中拆下前端盖轴承，如图 4—12 所示。	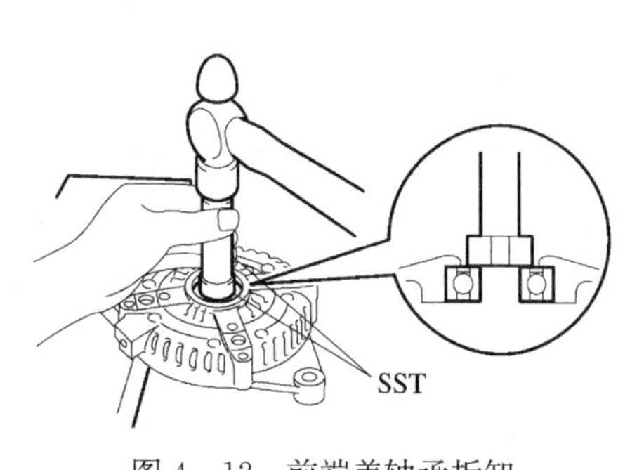 图 4—12　前端盖轴承拆卸

二、发电机检查

1. 检查发电机带轮

固定带轮中心，确认外锁环只能逆时针转动而不能顺时针转动。如果检查结果不符合规定，则更换带轮。

2. 检查发电机电刷架总成

利用游标卡尺测量电刷的外露长度。标准外露长度为 9.5～11.5 mm；最小外露长度为 4.5 mm。如果外露长度小于最小值，应更换电刷架总成。

3. 检查发电机转子总成

(1) 检查发电机转子是否断路。用欧姆表测量滑环之间的电阻。电阻值（20℃时）应为 2.3～2.7 Ω。如果实测电阻值不符合规定，则更换发电机转子总成。

(2) 检查转子是否对搭铁短路。使用欧姆表测量其中一个滑环与转子之间的电阻。电阻值应大于 1 MΩ。如果实测电阻值不符合规定，则更换发电机转子总成。

(3) 检查发电机转子轴承表面是否粗糙或磨损。如果轴承表面粗糙或磨损，应更换发电机转子总成。

(4) 用游标卡尺测量滑环直径。标准直径为 14.2～14.4 mm；最小直径为 14.0 mm。如果直径小于最小值，更换发电机转子总成。

4. 检查发电机前端盖轴承

检查发电机前端盖轴承表面是否粗糙或磨损。如有必要，更换发电机前端盖轴承。

三、发电机的组装与装车

1. 发电机的装复

(1) 安装发电机前端盖轴承。用专用工具和压力机，压入一个新的发电机前端盖轴承。将挡片上的凸舌嵌入前端盖上的切口中，以安装挡片，如图 4—13 所示。安装 4 个螺钉，并以 2.3 N·m 的力矩拧紧。

(2) 安装发电机转子总成。将前端盖放在带轮上。将发电机转子总成安装到前端盖上，如图 4—14 所示。将发电机垫圈放在发电机转子上。

(3) 用专用工具和压力机慢慢地将发电机定子总成压入。安装 4 个螺栓，并以 5.8 N·m 的力矩拧紧。

(4) 将电刷推入发电机电刷架总成的同时，在电刷架孔中插入一个 ϕ1.0 mm 的销，如图 4—15 所示。将电刷架总成安装到发电机定子上，并以 1.8 N·m 的力矩拧紧固定螺钉。将销从发电机电刷架中拔出。

(5) 将端子绝缘垫安装到发电机定子上。

(6) 用 3 个螺母将发电机后端盖安装到发电机转子上，并以 4.6 N·m 的力矩拧紧。

(7) 安装发电机带轮

1) 将带轮临时安装到转子轴上。

2) 组装 SST (A) 和 SST (B) 专用工具。

3) 将 SST (A) 夹在台钳上。

4) 将转子轴一端放在 SST (A) 中。

5) 将 SST (B) 安装到带轮上。

6) 按图 4—10 的相反方向转动 SST (B)，紧固带轮，并以 84 N·m 的力矩拧紧。

7) 从 SST 上拆下发电机总成。

8) 检查并确认带轮旋转平稳。

9) 将一个新的带轮盖安装到带轮上。

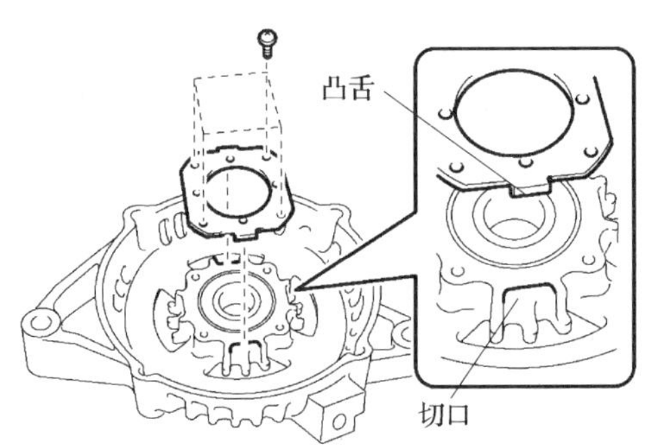

图 4—13 挡片的安装

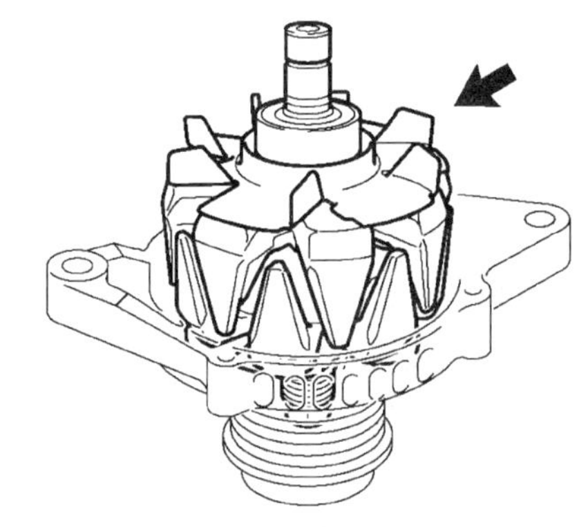

图 4—14 发电机转子总成的安装

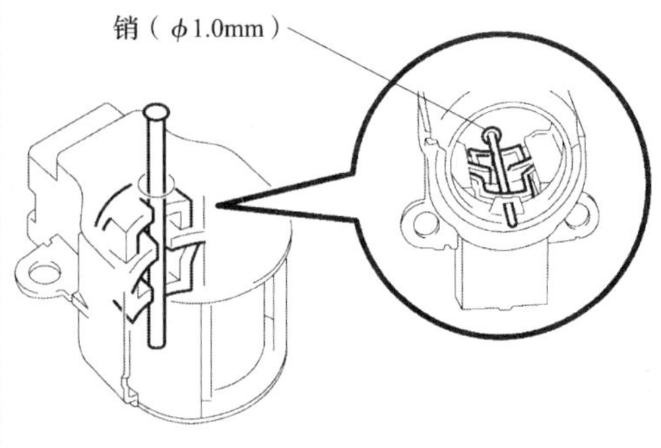

图 4—15 电刷的安装

<table>
<tr><td>
2. 发电机总成的装车
(1) 安装发电机总成。
1) 用螺栓安装线束卡夹支架，并以 8.4 N·m的力矩拧紧，如图 4—16 所示。
2) 用 2 个螺栓暂时安装发电机总成。
3) 用螺母将线束安装到端子 B 上，并以 9.8 N·m 的力矩拧紧，装好接线端子盖。
4) 安装连接器和线束卡夹。
(2) 安装多楔带。
(3) 调整、检查多楔带。
(4) 安装 2 号气缸盖罩。
(5) 安装散热器上空气导流板。
(6) 安装发电机后部右侧底罩。
(7) 将电缆连接到蓄电池负极端子，并以 5.4 N·m 的力矩拧紧。
</td><td>
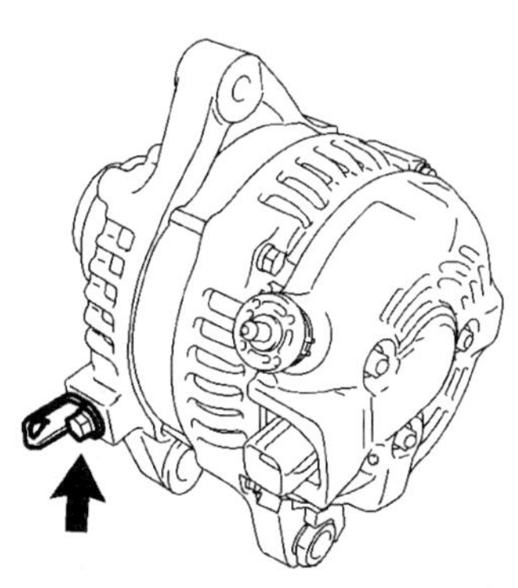
图 4—16　线束卡夹支架安装
</td></tr>
</table>

学习过程记录表

姓名：	班级：	学号：	日期：
第四单元　电气设备的拆装	课题一　充电系与发电机的拆装	第（　）工作页	项目 1　桑塔纳 3000 型轿车充电系的拆装——桑塔纳轿车 JFZ1913 型发电机的拆卸与分解、装复
说明：完成桑塔纳 3000 型轿车发电机的拆装工作过程，将拆装步骤、操作注意事项、发电机零件名称和作用填写在下面。			
车型：	发动机型号：	发电机型号：	

拆装步骤	操作注意事项（包括使用工具、力矩）

续表

拆装步骤	操作注意事项 (包括使用工具、力矩)
发电机零件的名称和作用	
名称： 作用：	名称： 作用：
名称： 作用：	名称： 作用：
名称： 作用：	名称： 作用：
名称： 作用：	名称： 作用：
名称： 作用：	名称： 作用：

批语： 教师：

课题二　起动系与起动机的拆装

教学目标

1. 掌握起动机的组成及拆装方法、步骤和技术要求。
2. 熟悉起动机的检查、调整方法。
3. 掌握起动系统的接线。

工具与设备

1. 常用工具。
2. 拆装专用工具。
3. 桑塔纳轿车、卡罗拉轿车。

项目 1　桑塔纳轿车 QD1225 型起动机的拆装（图 4—17）

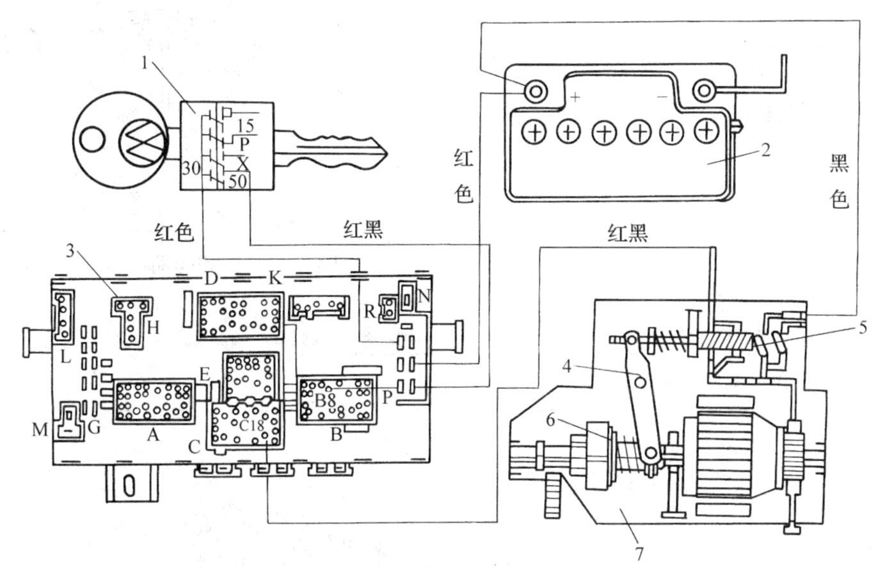

图 4—17　桑塔纳汽车起动系线路布置

1—点火开关　2—蓄电池　3—中央控制盒　4—拨叉　5—电磁开关　6—离合器　7—起动机

一、桑塔纳 QD1225 型起动机的分解

1. 起动机总成的拆卸

（1）关闭点火开关，拆下蓄电池负极线。

（2）举升车辆至适当高度。

（3）拆卸车辆底部挡板。

（4）松开起动机前部固定支架的 3 个固定螺栓，从缸体上拆下起动机前部支架。

（5）从起动机上拔下导线插头，松开导线固定螺母，取下起动机电源线及控制线，如图 4—18 所示。

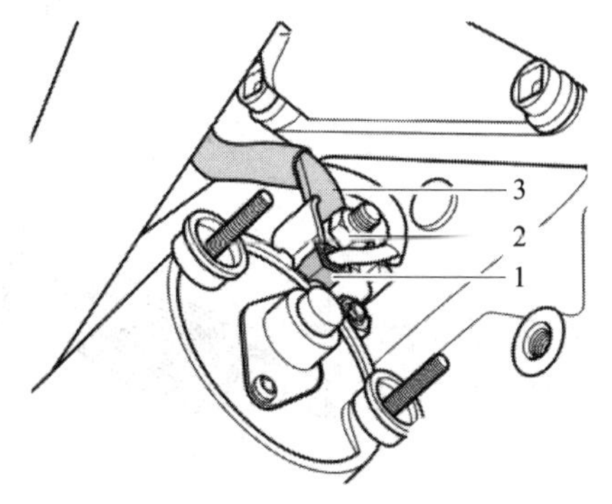

图 4—18　导线的拆卸

1—导线插头　2—固定螺母　3—电源线与控制线

(6) 拆下起动机与变速器壳的连接螺栓，取下起动机，如图 4—19 所示。

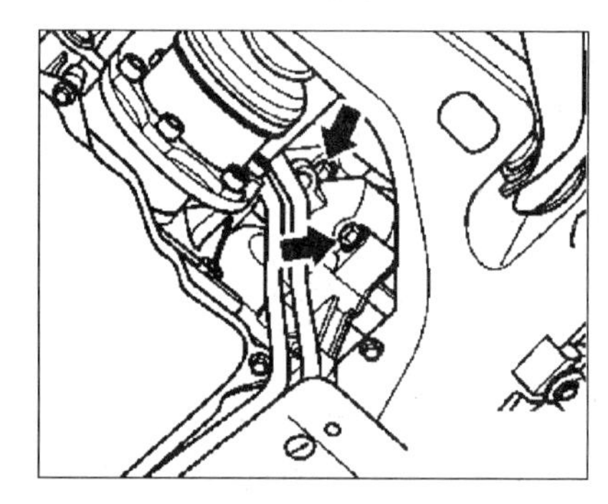

图 4—19 拆卸起动机与变速箱连接螺栓

2. 起动机的分解（图 4—20）

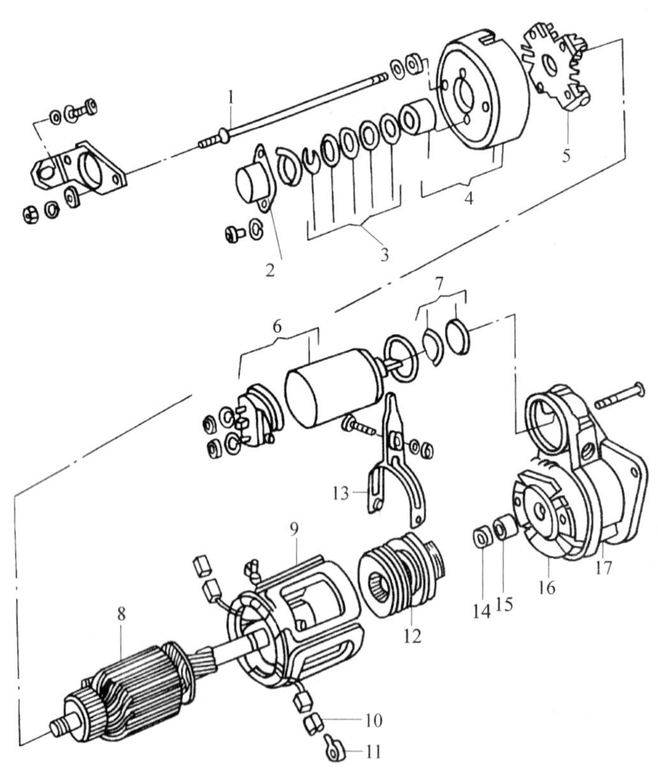

图 4—20 QD1225 型起动机的分解

1—穿心螺栓 2—轴承盖 3、7—垫圈 4—前端盖 5—电刷架 6—电磁开关 8—转子 9—定子 10—电刷 11—电刷弹簧 12—离合器 13—拨叉 14—止推垫圈 15—衬套 16—中间支撑盘 17—后端盖

(1) 拆下电磁开关至起动机导线的固定螺母，取下导线接头，如图 4—21 所示。

(2) 拆下电磁开关的固定螺栓，并使铁心与拨叉分离，取下电磁开关，如图 4—22 所示。

(3) 拆下前端盖上的轴承盖固定螺栓，取下轴承盖。

(4) 拆下起动机的两个穿心螺栓，取下前端盖，如图 4—23 所示。

(5) 用尖嘴钳抬起电刷弹簧，从电刷架上取下电刷，从转子轴上取下电刷，如图 4—24 所示。

(6) 取下外壳，从后端盖内取下拨叉、转子和离合器。

(7) 从转子轴上取下止推垫圈，撬出卡簧，取下垫圈，取下离合器，如图 4—25 所示。

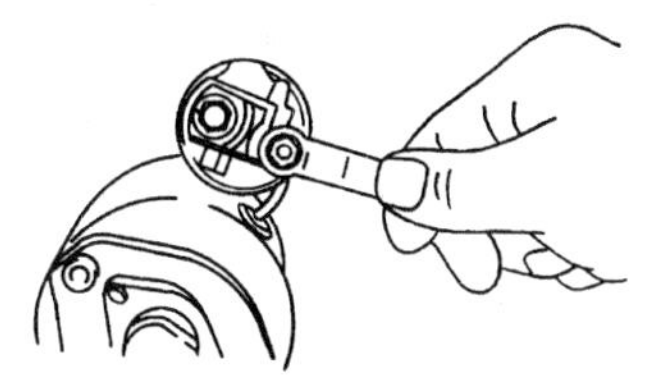

图 4—21　拆下导线的固定螺母

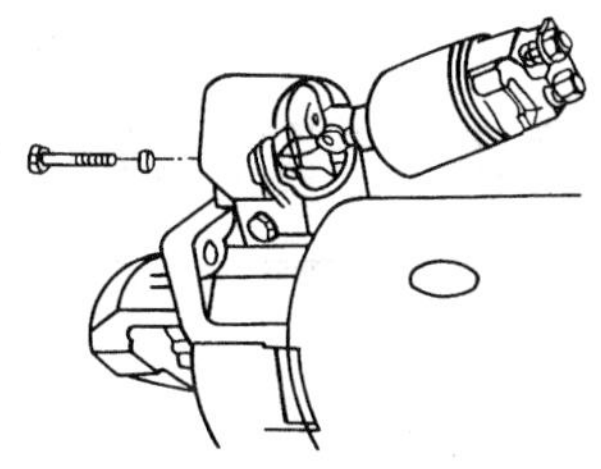

图 4—22　拆下电磁开关

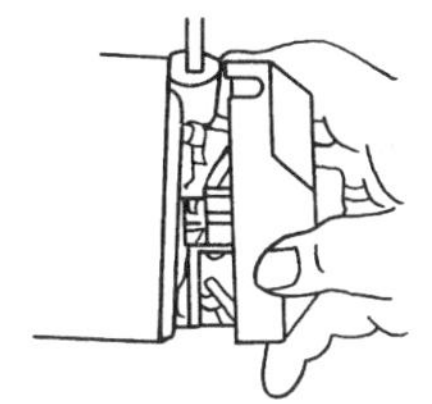

图 4—23　取下前端盖

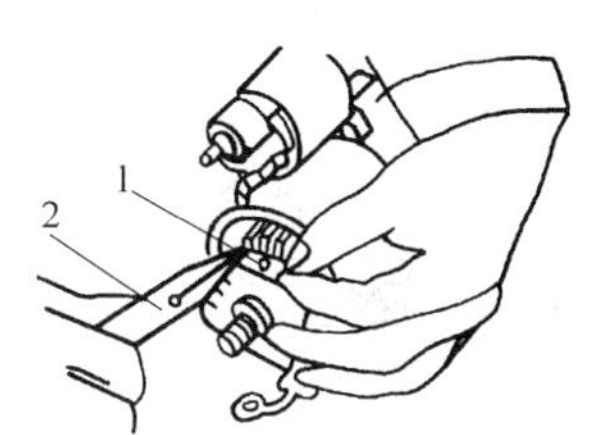

图 4—24　拆下电刷

1—电刷弹簧　2—尖嘴钳

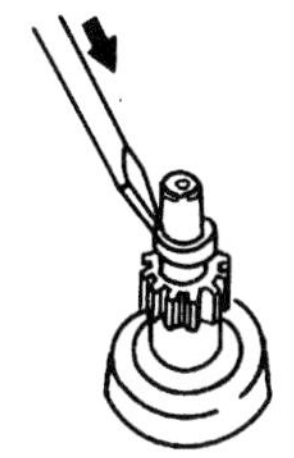

图 4—25　撬出卡簧

二、桑塔纳 QD1225 型起动机的装复

1. 起动机总成装复

(1) 将离合器套在转子轴上，装上垫圈、卡簧和止推垫圈。

(2) 将转子和离合器插入后端盖内，装上拨叉，套上机体。

(3) 将电刷架装在转子轴上，装上电刷。

(4) 装上前端盖，装上起动机的两个穿心螺栓。

(5) 装上前端盖上的轴承盖，拧紧轴承盖螺栓。

(6) 装上电磁开关，并使铁心与拨叉结合，装上电磁开关的固定螺栓。

(7) 装上导线接头，拧紧电磁开关至起动机导线的固定螺母。

2. 起动机总成装车

(1) 举起车辆至适当高度。

(2) 装上起动机，以 60 N·m 的力矩拧紧起动机与变速器壳的连接螺栓。

(3) 装上起动机前部支架，拧紧支架固定螺栓和螺母。

(4) 装上黑色起动机电源线和红黑色控制线。

(5) 装上蓄电池负极线。

项目 2　卡罗拉轿车 1ZR—FE 型发动机起动系的拆装

一、卡罗拉轿车起动机拆卸与分解（图 4—26）

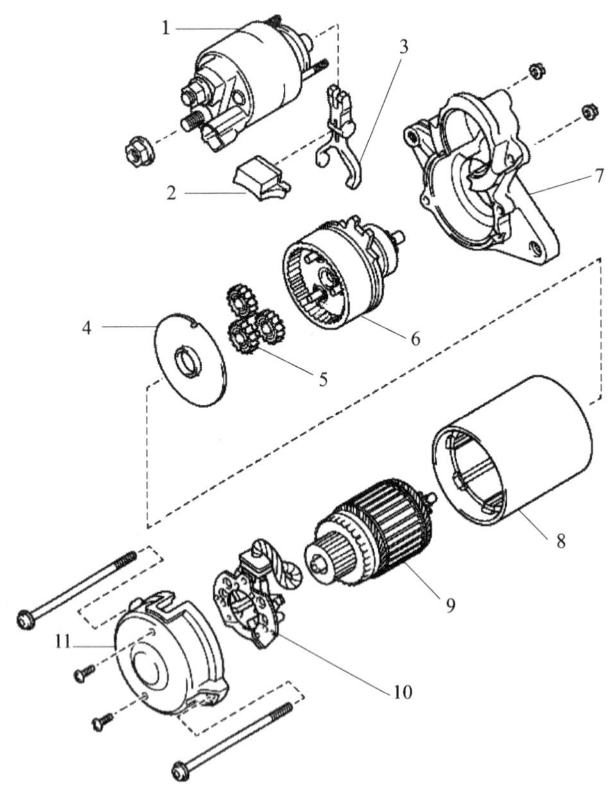

图 4—26　卡罗拉轿车起动机的分解

1—电磁开关总成　2—橡胶密封件　3—起动机拨叉　4—起动机中间支撑盘　5—行星齿轮　6—减速器壳　7—后端盖　8—定子总成　9—转子总成　10—电刷架总成　11—换向器端盖总成

1．起动机拆卸

（1）从蓄电池负极端子断开电缆。

（2）拆卸散热器上空气导流板。

（3）拆卸起动机总成，如图 4—27 所示。

1）分离 2 个线束卡夹。

2）拆下螺栓和线束支架。

3）拆下接线端子盖。

4）拆下螺母并断开端子。

5）断开连接器。

6）拆下起动机固定螺栓并拆下起动机总成。

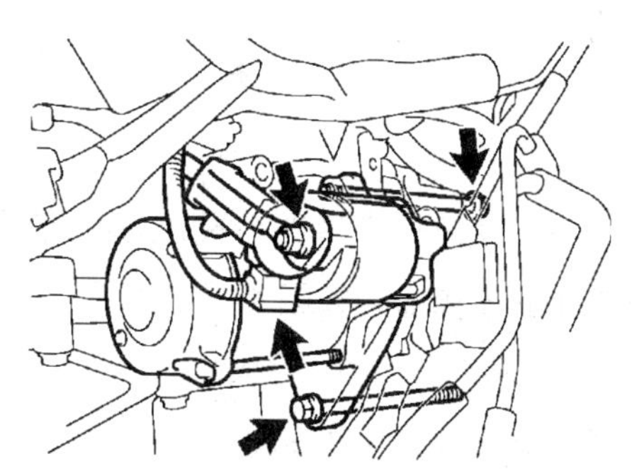

图 4—27　起动机总成拆卸

2．起动机拆解

（1）拆卸电磁开关总成，如图 4—28 所示。

1）拆下螺母，然后从电磁开关总成上断开引线。

2）固定电磁开关总成，从起动机后端盖上拆下 2 个螺母。

3）拉出电磁开关总成，提起电磁开关总成前部，从拨叉和电磁开关总成上松开铁心挂钩。

（2）拆卸起动机定子总成，如图 4—29 所示。

1）拆下 2 个定子连接螺钉。

2）将起动机定子和起动机前端盖一起拉出。

3）从起动机前端盖上拉出起动机定子总成。

（3）从起动机定子总成中取出起动机转子总成，如图 4—30 所示。

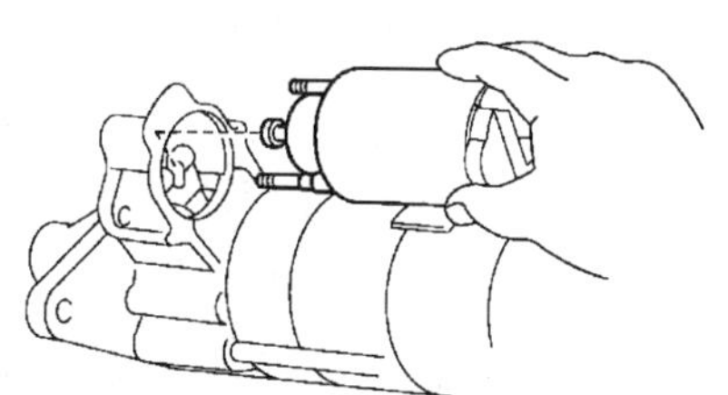

图 4—28　拆卸电磁开关总成

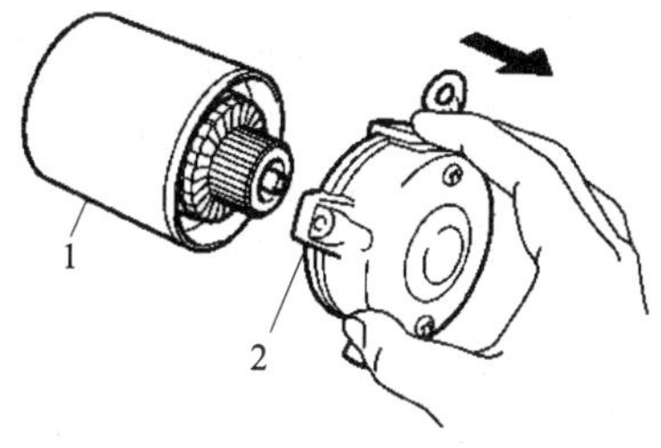

图 4—29　拆卸起动机定子总成

1—定子总成　2—前端盖

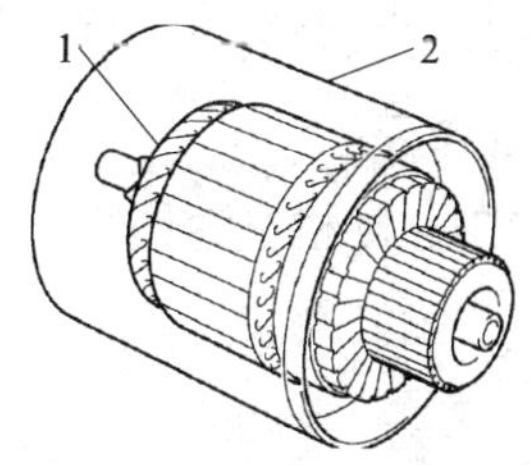

图 4—30　拆卸起动机转子总成

1—转子总成　2—定子总成

(4) 从起动机后端盖或起动机定子总成上拆下中间支撑盘，如图 4—31 所示。

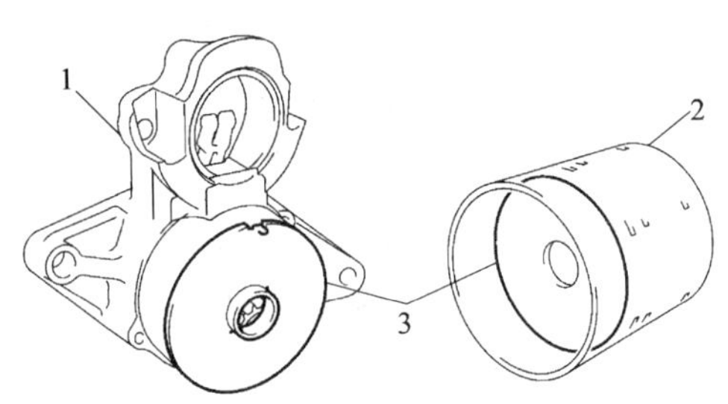

图 4—31 拆下中间支撑盘

1—后端盖 2—定子总成 3—中间支撑盘

(5) 拆卸起动机电刷架总成。从起动机前端盖上拆下 2 个螺钉。拆下卡夹卡爪，然后从起动机前端盖上拆下电刷架总成。

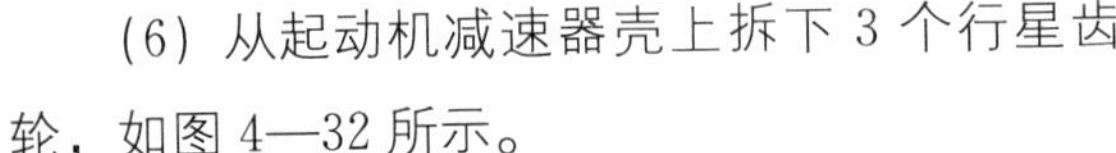

(6) 从起动机减速器壳上拆下 3 个行星齿轮，如图 4—32 所示。

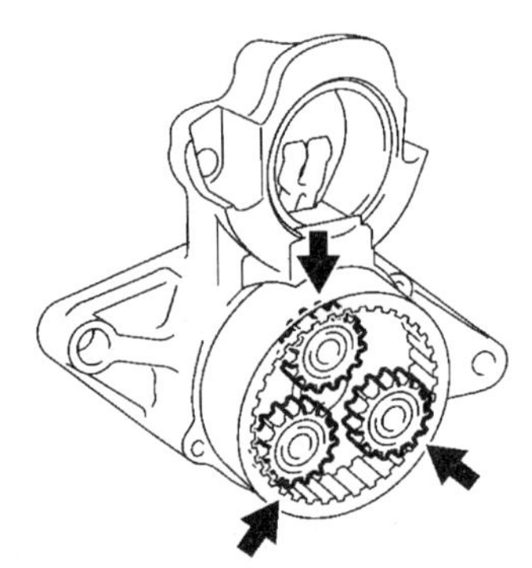

图 4—32 拆卸行星齿轮

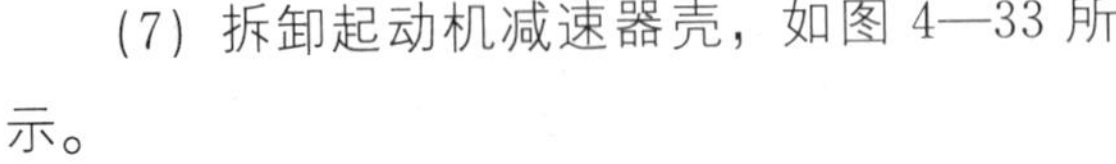

(7) 拆卸起动机减速器壳，如图 4—33 所示。

1) 从起动机后端盖上拆下带起动机拨叉的起动机减速器壳。

2) 取下起动机减速器壳、橡胶密封件和起动机拨叉。

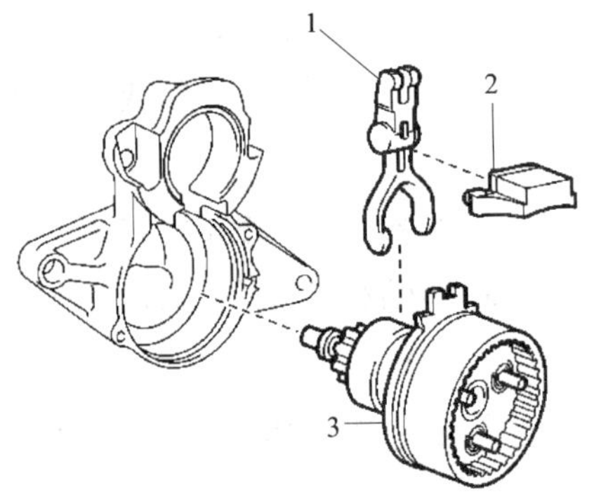

图 4—33 拆卸减速器壳

1—拨叉 2—橡胶密封件 3—减速器壳

二、起动机的检查

1. 检查起动机总成

(1) 进行牵引测试，如图 4—34 所示。从端子 C 断开励磁线圈引线。将蓄电池连接至磁力起动机开关，检查并确认小齿轮向外移动。如果离合器小齿轮未移动，则更换电磁开关总成。

(2) 执行保持测试。从端子 C 上断开电缆后检查并确认小齿轮未向内移动回位。

(3) 检查并确认离合器小齿轮是否朝内移动。

(4) 执行无负载操作测试。连接励磁线圈引线至端子 C，并以 10 N·m 的力矩拧紧。将起动机夹在台钳中，将蓄电池和电流表连接到起动机上，检查并确认电流表指示电流符合规定。标准电流应小于 90 A。如果结果不符合规定，更换起动机总成。

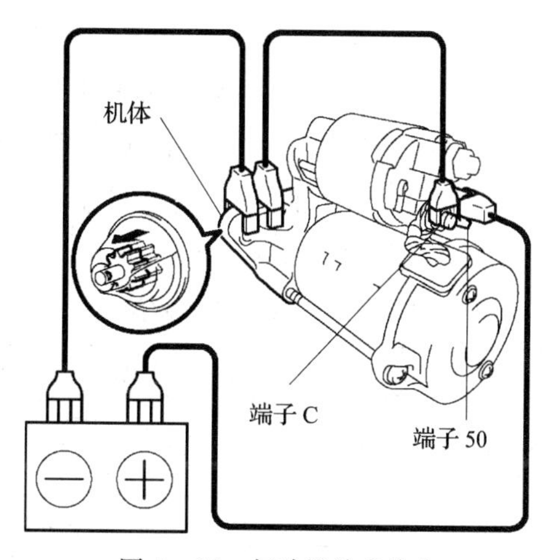

图 4—34　起动机总成检查

2. 检查电磁开关总成

(1) 检查铁心。推入铁心，然后检查并确认其是否能够迅速回到初始位置。如果不能回到初始位置，应更换电磁开关总成。

(2) 检查吸引线圈是否断路。用欧姆表测量端子 50 和端子 C 间的电阻。电阻值应小于 1 Ω。如果实测电阻值大于等于 1 Ω，应更换电磁开关总成。

(3) 检查保持线圈是否断路。使用欧姆表测量端子 5 与开关壳体之间的电阻。电阻值应小于 2 Ω。如果实测电阻值大于等于 2 Ω，应更换电磁开关总成。

3. 检查起动机转子总成

(1) 检查换向器是否断路。使用欧姆表测量换向器整流子之间的电阻。电阻值应小于 1 Ω。如果不符合标准，更换起动机转子总成。

(2) 检查换向器是否搭铁短路。用欧姆表测量换向器和电枢线圈间的电阻。电阻值应大于等于 10 kΩ。

(3) 检查外观。如果表面脏污或烧坏，用砂纸或在车床上修复表面。

(4) 检查换向器的径向跳动。将换向器放在 V 形架上，用百分表测量其径向跳动。径向跳动值应为 0.02 mm；最大径向跳动值不能超过 0.05 mm。如果实测径向跳动值大于最大值，则应更换转子总成。

(5) 用游标卡尺测量换向器直径。直径应为 29.0 mm；最小直径不小于 28.0 mm。如果实测直径小于最小值，则应更换转子总成。

4. 检查起动机电刷架总成

拆下弹簧卡爪，然后拆下 4 个电刷，用游标卡尺测量电刷长度。电刷的标准长度为 14.4 mm；其最小长度不小于 9.0 mm。如果长度小于最小值，更换起动机电刷架总成。用欧姆表测量电刷间的电阻值。正常电阻值见表 4—1。如果实测电阻值不符合要求，应更换起动机电刷架总成，如图 4—35 所示。

表 4—1　　电刷间正常电阻值

检测仪连接	电刷间正常电阻值
A—B	≥10 kΩ
A—C	≥10 kΩ
A—D	<1 Ω
B—C	<1 Ω
B—D	10 kΩ 或更大
C—D	10 kΩ 或更大

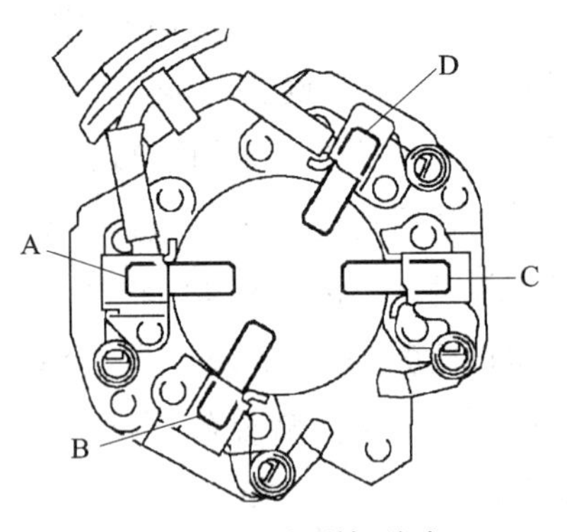

图 4—35　电刷架总成

5. 检查起动机减速器壳

(1) 检查行星齿轮的轮齿、内齿轮和起动机离合器是否磨损或损坏。如果损坏，更换齿轮或离合器总成。还要检查行星齿轮是否磨损或损坏。

(2) 检查起动机离合器。顺时针转动离合器小齿轮，检查并确认其自由转动。尝试逆时针转动离合器小齿轮，检查并确认其锁止，如图 4—36 所示。如有必要，则更换起动机减速器壳。

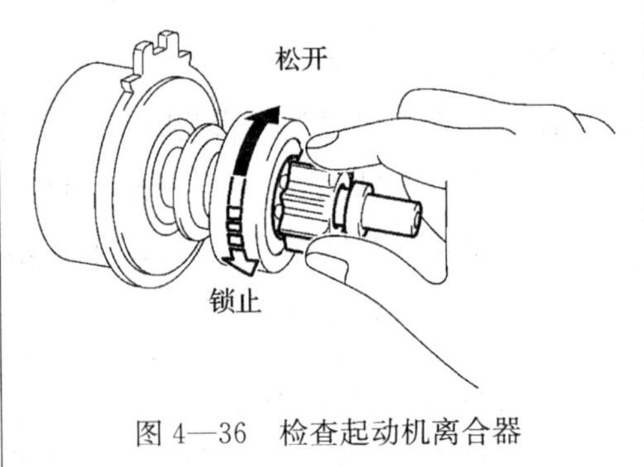

图 4—36　检查起动机离合器

三、起动机的装复

1. 安装起动机减速器壳

(1) 将润滑脂涂抹到起动机拨叉及其与起动机转子轴的接触部分。

(2) 将起动机拨叉和橡胶密封件安装至起动机减速器壳。

(3) 将起动机中间轴承离合器和起动机拨叉一起安装至起动机后端盖。

2. 安装行星齿轮

在行星齿轮和行星轴销部位涂抹润滑脂，安装 3 个行星齿轮。

3. 安装电刷架及定子总成

(1) 用旋具抵住电刷弹簧，并将电刷安装到电刷架上，将密封垫插入正极和负极之间。

(2) 将电刷架卡夹装配到起动机前端盖上，安装前端盖并以 10 N·m 的力矩拧紧固定螺钉，如图 4—37 所示。

(3) 将橡胶件对准起动机定子总成的凹槽，将带电刷架的起动机转子安装到起动机定子总成中。

注意：支承起动机转子，以防起动机定子总成的磁力将其从起动机电刷架中拉出。

(4) 将起动机中间支撑盘安装至起动机定子总成上，安装时使键槽位于键 A 和键 B 之间，如图 4—38 所示。

(5) 将起动机定子键对准位于起动机后端盖上的键槽，安装起动机定子总成，并以 6.0 N·m的力矩拧紧定子连接螺钉，如图 4—39所示。

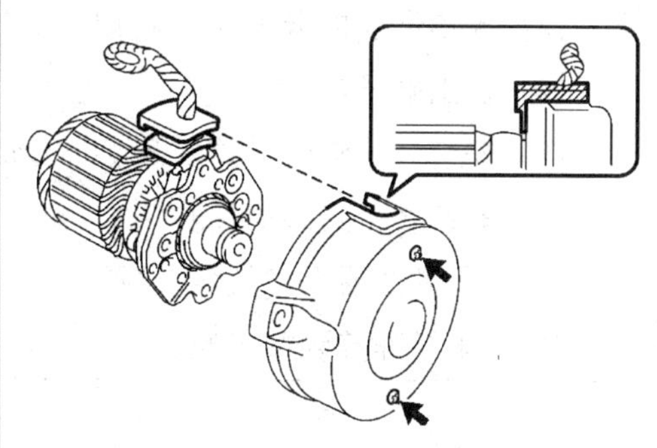

图 4—37 安装换向器端盖总成

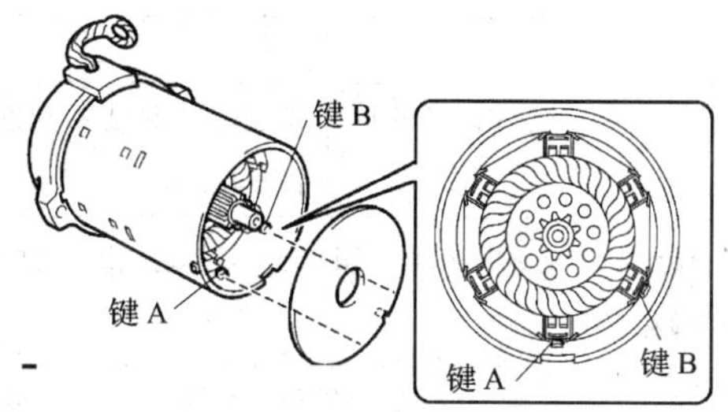

图 4—38 安装起动机中间支撑盘

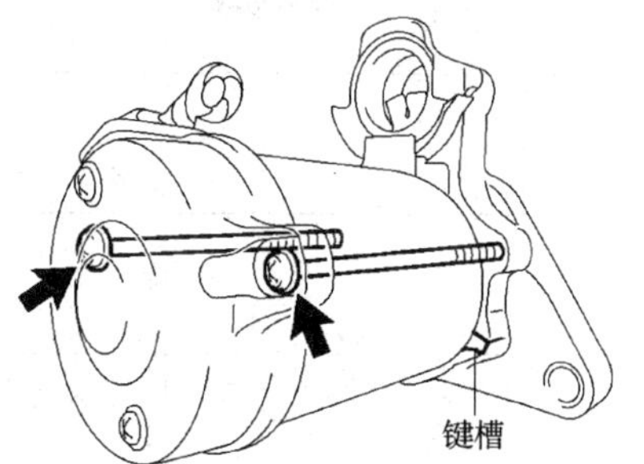

图 4—39 安装起动机定子总成

4. 安装电磁开关总成

在铁心挂钩上涂抹润滑脂，将电磁开关总成的铁心从上侧接合到拨叉上。安装电磁开关总成，并以 7.5 N·m 力矩紧固螺栓。最后，将引线连接至磁力起动机开关，然后用螺母以 10 N·m 的力矩紧固，如图 4—40 所示。

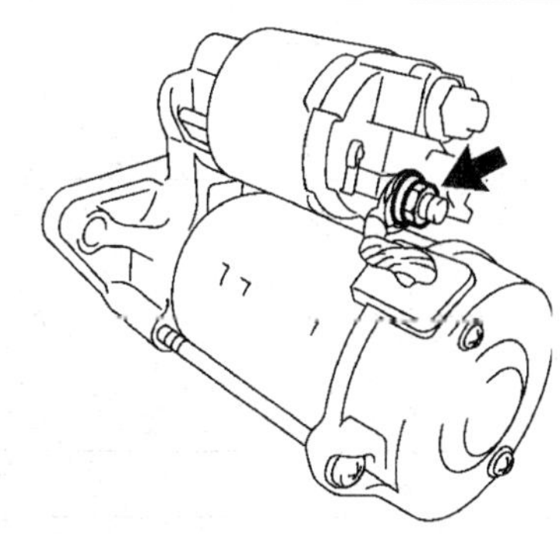

图 4—40 安装电磁开关总成

四、起动机的装车

1. 安装起动机总成

(1) 安装起动机总成，并以 37 N·m 的力矩拧紧固定螺栓。

(2) 连接连接器。

(3) 用螺母连接端子 30，并以 9.8 N·m 的力矩拧紧。

(4) 合上端子盖。

(5) 安装线束支架，并以 8.4 N·m 的力矩拧紧固定螺栓。

(6) 安装 2 个线束卡夹。

2. 安装散热器上空气导流板。

3. 将电缆连接到蓄电池负极端子。

学习过程记录表

<table>
<tr><td>姓名：</td><td>班级：</td><td>学号：</td><td>日期：</td></tr>
<tr><td>第四单元　电气设备的拆装</td><td>课题二　起动系与起动机的拆装</td><td>第(　)工作页</td><td>项目 1　桑塔纳轿车 QD1255 型起动机的拆装</td></tr>
<tr><td colspan="4">说明：完成桑塔纳轿车 QD1255 型起动机拆装的工作过程，将拆装步骤、操作注意事项、起动机零件的名称和作用填写在下面。</td></tr>
<tr><td>车型：</td><td>发动机型号：</td><td colspan="2">起动机型号：</td></tr>
<tr><td colspan="2">拆装步骤</td><td colspan="2">操作注意事项
(包括使用工具、力矩)</td></tr>
<tr><td colspan="2"></td><td colspan="2"></td></tr>
<tr><td colspan="2"></td><td colspan="2"></td></tr>
<tr><td colspan="2"></td><td colspan="2"></td></tr>
<tr><td colspan="2"></td><td colspan="2"></td></tr>
<tr><td colspan="2"></td><td colspan="2"></td></tr>
<tr><td colspan="2"></td><td colspan="2"></td></tr>
<tr><td colspan="2"></td><td colspan="2"></td></tr>
<tr><td colspan="4">起动机零件的名称和作用</td></tr>
<tr><td colspan="2">名称：
作用：</td><td colspan="2">名称：
作用：</td></tr>
<tr><td colspan="2">名称：
作用：</td><td colspan="2">名称：
作用：</td></tr>
<tr><td colspan="2">名称：
作用：</td><td colspan="2">名称：
作用：</td></tr>
</table>

续表

起动机零件的名称和作用	
名称： 作用：	名称： 作用：
名称： 作用：	名称： 作用：

批语：　　　　　　　　　　　　　　　　教师：

课题三　点火系的拆装

教学目标

1. 掌握点火系统的拆装方法、步骤和技术要求。
2. 掌握点火系统的检查、调整方法。

工具与设备

1. 常用工具。
2. 桑塔纳 3000 型轿车、卡罗拉轿车。

项目 1　桑塔纳 3000 型轿车点火系的拆装（图 4—41）

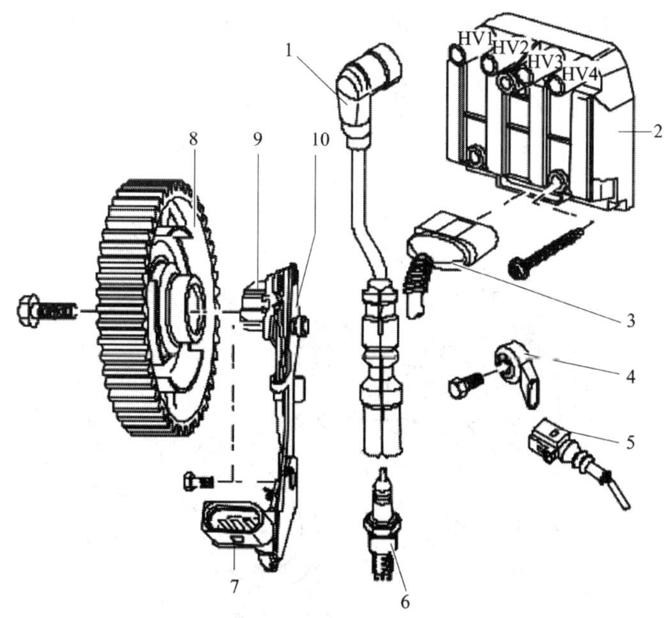

图 4—41　桑塔纳 3000 型轿车点火系的组成

1—点火导线　2—点火线圈　3—6 针连接插头　4—爆震传感器　5—2 针连接插头　6—火花塞　7—3 针连接插头　8—凸轮轴正时齿轮　9—霍尔传感器　10—支架

一、点火线圈和火花塞拆卸

1. 断开 4 根点火线圈与火花塞连接的点火导线。
2. 拆卸点火线圈总成。拔出连接插头，拆下 3 个螺栓，取出点火线圈。
3. 拆卸火花塞。用专用工具拆下 4 个火花塞。

二、点火线圈和火花塞安装

1. 安装火花塞。用专用工具 HAZET4766—1 安装 4 个火花塞，并以 25 N·m 的力矩拧紧。

2. 安装点火线圈总成。安装点火线圈，并以 10 N·m 的力矩拧紧固定螺栓。连接点火线圈线束插头。

3. 根据点火导线标记，连接好各火花塞至点火线圈之间的点火导线。

项目 2　卡罗拉轿车 1ZR—FE 型发动机点火系的拆装

一、点火线圈和火花塞的拆装（图 4—42）

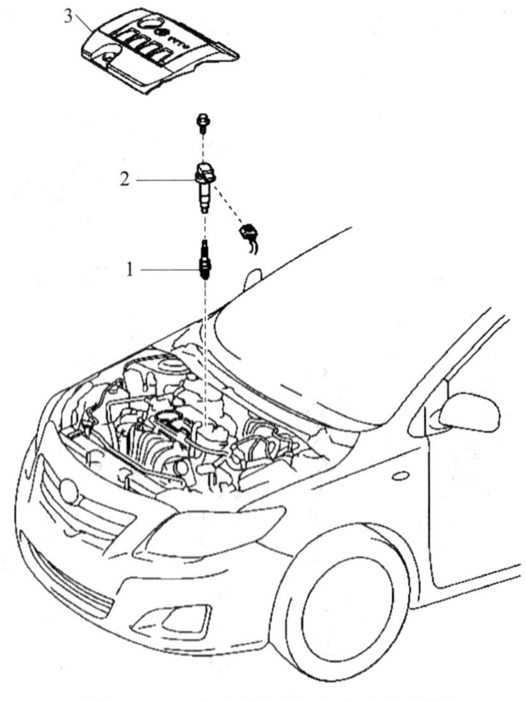

图 4—42　点火线圈和火花塞布置图

1—火花塞　2—点火线圈　3—气缸盖罩

1. 点火线圈和火花塞拆卸

(1) 拆卸 2 号气缸盖罩。

(2) 拆卸点火线圈总成。断开点火线圈连接器，拆下点火线圈固定螺栓，取下 4 个点火线圈，如图 4—43 所示。

注意：拆装点火线圈时，不要损坏发动机缸盖罩开口上的火花塞盖或火花塞套管顶部边缘。

(3) 拆卸火花塞。用 14 mm 火花塞扳手和 100 mm 加长杆拆下 4 个火花塞，如图 4—44 所示。

图 4—43 点火线圈拆装

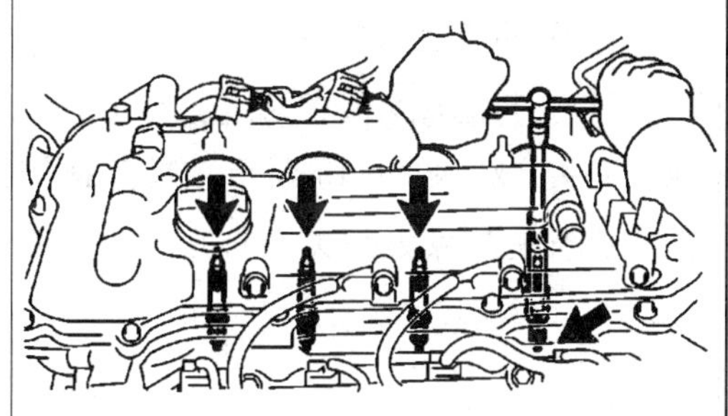

图 4—44 火花塞拆装

2. 点火线圈和火花塞安装

(1) 安装火花塞。用 14 mm 火花塞扳手和 100 mm 加长杆安装火花塞，力矩为 20 N·m。

(2) 安装点火线圈总成。安装点火线圈，并以 10 N·m 的力矩拧紧固定螺栓。连接点火线圈连接器。

(3) 安装 2 号气缸盖罩。

二、点火开关的拆装

1. 点火开关的拆卸

(1) 使前轮对准正前位置。

(2) 从蓄电池负极端子断开电缆。

(3) 拆卸 1 号仪表台底罩分总成。

(4) 拆卸仪表台下装饰板分总成。

(5) 拆卸转向盘 3 号下盖。

(6) 拆卸转向盘 2 号下盖。

(7) 拆卸转向盘装饰盖。

(8) 拆卸转向盘总成。

(9) 拆卸下转向柱罩。

(10) 拆卸上转向柱罩。

(11) 拆卸点火开关总成。拆下 2 个螺钉和点火开关，如图 4—45 所示，断开连接器，将连接器卡夹从点火开关上断开，如图 4—46 所示。

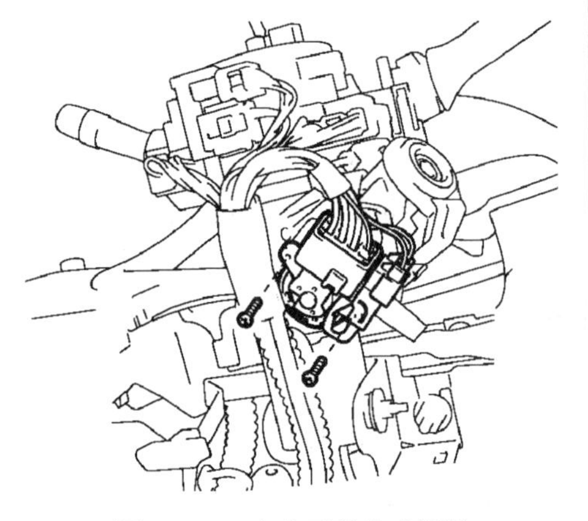

图 4—45 点火开关总成拆装

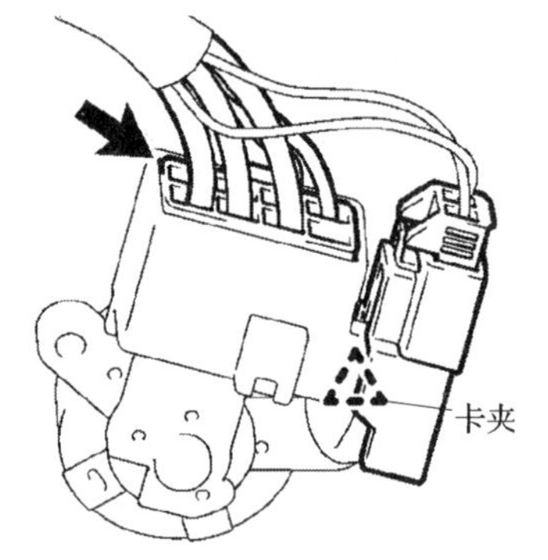

图 4—46 从点火开关上拆下连接器

2. 点火开关的安装

(1) 安装点火开关总成。

1) 用 2 个螺钉安装点火开关。

2) 连接连接器。

3) 将连接器卡夹安装到点火开关上。

(2) 安装上转向柱罩。

(3) 安装下转向柱罩。

(4) 调整螺旋电缆。

(5) 安装转向盘总成。

(6) 安装转向盘装饰盖。

(7) 安装转向盘 3 号下盖。

(8) 安装转向盘 2 号下盖。

(9) 检查转向盘装饰盖。

(10) 检查转向盘中心点。

(11) 安装仪表台下装饰板分总成。

(12) 安装1号仪表台底罩分总成。 (13) 将电缆连接到蓄电池负极端子。 (14) 检查转向盘装饰盖。 (15) 检查SRS警告灯。

学习过程记录表

<table>
<tr><td>姓名：</td><td>班级：</td><td>学号：</td><td>日期：</td></tr>
<tr><td>第四单元　电气设备的拆装</td><td>课题三　点火系的拆装</td><td>第（　）工作页</td><td>项目1　桑塔纳3000型轿车点火系的拆装</td></tr>
<tr><td colspan="4">说明：完成桑塔纳3000型轿车点火系拆装的工作过程，将拆装步骤、操作注意事项、点火系零件的名称和作用填写在下面。</td></tr>
<tr><td colspan="2">车型：</td><td colspan="2">发动机型号：</td></tr>
<tr><td colspan="2">拆装步骤</td><td colspan="2">操作注意事项
（包括使用工具、力矩）</td></tr>
<tr><td colspan="2"></td><td colspan="2"></td></tr>
<tr><td colspan="2"></td><td colspan="2"></td></tr>
<tr><td colspan="2"></td><td colspan="2"></td></tr>
<tr><td colspan="2"></td><td colspan="2"></td></tr>
<tr><td colspan="2"></td><td colspan="2"></td></tr>
<tr><td colspan="2"></td><td colspan="2"></td></tr>
<tr><td colspan="2"></td><td colspan="2"></td></tr>
<tr><td colspan="2"></td><td colspan="2"></td></tr>
<tr><td colspan="4">点火系零件的名称和作用</td></tr>
<tr><td colspan="2">名称：
作用·</td><td colspan="2">名称：
作用：</td></tr>
<tr><td colspan="2">名称：
作用：</td><td colspan="2">名称：
作用：</td></tr>
<tr><td colspan="2">名称：
作用：</td><td colspan="2">名称：
作用：</td></tr>
<tr><td colspan="2">名称：
作用：</td><td colspan="2">名称：
作用：</td></tr>
<tr><td colspan="2">名称：
作用：</td><td colspan="2">名称：
作用：</td></tr>
</table>

批语：　　　　　　　　　　　　　　　　教师：

课题四　照明与信号系统的拆装

教学目标

1. 熟悉照明系统与信号系统电路连接方法。
2. 掌握照明系统和信号系统主要部件的拆装方法、步骤和技术要求。

工具与设备

1. 常用工具。
2. 桑塔纳 3000 型轿车、卡罗拉轿车。

项目 1　桑塔纳 3000 型轿车照明系统的拆装（图 4—47）

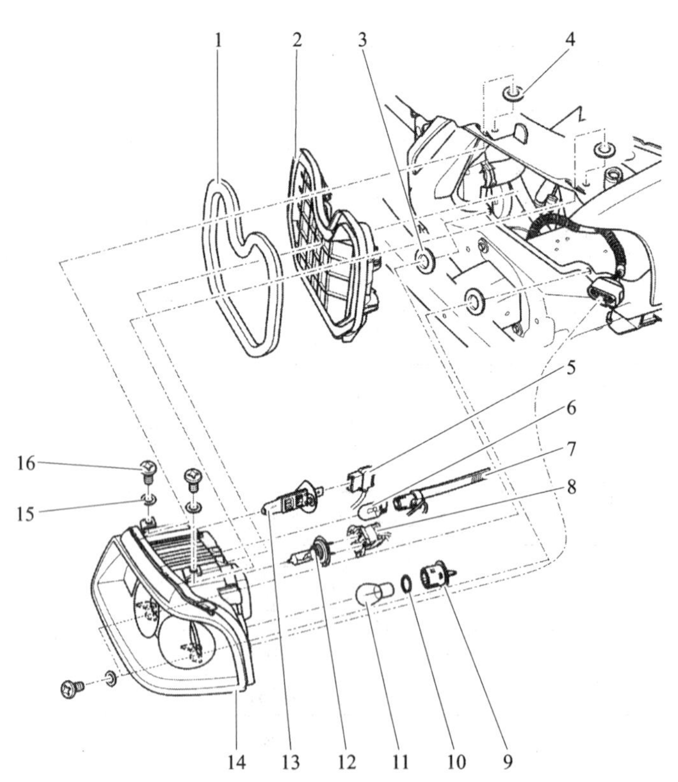

图 4—47　桑塔纳 3000 型轿车大灯结构图

1—密封圈　2—大灯后盖　3、4、10、15—垫圈　5—远光灯插头　6—驻车灯灯泡　7—驻车灯灯座　8—近光灯灯座　9—转向灯灯座　11—转向灯灯泡　12—近光灯灯泡　13—远光灯灯泡　14—大灯壳体　16—螺栓

<table>
<tr><td colspan="2">一、前大灯的拆装</td></tr>
<tr><td colspan="2">1. 前大灯的拆卸
(1) 从蓄电池负极端子断开电缆。
(2) 拆卸前保险杠罩盖。
(3) 拆卸前保险杠导向件。
(4) 拆卸大灯四个紧固螺栓。
(5) 拔下大灯线束插头。
(6) 取下大灯总成。</td></tr>
<tr><td colspan="2">2. 前大灯的安装
(1) 连接好大灯线束插头。
(2) 用 4 个螺栓安装大灯总成。
(3) 安装前保险杠导向件。
(4) 安装前保险杠罩盖。
(5) 将电缆连接到蓄电池负极端子。
(6) 前大灯灯光校正。</td></tr>
<tr><td colspan="2">二、前照灯灯泡的拆装</td></tr>
<tr><td>1. 远光灯灯泡的拆卸
(1) 拆卸蓄电池和蓄电池底板。
(2) 将大灯后盖的紧固弹簧向两侧方向松开。
(3) 拆卸大灯后盖。
(4) 按图 4—48 所示箭头 1～3 的步骤，将连同底座的远光灯灯泡固定弹簧松开并翻到一边。
(5) 从大灯反射罩中连同插头取出远光灯底座。
(6) 取下远光灯灯泡。</td><td>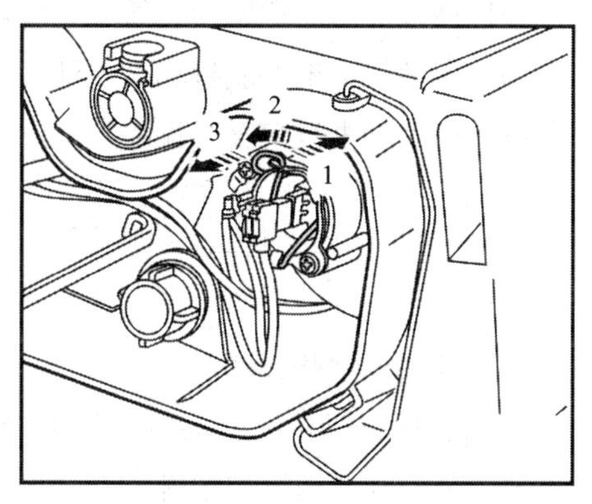

图 4—48　远光灯的拆卸</td></tr>
<tr><td colspan="2">2. 远光灯灯泡的装复
(1) 将导向插头插入到远光灯底座上。
(2) 将远光灯灯泡连同插头放入大灯反射罩中。
(3) 安装好远光灯底座固定弹簧。
(4) 安装大灯后盖。
(5) 将大灯后盖的紧固弹簧卡到位。
(6) 安装好蓄电池底板和蓄电池。
(7) 对大灯进行检查、调整。</td></tr>
</table>

3. 近光灯灯泡的拆卸

(1) 拆卸蓄电池和蓄电池底板。

(2) 将大灯后盖的紧固弹簧向两侧方向松开。

(3) 拆卸大灯后盖。

(4) 按图 4—49 中箭头方向转动插头，直到在灯座上的 2 个卡片从 2 个螺栓的垫片下脱出。

(5) 从大灯反射罩中连同插头取出近光灯底座。

(6) 从近光灯底座上拔下近光灯灯泡。

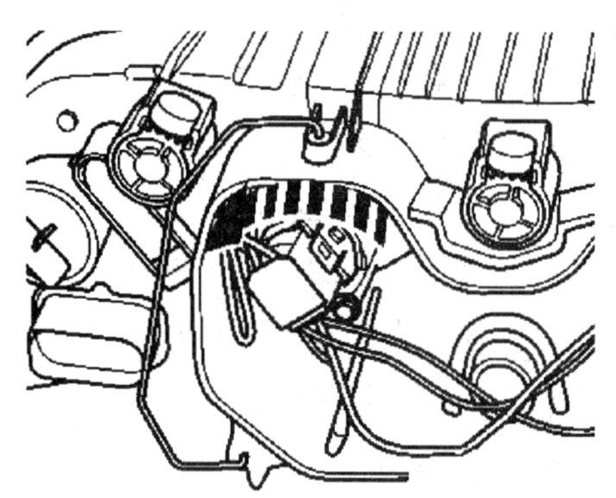

图 4—49 近光灯灯泡的拆卸

4. 近光灯灯泡的装复

(1) 将近光灯灯泡插入近光灯底座上。

(2) 将近光灯底座装入反射罩中。

(3) 安装好近光灯底座。

(4) 安装大灯后盖。

(5) 将大灯后盖的紧固弹簧卡到位。

(6) 安装好蓄电池底板和蓄电池。

(7) 对大灯进行检查、调整。

三、转向灯灯泡的拆装

1. 转向灯灯泡的拆卸

(1) 按图 4—50 中箭头方向转动转向灯灯泡底座，使其从反射罩中松开。

(2) 取出转向灯底座。

(3) 略微按下转向灯灯泡，并逆时针转动灯泡，将其从灯座上取下。

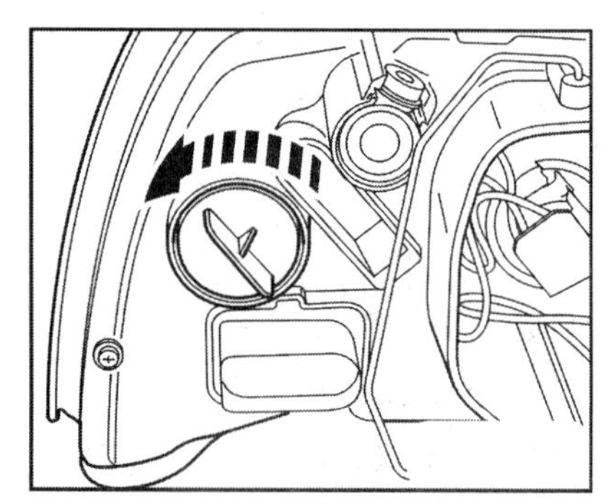

图 4—50 转向灯的拆卸

2. 转向灯灯泡的装复

(1) 将转向灯灯泡安装到转向灯底座上，顺时针旋转到位。

(2) 将转向灯底座安装至反射罩中。

(3) 旋转转向灯灯泡底座，使灯泡底座位置固定。

<table>
<tr><td colspan="2">四、驻车灯灯泡的拆装</td></tr>
<tr><td>1. 驻车灯灯泡的拆卸
(1) 拆卸蓄电池和蓄电池底板。
(2) 将大灯后盖的紧固弹簧向两侧方向松开。
(3) 拆卸大灯后盖。
(4) 按图 4—51 所示箭头方向拉出驻车灯灯泡底座上的塑料条，将底座连同灯泡一起拉出。
(5) 从底座上拔下驻车灯灯泡。</td><td>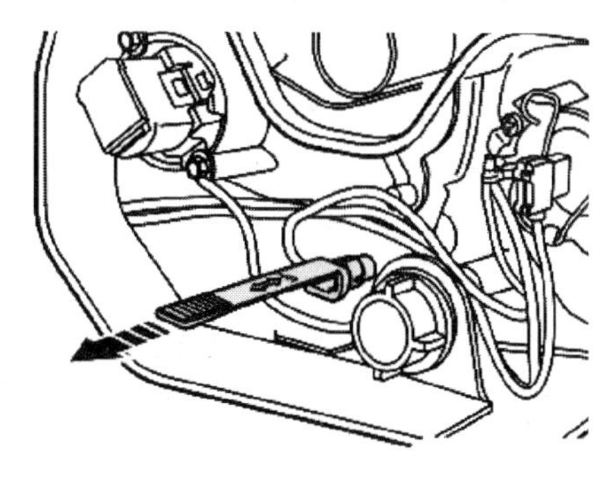
图 4—51　驻车灯灯泡的拆卸</td></tr>
<tr><td colspan="2">2. 驻车灯灯泡的安装
(1) 将驻车灯灯泡安装至底座上。
(2) 安装底座。
注意：在安装时底座塑料条上印有 UP 字样的一面向上。
(3) 安装大灯后盖。
(4) 将大灯后盖的紧固弹簧卡到位。
(5) 安装好蓄电池底板和蓄电池。</td></tr>
<tr><td colspan="2">五、雾灯的拆装</td></tr>
<tr><td>1. 雾灯的分解
(1) 断开蓄电池负极端子上的电缆。
(2) 拆卸前保险杠罩壳。
(3) 拔下雾灯灯罩上的导线插头。
(4) 拆卸将雾灯支架固定到前保险杠罩壳上的两个固定螺钉。
(5) 根据图 4—52 所示的位置，用旋具将雾灯壳体固定夹从前保险杠罩壳的固定卡子上撬出。
(6) 取下雾灯总成。</td><td>
图 4—52　拆卸雾灯总成</td></tr>
<tr><td colspan="2">2. 雾灯的装复
(1) 安装雾灯总成。
(2) 用卡夹将雾灯壳体固定至前保险杠罩壳上。
(3) 拧紧雾灯支架紧固螺钉。</td></tr>
</table>

(4) 连接雾灯灯罩上的导线插头。

(5) 安装前保险杠罩壳。

(6) 将电缆连接到蓄电池负极端子上。

(7) 雾灯对光检查、调整。

3. 雾灯的调整

(1) 举起车辆。

(2) 松开将雾灯罩盖紧固到前保险杠罩盖上的紧固螺钉。

(3) 用旋具撬出雾灯盖板。

(4) 用旋具转动孔中的调整螺钉，对雾灯进行调整。

六、尾灯的拆装 (图 4—53)

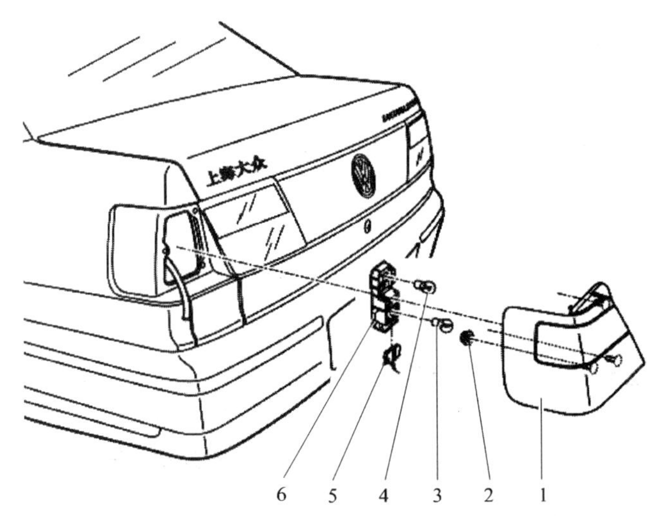

图 4—53 尾灯的拆装

1—灯罩 2—固定螺母 3—后转向灯灯泡 4—制动/尾灯灯泡 5—插头 6—灯座

1. 尾灯的分解

(1) 按下尾灯导线插头两侧的卡舌，从灯座上拔下线束插接器。

(2) 按下灯座两侧的卡舌，取下灯座。

(3) 按下灯泡并逆时针转动灯泡，从灯座上拆下灯泡。

2. 尾灯的装复

(1) 按下灯泡并转动灯泡，将灯泡装在灯座上。

(2) 按住固定夹，装上灯座。

(3) 插上线束插接器。

项目 2 卡罗拉轿车照明系统的拆装（图 4—54）

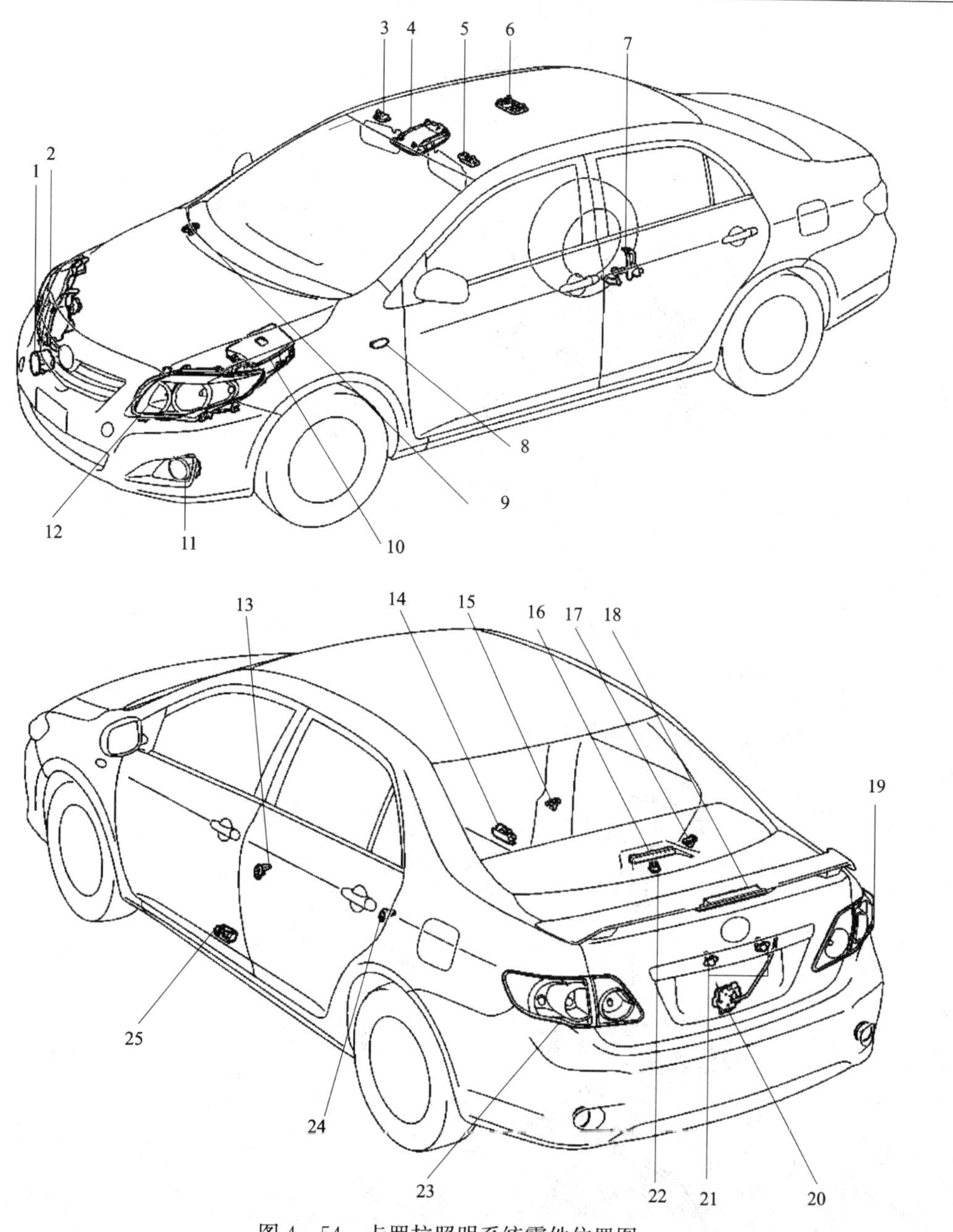

图 4—54 卡罗拉照明系统零件位置图

1—右侧雾灯总成 2—右侧前大灯总成 3—右梳妆灯 4—个人用灯总成 5—左梳妆灯 6—车厢照明灯总成 7—高度控制传感器 8—左侧转向信号灯总成 9—右侧转向信号灯总成 10—发动机室继电器盒和接线盒 11—左侧雾灯总成 12—左侧前大灯总成 13—左前车门门控灯开关 14—右车门门控灯 15—右前车门门控灯开关 16—高位制动灯总成（不带后扰流器） 17—右后车门门控灯开关 18—高位制动灯总成（带后扰流器） 19—右后组合灯总成 20—行李厢门锁总成 21—牌照灯总成 22—行李厢照明灯总成 23—左后组合灯总成 24—左后车门门控灯开关 25—左车门门控灯

一、前大灯总成的拆装（图 4—55）

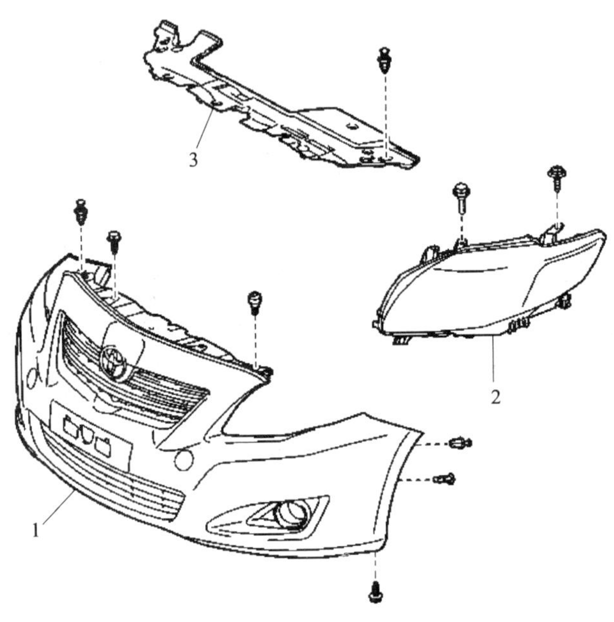

图 4—55　前大灯总成位置图

1—前保险杠总成　2—前大灯总成　3—防护罩

1. 前大灯总成的拆卸（图 4—56）

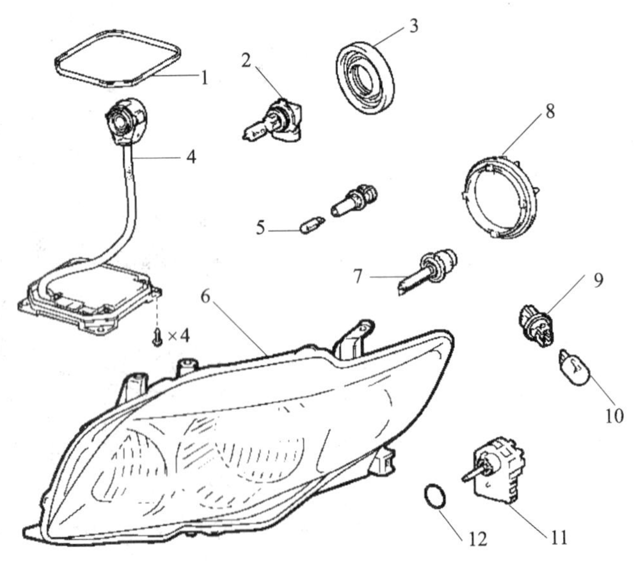

图 4—56　前大灯总成分解图

1—前大灯衬垫　2—2 号前大灯灯泡　3—2 号前大灯灯盖　4—灯控 ECU 分总成　5—示宽灯灯泡　6—前大灯单元　7—放电前大灯灯泡　8—1 号前大灯灯盖　9—前转向信号灯灯座　10—前转向信号灯灯泡　11—前大灯光束高度调整电动机　12—前大灯光束高度调整电动机底座密封件

(1) 拆卸散热器上空气导流板。

(2) 断开蓄电池负极端子上的电缆（HID 前大灯）。

(3) 拆卸散热器格栅防护罩。

(4) 拆卸前保险杠总成。

(5) 排空清洗液（带前大灯清洗器系统）。

(6) 拆卸前大灯总成。拆下 2 个螺栓和螺钉，脱开卡爪，断开连接器并拆下前大灯总成。

2. 前大灯总成的拆解（HID 前大灯）

(1) 拆卸 2 号前大灯灯泡。

(2) 断开 1 号前大灯灯盖，断开连接器并拆下 1 号前大灯灯盖。

(3) 分离灯控 ECU 插座，松开固定弹簧并拆下放电前大灯灯泡。

(4) 将前转向信号灯灯泡和前转向信号灯灯座作为一个整体旋转拆下，再将前转向信号灯灯泡从前转向信号灯灯座上拆下。

(5) 将示宽灯灯泡和示宽灯灯座作为一个整体旋转拆下，再将示宽灯灯泡从示宽灯灯座上拆下。

(6) 拆卸前大灯光束高度调整电动机，如图 4—57 所示。按图中箭头①指示的方向旋转前大灯光束高度调整电动机，将其松开。按图中箭头②指示的方向旋转前大灯光束高度调整电动机的对光螺钉以脱开轴。按图中箭头③指示的方向拉出前大灯光束高度调整电动机，将其拆下。

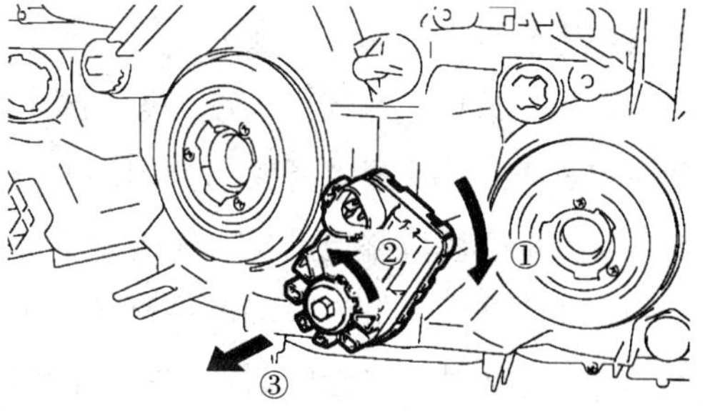

图 4—57　拆卸前大灯光束高度调整电动机

(7) 拆下前大灯光束高度调整电动机底座密封件。

注意：在拆下前大灯光束高度调整电动机底座密封件后，应换上新的底座密封件，以防密封不良而进水。

(8) 拆下固定螺钉，断开连接器，拆下灯控 ECU 分总成。

（9）拆卸前大灯衬垫。

注意：在拆下前大灯衬垫后，确保用新的衬垫将其更换，否则可能导致进水。

（10）拆下螺钉和前大灯支架。

（11）拆下螺钉和前大灯左支架。

注意：除非更换前大灯单元、前大灯支架或前大灯左支架，否则不要拆下前大灯支架和前大灯左支架。

3. 前大灯总成的装配（HID 前大灯）

（1）安装前大灯左支架。

注意：重复使用前大灯单元时，将螺钉安装到两侧的孔中，仅当前大灯单元是新的时，才将螺钉安装到中央的孔中。

（2）安装前大灯支架。

（3）安装一个新的前大灯衬垫。

（4）连接连接器，用 4 个螺钉安装灯控 ECU 分总成。

（5）安装新的前大灯光束高度调整电动机底座密封件。

（6）安装前大灯光束高度调整电动机，如图 4—58 所示。按图中箭头①指示的方向插入前大灯光束高度调整电动机。按图中箭头②指示的方向旋转前大灯光束高度调整电动机的对光螺钉以接合轴。按图中箭头③指示的方向旋转前大灯光束高度调整电动机以将其安装。

图 4—58 安装前大灯光束高度调整电动机

（7）安装示宽灯灯泡。先将示宽灯灯泡安装到示宽灯灯座上，再将示宽灯灯泡和示宽灯灯座作为一个整体旋转安装。

（8）安装前转向信号灯灯泡。先将前转向信号灯灯泡安装到前转向信号灯灯座上，再将前转向信号灯灯泡和前转向信号灯灯座作为一个整体旋转安装。

（9）锁紧固定弹簧以安装放电前大灯灯泡，旋转并连接好灯控 ECU 插座。

<table>
<tr><td colspan="2">

（10）安装 1 号前大灯灯盖。

（11）安装 2 号前大灯灯泡。

</td></tr>
<tr><td>

4. 前大灯总成的安装

（1）连接连接器，接合卡爪，安装前大灯总成，并以 5.4 N·m 的力矩拧紧固定螺钉，如图 4—59 所示。

（2）将清洗液罐加满清洗液（带前大灯清洗器系统）。

（3）安装前保险杠总成。

（4）安装散热器格栅防护罩。

（5）将电缆连接到蓄电池负极端子上（HID 前大灯）。

（6）安装散热器上空气导流板。

（7）前大灯对光检查、调整。

</td><td>

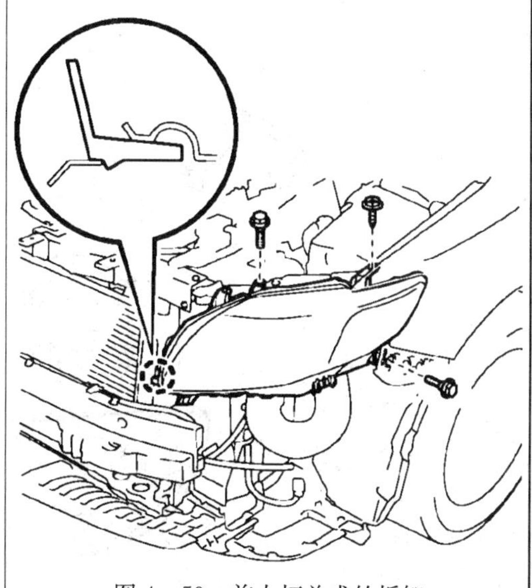

图 4—59 前大灯总成的拆卸

</td></tr>
<tr><td colspan="2">

二、雾灯总成的拆装

</td></tr>
<tr><td>

1. 雾灯总成的拆卸

（1）拆卸散热器上空气导流板。

（2）拆卸散热器格栅防护罩。

（3）拆卸前保险杠总成。

（4）排空清洗液（带前大灯清洗器系统）。

（5）拆下雾灯总成，如图 4—60 所示。

（6）从雾灯总成上拆下雾灯灯泡。

</td><td>

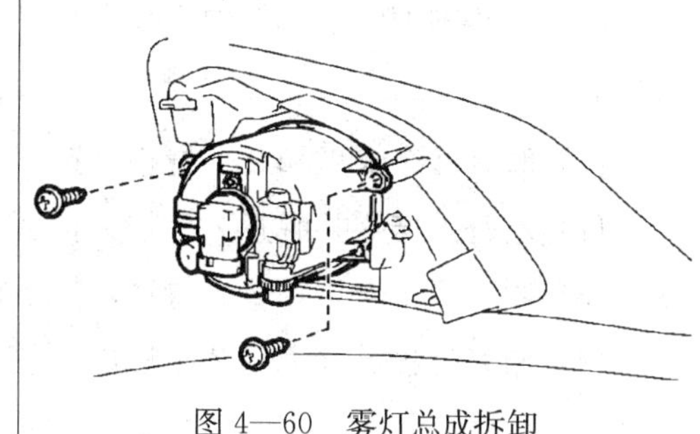

图 4—60 雾灯总成拆卸

</td></tr>
<tr><td>

2. 雾灯总成的安装

（1）将雾灯灯泡安装在雾灯总成上，如图 4—61 所示。

（2）安装雾灯总成。

（3）将清洗液罐加满清洗液（带前大灯清洗器系统）。

（4）安装前保险杠总成。

（5）安装散热器格栅防护罩。

（6）安装散热器上空气导流板。

（7）雾灯对光检查、调整。

</td><td>

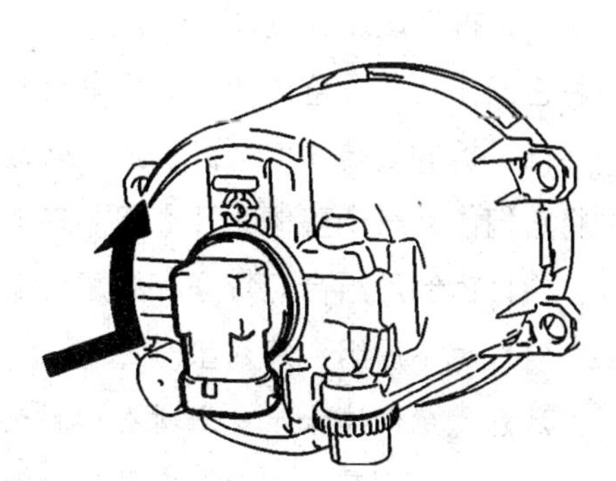

图 4—61 安装雾灯灯泡

</td></tr>
</table>

三、后组合灯的拆装

1. 后组合灯的拆卸（图 4—62）

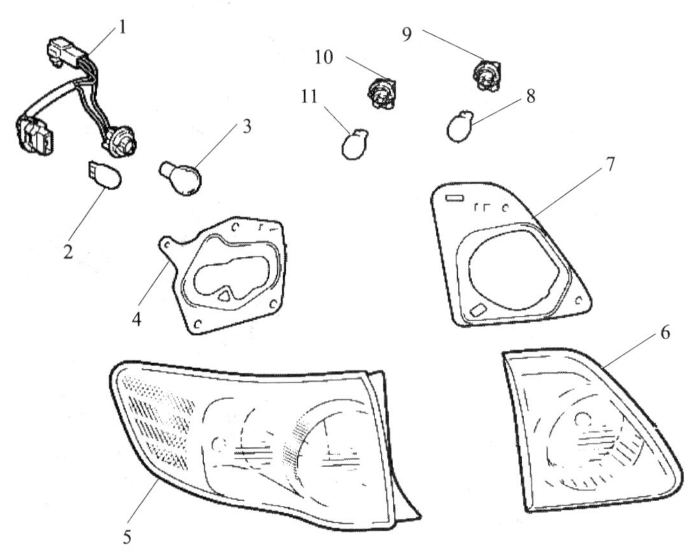

图 4—62　后组合灯的拆装

1—后组合灯灯座和线束分总成　2—尾灯和制动灯灯泡　3—后转向信号灯灯泡　4—衬垫　5—后组合灯透镜和灯体　6—后灯透镜和灯体　7—后灯衬垫　8—倒车灯灯泡　9—倒车灯灯座　10—后雾灯灯座　11—后雾灯灯泡

(1) 脱开 2 个卡爪和 2 个导销，拆下后组合灯检修孔盖。

(2) 断开连接器并脱开 2 个卡夹，拆下 3 个螺母，脱开销，拆下后组合灯总成。

(3) 脱开 2 个卡爪和 2 个导销，拆下行李箱侧盖。

(4) 断开连接器并拆下 2 个螺母，脱开卡子，拆下后灯总成。

2. 后组合灯总成的拆解

(1) 拆卸尾灯和制动灯灯泡。转动尾灯和制动灯灯泡、后组合灯灯座和线束分总成，并将它们作为一个整体断开。将尾灯和制动灯灯泡从后组合灯灯座和线束分总成上拆下。

(2) 拆卸后转向信号灯灯泡。转动后转向信号灯灯泡、后组合灯灯座和线束分总成，并将它们作为一个整体断开。将后转向信号灯灯泡从后组合灯灯座和线束分总成上拆下。

(3) 拆卸后组合灯灯座和线束分总成。脱开卡夹，拆下后组合灯灯座和线束分总成。

(4) 拆下后组合灯衬垫。

注意：确保清除车身上所有旧衬垫的痕迹。换上新的衬垫，以防止进水。

(5) 拆卸倒车灯灯泡（右侧）。转动倒车灯灯泡和倒车灯灯座，并将它们作为一个整体断开。将倒车灯灯泡从倒车灯灯座上拆下。

（6）拆卸后雾灯灯泡（左侧）。转动后雾灯灯泡和后雾灯灯座，并将它们作为一个整体断开。将后雾灯灯泡从后雾灯灯座上拆下。

（7）拆下后灯衬垫。

3. 后组合灯总成的装复

（1）安装一个新的后灯衬垫。

（2）安装右侧倒车灯灯泡。将倒车灯灯泡安装到倒车灯灯座上。沿图 4—63 所示箭头方向转动倒车灯灯泡和倒车灯灯座，并将它们作为一个整体安装。

（3）安装左侧后雾灯灯泡。将后雾灯灯泡安装到后雾灯灯座上。转动后雾灯灯泡和后雾灯灯座，并将它们作为一个整体安装。

（4）安装一个新的后组合灯衬垫。

（5）连接卡夹，并安装后组合灯灯座和线束分总成。

（6）安装后转向信号灯灯泡。将后转向信号灯灯泡安装至后组合灯灯座和线束分总成上。沿图 4—64 所示箭头方向转动后转向信号灯灯泡、后组合灯灯座和线束分总成，并将它们作为一个整体安装。

（7）安装尾灯和制动灯灯泡。将尾灯和制动灯灯泡安装到后组合灯灯座和线束分总成上。沿图 4—65 所示箭头方向转动尾灯和制动灯灯泡、后组合灯灯座和线束分总成，并将它们作为一个整体安装。

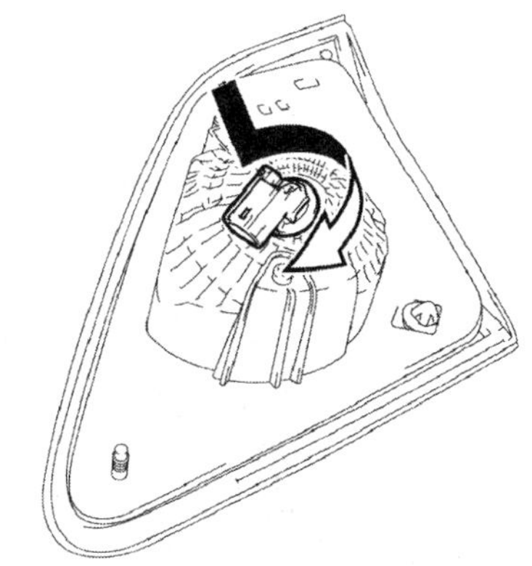

图 4—63　安装倒车灯灯泡

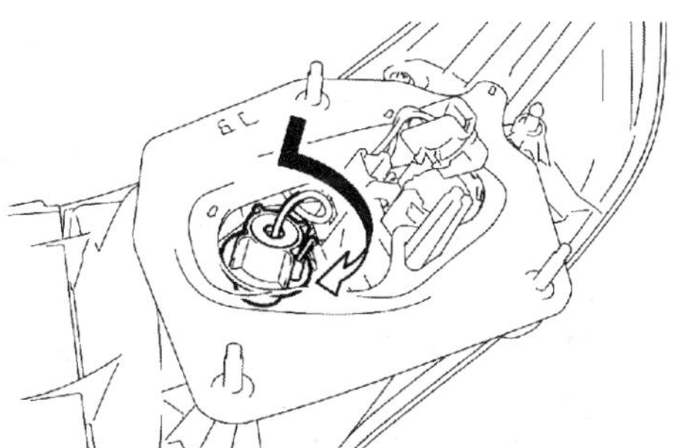

图 4—64　后转向信号灯灯泡的安装

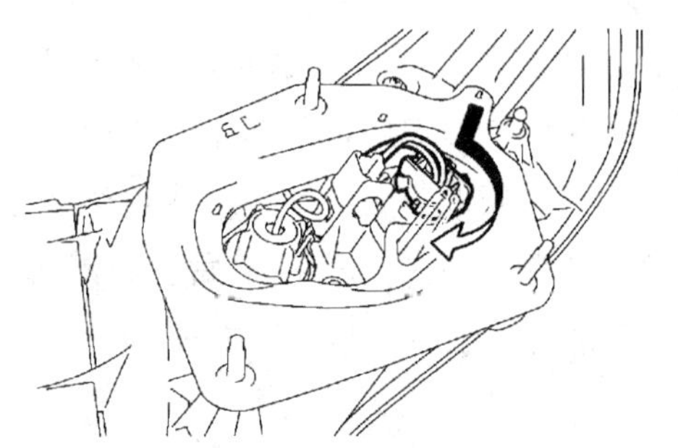

图 4—65　尾灯和制动灯灯泡的安装

4. 后组合灯总成安装

（1）安装后组合灯总成。插上接合销，装上后组合灯总成，并以 5.4 N·m 的力矩拧紧 3 个固定螺钉，连接连接器并接合 2 个卡夹。

(2) 安装后组合灯检修孔盖。接合 2 个导销和 2 个卡爪，并安装后组合灯检修孔盖。

(3) 安装后灯总成。接合卡子，并以 5.4 N·m 的力矩拧紧后灯总成固定螺母，连接连接器。

(4) 安装行李箱侧盖。接合导销，接合卡爪并安装行李箱侧盖。

四、高位制动灯总成的拆装 (图 4—66)

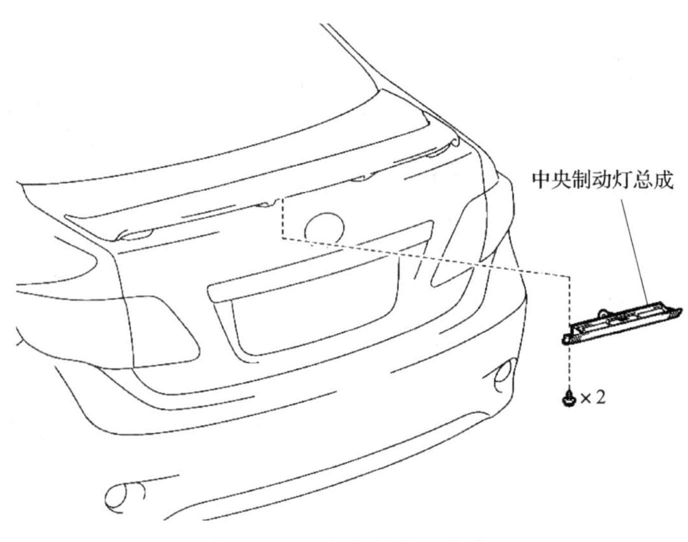

图 4—66 高位制动灯总成

1. 高位制动灯总成拆装 (带后扰流器)

(1) 拆卸中央制动灯总成。先拆下 2 个螺钉，断开中央制动灯总成。再断开连接器并拆下中央制动灯总成，如图 4—67 所示。

(2) 安装中央制动灯总成。连接好连接器，将中央制动灯总成连接至后扰流器总成，再用 2 个螺钉安装中央制动灯总成。

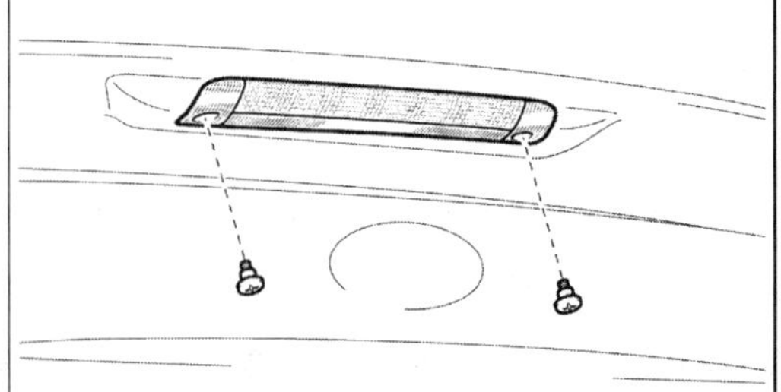

图 4—67 带后扰流器高位制动灯的拆装

2. 高位制动灯总成拆卸 (不带后扰流器)

(1) 拆卸后排座椅坐垫总成。

(2) 拆卸后排左侧座椅靠背总成。

(3) 拆卸后排右侧座椅靠背总成。

(4) 拆卸左后车门防磨板。

(5) 断开左后车门开口装饰密封条。

(6) 拆卸后排左侧座椅侧饰板。

(7) 拆卸车顶左侧内饰板。

(8) 拆卸车顶左侧内饰板总成。

(9) 拆卸右后车门防磨板。

(10) 断开右后车门开口装饰密封条。

(11) 拆卸后排右侧座椅侧饰板。

(12) 拆卸车顶右侧内饰板。

(13) 拆卸车顶右侧内饰板总成。

(14) 拆卸杂物箱装饰板安全带孔盖。

(15) 拆卸杂物箱装饰板总成。

(16) 拆卸中央制动灯组件。拆下 2 个螺钉，断开连接器，脱开 2 个卡爪，并拆下中央制动灯组件，如图 4—68 所示。

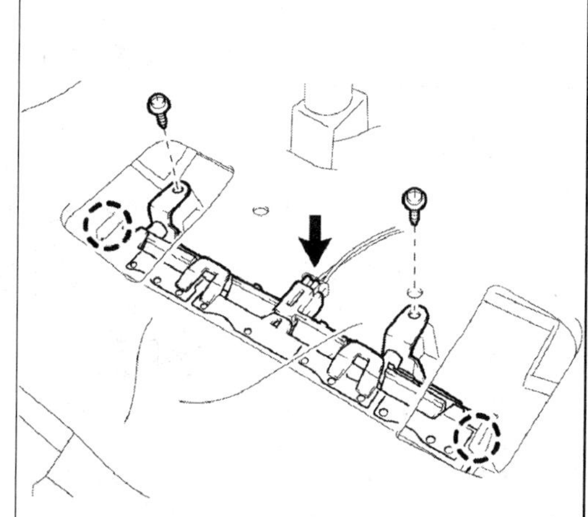

图 4—68　不带后扰流器高位制动灯的拆装

3. 高位制动灯总成安装（不带后扰流器）

(1) 安装中央制动灯组件。接合卡爪并用螺钉安装中央制动灯组件，连接连接器。

(2) 安装杂物箱装饰板总成。

(3) 安装杂物箱装饰板安全带孔盖。

(4) 安装车顶左侧内饰板总成。

(5) 安装车顶左侧内饰板。

(6) 安装后排左侧座椅侧饰板。

(7) 连接左后车门开口装饰密封条。

(8) 安装左后车门防磨板。

(9) 安装车顶右侧内饰板总成。

(10) 安装车顶右侧内饰板。

(11) 安装后排右侧座椅侧饰板。

(12) 连接右后车门开口装饰密封条。

(13) 安装右后车门防磨板。

(14) 安装后排左侧座椅靠背总成。

(15) 安装后排右侧座椅靠背总成。

(16) 安装后排座椅坐垫总成。

项目 3　桑塔纳 3000 型轿车照明与信号系统开关的拆装

一、组合开关的拆装（图 4—69）

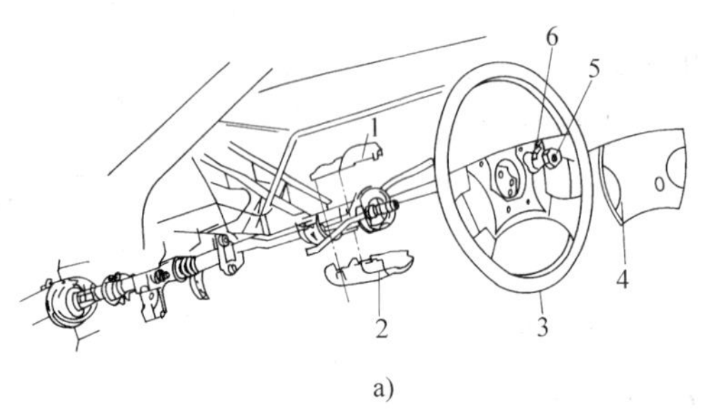

a)

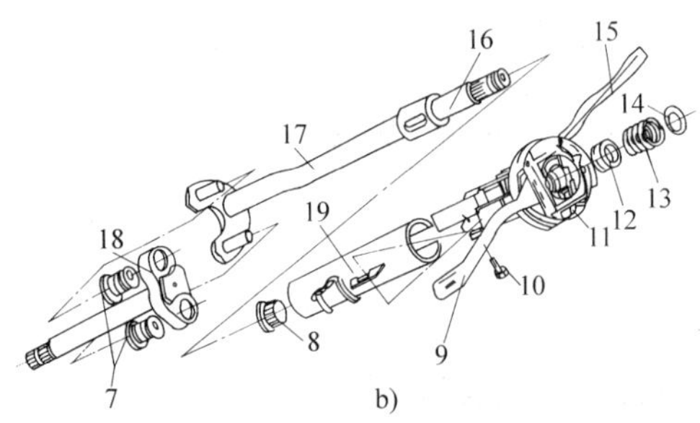

b)

图 4—69　组合开关的拆装

1—上护罩　2—下护罩　3—转向盘　4—喇叭按钮盖　5—螺母　6—弹簧垫　7—衬套　8—支撑环　9—转向灯开关　10—螺栓　11—喇叭簧片　12—接触环　13—弹簧　14—垫片　15—刮水器开关　16—转向柱上段　17—转向器下段　18—下转向柱　19—套管

1. 组合开关的分解

(1) 断开蓄电池负极线。

(2) 拆下喇叭按钮盖。

(3) 拆下转向柱螺母，取下弹簧垫。

(4) 用顶拔器拆下转向盘。

(5) 拆下防尘罩的 3 个自锁螺栓。

(6) 拆下点火开关下护罩，拔下线束插接器。

(7) 从转向柱上取下转向灯开关。

(8) 拆下点火开关上护罩。

(9) 取下刮水器开关。

(10) 用 3 mm 钻头背面压下锁芯限位弹簧，并用插入钥匙拉出点火锁芯。

(11) 拉出转向轴套管。

2. 组合开关的装复

(1) 套上转向轴套管。

(2) 将点火开关锁芯压入锁壳，转动钥匙使其到位。

(3) 装上刮水器开关。

(4) 装上点火开关上护罩。

(5) 装上转向灯开关。

(6) 插上线束插接器，装上点火开关下护罩。

(7) 装上转向灯开关的 3 个自锁螺栓。

(8) 装上转向盘。

(9) 装上弹簧垫，拧紧转向柱螺母。

(10) 装上喇叭按钮盖。

(11) 装上蓄电池负极线。

二、灯光开关的拆装

1. 灯光开关的拆卸

(1) 断开蓄电池负极线。

(2) 按照图 4—70 所示箭头 1～3 的方向，依照顺序将灯光开关从仪表板上拔出。

(3) 拆卸开关后部的线束。

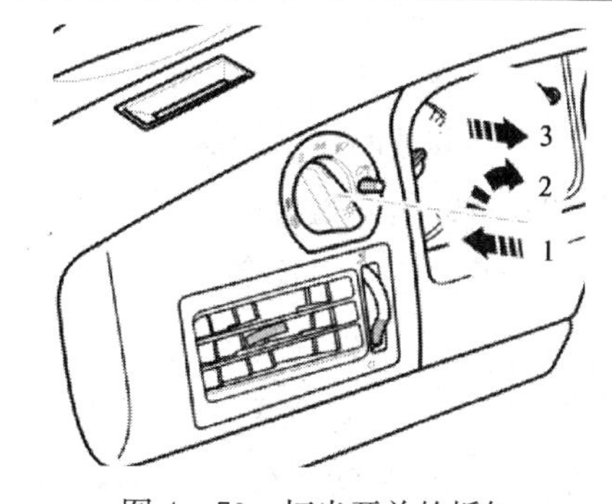

图 4—70　灯光开关的拆卸

2. 仪表板上开关的装复

(1) 插上开关后部的线束。

(2) 将开关推入仪表板相应位置。

(3) 装上蓄电池负极线。

三、制动灯开关的拆装

1. 制动灯开关的拆卸

(1) 断开蓄电池负极线。

(2) 拔下导线插接器。

(3) 转动并取下制动灯开关，如图 4—71 所示。

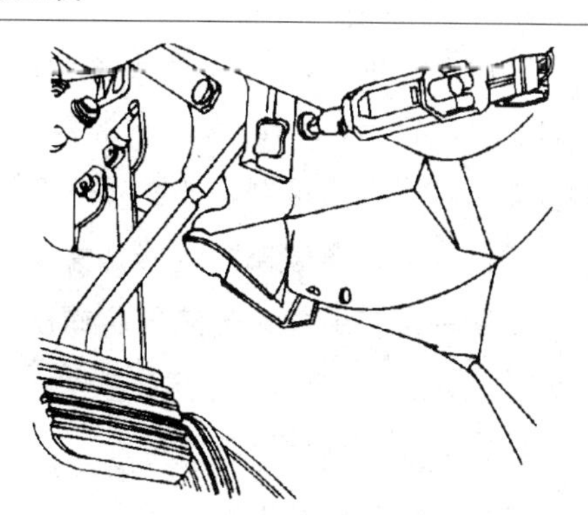

图 4—71　制动灯开关的拆卸

2. 制动灯开关的装复

(1) 使制动灯开关上的凸耳与支架上的凹槽对齐，插入并转动开关，使其固定。

(2) 插上导线插接器。

(3) 装上蓄电池负极线。

项目 4　卡罗拉轿车照明与信号系统开关的拆装

一、前大灯变光开关的拆装

1. 前大灯变光开关拆卸

(1) 定位前轮，使其面向正前位置。

(2) 从蓄电池负极端子断开电缆。

(3) 拆卸仪表台 1 号底罩分总成。

(4) 拆卸仪表台下装饰板分总成。

(5) 拆卸转向盘 3 号下盖。

(6) 拆卸转向盘 2 号下盖。

(7) 拆卸转向盘装饰盖。

(8) 拆卸转向盘总成。

(9) 拆卸下转向柱罩。

(10) 拆卸上转向柱罩。

(11) 拆卸转向柱罩。

(12) 拆卸带转向角传感器的螺旋电缆。

(13) 拆卸风窗玻璃刮水器开关总成。

(14) 拆卸前大灯变光开关总成。断开连接器，脱开卡夹和卡爪，拆下前大灯变光开关总成，如图 4—72 所示。

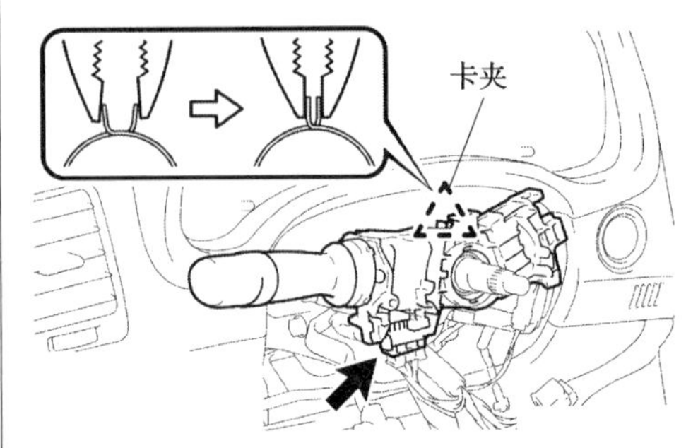

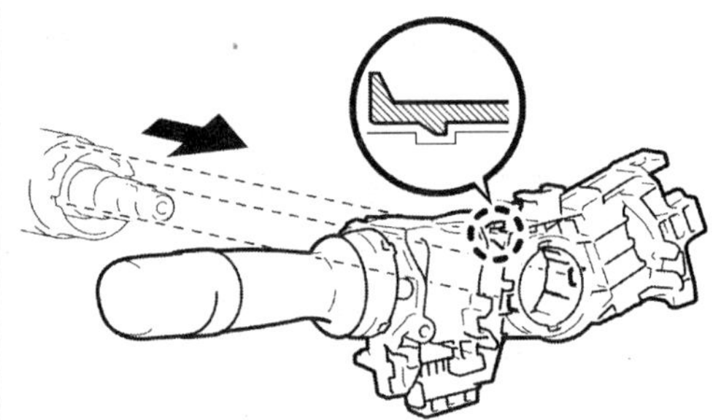

图 4—72　前大灯变光开关总成拆卸

2. 前大灯变光开关安装

(1) 安装前大灯变光开关总成。在松开卡夹的同时接合卡爪，用卡夹安装前大灯变光开关总成，连接好连接器，如图 4—73 所示。

(2) 安装风窗玻璃刮水器开关总成。

(3) 安装带转向角传感器的螺旋电缆。

(4) 安装上转向柱罩。

(5) 安装下转向柱罩。

(6) 安装转向柱盖。

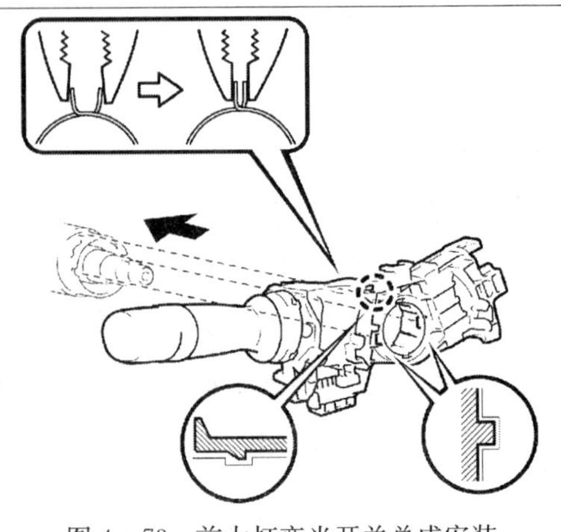

图 4—73　前大灯变光开关总成安装

(7) 安装转向盘总成。

(8) 检查转向盘中心点。

(9) 调整螺旋电缆。

(10) 安装转向盘装饰盖。

(11) 安装转向盘 3 号下盖。

(12) 安装转向盘 2 号下盖。

(13) 安装仪表台下装饰板分总成。

(14) 安装仪表台 1 号底罩分总成。

(15) 将电缆连接到蓄电池负极端子。

二、危险警告开关的拆装

1. 危险警告开关的拆卸

(1) 拆卸仪表台左下装饰板。

(2) 拆卸仪表台右下装饰板。

(3) 拆卸仪表台左端装饰板。

(4) 拆卸仪表台右端装饰板。

(5) 拆卸中央仪表台调风器总成。

(6) 脱开 2 个卡爪，拆下危险警告信号开关总成，如图 4—74 所示。

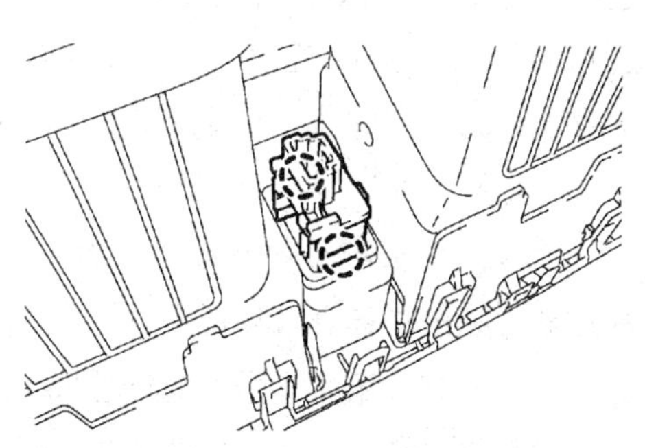

图 4—74　危险警告开关的拆装

2. 危险警告开关的安装

(1) 接合 2 个卡爪，安装危险警告信号开关总成。

注意：不要使用任何跌落过的开关。

(2) 安装中央仪表台调风器总成。

(3) 安装仪表台左端装饰板。

(4) 安装仪表台右端装饰板。

(5) 安装仪表台左下装饰板。

(6) 安装仪表台右下装饰板。

三、制动灯开关的拆装	
1. 制动灯开关的拆卸 (1) 从蓄电池负极端子断开电缆。 (2) 拆卸仪表台 1 号底罩分总成。 (3) 拆卸制动灯开关总成。断开连接器，逆时针转动制动灯开关总成，将其拆下，如图 4—75 所示。	 图 4—75 制动灯开关的拆卸
2. 制动灯开关的安装 (1) 安装制动灯开关总成。插入制动灯开关总成，直到推杆触及缓冲垫，顺时针转动 1/4 圈，安装制动灯开关总成。力矩小于 1.5 N·m。连接好连接器。检查推杆的凸出部分与开关键盘之间的间隙。间隙应为 1.5～2.5 mm，如图 4—76所示。如果间隙不在规定范围内，应进行调整。 **注意：插入制动灯开关总成时，从后面支承踏板，否则踏板会被按进去。** (2) 安装仪表台 1 号底罩分总成 (3) 将电缆连接到蓄电池负极端子。	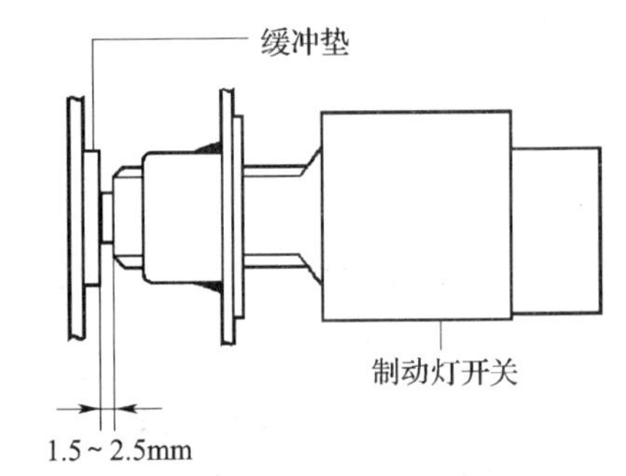 图 4—76 检查推杆的凸出间隙

项目 5 喇叭的拆装

一、桑塔纳 3000 型轿车喇叭系统的拆装	
1. 喇叭的拆卸 (1) 拆下散热器格栅。 (2) 拔下喇叭电线插接器，如图 4—77 所示。 (3) 从支架上拆下喇叭固定螺母。 (4) 取下喇叭。	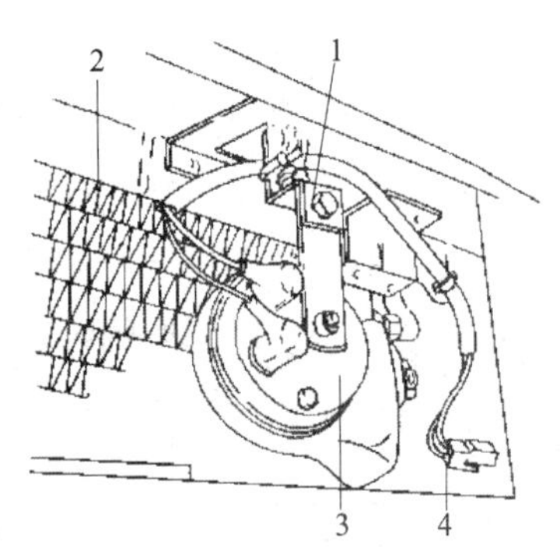 图 4—77 喇叭的拆装 1—支架 2—冷凝器 3—喇叭 4—插接器
2. 喇叭的装复 (1) 装上喇叭，拧紧喇叭固定螺母。 (2) 插上喇叭电线插接器。 (3) 装上散热器格栅。	

二、卡罗拉轿车喇叭系统的拆装

1. 喇叭系统的拆卸（图 4—78）

（1）拆卸散热器上空气导流板。

（2）拆卸散热器格栅防护罩。

（3）拆卸前保险杠总成。

（4）排空清洗液（带前大灯清洗器系统）。

（5）拆卸低音喇叭总成。断开连接器，拆下螺栓和低音喇叭总成。

（6）拆卸高音喇叭总成。断开连接器，拆下螺栓和高音喇叭总成

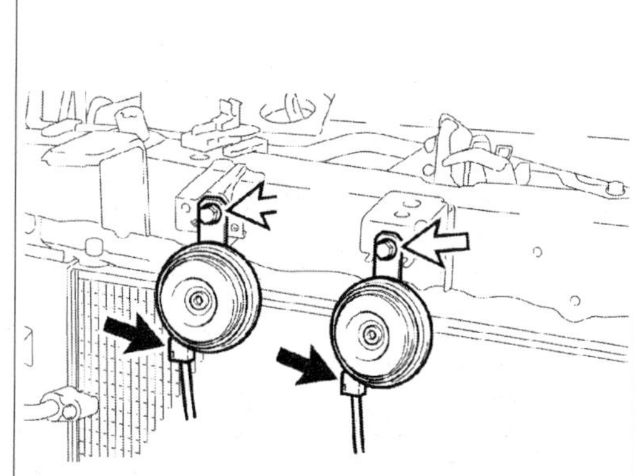

图 4—78　喇叭系统的拆装

2. 喇叭系统的安装

（1）安装高音喇叭总成。用螺栓安装高音喇叭总成。力矩为 20 N·m。连接连接器。

（2）安装低音喇叭总成。安装低音喇叭总成，并以 20 N·m 的力矩拧紧固定螺栓。插上连接器。

（3）将清洗液罐加满清洗液（带前大灯清洗器系统）。

（4）安装前保险杠总成。

（5）安装散热器格栅防护罩。

（6）安装散热器上空气导流板。

学习过程记录表

姓名：	班级：	学号：	日期：
第四单元　电气设备的拆装	课题四　照明与信号系统的拆装	第（　）工作页	项目 1　桑塔纳 3000 型轿车照明系统的拆装——前大灯的拆装
说明：完成桑塔纳 3000 型轿车前大灯的拆装的工作过程，将拆装步骤、操作注意事项、前大灯零件的名称和作用、近光灯功率、远光灯功率填写在下面。			

续表

车型： 发动机型号：	
拆装步骤	操作注意事项 （包括使用工具、力矩）
前大灯零件的名称和作用	
名称： 作用：	名称： 作用：
名称： 作用：	名称： 作用：
名称： 作用：	名称： 作用：
名称： 作用：	名称： 作用：
名称： 作用：	名称： 作用：
近光灯功率：	远光灯功率：

批语： 教师：

课题五　空调系统的拆装

教学目标

1. 掌握空调系统的组成、作用与工作原理。
2. 掌握空调系统的拆装方法、步骤和技术要求。
3. 掌握拆装工具和机具的使用。

工具与设备

1. 常用工具。
2. 空调拆装专用工具。
3. 桑塔纳 3000 型轿车、卡罗拉轿车。

项目 1　桑塔纳 3000 型轿车空调系统的拆装（图 4—79）

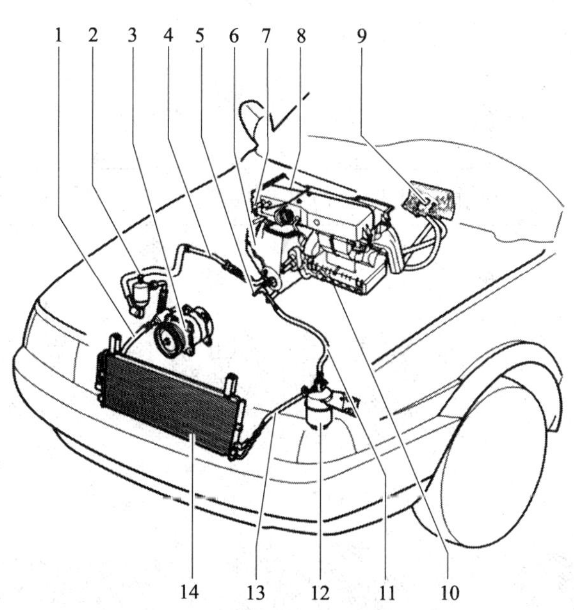

图 4—79　桑塔纳 3000 型轿车空调系统的零件位置图

1—压缩机至冷凝器管（D 管）　2—低压维修接口　3—空调压缩机　4—蒸发器至压缩机管（S 管）　5—高压维修接口　6—蒸发器　7—环境温度传感器　8—进风罩　9—调节装置　10—新鲜空气风箱　11—储液干燥器至蒸发器管（L 管）　12—储液干燥器　13—冷凝器至储液干燥器管（C 管）　14—冷凝器

一、空调压缩机的拆装

1. 空调压缩机总成的拆卸

(1) 拆下蓄电池负极线。

(2) 排出制冷剂。

注意：在拆开制冷系统零部件时，应戴手套及防护眼镜，以防制冷剂侵蚀和冻伤人体的暴露部位。

不允许将制冷剂排放到大气中，应使用制冷剂专用回收设备回收。

(3) 拆下高、低压管的固定件，拆下高、低压管，封住管口，防止异物进入管内。

(4) 拆下电磁离合器导线。

(5) 拆下空调压缩机带。旋松空调压缩机下方两个连接螺栓，如图 4—80 所示。沿顺时针方向旋转带张紧调节螺栓，直至带放松。将带由带轮上向汽车前进方向脱出。

(6) 将整车举升到适当高度。

(7) 拆下压缩机固定螺栓。

(8) 取下压缩机。

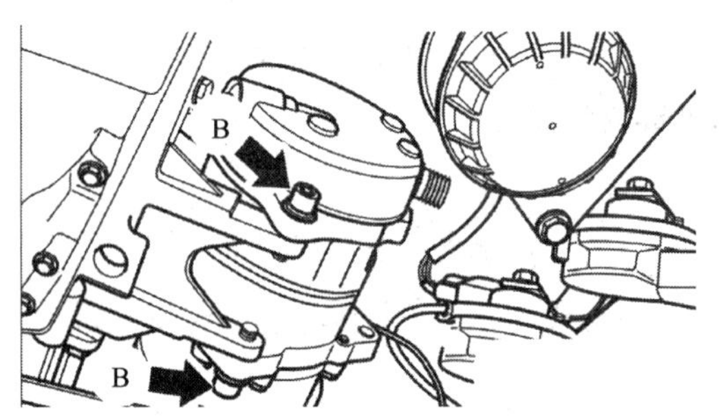

图 4—80　拆下空调压缩机固定螺栓

2. 空调压缩机总成的分解 (图 4—81)

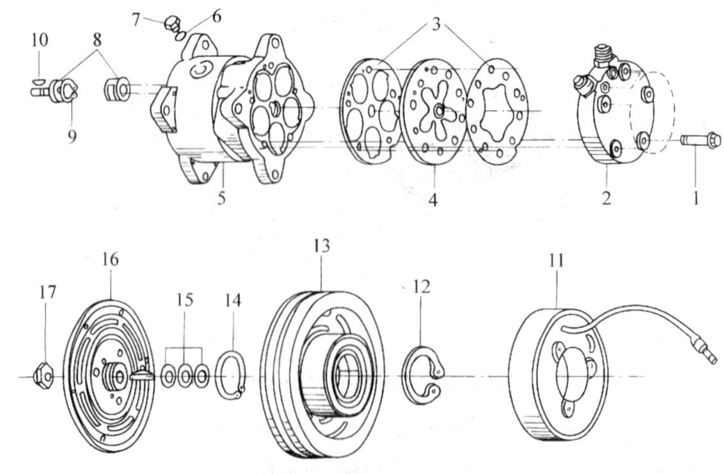

图 4—81　空调压缩机总成的分解图

1—螺栓　2—缸盖　3—密封垫　4—阀板　5—机体　6—O 形密封圈　7—注油孔螺塞　8—密封件　9、12、14—卡簧　10—半圆键　11—电磁线圈　13—V 带轮　15—垫圈　16—前板　17—螺母

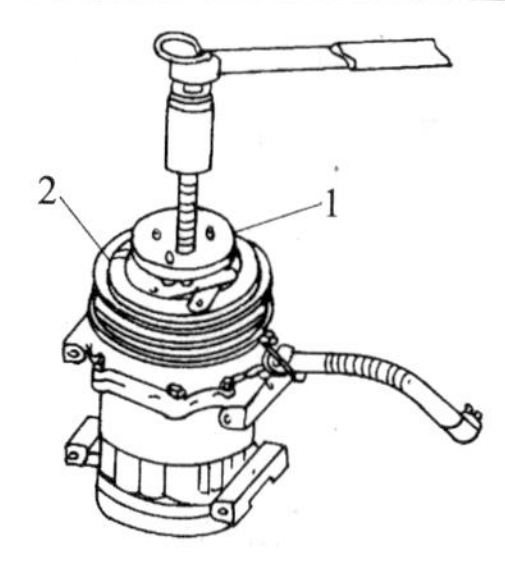

图 4—82　拆下离合器前板
1—顶拔器　2—离合器前板

(1) 用专用工具固定前板，再用扳手拧下主轴上的固定螺母。

(2) 将顶拔器的 3 个螺栓旋入前板的螺孔中，用顶拔器的中心螺栓顶住主轴，旋动中心螺栓，拆下离合器前板，如图 4—82 所示。

(3) 用螺钉旋具撬下半圆键。

(4) 用卡簧钳拆下内卡簧和外卡簧。

(5) 用主轴保护装置保护主轴螺纹，将顶拔器的爪子装入 V 带轮内，用 2 个螺栓旋入爪子的螺孔内，转动顶拔器主轴，拆下 V 带轮，如图 4—83 所示。

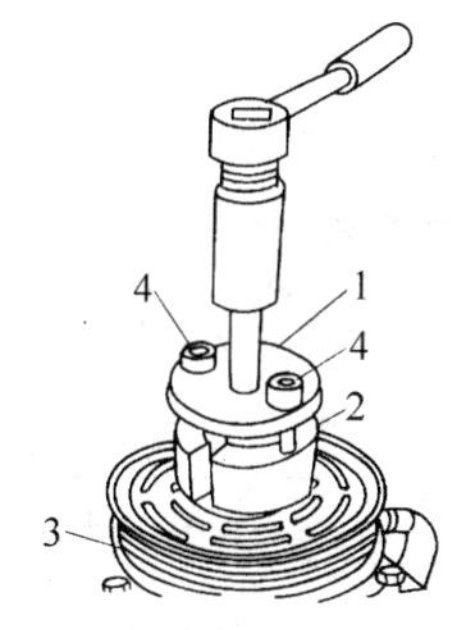

图 4—83　拆下 V 带轮
1—顶拔器　2—爪子　3—V 带轮　4—螺栓

(6) 拆下电磁线圈导线的卡子，用卡簧钳拆下卡簧。

(7) 取出毛毡和离合器调整垫圈。

(8) 从油封座上拆下卡簧。

(9) 用专用工具拆下油封座。

(10) 用专用工具拆下油封。

(11) 拆下缸盖固定螺栓，拆下缸盖，如图 4—84 所示。

(12) 从缸体上取下阀板及密封圈。

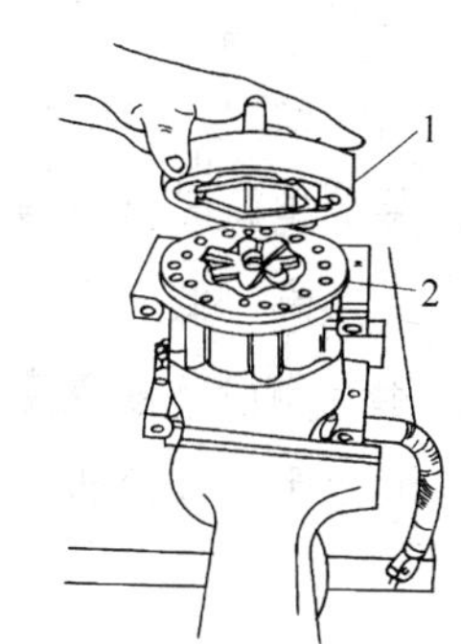

图 4—84　缸盖的拆卸
1—缸盖　2—阀板

3. 空调压缩机总成的装复

(1) 用刮刀小心刮去阀板和缸盖上的密封材料，换上新密封垫。

(2) 装上阀板，如图 4—85 所示。

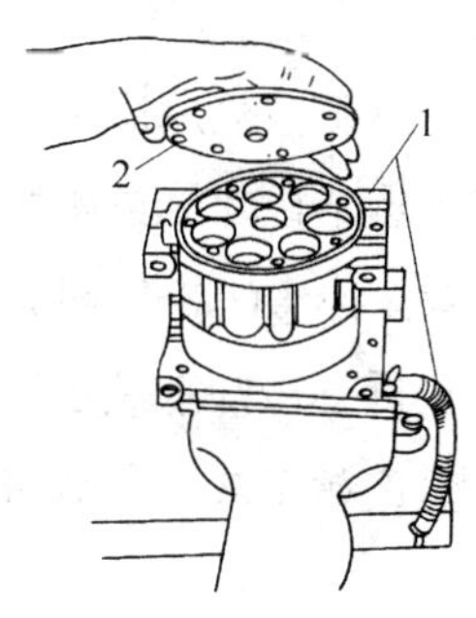

图 4—85　装上阀板
1—缸体　2—阀板

(3) 装上缸盖，并以 30 N·m 的力矩按图 4—86 所示顺序拧紧缸盖螺栓。

(4) 装上压缩机油封。

(5) 装上 O 形密封圈，装上油封座。

(6) 装上卡簧（有倒角的一面向外），装上毛毡。

(7) 装上电磁线圈，卡上卡簧。固定电磁线圈的引线。

(8) 装上 V 带轮，并用专用工具使带轮安装到位。

(9) 装上卡簧、垫圈和半圆键。

(10) 装上前板，并以 34～44 N·m 的力矩拧紧前板固定螺栓。

(11) 用漏斗从低压管向压缩机内注入 175 g 冷冻机油。

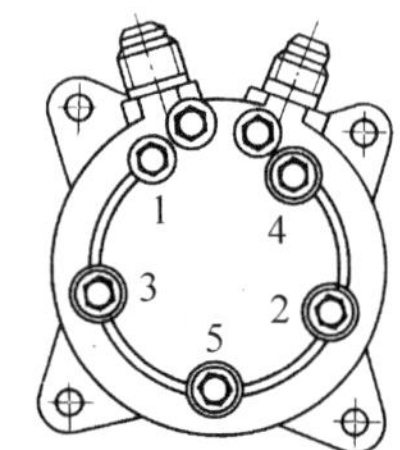

图 4—86　缸盖螺栓的拧紧顺序

4. 空调压缩机总成的装车

(1) 装上压缩机和传动带。

注意：带转动方向应与拆卸前一致，并且带上的筋条完全卡入带轮的楔槽里。

(2) 拧紧压缩机固定螺栓。拧紧的力矩分别为：M8 螺栓，25 N·m；M10 螺栓，45 N·m；M12 螺栓，80 N·m。

(3) 装上电磁离合器导线。

(4) 更换高、低压管密封圈，装上高、低压管。

(5) 用专用设备抽真空后加注制冷剂。

(6) 装上蓄电池负极线。

二、冷凝器的拆装

1. 冷凝器的拆卸

(1) 拆下蓄电池负极线。

(2) 用专用冷媒回收加注设备将系统制冷剂抽空。

(3) 拆下散热风扇组。

(4) 拆下散热器进水管与出水管。

注意：将端口用干净的棉纱塞住，以免冷却液流溢。

(5) 拆下冷却系统的散热器。

注意：拆下后妥善放置，勿在散热管上放重物或磕碰。

(6) 拆下连接冷凝器至储液干燥器的 C 管，如图 4—87 箭头所示。封闭管口，防止异物进入。

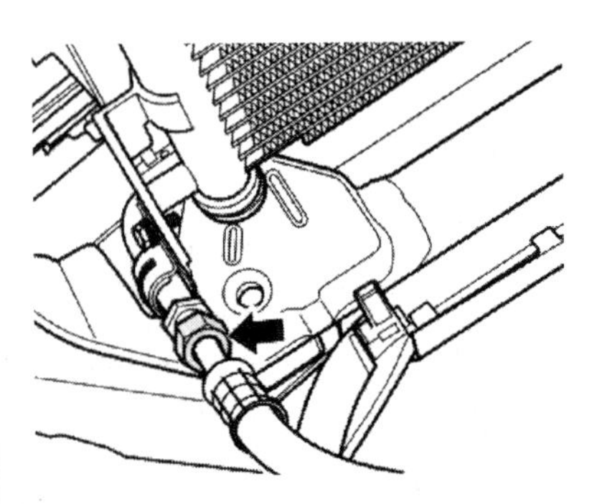
图 4—87　拆下 C 管

(7) 拆下连接压缩机至冷凝器的 D 管。封闭管口，防止异物进入。

(8) 拆下前保险杠托架。

(9) 旋出 4 个螺栓，拆下导向件，如图 4—88 所示。

(10) 拆下冷凝器固定螺栓，取下冷凝器。

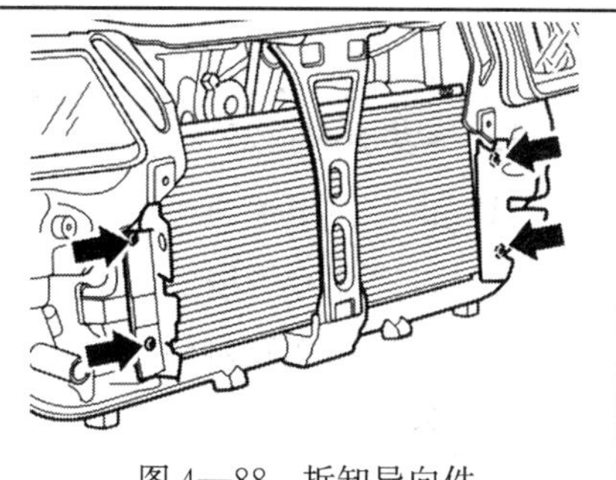

图 4—88 拆卸导向件

2. 冷凝器的装复

(1) 装上冷凝器，拧紧冷凝器固定螺栓。

注意：安装时，冷凝器下部要找准正确位置，上端与发动机罩的间隙不小于 25 mm。

(2) 用 4 个螺栓安装导向件。

(3) 安装前保险杠托架。

(4) 装上冷凝器 C 管和 D 管。

(5) 装上冷却系统的散热器。

(6) 装上散热器的进水管和出水管。

(7) 安装散热风扇组。

(8) 用专用设备抽真空后加注制冷剂。

(9) 装上蓄电池负极线。

三、蒸发器的拆装（图 4—89）

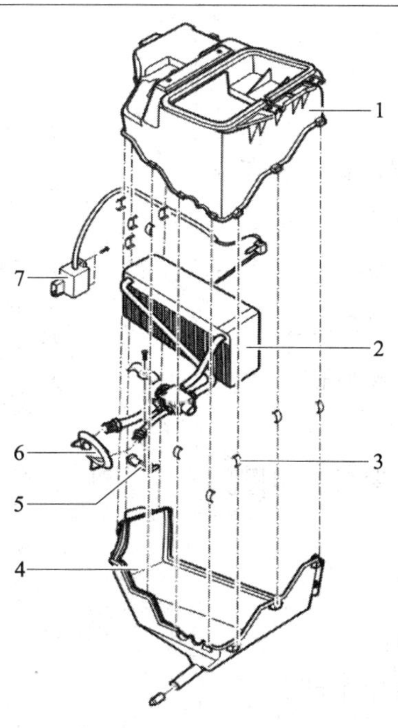

图 4—89 蒸发器的拆装

1—蒸发器上壳体 2—蒸发器芯 3—弹簧夹片 4—蒸发器下壳体 5—固定块 6—双孔橡胶圈 7—蒸发器感温管

1. 蒸发器的拆卸

(1) 拆下蓄电池负极线。

(2) 排净制冷系统的制冷剂。

(3) 拆卸副驾驶侧储物箱。

(4) 拆卸仪表台。

(5) 拆下进风罩。

(6) 旋出低压管紧固螺母，如图 4—90 箭头 A 所示。拆下连接蒸发器至压缩机的 S 管，封住管口，防止异物进入管内。

(7) 旋出高压管紧固螺母，如图 4—90 箭头 B 所示。拆下连接储液干燥器至蒸发器的 L 管，封住管口，防止异物进入管内。

(8) 拆下蒸发器的连接螺栓。

(9) 拔下蒸发器口的感温管插头，如图 4—91 所示。

(10) 小心取出蒸发器。

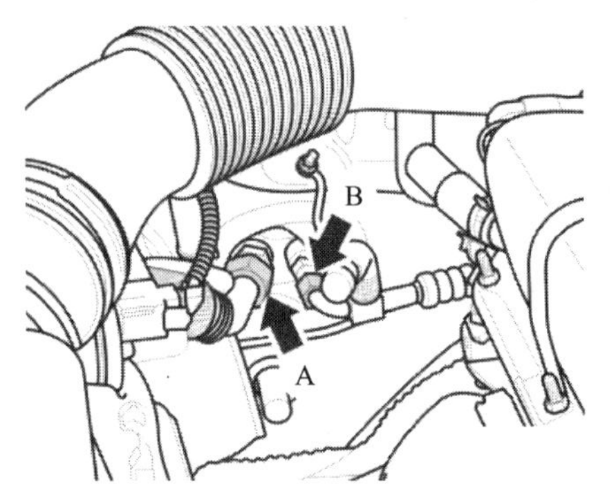

图 4—90 拆下 S 管、L 管

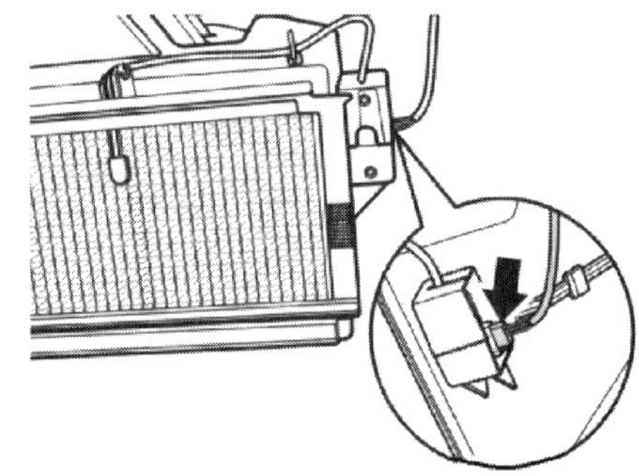

图 4—91 拔下感温管插头

2. 蒸发器的装复

(1) 装上蒸发器。

(2) 将感温管插入蒸发器。通过支架 2 插入感温管 1，如图 4—92 所示。支架与蒸发器边缘的距离为：$a = 150$ mm，$b = 130$ mm。感温管的插入深度为 85 mm。

注意：切勿将感温管扭曲或折叠。

(3) 紧固好蒸发器连接螺栓。

(4) 装上 S 管和 L 管，拧紧紧固螺母。

(5) 装上进风罩。

(6) 装好仪表板。

(7) 装好副驾驶侧储物箱。

(8) 用专用设备抽真空后加注制冷剂。

(9) 装上蓄电池负极线。

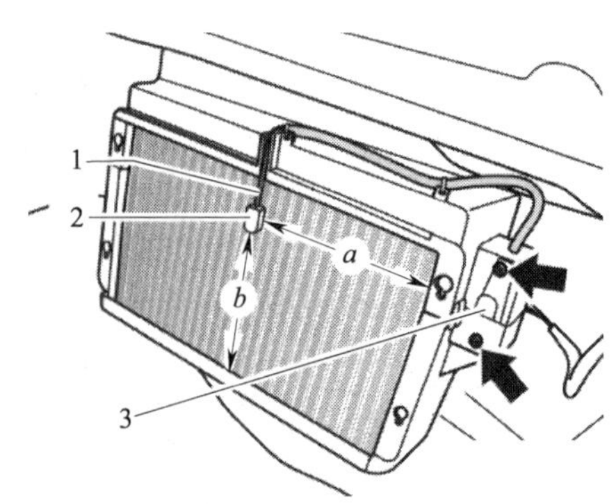

图 4—92 将感温管插入蒸发器

1—感温管 2—支架 3—膨胀阀

四、储液干燥器的拆装（图 4—93）

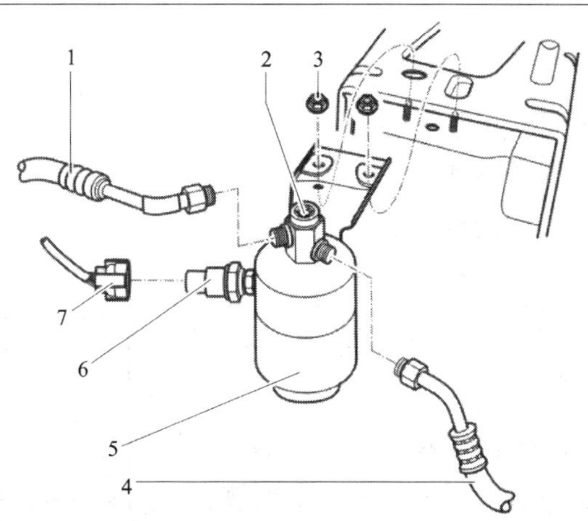

图 4—93　储液干燥器的分解图

1—至蒸发器管（L 管）　2—观察窗　3—紧固螺母　4—至冷凝器管（C 管）
5—储液干燥器　6—组合开关　7—连接插头

1. 储液干燥器的拆卸

(1) 拆下蓄电池负极线。

(2) 排放制冷系统的制冷剂。

(3) 拔下高低压开关连接插头。

(4) 拆下至冷凝器管路接头，封住管口，防止异物进入管内。

(5) 拆下至蒸发器的 C 管接头，封住管口，防止异物进入管内。

(6) 拆卸连接螺栓，拆下储液干燥器。

2. 储液干燥器的装复

(1) 垂直安装储液干燥器，拧紧连接螺栓。

(2) 装上进出管路。

(3) 连接好高低压开关连接插头。

(4) 用专用设备抽真空后加注制冷剂。

(5) 装上蓄电池负极线。

(6) 从观察窗处注视冷媒的流动情况。

项目 2　卡罗拉轿车空调系统的拆装

一、空调系统的拆装

1. 空调系统的拆卸

(1) 定位前轮，使其面向正前位置。

(2) 从蓄电池负极端子处断开电缆。

(3) 回收制冷系统中的制冷剂。

(4) 拆卸前刮水器臂端盖。

(5) 拆卸左前刮水器臂和刮水片总成。

(6) 拆卸右前刮水器臂和刮水片总成。

(7) 拆卸发动机盖至前围上板密封。

(8) 拆卸右前围板上通风栅板。

(9) 拆卸左前围板上通风栅板。

(10) 拆卸风窗玻璃刮水器电动机及连杆总成。

(11) 拆卸前围上外板。

(12) 拆下螺栓并滑动挂钩连接器，断开吸入管分总成。并从吸入管分总成上拆下O形圈，如图4—94所示。

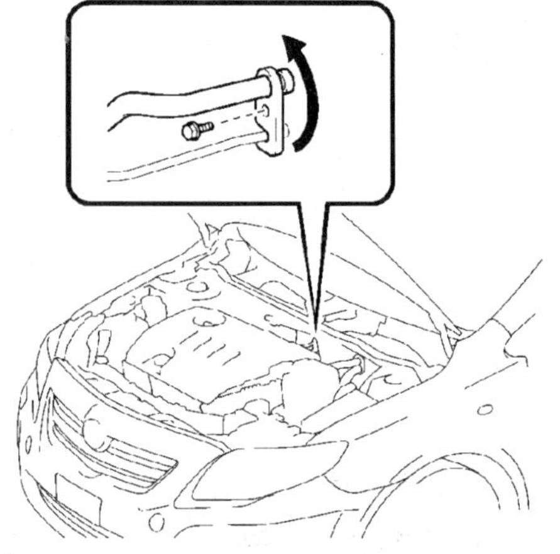

图4—94 断开吸入管分总成

注意：用聚氯乙烯绝缘带密封断开部件的开口处，防止湿气和异物进入。

(13) 断开空调管路和附件总成，将O形圈从空调管和附件总成上拆下。

(14) 用钳子夹紧卡子上的卡爪，滑动卡子以断开加热器出水软管，如图4—95所示。

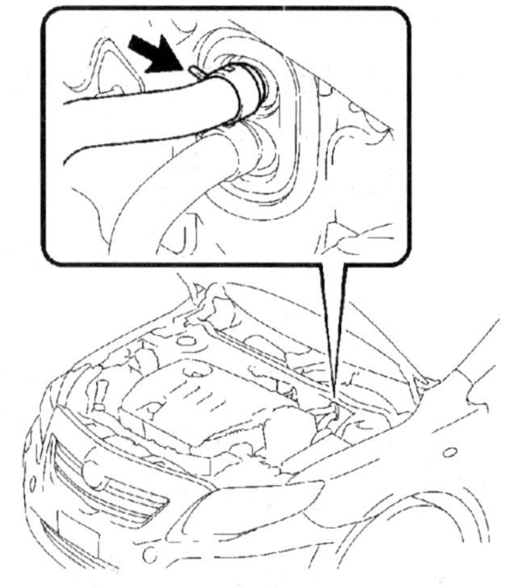

图4—95 断开加热器出水软管

注意：不要对加热器出水软管加力过大。准备一个接油盘或者一块抹布，以防冷却液泄漏。

(15) 断开加热器进水软管。

(16) 拆卸仪表台左下装饰板。

(17) 拆卸仪表台右下装饰板。

(18) 拆卸仪表台左端装饰板。

(19) 拆卸仪表台右端装饰板。

(20) 拆卸中央仪表台调风器总成。

(21) 拆卸仪表组装饰板总成。

(22) 拆卸组合仪表总成。

(23) 拆卸左侧前柱装饰板。

(24) 拆卸右侧前柱装饰板。

(25) 拆卸仪表台下装饰板总成。

(26) 断开左前车门开口装饰密封条。

(27) 拆卸手套箱盖总成。

(28) 拆卸仪表台1号箱盖分总成。

(29) 断开右前车门开口装饰密封条。
(30) 断开仪表台线束总成。
(31) 拆卸上仪表台分总成。
(32) 拆卸动力转向 ECU 总成。
(33) 拆卸仪表台 1 号底罩分总成。
(34) 拆卸仪表台下装饰板分总成。
(35) 拆卸转向盘 3 号下盖。
(36) 拆卸转向盘 2 号下盖。
(37) 拆卸转向盘装饰盖。
(38) 拆卸转向盘总成。
(39) 拆卸下转向柱罩。
(40) 拆卸上转向柱罩。
(41) 拆卸带螺旋电缆分总成的转向信号开关总成。
(42) 拆卸转向柱孔盖消音板。
(43) 拆卸防护罩（不带智能上车和起动系统)。
(44) 分离 2 号转向中间轴总成。
(45) 拆卸制动灯开关总成。
(46) 拆卸制动灯开关座调节器。
(47) 拆卸转向柱总成。
(48) 拆卸带支架的收音机。
(49) 拆卸换挡杆把手分总成。
(50) 拆卸中央仪表组装饰板总成。
(51) 拆卸仪表盒总成。
(52) 拆卸仪表台孔盖。
(53) 拆卸空调面板总成。
(54) 拆卸左前车门防磨板。
(55) 拆卸左前围侧饰板。
(56) 拆卸前 1 号底板控制台嵌入件。
(57) 拆卸 1 号开关孔座。
(58) 拆卸右前车门防磨板。
(59) 拆卸右前围侧饰板。
(60) 拆卸仪表台 2 号底罩分总成。
(61) 拆卸前 2 号底板控制台嵌入件。
(62) 拆卸底板控制台上面板分总成。

(63) 拆卸底板控制台毡垫。

(64) 拆卸后底板控制台总成。

(65) 拆卸 2 号天线导线分总成。

(66) 拆卸下仪表台分总成。

(67) 拆下卡子，翻起地毯，脱开卡爪并拆下 3 号后风管。

(68) 拆下卡子，翻起地毯，脱开卡爪并拆下 1 号后风管。

(69) 拆下 1 号风管分总成，如图 4—96 所示。

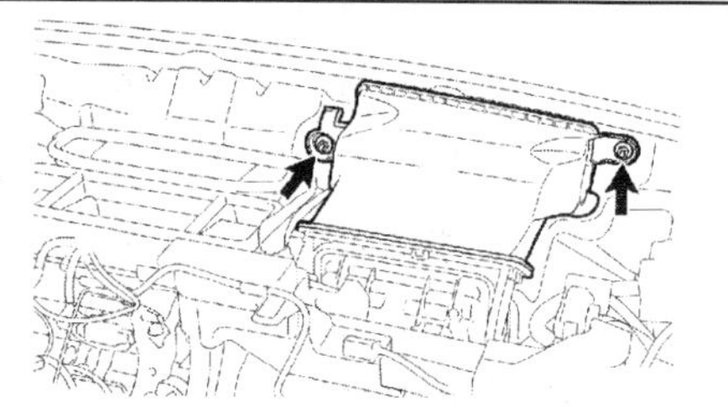

图 4—96 拆卸 1 号风管分总成

(70) 脱开卡爪，拆卸下除霜器喷嘴总成，如图 4—97 所示。

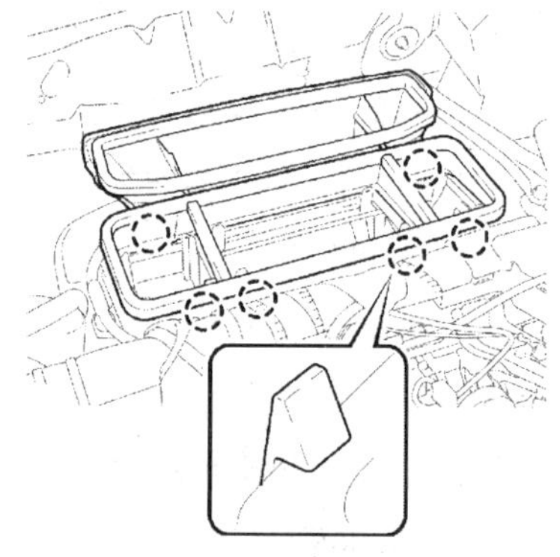

图 4—97 拆卸下除霜器喷嘴总成

(71) 拆下中央仪表台至前围支架。

(72) 拆卸 1 号仪表台支架分总成。断开连接器，脱开各卡夹，拆下螺钉、螺栓、螺母和 1 号仪表台支架分总成。

(73) 拆卸 2 号仪表台支架分总成。脱开各卡夹，拆下螺钉、螺栓、螺母和 2 号仪表台支架分总成。

(74) 脱开卡爪并拆下 2 号后风管。

(75) 拆卸仪表台加强件总成。先脱开所有卡夹和线束，断开各连接器，拆下固定螺栓并脱开线束和接线盒，接着脱开冷却器排放软管，最后拆下仪表台加强件总成。

(76) 拆下螺栓、螺母和空调系统。

注意：确保在拆下空调系统总成的时候支承总成，否则可能会导致空调系统总成的支架断裂。

(77) 松开卡爪，并拆下 2 号风管分总成。

(78) 松开卡爪，并拆下 3 号风管分总成。

(79) 拆卸鼓风机总成。脱开各卡夹，拆下螺钉，断开连接器，拆下鼓风机总成，如图 4—98 所示。

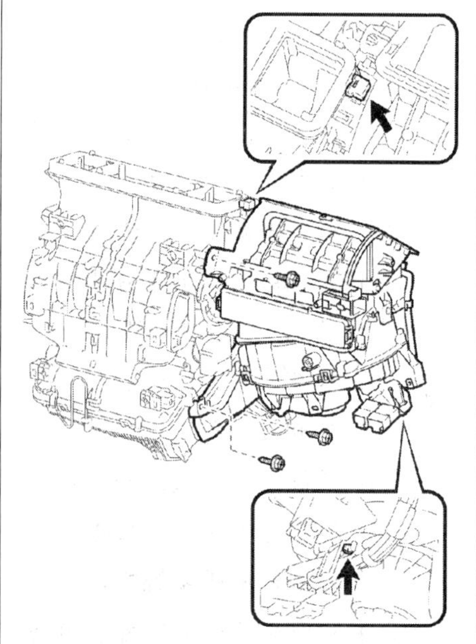

图 4—98 鼓风机总成的拆卸

2. 鼓风机单元的拆解

(1) 拆下进气控制伺服电动机。

(2) 脱开卡爪，拆下空气滤清器壳。

(3) 拆下清洁空气滤清器。

(4) 拆下鼓风机电阻器。

(5) 拆下鼓风机电动机分总成。

3. 鼓风机的装复

(1) 安装鼓风机电动机分总成，如图 4—99所示。

(2) 使用 2 个螺钉安装鼓风机电阻器。

(3) 安装清洁空气滤清器。

(4) 接合 2 个卡爪，安装空气滤清器壳。

(5) 使用 2 个螺钉安装进气控制伺服电动机。

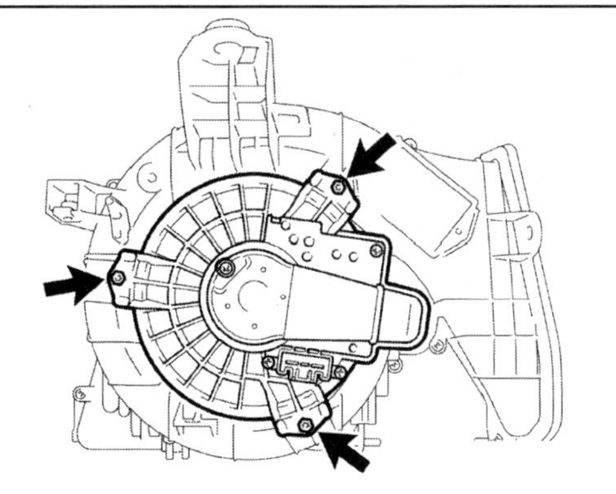

图 4—99　鼓风机电动机分总成拆装

4. 空调系统的拆解

(1) 断开连接器，拆下电机固定螺钉，取出出气控制伺服电动机（自动空调系统），如图 4—100 所示。

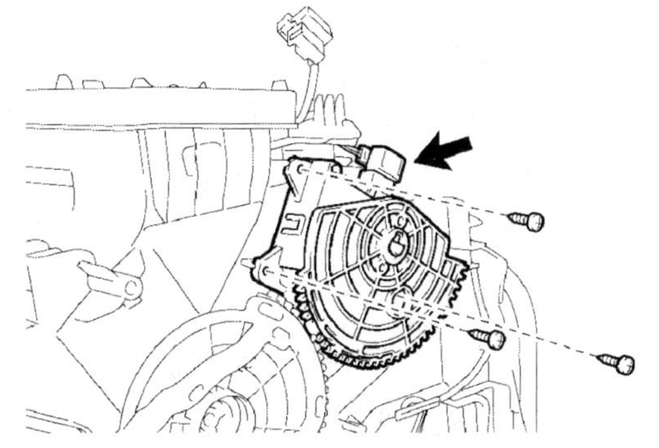

图 4—100　拆卸出气控制伺服电动机

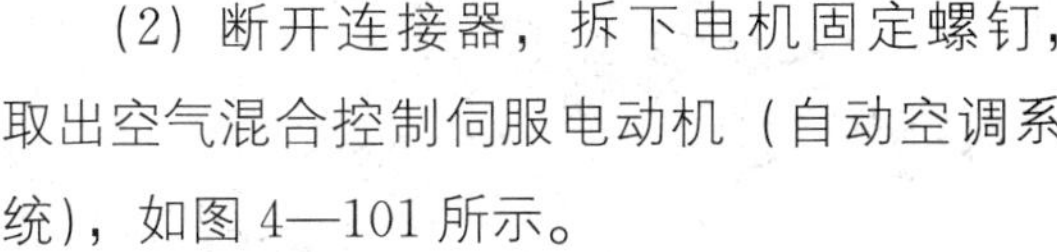

(2) 断开连接器，拆下电机固定螺钉，取出空气混合控制伺服电动机（自动空调系统），如图 4—101 所示。

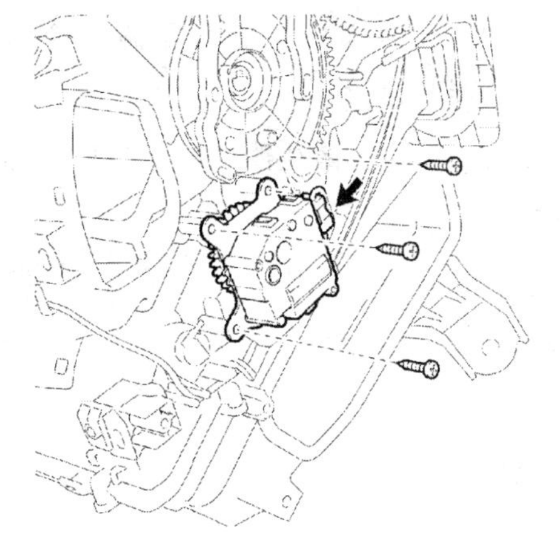

图 4—101　拆卸空气混合控制伺服电动机

(3) 用头部缠有胶带的旋具，脱开卡爪并拆下 2 号加热器控制拉索分总成（手动空调系统），如图 4—102 所示。

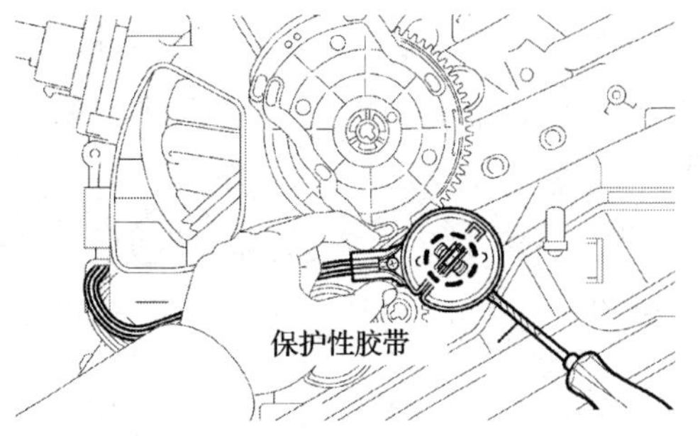

图 4—102　拆卸 2 号加热器控制拉索分总成

(4) 用头部缠有胶带的旋具，脱开卡爪并拆下空气混合风门控制拉索分总成（手动空调系统），如图 4—103 所示。

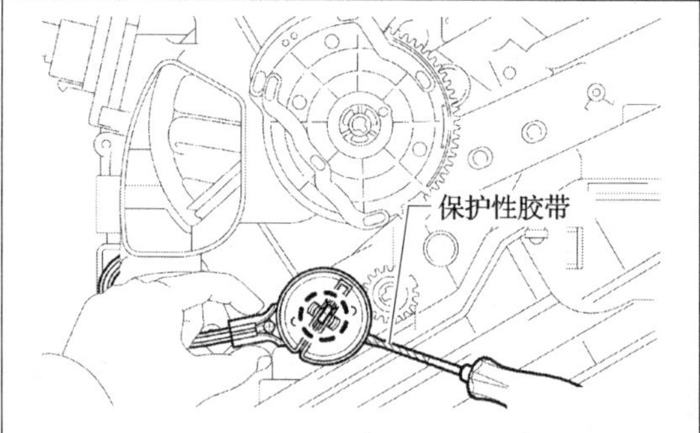

图 4—103　空气混合风门控制拉索分总成的拆卸

(5) 脱开各卡夹，拆下快速加热器总成，如图 4—104 所示。

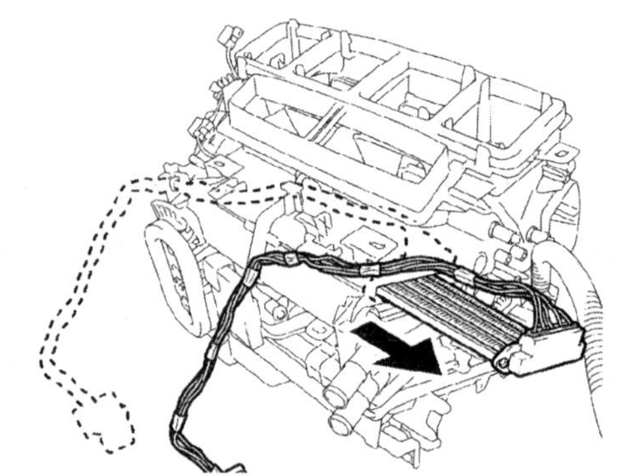
图 4—104　快速加热器总成拆卸

(6) 断开连接器，脱开所有卡夹并拆下空调线束。

(7) 脱开卡爪，拆下控制台右侧安装支架。

(8) 拆下螺钉和控制台左侧安装支架。

(9) 拆下螺钉，脱开卡爪，拆下空调放大器总成。

(10) 脱开卡爪并拆下空调风管分总成(自动空调系统)。

(11) 从空调散热器总成上拆下冷却器排放软管。

(12) 拆下螺钉和卡夹，将加热器散热装置分总成从空调系统总成上拆下，如图 4—105 所示。

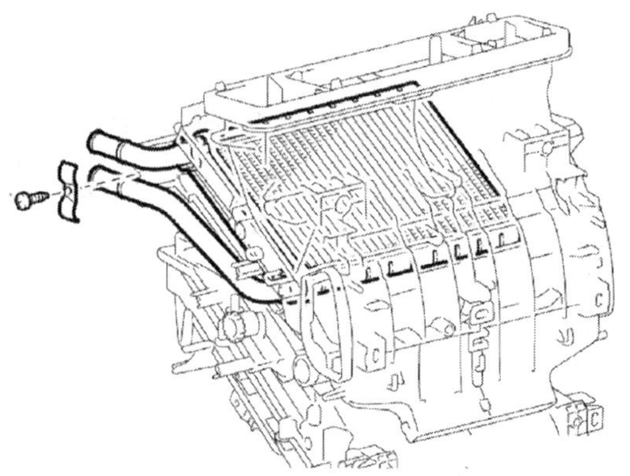
图 4—105　加热器散热装置分总成拆装

(13) 使用六角扳手，拆下冷却器膨胀阀。

(14) 拆卸 1 号冷却器蒸发器分总成。

拆下下加热器壳，脱开卡夹，拆下 1 号冷却器蒸发器分总成和 1 号冷却器热敏电阻。拆下 O 形圈，如图 4—106 所示。

(15) 将 1 号冷却器热敏电阻从 1 号冷却器蒸发器分总成上拆下。

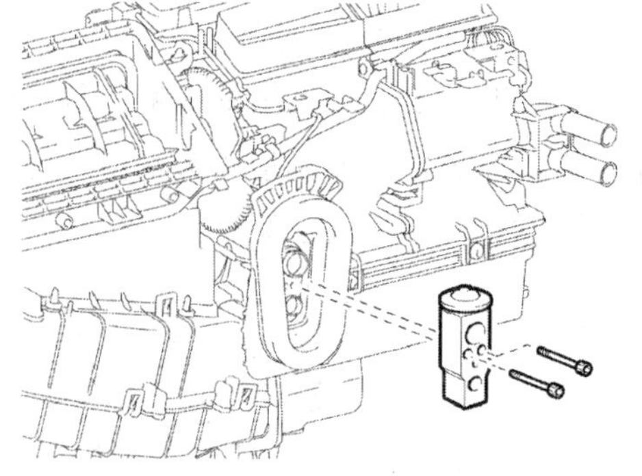
图 4—106　冷却器膨胀阀拆装

5. 空调系统的装配

(1) 安装1号冷却器热敏电阻。

(2) 安装1号冷却器蒸发器分总成。将压缩机机油充分涂抹到O形圈和装配面上。将O形圈安装到1号冷却器蒸发器分总成上。将1号冷却器蒸发器分总成和1号冷却器热敏电阻作为一个组件安装，接合卡夹和卡爪。安装下加热器壳。

注意：使O形圈和O形圈装配面远离灰尘和异物。

(3) 使用4 mm六角扳手，安装冷却器膨胀阀，并以3.5 N·m的力矩拧紧固定螺栓。

(4) 将加热器散热装置分总成安装至空调系统总成并用螺钉安装卡夹。

(5) 将冷却器排放软管安装至空调系统总成。

(6) 接合卡爪并安装空调风管分总成。

(7) 接合卡爪，用螺钉安装空调放大器总成，如图4—107所示。

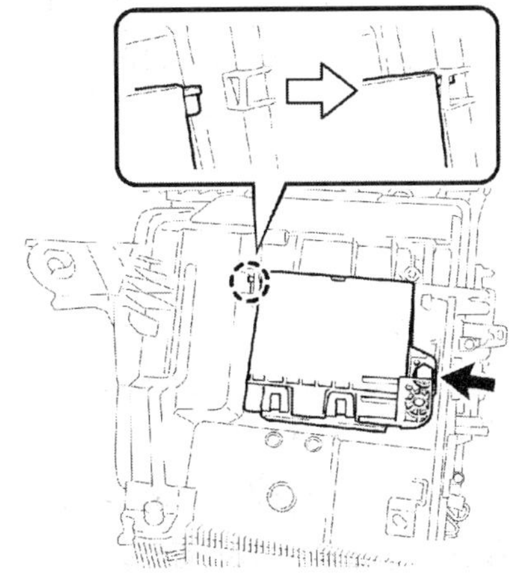

图4—107　空调放大器总成的安装

(8) 用螺钉安装控制台左侧安装支架。

(9) 接合卡爪，安装控制台右侧安装支架。

(10) 连接连接器，接合所有卡夹并安装空调线束总成。

(11) 安装快速加热器总成，安装螺钉并接合每个卡夹。

(12) 安装空气混合风门控制拉索分总成(手动空调系统)，如图4—108所示。

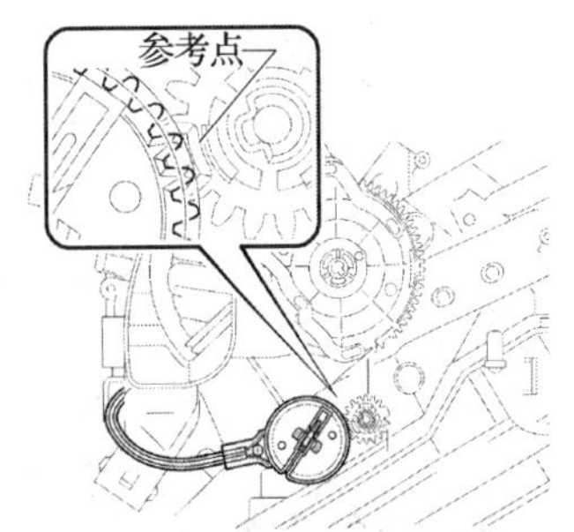

图4—108　空气混合风门控制拉索分总成的安装

(13) 安装2号加热器控制拉索分总成(手动空调系统)，如图4—109所示。

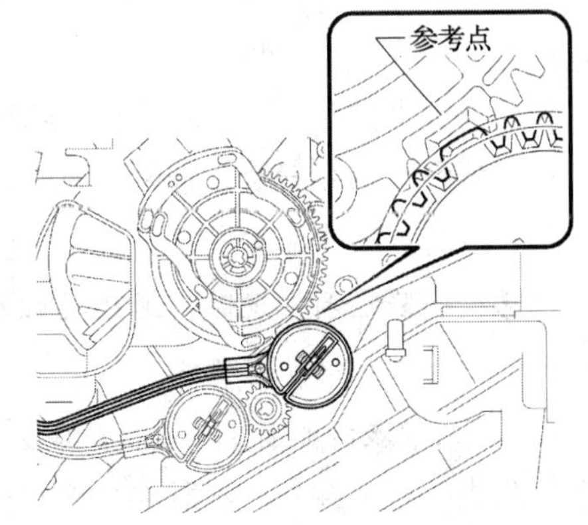

图4—109　2号加热器控制拉索分总成的安装

(14) 安装空气混合控制伺服电动机(自动空调系统)，如图 4—110 所示。	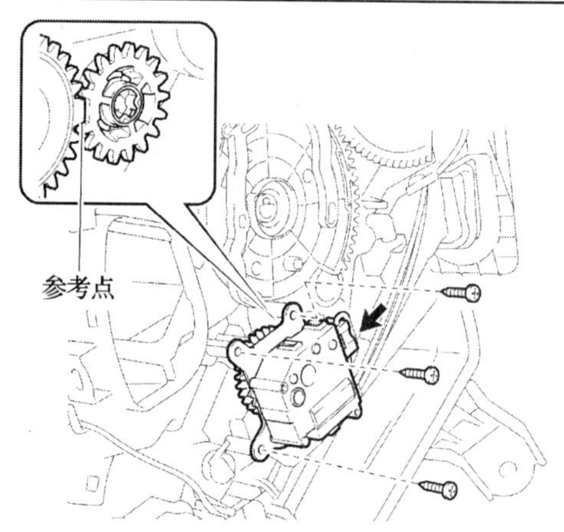图 4—110 空气混合控制伺服电动机的安装
(15) 安装出气控制伺服电动机(自动空调系统)，如图 4—111 所示。	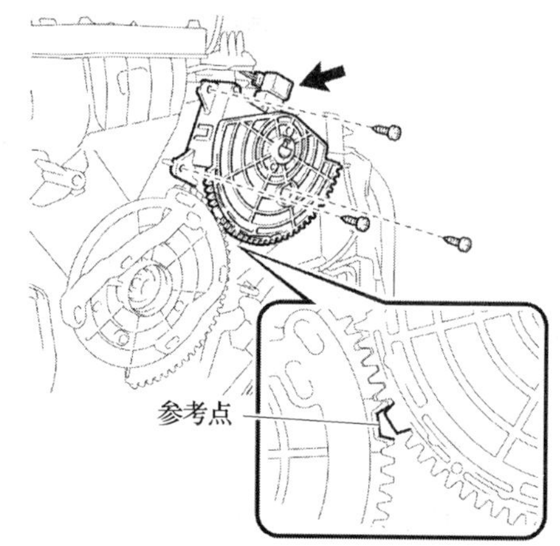图 4—111 出气控制伺服电动机的安装
6. 空调系统的安装 (1) 安装鼓风机总成。安装鼓风机总成，连接连接器，接合快速加热器连接器并安装螺钉，接合每个卡夹，如图 4—112 所示。 (2) 接合卡爪并安装 3 号风管分总成。 (3) 接合卡爪并安装 2 号风管分总成。 (4) 临时用螺栓和螺母紧固空调系统。 **注意：安装空调系统时，通过接触车身去除静电，以防止损坏零部件。** (5) 安装仪表台加强件总成。安装仪表台加强件总成，连接每个连接器和接合每个卡夹，安装接合线束和接线盒，并以 8.4 N·m 的力矩拧紧固定螺钉，最后接合冷却器排放软管的所有卡夹和线束。	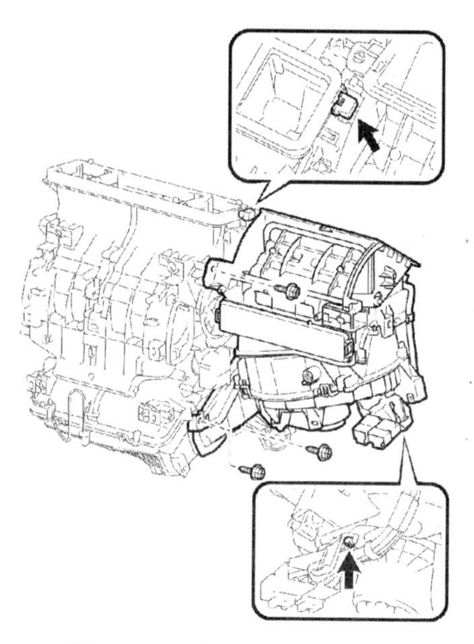图 4—112 鼓风机总成的安装

(6) 安装空调系统。首先，按图 4—113a 所示①～③的顺序，并以 9.8 N·m 的力矩拧紧 3 个螺栓；然后，按如图 4—113b 所示位置，以 9.8 N·m 的力矩用螺母安装空调系统。

(7) 接合卡爪并安装 2 号后风管。

(8) 安装 2 号仪表台支架分总成，并以 9.8 N·m 的力矩拧紧固定螺栓。接合每个卡夹。

(9) 用螺栓、螺钉和螺母安装 1 号仪表台支架分总成，以 9.8 N·m 的力矩拧紧。接合每个卡夹，连接连接器。

(10) 将中央仪表台安装至前围支架。

(11) 接合卡爪并安装下除霜器喷嘴总成。

(12) 安装 1 号风管分总成，并以 9.8 N·m 的力矩拧紧固定螺母。

(13) 接合卡爪以安装 1 号后风管，接合卡子并安装地毯。

(14) 接合卡爪以安装 3 号后风管，接合卡子并安装地毯。

(15) 安装下仪表台分总成。

(16) 安装 2 号天线导线分总成。

(17) 安装后底板控制台总成。

(18) 安装底板控制台毡垫。

(19) 安装底板控制台上面板分总成。

(20) 安装 1 号开关孔座。

(21) 安装前 1 号底板控制台嵌入件。

(22) 安装左前围侧饰板。

(23) 安装左前车门防磨板。

(24) 安装前 2 号底板控制台嵌入件。

(25) 安装仪表台 2 号底罩分总成。

(26) 安装右前围侧饰板。

(27) 安装右前车门防磨板。

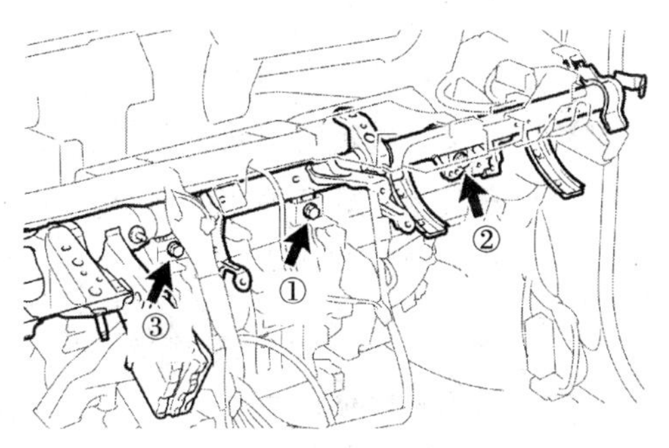

a)

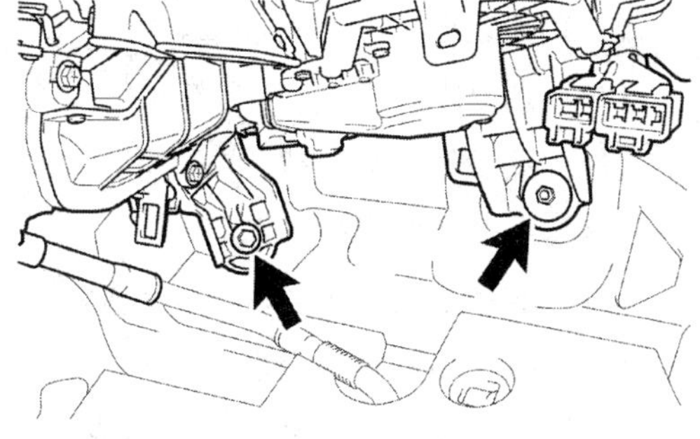

b)

图 4—113　空调系统的安装

(28) 安装空调控制总成。

(29) 安装仪表台孔盖。

(30) 安装仪表盒总成。

(31) 安装中央仪表组装饰板总成。

(32) 安装换挡杆把手分总成。

(33) 安装带支架的收音机。

(34) 安装转向柱总成。

(35) 将前轮转向正前位置。

(36) 连接 2 号转向中间轴总成。

(37) 安装制动灯开关座调节器。

(38) 安装制动灯开关总成。

(39) 安装转向柱孔盖消音板。

(40) 安装防护罩。

(41) 将前轮转向正前位置。

(42) 安装带螺旋电缆分总成的转向信号开关总成。

(43) 安装上、下转向柱罩。

(44) 调整螺旋电缆。

(45) 安装转向盘总成。

(46) 安装转向盘装饰盖。

(47) 安装转向盘 3 号、2 号下盖。

(48) 检查转向盘中心点。

(49) 安装仪表台下装饰板分总成。

(50) 安装仪表台 1 号底罩分总成。

(51) 安装动力转向 ECU 总成。

(52) 安装上仪表台分总成。

(53) 连接仪表台线束总成。

(54) 连接左前车门开口装饰密封条。

(55) 安装仪表台下装饰板总成。

(56) 连接右前车门开口装饰密封条。

(57) 安装仪表台 1 号箱盖分总成。

(58) 安装手套箱盖总成。

(59) 安装左侧前柱装饰板。

(60) 安装右侧前柱装饰板。

(61) 安装组合仪表总成。

(62) 安装仪表组装饰板总成。

(63) 安装中央仪表台调风器总成。

(64) 安装仪表台左、右端装饰板。

(65) 安装仪表台左下、右下装饰板。

(66) 安装加热器出水软管并固定卡子。

(67) 安装加热器进水软管。

(68) 安装空调管和附件总成。首先，将缠绕的聚氯乙烯绝缘带从管上拆下；接着，将压缩机机油充分涂抹到新 O 形圈和空调管以及附件总成的装配面上（压缩机机油为 ND—OIL 8 或同等产品）；然后，将 O 形圈安装至空调管和附件总成；最后，安装空调管和附件总成。

(69) 安装吸入管分总成。首先，将缠绕的聚氯乙烯绝缘带从软管上拆下；接着，将压缩机机油充分涂抹到新 O 形圈和吸入软管分总成的装配面上（压缩机机油为 ND—OIL 8 或同等产品）；然后，将 O 形圈安装到吸入软管分总成上，移动挂钩连接器；最后，将管接头牢固插入装配孔，并以 9.8 N·m 的力矩拧紧固定螺栓。

(70) 安装前围上外板。

(71) 安装风窗玻璃刮水器电动机及连杆总成。

(72) 安装左前围板上通风栅板。

(73) 安装右前围板上通风栅板。

(74) 安装发动机盖至前围上板密封。

(75) 安装右前刮水器臂和刮水片总成。

(76) 安装左前刮水器臂和刮水片总成。

(77) 安装前刮水器臂帽盖。

(78) 加注制冷剂。

(79) 添加发动机冷却液。

(80) 将电缆连接到蓄电池负极端子。

二、冷凝器的拆装

1. 冷凝器的拆卸（图4—114）

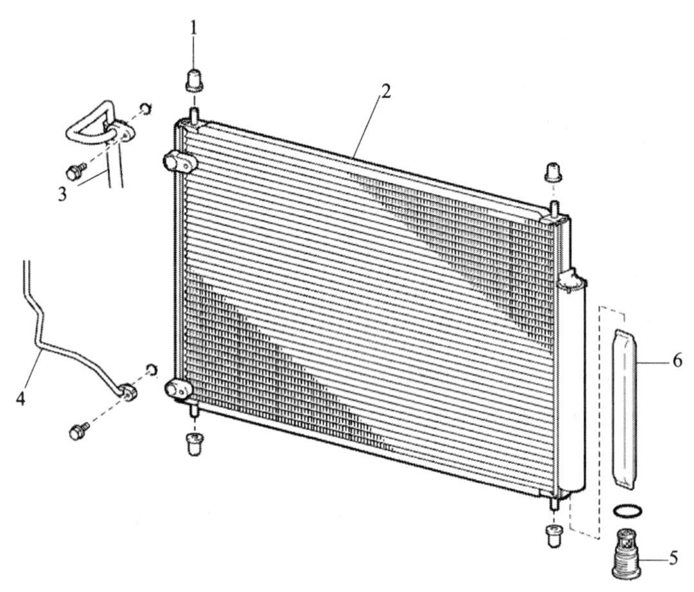

图4—114 冷凝器的拆卸

1—1号冷却器冷凝器缓冲垫 2—带储液罐的冷凝器总成 3—排放软管分总成 4—空调管和附件总成 5—盖 6—冷却器干燥器

（1）拆卸散热器上空气导流板。

（2）拆下散热器格栅防护罩。

（3）拆卸前保险杠总成。

（4）排空清洗液（带前大灯清洗器系统）。

（5）断开1号水软管卡夹支架。

（6）断开发动机盖锁总成。

（7）拆卸2号风扇罩。

（8）回收制冷系统中的制冷剂。

（9）拆下螺栓并将排放软管分总成从冷凝器上断开，从排放软管分总成上拆下O形圈，如图4—115所示。

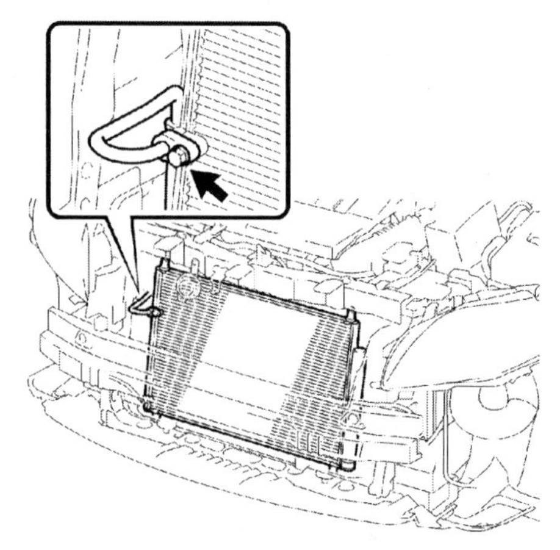

图4—115 断开排放软管总成

注意：用聚氯乙烯绝缘带密封断开部件的开口处，防止湿气和异物进入。

(10) 拆下螺栓，并将空调管和附件总成从冷凝器上断开。将O形圈从空调管和附件总成上拆下，如图4—116所示。

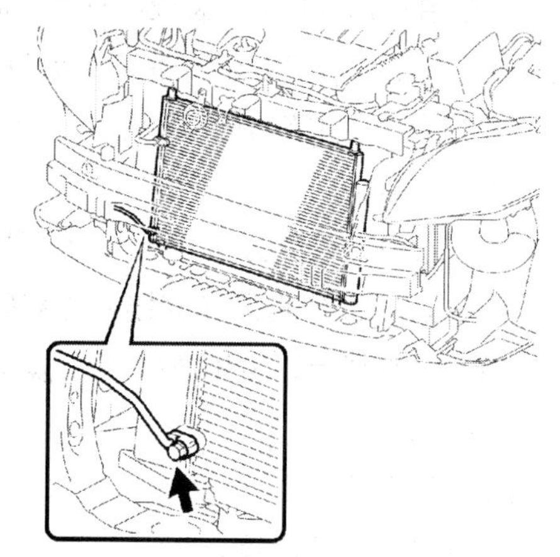

图4—116　断开空调管路和附件总成

(11) 拆卸带接收器的冷凝器总成，如图4—117所示。

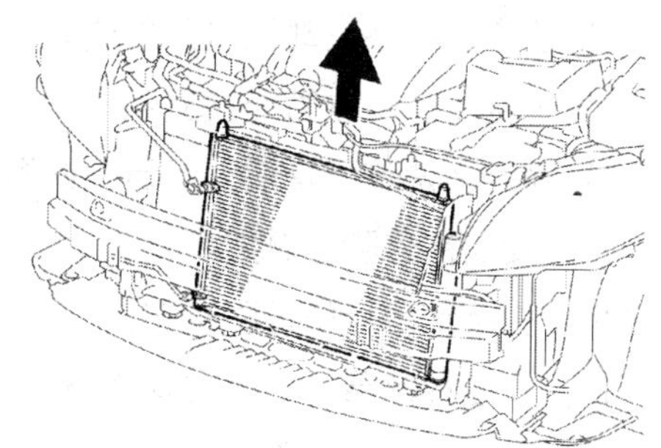

图4—117　拆卸带接收器的冷凝器总成

2. 冷凝器的拆解

(1) 拆下1号冷却器冷凝器缓冲垫。

(2) 用14 mm直六角扳手拆下调节器上的盖，用钳子拆下冷却器干燥器。

3. 冷凝器的装配

(1) 用钳子将冷却器干燥器安装到调节器上，将压缩机机油充分涂抹到O形圈和盖的装配面上。将盖安装在冷却器的冷凝器心上，并以2.9 N·m的力矩拧紧固定螺栓，如图4—118所示。

(2) 安装4个1号冷却器冷凝器缓冲垫。

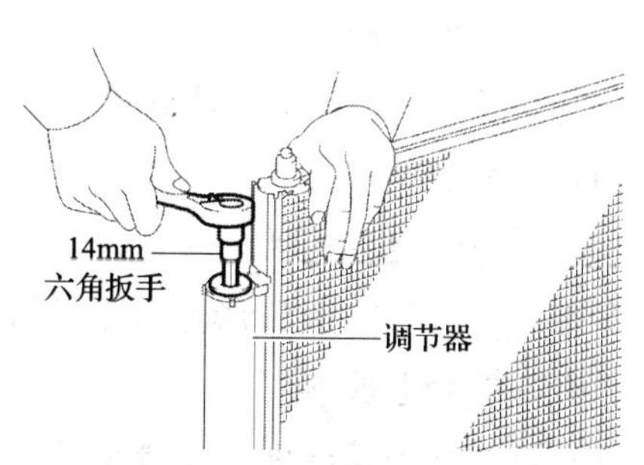

图4—118　安装冷却器干燥器

4. 冷凝器的安装

(1) 安装带接收器的冷凝器总成

注意：如果更换了新冷凝器，则需要向新冷凝器中加注40 mL的压缩机机油。压缩机机油为ND—8或同等产品。

(2) 连接空调管和附件总成。从冷却器冷凝器总成的管和连接部位上拆下缠绕的聚氯乙烯绝缘带，将压缩机机油充分涂抹到新O形圈和管接头处的装配面上，将O形圈安装至空调管和附件总成。将空调管和附件分总成安装至冷却器的冷凝器总成上，并以5.4 N·m的力矩拧紧固定螺栓。

(3) 连接排放软管分总成。从冷却器冷凝器总成的管道和连接部位上拆下缠绕的聚氯乙烯绝缘带。在新O形圈和管接头的装配表面上充分涂抹压缩机机油，将O形圈安装到排放软管的分总成上，将排放软管分总成安装到冷却器冷凝器总成上，并以5.4 N·m力矩拧紧固定螺栓。

(4) 加注制冷剂。

(5) 安装2号风扇罩。

(6) 安装发动机盖锁总成。

(7) 检查、调整发动机盖分总成。

(8) 连接1号水软管卡夹支架。

(9) 注满清洗液 (带前大灯清洗器系统)。

(10) 安装前保险杠总成。

(11) 安装散热器格栅防护罩。

(12) 安装散热器上空气导流板。

(13) 检查制冷剂是否泄漏。

三、压缩机和带轮的拆装

1. 压缩机和带轮的拆卸 (图4—119)

(1) 回收制冷系统中的制冷剂。

(2) 拆卸散热器上空气导流板。

(3) 拆卸发动机后部右侧底罩。

(4) 拆卸多楔带。

(5) 拆下螺栓并将吸入软管分总成从压缩机和带轮上断开，将O形圈从冷却器1号制冷剂吸入软管上拆下。

(6) 拆下螺栓并将排放软管分总成从压缩机和带轮上断开，从排放软管分总成上拆下O形圈。

(7) 断开连接器，拆下有带轮的压缩机总成。

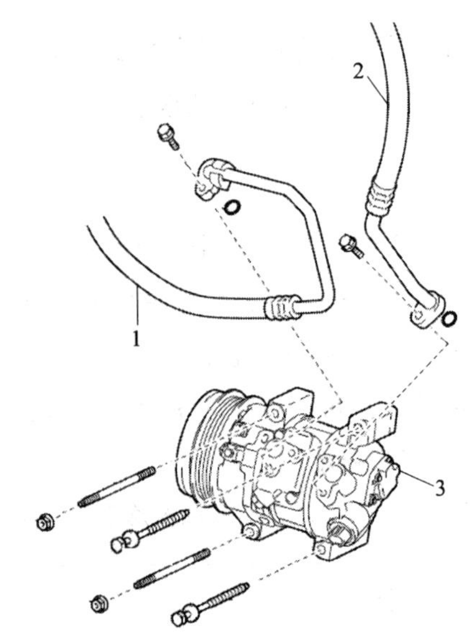

图4—119 压缩机的拆卸

1—排放软管分总成 2—吸入软管分总成 3—压缩机总成

2. 压缩机和带轮的安装

(1) 调节压缩机机油油位。在更换新的冷却器压缩机总成时，将惰性气体（氦）从维修阀中逐渐排出，并在安装前将剩余机油沿箭头指示方向从通风管中排出，如图4—120所示。

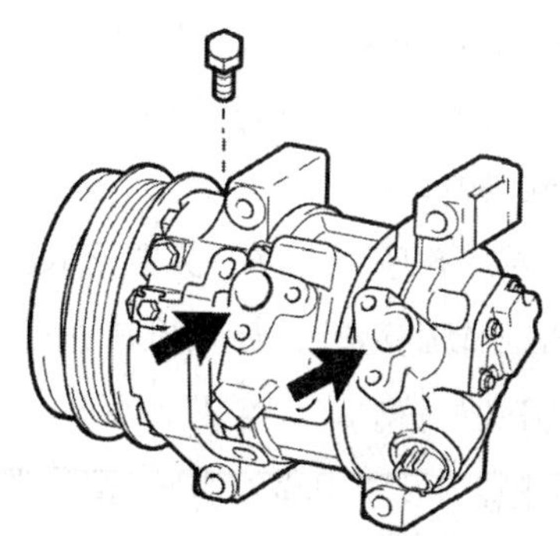

图4—120　调节压缩机机油油位

注意：如果安装新的压缩机时没有排出残留在车辆管路中的一些机油，油量将会过量。这会妨碍制冷剂循环的热交换，导致制冷系统失效。如果拆下的压缩机中残余的油量过少，检查是否漏油。

(2) 安装有带轮的压缩机总成。使用套筒扳手，用2个双头螺栓安装有带轮的压缩机总成，力矩为9.8 N·m。再用2个螺母和2个螺栓固定压缩机总成，力矩为25 N·m。连接连接器。

(3) 连接排放软管分总成。将缠绕的聚氯乙烯绝缘带从软管上拆下，在新O形圈以及有带轮的压缩机总成的装配面上充分涂抹压缩机机油，将O形圈安装到排放软管分总成上，用螺栓将排放软管分总成安装到有带轮的压缩机总成上，并以9.8 N·m的力矩拧紧。

(4) 连接吸入软管分总成。将缠绕的聚氯乙烯绝缘带从软管上拆下，在新O形圈以及有带轮的压缩机总成的装配面上充分涂抹压缩机机油，将O形圈安装到吸入软管分总成上，将吸入软管分总成安装到有带轮的压缩机总成上，并以9.8 N·m的力矩拧紧固定螺栓。

(5) 安装、调节、检查多楔带。

(6) 安装发动机后部右侧底罩。

(7) 安装散热器上空气导流板。

(8) 加注制冷剂。

(9) 发动机暖机。

(10) 检查制冷剂是否泄漏。

3. 压缩机和带轮的检查

(1) 检查压缩机和带轮（空调压缩机电磁阀）。测量B7—2（SOL+）与B7—1（SOL—）之间的电阻，如图4—121所示。电阻值应为10～11 Ω。如果电阻值不在规定范围内，则更换压缩机和带轮。

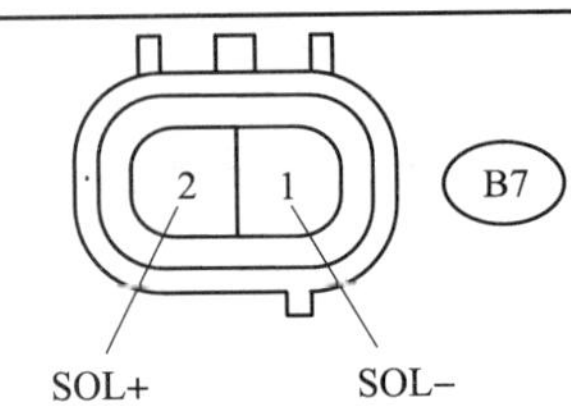

图 4—121　测量压缩机和带轮的电阻值

(2) 检查压缩机的金属噪声。检查空调开关打开和压缩机运行时压缩机是否有金属噪声。如果有金属噪声，则更换压缩机和带轮。

(3) 用歧管压力表组件检查制冷剂压力。将开关置于 RECIRC 位置时，进气口的温度为 30～35℃，发动机以 1 500 r/min 的转速运转，鼓风机转速控制开关置于“HI”挡，温度调节旋钮置于“COOL”挡，空调开关打开，车门全开，点火开关置于可使空调压缩机运转的位置。此时仪表读数应为：低压侧，0.15～0.25 MPa；高压侧，1.37～1.57 MPa。

(4) 检查压缩机和带轮的工作情况。启动发动机，检查压缩机和带轮是否一起转动。如果不转动，则更换压缩机和带轮。

学习过程记录表

<table>
<tr><td>姓名：</td><td>班级：</td><td>学号：</td><td>日期：</td></tr>
<tr><td>第四单元　电气设备的拆装</td><td>课题五　空调系统的拆装</td><td>第（　）工作页</td><td>项目 1　桑塔纳 3000 型轿车空调系统的拆装——空调压缩机的拆装</td></tr>
<tr><td colspan="4">说明：完成空调系统压缩机拆装的工作过程，将拆装步骤、操作注意事项、各零件名称和作用填写在下面。</td></tr>
<tr><td>车型：</td><td>发动机型号：</td><td colspan="2">压缩机的型号：</td></tr>
<tr><td colspan="2">拆装步骤</td><td colspan="2">操作注意事项
（包括使用工具、力矩）</td></tr>
<tr><td colspan="2"></td><td colspan="2"></td></tr>
<tr><td colspan="2"></td><td colspan="2"></td></tr>
<tr><td colspan="2"></td><td colspan="2"></td></tr>
<tr><td colspan="2"></td><td colspan="2"></td></tr>
<tr><td colspan="2"></td><td colspan="2"></td></tr>
<tr><td colspan="2"></td><td colspan="2"></td></tr>
<tr><td colspan="2"></td><td colspan="2"></td></tr>
<tr><td colspan="2"></td><td colspan="2"></td></tr>
<tr><td colspan="4">空调压缩机零件的名称和作用</td></tr>
<tr><td colspan="2">名称：
作用：</td><td colspan="2">名称：
作用：</td></tr>
</table>

续表

空调压缩机零件的名称和作用	
名称： 作用：	名称： 作用：
名称： 作用：	名称： 作用：
名称： 作用：	名称： 作用：
名称： 作用：	名称： 作用：

批语：　　教师：

课题六　汽车仪表台的拆装

教学目标

1. 掌握组合仪表的拆装方法、步骤和技术要求。
2. 熟悉仪表台拆装步骤、拆装注意事项。
3. 熟悉仪表台零部件结构特点及名称。

工具与设备

1. 常用工具。
2. 桑塔纳 3000 型轿车、卡罗拉轿车。

项目 1　桑塔纳 3000 型轿车组合仪表的拆装（图 4—122）

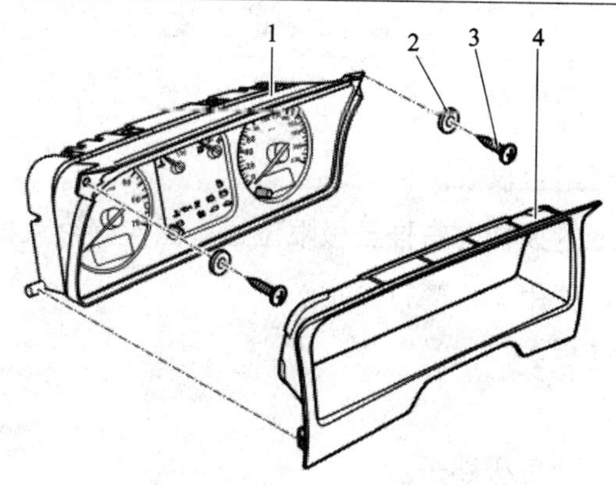

图 4—122　组合仪表的拆装

1—组合仪表　2—垫圈　3—螺钉　4—组合仪表饰板

一、组合仪表的拆卸

1. 从蓄电池负极端子断开电缆。

2. 拆卸转向盘。

3. 向外拉出组合仪表装饰板。

4. 旋出 2 个紧固螺钉，如图 4—123 所示，拉出组合仪表。

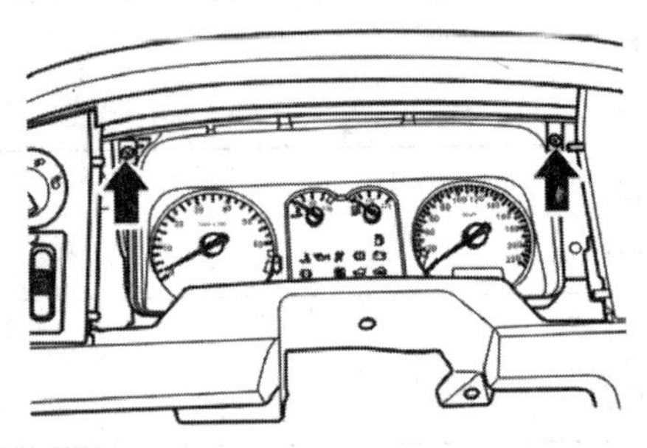

图 4—123　旋出仪表板紧固螺钉

5. 按图 4—124 箭头所示方向，将组合仪表背面线束连接插头上的拨杆向左推至极限位置。

6. 拔下线束插头，取出组合仪表。

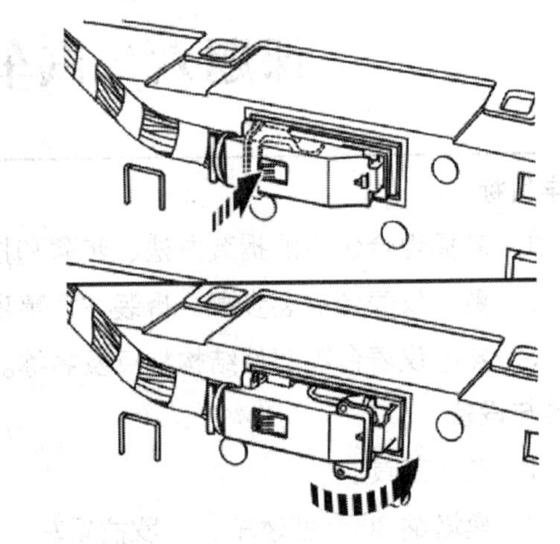

图 4—124　仪表线束的拆装

二、组合仪表的安装

1. 将线束插头连接至组合仪表。

2. 将线束连接插头上的拨杆向右推至极限位置，固定好线束插头。

3. 装入组合仪表板，使用 2 个螺钉固定。

4. 装入组合仪表板饰板。

5. 安装转向盘。

6. 将电缆连接到蓄电池负极端子。

项目 2　桑塔纳 3000 型轿车仪表台的拆装（图 4—125）

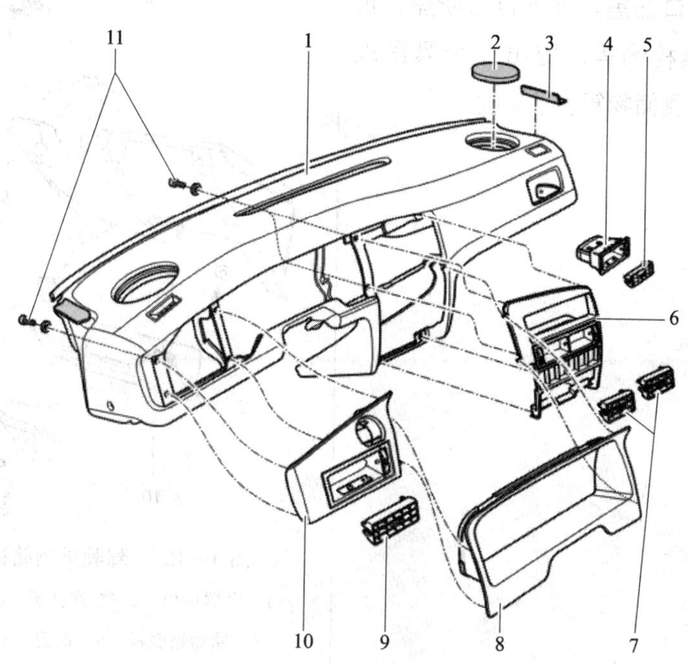

图 4—125　桑塔纳 3000 型轿车仪表台构造图

1—仪表台本体　2—扬声器饰板　3—支架　4—空调侧出风口　5—侧出风口导风板　6—仪表台中央饰板　7—中央出风口导风板　8—仪表台饰板　9—左侧导风板　10—仪表台左饰板　11—连接螺栓

一、仪表台的拆卸

1. 从蓄电池负极端子断开电缆。

2. 拆下中央通道前饰罩，如图 4—126 所示。打开烟灰盒盖，取出烟灰盒，松开变速操纵杆护套，将护套和操纵手柄逆时针旋下。撬出车门玻璃升降器控制开关，断开线束连接器。揭开橡胶装饰垫，旋出紧固螺栓；朝后上方拉出中央通道前饰罩；拔下点烟器线束连接器，拆下中央通道前饰罩总成。

3. 将照明开关按下并顺时针方向旋转一角度拆下照明开关，断开线束连接器。

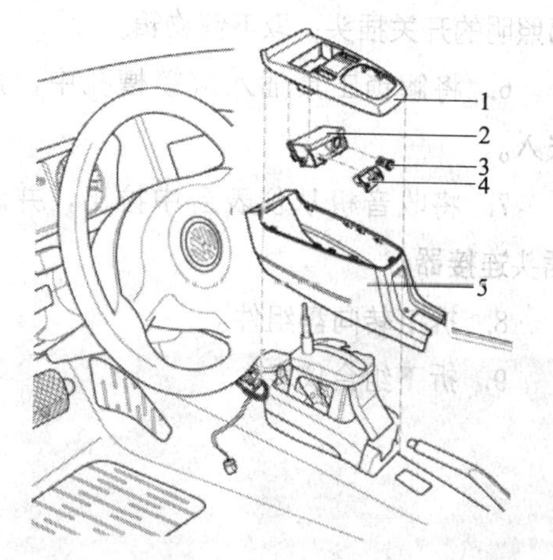

图 4—126　中央通道前饰罩的拆装

1—中央通道前饰罩面板

2—烟灰盒及点烟器支架　3—点烟器

4—烟灰盒　5—中央通道前饰罩

4. 拆下驾驶员侧储物箱，如图 4—127 所示。旋出转向柱下护板螺钉，拆下转向柱下饰盖和自诊断口饰盖。拆下自诊断座，拆下储物箱上的螺栓饰盖，旋出 5 个紧固螺栓，取下驾驶员侧储物箱。

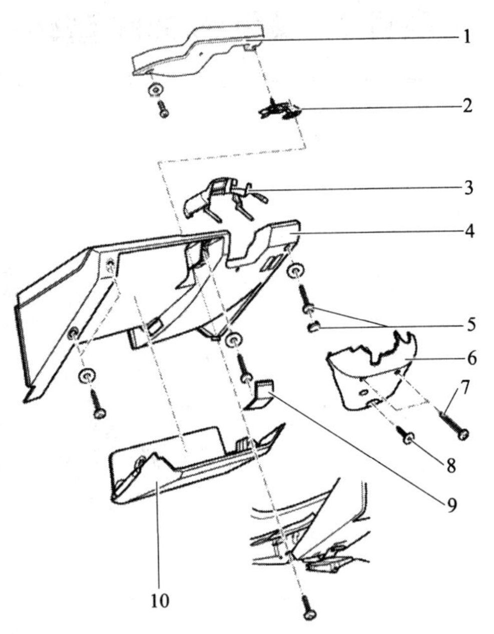

图 4—127 驾驶员侧储物箱安装简图

1—电器护板 2—金属托架 3—转向轴上饰盖 4—储物箱底板 5—饰盖 6—转向柱下饰盖 7、8—螺钉 9—自诊断口饰盖 10—储物箱盖

5. 拆下前座乘员侧储物箱，如图 4—128 所示。旋出储物箱下部的 2 个螺栓；撬出储物箱铰链，翻下储物箱；拔下储物箱照明灯线束连接器；旋出上部紧固螺栓，拔下储物箱照明的开关插头；取下储物箱。

6. 将解锁工具插入解锁槽孔中，直至嵌入。

7. 将收音机从仪表台中拉出，并脱开插头连接器。

8. 拆下转向盘组件。

9. 拆下组合仪表。

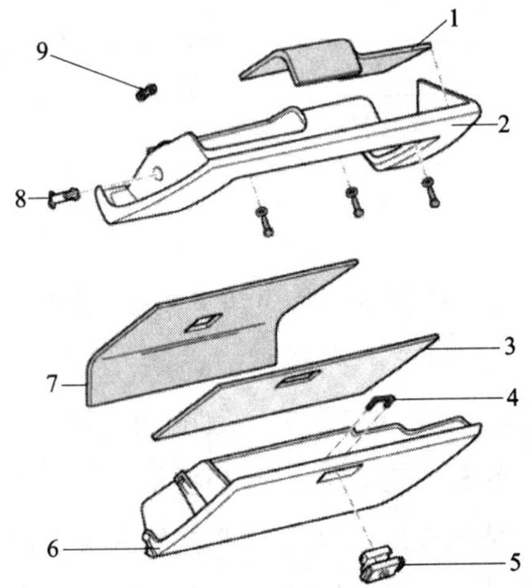

图 4—128 前座乘员侧储物箱安装简图

1—隔音层 2—储物箱底板 3—储物箱衬里 4—箱锁卡簧 5—箱锁 6—储物箱盖 7—储物箱衬里隔音层 8—铰链销钉 9—橡胶止动环

10. 撬下仪表台中央饰板上各种电器开关，断开开关上相应线束插头，如图 4—129 所示。

11. 拆下空调及空调调节开关饰板。

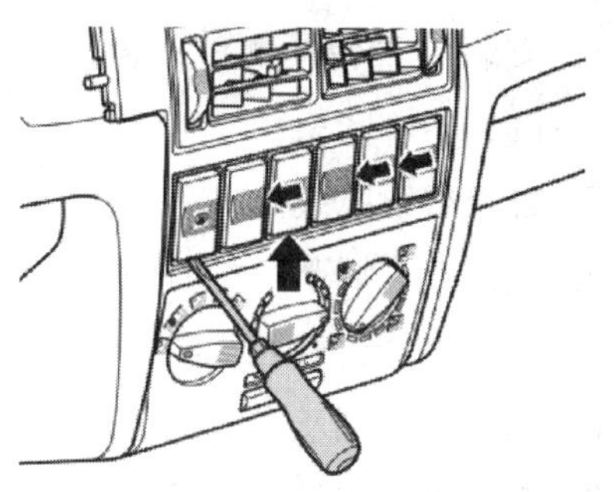
图 4—129　中央饰板上电器开关拆卸

12. 旋出图 4—130 中箭头所示空调调节开关周围 4 个紧固螺钉。

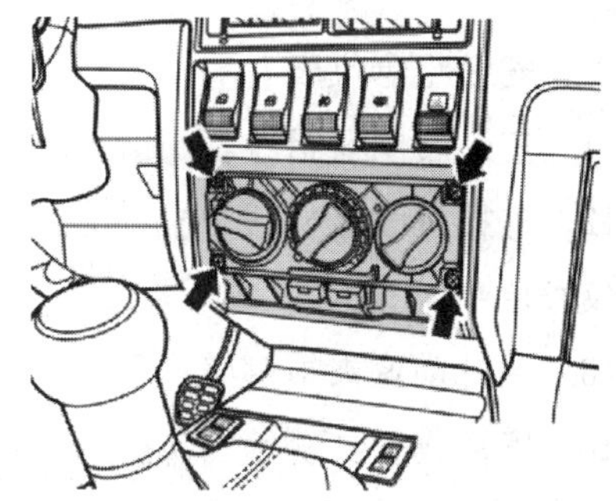
图 4—130　空调调节开关周围螺钉拆卸

13. 旋出图 4—131 中箭头所示紧固螺钉。

14. 断开喇叭线束。

15. 用旋具撬出仪表板两侧的饰盖，旋出紧固螺栓。

16. 从前端（发动机舱）旋出紧固螺母。

17. 拆下仪表台中央饰板下方的紧固螺钉。

18. 拆下仪表台。

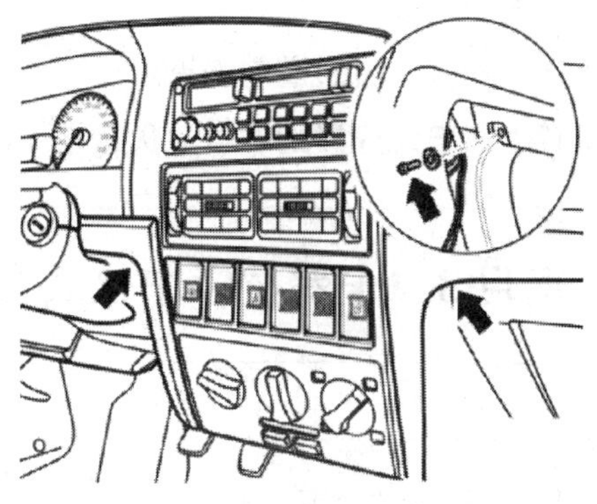
图 4—131　空调调节开关两侧螺钉拆卸

二、仪表台的安装

1. 安装仪表台。

2. 拧紧仪表台中央饰板下方的紧固螺钉。

3. 在发动机舱安装 2 个紧固螺母，如图 4—132 所示。

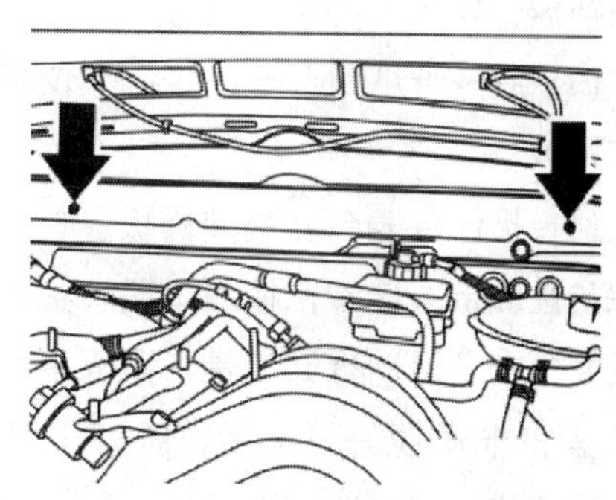
图 4—132　安装发动机舱处紧固螺母

4. 安装仪表台两侧的紧固螺栓，装好饰盖，如图4—133所示。

5. 连接好喇叭线束。

6. 安装空调调节开关两侧的紧固螺钉。

7. 用4个螺钉安装空调调节开关。

8. 安装好空调及空调调节开关饰板。

9. 连接好各种电气开关线束，装好电气开关。

10. 安装组合仪表。

11. 安装转向盘组件。

12. 连接好收音机线束插头，把收音机装入仪表台中。

13. 装好前座乘员侧储物箱。

14. 安装驾驶员侧储物箱。

15. 连接好照明开关线束插头，安装好照明开关。

16. 安装中央通道前饰罩。

17. 将电缆连接到蓄电池负极端子。

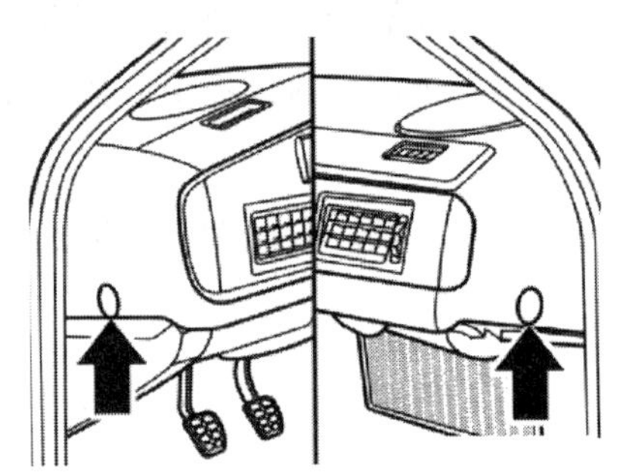

图4—133 安装仪表台两侧紧固螺栓

项目3 卡罗拉轿车仪表台的拆装

一、仪表台的拆卸

1. 仪表台的拆卸

(1) 从蓄电池负极端子断开电缆。

(2) 脱开卡爪和卡子，并拆下仪表台左下装饰板，如图4—134所示。

(3) 脱开卡爪和卡子，并拆下仪表台右下装饰板。

(4) 拆卸仪表台左端装饰板。首先，粘贴保护性胶带；接着，插入车顶防护条拆卸工具并向卡子滑动拆卸工具，用双手拉动拆卸工具将卡子脱开；然后，脱开卡爪和卡子，拆下仪表台左端装饰板。

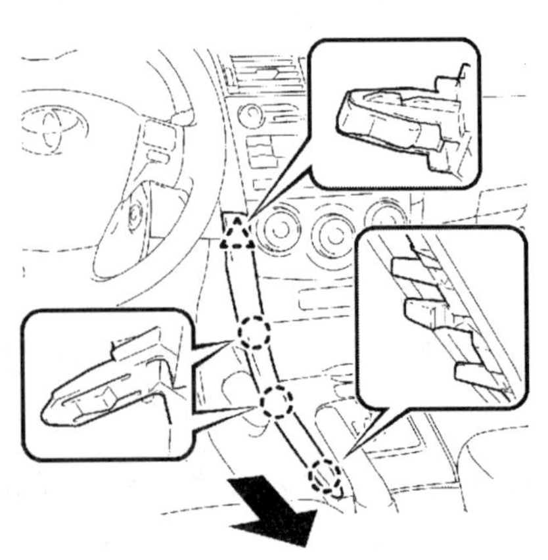

图4—134 仪表台左下装饰板拆卸

（5）拆卸仪表台右端装饰板。首先，粘贴保护性胶带；其次，插入车顶防护条拆卸工具并向卡子滑动拆卸工具，用双手拉动拆卸工具将卡子脱开；然后，脱开卡爪和卡子，拆下仪表台右端装饰板，如图 4—135 所示。

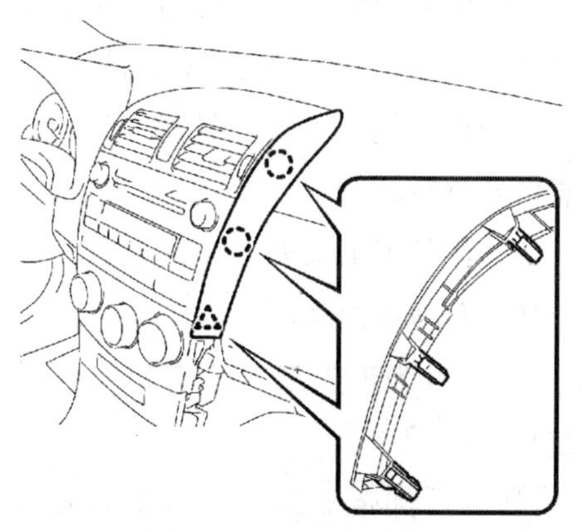

图 4—135　拆卸仪表台右端装饰板

（6）脱开卡爪、卡子和导销。断开连接器，拆下中央仪表台调风器总成。

（7）拆卸仪表组装饰板总成。操作倾斜度调节杆以降下转向盘总成，粘贴保护性胶带，脱开导销、卡爪和卡子，并拆下仪表组装饰板总成。

（8）拆卸组合仪表总成。首先，拆下螺钉，脱开导销。其次，拉出组合仪表总成，断开连接器，拆下组合仪表总成。然后，脱开卡爪，拆下组合仪表玻璃。

（9）拆卸左侧前柱装饰板。

（10）拆卸右侧前柱装饰板。

（11）拆卸仪表台下装饰板总成。首先，脱开卡爪和卡子。然后，断开每个连接器，拆下仪表台下装饰板总成。

（12）断开左前车门开口装饰密封条。

（13）拆卸手套箱盖总成，如图 4—136 所示。首先，脱开卡爪并松开手套箱盖挡块，按照图 4—136 中箭头所示的方向弯曲部位 A 和 B 以松开挡块，并降下手套箱盖总成，直到盖前部处在水平位置。然后，向车辆后部水平拉动手套箱盖总成以松开铰链，并拆下手套箱盖总成。

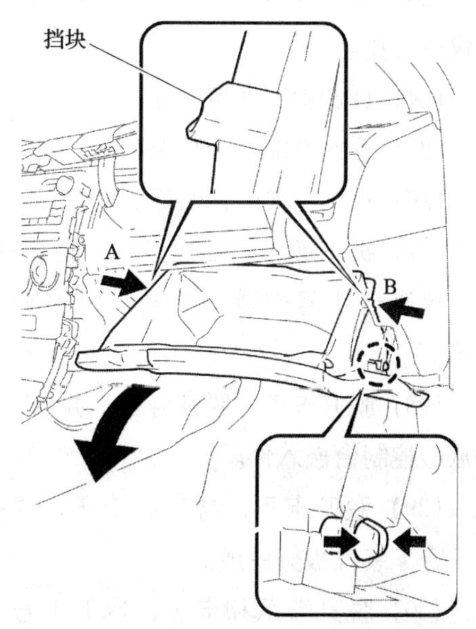

图 4—136　拆卸手套箱盖总成

注意：如果向上拉动手套箱盖总成将其拆下，会在重新安装箱盖时导致铰链变形。应确保水平拉出手套箱盖。

（14）首先，拆下螺钉，脱开卡爪和卡子；然后，拆下仪表台 1 号箱盖分总成。

（15）断开右前车门开口装饰密封条。

(16) 断开仪表台线束总成。

(17) 拆卸上仪表台分总成。首先，操作倾斜度调节杆以降下转向盘总成，断开各连接器，拆下螺钉和乘客气囊螺栓。接着，脱开卡子和导销。然后，脱开卡爪，拆下上仪表台分总成。

注意：拆下上仪表台分总成时，小心不要损坏它和转向盘总成。

(18) 拆卸带支架的收音机（不带导航系统)。

(19) 拆卸带支架的导航接收器（带导航系统)。

(20) 逆时针方向转动换挡杆把手，并拆下换挡杆把手分总成。

(21) 脱开卡爪和卡子，并拆下中央仪表组装饰板总成。

(22) 拆下螺钉，脱开卡爪，断开连接器，拆下仪表盒总成，如图 4—137 所示。

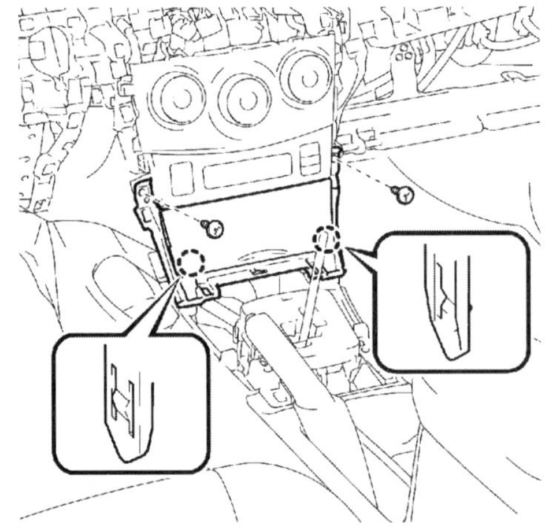

图 4—137　拆卸仪表盒总成

(23) 脱开卡爪，断开每个连接器，拆下仪表台孔盖。

(24) 拆卸空调面板总成。

(25) 拆卸左前车门防磨板。

(26) 拆卸左前围侧饰板。

(27) 拆下螺钉，脱开卡爪，脱开导销，拆下仪表台 1 号底罩分总成，如图 4—138 所示。

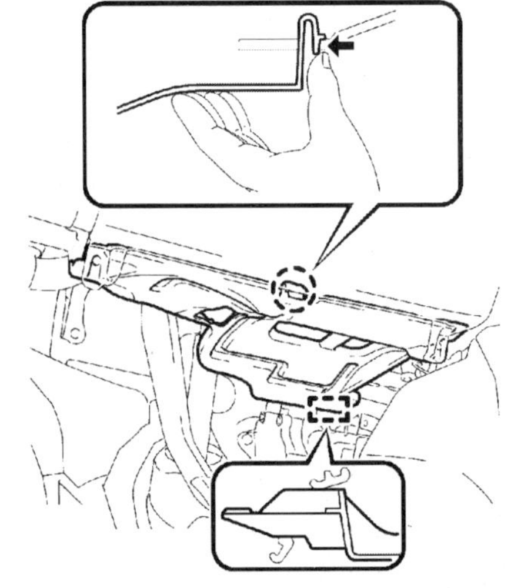

图 4—138　拆卸仪表台 1 号底罩分总成

(28) 脱开卡爪，脱开导销，并拆下前 1 号底板控制台嵌入件。

(29) 脱开卡爪、导销和卡子，并拆下仪表台下装饰板分总成。

(30) 脱开卡爪和卡子，拆下 1 号开关孔座。

(31) 拆卸右前车门防磨板。

(32) 拆卸右前围侧饰板。

(33) 脱开3个卡爪和导销，拆下仪表台2号底罩分总成，如图4—139所示。

(34) 脱开卡爪和导销，并拆下前2号底板控制台嵌入件。

(35) 拆卸地板控制台上面板分总成。

(36) 拆卸地板控制台毡垫。

(37) 拆卸后地板控制台总成。

(38) 拆卸2号天线导线分总成。

(39) 拆卸下仪表台分总成。脱卡爪和DLC3；脱开卡爪并拆下发动机盖锁控制拉索总成；脱开各卡夹；断开各连接器；拆下螺钉和螺栓，脱开2个卡爪，拆下下仪表台分总成。

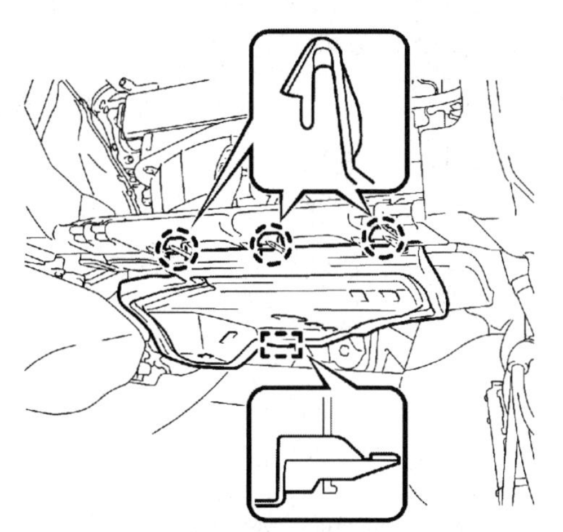

图4—139　拆卸仪表板2号底罩分总成

2. 上仪表台拆解

(1) 拆下除霜器喷嘴总成。

(2) 拆下加热器至调风器2号风管，如图4—140所示。

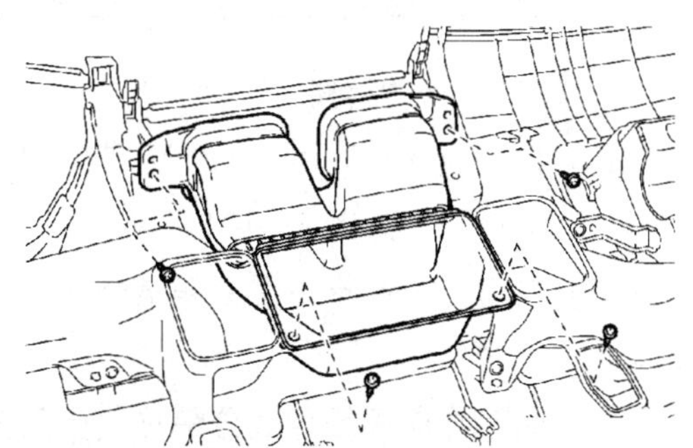

图4—140　加热器至调风器2号风管的拆卸

(3) 拆下加热器至调风器1号风管。

(4) 拆下加热器至调风器3号风管。

(5) 脱开卡爪，拆下仪表台1号调风器总成。

(6) 脱开卡爪和2个导销，并拆下仪表台左侧板。

(7) 脱开卡爪，拆下仪表台2号调风器总成。

(8) 脱开卡爪和导销，拆下仪表台右侧板。

(9) 拆下仪表台2号缓冲垫。

(10) 拆卸仪表台4号缓冲垫

注意：务必更换新的仪表台缓冲垫。

(11) 拆卸导航天线总成（带导航系统）。

(12) 拆下螺钉和仪表罩1号挡圈。

(13) 拆卸前排乘客气囊总成。

(14) 断开各连接器，脱开卡夹，并拆下仪表台2号线束，如图4—141所示。

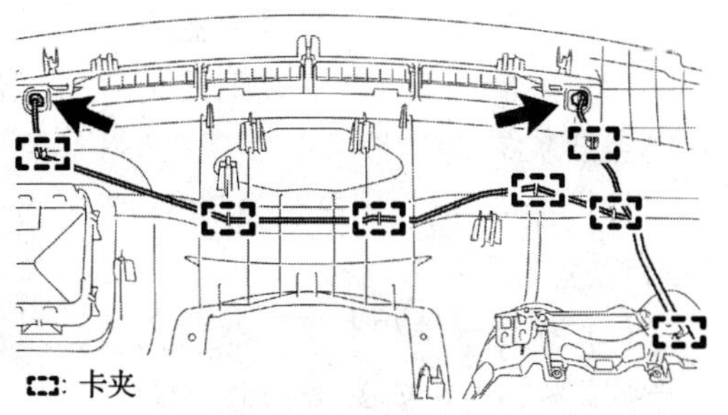

图4—141　拆卸仪表台2号线束

(15) 脱开卡子和卡爪，然后拆下除霜器 1 号喷嘴装饰条。

(16) 脱开卡爪，拆下自动灯控传感器(带自动灯控系统)。

(17) 脱开卡爪，拆下阳光传感器（自动空调系统)，如图 4—142 所示。

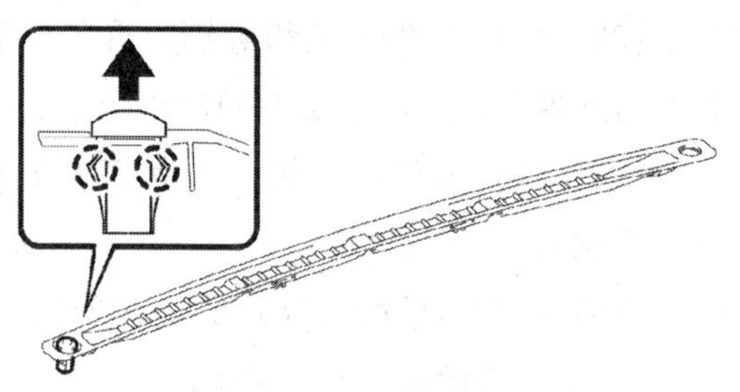

图 4—142 拆卸阳光传感器

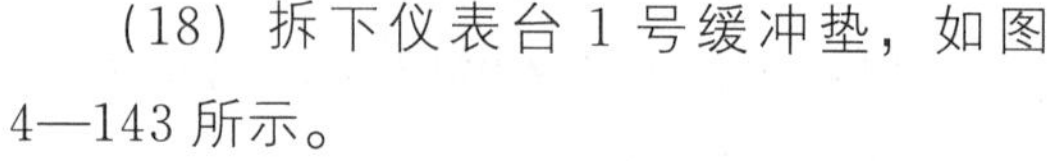

(18) 拆下仪表台 1 号缓冲垫，如图 4—143 所示。

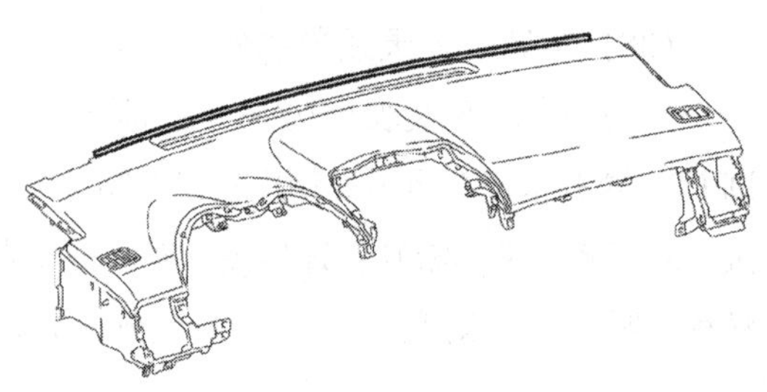

图 4—143 拆卸仪表台 1 号缓冲垫

3. 下仪表台的拆解

(1) 脱开卡爪，拆下车内温度传感器(自动空调系统)，如图 4—144 所示。

(2) 脱开卡爪并拆下手套箱盖挡块分总成。

(3) 拆卸导航天线导线分总成（带导航系统)。

(4) 脱开卡爪，并拆下手套箱灯总成。

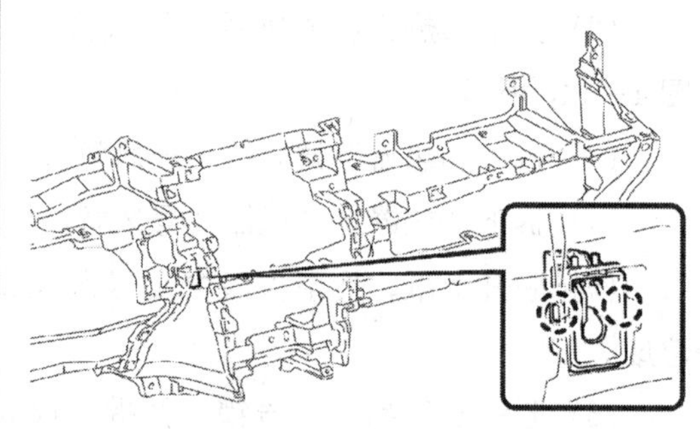

图 4—144 拆卸车内温度传感器

二、仪表台的装复

1. 上仪表台的装复

(1) 安装仪表台 1 号缓冲垫。

(2) 接合卡爪，并安装阳光传感器（带自动空调系统)。

(3) 接合卡爪，安装自动灯控传感器(带自动灯控系统)。

(4) 接合卡子和卡爪，然后安装除霜器 1 号喷嘴装饰条，如图 4—145 所示。

(5) 接合卡夹，连接各个连接器并安装仪表台 2 号线束（带自动灯控系统)。

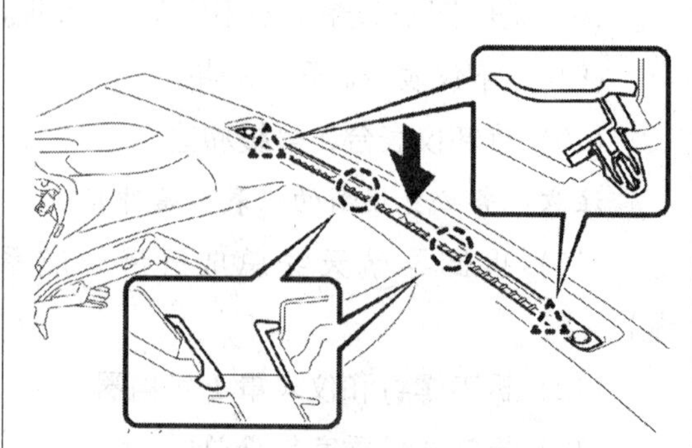

图 4—145 除霜器 1 号喷嘴装饰条的安装

(6) 接合卡爪和导销，并安装仪表台左侧板。

(7) 接合卡爪，并安装仪表台 1 号调风器总成，如图 4—146 所示。

(8) 接合卡爪和导销，并安装仪表台右侧板。

(9) 接合卡爪，并安装仪表台 2 号调风器总成。

(10) 安装前排乘客气囊总成。

(11) 安装仪表罩 1 号挡圈。

(12) 安装导航天线总成（带导航系统）。

(13) 安装新的仪表台 4 号缓冲垫。

(14) 安装新的仪表台 2 号缓冲垫。

(15) 安装加热器至调风器 3 号风管。

(16) 安装加热器至调风器 1 号风管。

(17) 安装加热器至调风器 2 号风管。

(18) 安装除霜器喷嘴总成。

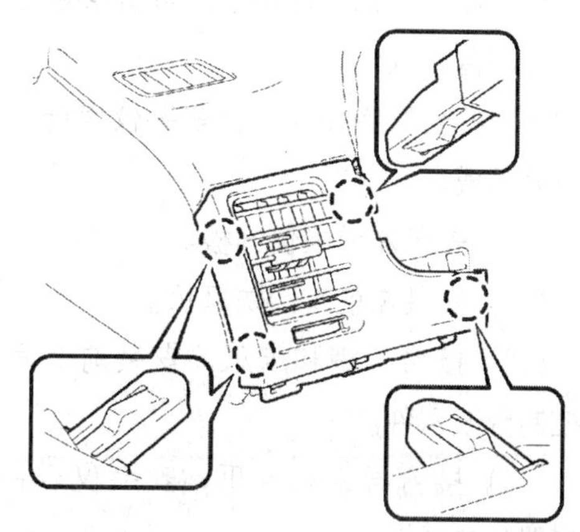

图 4—146　仪表台 1 号调风器总成的安装

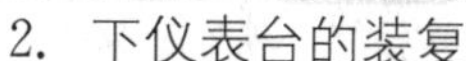

2. 下仪表台的装复

(1) 接合卡爪，并安装手套箱灯总成，如图 4—147 所示。

(2) 安装导航天线导线分总成（带导航系统）。

(3) 接合卡爪，并安装手套箱盖挡块分总成。

(4) 接合卡爪，并安装车内温度传感器（自动空调系统）。

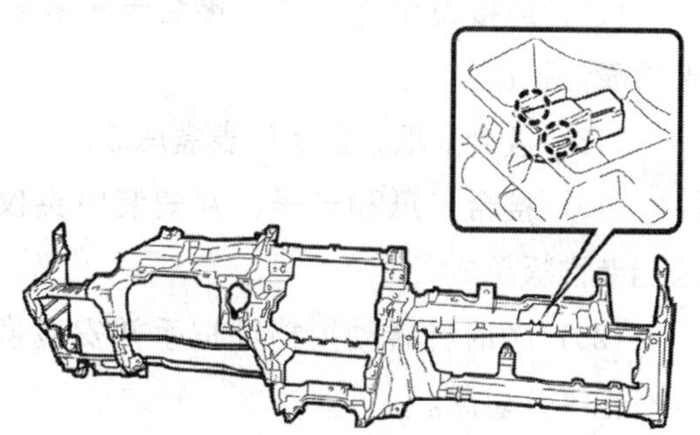

图 4—147　手套箱灯总成的安装

3. 仪表台的安装

(1) 安装下仪表台分总成。接合卡爪；安装螺钉和螺栓；接合每个卡夹；连接每个连接器并安装下仪表台分总成；接合卡爪并安装发动机盖锁控制拉索总成；接合卡爪并安装 DLC3。

(2) 安装 2 号天线导线分总成。

(3) 安装后地板控制台总成。

(4) 安装地板控制台毡垫。

(5) 安装地板控制台上面板分总成。

(6) 安装 1 号开关孔座，如图 4—148 所示。

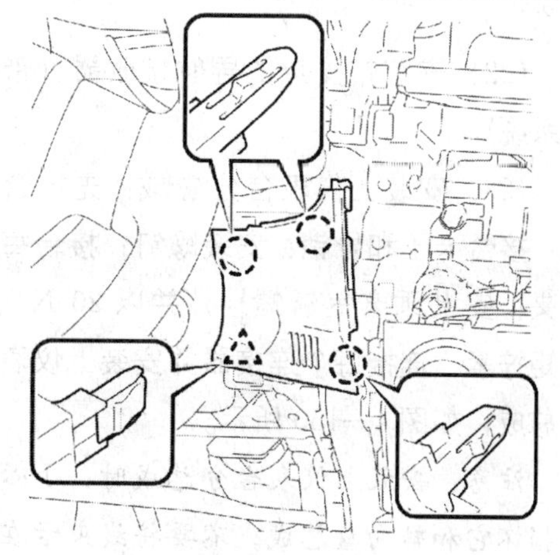

图 4—148　安装 1 号开关孔座

(7) 接合卡爪、卡子和导销，安装仪表台下装饰板分总成，如图 4—149 所示。

(8) 接合导销。接合卡爪并安装前 1 号地板控制台嵌入件。

(9) 接合导销和卡爪，安装仪表台 1 号底罩分总成。

(10) 安装左前围侧饰板。

(11) 安装左前车门防磨板。

(12) 接合导销和卡爪，安装前 2 号地板控制台嵌入件。

(13) 接合导销和卡爪，安装仪表台 2 号底罩分总成。

(14) 安装右前围侧饰板。

(15) 安装右前车门防磨板。

(16) 安装空调控制总成。

(17) 连接每个连接器，接合卡爪并安装仪表台孔盖。

(18) 接合卡爪，安装仪表盒总成。

(19) 接合卡爪和卡子，并安装中央仪表组装饰板总成。

(20) 顺时针转动换挡杆把手并安装换挡杆把手分总成。

(21) 安装带支架的收音机（不带导航系统）。

(22) 安装带支架的导航接收器（带导航系统）。

(23) 安装上仪表台分总成：先接合卡爪；接合卡子和导销；安装螺钉；接合每个卡夹；安装乘客气囊螺栓，并以 20 N·m 力矩拧紧；连接每个连接器并安装上仪表台分总成，如图 4—150 所示。

注意：安装上仪表台分总成时，小心不要损坏它和转向盘总成。不要将线束卡在卡爪中。

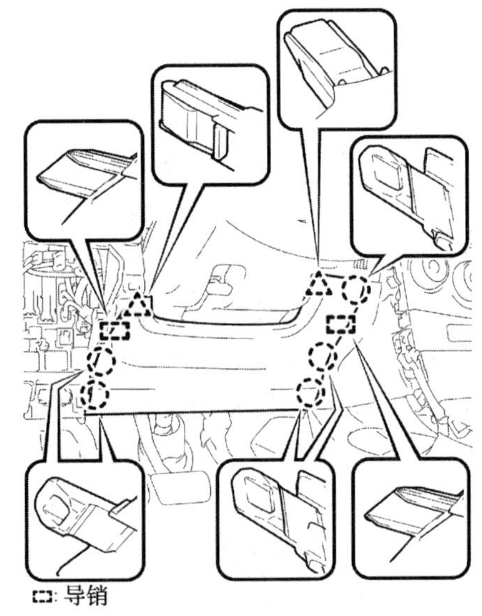

图 4—149　安装仪表台下装饰板分总成

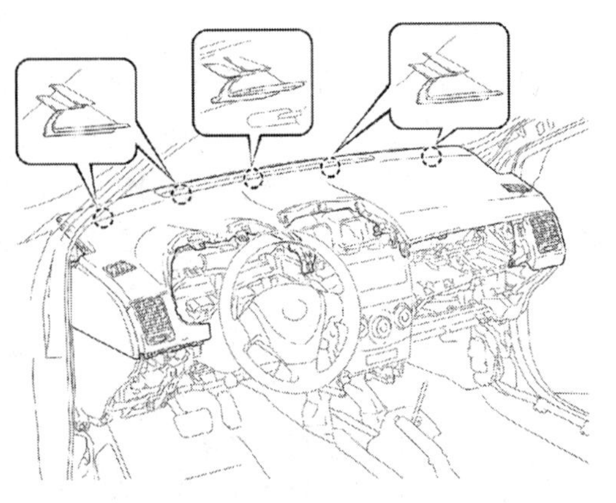

图 4—150　安装上仪表台分总成

(24) 连接仪表台线束总成。

(25) 连接左前车门开口装饰密封条。

(26) 连接每个连接器，接合卡爪和卡子，并安装仪表台下装饰板总成。

(27) 连接右前车门开口装饰密封条。

(28) 接合卡爪和卡子。用螺钉安装仪表台 1 号箱盖分总成，如图 4—151 所示。

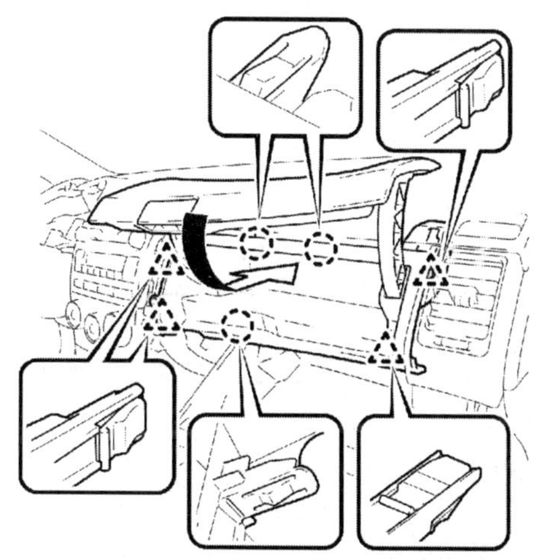

图 4—151　安装仪表台 1 号箱盖分总成

(29) 安装手套箱盖总成。

(30) 安装左侧前柱装饰板。

(31) 安装右侧前柱装饰板。

(32) 安装组合仪表总成。接合卡爪，并安装组合仪表玻璃。连接连接器，接合导销，安装组合仪表总成。

注意：安装组合仪表总成时，不要损坏上仪表板分总成或组合仪表总成。

(33) 安装仪表组装饰板总成。接合导销、卡爪和 3 个卡子，并安装仪表组装饰板总成。清除转向柱罩上贴着的保护性胶带。

(34) 连接连接器，接合导销、卡爪和卡子，并安装中央仪表台调风器总成。

(35) 接合卡爪和卡子，并安装仪表台左端装饰板，如图 4—152 所示。

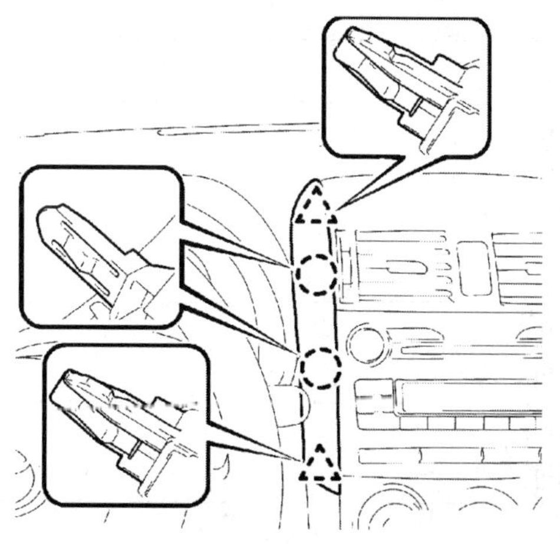

图 4—152　仪表台左端装饰板的安装

(36) 接合卡爪和卡子，并安装仪表台右端装饰板。

(37) 接合卡爪和卡子，并安装仪表台左下装饰板。

(38) 接合卡爪和卡子，并安装仪表台右下装饰板。

(39) 将电缆连接到蓄电池负极端子。

学习过程记录表

姓名：	班级：	学号：	日期：
第四单元　电气设备的拆装	课题六　汽车仪表台的拆装	第（　）工作页	项目1　桑塔纳3000型轿车组合仪表的拆装——组合仪表的拆卸
说明：完成组合仪表拆卸的工作过程，将拆卸步骤、操作注意事项、组合仪表零件的名称和作用填写在下面。			
车型：　　　　　　　　发动机型号：			

拆卸步骤	操作注意事项 （包括使用工具、力矩）

组合仪表零件的名称和作用	
名称： 作用：	名称： 作用：
名称： 作用：	名称： 作用：
名称： 作用：	名称： 作用：
名称： 作用：	名称： 作用：
名称： 作用：	名称： 作用：

批语：　　　　　　　　　　　　　　　　教师：